U0878751

2013 中国连锁经营年鉴

China Chain Store Almanac 2013

中国连锁经营协会 编

中 国 商 业 出 版 社

图书在版编目（CIP）数据

2013 中国连锁经营年鉴/中国连锁经营协会编．—北京：中国商业出版社，2013.8

ISBN 978-7-5044-8200-6

Ⅰ.①2… Ⅱ.①中… Ⅲ.①连锁经营-中国-2013-年鉴
Ⅳ.①F721.7-54

中国版本图书馆 CIP 数据核字（2013）第 182047 号

责任编辑：唐伟荣

中国商业出版社出版发行
010-63180647　www.c-cbook.com
（100053　北京广安门内报国寺 1 号）
新华书店总店北京发行所经销
北京明月印务有限责任公司印刷

*

787×1092 毫米　16 开　27.5 印张　630 千字
2013 年 8 月第 1 版　2013 年 8 月第 1 次印刷
定价：360.00 元

* * * *

（如有印装质量问题可更换）

编辑委员会名单

编委会名誉主任： 张志刚　全国政协委员
中华人民共和国商务部　原副部长
中国商业联合会　会长
中国连锁经营协会　名誉会长

杨树德　国家工商行政管理总局　原副局长
中国连锁经营协会　名誉会长

黄　海　全国政协委员
中华人民共和国商务部　原部长助理
中国连锁经营协会　名誉会长

编委会主任： 郑万河　北京王府井百货（集团）股份有限公司　董事长

郭戈平　中国连锁经营协会　会长

编委会副主任： 王宗南　光明食品（集团）有限公司　党委书记　董事长

苏敬轼　百胜餐饮集团中国事业部　主席兼首席执行官

孙　坚　上海如家酒店管理有限公司　首席执行官

孙为民　苏宁云商集团股份有限公司　副董事长

邢　颖　中国全聚德（集团）股份有限公司　总经理

洪　杰　华润万家有限公司　首席执行官

王　填　步步高商业连锁股份有限公司　董事长

李燕川　北京超市发连锁股份有限公司　总裁

王培桓　山东家家悦集团有限公司　董事长　总经理

朱丽筠　北京福奈特洗衣服务有限公司　总经理

吕国满　锦江麦德龙现购自运有限公司　总裁和执行董事会顾问

吴坚忠　物美控股集团有限公司　董事长

华国平　联华超市股份有限公司　总经理

纪志坚　大连三洋冷链有限公司　总经理

袁伯银　上海红星美凯龙投资有限公司　首席执行官

总编： 裴　亮

执行总编： 李建中

编辑人员： 杨青松　彭建真　王文华　苏　霜　王　升
武瑞玲　楚　东　王洪涛

前　言

“十二五”时期是我国全面建设小康社会的关键时期，是深化改革开放、加快转变经济发展方式的攻坚时期，国内连锁经营发展面临着重大机遇和挑战。2012 年是实施“十二五”规划承上启下的重要一年。然而，国内外经济形势不容乐观，特别是我国经济下行压力增大，稳增长、控通胀、转方式、调结构、扩内需、促消费、惠民生的任务十分艰巨而紧迫。在国家经济发展稳中求进的总基调下，内需市场将成为拉动我国经济发展的主要引擎，这也是连锁行业加速发展，提升影响的难得机遇，是连锁企业持续创新、做强做大、实现腾飞和更大贡献的历史性挑战。综观 2012 年中国连锁行业整体发展状况，也呈现出新的不同特征和变化。

据中国连锁经营协会调查显示，近两年连锁百强增速明显放缓，2012 年连锁百强销售总体增长 10.8%，连续第二年慢于社会消费品零售总额的增长，是历年增长最慢的一年，这既是行业自身发展规模的体现，也是受人口红利消减、渠道分流、消费习惯变化等多重因素影响的结果。但可以预见，未来几年将是连锁企业的稳定发展期。从业态上看，以百货和快消品为主的连锁企业，整体销售增幅均慢于连锁百强平均增幅，而便利店门店数量以 12% 的增幅相对较快。其中，20 家主要外资品牌销售增幅略高于百强平均增幅。从区域上看，一、二线城市市场增长放缓，三、四线市场则快于一、二线的发展。其中，2012 年连锁百强新上榜的 10 家企业中，半数为三、四线企业。从渠道上看，近几年网络零售带给传统零售较大冲击，已从最初经营图书音像、家电、数码 3C 等少数适宜网络营销的产品发展到服装鞋帽、日用百货，乃至家居、食品等大部分传统零售产品，在网络零售持续挤压实体零售市场份额下，传统零售企业也在发力电商，利用自身优势探索线上与线下（O2O）等多渠道经营。其中，连锁百强中已有 62 家企业开展网络零售业务，比上年实际新增 6 家；而年销售过亿元的企业已达 9 家。在成本方面，房租和人工成本高企仍是影响企业利润提升最主要的两个因素。其中，连锁百强企业房租和人工成本涨幅均超过 20%，总体上升较快；而“十八大”提出的“国民收入倍增计划”及国家《促进就业规划（2011－2015）》提出的“‘十二五’期间最低工资标准年均增长 13% 以上”为人工成本增长设定了目标和下限。在经营方面，尽管企业总体销售增幅下降，成本明显上升，但企业通过优化商品结构、强化差异化经营、调整和改造业绩不佳门店等措施，使企业运营质量和效率在困难和压力中仍保持整体较为良性的发展。特别是具有团队能力强、主业突出和较强区域优势特点的企业，更是在市场普遍不景气的大环境下，创造出销售和利润大幅提升的佳绩。

2012 年，中国特许经营市场格局相对成熟，广大特许经营企业通过实施细分化策略拓展市场，通过强化标准化运营提升效率，通过发挥现代多媒体、多渠道作用创新消费者服务，使探索并实践如何保持自身竞争优势，实现可持续增长成为企业健康稳定发展的动力。据中国连锁经营协会调查，2012 年中国特许连锁 120 强企业销售规模达 3110 亿元，其中加盟店销售规模为2612亿元，占比近84%，比上年增长7.7%。特许连锁120强企业平均拥有店铺1086个，比上年增长11.5%，但单店平均销售额为239万元，比上年（284万元）减少45万元。调查显示，2012年民营企业表现突出，共有66家民营企业上榜特许连锁120强，占比为55%；店铺数量增长较快的业态有食品专卖、经济型酒店、教育培训，而汽车后市场、非食品专卖、美容休闲健身、洗染业则增长缓慢；各行业业态中，教育培训、洗染业、汽车后市场居于平均净利润率前三甲，而综合零售行业（包括超市和便利店）平均净利润率较低，不足2%；酒店业依然是开店投资额最大的业态，餐饮、家装、美容休闲健身、教育培训等随后，洗染业开店平均投资额最低。

2012年，整个连锁行业经受了多方面的压力和挑战，企业普遍感受到推动企业发展的“正能量”不足。但同时，行业也迎来推进城镇化建设、以内需拉动国民经济提升、深化收入分配制度改革、建立扩大消费需求长效机制的重要发展机遇。协会调查显示，有超过半数的连锁企业将2013年的销售增幅定在5%～10%，企业整体对2013年谨慎乐观。

2013年必将是连锁企业发展的变革之年，连锁企业将真正开始转变发展模式和管理方式。连锁企业要做好应对各种困难的充分准备；要基于核心业务，围绕核心业务，根据自身资源优势和实际发展状况继续开展多元经营，继续发力多渠道（全渠道）发展，优化供应链，提高消费者体验，使行业发展真正实现从规模数量型向效率效益型转变，从外延向内涵转变；要对未来发展更加从容和自信，以创新精神鼎力实现行业和企业的可持续发展。

随着中国连锁经营继续稳定、健康发展，数据资料愈加成为业内人士进行科学决策和分析的重要依据。《2013中国连锁经营年鉴》继续秉持调查调研为主体，内容严谨、数据翔实、论述客观的风格，详尽反映2012年中国连锁经营市场的发展状况，直观描述行业的运行环境，为业内人士经营、管理和决策提供高价值的参考和帮助。在此，向参加本书编写的专家、学者、业内人士和编委会工作人员表示衷心的感谢！

中国连锁经营协会理事会主席　郑万河　　　　中国连锁经营协会会长　郭戈平

目 录

第一部分 综合篇

第二部分 调查篇

第三部分 专题篇

第四部分　政策法规篇

第五部分　附　录

附录一

第一部分　综合篇

深化流通体制改革
加快流通产业发展的意见

改革开放以来，我国流通产业取得长足发展，交易规模持续扩大，基础设施显著改善，新型业态不断涌现，现代流通方式加快发展，流通产业已经成为国民经济的基础性和先导性产业。但总的看，我国流通产业仍处于粗放型发展阶段，网络布局不合理，城乡发展不均衡，集中度偏低，信息化、标准化、国际化程度不高，效率低、成本高问题日益突出。为适应新形势下经济社会发展需要，加快推进流通产业改革发展，现提出如下意见：

一、指导思想、基本原则和主要目标

（一）指导思想。以邓小平理论和“三个代表”重要思想为指导，深入贯彻落实科学发展观，围绕提高流通效率、方便群众生活、保障商品质量、引导生产发展和促进居民消费，加快推进流通产业发展方式转变，着力解决制约流通产业发展的关键问题，有效降低流通成本，全面提升流通现代化水平。

（二）基本原则。坚持发挥市场作用与完善政府职能相结合。在更大程度上发挥市场配置资源的基础性作用，遵循价值规律和市场规则，强化企业在市场中的主体地位；提升政府公共服务、市场监管和宏观调控能力。坚持深化改革与扩大开放相结合。深化流通领域各项改革，为流通产业发展提供制度保障；继续推进流通产业对内对外开放，以开放促改革促发展。坚持促进发展与加强规范相结合，加大对重点领域和薄弱环节的支持力度，推动流通产业加快发展；强化规范市场秩序，提升行业发展质量，切实保障和改善民生。坚持立足当前与着眼长远相结合。既要紧密结合当前需要，着力降低流通成本，又要注重长远发展，建立流通引导生产、促进消费的长效机制。

（三）主要目标。到 2020 年，我国流通产业发展的总体目标是：基本建立起统一开放、竞争有序、安全高效、城乡一体的现代流通体系，流通产业现代化水平大幅提升，对国民经济社会发展的贡献进一步增强。

——流通领域提高效率降低成本效果显著，批发零售企业流动资产周转速度加快，全社会物流总费用与国内生产总值的比率明显降低。

——现代信息技术在流通领域得到广泛应用，电子商务、连锁经营和统一配送等成为主要流通方式，连锁化率达到 22% 左右，商品统一配送率达到 75% 左右，流通产业整合资源、优化配置的能力进一步增强。

——流通主体的竞争力明显提升，形成一批网络覆盖面广、主营业务突出、品牌知名度高、具有国际竞争力的大型流通企业。

——流通产业发展的政策、市场和法制环境更加优化，市场运行更加平稳规范，居民消费更加便捷安全，全国统一大市场基本形成。

二、主要任务

（四）加强现代流通体系建设。依托交通枢纽、生产基地、中心城市和大型商品集散地，构建全国骨干流通网络，建设一批辐射带动能力强的商贸中心、专业市场以及全国性和区域性配送中心。推动大宗商品交易市场向现货转型，增加期货市场交易品种。优化城市流通网络布局，有序推进贸易中心城市和商业街建设，支持特色商业适度集聚，鼓励便利店、中小综合超市等发展，构建便利消费、便民生活服务体系。鼓励大型流通企业向农村延伸经营网络，增加农村商业网点，拓展网点功能，积极培育和发展农村经纪人，提升农民专业合作社物流配送能力和营销服务水平。支持流通企业建立城乡一体化的营销网络，畅通农产品进城和工业品下乡的双向流通渠道。大力发展第三方物流，促进企业内部物流社会化。加强城际配送、城市配送、农村配送的有效衔接，推广公路不停车收费系统，规范货物装卸场站建设和作业标准。加快建设完整先进的废旧商品回收体系，健全旧货流通网络，促进循环消费。

（五）积极创新流通方式。大力推广并优化供应链管理，鼓励流通企业拓展设计、展示、配送、分销、回收等业务。加快发展电子商务，普及和深化电子商务应用，完善认证、支付等支撑体系，鼓励流通企业建立或依托第三方电子商务平台开展网上交易。创新网络销售模式，发展电话购物、网上购物、电视购物等网络商品与服务交易。统筹农产品集散地、销地、产地批发市场建设，构建农产品产销一体化流通链条，积极推广农超对接、农批对接、农校对接以及农产品展销中心、直销店等产销衔接方式，在大中城市探索采用流动售卖车。围绕节能环保、流通设施、流通信息化等关键领域，大力推进流通标准应用。鼓励商业企业采购和销售绿色产品，促进节能环保产品消费，支持发展信用消费。推动商品条码在流通领域的广泛应用，健全全国统一的物品编码体系。

（六）提高保障市场供应能力。支持建设和改造一批具有公益性质的农产品批发市场、农贸市场、菜市场、社区菜店、农副产品平价商店以及重要商品储备设施、大型物流配送中心、农产品冷链物流设施等，发挥公益性流通设施在满足消费需求、保障市场稳定、提高应急能力中的重要作用。完善中央与地方重要商品储备制度，优化储备品种和区域结构，适当扩大肉类、食糖、边销茶和地方储备中的小包装粮油、蔬菜等生活必需品储备规模。强化市场运行分析和预测预警，增强市场调控的前瞻性和预见性。加强市场应急调控骨干企业队伍建设，提高迅速集散应急商品能力，综合运用信息引导、区域调剂、收储投放、进出口等手段保障市场供求基本平衡。

（七）全面提升流通信息化水平。将信息化建设作为发展现代流通产业的战略任务，加强规划和引导，推动营销网、物流网、信息网的有机融合。鼓励流通领域信息技术的研发和集成创新，加快推广物联网、互联网、云计算、全球定位系统、移动通信、地理信息系统、电子标签等技术在流通领域的应用。推进流通领域公共信息服务平台建设，提升各类信息资源的共享和利用效率。支持流通企业利用先进信息技术提高仓储、采购、运输、订单等环节的科学管理水平。鼓励流通企业与供应商、信息服务商加强合作，支持开发和推广适用于中小流通企业的信息化解决方案。加强信息安全保障。

（八）培育流通企业核心竞争力。积极培育大型流通企业，支持有实力的流通企业跨行业、跨地区兼并重组。支持中小流通企业特别是小微企业专业化、特色化发展，健全中小流通企业服务体系，扶持发展一批专业服务机构，为中小流通企业提供融资、市场开拓、科技应用和管理咨询等服务。鼓励发展直营连锁和特许连锁，支持流通企业跨区域拓展连锁经营网络。积极推进批发市场建设改造和运营模式创新，增强商品吞吐能力和价格发现功能。推动零售企业转变营销方式，提高自营比重。支持流通企业建设现代物流中心，积极发展统一配送。加强知识产权保护，鼓励流通品牌创新发展。

（九）大力规范市场秩序。加强对关系国计民生、生命安全等商品的流通准入管理，形成覆盖准入、监管、退出的全程管理机制。充分利用社会检测资源，建立涉及人身健康与安全的商品检验制度。建立健全肉类、水产品、蔬菜、水果、酒类、中药材、农资等商品流通追溯体系。加大流通领域商品质量监督检查力度，改进监管手段和检验检测技术条件。依法严厉打击侵犯知识产权、制售假冒伪劣商品、商业欺诈和商业贿赂等违法行为。加强网络商品交易的监督管理。规范零售商、供应商交易行为，建立平等和谐的零供关系。加快商业诚信体系建设，完善信用信息采集、利用、查询、披露等制度，推动行业管理部门、执法监管部门、行业组织和征信机构、金融监管部门、银行业金融机构信息共享。细化部门职责分工，堵塞监管漏洞。

（十）深化流通领域改革开放。建立分工明确、权责统一、协调高效的流通管理体制，健全部门协作机制，强化政策制定、执行与监督相互衔接，提高管理效能。加快流通管理部门职能转变，强化社会管理和公共服务职能。在有条件的地区开展现代流通综合试点，加强统筹协调，加快推进大流通、大市场建设。消除地区封锁和行业垄断，严禁阻碍、限制外地商品、服务和经营者进入本地市场，严厉查处经营者通过垄断协议等方式排除、限制竞争的行为。鼓励民间资本进入流通领域，保障民营企业合法权益，促进民营企业健康发展。进一步提高流通产业利用外资的质量和水平，引进现代物流和信息技术带动传统流通产业升级改造。支持有条件的流通企业"走出去"，通过新建、并购、参股、增资等方式建立海外分销中心、展示中心等营销网络和物流服务网络。积极培育国内商品市场的对外贸易功能，推进内外贸一体化。

三、支持政策

（十一）制定完善流通网络规划。制定全国流通节点城市布局规划，做好各层级、各区域之间规划衔接。科学编制商业网点规划，确定商业网点发展建设需求，将其纳入城市总体规划和土地利用总体规划。乡镇商业网点建设纳入小城镇建设规划。各地制定控制性详细规划和修建性详细规划时应充分考虑商业网点建设需求，做好与商业网点规划的相互衔接。完善社区商业网点配置，新建社区（含廉租房、公租房等保障性住房小区、棚户区改造和旧城改造安置住房小区）商业和综合服务设施面积占社区总建筑面积的比例不得低于10%。地方政府应出资购买一部分商业用房，用于支持社区菜店、菜市场、农副产品平价商店、便利店、早餐店、家政服务点等居民生活必备的商业网点建设。严格社区商业网点用途监管，不得随意改变必备商业网点的用途和性质，拆迁改建时应保证其基本服务功能不缺失。各地可根据实际发布商业网点建设指导目录，引导社会资金投向。

（十二）加大流通业用地支持力度。按照土地利用总体规划和流通业建设项目用地标准，在土地利用年度计划和土地供应计划中统筹安排流通业各类用地。鼓励利用旧厂房、闲置仓库等建设符合规划的流通设施，涉及原划拨土地使用权转让或租赁的，经批准可采取协议方式供应。政府对旧城区改建需搬迁的流通业用地，在收回原国有建设用地使用权后，经批准可以协议出让方式为原土地使用权人安排用地。鼓励各地以租赁方式供应流通业用地。支持依法使用农村集体建设用地发展流通业。制定政府鼓励的流通设施目录，对纳入目录的项目用地予以支持。依法加强流通业用地管理，禁止以物流中心、商品集散地等名义圈占土地，防止土地闲置浪费。

（十三）完善财政金融支持政策。积极发挥中央政府相关投资的促进作用，完善促进消费的财政政策，扩大流通促进资金规模，重点支持公益性流通设施、农产品和农村流通体系、流通信息化建设，以及家政和餐饮等生活服务业、中小流通企业发展、绿色流通、扩大消费等。鼓励银行业金融机构针对流通产业特点，创新金融产品和服务方式，开展动产、仓单、商铺经营权、租赁权等质押融资。改进信贷管理，发展融资租赁、商圈融资、供应链融资、商业保理等业务。充分发挥典当等行业对中小和微型企业融资的补充作用。拓宽流通企业融资渠道，支持符合条件的大型流通企业上市融资、设立财务公司及发行公司（企业）债券和中期票据等债务融资工具。引导金融机构创新消费信贷产品，改进消费信贷业务管理方式，培育和巩固消费信贷增长点。

（十四）减轻流通产业税收负担。在一定期限内免征农产品批发市场、农贸市场城镇土地使用税和房产税。将免征蔬菜流通环节增值税政策扩大到有条件的鲜活农产品。加快制定和完善促进废旧商品回收体系建设的税收政策。完善并落实家政服务企业免征营业税政策，促进生活服务业发展。落实总分支机构汇总纳税政策，促进连锁经营企业跨地区发展。积极推进营业税改增值税试点，完善流通业税制。

（十五）降低流通环节费用。抓紧出台降低流通费用综合性实施方案。优化银行卡刷卡费率结构，降低总体费用水平，扩大银行卡使用范围。加快推进工商用电用水同价。落实好鲜活农产品运输“绿色通道”政策，确保所有整车合法装载运输鲜活农产品车辆全部免缴车辆通行费，结合实际完善适用品种范围。切实规范农产品市场收费、零售商供应商交易收费等流通领域收费行为。深入推进收费公路专项清理，坚决取缔各种违规及不合理收费，降低偏高的通行费收费标准。从严审批一级及以下公路和独立桥梁、隧道收费项目。按照逐步有序的原则，加快推进国家确定的西部地区省份取消政府还贷二级公路收费工作进度。

四、保障措施

（十六）完善流通领域法律法规和标准体系。推动制定、修改流通领域的法律法规，提升流通立法层级。抓紧修订报废汽车回收管理办法，积极推动修改商标法、反不正当竞争法、广告法和消费者权益保护法等法律，研究制定典当管理、商业网点管理、农产品批发市场管理等方面的行政法规。全面清理和取消妨碍公平竞争、设置行政壁垒、排斥外地产品和服务进入本地市场的规定。积极完善流通标准化体系，加大流通标准的制定、实施与宣传力度。

（十七）健全统计和监测制度。加快建立全国统一科学规范的流通统计调查体系和信息共享机制，不断提高流通统计数据质量和工作水平。加强零售、电子商务、居民服务、生产资料流通等重点流通领域的统计数据开发应用，提高服务宏观调控和企业发展的能力。扩大城乡市场监测体系覆盖面，优化样本企业结构，推进信息采集智能化发展，保证数据真实、准确、及时，加快监测信息成果转化。

（十八）发挥行业协会作用。完善流通行业协会的运行机制，引导行业组织制定行业规范和服务要求，加强行业自律和信用评价。支持行业协会为流通企业提供法律、政策、管理、技术、市场信息等咨询及人才培训等服务，及时反映行业诉求，维护企业合法权益。

（十九）强化理论体系、人才队伍和基层机构建设。深化流通领域理论和重大课题研究，完善我国现代流通产业发展的理论和政策研究体系。大力培养流通专业人才，加快形成高校、科研院所与部门、行业企业联合培养人才的机制，积极开展职业教育与培训，提高流通专业人才培养质量。加强干部队伍建设，提高基层干部的服务意识和监管执法能力。加强基层流通管理部门建设，充实一线力量，保证基层流通管理工作通畅有效。

（二十）加强组织领导。国务院有关部门、地方各级人民政府要高度重视加快流通产业改革发展的重要性，切实加强组织领导，根据要求抓紧制定具体实施方案，完善和细化政策措施，确保各项任务落实到位。建立由商务部牵头的全国流通工作部际协调机制，加强对流通工作的协调指导和监督检查，及时研究解决流通产业发展中的重大问题。各地要将加快流通产业改革发展作为调结构、转方式、惠民生的重要抓手，完善配套政策和监管措施，保障流通产业改革发展所需资金，促进流通产业持续健康发展。

（国务院 国发〔2012〕39 号　2012 年 8 月 3 日）

国内贸易发展“十二五”规划

《国内贸易发展“十二五”规划》根据《中华人民共和国国民经济和社会发展第十二个五年规划纲要》编制，主要阐明“十二五”时期我国国内贸易发展战略，提出发展政策导向，明确政府工作重点，引导市场主体行为，促进国内贸易又好又快发展。

一、现状与形势

（一）“十一五”时期国内贸易发展取得显著成就。“十一五”时期，面对复杂多变的国内外形势，国内贸易坚持科学发展，坚持改革开放，转变发展方式，健全流通网络，提升服务水平，主要指标达到或超过规划目标，为应对国际金融危机、促进国民经济平稳较快发展、保障和改善民生作出了重要贡献。

总体规模快速增长。社会消费品零售总额、生产资料销售总额分别从 2005 年的 6.8 万亿元、14.3 万亿元，提高到 2010 年的 15.7 万亿元、36.1 万亿元。批发零售住宿餐饮业增加值从 2005 年的 1.8 万亿元提高到 2010 年的 4.4 万亿元，年均实际增长 14.9%。

结构调整积极推进。区域结构有所改善，2010 年中西部地区社会消费品零售总额占全国的比重比 2005 年提高近 1 个百分点。农村市场体系薄弱的局面明显改观，2010 年底，农村连锁超市已覆盖全国 80% 的乡镇和 65% 的行政村。流通组织化程度提高，全国批发和零售业法人企业数占批发和零售业全部经营单位比重由 2005 年的 7.3% 提高到 2010 年的 8.8%。零售业态发展较快，超市、便利店、专卖店、专业店、网上商店等加速普及。

现代流通加快发展。连锁经营向多行业扩展，物流装备技术和现代化配送水平稳步提高，电子商务发展迅猛。2010 年限额以上连锁零售企业商品销售额达到 2.7 万亿元，“十一五”期间年均增长 16.8%；一批现代化物流配送中心投入使用，限额以上连锁零售企业统一配送率达到 63.6%；2010 年电子商务交易额达到 4.5 万亿元，其中网络零售额超过 5200 亿元。

综合贡献更加突出。批发零售住宿餐饮业增加值占国内生产总值比重由 2005 年的 9.8% 上升至 2010 年的 10.9%，对经济增长的贡献居第三产业首位。2010 年国内贸易税收近 1.6 万亿元，占全国税收总额的 21.8%。“十一五”期间，国内贸易税收年均增长 24.0%，高于同期全国税收年均增速。2010 年国内贸易就业人数达到 1.027 亿人。国内贸易在应对突发事件和举办重大活动中，发挥了保障供应、稳定市场的重要作用。

国内贸易在快速发展的同时也存在一些突出问题：市场管理制度不健全，法律法规和标准体系尚需完善；城乡市场发展不均衡，部分生活服务行业发展滞后；企业竞争能力不强，流通效率亟待提高；市场调控和应急保供能力较弱，市场秩序仍需规范。

（二）“十二五”时期国内贸易发展面临重大机遇和挑战。“十二五”时期是我国全面建设小康社会的关键时期，是深化改革开放、加快转变经济发展方式的攻坚时期，国内贸易发展面临重大机遇：国家着力扩大内需、完善促进消费政策措施，为国内贸易发展提供了不竭动力；工业化进程进一步加快，城镇化积极推进，对外开放进一步扩大，为国内贸易发展提供了更大空间；深化收入分配制度改革，健全社会保障体系，建立扩大消费需求的长效机制，有利于提高居民消费能力，改善消费预期，为国内贸易发展提供了市场潜力；物联网、云计算等新一代信息技术的应用，将加快经营管理模式创新，推动流通向网络化、智能化方向发展，为国内贸易发展提供了有力支撑。

“十二五”时期，国内贸易发展也面临诸多挑战：人民群众生活水平显著提高，居民消费结构不断升级，对国内贸易优化结构与布局提出了新要求；资源环境约束日趋强化，资金、土地、劳动力等要素成本上升，国内贸易加快转变发展方式的迫切性进一步增强；国际国内市场联系更加紧密，国内贸易领域的市场竞争更加激烈，维护市场正常秩序的任务更加艰巨；部分大宗商品较多依赖进口，受国际市场价格影响较大，市场调控难度增大。

二、指导思想、基本原则和发展目标

（一）指导思想。以邓小平理论和“三个代表”重要思想为指导，深入贯彻落实科学发展观，围绕提高流通效率、方便群众生活、保障商品质量、引导生产发展和促进居民消费，加快推进国内贸易发展方式转变，建立健全现代国内贸易体系，更好地发挥国内贸易作为国民经济基础性和先导性产业的作用。

（二）基本原则。坚持发挥市场的基础作用。遵循价值规律和市场规则，在更大程度上发挥市场配置资源的基础性作用。继续深化流通管理体制改革，加快转变政府管理职能，努力营造公平、公开的市场竞争环境。支持和引导非公有制流通企业发展。加强流通基础设施建设。

突出扩大消费的战略地位。着力创新和完善消费促进政策，推动消费业态和商业模式创新，大力促进便民消费、实惠消费、热点消费、循环消费、安全消费和信用消费。发挥城市的消费中心功能，大力开拓农村市场，进一步释放居民消费潜力。充分发挥国内贸易保障消费、引导消费、创造消费的功能。

增强引导生产的重要功能。推动流通企业与生产企业加强合作，促进产销衔接，引导制造业转型升级，引导发展订单农业。大力发展生产服务行业，完善生产服务网络，加快服务产品和服务模式创新，促进产业结构调整。以现代流通带动现代生产，提高经济运行效率。

明确改善民生的根本宗旨。完善商品流通和生活服务网络，加强市场调控，保障市场平稳运行，满足群众基本生活需求。充分发挥内贸吸纳就业的优势，积极支持中小企业发展，减轻社会就业压力。整顿和规范市场秩序，弘扬诚信经商、文明兴商的商业文化，保障居民放心消费，提高消费者满意度，促进社会和谐。

注入改革创新的强劲动力。深化内贸领域各项改革，继续推进国内贸易对内对外开放，以开放促改革促发展。以信息化带动流通现代化，大力发展电子商务；积极发展绿色流通，加快推进节能减排；统筹区域、城乡和国内外贸易协调发展，优化布局与结构；推进产业融合互动发展，提高流通组织化程度和集约化水平，增强企业竞争力。

（三）发展目标。总体规模指标实现翻番。2015 年社会消费品零售总额 32 万亿元左右，年均增长 15% 左右；生产资料销售总额 76 万亿元左右，年均增长 16% 左右；批发零售住宿餐饮业增加值超过 7 万亿元，年均实际增长 11% 左右。2015 年国内贸易就业人数 1.3 亿人左右，其中城镇就业 1 亿人左右，年均增加 500 万人以上。

城乡区域发展趋于协调。农村市场体系建设滞后的局面得到改善，流通基础设施建设得到加强，连锁超市行政村覆盖率显著提升。城市商业网点布局更加合理，综合服务功能明显提升，城市对农村的带动作用增强。

流通现代化水平显著提升。限额以上连锁零售企业商品销售额占社会消费品零售总额的 20% 左右，统一配送率在 70% 左右；电子商务交易额年均增长 30% 以上，网络零售额快速增长；流通组织化程度明显提高，形成一批具有较强竞争力的流通企业。

市场应急调控能力增强。城乡市场统计监测体系功能完善、反应灵敏，市场调控的前瞻性、预见性增强。中央储备与地方储备、政府储备与商业储备相结合的生活必需品储备制度基本建立，有效防范和应对市场异常波动的能力进一步增强。

国内市场环境明显改善。内贸领域法律法规、标准和信用体系进一步健全，市场秩序更加规范，市场主体诚信意识明显提升，流通领域商品质量安全行业管理水平提高，商品和要素顺畅流通。

专栏 1　　“十二五”时期国内贸易发展主要指标

指标	2010 年	2015 年	年均增长	属性
总体规模指标				
社会消费品零售总额（万亿元）	15.7	32	15%	预期性
生产资料销售总额（万亿元）	36.1	76	16%	预期性
批发零售住宿餐饮业增加值（万亿元）	4.4	（7）	（11%）	预期性
国内贸易就业人数（亿人）	1.03	1.3	[2730]	预期性
其中：国内贸易城镇就业人数（亿人）	0.74	1	[2560]	预期性
流通现代化指标				
限额以上连锁零售企业销售额占社会消费品零售总额比重（%）	17.4	20		预期性
电子商务交易额（万亿元）	4.5	18	>30%	预期性

注：1. [　] 内为五年累计数，（　）内为以规划基期价格计算的不变价数值或年均实际增长率。

2.《中华人民共和国国民经济和社会发展第十二个五年规划纲要》提出“十二五”期间国内生产总值年均实际增长 7% 的发展目标。

三、主要任务

（一）统筹国内贸易协调发展

1. 推动形成区域特色鲜明的发展格局。发挥东部地区先行带动作用，重点拓展新的服务领域，推动内外贸互动发展，加快形成大城市以服务经济为主的产业结构，形成消费拉动经济增长的先行区。发挥中部地区区位优势，提升流通枢纽地位和商品集散功能，加快发展现代流通方式，大力发展生产性服务业。突出西部地区资源和特色优势，加大农产品和资源能源类商品交易市场建设力度。大力支持沿边省（区）和民族地区发展，建设一批具有民族和地方特色的边贸市场、商品交易市场和区域性商贸中心，扶持少数民族地区发展特需商品和民族贸易。建立国内贸易区域协调发展机制，引导资源跨区域整合。

2. 发挥主要商业功能区的辐射带动作用。结合国家区域发展总体战略和构建城市化战略格局的总体部署，加快形成11个主要商业功能区，发挥其商品集散、价格形成、消费集聚、产业服务和辐射带动功能，形成一批国内贸易的重要增长极（见主要商业功能区分布图）。推动环渤海、长三角、珠三角商业功能区建设，大力发展现代服务业，进一步强化贸易中心地位和消费集聚功能。推动中原、长江中游、成渝、关中—天水商业功能区建设，强化商品特别是农产品现代物流基地和流通枢纽地位，提升商品集散和消费集聚功能。推动滇黔桂、甘宁青、新疆商业功能区建设，支持特色商品流通、民族贸易和边境贸易发展，增强商品集散功能和市场保障能力。推动哈长商业功能区建设，大力发展粮食等重要商品流通和专业服务行业，增强商品集散功能和为产业服务的能力。加强规划衔接、资源共享和市场开放，实现主要商业功能区内部一体化发展和功能区之间协调联动发展，初步形成全国骨干流通网络。

3. 加强农村现代市场体系建设。引导大型流通企业进入农村，加强农村流通基础设施建设，深入实施万村千乡市场工程，继续推进新农村现代流通服务网络工程，扩大农村连锁超市覆盖面。按照土地利用总体规划、小城镇建设规划，重点在县、乡镇培育农村商贸服务中心。整合流通企业、银行和电信运营商等资源，建立统一的信息服务平台和农村商业信息库。以县、乡镇为农村物流节点，建立多元化的配送体系，加快农村物流资源整合，提高商品配送比率。支持农村商业网点拓展经营领域，取得相关经营资质，开展日用消费品、农资、图书、药品、烟草、通信等产品的经营，增强农技推广、水电费代收代缴、维修等服务功能。鼓励万村千乡市场工程、新农村现代流通服务网络工程、邮政等网点开展农产品购销、再生资源回收等业务。建立健全农机制造企业品牌营销网络、农机专业流通企业销售网络相结合的新型农机市场体系。

4. 推进城乡商业服务网络一体化。积极推进商业网点规划制定和实施。在城区，鼓励改造提升传统商业中心，引导商业网点合理布局，形成具有综合服务功能和较强辐射能力的消费中心；支持具有地方特色的商业街提档升级、规范发展。在郊区，引导专业市场及物流配送中心集聚发展。在社区，加强商业设施建设和业态配套，严格商业网点用途管理。鼓励各类经营主体进入社区，设立便利店、菜市场（店）、早餐店、药店、维修店、邮政局（所）、家政服务点、再生资源回收站等居民日常生活必需的商业网点，打造一刻钟便民生活服务圈。发展社区商业中心，提升社区综合服务功能。培育一批商业中心城市，推动各具特色的中小城市商业发展，优化城市群内部的商业分工。推动城市现代商业网络向农村延伸，支持流通企业建立城乡一体化的营销网络，畅通农产品进城和工业品下乡的双向流通渠道。

（二）建立和完善现代商品流通体系

1. 着力建设农产品现代流通体系。引导各类投资主体投资建设和改造农产品批发市场和农贸市场、社区菜市场等鲜活农产品零售网点。加强预选分级、加工配送、包装仓储、检验检测等设施设备建设改造。支持农产品冷链物流发展，逐步形成全程冷链。积极探索以参股控股、产权回购回租、公建配套等多种形式，改造和新建一批具有公益性质的农产品批发市场、农贸市场、社区菜市场、菜店。统筹农产品集散地、销地、产地批发市场建设。积极推动农超对接、农批对接等多种产销衔接方式发展。支持农业生产基地、农民专业合作社在城市社区设立多种形式的鲜活农产品直销网点。创新农产品流通方式，鼓励拍卖、网上零售等现代交易方式发展，探索发展农产品流通领域的电子商务。完善全国鲜活农产品市场信息平台，健全农产品信息网络，形成全国统一的信息发布机制。

2. 积极完善生产资料现代流通体系。鼓励直采直供、网上购销。支持生产资料流通企业向上下游延伸，形成供应链集成服务模式。逐步完善佣金代理制，规范发展总经销和总代理。支持发展企业间的电子商务。鼓励具备条件的生产资料生产、流通企业发展内外贸结合的经营模式，建立跨国采购和销售网络。支持生产资料批发市场加快改造升级，提升物流配送、流通加工、价格发布、金融服务、信息引导等综合服务功能，形成一批全国性或区域性生产资料交易中心。

3. 加快健全工业消费品流通体系。引导零售企业突出主业、提高自营比重。支持零售企业拓展网上销售、信用销售、配送等服务功能，完善售后服务。积极促进工商对接，引导工业消费品批发、零售、生产企业建立稳定的供应链，鼓励生产企业向零售企业直接供货。促进工业消费品批发市场规范发展，提升综合服务功能。鼓励发展具有品牌优势的连锁工业消费品批发市场。支持具有批发功能的仓储式会员店发展。规范总经销、总代理，减少代理层次。

（三）促进内贸领域服务行业大发展

1. 促进家庭服务业规范发展。整合家庭服务资源，实现家庭服务供求信息高效对接。丰富服务内容，延伸服务范围。加强家庭服务企业和人员管理，鼓励从业人员职业化，加强服务技能培训，统一服务标准，提高服务质量。推动一批管理科学、运作规范、影响力较大的家庭服务企业跨区域发展。

2. 鼓励发展大众化餐饮。发展特色餐饮、民族餐饮、早餐、快餐和送餐服务。优化大众化餐饮布局，支持大型餐饮企业建设主副食加工配送中心，发展标准化餐饮网点。培育一批品牌化、连锁化经营的大众化餐饮企业。弘扬中华饮食文化，逐步形成业态互补、高中低档协调发展、中外餐饮融合促进的发展格局。

3. 支持发展经济型住宿业。建立能够满足不同层次需求的住宿服务网络。大力发展绿色饭店和经济型连锁酒店，在大中城市开展绿色饭店创建活动。鼓励住宿企业连锁化、品牌化经营，推进住宿、旅游、出行一体化服务。推广实施住宿业相关国家标准和行业标准，提高住宿业服务水平。

4. 提升其他服务行业发展水平。促进洗染、沐浴、美发美容、人像摄影、再生资源回收、修理与维护等服务网点合理布局，丰富便民利民服务网点，扩展服务领域和服务项目。大力发展租赁业，鼓励开展先进技术装备的融资租赁业务，积极发展实物租赁市场。培育一批面向国内外市场的专业化品牌化展会。加强拍卖和典当业监管。规范提升认证认可、信用评估、经纪代理、管理咨询、市场调查、服务外包、创意设计等商务服务行业。

（四）全面提高流通企业竞争力

1. 积极培育大型企业。加大金融支持力度，推动有实力的流通企业通过参股、控股、联合、兼并、合资、合作等方式，跨行业、跨地区整合资源，实现资本化扩张，形成若干大型零售商、批发商、代理商等。鼓励有条件的企业在依法合规、公平竞争的前提下，组成战略联盟，开展采购、营销等方面合作。

2. 大力扶持中小企业。支持中小流通企业特别是小微型企业专业化、特色化发展。建立健全中小流通企业服务体系，扶持发展一批面向中小流通企业的公共服务平台和服务机构。鼓励中小企业开展联合采购。引导中小企业利用信息技术提高管理、营销和服务水平。

3. 鼓励实施品牌战略。建立品牌促进、推介和保护等公共服务体系。完善中国品牌产品境内外营销网络，畅通中国品牌产品流通渠道。积极发展品牌产品专卖店、专业店。鼓励流通企业开发自有商品品牌。支持流通企业服务品牌建设，保护中华老字号，鼓励中华老字号创新发展。

（五）大力推进流通现代化

1. 积极推动科技进步。加强国内贸易领域信息化、自动化、标准化技术的研发和应用，支持流通企业信息化改造和综合公共信息平台建设。鼓励技术创新，推广应用企业资源计划系统、管理信息系统、供应链管理系统等信息管理技术。积极推动物联网、云计算等技术应用，开展智能商店试点。

2. 大力发展电子商务。加强电子商务物流配送体系建设，大力发展电子商务服务业。鼓励流通企业通过应用电子商务实现转型升级，积极推动网络零售健康快速发展。支持发展社区电子商务、移动电子商务等新型电子商务模式。完善电子商务技术标准、统计监测和信用体系，探索建立电子商务信用等级认证制度。有序发展第三方电子商务平台。推动电子商务交易监管平台建设，保护消费者合法权益。

3. 鼓励发展连锁经营。推动连锁经营向多行业、多业态延伸，提高流通规模化、组织化程度。鼓励发展直营连锁，规范发展特许连锁，扶持发展自愿连锁。提升统一采购、统一管理、统一核算、统一配送水平。运用信息化手段，优化供应链，提高经营管理水平。

4. 加快发展物流配送。大力发展面向国内贸易的第三方物流，支持一批传统物流企业改造升级，提高商贸物流专业化、社会化、信息化水平。积极发展多式联运。支持大型连锁企业的配送中心面向社会提供配送服务。完善城市共同配送网络。合理规划和建设商贸物流集聚区，支持建设跨区域物流信息服务平台。

5. 积极发展绿色低碳流通。引导流通企业开展绿色采购，设立节能环保产品专柜。鼓励消费者购买和使用资源节约和绿色环保产品。减少一次性用品、塑料袋的使用，遏制商品过度包装。大力推进绿色物流。推广使用散装水泥。加快以旧换新、收旧售新、旧货流通、再生资源回收等循环流通网络建设。推动旧货市场和二手设备、二手车交易市场升级改造，大力发展品牌二手车经营。培育报废汽车、船舶和废旧电子回收拆解骨干企业，引导建立报废汽车破碎示范中心。制定和实施内贸节能环保标准，加强能耗、水耗、环保管理，积极开展节能、环保和低碳认证。推进商业建筑和设施节能减排，培育一批节能环保商店、绿色市场、绿色园区示范企业。大力推广节电、节水、环保技术和装备。

（六）保障国内市场稳定运行

1. 加强公共信息服务。完善城乡市场统计监测体系，进一步健全监测指标系统、信息采集系统、信息加工系统、信息储存系统和信息发布系统，提高市场监测、预测预警分析和公共信息服务能力。打造覆盖全国的市场监测网络平台。支持样本企业改善信息报送条件，优化样本企业结构，增强样本代表性。整合信息资源，构筑全方位、多层次的市场信息发布渠道。

2. 提高市场调控能力。加强重要商品储备，增强平抑市场异常波动能力。对猪肉等重要生活必需品，建立健全中央和地方两级政府储备制度。培育中央和地方两级应急保供骨干企业队伍，积极探索生活必需品商业储备制度建设，支持骨干企业增加生活必需品库存。健全应急商品投放网络。加强肉、菜、糖、边销茶、生丝等重要商品储备的设施设备建设与升级改造。统筹利用两个市场、两种资源，维护重要商品市场供求基本平衡。

3. 完善市场应急机制。加强生活必需品市场应急供应管理的制度建设，建立健全突发事件应对机制。不断完善生活必需品市场供应应急预案。建立应急管理平台，及时掌握应急商品的地域分布、库存水平、产出能力和物流资源等基本情况，逐步实现市场应急供应管理全程控制。

（七）营造规范有序的市场环境

1. 大力整顿规范市场秩序。全面清理各种地区封锁的规定，促进商品和各种生产要素在全国范围内自由流动和充分竞争，消除企业跨行业、跨区域、跨所有制兼并重组的阻力。清理规范涉及行政许可和强制准入的垄断性经营服务收费。加强基层执法队伍建设，提高执法监管效能。严厉打击缺斤短两、商业欺诈、商业贿赂、不正当竞争等违法行为，加大处罚力度。整顿大宗商品交易市场秩序。规范零售商、供应商交易行为。

2. 严厉打击侵权和假冒伪劣行为。完善打击侵犯知识产权和制售假冒伪劣商品工作机制，加强组织领导和统筹协调。研究修订相关法律制度，推动完善刑事定罪量刑标准，健全相关检验和鉴定标准。加强和规范行政执法，加大刑事司法打击力度，加强行政执法与刑事司法有效衔接。推动建立跨地区跨部门执法协作机制。健全监督考核制度，发挥社会监督作用。

3. 积极推动信用体系建设。完善商务领域信用信息系统。支持商会或行业协会依据标准开展对会员企业的信用评价工作。建立商务从业人员信用管理制度。推进信用信息和信用评价结果的共享和应用。制定商业保理等信用服务业的行业规范，培育有序竞争的信用服务市场。大力发展信用销售，规范发展预付消费，鼓励发展信用消费。积极开展诚信经营宣传教育活动。

4. 加强商品质量安全行业管理。鼓励食品经营企业采用先进技术和管理规范，健全企业进货查验、购销台账等制度。完善食品安全事故处置、信息通报、监测评估体系，提高食品安全风险预警和防控能力。完善药品流通网络和药品流通分类分级管理制度，推进社会零售药店规范管理，制定从业人员职业分类标准和岗位规范，健全药品购销索证索票、出入库及运输安全管理责任制。扶持和规范中药材交易市场，建立中药材流通追溯体系。加强保健食品、化妆品流通监管，探索建设追溯体系。逐步建立肉菜等食用农产品的流通追溯体系。完善酒类流通随附单溯源等管理制度。支持符合条件的生猪等定点屠宰企业升级改造，严格企业准入。完善省、市、县和企业互联互通的屠宰监管系统，建立监管和公共服务网络。整合充实商务领域执法监管力量，严厉打击私屠滥宰等违法行为。

（八）深化国内贸易的改革开放

1. 推进管理体制改革。放宽垄断专营领域市场准入，深化原油、成品油、食盐、药品等商品流通体制改革，完善重要商品流通体系和管理机制，鼓励民间资本进入流通领域。加快流通管理部门职能转变，强化社会管理和公共服务职能，增加政府对具有公益性质的流通基础设施的投入。加快建立分工明确、权责统一、协调高效的国内贸易管理体制。强化政策制定、执行与监督相互衔接。推动相关行业协会、商会改革和发展，加强行业自律和信用评价，支持行业组织提高服务能力。

2. 提高对外开放水平。创建公平的内外资投资环境，依照法律法规对内外资企业实行同等待遇。提高利用外资质量，优化外商投资结构。引导外资投向中西部地区和社区商业，引进新业态、新技术，促进传统内贸行业改造升级。依法加强外资并购管理。完善产业损害预警机制。积极鼓励和引导企业有序开展对外投资合作，在境外设立中国商品交易和物流集散中心，建立国际采购和营销网络。积极为生产企业建立境外营销网络提供配套服务。

3. 促进内外贸协调发展。逐步建立与国际接轨的流通规则体系。引导外贸企业疏通内销渠道。鼓励流通企业开拓国际市场。支持内外贸企业之间的兼并重组与合作，重点培育一批具有产业链整合能力、内外贸结合的大型流通企业集团。重点发展一批外贸商品占有一定比重的商品交易市场。培育一批面向国际、国内两个市场的展会。鼓励优势电子商务平台开展内外贸交易。

专栏 2　　“十二五”时期国内贸易发展重点工程

1. 兴贸富边市场工程。以沿边和民族省（区）重点口岸城市和交通枢纽城市为节点，支持改造和建设一批内外贸一体化的特色边贸市场、商品交易市场、物流基地、出口加工基地和跨境物流通道，加强物流基础设施建设，形成若干具有一定规模和辐射能力的区域性商贸中心。
2. 万村千乡市场工程。发展农村连锁经营网络，扩大农村连锁超市覆盖面，建设全覆盖、多层次的农村商品配送体系，使农村超市商品配送率提高至60%。鼓励农村连锁超市发展“一网多用”。对50%以上的农村超市进行信息化改造。在有条件的县、乡镇开展农村商贸服务中心建设试点。重点支持100家大型流通企业下乡。重点支持100个面向农村的配送中心建设。
3. 社区商业示范工程。培育1000家社区商业示范社区，完善社区商业网点，增加服务功能，支持一批连锁企业进入社区。通过建设示范社区，扩大社区商业规模，带动社区便利店和超市等业态升级，提升社区商业连锁化和便利化程度，增强社区吸纳就业能力。
4. 农产品骨干流通网络建设工程。重点支持100家大型连锁超市与农产品基地直接对接，推行标准购销合同。在省级城市和农产品优势产区建设改造100家骨干农产品批发市场，在地级城市建设改造500家区域性农产品批发市场，在县乡建设改造6000家农贸市场。加强农产品冷链物流、配送中心、电子结算、检验检测等设施建设。以标准化菜市场和连锁超市为主体，以直营直供菜点、早晚市、周末菜市场和网上经营为补充，建设城市鲜活农产品零售网络。加快绿色市场培育与认证。积极推动“南菜北运”等农产品现代流通综合试点工作，构建全国农产品现代流通综合示范区。
5. 家庭服务体系建设工程。在中心城市建设或完善家庭服务网络中心，逐步形成较完善的家庭服务体系。支持一排大型龙头家庭服务企业建设、改造连锁门店，重点培育一批管理规范、连锁经营的员工制品牌服务企业，规范中小家庭服务企业发展。支持家庭培训机构和家庭服务企业开展家庭服务人员培训，扶持一批城镇下岗人员、农民工从事家庭服务。
6. 早餐示范工程。在地级以上城市支持大型龙头餐饮企业新建或改造主食加工配送中心，重点完善食品安全检测、信息管理和冷链与配送三大系统，支持建设标准化餐饮网点，培育一批品牌早餐企业及快餐企业。
7. 生活服务行业集聚创新示范工程。在大中城市建设若干集聚生活服务行业的街区，形成一批美食街、购物街、休闲娱乐街、老字号街等，形成一批创新型服务企业，发展网络定制服务等，促进服务行业自主品牌发展。
8. 生产服务行业创新示范工程。支持有条件的省市，以产业集聚区、商贸物流园区、重点企业、电子商务平台等为载体，建设一批各具特色、充满活力的现代服务企业公共服务平台，培育一批主业突出、竞争力强的现代服务企业，形成一批主体功能突出、带动作用强的现代服务业发展示范区。
9. 中小流通企业服务体系建设工程。选择部分省市试点建立中小流通企业服务中心，扶持建立一批公共服务平台，逐步完善面向中小流通企业的创业辅导、人才培训、信息咨询、市场开拓、融资担保、法律咨询与援助等公共服务，促进中小流通企业健康快速发展。
10. 电子商务示范工程。以国家电子商务示范城市为重点，以国家电子商务示范园区（基地）为载体，支持电子商务公共服务体系建设。支持电子商务示范企业进行技术创新和模式创新，完善交易结算、安全保障、仓储物流等配套服务体系，提高电子商务应用水平。支持传统企业应用信息技术发展电子商务，形成一批面向消费者的网络购物平台、面向企业的电子商务平台。
11. 城市物流配送体系示范工程。加快大中城市商贸物流聚集区和物流配送节点建设，优化城市物流配送空间布局，建立托盘共用系统，搭建城市共同配送服务平台。重点支持现代物流示范城市内200个物流配送中心和一批商贸物流园区建设与改造，大中城市连锁零售企业统一配送率达到75%。

12. 再生资源回收体系建设工程。在省会城市、部分地级城市和具备条件的县级市，加快建设城市社区和乡村回收站点、分拣中心、集散市场“三位一体”的再生资源回收体系，建设80个废旧商品回收体系示范城市、100个废旧商品回收分拣集聚区，扶持100个回收行业重点龙头企业。
13. 汽车循环消费促进工程。鼓励汽车供应商、经销商开展品牌二手车经营，引导大型企业发展连锁经营，设立品牌二手车卖场、精品店等专业经销企业，培育一批功能完善、管理规范的二手车交易示范市场。推动报废汽车回收拆解企业开展以清洁环境、安全生产、节约资源为重点的达标升级活动，集中支持和培育起点高、回收网点完善、具有规模效应的汽车回收拆解骨干企业，引导有条件的地区建立报废汽车破碎示范中心。
14. 零售业节能环保工程。在直辖市、计划单列市、省会城市支持大型零售店铺实施照明、空调、电梯及其他建筑内部用能设施的节能改造，严格用能管理。在全国零售行业开展节能减排行动和创建“节能环保示范企业”活动，树立一批节能环保型企业典范。
15. 市场调控体系建设工程。加强城乡市场统计监测体系建设，完善重要商品预测预警系统。建立健全中央、地方两级政府储备制度。培育骨干企业队伍，完善配套支持政策。加强应急商品数据库建设，增加应急商品品种和重点联系企业数量。依托配送中心、批发市场、大型超市、农贸市场、社区商店等网点，形成应急投放网络，确保投放渠道畅通。
16. 肉菜酒类流通追溯体系建设工程。在具备条件的大中城市，建立覆盖屠宰、批发、零售、消费等环节的追溯体系和中央、省、市三级政府管理平台，实现肉菜来源可追、去向可查、责任可究，落实经营者和市场开办者的主体责任。选择品牌知名度高的酒类企业，建立覆盖酒类生产、批发、零售、餐饮的追溯链条，实现品牌酒瓶瓶可追溯。形成全国性的肉类蔬菜酒类流通追溯网络。
17. “放心肉”服务体系建设工程。建立省、市、县商务主管部门（以及民族、宗教部门）对屠宰企业实行远程监控的屠宰监管技术系统，实现对生猪等入厂到产品出厂全过程监控。支持骨干龙头屠宰企业升级改造与中小型屠宰企业标准化改造，鼓励屠宰企业兼并重组与转型升级，重点支持屠宰加工、肉品检验、冷链储运、无害化处理及企业信息管理系统和污水处理等设施设备改造。
18. 内贸领域监管与公共服务体系建设工程。积极推进市县商务综合行政执法试点，建设统一、规范、高效的商务行政执法队伍，改善执法装备和条件，提高执法能力。推动建立省、市、县三级12312商务举报投诉服务中心，完善举报投诉、政策咨询、信息查询、预测预警、宣传培训等综合服务功能。

四、保障措施

从战略和全局的高度，充分认识国内贸易发展的重要性和紧迫性，加强组织领导与政策促进，认真贯彻落实《国务院关于深化流通体制改革加快流通产业发展的意见》（国发〔2012〕39号），推动本规划的实施。

（一）完善法规标准体系

1. 健全法律法规体系。加快内贸领域法律法规体系建设步伐，提高依法行政水平。根据实际情况与需要，抓紧研究制定和修订市场体系建设、重要商品流通、商业网点规划管理以及规范市场主体和经营行为等方面的法律法规或部门规章，进一步完善流通领域立法。

2. 加快完善标准体系。推进基础性标准和涉及群众生命、财产、安全、健康等领域标准制修订，完善节能降耗、从业人员岗位和技能要求、检验检测、农产品和食品流通、药品流通等方面的标准和认证认可制度，逐步实现流通行业标准全面覆盖。开展标准化示范企业创建工作。加强标准化队伍建设，提高行业协会、标准化技术机构和企业标准化人员的业务素质。积极参与国际标准化活动，鼓励企业参与或主导制定国际标准。

（二）加大财税和价格政策支持力度

1. 加大财税支持力度。着眼于搞活流通，扩大消费，优化结构，突出重点，积极发挥中央财政资金的促进作用，大力支持内贸关键领域、薄弱环节，提升国内贸易行业的综合服务能力。认真落实现行的各项税收优惠政策，进一步完善有利于内贸行业健康发展的税收政策。实行结构性减税，重点支持农产品流通、生活服务业、连锁经营企业发展和废旧商品回收体系建设。

2. 规范流通环节收费。进一步落实鲜活农产品运输“绿色通道”政策，开展公路收费专项清理工作，完善公路收费政策，规范公路车辆通行费管理；清理整顿大型零售商向供应商收费，完善相关法规和规章制度；加强零售商供应商交易服务收费管理；规范农产品市场收费，推动降低农产品批发市场、农贸市场的摊位费。地方政府可以依照法定程序将政府投资或控股的农产品交易市场收费纳入地方政府定价目录，实行政府指导价管理。加快推进工商用电用水同价。

（三）创新金融支持政策

1. 大力发展消费信贷。稳步发展消费信贷市场，有针对性地培育和巩固消费信贷增长点，集中推进汽车、家电、教育、旅游等与改善民生密切相关的信贷消费发展。完善消费信贷政策，支持新型消费信贷机构发展，充分发挥信用卡的消费信贷功能，支持新型消费产业和新型消费市场发展。

2. 加快金融产品创新。积极引导金融机构、融资性担保机构加大对流通企业特别是小微流通企业的金融支持力度，优化项目贷款管理模式和贷款评审流程，推动发展新型融资方式，为企业发展提供更加便利的融资服务。支持符合条件的流通企业通过设立财务公司、发行企业债券、上市融资、发行非金融企业债务融资工具等多种方式筹措发展资金。

3. 加强金融基础设施建设。加快建设适应连锁经营、物流配送、电子商务等现代流通方式发展要求的支付平台，不断完善电子商业汇票系统建设，推动非金融机构支付服务规范发展，在保障安全的前提下进一步提高支付效率。

4. 提供良好的金融服务。优化银行卡刷卡费率结构，降低总体费用水平，扩大银行卡使用范围。提高资金跨区汇兑效率和票据的安全性，共同营造良好的信用环境。

（四）完善规划和土地政策

制定全国流通节点城市布局规划，做好各层级、各区域之间规划衔接。科学编制商业网点规划，做好商业网点规划与控制性详细规划和修建性详细规划的相互衔接。加强商业网点建设指导，完善社区商业网点配置。统筹安排流通业用地，落实和完善支持流通业发展的用地政策。农产品批发市场用地应严格按照规划合理布局，土地招拍挂出让前，所在区域有工业用地交易地价的，可以参照工业用地市场地价水平、所在区域工业用地基准地价和工业用地最低价标准等确定出让底价。土地出让后严禁改变用途从事其他商业及住宅等房地产开发。地方政府对农产品批发市场、农贸市场、物流配送中心等流通基础设施用地应优先纳入土地利用总体规划和城市总体规划并予以保障。

（五）加强理论研究和人才培养

1. 重视内贸基础理论研究。坚持内贸实践与理论相结合，支持高校加强内贸学科建设，支持高校、科研机构积极开展内贸重大理论和实际问题研究，探索建立具有中国特色的流通理论体系。

2. 加快内贸专业人才培养。支持高校加强内贸相关专业建设，创新教育教学方法，创立高校与部门、科研院所、行业企业联合培养人才的新机制，提高内贸专业人才培养质量。强化内贸职业教育、评价和培训。支持有条件的企业设立教育培训机构，指导商业类职业学校专业建设，优化整合现有资源，拓展新兴领域专业设置。建立内贸行业专业人才评价机制，按照国家职业标准和行业标准，做好内贸行业技能人才评价工作。培养多层次、多门类、复合型的贸易经济人才。

（六）建立统计评价体系

建立完善行业统计调查制度和评价指标体系，加强对行业发展规模、经营效益、行业结构、现代化程度和贡献度等方面的调查统计，及时准确反映行业发展现状、存在问题和发展趋势。鼓励行业组织和科研机构发挥自身优势，参与行业统计工作。

地方各级人民政府和有关部门要切实加强规划的组织实施，采取有效措施，形成合力，扎实推进规划各项任务的落实。建立规划实施监测评估机制，实行年度监督、中期评估和终期检查制度。制定分解落实方案，明确工作职责、时间进度和质量要求。加强年度计划与本规划衔接，注重短期政策与长期政策配合，对主要指标设置年度目标，充分体现本规划的发展目标和重点任务。强化规划实施情况的动态跟踪分析，加强监督检查。

（国务院办公厅 国办发〔2012〕47 号　2012 年 9 月 1 日）

2012 年中国连锁零售百强企业发展总体情况

中国连锁零售企业作为先进的零售经营模式，经过30多年的高速发展，已成为中国经济的重要组成部分。中国连锁经营协会（简称连锁协会）开展连锁百强排名以来，百强企业销售规模从2001年的1620亿元发展到2012年的1.87万亿元，12年间持续快速增长，翻了近12倍。然而，自2011年下半年，特别是2012年以来，国内外经济环境复杂多变，连锁零售企业普遍出现明显的销售增长乏力甚至负增长现象，经营压力持续增大。同时，人工和房租等成本持续大幅上涨，企业利润空间不断被压缩，多家企业爆出盈利警告，开店速度明显减缓，资本市场也频频跳水。此外，受物价上涨和对经济前景不确定性的影响，消费者消费信心不足，消费意愿减弱，表现出各种业态经营企业的来客数减少。而与此同时，网络零售等新兴零售模式的快速发展与扩张，令传统连锁零售企业的经营受到冲击。再者，由于早前经济刺激政策的影响，商业地产过度开发，缺乏有效的规划和监管，造成网点的不合理分布及恶性竞争，也在一定程度上影响了企业发展的战略筹划与合理布局。

连锁协会调查显示，2012年中国连锁百强企业销售规模达到1.87万亿元，同比增长10.8%，连续第二年低于社会消费品零售总额的增长。连锁百强企业门店总数达到9.4万个，同比增长8.0%。连锁百强企业销售额占社会消费品零售总额的8.9%。连锁百强第100名的销售额为33亿元，比2011年百强第100名的25亿元提高30%以上。

与往年相比，2012年中国连锁零售百强企业发展具有以下几个特点：

一、增速放缓，步入稳定发展期

2012年，连锁百强销售增长10.8%，为历年增长最慢的一年，也低于社会消费品零售总额14.3%的增长。其中，可比增长不明显，即2012年可比增长约为2%～3%；2013年上半年，企业大多维持较低的可比增长。

2012年，连锁百强门店数量总体增长8.0%，也是连锁百强统计以来增幅最慢的一年。2001年以来，连锁百强年平均销售增长接近25%，但近两年，增速明显放缓，这既是行业自身发展规模的体现，也是受人口红利的消减、渠道分流、消费者消费习惯变化等多种因素影响的结果。但可以预见，未来几年将是连锁企业的稳定发展期。

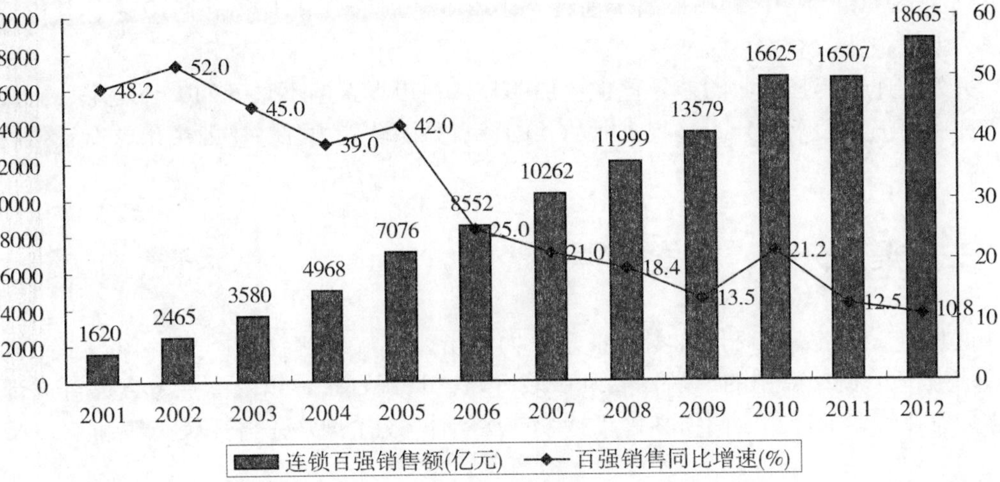

图 1　2001 -2012 年连锁百强销售额及其同比增速

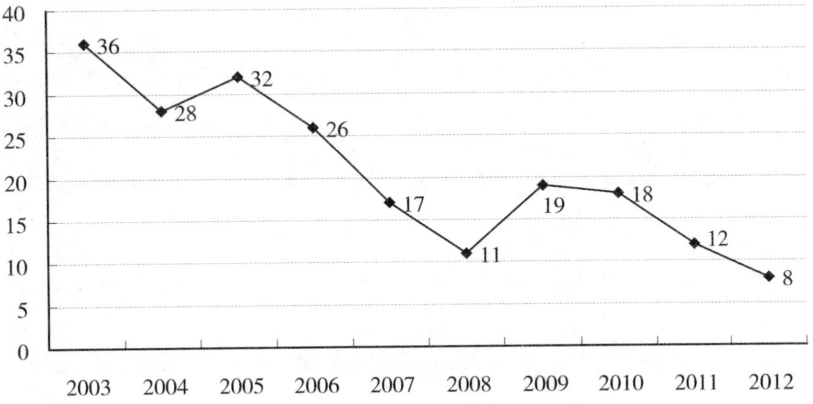

图 2　十年来连锁百强新开门店增速（%）

二、结构性变化，不同业态、不同区域呈现不同特点

从经营业态看，以百货为主和以快消品为主的连锁企业，2012 年整体销售增幅分别为 10. 3% 和 9. 8% ，均慢于连锁百强总体增幅。而便利店门店数量以 12% 的增幅呈现出相对较快的增长。20 家主要外资品牌企业销售增幅为 11. 3% ，略高于百强总体增幅。见附录二：《2012 年主要外资连锁企业经营情况》。

从区域分布看，一、二线城市增长放缓，三、四线城市则快于一、二线城市的发展。在连锁协会 2012 年度行业调查中，从连锁百强企业分别选取分布于一、二线城市和三、四线城市的典型企业各 10 家进行比对分析发现：一、二线城市的 10 家企业平均销售增幅为 6% ，门店数平均增幅为 2% ；三、四线城市的 10 家企业平均销售增幅和门店数平均增幅分别为18%和17%，均明显高于前者。2012年连锁百强新上榜企业10家，其中近半数为三、四线企业。

另外，连锁百强企业的差异化也更加明显。在市场普遍不景气的大环境下，有些企业销售和利润仍然大幅提升。这些企业的共同特点是团队能力强、主业突出、有较强的区域优势。

三、渠道分流，探索多渠道经营

近几年，网络零售对传统零售带来较大冲击，已从最初经营图书音像、家电、数码3C等少数适宜网络营销的产品发展到服装鞋帽、日用百货，以及家居、食品等大部分传统零售企业经营的产品，网络零售正持续挤压实体零售的市场份额。

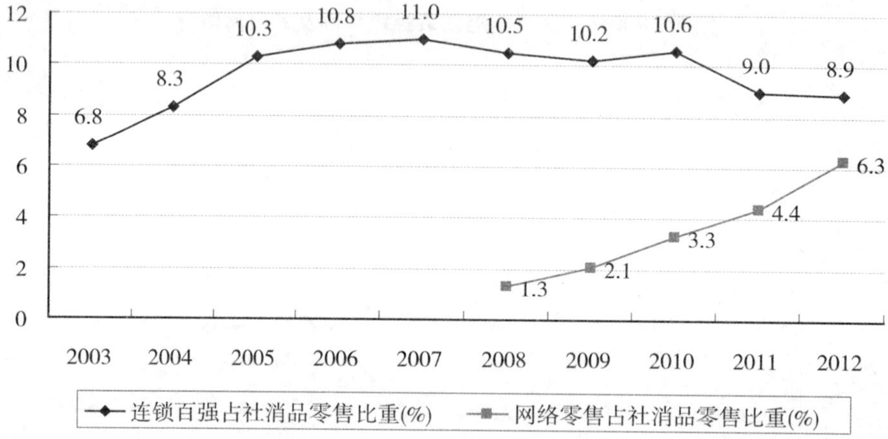

图3 连锁百强销售及网络零售分别占社会消费品零售总额的比重

一般认为，根据零售商品的不同类别，网络零售对实体店的销售影响在5%～25%之间（如食品—服装—化妆品—家电）。一定程度上，传统零售企业正成为网络零售的展示区、试衣间。

据中国电子商务研究中心调查，至2012年12月底，中国网民数量达到5.64亿人，互联网普及率42.1%。2012年，中国网购零售交易创造1.3万亿元人民币，占社会消费品零售总额的6.3%，同比增长64.7%；网购用户达到2.47亿人，较2011年同比增长21.7%。预计2013年中国网络零售交易将达到1.8万亿元；按“十二五”规划，网络零售将达3万亿元，占社会消费品零售总额的9%；到2020年，网络零售将为个人消费带来4%～7%的增长。

面对压力，传统零售企业纷纷发力电商，并利用自身在商品渠道、物流管理、营销管理等方面的优势，开展O2O（即Online线上与Offline线下相结合）的多渠道经营探索。据连锁协会调查，至2012年年末，连锁百强企业中有62家企业开展了网络零售业务，比2012年年初统计的59家增加3家；62家企业实现网络零售交易约300亿元。但在2012

年百强统计中，有 3 家企业暂停了网络零售业务，实际新增 6 家。

在开展网络零售业务的 62 家连锁百强企业中，年销售过亿元的达到 9 家；而经营业态以百货居多，超市其次。但从历年新增网络零售业务的传统零售企业数看，开办速度有减缓趋势。

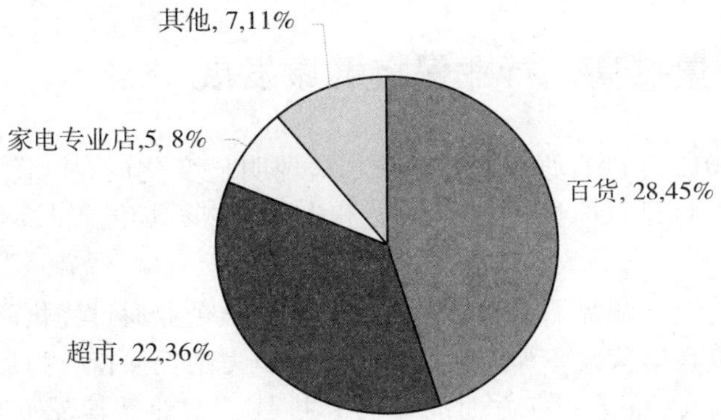

图 4　62 家开展网络零售业务的连锁百强企业行业占比

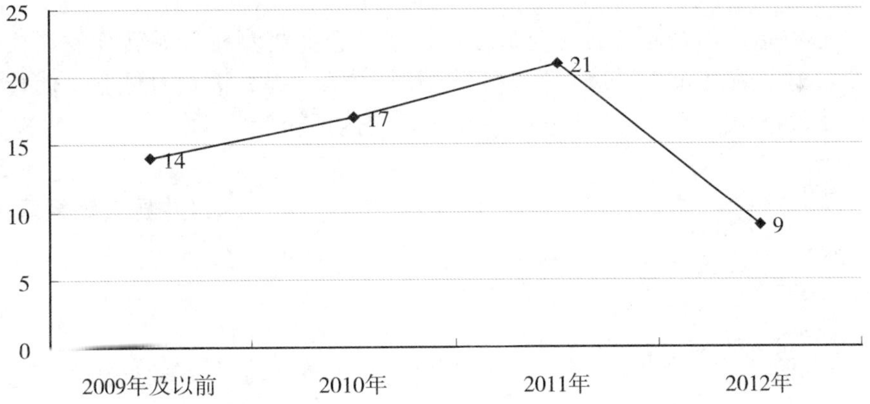

图 5　历年新开展网络零售业务的连锁百强企业数

四、成本上升，利润增幅下降成为普遍现象

成本方面，房租、人工、水电三座费用大山有增无减，其中房租和人工成本依然是最主要的两个方面。2012 年，连锁百强企业房租上涨 21%，人工费用上涨 20.5%，平均涨幅超过 15%，总体上升较快。其中，亏损企业增多（如人人乐、国美、湘鄂情等）。究其原因，主要都归结为运营成本的上升。

就房租成本而言，2002－2005 年期间（零售业全面开放初期）是企业开店最快的时期，相当部分门店的租期是 10 年左右，这几年将集中续租，租金成本将会成倍增长。

盈利方面，2012 年，连锁百强中近半数企业的利润增幅在 0 ~ 5% 之间，利润出现负增长或亏损的企业明显高于往年。

而“十八大”提出的“国民收入倍增计划”，以及国家《促进就业规划（2011 - 2015)》提出的“‘十二五’期间，最低工资标准年均增长 13% 以上”，为人工成本增长设定了目标和下限。

五、经营质量提高，行业保持健康发展

与往年相比，2012 年度百强各榜单数据①呈现明显变化的是，除“主要外资连锁企业”外，其他各榜单均是总体销售额增长快于总体门店数量的增长，说明门店的运营质量和效率在提高。

综合来看，尽管销售增幅下降，成本明显上升，但企业通过优化商品结构、调整和改造业绩差的门店、提高运营效率等措施，在困难和压力中仍保持较为良性的发展。

2012 年，连锁企业经受了多方面的压力和挑战，企业普遍感受到推动企业发展的“正能量”不足。但同时，行业也迎来加快城镇化建设、民生发展及国民分配、企业税赋等制度的改革，以及强力推进内需拉动国民经济提升的重要发展机遇。连锁协会调查显示，有超过半数的企业将 2013 年的销售增幅定在 5% ~10%，企业整体对 2013 年持谨慎乐观期望。

2013 年必将是连锁企业发展的变革之年，连锁企业将真正开始转变发展模式和管理方式，继续发力多渠道（全渠道）经营，优化供应链，提高消费者体验，使行业发展真正实现从规模数量型向效率效益型转变，从外延向内涵转变。

（中国连锁经营协会）

① 见附录二：《2012 年中国连锁百强名单》、《2012 年中国快速消费品连锁百强名单》、《2012 年中国主要连锁百货企业经营情况》、《2012 年中国主要连锁便利店企业发展情况》、《2012 年主要外资连锁企业经营情况》等。

2012 年中国特许连锁 120 强企业发展总体情况

2012 年的中国特许连锁 120 强共拥有连锁店铺 13.04 万个，其中加盟店 11.00 万个，加盟店占比为 84%，比 2011 年增加 7.7%。120 强企业平均拥有店铺 1086 个，比 2011 年同比增长 11.5%。

2012 年中国特许连锁 120 强的销售规模达到 3110 亿元，其中加盟店销售规模为 2612 亿元，占比 84%。120 强企业单店平均销售额为 239 万元，比 2011 年（284 万元）减少 45 万元。

2012 年，120 强企业总部分布在全国 25 个省、自治区、直辖市，但集中度较高的是北京、上海、广东、浙江。

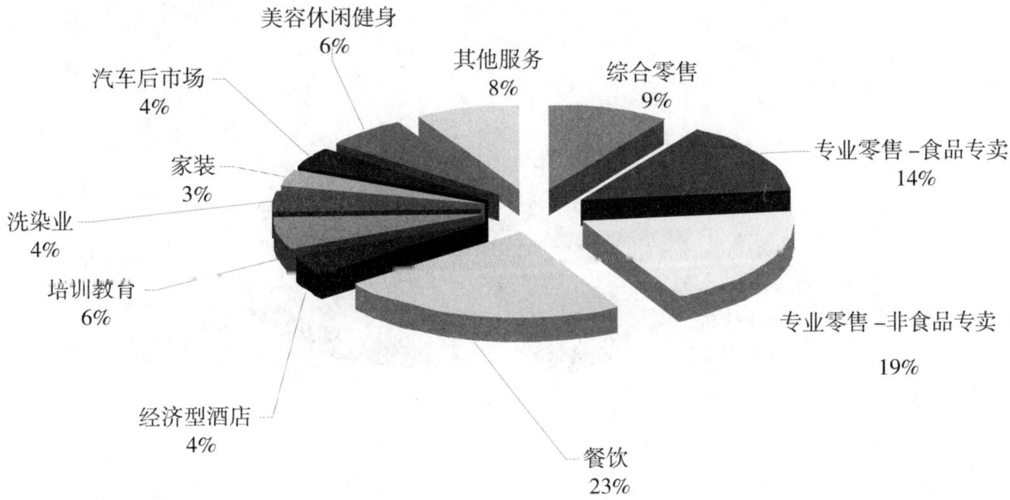

图 1　2012 年特许连锁 120 强企业行业分布

从行业分布看，零售企业上榜数最多，共有 49 家，占总数的 42%。其次是餐饮企业，共有 25 家上榜。联华超市以 2069 家的总店铺数，179.98 亿元的销售规模位列超市业态首位。美宜佳便利店则以 4650 家的总店铺数，53.46 亿元的销售规模排名便利店业态第一名。全聚德以 33.04 亿元的总销售额，再次排名中式正餐首位。

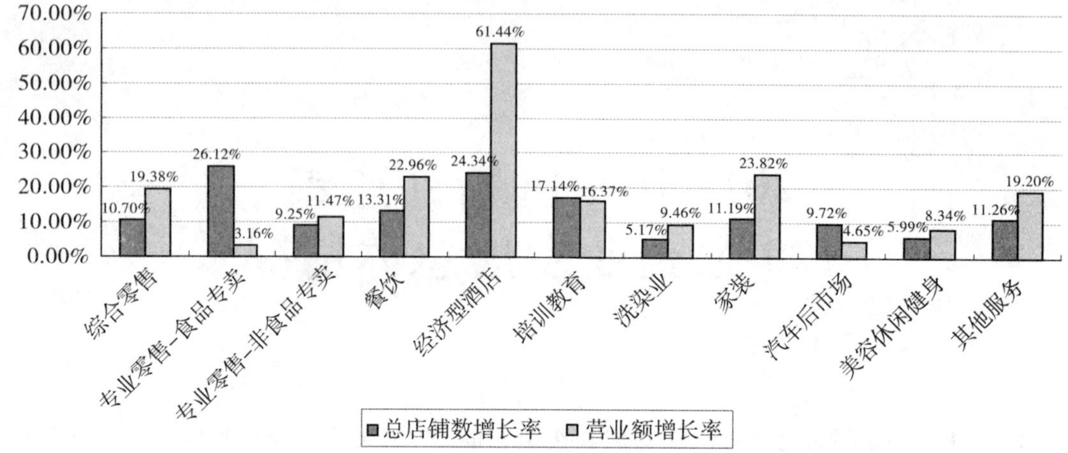

图 2　总店铺数与营业额增长率

调查统计数据显示，2012 年中国特许 120 强总店铺数和营业额都较 2011 年有所增长。从店铺数量上看，增长较快的业态有食品专卖（26. 12%）、经济型酒店（24. 34%）、教育培训（17. 14%）。而非食品专卖、汽车后市场、美容休闲健身业则增长较为缓慢，2012 年总店铺增长率都低于 10%，其中洗染业增长最慢。

与 2011 年相比，本年度连锁经济型酒店保持了较高的开店速度，营业额增长率高达 61. 44%。

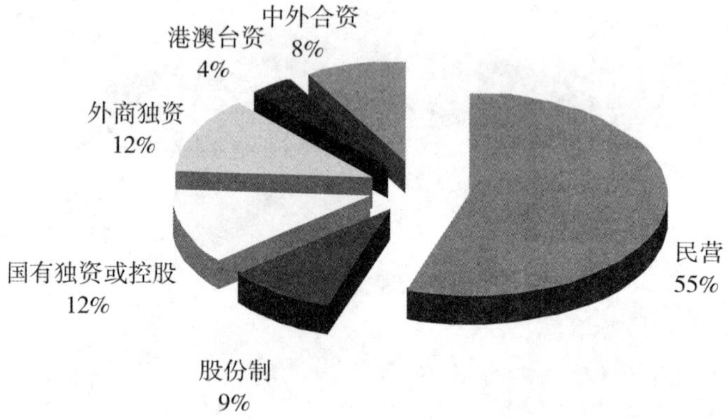

图 3　经济类型分布

在 2012 年中国特许经营连锁 120 强中，民营企业表现突出，共有 66 家民营企业上榜，占比为 55%；其次是国有独资或控股企业、外商独资企业，各占 12%；港澳台资企业占比最低，仅为 4%。

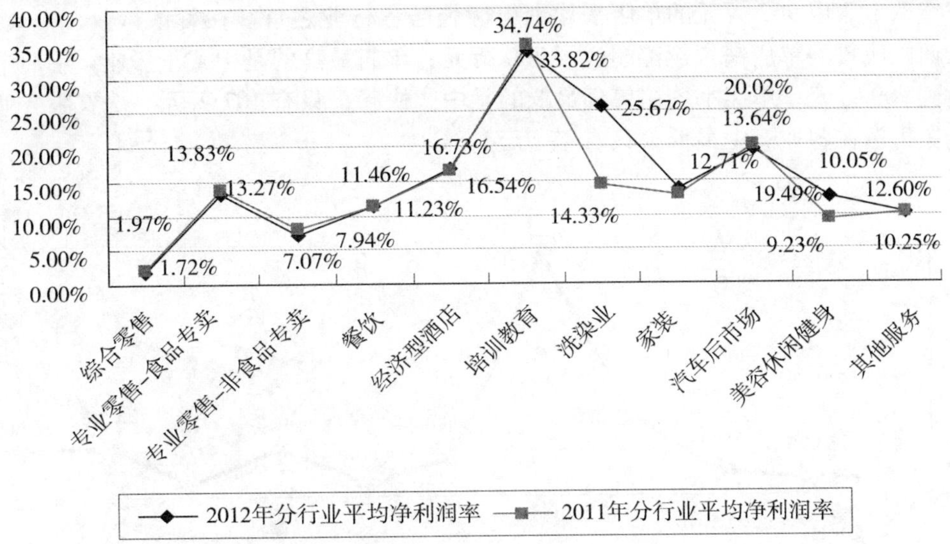

图 4　2011 年、2012 年分行业平均净利润率比较

各行业业态中，平均净利润率排名前三甲的行业分别为：培训教育、洗染业、汽车后市场。培训教育行业的平均净利润率最高，达 33. 82%；其次是洗染业，为 25. 67%；汽车后市场为 19. 49%。平均净利润率最低的是综合零售行业，包括超市和便利店，2012 年的平均净利润率仅为 1. 72%。

与 2011 年相比，只有经济型酒店、洗染业、家装业、美容休闲健身业的平均净利润率有所提高，其他行业的平均净利润率都有所下降。其中，净利润率增幅最大的行业是洗染业，2011 的平均净利润率为 14. 33%，2012 年则增长到 25. 67%。

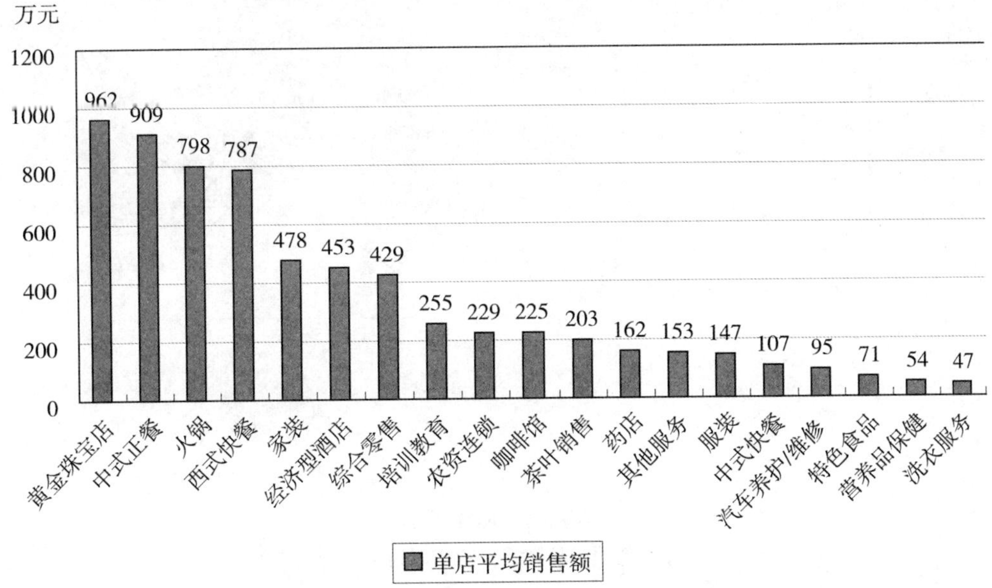

图 5　单店平均销售额

黄金珠宝店以 962 万元的单店平均销售额位居各行业之首。在餐饮行业，中式正餐、火锅、西式快餐的单店销售额都超过了 700 万元；单店最高的是中式正餐业，单店平均销售额达到 909 万元；单店平均销售额最低的是中式快餐，只有 107 万元。洗衣服务业的单店平均销售额在各业态中最低，只有 47 万元。

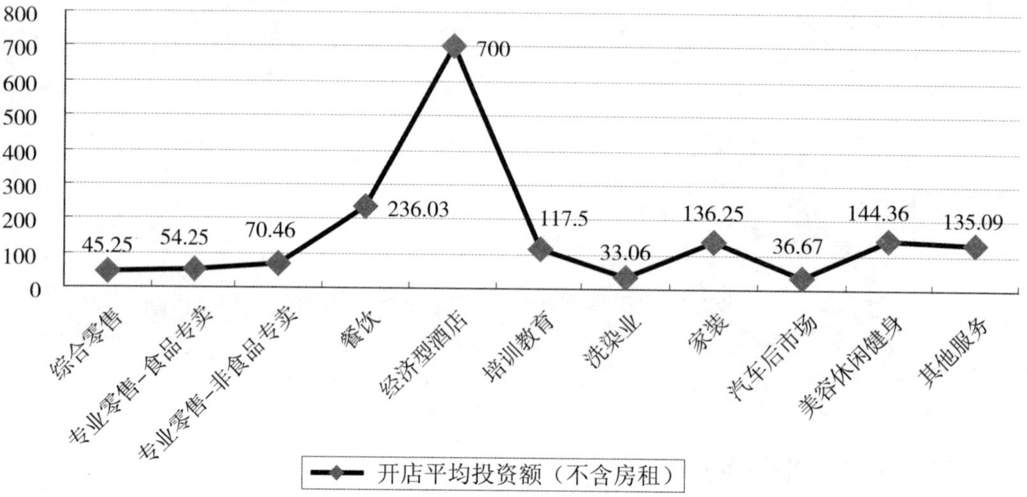

图 6　开店平均投资额

除经济型酒店、餐饮业外，其他各行业的开店平均投资额都在 200 万元以下，酒店业依然是开店投资额最大的业态，单店平均投资额高达 700 万元，餐饮业为 236. 03 万元。开店投资额超过 100 万的有家装、美容休闲健身、培训教育等其他服务业。洗染业的单店开店平均投资额最低，仅 33 万元。

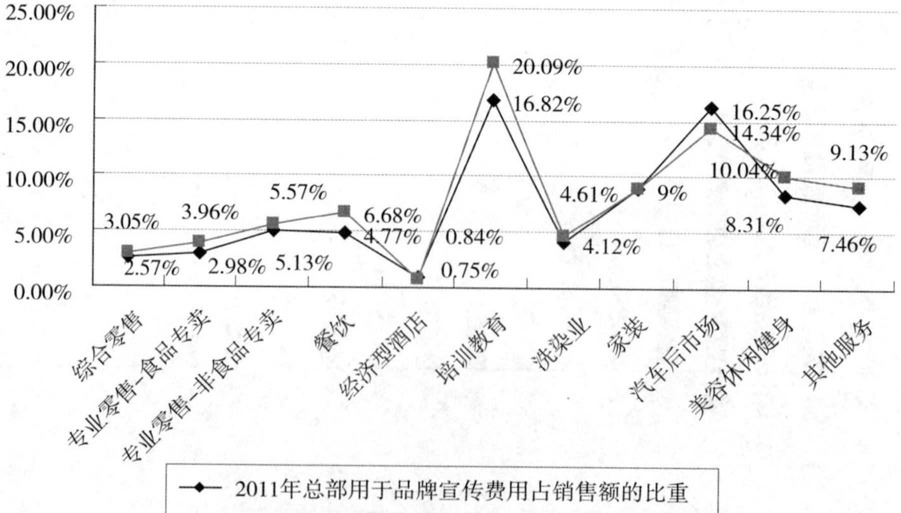

图 7　2011 年、2012 年宣传费用占销售额的比重

除汽车后市场等少部分行业外，其余各行业的企业总部在 2012 年用于品牌宣传的费用占销售额的比重均比 2011 年有所增加。其中，培训教育业总部用于品牌宣传的费用占销售额的比重最高，2012 年达 20.09%。

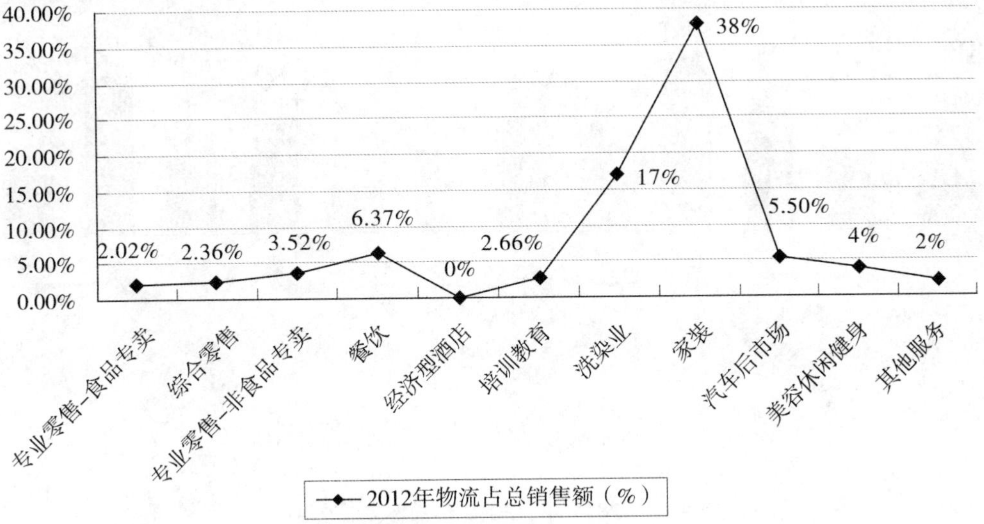

图 8　2012 年物流占总销售额比例

2012 年，各行业物流费用占总销售额的比例差异较大，特别是家装行业，该数据高达 38%，为各行业之首。

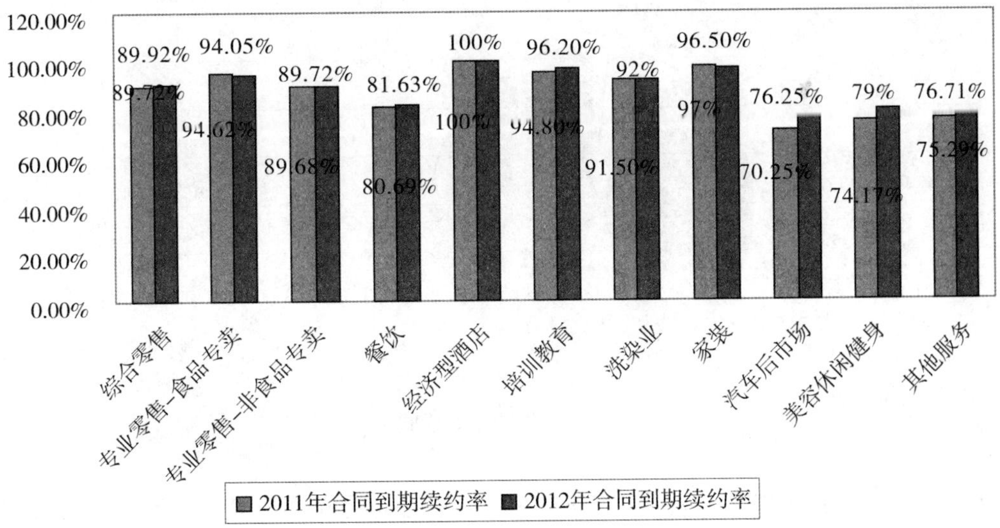

图 9　2011 年、2012 年合同到期续约率

调查显示，特许经营连锁 120 强中，各行业 2011 年和 2012 年合同到期续约率变化幅度不大，大部分行业较2011年都有所增长。经济型酒店成为各行业中合同续约率最高的行业，连续两年的合同续约率达100%。

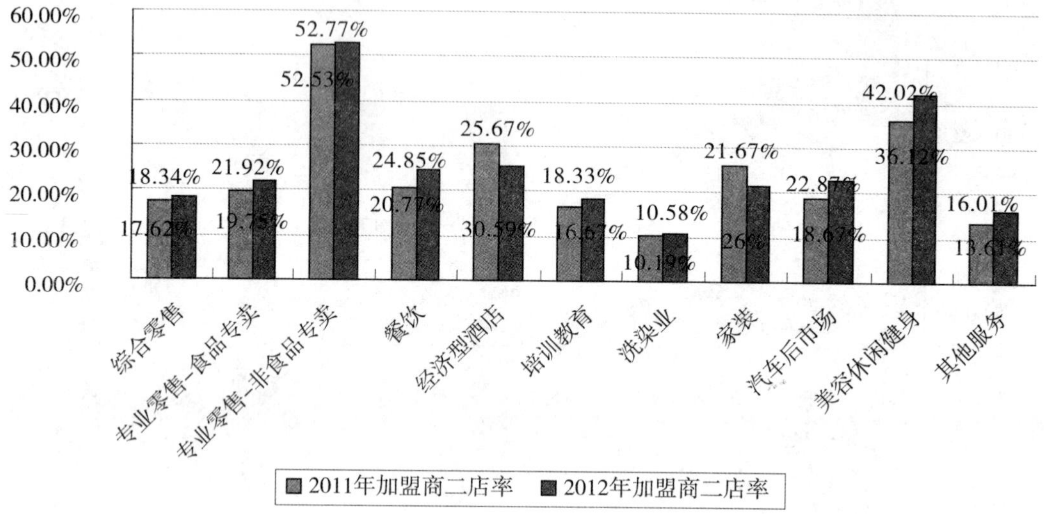

图10　2011年、2012年加盟商二店率

在加盟商二店率方面，2012年特许经营连锁120强中除经济型酒店、家装业的加盟商二店率相比2011年有所下降外，其他行业都有所增长。在各行业中，非食品专卖业的加盟商二店率最高，2012年达到52.77%。

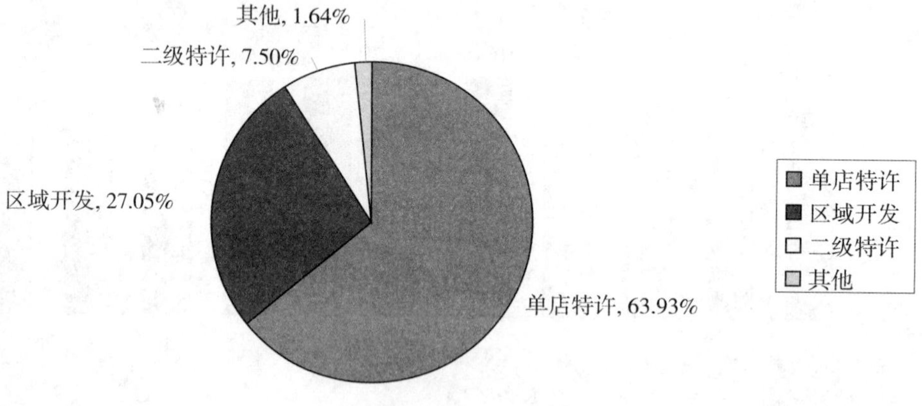

图11　加盟发展模式

在加盟发展模式选择上，有63.93%的120强企业选择单店特许，其次为区域开发。

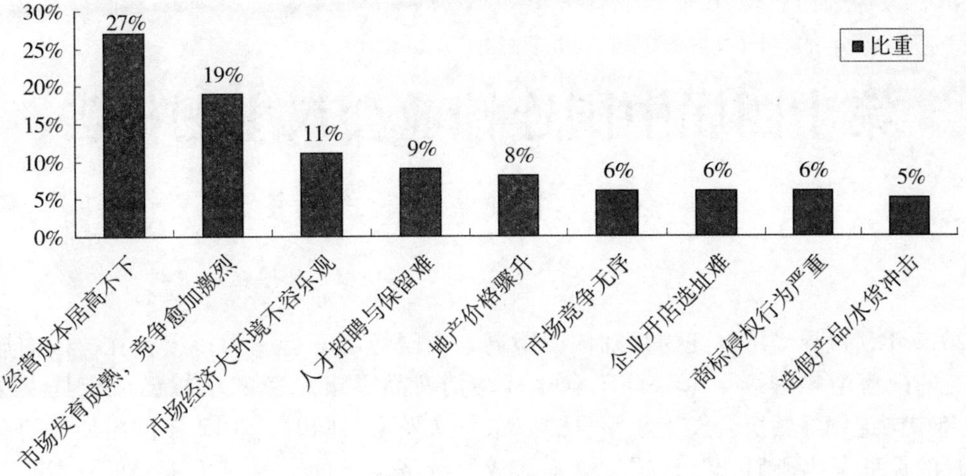

图 12　企业面临的主要问题

调查显示，特许连锁 120 强企业未来面临的挑战和问题因素主要是经营成本高企、市场竞争持续加剧、经济发展环境不确定、人力资源难题等。其中，经营成本居高不下是 120 强企业面临的首要问题。

（中国连锁经营协会）

第十四届中国连锁业会议主题报告

——点燃零售业再增长的新引擎

2012 年，世界经济复苏的基础依旧脆弱，中国经济下行压力持续存在，国内连锁零售企业的销售增幅继续下降，低于全年社会消费品零售总额的增幅已成定局，这是从 2000 年中国连锁经营协会发布连锁百强以来首次发生。同时，2012 年国内最终消费对经济增长的贡献率达到 51.8%，超过资本形成对经济增长的贡献率 1.4 个百分点，内需仍是经济增长的主要动力。

2012 年，社会消费品零售总额同比增长 14.3%；前三季度，商务部监测的重点零售企业销售额同比增长 8.2%。据中国连锁经营协会（简称协会）开展的年度连锁百强调查统计显示，百强企业年均销售增幅低于 10%；大多数连锁零售企业对通过转变增长方式，求得缓中企稳、稳中有进，实现未来可持续发展持相对乐观态度。

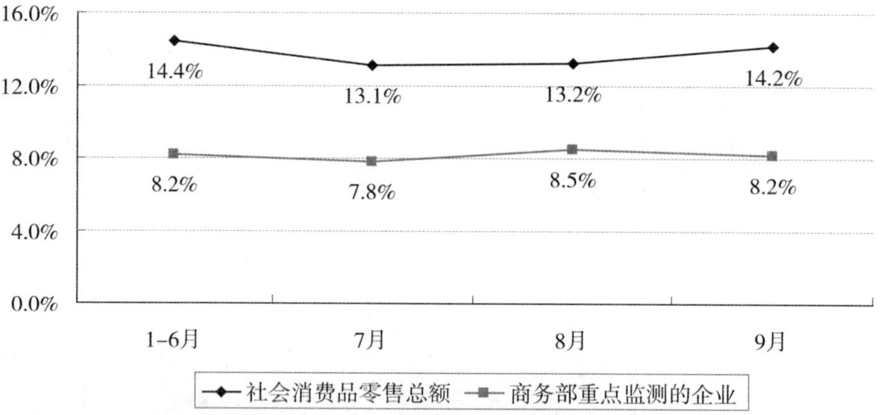

图 1　2012 年前 3 季度社会消费品零售总额与重点零售企业增幅比较

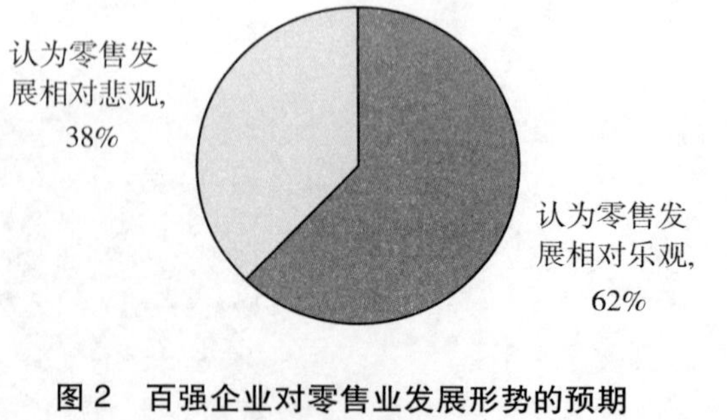

图 2　百强企业对零售业发展形势的预期

然而，面对连锁零售企业发展速度减缓这一不争的事实，如何适应新的节奏，实现增长方式的转变，是企业面临的最大挑战，也是业界最关注的话题。为此，本届大会的主题确定为“点燃再增长的新引擎”。

一、零售业增长环境发生深刻变化

我国连锁零售企业从起步发展到成为流通领域中的主导力量，仅仅用了20年的时间，这是由多方面的因素形成的：

一是由特定的、高速增长的经济发展阶段所造成。这期间，城市化进程加速，消费持续升级，地产不断增值；二是连锁经营作为新的经营模式进入零售业，处于由起步到成长的快速增长期，基数低、增长空间大；三是竞争环境相对比较宽松，市场中有大量的获利机会，企业有较大的生存空间；四是在粗放管理和宽松环境下，企业可以较多地依赖通道费用、沉淀资金支持快速发展，这也成为企业利润的重要来源。

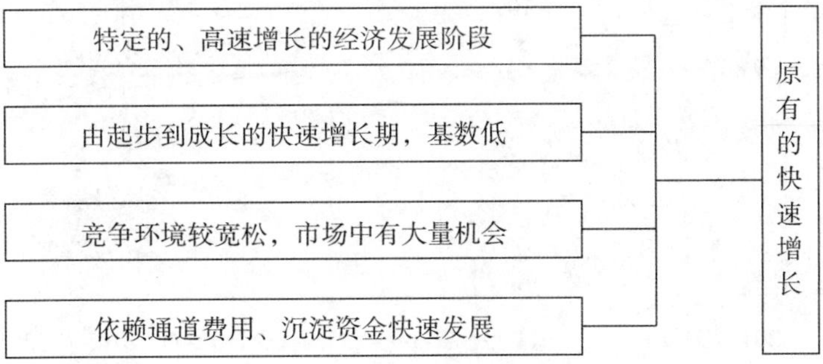

图3 国内连锁零售企业前20年快速发展的主要因素

但最近几年，上述推动因素发生了深刻的变化：

1. 经济增速减缓，消费明显不足

2011年至2012年前三季度，国内经济连续七个季度下滑。业内经济专家认为，中国经济增速可能会进一步放缓，且持续时间也可能比预期要长。2012年，在经济下行的预期下，消费者明显捂紧了钱袋子，消费欲望与消费支出也都发生了变化。

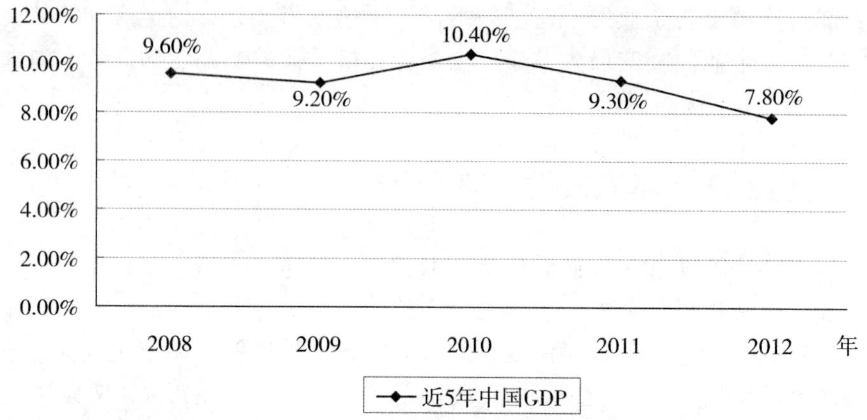

图 4　2008－2012 年中国国内生产总值（GDP）

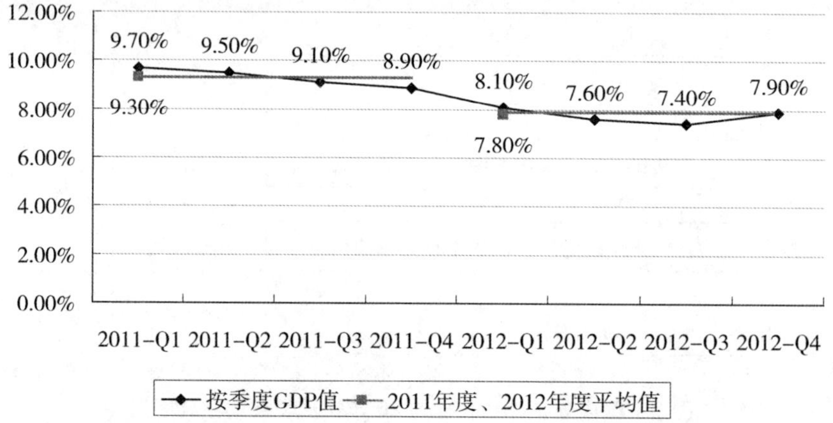

图 5　2011－2012 年中国 GDP 分季度数值

2. 竞争日趋激烈，局部市场饱和

从地域上看，在一、二线城市，有些业态已经饱和或趋于饱和。从渠道方式看，厂商自建渠道、电子商务、团购等，对原有渠道都有分流影响。连锁企业中，单店亏损的比例在增加，有些企业还出现了区域性的亏损。

3. 人口红利消失，成本大幅上涨

一方面，零售企业的人工成本大幅提高；另一方面，企业员工流失率居高不下。据协会对超市业态的金牌店长所在门店进行的调查统计显示，2011 年同比上年，企业人工成本增长 19%；2012 年上半年同比增长 15%。不断增长的人工成本和租金成本是企业的刚性成本，企业迫切需要更大的盈利空间来弥补这些成本。

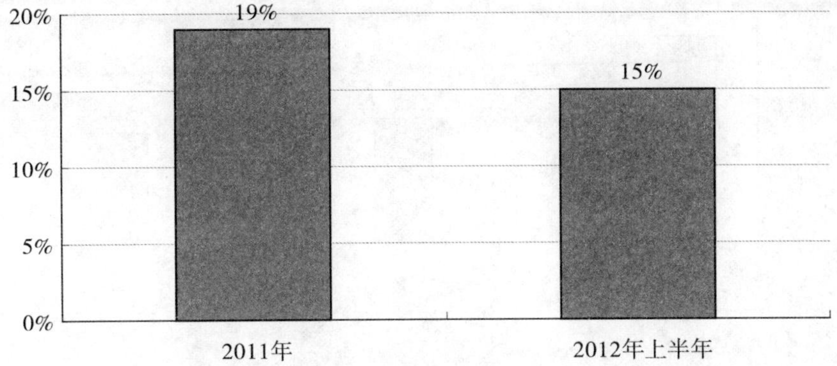

图 6　超市业态金牌店长所在门店人工成本增长情况

二、转变增长方式，在“改”、“练”、“创”上下功夫

1. 改，就是要改变现有的经营模式和盈利模式

联营是百货业的主要经营模式。据协会 2012 年组织的《百货店自营模式》调查显示，企业经营者认为自营可以起到提高核心竞争力、提高顾客忠诚度、改善毛利水平、降低交易费用等方面的作用。但目前，企业运营资金占用压力大、分销体系难以突破、买手等专业人才缺乏、利益再分配阻力较大等是自采自营面临的主要问题。因此，开展自采自营的能力应及早培养，循序渐进。

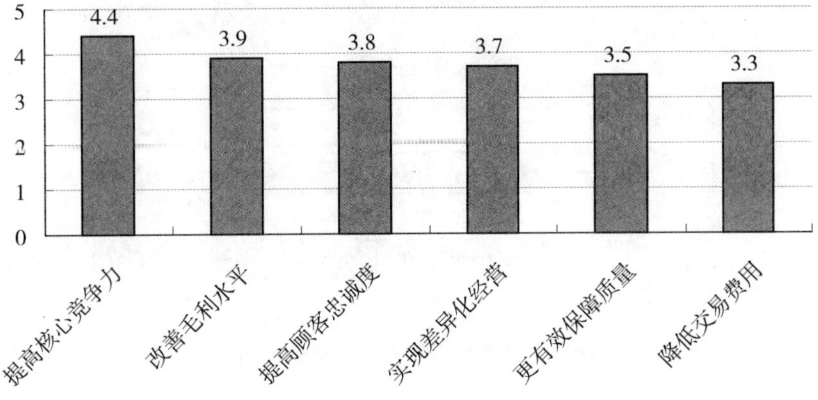

图 7　百货店自营优势因素重要性评价（1－5，5 分为最重要）

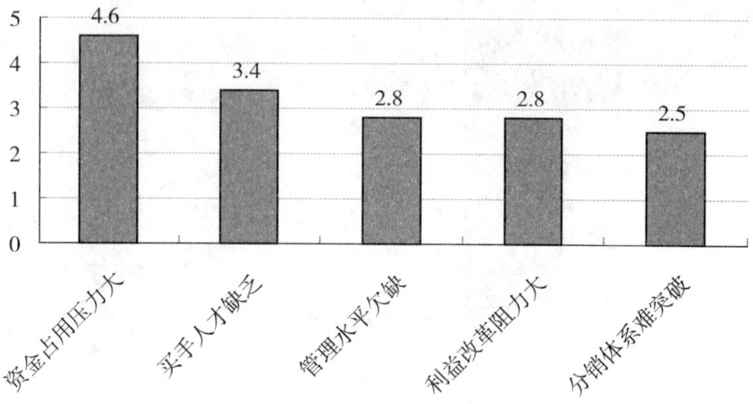

图 8　自采自营发展难点困难程度评价（1－5，5 分为最难）

代销是超市的主要经营模式。代销的主要问题是对库存不负责任，由此产生供应链上大量成本的浪费。通道费用、物业出租利润、投资收益、预付卡沉淀等成为企业利润的重要来源，而依靠商品差价直接经营所获得的利润比例在不断下降。从长远看，不看重商品经营，必然导致企业对市场判断和价格控制的失灵，企业的核心经营能力弱化，由此也影响零供关系的和谐，同时滋生内部腐败，企业的可持续发展会逐步丧失基础。

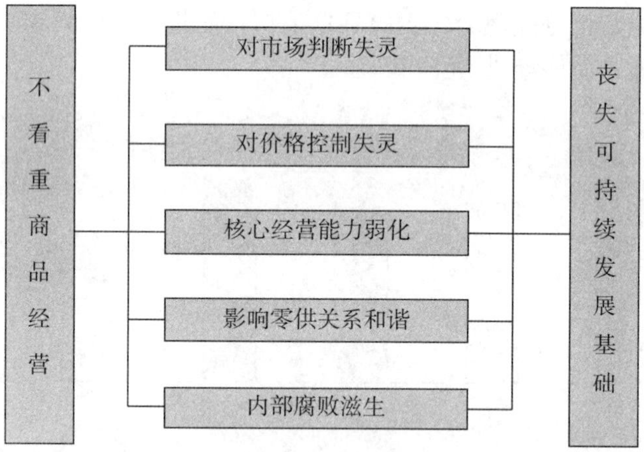

图 9　不重视商品经营所导致的后果

大部分企业都认识到现有经营模式必须要改变。自采自营、买断经营、自有品牌将会成为连锁零售企业的核心竞争力。实际上，在 2007 年的中国连锁业大会上我们就以“在变革中成长”为主题，提出“零售商借助自身渠道和规模优势对生产环节产生影响，随着自有品牌比例提高，对生产的影响将进一步加强”，并就相关问题进行了研讨。如今，这个问题已经逐步形成了行业的共识，一些企业也在积极地探索，但从行业整体来看改变并不大。如，河北信誉楼、湖北富迪等企业都在这些方面进行了很多有益的探索，在当地市场都形成较强的竞争力。

2. 练，即练好内功

一方面，从服务顾客角度，做好会员管理。零售业的根本是了解顾客需求，满足顾客需求。锁定自身的会员，开展有针对性的服务，是实现差异化的重要手段。目前，大部分企业建立了会员管理系统，但存在诸多问题，主要有重发卡轻管理、会员信息不完整、数据挖掘不深入、数据利用不充分等。做好会员管理，首先要保证会员数据的准确性，在此基础上开展数据挖掘，并根据分析结果开展低成本、高效率的针对性营销，通过精确营销、会员专享等，提高会员忠诚度。如，王府井百货、金鹰百货等企业，已有上百万会员，会员消费额已占企业总销售额的 50% 左右。物美以会员商品和会员红利的形式，让会员享有多种商品的专属会员价，并以多种积分换礼方案，给予消费者实实在在的利益。

另一方面，从商品角度，要做好品类管理。行业开展品类管理已有多年，但近期有遇到瓶颈、无法深入的现象。主要表现在，零售商对品类管理的系统性认识不足、品类技术没有新突破、零售商动力不强、零供合作不充分、投入产出不清晰等。品类管理既不是单纯几个节点的工作，也不是一项能够短期见效的工作，需要多方协调，需要长期不懈。企业应更好地利用现有数据，结合会员信息、销售数据等进行深入分析。

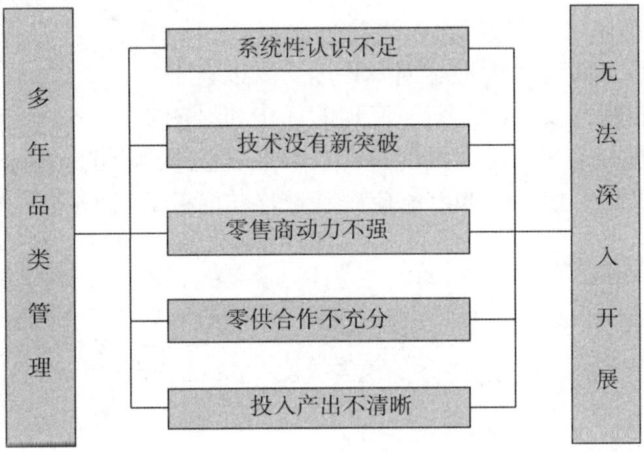

图 10 零售行业推广品类管理过程中存在的主要问题

在实施品类管理业务实践中，有些企业通过内部挖潜、强化内功摸索出许多适合自身发展的好做法、好经验。如天津津工超市创造的品类价值指数法，就是通过创新的公式运算，对品类毛利额与门店资源成本进行比较，得出品类价值指数 >1、=1、<1 三种情况，以此来判断品类的贡献值。

天津津工超市的品类价值指数法

计算公式：$\text{品类价值指数}=\dfrac{\text{品类毛利额}}{\text{门店资源成本}}$

其一，$\begin{matrix}\text{货架单品}\\ \text{分摊成本}\end{matrix}=\dfrac{\text{每个单品占货架横排面长度}}{\text{该组货架所陈列商品横排面总长度}}\times\left(\begin{matrix}\text{该组货架分摊总成本＋管理费、}\\ \text{资金占用费、商损、银行卡管理费}\end{matrix}\right)$

其二，

$$\text{每组货架分摊总成本}=\frac{\text{该组货架所占面积}\times(\text{租赁费用}+\text{工资费用}+\text{折旧费}+\text{电费}+\text{其他公摊费用})}{\text{所有货架、冻柜、风柜、精品柜、收银台占地面积}+\text{菜架占地面积}+\text{酱货柜占地面积}+\text{大肉区面积}+\text{厨房面积}}$$

三种结果：品类价值指数 >1、$=1$、<1

3. 创，即创新经营

消费者的变化是创新业态的根本动力，当前消费整体升级，且差异明显。随着现代科技特别是信息技术的突飞猛进，消费者越来越多地掌握市场信息，也面临更多的渠道选择；同时，消费者更加注重商品品质和服务质量。随之，企业需要通过创新，不断地找到和满足它们的需求。

一是外延的创新，即拓展新市场、开发新业态。

对于零售企业，一方面要重视并深入三、四线城市，以适应当地消费者的业态模式开展经营，争取更好的市场效果。如，步步高瞄准三、四线市场，2012 年前三季度累计新开门店 12 家；在购物中心业态，其加大投入，实现净利润同比增长 33%。另一方面，在生鲜超市、社区超市、电子商务等细分业态方面，各企业都在积极创新，探索务实有效的经营发展路径。如，苏宁易购在电子商务方面走在了行业的前面，目前已打造成综合性网购商城，2011 年实现年销售 59 亿元，2012 年将有更大的增长。

二是内涵的创新，即优化流程、创新管理、改进技术。

随着盈利模式和经营模式的改变，流程的优化和再造成为必然选择。零售企业前期在开店方面投入较大精力，这使得通过创新管理产生效益成为可能。而技术总是能够推动管理的进步和流程的优化。如，华润万家应用基于移动商务的新型供应链管理系统，订单满足率达到 95%。

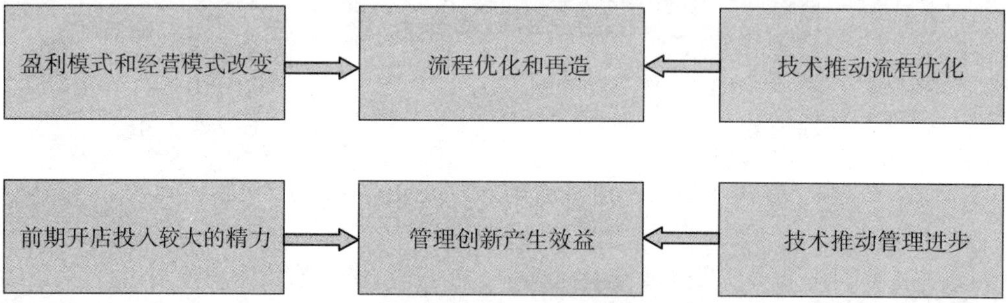

图 11　连锁零售企业的内涵创新

三、点燃“新引擎”的三点建议

1. 开展更加丰富多彩、有文化内涵的促销活动，点燃“销售引擎”

2011 年的第十三届连锁业大会上，协会提出了在行业进行节日民俗文化商品开发的倡议。2012 年协会又相继组织了“中国传统节日促销季”元宵、端午和中秋三大民俗节日促销活动。以“端午促销季”为例，活动自 6 月 17 日启动，持续一周，20 余家零售会员企业的4000多家门店共同参与。促销季期间，参与门店的销售额平均增长20%以上。

由此，协会将继续组织行业内对传统节日文化内涵的研究，推动企业对承载文化内涵产品的研发，加强“中国传统节日促销季”的宣传与推广，为宣传民族传统文化，也为市场的繁荣继续做出贡献。

2. 以减少退货为切入点，点燃“效率引擎”

退货管理牵一发而动全身，它是检验供应链效率的关键指标。目前，行业普遍存在“订货盲目，退货随意”的问题，特别是节日和促销期间，大进大退，造成多方面的问题。如供应链效率低下、仓储物流等大量成本浪费、零供关系不和谐等，这些问题也都造成对节日商品、食品品质的不良影响。据协会《2012年零售与快消品工商协作调查》显示，零售企业对经营压力重视程度中，库存管理问题仅次于成本上升的压力。

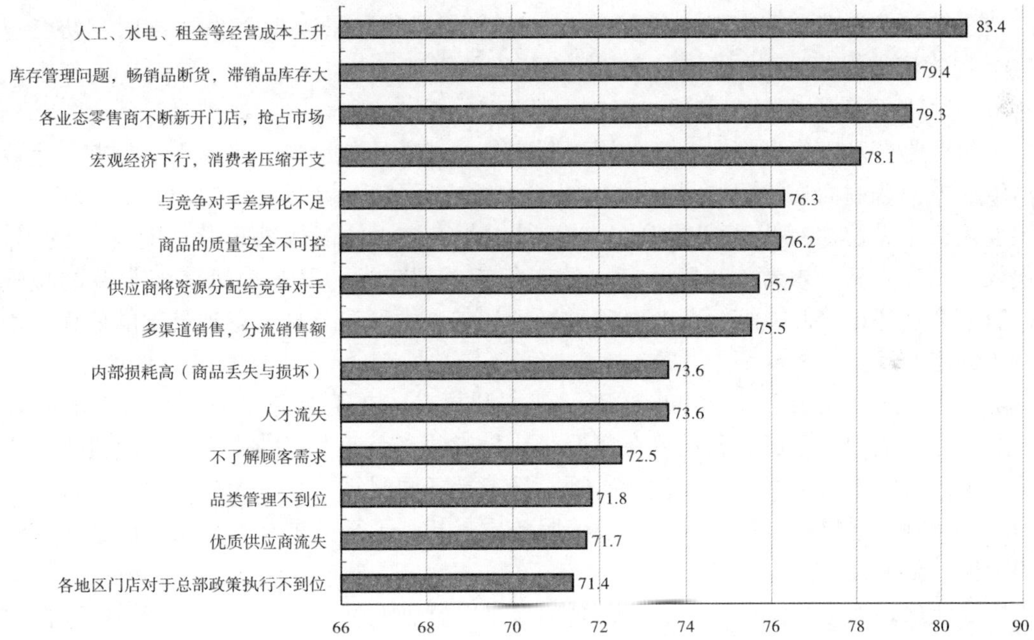

图12 零售企业面对的经营压力及其重视程度（0－100分）

大量退货的根源，除食品安全问题外，既在于代销为主的经营模式，也在于因供应链信息不透明而导致的盲目订货，同时与订货人员的专业程度也有很大关系。减少退货，要提高相关人员的职业操守，建立更为严谨的订货和退货流程，对现有相关岗位的考核机制也要进行相应调整，确立合理的SKU（最小库存）数量和合理的货架结构，避免为收取通道费用而导致SKU过多过滥。另外，供应商也需要加强支持，建立合理的补偿机制。

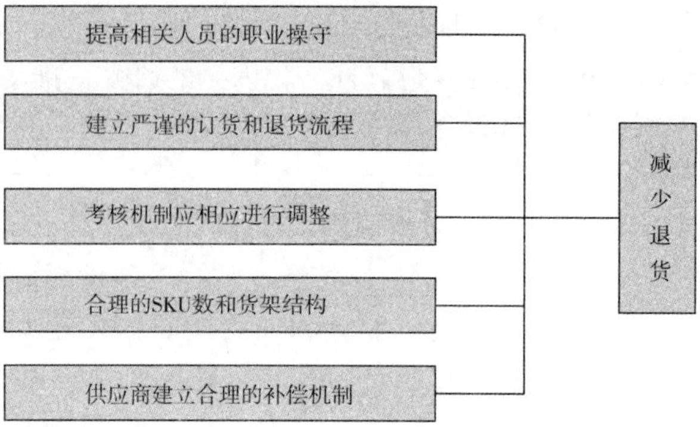

图 13　减少退货的做法

协会建议，企业在现有退换货基础上，2013 年退货数量减少 20%。同时，协会也将制定《退货流程规范》，推动全行业降低退货率的行动。

3. 完善员工激励机制，点燃“机制引擎”

零售业是劳动密集型行业，人的因素对零售企业的绩效影响越来越大。目前，企业在人力资源方面普遍面临的问题是，中高端人才供应不足，基层员工流动性大。2011 年的连锁业大会上，协会提出了“提高员工福利，大年初一休假或缩短营业时间”的倡议，该倡议得到步步高、永辉、兴隆百货、津工超市、超市发、胖东来等诸多企业的积极响应，有些企业还把休假或缩短营业时间扩展到端午、中秋等节日，得到员工的好评，增强了员工的忠诚度。

实际上，企业凝聚力和员工忠诚度的建立和提升，在于企业要有一套完善的激励机制。通过激励机制，把员工利益落在实处，让员工共享企业发展的成果。这套机制既要包含长、中、短等不同期限，也要包括高管、员工等不同层级。如，大润发、兴隆百货等企业的激励机制就对提高员工忠诚度、改善服务质量起到了至关重要的作用，使企业获得很好的营销效果。

协会建议，不论是国有企业、上市公司还是民营企业都应尽快完善中高层的股权激励机制，这也是企业持续稳定发展的动力。

零售业的增长减缓，正是企业调整和变革的有利时机。近些年企业已经积累了一定的经验、规模和效益，为点燃“新引擎”储备了基础条件。

“新引擎”可以由模式改变来产生，也可以由技术改造去促进；“新引擎”可能依靠创新来获得，也可能是机制调整的结果。总之，企业在文化、理念、流程、制度等各个方面都可以通过深入挖掘找到切入点，点燃“新引擎”，实现质的、系统性的增长。在此状态下，无论行业出现重大转机，还是持续低迷，连锁零售企业都应充满信心地度过，都能实现期望的可持续发展。

（由中国连锁经营协会会长郭戈平在第十四届中国连锁业会议上的讲话改编　2012 年 11 月）

第15届中国特许加盟大会主题报告

——细分化渗透市场，标准化提升效率

2012年是中国连锁行业增速较慢的一年。据2012年中国连锁百强统计结果显示，连锁百强销售规模达到1.87万亿元，同比增长10.8%，是连锁百强统计以来增幅最低的一年，其中分别有40%和60%的企业，销售增幅和门店增幅是以个位数增长。这一方面是受到了宏观经济增速放缓的影响，也是受到人口红利的消减、渠道分流、消费习惯变化等多种因素影响的结果。可以预见，接下来的几年中，连锁企业都将处于慢增长期，企业可持续扩张与效益提升面临挑战。

在相对不利的市场背景下特别是在特许经营市场格局相对成熟的情况下，特许加盟因收益相对平稳、风险相对较低、运营操作相对不难等特点受到众多投资人的追捧，连锁企业也对开放加盟或加速特许扩张持越来越积极的取向。但是，连锁企业如何保持自身的竞争优势，加速实现转型和可持续的增长？中国连锁经营协会（简称协会）通过行业调查以及对特许加盟企业的深度访谈发现，在市场拓展方面，应针对不同目标市场，采取细分化策略；在内部管理方面，要更加注重以标准化提升效率；在消费者服务方面，应发挥现代多媒体、多渠道的作用。

一、细分化渗透市场

1. 细分化是当前形势下企业实现可持续增长目标的重要一环

细分化，是指连锁企业利用当前消费结构升级、消费行为多样化和个性化的机遇，对所经营的产品和服务、采用的业态和营销模式，做进一步的细分和细化，形成更准确的差异化、特色化定位，更好地满足目标顾客需求，避免同质化的恶性竞争。

根据对协会特许经营会员企业经营实践的实地考察和访谈了解，优势企业要保持以往的增长速度，新开展特许经营的企业要取得一席之地，都面临着如下几个方面的挑战：

第一，目标消费群体已经发生变化。互联网特别是移动互联与社区网络的发展，厂家与消费者在产品和渠道的话语权已经发生根本性变化，尤其是80后一代已经成为主流消费人群，他们对产品和服务的价值感诉求、对消费体验和个性化的关注，迫使各个业态的产品和服务提供商，必须做出有针对性的调整和细分化的定位。

第二，市场已相对饱和，商圈正在变迁。一是在一线城市，很多连锁业态，包括各类专业店、专卖店、快餐店、美容休闲、房屋中介、经济型酒店和教育培训等，同质化竞争已趋白热化，同质化竞争不断侵蚀企业的盈利能力，在整个市场成本高企的背景下，企业

的获利能力下降，开办新的直营店和加盟店都变得更加困难，风险也在加大；而二、三线城市，虽然发展空间相对较大，但也会很快进入相对饱和和同质化的竞争状态。二是购物中心正在取代商业街成为主流商圈。与传统商圈相比，购物中心更加追求业态细分和组合互补，店铺租赁成本更高，形成更趋小型化的店面格局，对很多连锁企业经营业态的细分、升级提出更新的要求。如，万达对其 60 多家购物中心经营数据统计分析显示，其中经营效益最好的餐饮企业的营业面积是 300 －500 平方米的店铺，超出此范围，经营的难度就很快加大或效益不理想；另外是租售比，租金收入占销售额的比重超过 20%，租户的经营难度就会明显加大或难以保障其经营效益，这些都对商业业态模式提出了新的挑战。

第三，新品牌进入的门槛越来越高。对于新进入者，领先品牌具有明显优势。不仅在竞争激烈的网点布局、人才市场等方面领先品牌已经占优，而且在品牌推广、消费者认知、市场把握等诸多方面也都更具先机，因此在成本不断上涨的情况下，新品牌仅靠低价竞争突入市场的胜算不大。

如何突围，是特许连锁企业必须跨过的坎。就业态及细分行业来看，与国外经济发达国家相比，虽然中国市场庞大，但却有很多细分的领域未被开发或发展不佳，还有更多的消费需求未被满足。消费需求既需要挖掘，也需要创造，还需要更多的企业更加关注市场的变化，找到企业自身区别于同行差异化的方面。同时，企业通过实施细分化策略，可以在一定程度上化解上述矛盾和问题，在拓展市场中实现有效的“进入、深入、投入”。新进入者可以通过细分化和差异化在市场红海中找到“蓝海”，在饱和市场中发现成长空间；优势企业可以通过细分化和差异化改善产品和加盟店的盈利能力，提高投入产出比，强化品牌吸引力。

2. 细分化策略的实现方式

细分化策略主要有三种：一是多品牌策略，即根据目标顾客群的不同，设立分层的市场定位和品牌区隔，提高市场渗透率，不仅针对外部的发展，也要针对现有市场进行更深的渗透性发展。这也是很多企业总结出来的经验，连锁酒店业就是典型代表。比如，如家的新品牌和颐酒店，定位于高端商务型；汉庭公司改名华住，也是为多品牌发展之需，更好地满足不同细分市场；锦江之星开发白玉兰、定价百元店也同样如此。二是单一品牌不同版本策略，即根据市场不同的发育程度，设计不同档次的店面和产品线。这也是市场细分更为常见的方式。如快餐德克士，从进入市场伊始就与肯德基、麦当劳进行了市场区隔，其从二、三线城市起步，逐步驻足发展一线城市，并根据不同市场设计不同店面，2013 年年初其最新开发的第 5 代店已在上海亮相。三是业态重组或重新设计策略，一般是针对压缩产品或服务线，聚焦某个品类，做深而非做宽。比如能动英语，在新东方、环球雅思等英语培训教育品牌集中、市场竞争激烈的市场中，通过提供更为聚向的产品，开拓更具深度的发展空间；布丁酒店将客户清晰定位于年轻、时尚旅游人群，与如家等主力品牌的商务定位形成明显区隔；在汽车后市场行业，这些特点也比较突出，如专营轮胎的驰加米其林，专业从事油漆微修的小拇指。而汽车后市场服务领域还有很多细分的行业有待开发和发展。

二、标准化提升效率

特许经营企业标准化的核心作用，首先是降低对人员数量和质量的依赖度，简化并清晰日常运营及管理流程，减少对经营资源包括经营场地、原材料及商品采购、资金等的占用和浪费。其次是有助于保持产品与服务的品质、维护体系的规范化和品牌价值，强化体系的可复制性和可控性。

在当前特许企业经营成本普遍高涨的环境下，标准化不仅能在提升效率、改善盈利和增强竞争力等方面突显作用，而且标准化需要不断提升、不断完善。

1. 标准化问题是特许连锁企业的永恒话题

特许企业的标准化，包括前台（即连锁终端销售、服务）标准化和后台（即连锁总部管理营运）标准化。目前，在企业标准化方面有许多新的探索。

（1）夯实前台标准化。前台的标准化是确保顾客服务品质和满意度的基础。同时，门店标准的制定与实施能明显提高门店的运营效率。如红黄蓝研究制定的门店标准八体系。

（2）后台标准化是特许企业标准化的关键。特别是在当前连锁企业一线人员人工成本和流动率居高不下的情况下，后台管理与服务功能的标准化更是企业标准化的重中之重。如北大青鸟总部在标准化体系建设中，将研发与市场推广作为核心任务，让加盟商享受了靠一己之力根本无法实现的教学质量与客源的双重保障。

（3）处理好前台标准化与后台标准化建设中的关系，就要坚持“胖总部、瘦门店”的核心原则。所谓“胖总部、瘦门店”，就是最大幅度地减少门店运营的复杂程度，用数量最少、专业技能要求相对低的人员，实现标准化的服务；用最小的面积、最快的周转，实现最大的销售和毛利。同时，所有相对复杂的运营流程、专业化程度要求高的工作，交由总部完成。如绝味的工厂系统，就是按照这一原则支撑着绝味超常的开店速度，同时还确保着终端产品的品质和安全。总之，实现前台、后台的标准化，必须依靠三大系统的支撑与协调，即信息系统、中央加工（配送）系统和培训系统的强力支持。

2. 实施标准化策略，要处理好软件与硬件的关系，要把软标准做硬

在连锁企业实施标准化的建设中，通过信息技术的系统化应用，可在很大程度上统合、优化、规范特许企业总部在督导、开发、终端客户维护等诸多环节的工作标准和流程，明晰责权，有效提升工作绩效，减少个人因素对体系的影响和依赖，从而提高整体工作的可测量和可视化。如德克士开发的基盘系统，其数据库建设的标准化开发流程为每年开店计划的实施和完成保驾护航。

3. 把流程固化于技术设备，有效提高产品加工与服务品质的标准化

产品加工与服务企业的标准化建设，可以通过开发使用先进技术与设备，将产品加工及服务流程固化其中，从而最大限度地减少人的不稳定因素，有效提升经营效率。如肯德基的研发中心，通过设备研发从而在确保产品及服务品质一致性的同时，大大提高了工作

效率。

标准化不仅关乎特许连锁企业的发展，也与整个行业工业化的发展进程密切相关。据商务部特许经营备案企业数据显示，在2000多家备案企业中有超过80%是跨区域发展的企业，从跨区域发展的角度来说标准化至关重要。特别是在人力和房租成本居高不下、难以逆转的情况下，怎样真正通过标准化来降低整体运营成本是连锁企业必须思考的战略性问题。

三、多渠道改善体验

当今消费市场已进入互联互通、无缝对接的互联网时代。如何发挥科技力量，充分利用互联网平台，更便捷地满足消费者需求是企业的第一要务、是大势所趋。这里所涉及的多渠道，就是指以互联网技术为核心，利用电子商务网站、社交网站、多媒体终端等多种工具和营销手段，以多种方式满足消费者的商品或服务的需求。

多渠道发展之路，是互联网快速发展并带来消费者生活方式变化的必然选择。截至2012年年底，中国网民达5.64亿人，数量世界第一；网络零售超过1.3万亿元人民币，同比增长64.7%，预计2013年将达到近2万亿元；中国网络零售业自2003年以来的复合年增长率达到120%。更为重要的是，从国内外消费市场发展趋势看，新一代主力消费群正从“用互联网工作”阶段快速向“用互联网生活”阶段过渡，离开互联网，不可能服务好新一代的消费者。

同时，利用互联网平台，也可以建立更为密切的员工关系和加盟商关系。一些企业通过采用不同的互联网工具，促进了业务的全面发展和快速提升。

除了产品与服务的清晰定位，还需要有创新性的营销模式与之匹配。如晨光的电子商务平台，针对学生需求特点，借助互联网和自制的支付卡，不仅扩大了销售，还有效提高了加盟商的满意度；环球雅思、台湾三之三等很多特许教育培训企业，都是以互联网为载体，把网站作为教育产品的展示宣传窗口，同时开通“网上课堂”或“网校”，通过远程培训和学习，吸引更大范围的目标客户；肯德基是较早实施网上订餐业务的品牌企业，其推出的网上订餐专属特惠给消费者带来更多的实惠；麦当劳的网上订餐服务覆盖近20个主要城市，其网上提供的“营养计算器”带给消费者新鲜、别样的健康、营养体验和感受。

越来越多的特许企业通过微博、微信等互通互联工具，建立起不同的沟通群组，并利用这些社交媒体，高效、低成本地宣传了企业品牌和工作成果，更好地维护了内部各层级员工之间、总部与加盟商及消费者相互间的关系。

互联网的应用也是社会发展的大趋势，企业应用互联网平台化、立体化、非平面、无边缘、亲草根、近社区等特点，不单纯是售卖商品和服务，也是形象宣传、产品推介和关系维护；更重要的是，要用互联网的思维和意识，运用最新的科技成果进行业务的改组和再造，以与别人不一样的差异化经营，实现更大胜算的成功。实践也证明，应用并发挥好互联网的作用，可以提高内部工作效率，改善加盟商关系，增强顾客体验。

2012年，连锁行业经受了多方面的压力和挑战，特许连锁企业普遍感受到推动企业发展的“正能量”尚显不足。但同时，行业也迎来了推进城镇化建设、以内需拉动经济的重要发展机遇。在机遇与挑战共存的背景下，2013 年必将是行业发展的变革之年，通过开拓细分市场、以标准化提高运营效率、以多渠道改善消费者体验等措施将是企业转变发展模式和管理方式的必由之路，并由此实现企业自身的可持续发展。

（由中国连锁经营协会会长郭戈平在第 15 届中国特许加盟大会上的讲话改编　2013 年 4 月）

第二部分　调查篇

2011 – 2012 年度连锁零售企业总体经营状况分析报告

2011 – 2012 年度，在宏观经济存在不确定性的背景下，中国连锁零售企业所处的政策环境和市场环境也都发生了很大的变化——政府监管加强、零供矛盾激化、成本高企、网络零售被广泛认可……中国连锁零售企业正面临前所未有的压力和挑战。在风云莫测的经营环境中，零售企业不得不打破传统经营模式，加速转变经营理念，寻求新的经营模式，尝试业态创新，或采取多元经营、延伸供应链、开发自主品牌等策略挖掘新的增长点，以应对市场变化，提升盈利能力。例如，百货行业通过自采自营探索，寻求经营模式的转变；超市行业积极发展自有品牌；便利店行业拓展服务领域，延伸服务内容；家电专业店加速渠道下沉，加大覆盖区域等。如何在经济整体呈现下行的趋势下实现增长，是中国连锁零售企业共同面临的问题。

根据中国连锁经营协会（简称协会）调查显示，2011 年，连锁百强企业销售规模 1.65 万亿元，十年间持续高速增长，翻了 9 倍多。然而，2011 年下半年开始，特别是 2012 年以来，受国内外经济环境变化影响，连锁零售企业普遍出现明显的销售增长乏力甚至负增长现象。同时，人工和房租等成本继续大幅上涨，企业利润空间不断被压缩，多家企业爆出盈利警告，开店速度明显减缓，资本市场也频频跳水。此外，受物价上涨和对经济前景不确定性的影响，消费者消费信心不足，消费意愿减弱，表现出各种业态经营企业的来客数减少。而与此同时，网络零售等新兴零售模式的快速发展和扩张，令传统连锁零售企业的经营受到冲击。再者，由于早前经济刺激政策的影响，商业地产过度开发，缺乏有效的规划和监管，造成网点的不合理分布及恶性竞争，也在一定程度上影响了企业发展的战略筹划与合理布局。

一、政策变化及影响

（一）增值税改革利于零售企业税负优化

2011 年 10 月 26 日，国务院宣布在上海开展增值税改革试点。同年 11 月 16 日，财政部、国家税务总局联合发布增值税改革试点方案实施细则（财税【2011】110 号、111 号），明确自 2012 年 1 月 1 日起，在上海市交通运输业和部分现代服务业等开展增值税改革试点，条件成熟时选择部分行业在全国范围进行试点，增值税改革正式开始。

该文件对交通运输业和现代服务业适用增值税的应税范围作了规定，主要包括：货物和旅客运输服务、研发和技术服务、信息技术服务、文化创意服务、物流辅助服务、有形动产租赁服务和鉴证咨询服务。同时明确了试点行业适用的增值税税率，其中：有形动产租赁服务业 17%，交通运输业、建筑业 11%，其他部分现代服务业 6%。此外，约定了试点地区和试点外地区的税种协调原则：即试点纳税人以机构所在地作为增值税纳税地点，其在异地缴纳的营业税，允许在计算缴纳增值税时抵减；非试点纳税人在试点地区从事经营活动的，继续按照现行营业税有关规定申报缴纳营业税。

由于增值税应税范围的增加，如运输、广告、商标著作权转让、有型动产租赁、物流辅助、中介签证等服务，连锁零售企业只要购买或提供上述增值税应税范围的服务，势必会对整体税负产生影响。增值税改革对零售企业的影响主要体现在两个方面。

一方面，从商业模式的角度来说，增值税改革对连锁零售企业的税务影响将主要取决于其购销环节是否全部在上海完成。如果购销环节全部在上海完成，基于增值税逐环节征税、逐环节抵扣的特点，完整的增值税链条，将企业承担的税负最终转移到消费者，从而可以实现税负优化。但如果购销环节涉及到上海之外的大陆其他地区和境外时，在采购环节，从大陆其他地区采购，虽然最终的营业税由销售方支付，但销售方往往通过价格策略来弥补其营业税金支出，所以需要测算营业税和增值税税率的影响；从境外采购，在进口环节缴纳的增值税可以抵扣。在销售环节，在改革前和改革后，向大陆其他地区提供扩围服务的税负均无变化；而向境外提供相关的扩围服务，适用增值税零税率或免税政策，有利于减低整体税负。

另一方面，从现金流和净利润的角度来看，增值税改革试点方案实施后，从理论上而言，进项税额的抵扣一方面会部分解决重复征税，增加企业现金流，另一方面也会直接降低企业的固定资产投资成本，推动企业增加投资，提高企业利润率。

（二）预付卡监管加强或将影响企业现金流

2011 年政府在预付卡管理方面动作频频。5 月 23 日中国人民银行、监察部、财政部等七部门联合发布《关于规范商业预付卡管理的意见》，10 月 28 日人民银行发布《支付机构预付卡业务管理办法（征求意见稿）》，11 月 23 日，商务部发布《单用途商业预付卡管理办法（征求意见稿）》。作为第二大信用工具，预付卡 2010 年的规模超过 1.4 万亿元，其中单用途预付卡超过 1 万亿元。庞大的销售规模容易造成混乱，所以从监控反洗钱，防范滋生腐败等角度考虑，监管是必然要求。

新的征求意见稿主要针对预售卡资金风险防范做了新的规定，如预收款用途限制、预付卡发行规模限制、预收款专用账户管理、套现防范等。

具体来说，首先关于“预收资金只能用于发卡企业主营业务，不得用于不动产、股权、证券等投资以及借贷”的规定对大多数商业零售企业影响不大，虽有部分公司兼营房地产、股票等业务，但规模不大，自由资金流动充裕。其次，参考 2011 年第三季度上市公司报表，预收款项余额在上年营业收入中占比均值在 10.7% 左右，由此实现新规定中关于“批发和零售业、住宿和餐饮业发卡企业的预收资金余额不得超过上一会计年度主营业务收入的 50%”的规定相对宽松。

（三）刷卡手续费率降低将减少企业运营成本

2012 年 2 月 6 日，商务部发布《关于“十二五”时期促进零售业发展的指导意见》，强调要进一步加强银商合作，调整银行卡刷卡手续费政策，扩大银行卡使用范围，方便刷卡消费。同时，商务部等四部委加紧研究银行卡刷卡手续费调整方案。

据统计，目前超市、百货、大卖场等刷卡手续费率为0.5%～1%，普通零售商户为1%～2%，餐饮、饭店为2%～3%；个别经营压力大的小商户甚至因为刷卡手续费较高而停止POS机的使用。

虽然零售行业各企业对刷卡手续费降低的敏感度不同，但从整体上来看，刷卡手续费率的降低将在很大程度上降低企业的运营成本，从而进一步提升零售企业的盈利水平。

（四）新刺激消费政策出台拉动内需市场

统计数据显示，2012年上半年中国社会消费品零售总额同比增长14.4%，全国百家重点大型零售企业零售额同比增长11.02%，比2011年同期大幅度回落15.93个百分点，是近三年来的最低增速。为进一步刺激内需拉动消费，2月以来商务部及其他部委纷纷出台刺激消费政策：

2012年3月6日，商务部印发《关于开展2012年消费促进活动的通知》，具体部署2012年全国消费促进工作，并于当年4月份在全国统一组织促进消费月活动。同时，商务部还重点支持了地方人民政府、地方商务主管部门和全国性行业协会自主举办的规模较大、特色突出、成效明显的大型促消费活动。

2012年3月15日，商务部新闻发言人向社会公布，继家电、汽车“以旧换新”以后，商务部还将积极支持地方进行家具“以旧换新”试点，并在试点的基础上逐步实现在全国的推广。

（五）促销服务费管理力度加大以协调零供关系

2011年12月19日，商务部、国家发改委、公安部、国家税务总局和国家工商总局等五部门联合发布《清理整顿大型零售企业向供应商违规收费工作方案》。该方案对大型零售企业的促销服务等收费提出明确规范，要求零售商向供应商收取促销服务费应事先征得供应商同意，订立合同并明确规定收费细节；收费后应按照约定提供服务，未提供相应服务的应返还所收费用。另外，方案规定零售商以签订或续签合同为由收取的费用，向使用店内码的供应商收取超过实际成本的条码费，店铺改造、装修（饰）时向供应商收取的未专门用于该供应商特定商品销售区域的装修、装饰费，与促销无关或超出促销需要，以节庆、店庆、新店开业、重新开业、企业上市、合并等为由收取的费用等均属于违规收费。

政府主管部门对企业促销服务费管理力度的加大，以及对通道费的清理整顿，进一步规范了中国零售市场，但是对于零售商收费问题，政府的管理仍属粗放型，应进一步明确检查、执行等政策的实施细则，以指导企业强化合同约束，自觉守规经营。

二、连锁零售企业共性问题

（一）成本上升不可避免

2011－2012 年度，经营成本上升依旧是连锁零售企业面临的主要挑战，最为明显的是人工费用和租金成本的上升。很多企业调整了员工工资和福利待遇，加强了员工培训，并以此提高人效、降低基层员工的流失率。协会对连锁百强企业的抽样调查显示，2011 年连锁零售企业人工费用上涨约 26%。人工费用的迅速上涨对于净利润率长期在 1%～3% 的零售业是极大的挑战。

2011 年连锁零售企业租金成本上涨约 10%，对企业盈利能力产生较大影响。由于租金成本一路上扬，企业在拓展门店时不得不采取更为谨慎的态度。另一方面，零售企业门店租赁期一般在 10～15 年，2011－2015 年将是企业门店租赁到期的高峰时段。零售企业将不得不面对所属部分门店续租租金上涨甚至续租失败的风险。

随着中国人口红利逐渐消失，土地、水电等资源价格日趋上涨，零售企业的低成本时代已经过去。成本上升是企业必须面对和消化的问题，零售企业不仅需要“节流”以控制成本，更要“开源”发掘新的市场机会和利润来源以应对更严峻的挑战。

（二）销售增幅减缓

连锁零售企业销售额增幅普遍减缓，很大程度上归因于高企的物价水平。2011 年居民消费价格指数（CPI）上涨 5.4%，在较高的通货膨胀背景下，消费者的消费意愿明显降低。虽然经验表明：在温和的通货膨胀水平下，零售企业的营业收入会在一定程度上受惠于较高的价格水平，但一旦通胀水平超过 3% 的警戒线，销售数量的减少将会在收入变化中贡献更多的权重。

频发的食品安全问题冲击了消费者的消费意愿。瘦肉精、塑化剂、地沟油、猪骨汤精、假绿色猪肉、回锅油等事件让诸多零售企业站在了危机攻关的“风口浪尖”。面对频繁出现的食品安全问题，中国消费者脆弱的神经一再受到冲击，伴随着生活质量的提高和健康卫生理念的增强，更多的消费者在外出就餐、购买产成品和自己下厨、购买原材料产品的选择中倾向于后者。

政府惩治腐败、限制“三公”经费政策，客观上影响了零售企业销售总额的增长；限制购物卡发售政策的出台，以及媒体对奢侈品消费、过度消费问题的报道等也在一定程度上影响了零售企业经营业绩的表现。

网络购物方兴未艾，如淘宝、易趣等 C2C 网店，上升势头强劲的京东商城、卓越亚马逊等 B2C 网站，以及如聚美优品等新兴团购网站在 2011 年显赫的销售业绩都见证了这一零售发展状况。伴随着电子商务的蓬勃发展，其对传统零售行业的挤占效应也逐渐凸显。零售行业不仅面临着行业内部的竞争问题，还要应对来自宏观经济不景气以及外部竞争对手的冲击。做好自己，发掘新的增长点成为当务之急。

（三）商业地产过热

2011年随着新“国八条”的出台，针对住宅市场的房产税在上海、重庆两地的试行，“限购令”的发布，中央对房地产住宅市场的调控力度进一步加大。房地产住宅市场成为政策调控的“主震区”。相比之下，商业地产市场受到政策调控的影响较小，这也吸引房地产商及零售商不约而同地转向商业地产领域。

不仅占据商业地产市场龙头地位的大连万达加快扩张步伐，原先推崇美国模式的万科2010年也先后在北京、上海、深圳等一线城市以及内陆二、三线中心城市实施其商业地产战略。地产商转型商业地产的同时不少零售商也开始进行“从房客到房东”的转型：沃尔玛的新发展战略显示其将开始自行购买土地，自主发展商业项目；宜家的控股公司英特宜家先后在北京、苏州等地投资开发以宜家主体店为主的综合购物中心；中粮集团在11月宣布将在全国复制30个大悦城项目。统计数据显示，2011年全国商业地产投资达7424亿元人民币，同比增长31%，2012年商业地产投资虽有放缓，但增幅仍达25%；同年，全国商业营业用房新开工面积20671万平方米，同比增长18%。在政府加大房地产政策调控力度的背景下，商业地产的投资已经显示出过热的趋势。

作为宏观政策调控的洼地，商业地产投资的增长或许不足为奇，但是面对投资规模及数量如此大幅度的增长，我们必须反思增长的合理性。不同于住宅市场，商业地产的开发不具有同质性和易复制性，而且投资时间长、对运营管理水平要求高，这些都是商业地产领域进行投资的风险。综观商业地产的开发现状，至少存在以下三个方面的问题：首先，存在大量重复建设。这一现象在一线城市尤其突出，同一商业地段往往存在着多个差异性不大的购物中心，严重分散了客流和销量；其次，商业地产的扩张超过了消费水平的增长。在部分二、三线城市，居民的消费能力、消费观念都还达不到大型商业综合体的要求；最后，商业地产项目的开发要求开发商对市场有精准的把握，对商业模式及管理方法有正确的选择，但是部分盲目上马的项目在规划上存在着严重的不足。引导商业地产领域的理性投资，合理规划，科学运营将是接下来政策调控的着力点。

（四）效率有待提升

本年度，零售行业的关键词仍然是效率有待提升，而与之明显对应的是行业平均收益水平的下降。零售企业的利润率一直都处于低位，2011年受到通货膨胀水平上升及成本上涨的影响，行业平均收益水平处于下行通道。以超市行业为例，伴随门店的扩张，超市行业增收不增利的现象越发明显，人工成本和租金费用快速增长使超市盈利水平受到制约。

促销常态化趋势日渐明显。面对激烈的市场竞争，促销已经成为零售商必不可少的营销手段，促销活动已经不仅仅局限于新年、国庆等特殊时段，各种周年庆、答谢会、情人节、母亲节等都成了促销舞台上的主角，零售商促销俨然已经显示出常态化趋势。一方面，大量的促销活动使得促销费用大幅度攀升，加大了企业的运营成本；另一方面，过度频繁的促销会使消费者的价格敏感度下降，对促销的本质认识加深，消费行为反而会更加谨慎。近期，由于国家对于“原价”的管理强化，企业促销频率有所下降。

零售企业的内部管理仍然存在着规范化程度不足、管理低效等问题，在经济形势较好时，内部管理的问题往往不会表现得特别突出，然而在经济处于下行区间，经营情况不佳时，管理层的问题经常会成为制约企业成长的瓶颈。

实行有效的成本控制，多样化的促销手段，优化企业内部管理水平将成为零售企业顺利度过“冬季”必须解决的问题。

三、连锁零售业发展趋势

目前，中国经济和经营环境仍存在一些不确定性因素，而消费需求和习惯也日趋多元化与复杂化。在这种发展背景下，中国零售企业正面临前所未有的压力、挑战与机遇，其经营模式也在发生急剧变化：从小型独立店铺到连锁经营或超级综合商店，从实体零售到网络零售、到手机应用。零售企业的角色也随之发生变化，由原来的从厂家向消费者的单向商品输送者，转变为输送产品、整合供应链、收集消费者需求的多重作用平台。从协会组织的 2011－2012 年度行业调查，以及我们对零售业的长期跟踪与研究，总结出值得零售企业关注的六大发展趋势。

（一）业态创新初显成效

随着网络普及、消费习惯改变和快递业务的迅速发展，网络购物已经被消费者广泛接受。电子商务的兴起对零售业，特别是对标准化产品如书籍和电子产品的销售产生不可忽视的影响。除了市场自身发展，商务部《关于“十二五”时期促进零售业发展的指导意见》从政策层面特别指出，中国将鼓励大型零售企业开办网上商城，推进无店铺销售，促进网络购物、电话购物、手机购物等无店铺销售业态的规范发展。

根据中国电子商务研究中心数据显示，2011 年中国网络购物市场交易规模达 8019 亿元，占社会消费品零售总额的 4.4%。预计到 2015 年，中国网络零售额约为 3 万亿元，相当于社会消费品零售总额的 9%。

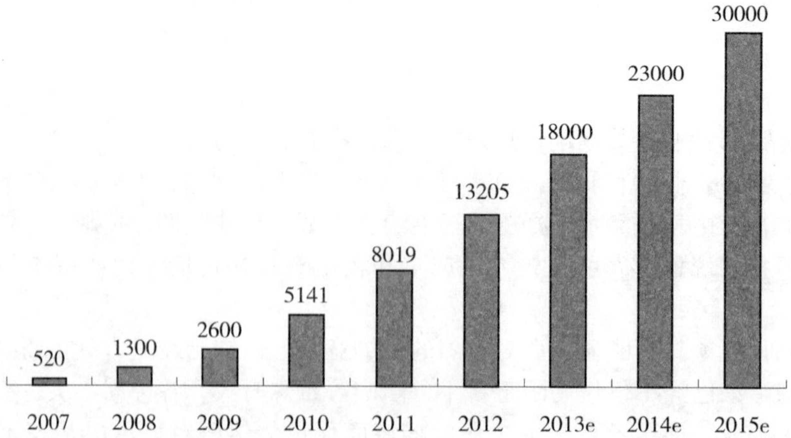

来源：中国电子商务研究中心

注：e 为预测值。

图 1　中国网络零售市场交易规模（亿元）

很多实体零售企业已经涉足网络销售。根据协会统计，2012 年连锁百强企业中有 59 家开展了网络零售业务，共有 70 家网络购物网站。59 家零售企业中，百货为 26 家，超市为 22 家，其他分别为家电专业店、家居专业店、药店等。实体零售企业开展网络销售具有天然的优势，企业经过多年累积形成的消费者认知度、较强的议价能力、物流管理经验将有助于其减少单一网络销售企业所面临的经营风险和巨额广告费的压力。土地成本不断上升，同时消费者对网络购物广泛接受，网络销售将成为零售企业延伸销售平台以及拓宽销售渠道的手段之一。值得注意的是，由于网络零售全行业目前仍处在低毛利、亏损状态，中国大部分零售商只是将网站作为市场营销的补充手段，极少有企业选择对其倾力投入，大多数企业仍持观望和谨慎态度。

实体零售企业开展网络零售业务，其技术平台开发应用还有待提升。如何改善顾客的网络购物体验至关重要。现阶段，实体零售企业的网点服务能力并不强。从 59 家企业看，网络业务平台及设施也不都是建设完备，59 家企业中配送覆盖全国的为 32 个，占 54%，而支持货到付款的企业为 34 个。网络购物体验是一个综合性指标，就顾客层面而言，丰富多样的商品、实惠的价格、直观的商品展示、友好的搜索功能、准确的商品描述、明晰简易的购买流程、多样的付款方式、准确及时的配送，以及便捷的退换货等指标都会提升客户体验，从而提高网页的转化率。传统零售企业需要超越现有的满足顾客的能力，提升企业在网络零售领域的竞争力。

实体店与网店并存的局面对零售企业提出新的挑战，即如何平衡线上与线下的关系？目前很多企业以区分线上线下产品定位或提供网上专供商品来规避价格冲突。也有企业结合两种渠道，虽然线上线下产品价格一致，但网上购买的商品可以在任何一家实体店进行退换货，以提供差异化的服务吸引顾客。无论采取哪种方式，企业必须从战略层面决定网络销售是企业现有渠道的补充还是将成为新的增长点和必争之地。管理新业态形式，优化现有门店布局，增强网络渠道的销售能力对于零售企业未来增长举足轻重。

（二）并购整合方兴未艾

零售业是极具竞争性的行业，目前格局依然由大企业主导。然而，零售业处于微利时代，是典型的规模效应盈利行业，大型零售商凭借自身庞大的终端优势，在价格形成和产业链的价值分布中有较强的话语权。零售企业为了增强竞争力和话语权，纷纷兼并重组，行业整合方兴未艾。近期，零售企业并购活动呈快速上升趋势。2011 年，中国零售行业并购交易数量达到 159 起，比上年增长 20%；2011 年披露的并购金额共计 58.96 亿美元（约合人民币 374 亿元），较上年增长 15%，一系列的兼并收购将对中国零售业格局产生深远影响。

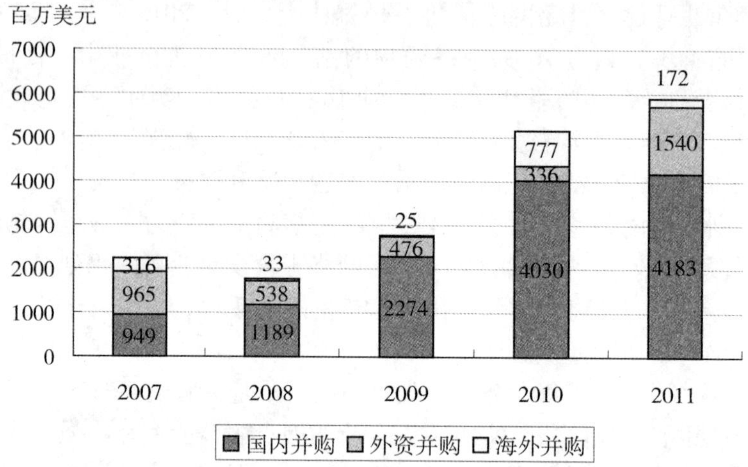

来源：汤森路透、德勤分析

图 2　2007－2011 年中国零售行业并购金额

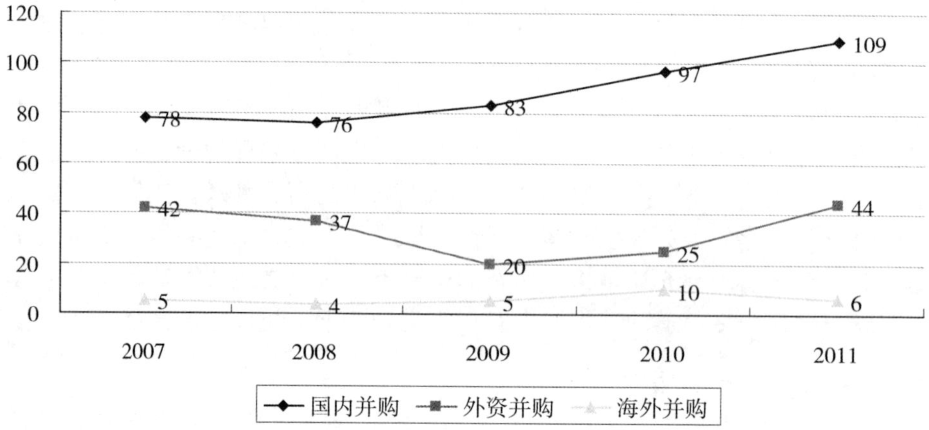

来源：汤森路透、德勤分析

图 3　2007－2011 年中国零售行业并购交易数量

从并购类型来看，国内并购（内资企业收购内资企业）依然处于主导地位。国内并购以行业整合、提高集中度为主要驱动力。华润万家收购江西洪克隆，海航商业收购梅州乐万家，都是全国性零售企业收购区域性企业的典型案例；对于区域发展型企业来讲，并购也开始成为它们实现跨区经营的重要手段，成商集团、西安民生等企业都在并购方面有所斩获；另一股并购力量则是借助资本市场进行扩张的企业，如永辉、步步高、文峰大世界等上市成功的企业，都在寻找优质的并购目标。而具有网点优势或持有物业的企业或门店往往成为受欢迎的收购对象，这与零售业成本上升、利润向优质资源集中的趋势密切相关。

虽然国内并购一直处于主导地位，但在 2011 年，外资并购（外资企业收购内资企业）金额和数量的增长幅度均超过国内并购。外资零售企业看好中国庞大的消费市场和不断提升的消费能力，而面对来自国内竞争对手的压力，外资企业更加积极地通过并购手段优化网点分布或启动多业态布局。沃尔玛入股1号店，显示前者进军网络零售，培育在华业务新增长点的用意。

随着全球经济一体化，中国企业也开始试水海外并购。发起并购的零售企业主要以整合价值链为目的，收购国外产业链上游产品供应商或物流资产；也有一些非零售行业企业，收购海外零售企业以延伸海外销售渠道。

从业态分布来看，超市及百货业态并购最为活跃，且交易金额可观。根据汤森路透数据统计，2011年超市及百货业态共发生并购30起，披露交易金额共计20.64亿美元（约合人民币130亿元），占零售业总交易额的35%，其中武汉中百集团合并武汉中商、大商控股淄博商厦、文峰大世界收购南通文景置业等交易所披露的金额均超过5亿元人民币。

餐饮业与汽车经销在并购交易数量和金额方面也位居前列，这与中国消费者的消费水平提高和消费习惯改变密切相关。同时，中西部城市和三、四线城市消费升级，而零售企业现有能力与这类城市的消费潜力不匹配，渠道西进和下沉也成为并购的动力之一。

2011年，连锁药店业态的兼并收购也十分活跃，全年共发生30起并购交易。药品零售业面临药品降价、租金及人工成本快速上涨、竞争加剧等诸多考验。连锁药店为寻求突破，以并购为手段，通过扩大终端数量扩张经营规模来提高盈利能力和竞争实力。

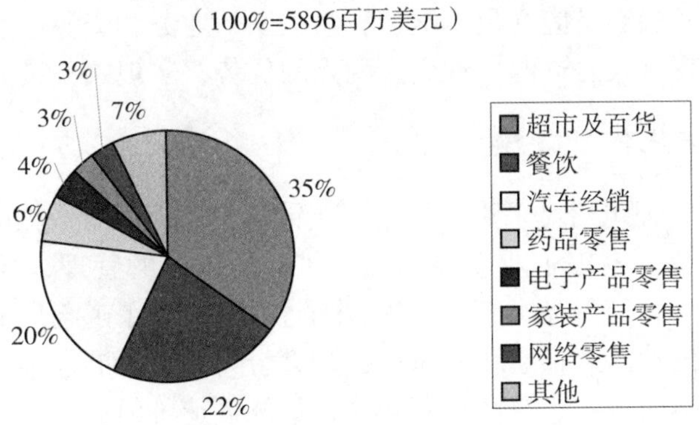

来源：汤森路透、德勤分析

图4　2011年中国零售业主要业态并购金额

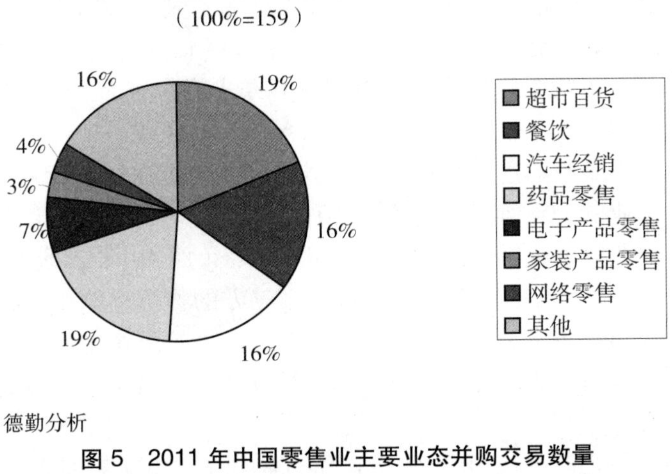

来源：汤森路透、德勤分析

图5　2011年中国零售业主要业态并购交易数量

（三）转变经营模式势在必行

零售企业可持续增长的动力，一方面来自于外延扩张，即以开拓新业态和新市场来提升企业规模和市场占有份额；另一方面来自于企业内生性增长，包括客单价提升、客流量增长、精细化管理等带来的较高的、可比门店的销售增速。而实现内生性增长的动力则来源于高效的经营模式。

目前，中国零售业以联营为主导模式，零售商采购功能缺失。虽然联营模式可以转嫁风险，但导致经营同质化、价格虚高，而且企业货品管理能力有限。面对这样的情况，业界普遍形成共识，即中国零售企业通过出租场地招引厂商和代理商入店，征收租金、返点、通道费实现盈利的联营模式需要变革，企业需要转向自主经营模式，以销售毛利为主导，并且选择性地发展自有品牌以获得持续性发展。

除了从联营到自营的转变，在消费者行为和需求不断变化、竞争日益激烈的市场环境下，多元化发展也成为众多零售商的共识和行动。据协会对零售企业个案的统计显示，半数以上零售企业都进军商业地产领域，以获得高于零售业的投资回报。很多零售企业混合多种业态模式，以满足顾客一站式购物的需要，为消费者提供更加便利的购物体验。不过，零售企业多元化发展还是应立足于本业，将关联的业务和资源进行整合，搭建多元的企业管理架构，共享现有人力资源、资金、网点的优势，实现效益最大化。

（四）供应链进化提升效率

零售企业供应链管理包括对采购、配送、店铺运营和消费者数据的管理，供应链的进化意味着零售业的进化。零售企业需要加强对供应链体系的管理，与供应商在预测与计划、产品开发、采购与物流、品类管理、库存与订单管理、渠道与店面运营等各个方面协作与配合。同时，新的业态和信息化对供应链的整合力量也不断加强。零售企业正着力通过优化供应链、减少运营成本、提高运营效率，最终创造价值。

在采购环节，一些零售企业加大总部统一采购比例，精简供应商数量，以便发挥规模采购优势。也有企业与主力供应商建立战略联盟，加大主力供应商采购金额占比，并通过联盟推进信息化实施，节约费用，提高流通效率。经营生鲜的超市则通过生鲜基地和农业专业合作社做到产地直采，最大限度地减少生鲜农产品产业链的中间环节，降低了物流、仓储和损耗成本。公开资料显示，永辉在福建、重庆直采比例达到 80%，步步高在韶山有自己的农产品基地，华联综超虽然以出租和联营方式经营为主，但部分特色水果也开始尝试基地直采。

在配送环节，实力雄厚的连锁零售企业加入自建物流配送中心行列。连锁经营协会资料显示，目前在零售业的物流仓储建设中，60% 的零售商开始选择自建物流仓储配送中心，这成为当前零售业物流仓储配送的主要方式；35% 的零售商与供应商合作或借用供应商的物流仓储，只有 5% 左右的零售商依然选择第三方的物流仓储配送系统。全国性企业华润万家已在中国（包括香港）建有 20 多万平方米体量的配送中心，并有自己的物流公司；区域性企业中百集团在武汉拥有吴家山常温配送中心、江夏生鲜配送中心，以及 9 万平方米武汉物流中心。

信息系统贯穿零售企业供应链管理，作用日渐增强。物美集团采用信息系统对终端

POS顾客历史购买数据进行分析，得出顾客购买习惯、购买频率等属性，预测出未来销售量，再由系统出具自动补货建议报表。由于系统给出较合理的订货量，避免了店铺盲目订货，同时也减少订货不及时、缺货等情况。通过信息系统，零售企业向供应商提供商业文件、发出采购指令，获取收据和装运清单，同时也可以让供应商及时准确地把握产品的销售情况，了解消费者需求变化，实现零售企业、消费者、供应商之间的良性互动。

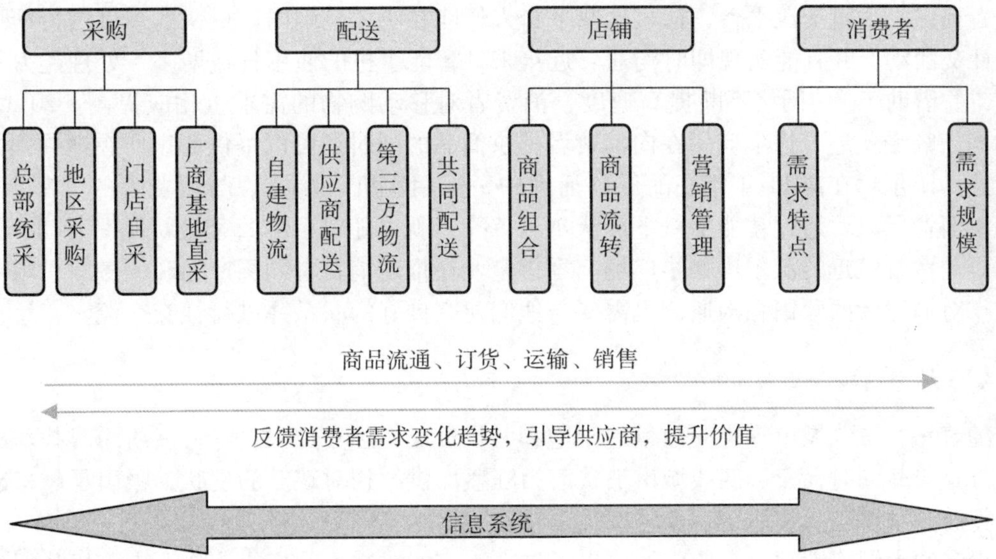

来源：德勤分析

图6　零售企业供应链管理流程

（五）消费者变化推动行业转变

总体来看，零售行业处于重要的转变时期，前几年的转变主要由竞争压力带来，今后将更多由消费者的变化带来，消费者行为将越来越多的影响零售企业的决策。可以肯定的是，消费者的价值、需求和行为将不断演变，对于零售企业的商品个性化和服务体验要求日益提高。

未来几年，消费者行为最引人注目的变化是食品消费安全观的变化。一方面，受全球高端产品被召回数目的影响，越来越多消费者要求增加所购买的商品的来源和成分的透明度，而且他们在购买时也会更仔细地检查食品标签。一旦被发现存在食品安全方面的问题，对企业将是致命性的打击；另一方面，日益紧缺的资源和高涨的能源及生产和运输成本将导致食品价格上涨。更高的食品价格将重新定义消费者的价值观。为了维持收支平衡，许多消费者将从没有精挑细选的习惯，转变为在购买商品时更加谨慎、更加精挑细选。消费者难以把食品预算总额的大部分花在餐厅等食品服务上，他们可能更倾向购买原材料或半成品然后自己烹饪。

商品需求方面，非必需品需求将增加，家居用品支出将上升。高收入人群和年轻消费者追求更舒适和更精致的生活，对全球品牌或个性化产品的认知度提高。而在选择商品时，消费者追逐的不仅是商品价值，同时也期望他们的自身价值观在购买的商品中有所体现，不论是更加健康的食品和产品或任何个人的喜好或兴趣。实现这一目标需要良好的品牌管理，提升的顾客体验以及差异化竞争。

媒体和科技的日新月异使消费者能够轻松掌握大量信息，从而可以货比三家，随时随地购买商品，并可以利用工具屏蔽不感兴趣的信息。社交网络和微博等互联网媒体技术为消费者提供了大量交流平台，通过这些平台人们能在更大范围内以更快的速度进行信息传播和社交活动，并且能实现即时沟通。近年来，智能手机的使用日益增多，处理能力不断增强，并借助于 3G 网络不断提高速度，消费者对移动购物的需求也相应提高。2011 年，移动网店颇受欢迎，这项应用在向消费者提供商品的同时还可以提供商家所在地周围的地理信息。沃尔玛在 2011 年年底的促销活动中，运用手机终端实现与消费者的“零距离”互动。消费者只要通过智能手机下载沃尔玛 APP，就可随时了解商家最新促销活动，并搜索到离消费者最近的沃尔玛购物广场。零售企业在推动消费者购买产品和服务时，将不仅仅依靠对消费者的营销和沟通，也需要与他们建立良好的联系并进行社交交流。

（六）渠道下沉步伐加快

随着一、二线城市零售商数量趋于饱和、投资成本逐年加大，零售商纷纷寻找新的扩张良方。与此同时，三、四线城市消费潜力旺盛而供给相对缺乏的现状，吸引了越来越多的零售商。

很多的中国连锁领先企业已经迈出了进军三、四线城市的步伐。如上市零售公司步步高、南京中商、鄂武商、合肥百货、广百股份等已开始在三、四线城市布局。根据公司公告，步步高百货业态战略发展方向明确，即在湖南、江西等优势区域的三、四线城市抢先发展购物中心业态，在当地树立品牌形象，获得市场垄断优势，从而获取新的利润增长点。家电企业也开始在三、四线城市扩张。2011 年初，苏宁提出年内要在三、四线市场建 300 家门店，仅半年时间，苏宁电器就已在 55% 的三线市场、14% 的四线市场开设了门店。国美在 2011 年新增的 480 家门店中，有 60% 开在二、三线市场。

诚然，三、四线市场需求快速增长、供给相对缺乏，率先下沉圈地的企业有机会在短期内获得丰厚回报。但是，三、四线城市零售市场也可能受到地方保护主义、政府效率、物流成本、人才储备、品牌服务能力等因素的制约，零售企业需要对自身能力和可能的制约因素进行评估，再做决策。

（中国连锁经营协会）

2011－2012年度大型超市、超市经营状况分析报告

一、超市企业发展情况

据中国连锁经营协会（简称协会）2011－2012年度连锁零售企业基本情况调查统计①，以及对过去一年中国零售业整体环境、主要业态经营状况和发展趋势分析，本年度超市行业的市场竞争持续激烈，企业经营成本高企，而政府的管理力度更加强劲。在此环境下，超市企业不得不回归零售企业商品经营的本质，加强提升商品利润和精细化管理的能力。整体而论，超市企业的发展状况呈现以下主要趋势。

（一）超市企业发展趋势与挑战

1. 提升自有品牌比例

中国连锁超市竞争日趋激烈，商品销售利差空间缩小，越来越多的超市企业选择通过开发自有品牌提升利润空间。对消费者来说，自有品牌产品价格更低；对超市企业来讲，自有品牌商品除了吸引顾客，还可以省去品牌使用费用和中间供应环节，保证较高利润。比较而言，通常供应商的商品毛利率在5%左右，而自有品牌商品平均毛利率为15%左右，可见自有品牌商品毛利率远高于供应商产品。开发经营自有品牌已在国际市场形成一定规模，如沃尔玛在全球每年30%的销售额、50%以上的利润源于其自有品牌。

本年度的行业统计调查结果显示，在65家大型超市和超市典型店铺中有39家销售自有品牌产品，占门店销售额的4%，与西欧市场的35%～40%，以及美国市场的20%以上比较，中国超市存在很大的提升空间。在华大型外资超市企业开展自有品牌的开发和经营居于领先。如沃尔玛主要推出“惠宜”（主要覆盖食品和非食品）、“明庭”（主要覆盖家居用品）和“简适”（主要覆盖服装产品）等自有品牌产品；麦德龙2012年自有品牌商品销售份额提升至20%；日本零售集团永旺旗下自有品牌TOPVALU（特慧优）2012年进入中国市场。一些大型本土超市企业也尝试利用自身庞大的网络资源和对终端的主导地位，通过市场信息和品牌影响力向生产厂家渗透，加强自有品牌的开发。华润万家、联华等都已经把开拓自有品牌作为重要战略，推出了涵盖生鲜、食品、非食品及百货类的多类商品。

---

① 见《中国连锁零售企业经营状况分析报告（2011－2012）》，中国连锁经营协会、德勤研究，2012年8月。相关经营指标、效率指标、费用指标见附录二“指标说明”。

2. 扩大生鲜规模

生鲜是集聚门店客流和人气的商品品类，扩大生鲜规模被很多超市作为一种竞争战略放在重要地位。同时，消费者对生鲜产品绿色、健康、安全、品质的追求为超市生鲜品牌化、精细化运营提供了基础。据协会年度行业调查显示，生鲜产品是近年来超市门店销售增速最高的品类。调查还显示，快速消费品百强企业生鲜类商品销售额占总销售额的比例增长显著，由 2008 年的 12.4% 上升至 2010 年的 24.4% 。

经营方式上，通过农超对接向农户直接采购生鲜农产品。较高的直采比例可以突破区域分割流通体制的限制，支持公司异地扩张，且直采可以缩减中间流通环节，降低采购成本，获得较高的毛利率。如，以经营生鲜农产品为主的永辉超市，生鲜及加工的销售占比已达到 50% 以上，其直采比例为 70% 以上；京客隆集团 2011 年年报显示，集团全年新增两个驻地采购点，并将继续加强和扩大采购基地建设；物美商业 2011 年年报也显示其扩大“农超对接”，加快基地建设。此外，很多有实力的超市企业也开始自建农场，生产自有品牌蔬菜，把管控范围扩展到农田选种环节。如 TESCO 在厦门开发了其在国内最大、面积达到 3000 亩的自有农场。

3. 调整盈利模式

随着超市企业规模扩大，其盈利模式和利润结构更多是以通道费用为主要利润来源。通道费的存在具有一定的合理性，零售商拥有稀缺的渠道资源，处于买方市场并主导零供关系；另外，零售商在近些年各项成本大幅上涨的压力下，商品销售利差微薄，而通道费使得企业不至于陷入困境。但从长远看，过多地依赖通道费将产生负面作用。其中，导致企业的各个业务环节忽视商品经营、企业对市场判断和价格控制趋向失灵、企业核心经营能力削弱等是主要的负面效应。并且，这种盈利模式将使企业经营趋于同质化，也会使零供关系更趋紧张，还会滋生内部腐败，影响企业的收益能力和稳定发展。

要调整盈利模式，超市企业需要从“商品组织者”转向“商品经营者”，在价值链各环节创造利润，从消费者需求、产品设计、采购或生产控制、物流配送、分销促销等方面加强经营和创新。如，永辉超市 1300 余人的生鲜采购团队分布在全国各地的生鲜产品市场，了解价格、产期、质量等信息，及时购进低价质优、受消费者欢迎的生鲜产品，而这种采购模式使其在生鲜农产品采购中获取了比批发市场多 25% 左右的利差。

超市企业除了扩大直采比例，还加强自有品牌的开发。自有品牌开发并非简单的贴牌生产，需要企业从商品企划、原材料采购、选择生产厂商、价格、交货期、质量、物流、销售、尾货管理的全过程进行管理，还需要配备具有相关知识经验的员工。

市场条件的变化迫使经营者需要重新回归依靠商品经营盈利的模式，转变的过程难免会遭遇阵痛，但是转变是必然的，也是零售业未来的出路。

4. 区域性企业战略选择明显分化

随着外资超市和全国性超市扩张步伐加快，区域性超市企业所面临的生存压力越来越大。区域性超市企业为生存寻求突破，不同企业的战略选择出现明显分化。一般来说，区域性超市或选择自主上市，通过资本市场获取进一步扩张和老店改造的资金，成为区域龙头；或选择出售零售业务，转嫁经营风险，同时获取资金以发展集团内商业地产或其他业务。

虽然在全国范围扩张的能力较弱，但是区域性超市企业往往在当地具有优势，占据优质商业网点，并且在当地形成较高消费者认知度。选择上市的区域性经营超市的企业主要有湖南步步高、湖南家润多、安徽永辉超市、浙江三江购物、山西美特好等，这些企业均在2011年中国快速消费品连锁百强中占据席位。已在A股上市的湖南步步高2011年超市门店117家，并计划2012－2013年每年新开门店25－30家，继续深挖湖南市场，同时尝试跨区域发展，近期又启动再融资，涉足商业地产。2012年，成都红旗超市宣布计划上市，未来三年将在四川省开设上百家新门店。

除了选择上市，也有很多区域性超市选择被收购。江苏苏果超市、江西洪克隆零售业务先后被华润收购；江苏时代超市被韩国乐天收购；河北宝仓龙成为家乐福在华第一家收购企业；上海家得利则被海航商业收购。可见，未来超市业在二、三线城市的竞争将在区域龙头和全国性零售商之间展开，并且更加激烈。

（二）超市和大型超市企业统计数据

本年度行业调查中，超市及大型超市的有效样本企业共76家。

1. 企业平均规模

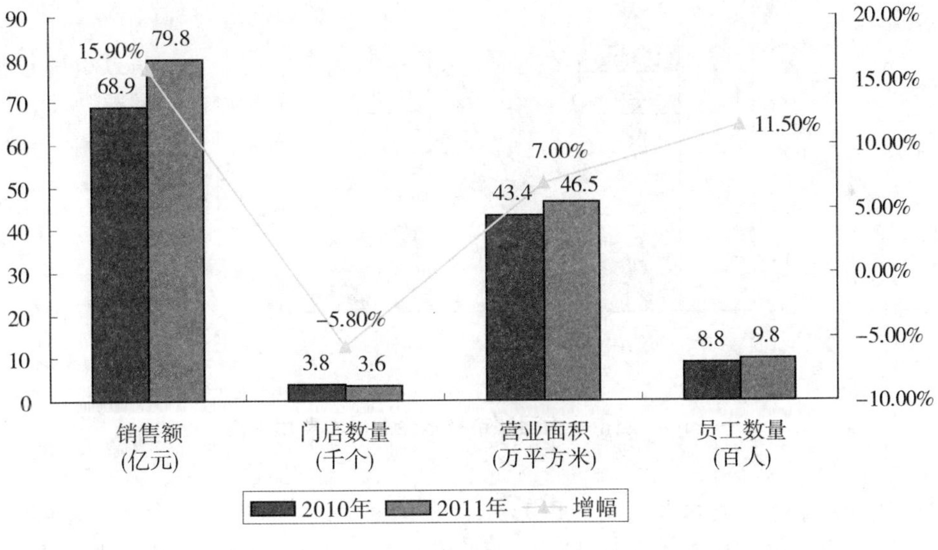

图1 超市及大型超市样本企业的平均规模

整体上看，企业的销售额增幅远高于门店数量增幅，也高于营业面积以及员工数量的增幅，说明企业单店经营明显提升。

2. 成本费用情况

如图2、图3所示，超市和大型超市的第一费用是员工工资，其次是房租和水电。从增长幅度来看，四项成本费用均有不同程度的攀升，企业经营面临较大的人工费用和租金成本压力。

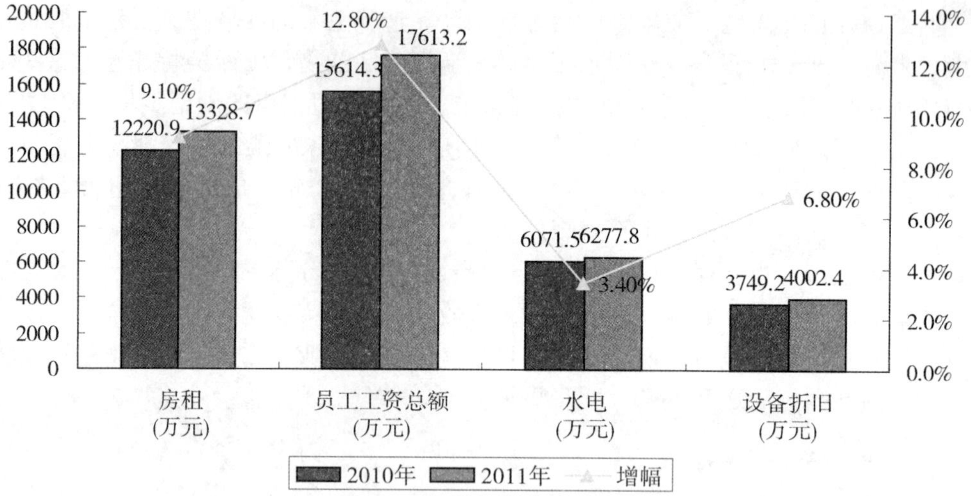

图 2　超市及超市样本企业的四项成本费用

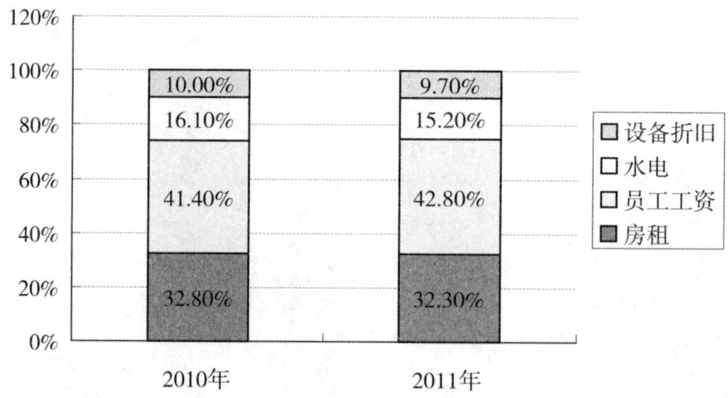

图 3　超市及大型超市样本企业成本费用结构

调查显示，本年度超市及大型超市的员工工资总额有较大增幅，企业总体运营成本有所上升。从结构上看，员工工资比重较上年略有增加，但整体结构变化不大。单位人工成本的上升及企业经营规模的不断扩大，致使人工成本和房租成为企业成本上升的主要因素。

3. 自有品牌情况

据协会 2011 －2012 年度行业调查典型店铺数据显示，超市及大型超市样本企业自有品牌销售比平均为 2. 9%，超市及大型超市企业依靠开发自有品牌提升赢利能力空间较大。

二、大型超市店铺经营情况

本年度行业调查数据中，完整且营业一年以上（最早为 1995 年开业，最晚为 2009 年开业）的大型超市门店共32家。32家门店平均营业面积1.3万平方米（从6200平方米到26289平方米），其中最高销售额为8.8亿元人民币（面积为10935平方米），最低销售额为9037万元人民币（面积为6600平方米）。

（一）平均规模

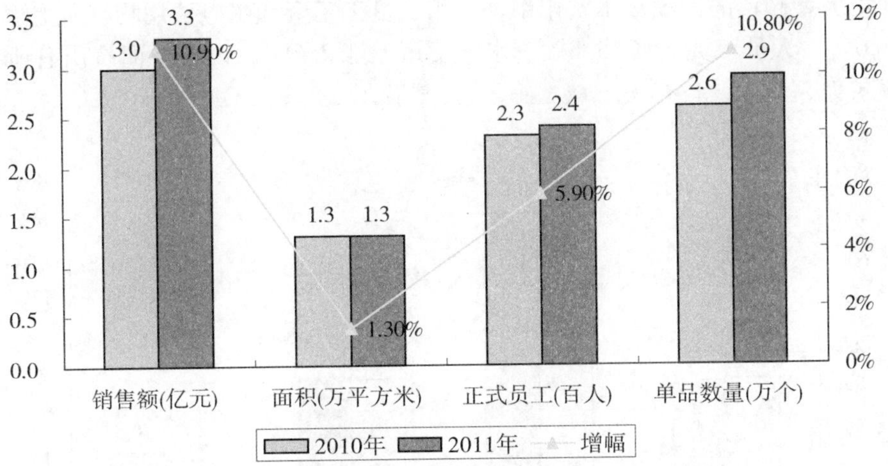

图4 大型超市样本店铺的平均规模

本年度参与调查的样本店均为各大企业中销售规模大、经营业绩好的店铺，代表了行业中的领先水平。从图4可以看出，本年度大型超市的四项指标均有所增加，其中单店平均销售额增加10.9%、营业面积增加1.3%、员工人数增加5.9%（平均每店增加14人）、单品数量增加10.8%，其中员工人数增幅低于销售额增幅，这是近一两年来企业在人工成本增加的压力下，不断提高劳动效率的直接体现。

另外，样本店平均有收银机44台，最高为81台（9522平方米），最低为20台（6400平方米），平均每台收银机每年收银额为人民币734.7万元。

（二）平效和人效

表1显示，本年度大型超市人效增幅4.7%，增幅明显，与前面数据显示结果相一致。平效增长9.5%，单品销售额与上年保持不变。

表1 大型超市样本店铺的平效和人效＊

项目	平效（万元/平方米·年）	人效（万元/人·年）	单品销售额（万元）
2011年	2.6	135.9	1.1
2010年	2.4	129.8	1.1
增幅	9.5%	4.7%	0.0%

＊ 此计算结果分别基于每家样本店铺平效、人效以及单品销售额的平均值，并非由平均规模指标推导。

（三）平均日客单价

本年度大型超市平均日客单价人民币 79.3 元，较 2010 年人民币 69.9 元增加 13.5%。日客单价增长的部分原因是由于物价的上涨，与总营业额增长比例相一致。

（四）费用情况

本年度大型超市的四项成本费用中，房租、员工工资和水电费用均有所上涨，其中房租涨幅 3.6%；人员工资上涨 15.8%、水电费用上涨 2.6%；设备折旧费用有所增加，与企业规模扩大、增加设备有关。

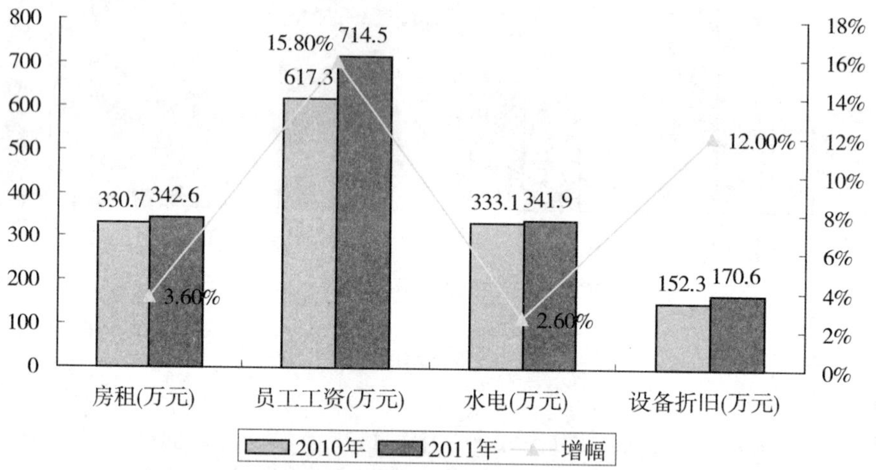

图 5　大型超市样本店铺的四项成本费用

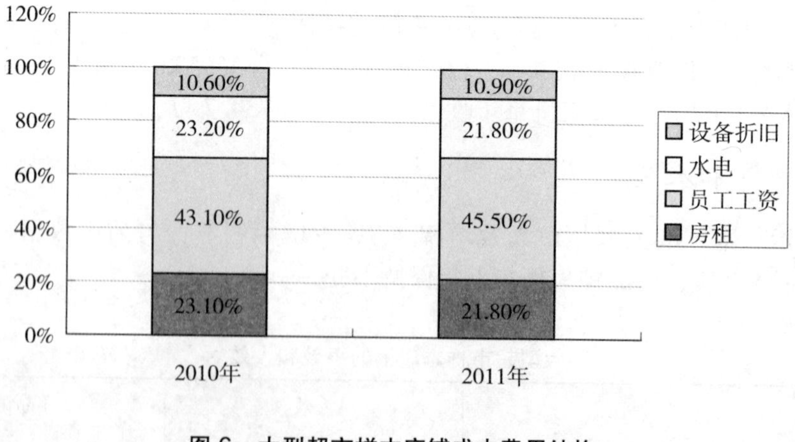

图 6　大型超市样本店铺成本费用结构

如图 6 所示，从四项费用占比看，员工工资占比从上年的 43.1% 上升至本年度的 45.5%，依然是大型超市第一大费用。房租占比从上年的 23.1% 略降至本年度的 21.8%，水电费用占比从 23.2% 下降至 21.9%，可见房租和水电费用占比均略有减少。设备折旧金额较小，占比 10.9%，依然是大型超市占比最小的成本，变化不大。

（五）毛利率

大型超市样本店的毛利率相差较大，最高为 17.1%，最低为 7%。如果以样本店平均销售额 3.3 亿元人民币计算，毛利最高和最低的两家店的毛利额相差人民币 3318.8 万元，可见商品管理能力和运营能力对店铺盈利的影响程度是很大的。

本年度大型超市样本店的平均毛利率为 12.2%，略高于 2010 年的 12%。

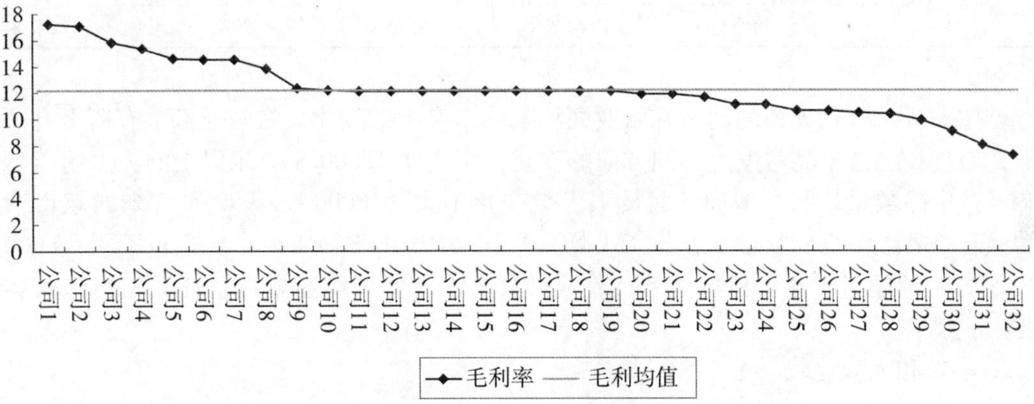

图 7　大型超市样本店铺的毛利率分布

（六）物流配送与周转情况

本年度大型超市样本店的统一配送率平均为 59%，略高于上年的 58%。存货周转平均为 31 天，略长于上年的 29 天。

（七）生鲜和冷链物流

有些大型超市企业配属有较多的生鲜配送中心，但有些规模相对较小的超市没有独立的生鲜配送中心。整体来看，平均每个大型超市企业至少有 1 个独立的生鲜配送中心。

（八）不同面积的大型超市

为便于有针对性地比较，从样本店中选取三组不同面积的店铺进行比较，分别为 6000－9999 平方米、10000－14999 平方米和 15000 平方米以上。

1. 平均规模比较

表 2　　大型超市三组样本店铺的平均规模

面积分类（平方米）	年份	营业额（万元）	平均营业面积（平方米）	正式员工平均数（人）	经营单品（个）
≥15000	2011 年	30202	19014	221	30804
	2010 年	28538	19014	229	25369
10000－14999	2011 年	34256	12014	250	25495
	2010 年	31108	12178	246	22744
6000－9999	2011 年	32721	8115	246	34467
	2010 年	28410	8140	202	31806

整体来看，三种规模的超市在营业面积上均未有大的变化，在营业额都有所上升的背景下，人员和经营单品数发生不同方向的变化。不小于 15000 平方米以上的大型超市营业额和经营单品数量均明显增加，而员工人数变化不大；10000－14999 平方米的超市营业额和经营单品数量也明显增加，员工平均人数比 2010 年增加 4 人，变化也不大；6000－9999 平方米的超市营业额和经营单品数量以及员工人数均明显增加，且涨幅较前两类超市要大。

2. 平效和人效比较

表 3　　大型超市三组样本店铺的平效＊

面积分类（平方米）	年份	平效（万元/平方米·年）	人效（万元/人·年）
≥15000	2011 年	1.6	137.0
	2010 年	1.5	124.6
10000－14999	2011 年	2.9	136.9
	2010 年	2.6	126.4
6000－9999	2011 年	4.0	133.0
	2010 年	3.5	140.5

＊ 此处计算结果分别基于每家样本店铺平效与人效的均值，并非由平均规模指标推导。

相比 2010 年，2011 年三组大型超市中面积较大的两组超市的人效均明显增加。同时，三组超市的平效均有所增加，其中不小于 15000 平方米以上的大型超市增幅相对最小。可以看出，面积越小，平效越高，相对而言，人效也不差。如此规模的大超市经营效率是否最高，值得继续深入研究。

3. 客单价比较

表 4　　大型超市三组样本店铺的客单价

年份	按面积划分的日客单价（元/人·天）		
	≥15000（平方米）	10000－14999（平方米）	6000－9999（平方米）
2011 年	79.5	78.9	80.0
2010 年	67.7	72.1	68.6
增幅	17.5%	9.4%	16.6%

数据显示，不同面积店面的客单价均有增加，其中不小于 15000 平方米以上和6000－9999 平方米的超市客单价增幅分别为 17.5% 和 16.6%，但 10000－14999 平方米的超市增幅最小，仅为 9.4%。

4. 来客数比较

表 5　　大型超市三组样本店铺的来客数

年份	按面积分类的来客数（人·天）		
	≥15000（平方米）	10000－14999（平方米）	6000－9999（平方米）
2011 年	10702	12395	10860
2010 年	11819	11017	10779
增幅	－9.4%	12.5%	0.8%

三组大型超市店铺的来客数比较，面积不小于 15000 平方米以上的大型超市，平均来客数下降了 9.4%，10000－14999 平方米超市的来客数大幅上升，面积相对较小的大型超市的来客数与上年相比略有上升。

5. 平均毛利率比较

表 6　　人型超市二组样本店铺的毛利率比较

面积分类（平方米）	年份	毛利率（%）
≥15000	2011 年	11.9
	2010 年	11.8
10000－14999	2011 年	12.7
	2010 年	12.5
6000－9999	2011 年	11.7
	2010 年	11.5

2011 年三组样本店铺的毛利率分别为 11.9%、12.7% 和 11.7%，相比 2010 年均略有增加。

（九）自有品牌

32 家大型超市样本中有 12 家尚未开展自有品牌商品销售，其余 20 家中自有品牌单品数量平均为494个。

自有品牌商品销售占门店销售额的百分比均值为3.4%。

整体来看，样本门店中自有品牌销售额占比较低。

三、超市店铺经营情况

本年度行业调查数据中，数据完整且营业一年以上（最早为1981年开业，最晚为2010年开业）的超市门店共23家。23家门店平均营业面积2352平方米（从500平方米到4793平方米），其中最高销售额2.3亿元人民币（面积为3400平方米），最低销售额1144万元人民币（面积500平方米）。

（一）平均规模

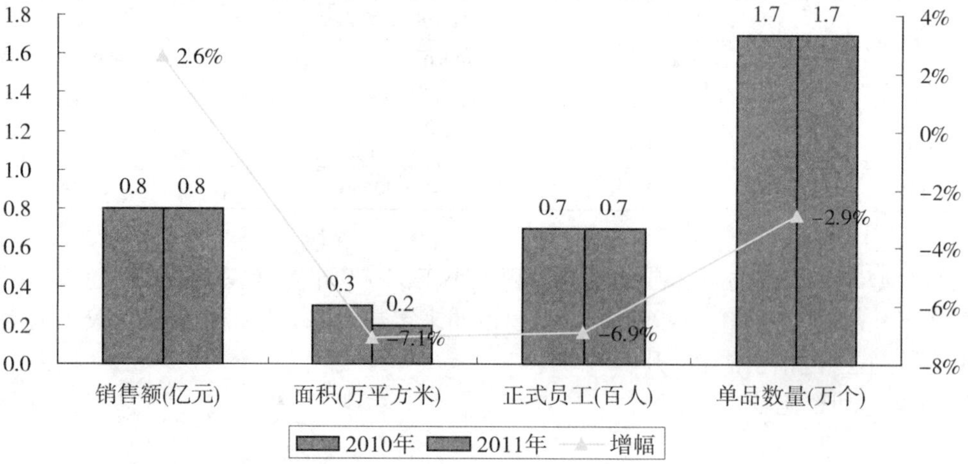

图8　超市样本店铺的平均规模

样本店均为各企业中销量稳定、经营业绩好的店铺，代表了行业中的领先水平。特别是有的店铺因位置好、管理成熟，销售额高于同面积其他店铺，从而拉高了平均值。

从图8可以看出，本年度超市店铺的四项指标中单店销售额略有增加，面积、员工人数均下降约7%，单品数量减幅为2.9%。

另外，样本店平均有收银机12台，最高为61台（4793平方米），最低为3台（500平方米），平均每台收银机每年收银额为673万元人民币。

（三）平效和人效

如表7所示，与上年相比，本年度超市样本企业的平效、人效以及单品销售额均有所上升，其主要原因是在面积、员工人数以及单品数量均有下降的前提下销售额有所上升。

表 7　　超市样本店铺的平效和人效＊

项目	平效（万元/平方米·年）	人效（万元/人·年）	单品销售额（万元）
2011 年	3.3	111.1	0.5
2010 年	3.0	100.8	0.4
增幅	10.4%	10.1%	5.7%

＊ 此处计算结果分别基于每家样本店铺平效、人效以及单品销售额的均值，并非由平均规模指标推导。

（四）平均日客单价

与上年日均客单价 60.0 元人民币相比，本年度超市样本企业日均客单价 63.4 元人民币，同比增加 5.6%。

（五）费用情况

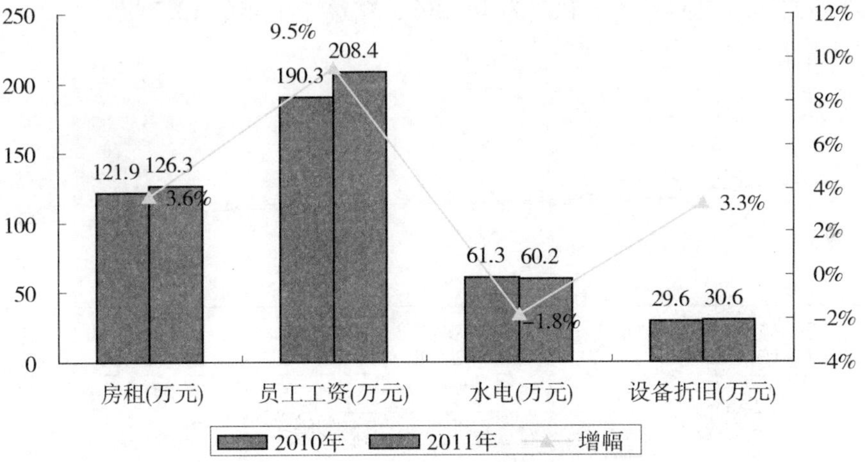

图 9　超市样本店铺的四项成本费用

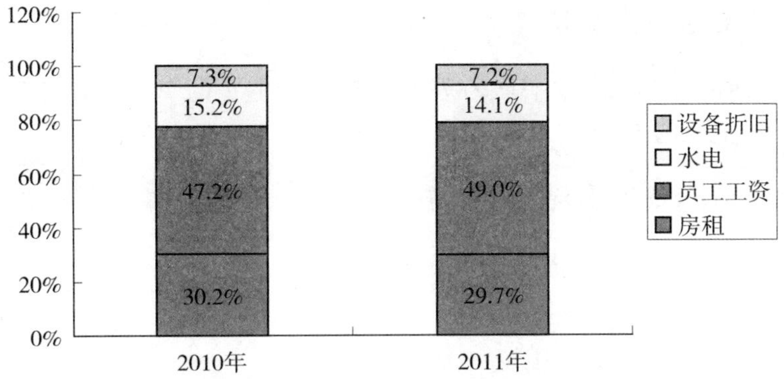

图 10　超市样本店铺成本费用结构

本年度超市样本企业四项成本费用中，房租和员工工资均继续上涨，其中房租涨幅 3.6%，主要原因是随着近几年地价、房价普遍上涨，超市的房租也随之上升。2011 年人员工资涨幅 9.5%，与宏观经济环境中工资上涨情况相一致；水电费用金额较小，且变动不大；设备折旧费用略有增加，与超市新增设备有关。

从四项费用占比情况看，员工工资费用占比从上年的 47% 上升到 2011 年的 49%，所占比例甚至超过了前述大中型超市员工工资的占比，依然是超市第一大费用。房租占比 30%，与上年基本一致，其原因是超市有部分自有房产，因此房租实质为自有房产折旧，因此两年相比变化不大。水电费用和设备折旧占比和金额均变化较小，是由于小型超市耗能较少、设备较少所致。

（六）毛利率

样本店的毛利率相差较大，最高为 23.5%，最低为 9.5%。如果以样本店平均销售额 7721 万元人民币计算，毛利额最高和最低的两家店相差 1079 万元人民币，可见商品管理能力和运营能力对店铺盈利的影响程度很大。

本年度超市样本店的平均毛利率为 14.2%，略高于上年的 13.3%。

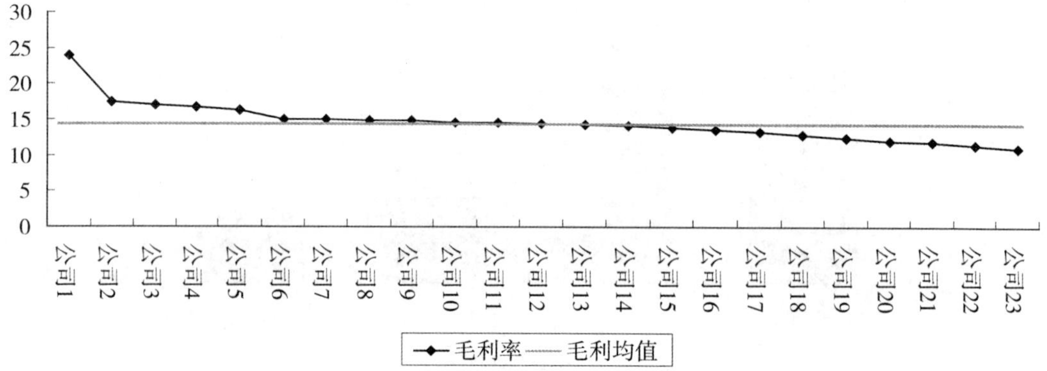

图 11 超市样本店铺的毛利率分布

（七）物流配送与周转情况

本年度样本店的统一配送率平均为 72%，略高于上年的 70%。本年度存货周转平均为 31 天，略长于上年的 30 天。

（八）不同面积超市平均规模比较

表 8　　超市三组样本店铺的平均规模

面积分类（平方米）	年份	营业额（万元）	平均营业面积（平方米）	正式员工平均数（人）	经营单品（个）
200－999	2011 年	1227	550	18	8025
	2010 年	1047	550	20	8620
1000－2999	2011 年	6978	1903	59	20150
	2010 年	5724	2105	66	19868
3000－5999	2011 年	10551	3533	99	13586
	2010 年	12078	3720	103	15355

整体来看，与 2010 年相比，三组超市的营业面积和员工人数略有减少，经营单品数量除 1000－2999 平方米超市有所增加外，其余两组均有所减少，但三组变化比例均不大。从营业额角度看面积较小的两组超市营业额均明显增加，分别为 17% 和 22%，而 3000－5999 平方米超市的营业额却明显减少，下降约 13%。从 3000－5999 平方米超市的具体样本来看，多数超市营业额还是增加的，只是其中少数规模相对较大的超市本年营业额少于上年，因此将整体平均值拉低。

表 9　　超市三组样本店铺的平效及人效

面积分类（平方米）	年份	平效（万元/平方米·年）	人效（万元/人·年）
200－999	2011 年	2.2	68.2
	2010 年	1.9	52.3
1000－2999	2011 年	3.7	118.0
	2010 年	2.7	87.1
3000－5999	2011 年	3.0	106.2
	2010 年	3.2	117.5

* 此处计算结果分别基于每家样本店铺平效与人效的均值，并非由平均规模指标推导。

相比 2010 年，2011 年三组超市中面积较小的两组店铺人效和平效均明显增加，但面积最大的一组超市平效和人效均有所减少，与前述营业额变动趋势一致。

表 10　　超市三组样本店铺的客单价

年份	按面积分类的日客单价（元/人·天）		
	200－999（平方米）	1000－2999（平方米）	3000－5999（平方米）
2011 年	25.2	66.5	67.8
2010 年	25.2	63.7	62.9
增幅	－0.2%	4.5%	7.9%

样本店数据显示，三组超市相比，面积越大的超市日客单价涨幅越大，3000－5999平方米的超市涨幅达到了7.9%，这与所在的地理位置以及超市货物品种的多样性有关，面积较大的超市位置较好且货物品种较多，因此客单价相对较高。

表 11　　　　超市三组样本店铺的来客数

年份	按面积分类的来客数（人）		
	200－900（平方米）	1000－2999（平方米）	3000－5999（平方米）
2011 年	1337	2873	4261
2010 年	1138	2464	5264
增幅	17.4%	16.6%	－19.1%

来客数方面，面积最大的店铺来客数明显高于面积较小的店铺。但是，与2010年相比，面积较小的两组超市门店涨幅明显，均超过15%，而面积最大的一组超市来客数减少19%。

表 12　　　　超市三组样本店铺的毛利率

面积分类（平方米）	年份	毛利率（%）
200－999	2011 年	14.6
	2010 年	14.1
1000－2999	2011 年	14.6
	2010 年	13.9
3000－5999	2011 年	13.4
	2010 年	12.2

2011年三组样本店铺的毛利率分别为14.6%、14.6%和13.4%，面积较小的店铺商品价格相对较高，故毛利率较高。与2010年相比三组超市的毛利率均有所升高，但整体来说变动不大。

（九）自有品牌

23家超市样本中有11家已开展自有品牌商品销售，占比48%。这11家中自有品牌单品数量平均为149种，最多为521种，最少为5种。

11家自有品牌商品销售占门店销售额百分比均值为4.2%，最高为10%，最低为1%。

整体来看，样本店铺中自有品牌销售额占比较低。

（中国连锁经营协会）

2011－2012 年度百货店经营状况分析报告

一、百货店企业发展情况

据中国连锁经营协会（简称协会）2011－2012 年度连锁零售企业基本情况调查统计①，以及对过去一年中国零售业整体环境、主要业态经营状况和发展趋势分析，本年度百货行业呈现不同的市场竞争格局，区域渗透更加深入，而且企业经营成本继续攀升，使百货企业更加注重转型或模式创新，加快提升精细化管理。

（一）百货店企业发展趋势与挑战

1. 百货业格局生变

由于一批新进入者的到来，中国百货业呈现不同的市场竞争格局。受到网络购物冲击的 3C 零售企业为吸引和保留客源，大举进入百货业。百脑汇在广东汕头、山东德州设立复合式购物商场，开拓超市、食品、服装、生活娱乐等新业态。苏宁旗下的乐购仕（LAOX）生活广场，继 2011 年在南京开出第一家店之后，2012 年 5 月在上海开出首家门店，并计划年内在上海的店数增至 7－8 家。乐购仕是苏宁实体店多元化的“试验田”，除了家电，还经营家居、家饰等商品。

受中国奢侈品消费潜力的吸引，一批外资高端百货进驻中国市场。巴黎老佛爷百货选址北京，梅西百货也在试探中国市场对其商品的反应和接受度。

核心商圈的企业将重新洗牌。随着首批 15 年租约到期、商业地产租金上涨和核心商圈地块的稀缺，很多一线城市的商业重心正在从市中心向郊区转移，商圈外扩现象明显。今后几年，一些城市核心商圈的零售商将迎来“关闭潮”或者“外迁潮”。核心地区的低端业态退出后，一些承租能力较高的业态模式，如高端百货，将大规模入驻，完成核心商圈的业态升级。

2. 购物中心迅速发展

近几年来，购物中心在一线城市迅速发展。购物中心基于百货业态，与餐饮、电影院、电玩、KTV 等结合，各种购物和娱乐休闲项目很大程度上增加了顾客的停留时间和消费意愿。根据中购联统计，截至 2011 年年底，零售企业现已开业的购物中心总量达到

---

① 见《中国连锁零售企业经营状况分析报告（2011－2012）》，中国连锁经营协会、德勤研究，2012 年 8 月。相关经营指标、效率指标、费用指标见附录二“指标说明”。

2812 家，累计商业建筑面积 1.77 亿平方米。预计 2012 年和 2013 年，中国购物中心年新增商业建筑面积将分别超过 3500 万平方米和 4400 万平方米，到 2013 年年底，中国购物中心累计存量将高达 2.5 亿平方米。

地域分布方面，随着城市化进程加快，购物中心也正由一线城市向二线城市普及，并向三线城市和部分发展较快的四线城市渗透。

众多优秀百货企业早在前几年就涉足购物中心，从租户向业主转型，意在通过资产升值，弥补百货业利润不足。现在购物中心已成为很多百货公司重要的利润增长点。百联、王府井、银泰等都拥有大量 5 万平方米以上的大体量门店，这些门店通常都是核心商圈的明星店，拥有充裕的客流和稳固的顾客群体。近期，二、三线城市领先百货企业也加快购物中心发展步伐，快速抢占地区优质商业网点。

表 1　　部分上市百货经营企业购物中心发展规划

公司	2011 年连锁百强排名	总部	规划
中百控股	17	武汉	截至 2012 年一季度，共有中百仓储 216 家、中百便民 594 家、百货 7 家、电器专卖 46 家；近期涉足大型购物中心，2012 年新建江夏和钟祥两个营业面积超过 5 万平方米的购物中心，建设期 1.5 年。
文峰股份	23	南通	目前有 10 家大型购物中心（内均含超市），未来预计将以每年新建 3－5 家购物中心、2－3 家大卖场的速度和形式进行外延拓展。
合肥百货	35	合肥	购地自建购物中心，享受投资回收期后剩余长达近 30 年的自有物业低成本运营优势，有效避免其他租赁项目存在的租金风险。
步步高	55	湖南	湖南、江西等优势区域的三、四线城市抢先发展购物中心业态。

来源：根据公司年报、公开资料整理

3. 自采自营提升利润空间

品牌联营模式长期占据我国百货业态的主流赢利模式，一般联营销售比例都占到百货店总销售额的 80% 以上。联营模式可以规避存货风险，但也使百货商品经营能力退化。面对难以突破的利润瓶颈，本土百货企业近两年纷纷提出“自营”、“买手”或“差异化”的经营理念，以改变百货业由于长期以联营为主导模式造成的同质化问题。

目前，中国百货行业几大巨头，百联、王府井、银泰等已经开始自营探索。百联股份在其百货店铺里设有欧洲精品皮具馆，自己担任总代理、总经销，派买手团队去海外原产地直接采购特色商品，与其他商场形成差异。

诚然，自营可以获取更大的商品利润，但也需要承担更大的风险，企业将无法避免商品的结构设置、现金流及库存管理、换季管理、促销等问题。

（二）百货店企业统计数据

本年度行业调查中，百货店业态的连锁企业为 43 家。这些样本企业中，部分为多业态经营，即同时经营有大型超市、超市等不同业态。因此，企业的总体比较性不强。

1. 企业规模情况

本年度百货店样本企业销售额增幅达到 17.7%，经营面积及员工人数增幅均低于销售额增幅，说明企业经营效率有所提升。

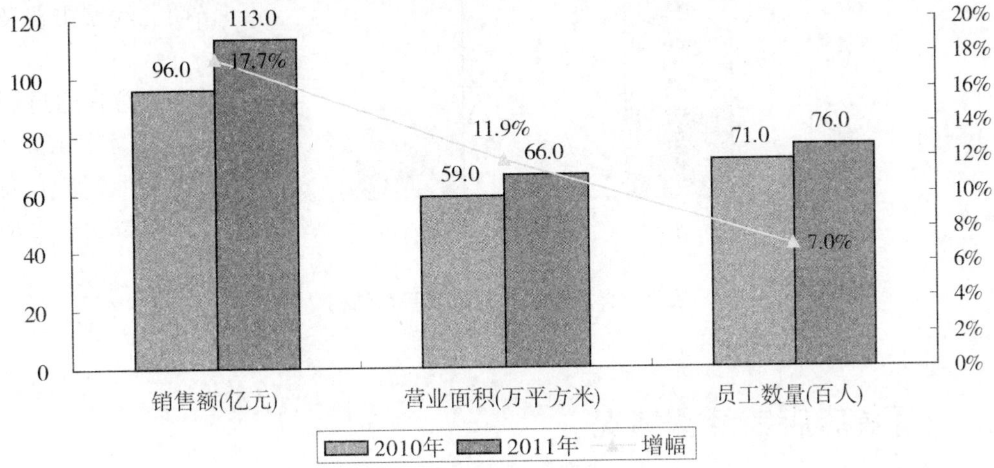

图 1　2011 年度百货样本企业的平均规模

2. 成本费用情况

百货店样本企业的第一费用依旧是员工工资，其次为房租，百货企业人工工资已经连续两年为第一费用。

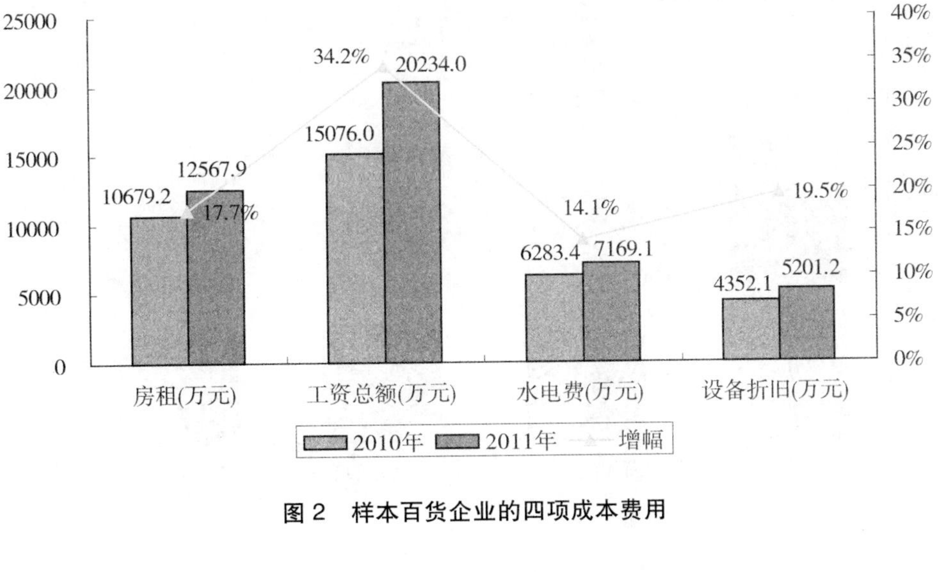

图 2　样本百货企业的四项成本费用

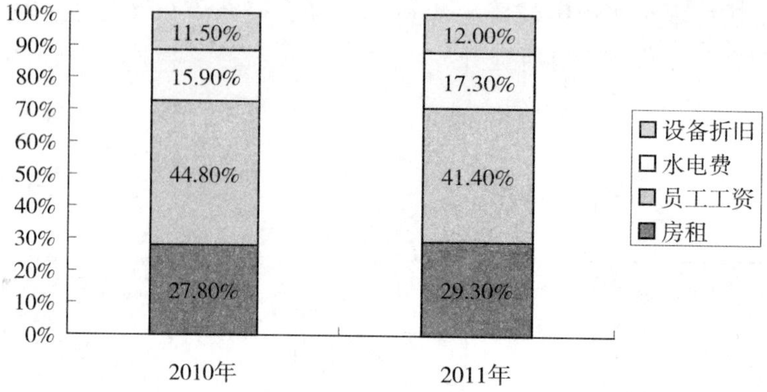

图3 样本百货企业成本费用结构

二、百货店店铺经营情况

本年度行业调查中，百货店样本门店22家。22家样本门店主要位于东部省份（13家）、东北及中部地区（9家）。样本门店平均营业面积为4.49万平方米（从1.8万平方米到12万平方米），其中最高销售额为29亿元人民币（面积为3.4万平方米），销售额最低的为4.0亿元人民币（面积为3.5万平方米）。样本门店基本为各个企业的旗舰店，销售规模大，经营业绩好。

（一）百货样本店铺的平均规模

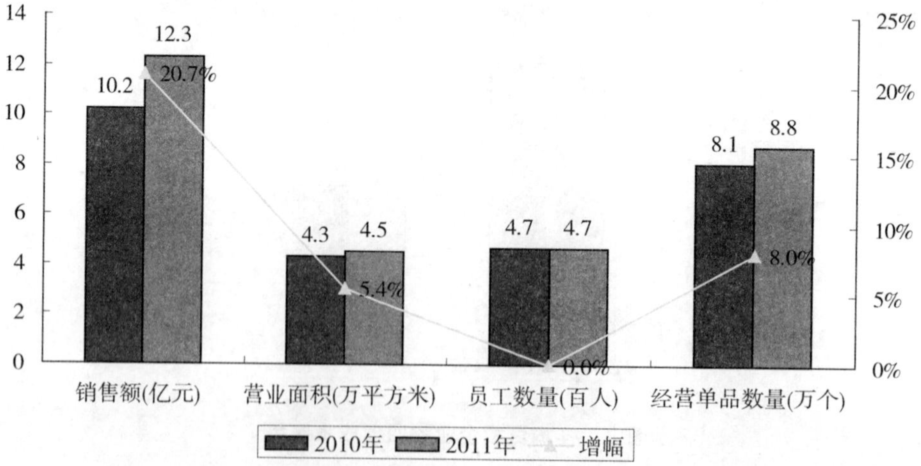

图4 百货店铺样本的平均规模

样本店销售额2011年增长21%，正式员工人数与2010年持平，且营业面积增幅低于销售额增幅，说明单店效率有所提升。

（二）平效和人效

如表 2 所示，样本门店的平效、人效和单品销售额都有较快增长，单店经营水平显著提升。

表 2　　百货样本店铺的平效和人效 *

项目	平效（万元/平方米·年）	人效（万元/人·年）	单品销售额（万元）
2011 年	3.3	321.3	38.6
2010 年	2.9	269.7	27.3
增幅	13.5%	19.1%	41.2%

* 此处计算结果分别基于每家样本企业平效、人效以及单品销售额的均值，并非由平均规模指标推导。

（三）客单价

表 3　　百货样本店铺的日均客单价

项目	日均客单价（元/人·天）
2011 年	401.2
2010 年	340.6
增幅	17.8%

（四）费用情况

在样本门店中，有些店铺是自有物业，租金水平低于其他业态平均水平，两年房租费用未发生大幅的变化。

工资总额中，除了正式合同工的工资外，还包括了其他临时用工等人员的工资，因此总额较大。人工成本增幅 18%，成为百货店的第一费用。

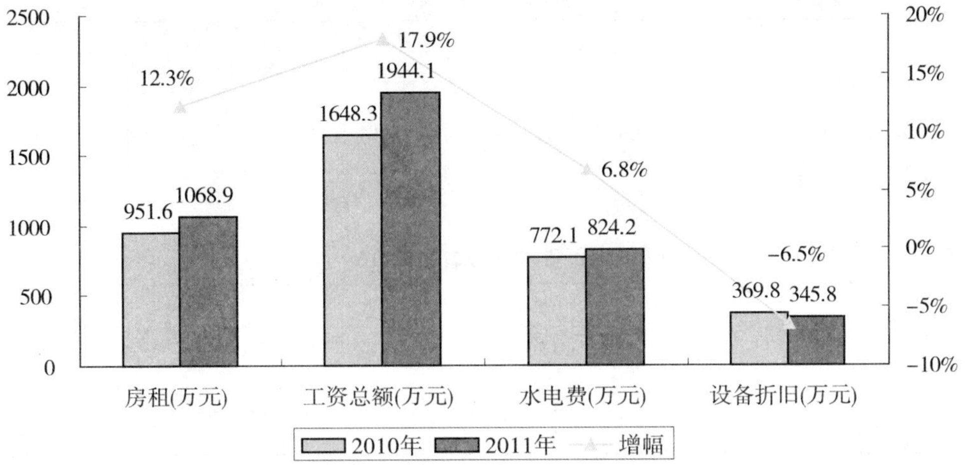

图 5　百货样本店铺的四项成本费用

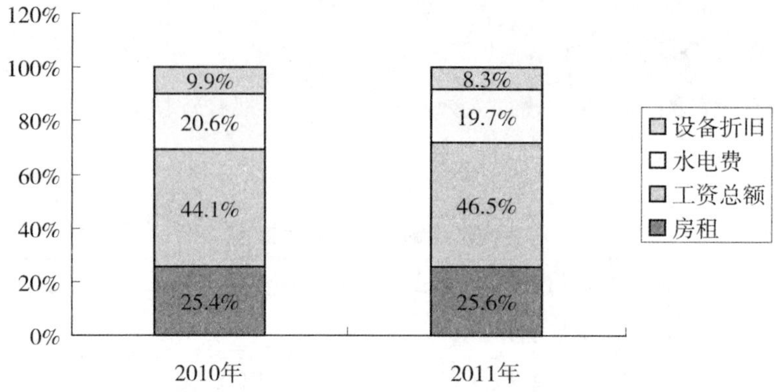

图 6 百货样本店铺成本费用结构

（五）不同面积百货店

为便于有针对性地比较，调研中样本门店分为两组不同面积的店铺进行比较，分别为15000－29999 平方米和 30000 平方米以上。

1. 平均规模

两组样本店铺中，面积为 30000 平方米以上的店铺的销售额增长幅度较大，约为23%。见表 4。

表 4　两组百货样本店铺的平均销售额

类别（平方米）		15000－29999 平方米	30000 平方米及以上
销售额（万元）	2011	90747	137319
	2010	80442	111392
增幅		12. 8%	23. 3%

2. 平效比较

两组样本店铺中，面积为 30000 平方米以上店铺的平效增长幅度略高于 15000－2999 平方米的店铺，见表 5。

表 5　两组百货样本店铺的平效 *

类别（平方米）	15000－29999 平方米		30000 平方米以上	
	2011 年	2010 年	2011 年	2010 年
平均面积（平方米）	21861	20762	55663	52723
平效（万元/平方米·年）	4. 1	3. 9	2. 9	2. 4

* 此处计算结果分别基于每家样本店铺平效与人效的均值，并非由平均规模指标推导。

3. 人效比较

两组样本店铺中，面积为30000平方米以上店铺的人效增长略高于15000－2999平方米的店铺，后者增幅高出8.6万元/人·年，见表6。

表6　　两组百货样本店铺的人效＊

类别（平方米）	15000－29999平方米		30000平方米	
	2011年	2010年	2011年	2010年
平均正式工数量（人）	363	378	514	506
人效（万元/人·年）	246.5	212.9	272.2	230.0

＊ 此处计算结果分别基于每家样本店铺平效与人效的均值，并非由平均规模指标推导。

4. 客单价比较

两组样本店铺中，面积为15000－2999平方米的店铺的客单价增长幅度较大，约为22.2%。见表7。

表7　　两组百货样本店铺的客单价

类别（平方米）		15000－29999平方米	30000平方米及以上
客单价（元/人·天）	2011年	512.0	333.1
	2010年	418.9	292.8
增幅		22.2%	13.8%

5. 来客数比较

两组店铺样本中，营业面积30000平方米及以上的店铺来客数增长8.4%，客单价上涨13.8%；而面积较小的店铺来客数下降7.7%，其客单价大幅上涨，涨幅约为22%。

表8　　两组百货样本店铺的来客数

类别（平方米）		15000－29999平方米	30000平方米及以上
来客数（人/天）	2011年	4856	11294
	2010年	5262	10423
增幅		－7.7%	8.4%

（中国连锁经营协会）

2011－2012 年度便利店经营状况分析报告

一、便利店企业发展情况

据中国连锁经营协会（简称协会）2011－2012 年度连锁零售企业基本情况调查统计①，以及对过去一年中国零售业整体环境、主要业态经营状况和发展趋势分析，本年度便利店行业在一线城市发展成本持续高企，同质化经营日趋严重，物流短板难题依存的环境下，企业加快向二、三线城市下沉，特别是外资企业加速布局占点，并通过延长触角、延伸服务、引入信息化系统、强化精细化管理，在不断创新发展中发挥自有优势，探寻新的增长。

（一）发展趋势与挑战

随着居民生活水平的提高，便利店业态在中国进入快速发展阶段。2011 年国内便利店企业加快在主要城市的布局并向二、三线城市渗透，同时以 7－11、罗森、全家为代表的外资企业也进一步拓展其在中国的业务，不仅计划大幅度提升新增门店数量，还计划涉足西部市场。但在快速发展过程中，也面临以下挑战。

1. 经营同质化

随着便利店企业加快布局，其经营活动中存在的问题也逐渐凸显，经营同质化问题首当其冲。大部分便利店经营的商品从品类到品牌和超市均无大的差异，相对于大超市而言，便利店规模较小，运营及物流成本较高，因此在价格上必然没有竞争优势。另一方面，就便利店行业内部而言，不同的企业除了标志不同和个别食品的差异之外，便利店同质化现象也很明显。

同质化经营造成便利店的重复建设和同业竞争的加剧，不利于整个业态的长期发展。

因此，便利店经营的关键不在于同业之间的价格竞争，而更应该关注差异化经营。考虑到便利店企业特殊的性质和经营环境，依据门店所处的不同地段，具体将目标客户定位于居家顾客、学生族、白领、司机等人群，深入挖掘特定类型的顾客需求，形成竞争优势。

① 见《中国连锁零售企业经营状况分析报告（2011－2012）》，中国连锁经营协会、德勤研究，2012 年 8 月。相关经营指标、效率指标、费用指标见附录二“指标说明”。

2. 缺乏物流优势

便利店的经营空间较小，缺乏多余的商品存储设施；同时又要求在店面内陈列尽可能多的商品品种（一般要求在 100 平方米的店铺陈列 3000 种左右的商品），这种小批量、多品类、多频度的经营模式对物流系统提出了很高的要求。

国内的便利店企业由于门店较少或者集中度不高，建立自身独立的物流配送体系并不经济，因此多采取和其他零售业态共享物流配送体系或者利用第三方物流来实现产品的配送；即使是拥有独立物流体系的企业，由于资金、技术和连锁店布局的限制，物流中心、配送中心和仓储建设的投入也不足，温控物流的发展也存在滞后。同时，信息技术在便利店企业的应用也远远没有达到行业要求的标准，缺乏完善的订货信息服务网络和有效的客户需求信息反应系统，使得便利店的采购需求不能得到及时的更新和满足，顾客的购物需求不能得到汇总和分析。

高效的物流配送系统，有利于企业降低成本，整合内外部资源，提高物流效率，是便利店企业生存和发展的基础。合理、集中的便利店布局，及时高效的物流配送体系，满足客户需求的变化，及时更新商品种类，将成为今后便利店企业关注的重点。

3. 外资加快布局

2011 年外资便利店纷纷加快其在中国的战略布局。7－11 宣布开放个人加盟，并将其在华的门店数量提升到 5000 家；日本第二大便利店运营商罗森株式会社计划未来 10 年内，在中国开设店铺的总数达到 1 万家；全家便利也把其 2011 年在华 900 家店计划发展到 2015 年的 5000 家。

在制定门店数量扩张计划的同时，2011 年以 7－11 为首的外资便利店纷纷开始调整其区域布局，瞄准西部市场。目前 7－11 在成都已经开出 41 家门店，预计 2013 年这一数字将增加到 150 家左右。此外，全家便利也在谋求进入西部市场，计划在成都建立新公司，并在计划初期开设 30 家直营店。

外资便利店起步早、发展模式成熟，它们的进入必将对本土便利店构成威胁。国内便利店企业为应对来自外资的挑战，不仅仅要更加关注服务的质量和商品结构的选择和创新，还要将更多的精力放在新区域市场的拓展和经营模式的变革上。外资布局的加快或将推进内资便利店企业的整合，培育更富活力和竞争力的市场。

4. 延伸服务

2011 年，便利店企业在关注自身主业经营的过程中也充分利用其优越的区位优势和门店数量，不断扩展延伸服务。

一方面，便利店企业将销售实体商品和提供服务性商品相结合，如提供代缴话费、水电费、煤气费、城市一卡通等充值缴费服务；提供影印、传真、快餐、熟食、代售报刊、送货上门等便民服务。这种基于自身经营特点的延伸服务极大地方便了便利店周围的社区居民和上班族。业务范围拓展的同时，提高服务的质量和营业人员的自身素质将是便利店未来努力的方向。

另一方面，便利店和电子商务相结合的经营模式也备受关注。便利店与电子商务的结合，让便利店成为网购的宣传媒介、付款的终端和物流的最后一站，进一步吸引中老年人和二、三线城市的消费者进入网购大军。

便利店延伸服务模式的不断创新或将成为便利店的新增长极。

（二）便利店企业统计数据

本年度的行业调查中，我们选取的样本企业是具有代表性的便利店企业，这些企业中部分为多业态经营，即同时经营有大型超市、超市等不同业态。

1. 企业规模情况

总体而言，便利店样本企业的销售额、营业面积、门店数量及员工数量均以两位数同比增长。其中，销售额同比增幅超过 20%。

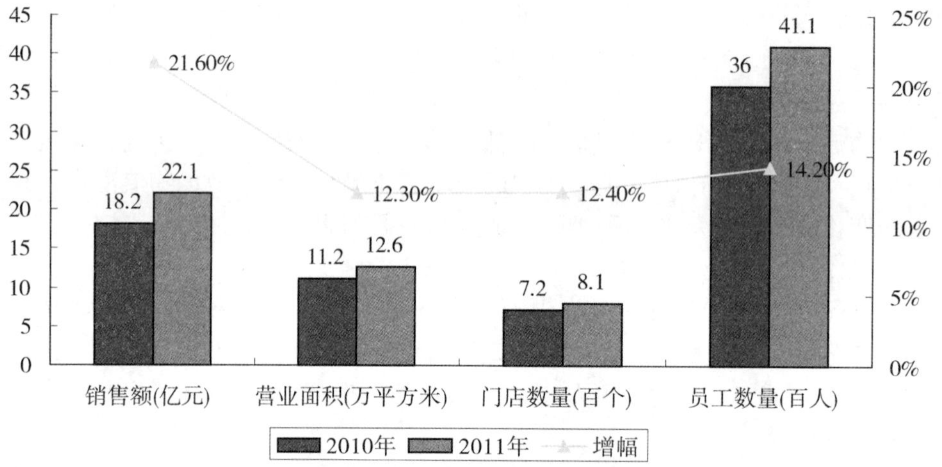

图 1　便利店样本企业的平均规模

2. 人效和平效

由于销售额的大幅增长，使得便利店样本企业的平效和人效均呈两位数同比增长，分别达到 10. 0% 和 12. 9%。

表 1　　便利店样本企业的人效和平效 *

项目	人效（万元/人·年）	平效（万元/平方米·年）
2011 年	49. 8	3. 4
2010 年	44. 1	3. 1
增幅	12. 9%	10. 0%

* 此处计算结果分别基于每家样本企业平效与人效的均值，并非由平均规模指标推导。

3. 单店规模

如表 2 所示，便利店样本企业在平均单店面积下降、平均单店人员数持平的情况下，单店平均销售同比增幅达到 8. 6%，说明便利店样本企业的经营效率明显提升。但是，除部分一线城市外，很多便利店目前还没有实现 24 小时营业，因此员工数量也较少。

表 2 便利店样本企业的单店情况

项目	平均单店销售额（万元）	平均单店面积（平方米）	平均单店员工数量（人）
2011 年	251.7	132.7	5
2010 年	231.7	137.6	5
增幅	8.6%	-3.5%	0.0%

4. 成本费用情况

如图 2、图 3 所示，本年度便利店样本企业四项主要经营成本均有强势攀升，均超过 15%。其中，房租成本同比增幅超过 30%，由上年的第二大成本晋升为第一大成本，但与本年度第二大成本的员工工资成本基本持平；员工工资同比增幅超过 20%，也是较大的涨幅；设备折旧增幅接近 30%，显示设备方面的投入力度不小。

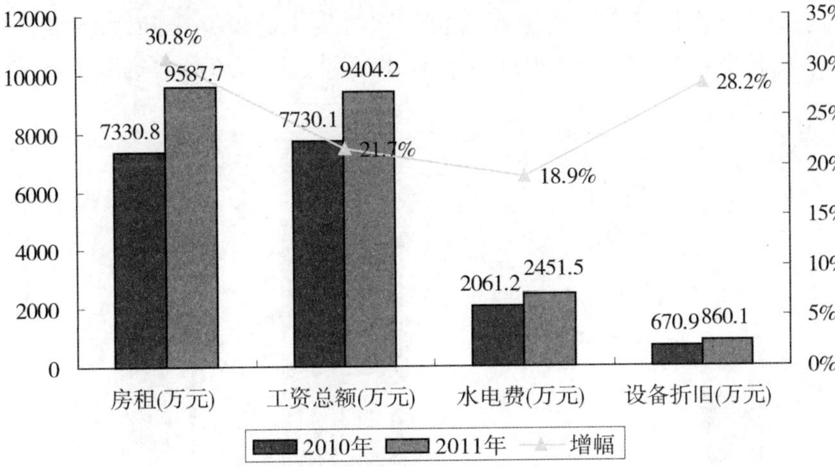

图 2 便利店样本企业的四项成本费用

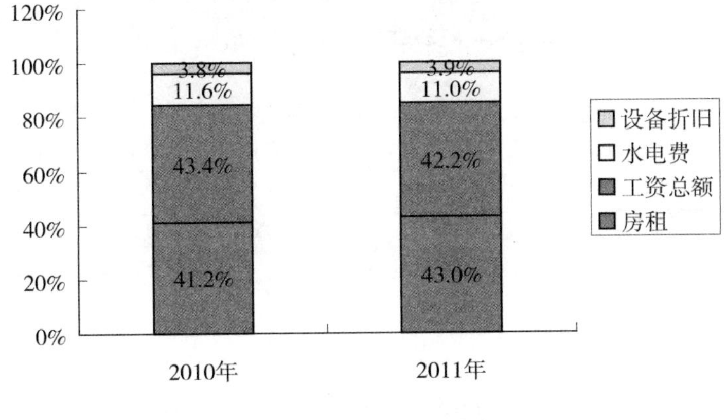

图 3 便利店样本企业成本费用结构

5. 毛利率

本年度，便利店样本企业商品毛利率平均为19%，比上年增长3%。

二、便利店店铺经营情况

本年度行业调查数据中，数据完整且营业一年以上（最早为1997年6月开业，最晚为2010年10月开业）的便利店共8家。8家样本店平均营业面积112平方米（从50平方米到200平方米），最高销售额为江苏一家便利店，达到539万元（面积为160平方米），销售额最低的为93万元（面积为60平方米）。

（一）平均规模

本年度行业调研中，各便利店样本店均为各个企业中经营较好的店铺或旗舰店，因此单店销售额均较高，样本门店的平均规模如图4所示。单店平均日销售额为1.2万元，样本店的销售同比增长了11.3%。销售额增长的同时员工数量并未随之增加，平均单店用工仍为7人，人工效率得到提升。2011年，样本便利店经营单品数量减少了977个。

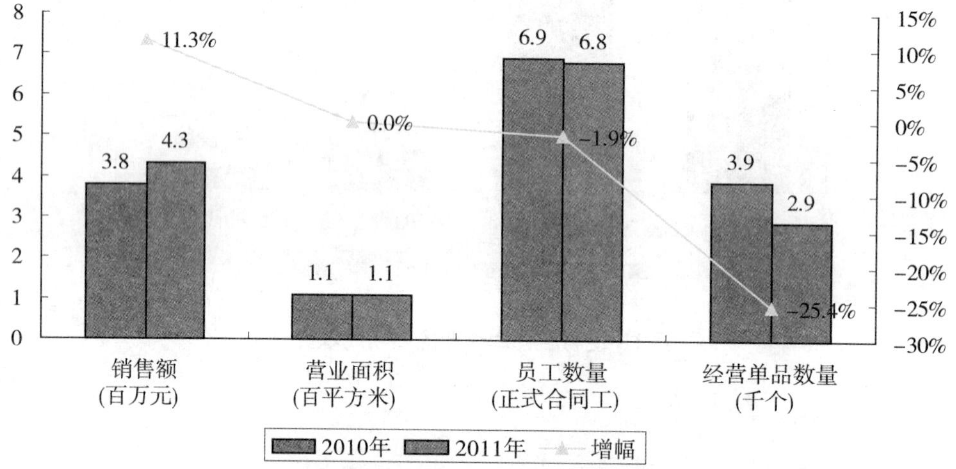

图4 便利店样本店铺平均规模

（二）平效和人效

本年度便利店样本门店调查数据中，单品销售及人效均超过7%的增长，平效提高了12%。

表 3　　便利店样本店的平效和人效＊

项目	平效（万元/平方米·年）	人效（万元/人·年）	单品销售额（万元）
2011 年	4.0	47.5	0.2
2010 年	3.6	44.1	0.1
增幅	12.0%	7.7%	7.1%

＊ 此处计算结果分别基于每家样本店平效、人效以及单品销售额的均值，并非由平均规模指标推导。

（三）客单价

如表 4 所示，便利店样本门店的客单价日均增加了 2.4 元，同比增长了 15%。

表 4　　便利店样本店的客单价

项目	平均日客单价（元/人·天）
2011	18.4
2010	16.0
增幅	15%

（四）费用情况

在便利店样本门店的各项费用中，员工工资是四项成本费用中占比最高的一项，高达 35%，而房租、设备折旧均比上年有所减少。

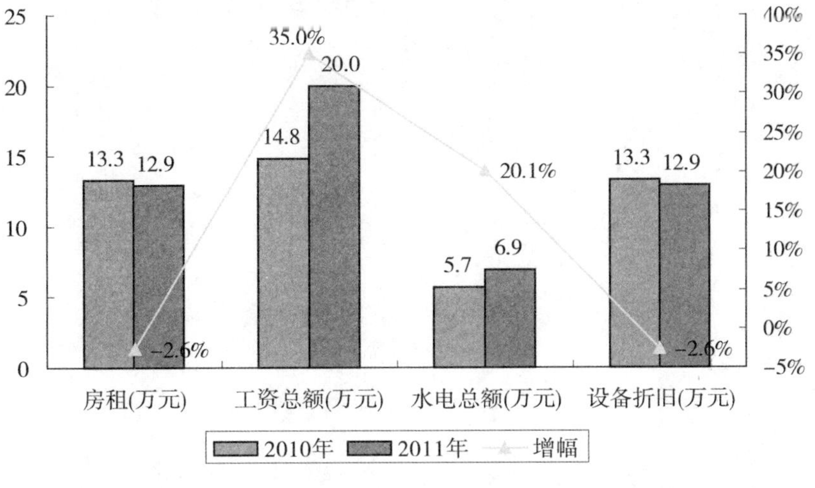

图 5　便利店样本店铺的四项成本费用

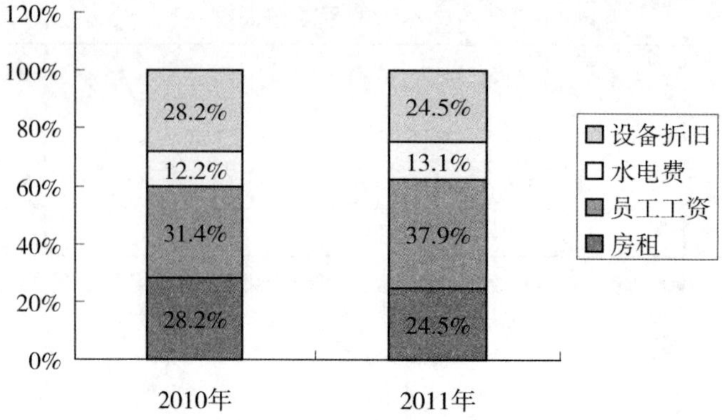

图 6　便利店样本店铺成本费用结构

（五）配送水平

本年度，便利店样本门店的平均配送率为 94%，与上年基本持平。同时，有 4 家店铺实现了 100% 的统一配送。

（六）毛利率

本年度，便利店样本门店的平均毛利率为 19.1%，比上年的 18.3% 略有提高。其中，最高为 27%，最低为 14%。

（中国连锁经营协会）

2011 - 2012 年度家电专业店经营状况分析报告

一、家电零售企业发展情况

据中国连锁经营协会（简称协会）2011 - 2012 年度连锁零售企业基本情况调查统计[①]，以及对过去一年中国零售业整体环境、主要业态经营状况和发展趋势分析，本年度家电连锁零售行业伴随市场竞争的日趋加剧以及电商的蓬勃发展，企业不仅在渠道下沉、深挖需求上加大力度，使区域性竞争进一步升级，而且对信息化的需求日益增强，整体上在经营成本继续攀高、销售增幅持续缓降的同时，更加注重信息化系统的引入和发展，以期强化高效运作提升核心竞争力。

（一）发展趋势与挑战

1. 区域竞争升级

本年度，以国美、苏宁为代表的全国性家电专业零售企业进一步加大渠道下沉力度。据第三方统计机构“中怡康”公布的数据显示，国美电器和苏宁电器全年在国内三、四级城市新建门店达 600 家左右，同时还纷纷强化了对三、四线城市市场的深入挖掘：国美电器在三、四线城市的新增门店占到其 2012 年扩张总数的 60%；苏宁电器在未来十年，力争把销售网络覆盖我国 2000 个县级市场。

在一、二线城市门店数量相对饱和的背景下，全国性企业渠道下沉将成为未来其利润增长的着力点。在面临机遇的同时，全国性家电连锁企业在向中小城市及县级市场扩张的过程中，也应该充分考虑自身经营模式和当地消费习惯及消费水平的匹配程度，在适当程度上打破对传统模式的复制，力求更亲民、更贴心，这或将是扩张成败的关键。

在全国性企业渠道下沉的同时，区域性家电连锁企业也不断进行跨区域经营的尝试。区域性家电企业的跨区域经营以省内跨区域经营为主，跨省经营为辅。

跨省经营的区域性家电企业相对较少，有代表性的如深圳顺电、扬州汇银和五星电器等，其中深圳顺电是以自建渠道、开设自营店的方式对重点地区进行覆盖；扬州汇银是通过收、并购当地的家电连锁企业进行扩张，而五星电器则是两种方式都有采用。相比区域性企业而言，跨省经营的企业没有其优越的政策基础和区域品牌优势；同时又要面临来自

---

① 见《中国连锁零售企业经营状况分析报告（2011 - 2012）》，中国连锁经营协会、德勤研究，2012 年 8 月。相关经营指标、效率指标、费用指标见附录二“指标说明”。

全国性连锁企业低成本和高效物流配送体系的压力，“走出去”战略现在看来或许并不明智。

省内跨区域经营受到大多数区域性家电连锁企业的青睐。依靠熟悉的当地市场、当地供应商资源和政府资源的优势，区域家电零售企业选择深耕市场，进一步拓展省内县级城市的市场资源，并根据对本地市场和消费水平的把握，采取差异化、灵活性的经营战略。这些措施将有助于企业在日趋激烈的市场竞争中保持优势。

2. 销售增幅回落

本年度，家电企业销售增幅明显回落，这其中有以下几个主要原因。

一是，“家电下乡”政策进入退出期。2011 年 11 月底，山东、河南、四川、青岛等地区第一批退出，上述地区农村人口占全国农村人口的 23%。2008 年至 2011 年 8 月底，上述地区家电累计销售额占家电下乡销售总额的 30% 左右。2012 年 11 月底，青海、内蒙古、辽宁、大连、黑龙江、安徽、湖北、湖南、广西、重庆、陕西等地区第二批退出，该区域农村人口占全国农村人口的 32%，家电累计销售额占家电下乡销售总额的 33%。2013 年 1 月底，其他地区第三批退出。虽然随着农村居民收入的增长和结婚人口增长，对家电的刚性需求仍会增加，但家电下乡政策的退出在短期内将对农村市场的家电销售额产生影响。

二是，“以旧换新”政策退出。2011 年年底，实行两年之久的家电“以旧换新”政策退出。在过去的两年中，“以旧换新”模式销售的家电占家电销售总量的份额大幅增加。伴随政策的逐项退出，家电销售企业面临着前所未有的挑战。如何寻找新的利润增长点，成为每个家电销售企业必须客观面对的现实问题。

三是，房地产市场受抑。随着 2011 年房地产市场宏观调控力度的加大，房地产市场表现萎靡，而依靠装修住房拉动的家电消费也受到不同程度的影响。

3. 网络渠道兴起

以京东商城为代表的电子商务企业对传统家电零售企业构成威胁。自 2008 年上线以来，京东商城家电零售业务始终保持高速增长，增速远超已趋成熟的家电连锁卖场。以互联网为代表的家电行业新营销渠道在成本、效率和用户体验等方面的诸多优势正逐步得到体现。和传统的家电连锁卖场相比，在线零售企业不需要实体店面和大量门店销售人员，因此在房租成本和人工成本两方面都占据了巨大优势。通过强大的仓储和物流配送体系，京东商城成功地将库存周转率提高到以月计算。同时，京东商城还持续关注消费者的网购体验，在上一年度便推出智能手机客户端等服务。

不仅是京东商城、淘宝商城、易趣等也涉足家电销售行业，电子商务的蓬勃发展对传统家电零售企业带来了很大的挑战。

以苏宁为代表的全国性家电企业也开始拓展自身的网络渠道，苏宁易购已经成为销售量仅次于京东商城的 B2C 网站。凭借强大的供货保障体系和渠道资源，依托实体产业的电商模式，在未来的发展潜力不容小觑。

如何抓住网络渠道兴起的大潮，以自身传统优势为依托，拓展新的渠道实现销售的增长，是家电零售企业必须关注的问题。

4. 企业信息化需求增强

伴随着行业内竞争的日渐加剧，以跨区经营和连锁经营为主要商业模式的家电零售企业对信息化的需求日益增强。从家电企业、供应商和顾客三位一体的角度来看，对内，家电零售企业希望从高效运作的信息化系统中提高价格敏感度，选择合适的配送手段，降低物流成本，提高库存周转率；对外，加强与供应商之间的信息沟通，建立及时的信息反馈体系；同时更加关注顾客需求的变化，制定灵敏的应对策略。企业信息化为家电零售企业实现有效的管控和成本控制提供了便利，因此受到各大零售企业尤其是跨区域经营的大型连锁企业的关注。

2011 年，国美电器联合世界排名第一的 ERP 软件供应商 SAP 和全球最具零售管理和 IT 服务实施经验的惠普公司联合打造了国美 ERP Leader 领航者工程。国美此次 ERP 建设包含了从业务到财务、物流、售后、HR、CRM 和全面预算等多个方面内容，所有国美经营管理涉及到的细枝末节都在新系统里得到了完整的体现。同时新 ERP 注入了精细化管理的基因，管理细分到门店以及每个商品的销售和利润管理。

企业信息化已经成为家电连锁企业在激烈竞争下控制成本，提高效率的重要手段。如何充分利用信息时代的科技成果，结合企业实际，制定符合企业需求的信息化系统将成为未来企业发展亟须解决的问题。

（二）企业统计数据

1. 企业规模情况

本年度行业调查中，家电样本企业在销售额、营业面积、门店数量和正式员工数等四项主要经营指标上均呈不同程度的增长，其中营业面积、门店数量的增幅较大，分别达到 32.2% 和 24.4%，而相对于营业面积和门店数的增长，销售额增幅相对偏小，不足 10%。

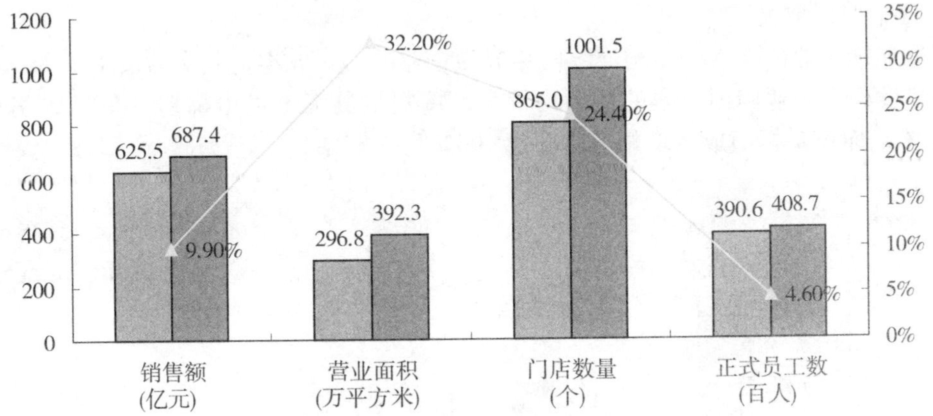

图 1　样本家电企业平均规模

2. 人效和平效

本年度，家电连锁样本企业的平效和人效均较 2010 年有所降低，特别是平效的降幅超过 15%，其主要原因是简单低效的扩张方式所造成。

表 1　　家电样本企业的人效和平效 *

项目	人效（万元/人·年）	平效（万元/平方米·年）
2011 年	209.5	2.2
2010 年	218.5	2.6
增幅	-4.1%	-16.1%

* 此处计算结果分别基于每家样本企业平效与人效的均值，并非由平均规模指标推导。

3. 单店规模

家电连锁企业样本店平均面积为 3768.3 平方米，比上年增长 12.5%，单店平均销售额为 8115.6 万元，较上年下降了 5.2%。平均单店员工数 39 人，比 2010 年度减少了 3 人，下降 7.2%。

表 2　　家电样本企业的单店情况

项目	平均单店销售额（万元）	平均单店面积（平方米）	平均单店员工数量（人）
2011 年	8115.6	3768.3	39
2010 年	8557.9	3348.6	42
增幅	-5.2%	12.5%	-7.2%

4. 成本费用情况

家电连锁企业样本店的房租连续两年成为企业的第一成本，其次为员工工资。图 2 显示，本年度样本企业四项成本的增幅均较大，特别是员工工资增幅超过 50%，房租增幅超过 35%，而设备折旧成本增幅更是超过 100%。

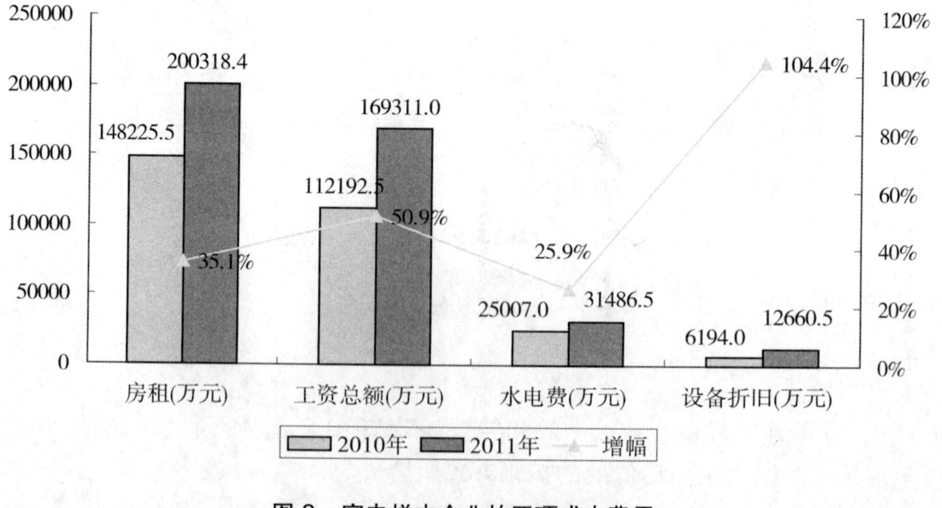

图 2　家电样本企业的四项成本费用

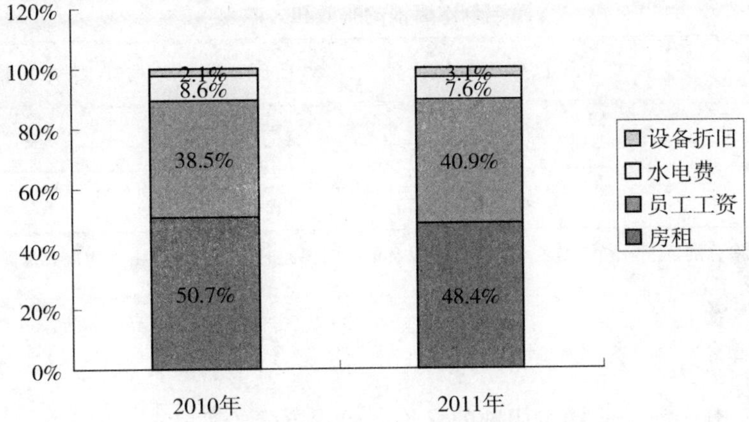

图 3　家电样本企业成本费用结构

二、家电零售店铺经营情况

本年度行业调查数据中，营业一年以上（最早为 1998 年 4 月开业，最晚为 2006 年 2 月开业）且数据完整的家电典型样本店铺的平均营业面积 14579 平方米（从 3152 平方米到 62967 平方米）。

（一）平均规模

从样本店的平均规模来看，除经营的单品数量有明显增长外，销售额、营业面积和正式员工数均无较大变化。

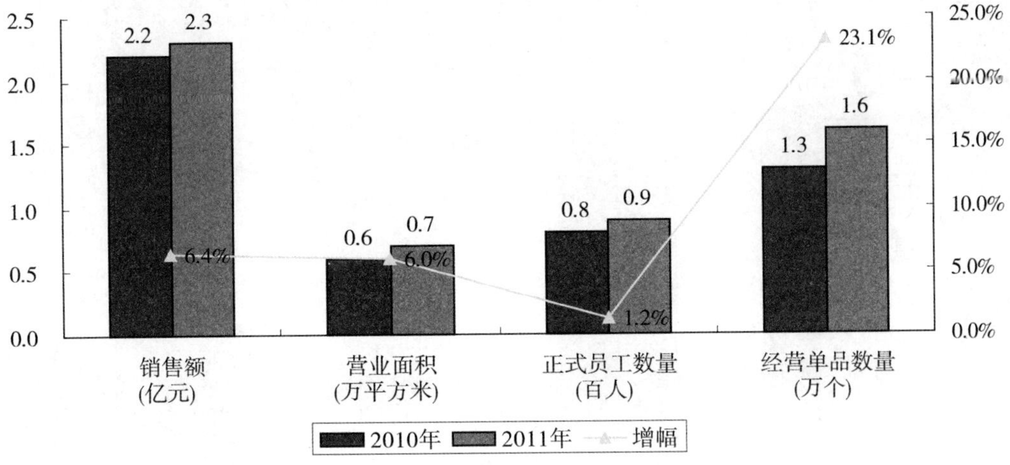

图 4　样本家电店铺平均规模

（二）平效和人效

家电连锁企业样本店的平效和人效均有一定幅度的增长，但单品销售额出现大幅下降。

表 3　　家电样本店铺的平效和人效＊

项目	平效（万元/平方米·年）	人效（万元/人·年）	单品销售额（万元）
2010 年	3.5	113.6	8.7
2011 年	3.6	130.4	5.9
增幅	2.7%	14.7%	-32.7%

＊ 此处计算结果分别基于每家样本店平效、人效以及单品销售额的均值，并非由平均规模指标推导。

（三）客单价

本年度，家电连锁企业样本店铺的日均客单价下降约 1.0%。

表 4　　家电样本店铺的客单价

项目	日客单价（元/人·天）
2011 年	1773.7
2010 年	1755.4
增幅	-1.0%

（四）费用情况

在家电连锁企业样本店铺的各项费用中，员工工资增幅最大，将近 30%；而水电、设备折旧等费用呈现下滑，其中设备折旧费用缩减约 30%。

四项成本中，家电连锁店铺的房租仍为占比最高的一项，其次为人员工资。

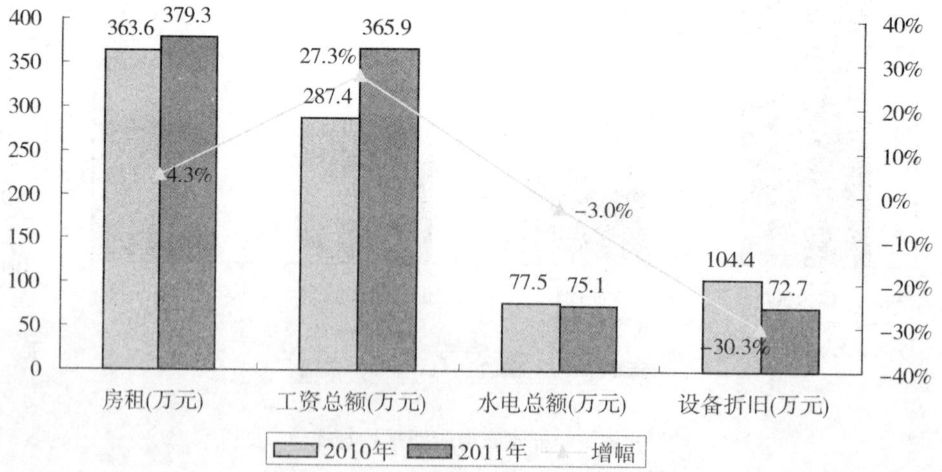

图 5　样本家电店铺的四项成本费用

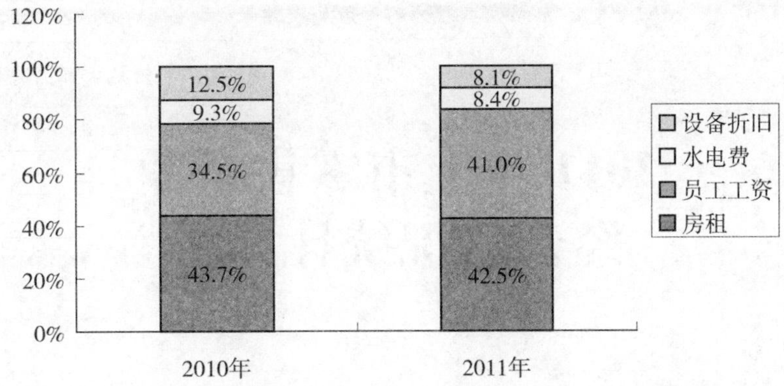

图 6 样本家电店铺成本费用结构

(五) 毛利率

本年度，家电连锁企业样本店铺的平均毛利率为10.2%，较上年略有提高。

（中国连锁经营协会）

2011 年上市零售企业
经营状况统计分析

近年来，越来越多的中国连锁零售企业成功上市。为了解其整体经营状况，中国连锁经营协会（CCFA）与毕马威华振会计师事务所（KPMG）合作，依据各年度上市企业年报数据，对在 A 股、H 股及纽约交易所（纽交所）上市的主要连锁零售企业的年报数据进行汇总统计，形成营业收入、毛利率、净利润、资产负债率等四个排名。2011 年统计数据显示，在 A 股、H 股及纽交所上市的主要连锁零售企业 56 家，其中 A 股上市企业 40 家（股票代码为 6 位数字），H 股上市企业 15 家（股票代码为 5 位数字），纽交所上市企业 1 家（股票代码为英文字母），见表 1。整体来看，2011 年 56 家上市的主要连锁零售企业营业收入增长较快，但净利润下降。

一、营业收入

2011 年，零售业主要上市公司营收状况显示如下特点（见表 1）：

1. 营业收入排行呈现不同的行业特征：一般家电专业店最高，百货店和超市次之，其他专业店较低。

2. 大部分零售企业 2011 年营业收入较上年呈增长态势：55 家零售企业营收平均增长率达到 19.13%，超过 2011 年社会消费品零售总额 17.1% 的增长率①。

3. 营收下降的零售企业仅有 4 家，占 7%。

4. 营收大幅增长的原因：增幅最大的汇银家电达到了 58.88%，主要是在城市化进程加快及国内三、四级家电消费市场蓬勃发展的带动下，该企业采取零售、批量分销（包括向特许经营商销售）和售后服务于一体的综合业务模式，通过扩大门店数量，提高品牌知名度，改善店铺管理等综合措施所形成。而大连友谊营业收入减幅最大，达到 -11.90%。

表 1　　2011 年零售业主要上市公司营收情况

序	股票代码	企业名称	营业收入（千元）	增幅
1	002024	苏宁电器	93888580	24.3%
2	06808	高鑫零售	68084000	21.2%

① 2011 年社会消费品零售总额比上年增长 17.1%，《2012 中国统计摘要》，国家统计局编，中国统计出版社。

续表

序	股票代码	企业名称	营业收入（千元）	增幅
3	00493	国美电器	59820789	17.5%
4	600827	友谊股份	47015158	7.1%
5	600694	大商股份	30403788	24.9%
6	00980	联华超市	27520176	6.2%
7	600729	重庆百货	25011512	17.9%
8	601933	永辉超市	17731556	43.9%
9	600859	王府井	16761090	20.2%
10	01025	物美商业	14562642	15.8%
11	000759	中百集团	13864368	16.8%
12	002419	天虹商场	13035637	28.1%
13	000501	鄂武商	12733850	20.8%
14	002336	人人乐	12091919	20.4%
15	600723	首商股份	11688022	20.6%
16	600361	华联综超	11450176	10.7%
17	600858	银座股份	10907457	24.0%
18	00121	卜蜂莲花	10019305	6.9%
19	00814	北京京客隆	8632531	16.0%
20	000417	合肥百货	8551476	21.1%
21	002251	步步高	8439186	24.7%
22	002187	广百股份	7184508	23.3%
23	600697	欧亚集团	6958446	33.1%
24	600280	南京中商	6579001	33.2%
25	601010	文峰股份	6442274	14.3%
26	00984	永旺	5837546	12.3%
27	002264	新华都	5686515	30.3%
28	600785	新华百货	5291391	32.8%
29	300022	吉峰农机	5126065	40.4%
30	601116	三江购物	5116911	6.1%
31	03368	百盛集团	4938309	12.2%
32	002277	友阿股份	4741084	33.0%
33	000987	广州友谊	4458474	24.3%
34	000785	武汉中商	4103661	10.8%
35	000419	通程控股	3727868	14.5%
36	03308	金鹰商贸	3355050	31.0%
37	000679	大连友谊	3194222	-11.9%

续表

序	股票代码	企业名称	营业收入（千元）	增幅
38	01833	银泰百货	3117198	36.2%
39	000564	西安民生	2849513	21.6%
40	01280	汇银家电	2835129	58.9%
41	00825	新世界百货中国	2758936	-4.9%
42	NPD. N	海王星辰	2491290	5.7%
43	600814	杭州解百	2210316	11.4%
44	002561	徐家汇	2187568	7.0%
45	600693	东百集团	2134718	12.8%
46	600861	北京城乡	2051823	14.6%
47	600828	成商集团	2040158	19.3%
48	600682	南京新百	1837718	19.4%
49	002462	嘉事堂	1801380	34.3%
50	00331	春天百货	1469299	12.8%
51	600774	汉商集团	864885	17.1%
52	00602	佳华百货控股	783773	-7.7%
53	000882	华联股份	622809	-0.7%
54	00837	谭木匠	244001	28.8%
55	600838	上海九百	165969	10.3%
56	00312	岁宝百货（延迟公告）	*	*

二、毛利率

2011 年，零售业主要上市企业毛利状况显示如下特点（见表 2）：

1. 毛利率排行呈现不同的行业特征：一般专业店的毛利率较高（家电除外），百货店次之，超市和家电专业店最低。

2. 与上年比较，2011 年大部分零售企业的毛利率变化不大。其中，增幅在 ±1% 之间的零售企业有 29 家，占 59%。而能获取毛利率有效数据的 49 家零售企业平均增幅为 0.12%。

3. 毛利率下降的零售企业共计 20 家，占 41%。

4. 毛利率大幅增长的原因：增幅最大的华联股份达到 9.0%，主要是其经营模式由百货业态转型为社区型购物中心的运营管理（即取消商业零售业务，全部转型为租赁及物业管理业务），本期营业成本中无商品销售成本而均为购物中心运营成本，在营业收入相对稳定的情况下，营业成本下降约 14.37%。而大连友谊毛利率减幅最大，达到 -7.43%。

表 2　　2011 年零售业主要上市公司毛利率情况

序	股票代码	企业名称	毛利率	增幅	注
1	00837	谭木匠	68.4%	5.0%	* *
2	NPD. N	海王星辰	47.7%	-1.7%	
3	000882	华联股份	43.8%	9.0%	
4	600838	上海九百	30.6%	-3.7%	
5	000679	大连友谊	30.3%	-7.4%	
6	002561	徐家汇	28.6%	0.0%	
7	600774	汉商集团	27.0%	-1.5%	
8	000564	西安民生	23.2%	0.8%	
9	002419	天虹商场	23.1%	0.1%	
10	600828	成商集团	23.1%	0.0%	
11	600827	友谊股份	22.7%	0.0%	
12	000419	通程控股	22.0%	0.0%	
13	600682	南京新百	21.7%	-1.6%	
14	000987	广州友谊	21.6%	-0.2%	
15	600723	首商股份	21.2%	-0.7%	
16	600280	南京中商	21.0%	0.0%	
17	600693	东百集团	21.0%	-1.1%	
18	600861	北京城乡	20.9%	-0.3%	
19	002251	步步高	20.6%	0.2%	
20	600361	华联综超	20.5%	1.5%	
21	06808	高鑫零售	20.4%	0.8%	* *
22	002264	新华都	20.3%	0.3%	
23	002336	人人乐	20.3%	-0.5%	
24	000501	鄂武商	20.2%	0.3%	
25	000785	武汉中商	20.0%	0.6%	
26	000759	中百集团	19.4%	0.4%	
27	601933	永辉超市	19.3%	0.1%	
28	002187	广百股份	19.1%	-0.5%	
29	002024	苏宁电器	18.9%	1.1%	
30	600859	王府井	18.7%	0.5%	
31	600694	大商股份	18.6%	-0.3%	
32	601116	三江购物	18.6%	1.4%	
33	600814	杭州解百	18.6%	-0.6%	
34	600785	新华百货	17.9%	-1.4%	
35	00121	卜蜂莲花	17.7%	-0.8%	* *

续表

序	股票代码	企业名称	毛利率	增幅	注
36	600858	银座股份	17.6%	-0.6%	
37	002277	友阿股份	17.6%	-1.1%	
38	601010	文峰股份	17.5%	0.5%	
39	000417	合肥百货	17.1%	0.4%	
40	00602	佳华百货控股	16.6%	1.0%	* *
41	600697	欧亚集团	16.0%	1.2%	
42	00814	北京京客隆	15.0%	1.0%	* *
43	600729	重庆百货	14.6%	-0.4%	
44	00980	联华超市	14.4%	0.4%	* *
45	300022	吉峰农机	13.8%	1.4%	
46	01280	汇银家电	12.7%	-5.2%	* *
47	00493	国美电器	12.6%	1.0%	* *
48	002462	嘉事堂	9.5%	-3.2%	
49	01025	物美商业	9.1%	0.1%	* *
50	03308	金鹰商贸	*	*	*
51	00331	春天百货	*	*	*
52	03368	百盛集团	*	*	*
53	00825	新世界百货中国	*	*	*
54	01833	银泰百货	*	*	*
55	00984	永旺	*	*	*
56	00312	岁宝百货（延迟公告）	*	*	*
合计			18.5%	0.1%	

注：* 由于报表列示及披露要求的不同，部分 H 股公司的毛利率数据无法从年报中获得。

* * H 股公司的毛利率与报表中管理层讨论及分析所使用的毛利率口径相同。佳华百货控股的毛利率仅为销售货品及易耗品批发的毛利率；其他 H 股公司为根据综合全面收益表中的收入成本计算得出的毛利率。

三、净利润

2011 年，零售业主要上市企业净利润状况显示如下特点（见表 3）：

1. 净利润排行呈现不同的行业特征：一般家电专业店最高，百货店、超市和其他专业店次之。

2. 大部分零售企业 2011 年净利润呈增长态势，55 家零售企业净利润平均增长率达到 18.06%。净利润率在 5% 以内的零售企业共计 34 家，占 62%。而 55 家零售企业平均净利率为 4.11%。

3. 净利润下降的零售企业共计 7 家，占 13%。

4. 净利润大幅增长的原因：华联股份增幅最大，达到714.12%，主要是其经营模式由百货业态转型为社区型购物中心的运营管理（即取消商业零售业务，全部转型为租赁及物业管理业务），在营业收入相对稳定的情况下，营业成本下降约14.37%。而卜蜂莲花净利润减幅最大，达到93.20%。

表3　　2011年零售业主要上市公司净利润情况

序	股票代码	企业名称	2011年净利润（千元）	2010年同期净利润（千元）	增幅	2011年净利率	2010年净利率
1	002024	苏宁电器	4886006	4105508	19%	5.2%	5.2%
2	06808	高鑫零售	1985000	1614000	23%	2.9%	3.2%
3	600827	友谊股份	1946586	1608329	21%	4.1%	3.6%
4	00493	国美电器	1801346	1961654	-8%	3.0%	2.5%
5	03308	金鹰商贸	1211921	959202	26%	36.1%	10.1%
6	03368	百盛集团	1152754	1023657	13%	23.3%	2.1%
7	01833	银泰百货	858168	701339	22%	27.5%	2.1%
8	00825	新世界百货中国	743760	522611	42%	27.0%	1.3%
9	00980	联华超市	713693	710432	0%	2.6%	9.1%
10	600859	王府井	621260	438304	42%	3.7%	5.4%
11	01025	物美商业	618510	559537	11%	4.2%	3.0%
12	600729	重庆百货	608755	530014	15%	2.4%	2.5%
13	000417	合肥百货	584446	367133	59%	6.8%	1.5%
14	002419	天虹商场	573010	484999	18%	4.4%	6.2%
15	600723	首商股份	535498	418020	28%	4.6%	2.4%
16	601933	永辉超市	467567	304887	53%	2.6%	4.8%
17	000501	鄂武商	445378	377907	18%	3.5%	3.6%
18	601010	文峰股份	433198	362616	19%	6.7%	11.7%
19	000987	广州友谊	367083	327165	12%	8.2%	2.5%
20	00331	春天百货	331897	360309	-8%	22.6%	0.9%
21	00984	永旺	329078	237595	39%	5.6%	0.5%
22	600693	东百集团	320088	100874	217%	15.0%	6.1%
23	002277	友阿股份	295586	219752	35%	6.2%	4.7%
24	600694	大商股份	282822	103114	174%	0.9%	5.3%
25	600785	新华百货	279058	238107	17%	5.3%	0.4%
26	002561	徐家汇	277101	238607	16%	12.7%	3.2%
27	00814	北京京客隆	273011	228501	19%	3.2%	4.3%
28	000759	中百集团	265713	250332	6%	1.9%	2.5%
29	002251	步步高	260092	170889	52%	3.1%	1.0%
30	000679	大连友谊	245355	367863	-33%	7.7%	6.0%

续表

序	股票代码	企业名称	2011 年净利润（千元）	2010 年同期净利润（千元）	增幅	2011 年净利率	2010 年净利率
31	000419	通程控股	215810	103481	109%	5.8%	3.4%
32	002187	广百股份	215142	174125	24%	3.0%	3.7%
33	600697	欧亚集团	206087	165970	24%	3.0%	8.0%
34	600828	成商集团	198036	136959	45%	9.7%	19.1%
35	002336	人人乐	169407	237011	-29%	1.4%	1.4%
36	601116	三江购物	152938	131411	16%	3.0%	3.1%
37	002264	新华都	138245	64652	114%	2.4%	4.4%
38	300022	吉峰农机	110038	90918	21%	2.1%	2.7%
39	600838	上海九百	106592	28792	270%	64.2%	2.5%
40	600858	银座股份	105900	122144	-13%	1.0%	6.4%
41	000785	武汉中商	94778	77281	23%	2.3%	13.7%
42	00837	谭木匠	93570	66124	42%	38.3%	26.0%
43	600861	北京城乡	86008	78326	10%	4.2%	3.7%
44	600682	南京新百	83391	72512	15%	4.5%	2.7%
45	600814	杭州解百	75533	66756	13%	3.4%	5.3%
46	000882	华联股份	66763	8201	714%	10.7%	23.3%
47	002462	嘉事堂	63829	48944	30%	3.5%	30.6%
48	000564	西安民生	61450	59389	3%	2.2%	37.4%
49	00602	佳华百货控股	58487	11494	409%	7.5%	4.5%
50	600361	华联综超	57102	54997	4%	0.5%	3.1%
51	600280	南京中商	53923	45743	18%	0.8%	34.9%
52	NPD. N	海王星辰	35933	16508	118%	1.4%	4.6%
53	00121	卜蜂莲花	23760	349322	-93%	0.2%	27.7%
54	01280	汇银家电	19030	94028	-80%	0.7%	1.4%
55	600774	汉商集团	10533	7320	44%	1.2%	3.9%
56	00312	岁宝百货（延迟公告）	*	200082	*	*	0.7%
合计			26216023	22205663	18%	4.1%	4.2%

四、资产负债率

2011 年，零售业主要上市企业资产负债率状况显示如下特点（见表 4）：

1. 资产负债率增幅排行呈现不同的行业特征：一般百货店最高，超市、家电专业店次之，其他专业店较低。

2. 2011 年，55 家零售企业中有 28 家的资产负债率呈增长态势，这 28 家企业资产负债率平均增幅为5.39%。增幅在10%以上的有4家，占全部样本的7%。

3. 资产负债率下降的零售企业有27家，占总样本的49%。其中降幅大于10%的企业有6家，占全部样本的11%。

4. 资产负债率大幅增长或大幅下降的原因：永辉超市增幅最大，达14.62%，主要缘于该企业为扩大规模、募集资金投入门店而增加了银行借款以及发放了8亿元短期融资券。文峰股份降幅最大，达到25.9%，与其2011年新入市，募集资金导致资本增加负债减少有关。

表4　2011年零售业主要上市公司资产负债率情况

序	股票代码	企业名称	2011年资产负债率	2010年同期资产负债率	增幅
1	601933	永辉超市	57%	42%	15%
2	01280	汇银家电	56%	42%	14%
3	002277	友阿股份	59%	46%	13%
4	00825	新世界百货中国	53%	42%	11%
5	600697	欧亚集团	78%	70%	9%
6	000882	华联股份	49%	41%	8%
7	000759	中百集团（原武汉中百）	65%	57%	7%
8	002251	步步高	66%	59%	7%
9	002336	人人乐	52%	44%	7%
10	600858	银座股份	76%	70%	6%
11	300022	吉峰农机	75%	69%	6%
12	03308	金鹰商贸	60%	54%	6%
13	000564	西安民生	77%	71%	6%
14	002419	天虹商场	59%	54%	5%
15	002024	苏宁电器	61%	57%	4%
16	01833	银泰百货	58%	53%	4%
17	00331	春天百货	57%	53%	4%
18	NPD. N	海王星辰	30%	27%	3%
19	002462	嘉事堂	31%	28%	3%
20	600280	南京中商	90%	88%	3%
21	000679	大连友谊	82%	80%	2%
22	00837	谭木匠	13%	11%	2%
23	000501	鄂武商	77%	75%	2%
24	600785	新华百货	53%	52%	1%
25	000987	广州友谊	48%	47%	1%
26	600682	南京新百	64%	63%	1%
27	00814	北京京客隆	70%	69%	1%
28	01025	物美商业	60%	60%	1%
29	00984	永旺	62%	62%	0%
30	00980	联华超市	82%	83%	0%

续表

序	股票代码	企业名称	2011 年 资产负债率	2010 年同期 资产负债率	增幅
31	600828	成商集团	61%	61%	-1%
32	600729	重庆百货	73%	74%	-1%
33	600861	北京城乡	26%	27%	-1%
34	000785	武汉中商	71%	72%	-1%
35	600723	首商股份（原西单商场）	51%	53%	-2%
36	00602	佳华百货控股	39%	41%	-2%
37	600694	大商股份	71%	73%	-2%
38	00493	国美电器	57%	59%	-2%
39	600814	杭州解百	48%	50%	-2%
40	600774	汉商集团	61%	64%	-3%
41	600827	友谊股份	63%	66%	-3%
42	600361	华联综超	67%	71%	-4%
43	600859	王府井	51%	55%	-5%
44	000417	合肥百货	57%	63%	-7%
45	002187	广百股份	54%	61%	-7%
46	03368	百盛集团	56%	64%	-8%
47	600838	上海九百	31%	40%	-9%
48	002264	新华都	59%	68%	-9%
49	00121	卜蜂莲花	71%	81%	-10%
50	002561	徐家汇	23%	37%	-14%
51	601116	三江购物	53%	67%	-15%
52	06808	高鑫零售（2011 新上市）	62%	77%	-15%
53	600693	东百集团	35%	53%	-18%
54	000419	通程控股	53%	72%	-19%
55	601010	文峰股份（2011 新上市）	37%	63%	-26%
56	00312	岁宝百货（延迟公告）	*	38%	*
平 均			62%	63%	

说明：1. 所有数据均来源于上市企业年报，并以人民币（单位：千元）列示。

2. H 股上市企业中，永旺及新世界百货的年报以港币列示，其人民币数据以当年平均汇率（损益表数据）或年末即期汇率（资产负债表数据）折算获得。

3. 由于新世界百货中国的年报期间为 2010 年 7 月 1 日至 2011 年 6 月 30 日，其 2011 年数据是根据上述年报及其截至 2010 年 12 月 31 日的半年报及截至 2011 年 12 月 31 日的半年报计算得出。2010 年数据按相同口径计算得出。

4. 由于报表列示及披露要求存在差异，不同资本市场上市企业的收入和成本的披露口径有所不同，部分 H 股企业的毛利率数据无法从年报中获得。

5. 部分上市企业于 2011 年重述了 2010 年的比较数字，相关数据已按重述后的数字进行了修正。

6. 由于岁宝百货延迟公告，因此无法取得其年报。故本文有效样本数实际为 55 家。

（中国连锁经营协会　毕马威华振会计师事务所）

第三部分　专题篇

2012 年中国连锁行业
人力资源状况调查报告

经过近 30 年的快速发展，中国连锁行业已成为推动中国经济发展的重要组成部分。据中国连锁经营协会（简称协会）统计，2011 年中国连锁零售百强企业销售总额达到 1.65 万亿元，相比 2001 年，十年间持续高速增长，总额翻了 9 倍多。然而，受国内外经济环境变化影响，自 2011 年下半年开始，特别是 2012 年以来，全行业出现明显的销售增长乏力甚至负增长现象。同时，由于人工和房租等成本继续大幅上涨，连锁企业面临前所未有的压力。协会对百强企业抽样调查显示，2011 年连锁零售企业人工费用上涨 26%。在此情况下，企业的人力资源工作面临巨大挑战。为全面了解本年度连锁企业人力资源现状及面临的问题，协会继续开展"年度行业人力资源状况调查"。本年度对 62 家连锁企业有效样本进行问卷调查并统计分析。主要内容如下：

一、基本情况

1. 经营模式及发展区域。62 家样本企业中，零售企业 36 家，占 58%，主要业态为便利店、超市、大卖场及百货店；餐饮服务性连锁企业 26 家，占 42%。这些企业中，采取跨区域全国范围多省市发展（在全国 5 个以上省市拥有门店）的有 38 家，占 61%；在本省及周边区域发展的有 11 家，占 18%；而集中在本省市区域内发展的只有 13 家，占 21%，且多以零售企业为主。调查显示，超过 9 成的餐饮服务企业采取跨区域多省市发展策略。见图 1。

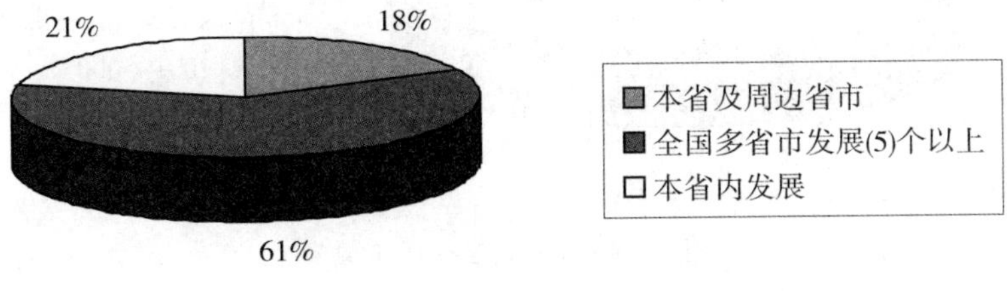

图 1　受访企业经营发展区域

2. 销售情况。调查显示，2011 年销售额超过 5 亿元的企业占 97% 以上，其中年销售额在 50 亿元以上的企业占 23%，且均为零售企业，见图 2。

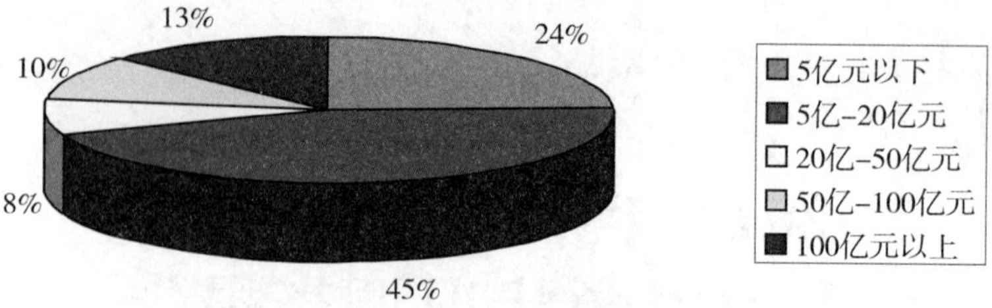

图 2　受访企业 2011 年销售额（亿元人民币）

调查及访谈显示，成立时间不足 3 年的新企业约占 4%；而成立年限超过 5 年，且经营状况保持稳定的企业约占 95%。见图 3。

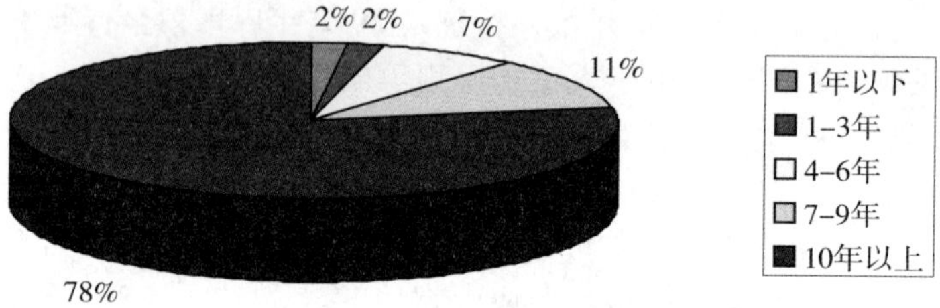

图 3　受访企业成立年限

3. 员工情况。受访企业中，自有员工规模超过千人的企业占 68%，而 500 人以下的企业不足 2 成。同时，有 5 成以上企业的员工学历水平普遍偏低，其低学历员工（高中及其以下）占比超过 50%，且均为零售及餐饮企业；仅有 3 家企业的研究生及以上学历员工占比超过 10%，均为服务性连锁业。见图 4。

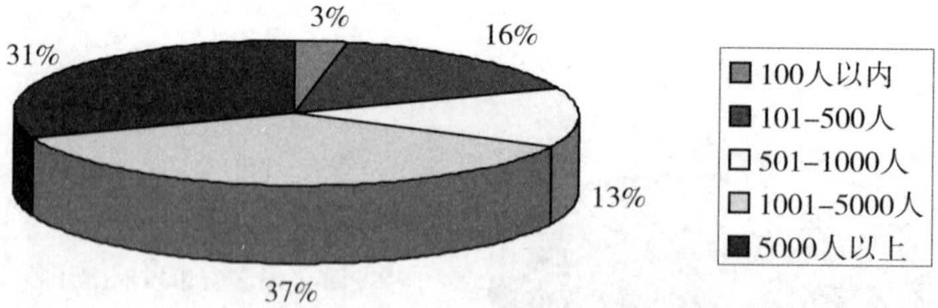

图 4　受访企业自有员工数量

二、员工招聘、人才培养与人员流失

1. 员工招聘

（1）总部。受访企业总部对于中层及以下员工的招聘，一般都采取每年度集中开展方式，且招聘频率比较高。其中，每年招聘 2 次以上的企业占 87%，而每年只集中招聘 1 次的企业仅占 6.5%。见图 5。

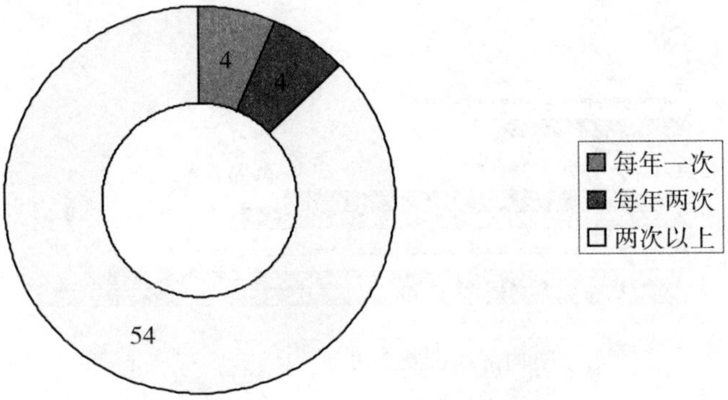

图 5　企业总部人员招聘频率

（2）门店。与总部集中招聘员工方式不同的是，80% 的企业门店招聘员工采用随需随招的方式；只有 20% 的门店采用成批集中招聘方式。但是成批集中招聘员工的企业门店中，每年度的招聘次数都超过 4 次，可见企业门店人员招聘的工作量很大，也说明基层员工的流失率相对较高。

（3）渠道与方式。在各种招聘方式中，74% 的企业认为最有效的方式是公司及相关网络招聘，其次是社会举办的大型招聘会和公司内部员工推荐。另外校企合作和外地招聘也被部分公司作为招聘的有效途径。

（4）录用参考因素。企业总部招聘中层及以下员工时，录用的主要依据是：其一，招聘对象的综合素质；其二，考察其以往的职业经历；第三，参考招聘对象的简历，以及面试的表现。

2. 人才培养和保留

（1）培养晋升。调查显示，2011 年企业在中高层人员内部晋升和外聘方面，超过 75% 的企业中 70% 以上的中高层管理人员通过内部晋升解决，外部招聘的中高层领导不超过 20%。

门店店长是连锁企业最重要的基层岗位。虽然店长的外聘比例相对稍高，但是外聘比例超过 20% 的企业不足受访企业的三分之一。由此可见，内部培养是企业中高层管理人员晋升和堪以重用的主要来源，而能否及时将企业所需且足够的员工培养成为管理型人才，对企业的管理能力至关重要。

（2）培训。在对待员工培训及派员参加外部专业会议的态度方面，受访企业都非常积极。它们认为组织员工培训和参加这些专业活动能够帮助企业及员工更好、更快地发展，在一定程度上也是企业给员工提供的一种福利，客观上还帮助企业降低员工的流失率，促进企业员工的培养和提升。

费用方面，受访企业用于员工培训及参加外部专业会议上的费用投入大约占其销售额的 0.5% ~1%，根据企业的销售规模，该费用为几十万到上百万元不等。

问题与困惑方面，受访企业对派员参加培训及外出参加专业会议最重要的影响因素是，如何有效评估培训的效果？如何挖掘内部资源，开展内部讲师队伍建设？见图 6。

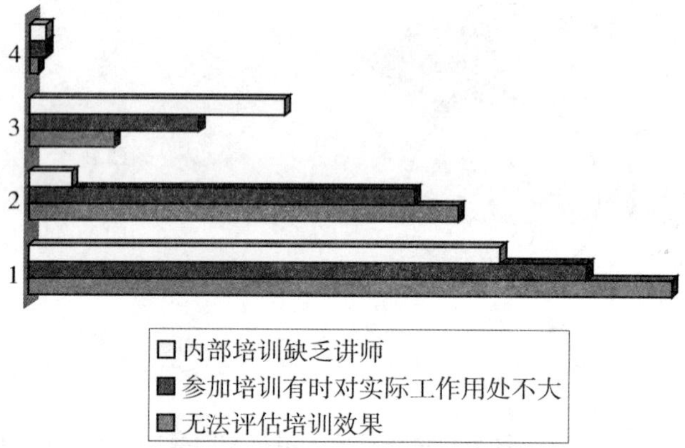

图 6　影响企业派员参加培训及专业会议的主要因素（1 – 最重要，4 – 最不重要）

（3）保留。调查显示，企业在人才保留的各种手段中最为有效的是，制定员工职业成长规划，为员工提供良好的发展前景；其次是通过企业文化的凝聚和吸引力，让员工产生内在的归属感；第三是为员工提供良好的培训。此外，也有 20% 左右的企业将发放丰厚奖金作为保留人才的首要方式。

3. 人员流失

调查显示，在企业中高层人员流失方面，有 15% 的企业流失率超过 20%，最高的达到 70%；而中高层人员流失率在 10% 以下的企业占 70% 以上。

在企业基层员工流失方面，有 40% 的企业流失率超过 30%，最高的达到 90%；而基层员工流失率低于 10% 的企业仅占 8%。可见，人员流失已经成为企业人力资源面临的重要问题。

零售企业中，中高层管理人员流动率最大的职位是店长和营运经理，基层员工流失率最高的是理货员和防损人员。餐饮及服务企业中，中高层管理人员流动率最大的职位是店长和市场开发经理，基层员工中流失率最高的是店面服务员和后厨人员。优秀店长在各个行业中都存在较大缺口，也是企业竞争的核心人才。

三、人工成本与薪酬

1. 人工成本

调查显示，受访企业中近一半的企业人工成本占其销售额的比例在8% ~20%之间，近四分之一的企业人工成本占其销售额的20%以上，也有近三分之一的企业人工成本不足其销售额的8%。见图7。

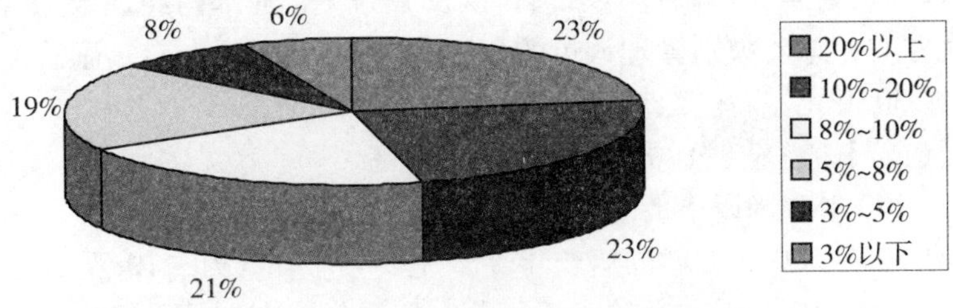

图7　受访企业人工成本占销售额比例

访谈显示，2012年以来人工成本快速增加是参加调查企业的共同感受。仅有6%的企业认为本年上半年人工成本占销售额同比与上年持平，还有6%的企业认为今年上半年人工成本占销售额同比上年增长在20%以上。

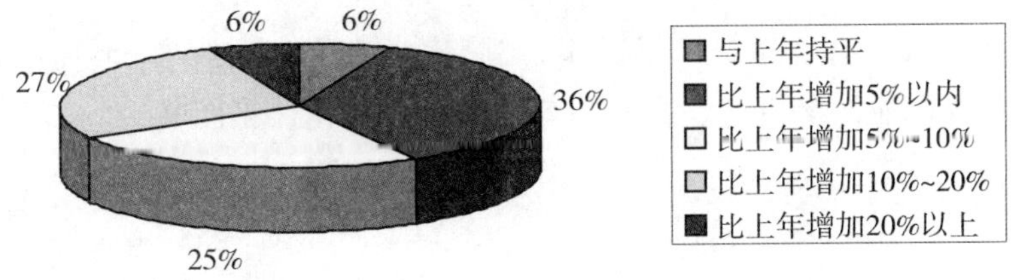

图8　2012年1－6月人工成本占销售额比例与上年同期同店铺相比情况

2. 薪酬

（1）零售企业中高级管理人员及店长

中高级管理人员的年薪：调查显示，零售企业部门经理级别管理人员的年薪集中在8万－15万元；总监级别管理人员的年薪集中在10万－30万元；副总经理级别管理人员的年薪集中在20万－50万元。

门店店长的年薪：

店铺面积在1000平方米以下的店长年薪，在10万元以下的，占90%；便利店店长年薪在5万元左右。

店铺面积在 1000－3000 平方米的店长年薪，主要集中在 5 万－10 万元之间，部分外资企业及一线城市的店长年薪在 10 万－15 万元。

店铺面积在 3000－5000 平方米的店长年薪，也集中在 5 万－10 万元之间，但部分外资企业及一线城市的店长年薪达到 20 万－30 万元。

店铺面积在 5000－10000 平方米的店长年薪，主要集中在 8 万－15 万元之间，部分外资企业及一线城市的店长年薪达到 30 万元。

店铺面积在 10000 平方米以上的店长年薪，主要集中在 10 万－20 万元之间，最高的达到 50 万元。

（2）餐饮及服务类企业中高级管理人员及店长

中高级管理人员的年薪：调查显示，餐饮及服务类企业部门经理级别管理人员的年薪集中在 10 万元左右；总监级别管理人员的年薪集中在 20 万元左右；副总经理级别管理人员的年薪集中在 30 万元左右。

门店店长（或门店总经理）的年薪：

店铺面积在 200 平方米以下的店长年薪，主要集中在 5 万元左右。

店铺面积在 200－500 平方米的店长年薪，主要集中在 5 万－10 万元之间。

店铺面积在 500－1000 平方米的店长年薪，主要集中在 10 万－20 万元之间。

店铺面积在 1000－3000 平方米的店长年薪，主要集中在 15 万－20 万元之间。

店铺面积在 3000 平方米以上的店长年薪，主要集中在 20 万元左右。

四、员工认同与面临的问题

1. 员工认同

（1）新员工加入。调查显示，受访企业新员工在加入公司的主要原因选项中，位列前三位的是：个人职业发展机会、企业知名度和企业文化，见图 9。

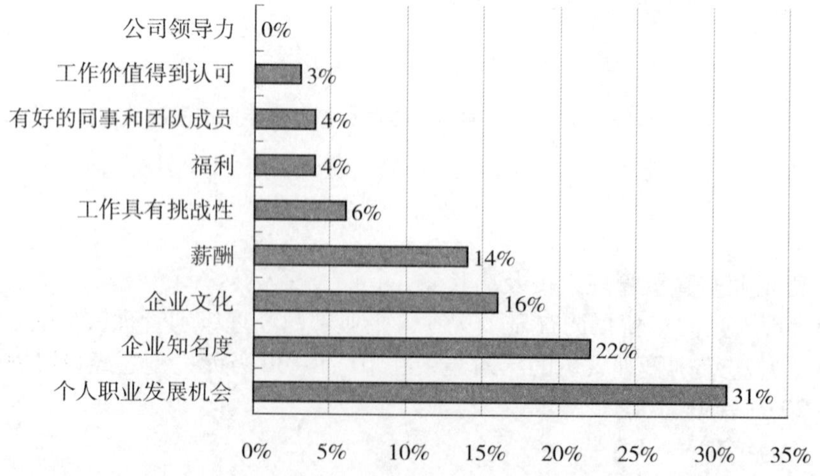

图 9　受访企业吸引员工加入的主要因素

（2）人才保留。受访企业留住适用人才的最重要的 3 个原因是：个人职业发展机会、企业文化和薪酬，见图 10。

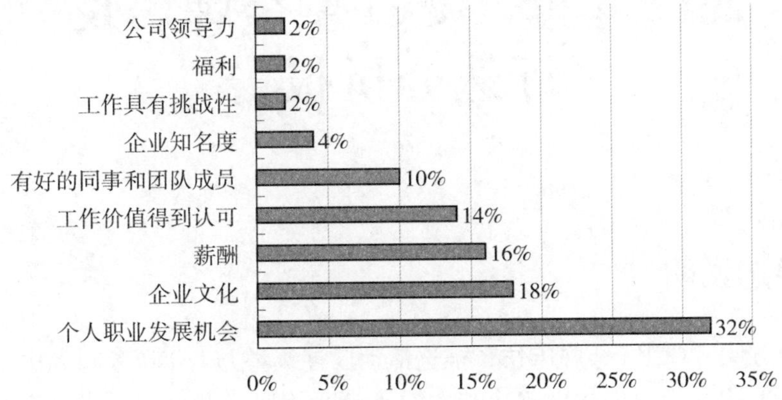

图 10　受访企业留住适用人才的主要因素

（3）激励机制。受访企业认为激励员工最重要的因素是：个人职业发展机会、薪酬和工作价值的认可程度，见图 11。

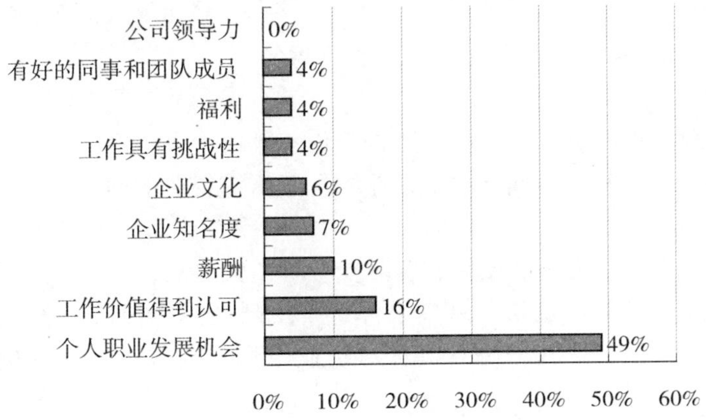

图 11　受访企业激励员工的主要因素

2. 面临的主要问题

调查及访谈显示，受访企业在人力资源方面面临的最主要的三个问题是：缺乏优秀管理人员，或是现有管理人员的能力有待提高；薪酬与绩效结合度不足，或是对优秀高绩效人员的激励不足；人力资源成本过高。

（中国连锁经营协会）

2012 年度“CCFA 金牌店长”评选分析报告

一、评选说明

自 2006 年起，“CCFA 金牌店长”推选活动已连续举办七年了，得到中国连锁经营协会（简称协会）会员企业的积极响应和大力支持。2012 年度评选推出 117 位“CCFA 金牌店长”。

本年度“金牌店长”推选活动仍在协会连锁零售会员企业中进行，由各企业按金牌店长的基本条件和规定流程在所属门店店长中评选推出。推选企业范围、名额、基本条件及流程如下：

1. 以百货店、超市、专业店、专卖店、购物中心等为主要业态的会员企业可推荐一名。

2. 2011 年销售额 30 亿元以上的企业可推荐两名。

3. 基本条件：

（1）在本企业工作四年以上，从事店长工作三年以上。

（2）所在门店运营时间不低于两年，业绩位于所在企业前列。

（3）乐于分享经验。

（4）所在门店近一年无商品质量、食品安全等重大事故，且无负面新闻报道。

4. 申报企业依据“金牌店长”基本条件、申报限额择优推选报送，同时填报《金牌店长基本情况表》及相关资料。协会负责对企业报送材料进行审核并确认“金牌店长”资格。

二、金牌店长推选企业基本情况

本年度获选的 117 位金牌店长来自 80 家连锁企业（含分公司、子公司），其中 68 家为中国连锁零售百强企业（含中国快速消费品连锁零售百强企业），百强企业推选了 103 位金牌店长，占金牌店长数量的 88%。

117 位金牌店长所在门店的业态包括超市、百货店、购物中心、专业店、专卖店，80 家企业 2011 年销售额总计 227.86 亿元，2012 年上半年销售额总计 120.60 亿元（其中有 35 家门店 2012 年上半年销售额过亿元）；平均毛利率为 16.67%，比 2011 年度金牌店长所在门店的平均毛利率 15.40% 有了较大的提高；平均单店营业面积为 10117 平方米，比

2011 年度金牌店长所在门店的平均营业面积 9086 平方米有了较大的提高；平均单店正式员工 137 人，比 2011 年度的 165 人有了大幅下降；平均净利润率 6.4%，略高于 2011 年度的 5.94%。

各业态金牌店长人数如下：超市门店店长 69 名，专业店店长 23 名，百货店店长 13 名，购物中心店长 9 名，专卖店店长 3 名。

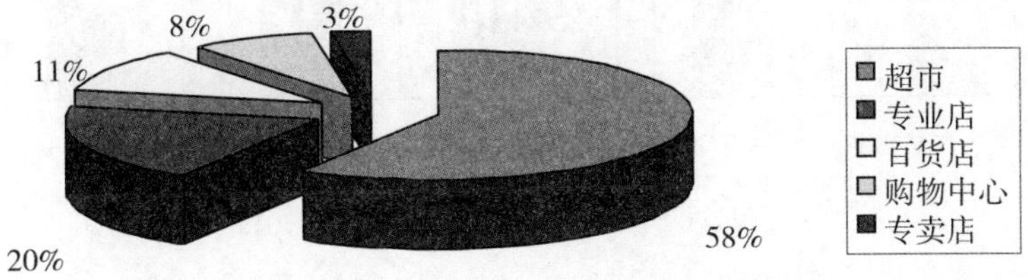

图 1　80 家企业按业态分类占比情况

三、金牌店长基本情况

2012 年度评选的 117 位金牌店长中，女店长 69 位，男店长 48 位。其中，女店长占比较高，达到 59%。

年龄最大的店长为 59 岁，最低为 26 岁，平均年龄已连续 6 年为 39 岁左右。

男店长所管理的门店的平均营业面积为 15814 平方米，远高于女店长的平均营业面积 6121 平方米。

117 位金牌店长在本企业工作年限平均为 12 年，是历年来最高的。平均担任店长职务时间为 6.4 年，也是历年来最高的。在基层工作至少 4 年后方升任店长职务的有 63 位。

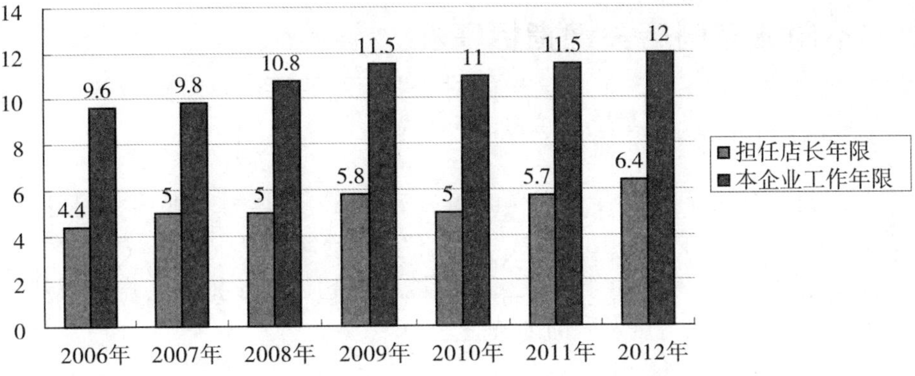

图 2　2006 –2012 年金牌店长平均工作年限及担任店长平均年限情况

从年收入水平看，5 万以下的比例逐年下降，10 万 –15 万元及 15 万元以上的比例逐年上升，占比接近 50%。

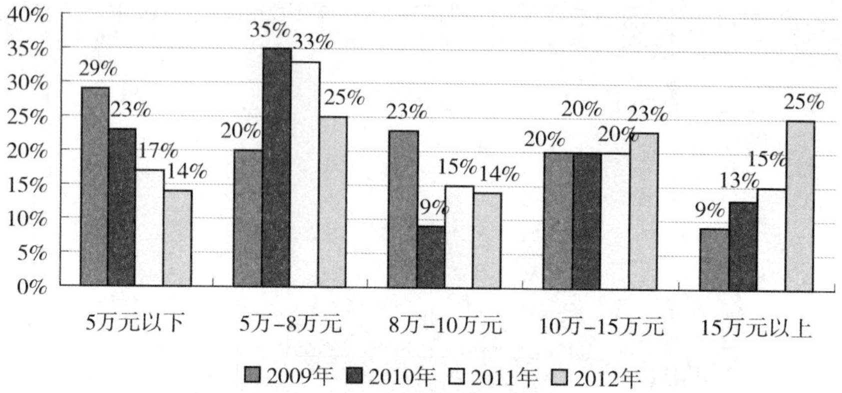

图 3　2009－2012 年金牌店长年收入及占比情况

从不同年份收入范围的金牌店长所在门店的平均经营面积、近两年平均销售额看，金牌店长的年收入与其所管理的经营面积成正比，与销售额也基本成正比。

表 1　　不同年份收入范围的金牌店长所在门店的平均经营面积、近两年平均销售额

年收入范围	经营面积（平方米）	2011 年销售额（万元）	2012 年上半年销售额（万元）
5 万元以下	1330	2442	1386
5 万－8 万元	3829	10612	5491
8 万－10 万元	6070	8603	5257
10 万－15 万元	14421	29900	14700
15 万元以上	21238	37658	19953

四、不同业态门店关键指标情况

（一）超市门店关键指标

超市业态共有 69 家门店，平均运营时间为 7.1 年，最早为 1995 年 7 月开业。

69 家超市门店分布在全国 18 个省、直辖市及自治区，其中一线城市 8 家，二线城市 23 家，三、四线城市 38 家。由于一线、二线城市的超市趋于饱和，竞争激烈，所以三、四线城市是目前超市企业重点发展的区域。

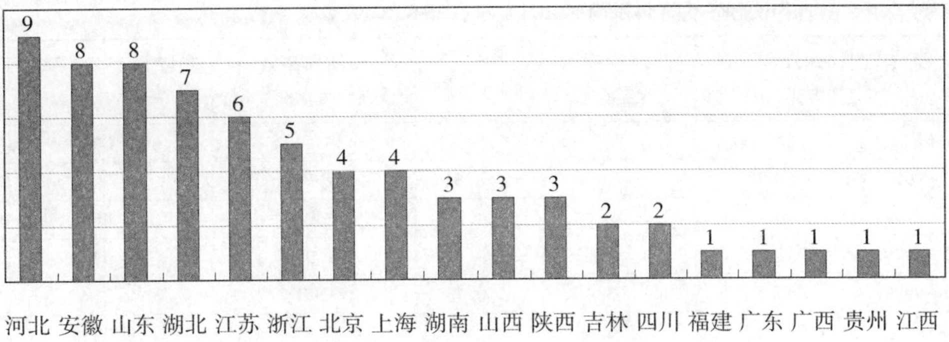

图 4　超市业态门店地区分布情况

69 家超市门店中，44 家位于住宅区、25 家位于商业区。平均营业面积 4935 平方米，比 2011 年金牌店长的平均经营面积 4864 平方米略有提高。

2011 年与 2012 年上半年各个面积范围的超市销售增长都达到了两位数，实属不易。其中 3000－5999 平方米超市门店的增长比例最高，分别为 20.19%、19.02%。在 2012 年上半年 10000 平方米及以上的超市销售增长相对较低，为 10.09%。

表 2　　超市业态不同面积门店 2011 年、2012 年销售额及同比情况

门店经营面积范围（平方米）	门店数（家）	2011 年平均销售额（万元）	销售同比增幅（%）	2012 年上半年平均销售额（万元）	销售同比增幅（%）
500 以下	6	832.12	13.77	468.86	13.36
500－999	7	1583.13	25.02	872.34	11.06
1000－2999	17	4799.81	18.26	2796.63	15.17
3000－5999	17	8802.97	20.19	5714.15	19.02
6000－9999	13	13851.08	17.69	8055.83	13.53
10000 及以上	9	26476.21	18.63	14038.88	10.09

正式员工和供应厂商驻店员工数量基本不变，供应厂商驻店人数占员工总数的 40.3%。

表 3　　超市业态门店平均单店员工人数情况

项目	平均单店员工总数（人）	平均单店正式员工人数（人）
2011 年	209	127
2012 年上半年	206	123
增幅	－1.4%	－3.1%

人效方面，1000－2999 平方米和 3000－5999 平方米两个面积范围的门店有较大幅度增长；平效方面，3000－5999 平方米的门店有较大幅度增长。

表 4　　超市业态不同面积门店 2011 年、2012 年人效、平效及其增幅

门店经营面积范围（平方米）	2011 年人效（万元/人·年）	2012 年上半年人效（万元/人·年）	增幅	2011 年平效（万元/平方米·年）	2012 年上半年平效（万元/平方米·年）	增幅
500 以下	53.76	62	15.33%	3.57	4.09	14.57%
500－999	65.14	73.36	12.62%	2.66	2.89	8.65%
1000－2999	50.12	62.27	24.24%	2.26	2.65	17.26%
3000－5999	43.69	58.67	34.29%	1.99	2.62	31.66%
6000－9999	54.50	63.48	16.48%	1.91	2.21	15.71%
10000 及以上	72.90	76.66	5.16%	1.92	2.08	8.33%

总费用持续上涨，其中 2011 年总费用上涨了 10.41%，2012 年上半年上涨了 9.63%。单位面积费用增长幅度差异较大，6000－9999 平方米的门店增幅为 0，10000 平方米以上的门店增长了 23.08%。整体计算的话，2011 年单位面积费用为 2034 元/平方米，2012 年上半年单位面积费用为 1094.72 元/平方米。费用增涨速度加快，主要因素是门店人工成本。

人工成本继续大幅度增长。2011 年不同面积范围的门店工资总额增长比例全部超过 13%，2012 年上半年除 1000－2999 平方米和 10000 平方米以上门店外，其余面积范围的门店工资总额增长比例也全部超过 13%。

表 5　　超市业态不同面积门店 2011 年、2012 年工资总额同比增幅

门店经营面积范围（平方米）	2011 年工资总额同比增长	2012 年上半年工资总额同比增长
500 以下	26.97%	17.79%
500－999	20.39%	24.34%
1000－2999	13.91%	8.72%
3000－5999	13%	13.81%
6000－9999	19.64%	13.15%
10000 及以上	20.43%	9.85%

由于门店员工人数基本不变，人均月工资也有了大幅度提高。

表 6　　超市业态不同面积门店 2011 年、2012 年人均月薪及同比增幅

门店经营面积范围（平方米）	2011 年人均月工资（元）	2012 年上半年人均月工资（元）	增幅
500 以下	2898	3079	6.25%
500－999	2263	2637	16.53%
1000－2999	2250	2766	22.935
3000－5999	2230	2707	21.39%
6000－9999	2585	2923	13.085
10000 及以上	1821	2233	22.62%

69 家超市门店中有 56 家门店为租赁物业，2011 年租金平均为 47.64 元/m²·月，与 2010 年相比基本持平，2012 年上半年平均上涨了 4.2%，达到 49.64 元/m²·月。13 家自有物业门店的房屋折旧 2011 年为 26.77 元/m²·月，2012 年上半年为 27.42 元/m²·月，上涨幅度为 2.4%。

表 7　　超市业态不同面积门店 2011 年、2012 年单位面积费用情况

门店经营面积范围（平方米）	2011 年单位面积费用（万元/平方米·年）	2012 年上半年单位面积费用（万元/平方米·年）	增幅
500 以下	0.39	0.44	12.82%
500－999	0.23	0.24	4.35%
1000－2999	0.19	0.20	5.26%
3000－5999	0.14	0.16	14.29%
6000－9999	0.25	0.25	0
10000 及以上	0.13	0.16	23.08%

69 家超市门店水电费有小幅增加，2011 年水电费平均增长 5.43%，2012 年上半年水电费平均同比增长 5.18%。

表 8　　超市业态不同面积门店 2011 年、2012 年店均水电费用情况

门店经营面积范围（平方米）	2011 年单店平均水电费（万元）	2012 年上半年单店平均水电费（万元）
500 以下	8.38	3.46
500－999	13.06	6.85
1000－2999	54.55	27.31
3000－5999	63.48	45.24
6000－9999	198.03	97.35
10000 及以上	281.73	157.85

每万元分摊的水电费大幅度下降的原因有两个，一方面是节能减排的意识增强，另一方面是重视设施设备的日常管理。

表 9　　超市业态不同面积门店 2011 年、2012 年每万元水电费及其增幅

门店经营面积范围（平方米）	2011 年每万元销售水电费（元）	2012 年上半年每万元销售水电费（元）	增幅
500 以下	110.17	84.95	－22.89%
500－999	78.93	69.96	－11.36%
1000－2999	95.48	81.50	－14.64%
3000－5999	108.65	88.57	－18.48%
6000－9999	160.67	130.60	－18.72%
10000 及以上	129.76	121.32	－6.5%

商品损耗率基本上都控制在 0.3% 左右。

表 10　　超市业态不同面积门店 2011 年、2012 年商品损耗情况

门店经营面积范围（平方米）	2011 年商品损耗率	2012 年上半年商品损耗率	增幅
500 以下	0.27%	0.20%	-25.93%
500-999	0.29%	0.16%	-44.83%
1000-2999	0.25%	0.25%	0.00%
3000-5999	0.35%	0.31%	-11.43%
6000-9999	0.38%	0.35%	-7.89%
10000 及以上	0.24%	0.27%	12.5%

2012 年上半年客单价较 2011 年同期有较大提高，除 1000 平方米以下的门店外，增幅均超过 10%。

表 11　　超市业态不同面积门店 2011 年、2012 年客单价情况

门店经营面积范围（平方米）	2011 年平均客单价（元）	2012 年上半年平均客单价（元）	增幅
500 以下	16.61	17.69	6.50%
500-999	33.53	35.38	5.52%
1000-2999	47.86	54.53	13.94%
3000-5999	54.41	63.87	17.39%
6000-9999	66.19	76.69	15.86%
10000 及以上	75.13	82.98	10.45%

2012 年上半年日交易次数较 2011 年同期有小幅增长。

表 12　　超市业态不同面积门店 2011 年、2012 年平均交易情况

门店经营面积范围	2011 年平均日交易次数	2012 年上半年平均日交易次数	增幅
500 以下	1154	1185	2.69%
500-999	1202	1249	3.91%
1000-2999	2724	2869	5.32%
3000-5999	4561	4777	4.74%
6000-9999	6677	6907	3.44%
10000 及以上	8424	9153	8.65%

平均毛利率均有小幅增长。

表 13　　超市业态不同面积门店 2011 年、2012 年毛利率情况

门店经营面积范围（平方米）	2011 年平均毛利率（%）	2012 年上半年平均毛利率%	增幅
500 以下	20.47%	20.88%	2.00%
500－999	15.94%	16.43%	3.07%
1000－2999	13.08%	13.53%	3.44%
3000－5999	13.96%	14.57%	4.37%
6000－9999	13.01%	13.14%	1.00%
10000 及以上	12.11%	12.77%	5.45%

由于销售增长大于费用增长，同时毛利率小幅增长，因此净利润率有所提高，尤其是 1000－2999 平方米和 6000－9999 平方米的门店，净利润率增幅接近 50%。

表 14　　超市业态不同面积门店 2011 年、2012 年净利润情况

门店经营面积范围（平方米）	2011 年净利润率（%）	2012 年上半年净利润率（%）	增幅
500 以下	4.95%	5.94%	20.00%
500－999	5.98%	6.23%	4.18%
1000－2999	2.64%	3.93%	48.86%
3000－5999	4.93%	6.43%	30.43%
6000－9999	2.34%	3.50%	49.57%
10000 及以上	3.97%	4.65%	17.13%

（二）百货店、购物中心基本情况

来自百货店和购物中心的金牌店长有 22 位，归属于 13 家百货门店和 9 家购物中心门店。

22 家门店分布在全国 10 个省和直辖市，广东门店数最多，有 7 家。一线城市有 7 家，二线城市有 3 家，三、四线城市 12 家。百货店和购物中心已经开始重点在三、四线城市发展，部分企业同时发展超市、百货店和购物中心多个业态。

与超市业态地域分布有所区别，22 家百货店和购物中心门店中的 17 家位于商业区，占 77%，平均营业面积 29725 平方米，2011 年销售额平均为 53523 万元，2012 年上半年销售额平均为 27650 万元，同比增长 10.68%。

员工总数与正式员工数基本保持不变，正式员工占员工总数的四分之一左右。

表 15　　百货、购物中心门店平均单店员工人数情况

项目	平均单店员工总数（人）	平均单店正式员工人数（人）
2011 年	1095	280
2012 年上半年	1125	282
增幅	2.74%	0.71%

2012 年上半年百货、购物中心门店人效基本持平，平效略有增加。

表 16　　百货、购物中心门店 2011 年、2012 年人效、平效情况

项目	人效（万元/人·年）	平效（万元/平方米·年）
2011 年	75.24	1.73
2012 年上半年	74.86	1.83
增幅	-0.5%	5.8%

2011 年、2012 年上半年百货、购物中心门店总费用持续上涨，其中 2011 年总费用上涨了 11.42%，2012 年上半年上涨了 5.11%。整体测算，2011 年单位面积费用为 1632 元/平方米，2012 年上半年单位面积费用为 821 元/平方米。

同时，2011 年、2012 年上半年百货、购物中心门店人工成本继续大幅增长。2011 年工资总额除一家门店外，其余门店工资总额同比均有增长，平均增长 16.12%；2012 年上半年工资总额有 5 家门店下降，其余 17 家门店均为上升，整体上平均增长 7.74%。

22 家门店中有 15 家为租赁物业，7 家为自有物业。

15 家租赁物业门店：2011 年租金平均为 44.94 元/m^2·月，与 2010 年相比增长了 10.41%；2012 年上半年为 44.97 元/m^2·月，与 2011 年基本持平。

7 家自有物业门店：2011 年房屋折旧为 34.29 元/m^2·月，2012 年上半年为 34.07 元/m^2·月，基本持平。

22 家门店中，2011 年水电费平均增长 9.94%，2012 年上半年水电费平均同比增长 9.4%。

22 家门店中，每万元分摊的水电费 2011 年为 135.35 元，2012 年上半年为 123.72 元。

22 家门店中，2011 年与 2012 年上半年日均交易数基本相同，客单价增加了 8.66%。

表 17　　百货、购物中心门店 2011 年、2012 年平均交易情况

项目	日平均交易次数	平均客单价（元）
2011 年	6767	284.24
2012 年上半年	6785	308.86
增幅	0.26%	8.66%

22 家门店 2012 年上半年平均毛利率略有上升，而由于销售增长大于费用增长，因此净利润率增幅较高。

表 18　　百货、购物中心门店 2011 年、2012 年获利情况

项目	平均毛利率	平均净利润率
2011 年	15.74%	4.18%
2012 年上半年	16.00%	4.96%
增幅	1.65%	18.66%

（三）专业店、专卖店基本情况

来自专业店、专卖店的金牌店长有 26 位，归属于 18 家企业，包括电器、IT、话机、家居、医药、茶叶、水果、酒店用品、农资等。以下主要介绍 14 家家用电器和 IT 专业店门店情况。

14 家专业店门店分布在全国 9 个省和直辖市，其中一线城市 5 家，二线城市 4 家，三、四线城市 5 家。

14 家门店中有 11 家位于商业区，平均营业面积 8561 平方米，2011 年平均销售 35004 万元，比 2011 年增长了 23.24%；2012 年上半年平均销售 14572 万元，同比下降 9.88%，单店销售下降幅度最高的门店达到 33.96%。之所以有如此大的销售下滑，主要是因为家电以旧换新、家电下乡等激励政策截止到 2011 年 12 月 31 日。

14 家专业店正式员工和厂家驻店员工数量基本不变，正式员工占员工总数的 30%。

表 19　　专业店 2011 年、2012 年平均单店员工人数情况

项目	平均单店员工总数（人）	平均单店正式员工人数（人）
2011 年	226	64
2012 年上半年	225	67
增幅	-0.44%	4.7%

2012 年上半年，14 家专业店人效和平效均有较大幅度的下降。

表 20　　专业店 2011 年、2012 年人效、平效情况

项目	人效（万元/人·年）	平效（万元/平方米·年）
2011 年	142.95	5.13
2012 年上半年	128.86	4.45
增幅	-9.86%	-13.26%

14 家专业店，2011 年总费用上涨了 7.04%，2012 年上半年同比下降了 4.14%。整体测算，2011 年单位面积费用为 2155 元/平方米，2012 年上半年单位面积费用为 996 元/平方米。

14 家专业店，人工成本继续大幅度增长。2011 年工资总额平均增长 9.55%，2012 年上半年工资总额平均增长 4.36%。

14 家门店中只有 1 家为自有物业，13 家门店 2011 年租金平均为 65.75 元/m^2·月，与 2010 年相比增长了 3.28%，2012 年上半年为 65.49 元/m^2·月，基本持平。

14 家专业店，2011 年水电费同比平均增长 4.64%，2012 年上半年水电费同比平均下降 8.84%。

14 家专业店，每万元分摊的水电费 2011 年为 37.55 元，2012 年上半年为 39.47 元。

14 家专业店，2012 年上半年客单价和日交易数较 2011 年均有下降。

表 21　　专业店 2011 年、2012 年平均交易、客单价情况

项目	日交易次数	客单价
2011 年	460	2001
2012 年上半年	438	1916
增幅	-4.78%	-4.25%

14 家专业店，2012 年上半年平均毛利率同比略有上升，但是由于销售下降，净利润率普遍下降。

表 22　　专业店 2011 年、2012 年获利情况

项目	毛利率	净利润率
2011 年	12.73%	8.08%
2012 年上半年	13.15%	6.81%
增幅	3.30%	-15.72%

附：　　2012 年度 CCFA 金牌店长名单

序号	姓名	企业名称
1	余天鹏	成都红旗连锁股份有限公司
2	韩秀兰	成都红旗连锁股份有限公司
3	于海宏	秦皇岛市艾欣商贸有限公司
4	张　静	阜阳华联集团股份有限公司
5	周红霞	阜阳华联集团股份有限公司
6	刘建红	山西省太原唐久超市有限公司
7	张清华	山东新合作超市连锁有限公司
8	张显华	十堰市新合作鑫城超市有限公司
9	李彩虹	老百姓大药房连锁股份有限公司
10	黄文进	永旺华南商业有限公司

续表

序号	姓名	企业名称
11	于晓伟	国美电器有限公司
12	彭云锋	国美电器有限公司
13	牛志青	北京市大中家用电器连锁销售有限公司
14	杨永霞	北京市大中家用电器连锁销售有限公司
15	陆　俊	河南永乐生活电器有限公司
16	倪红霞	上海永乐通讯设备有限公司
17	胡　玲	浙江供销超市有限公司
18	钱志敏	安徽满天星连锁超市有限公司
19	冷丽艳	泰纳国际果业（北京）有限公司
20	汤红艳	上海麦海食品有限公司
21	赵　晓	山西美特好连锁超市股份有限公司
22	刘彦宏	山西美特好连锁超市股份有限公司
23	陈香蕊	一丁集团股份有限公司
24	彭欢德	东莞市糖酒集团美宜佳便利店有限公司
25	由海梅	烟台振华量贩超市有限公司
26	纪　红	安徽百大合家福连锁超市股份有限公司
27	张　明	安徽百大合家福连锁超市股份有限公司
28	王永华	淮南百大商厦有限公司
29	章恒玲	百大电器鼓楼商厦家电商场
30	陈燕华	上海城市超市有限公司
31	石　平	华糖洋华堂商业有限公司
32	许邦辉	广州摩登百货股份有限公司
33	淙朝飞	步步高商业连锁股份有限公司
34	李育云	步步高商业连锁股份有限公司
35	姜晓菲	华润万家苏果超市有限公司
36	钱美如	华润万家苏果超市有限公司
37	王　新	华联吉买盛购物中心有限公司
38	陈鸿敏	上海联华永昌超市有限公司
39	张龙军	世纪联华
40	陈晓英	杭州联华华商集团有限公司
41	徐锡平	杭州联华华商集团有限公司
42	张　莹	上海华氏大药房有限公司
43	黄　璜	三江购物俱乐部股份有限公司
44	田成国	三江购物俱乐部股份有限公司
45	衡晓艳	宝鸡商场有限公司

续表

序号	姓名	企业名称
46	李文平	宝鸡商场有限公司
47	羌卫龙	江苏超越超市连锁发展有限公司
48	叶静芳	上海家得利超市有限公司
49	龙　锐	海航商业家润多超市公司
50	易　一	海航商业家润多超市公司
51	张健钧	民生家乐商业连锁有限责任公司
52	孙　健	北京京客隆商业集团股份有限公司
53	刘　进	北京京客隆商业集团股份有限公司
54	柯　秀	中百超市有限公司
55	闵蔚兰	中百超市有限公司
56	刘勤爱	福建省米兰春天量贩有限公司
57	孙兆伟	唐山家万佳超市有限公司
58	韩　艳	唐山家万佳超市有限公司
59	尹建兵	贵州合力购物有限责任公司
60	刘文峰	江苏五星电器有限公司
61	江　梅	江苏五星电器有限公司
62	周海燕	北京超市发连锁股份有限公司
63	张云春	北京超市发连锁股份有限公司
64	谷丽芬	邯郸市阳光超市有限公司
65	黄香芬	话机世界数码连锁集团股份有限公司
66	方石峰	话机世界数码连锁集团股份有限公司
67	王金民	天津劝宝超市有限责任公司
68	王建军	江苏雅家乐集团有限公司
69	倪丹华	江苏新合作常客隆连锁超市有限公司
70	王成武	江苏新合作常客隆连锁超市有限公司
71	付代娣	北京吴裕泰茶业股份有限公司
72	苑永胜	胜利油田胜大超市
73	孙小猛	河北惠友商业连锁发展有限公司
74	张志平	联盛商业连锁股份有限公司
75	杨　建	北京华冠商业经营股份有限公司
76	黄胜强	武汉中百连锁仓储超市有限公司
77	倪　健	武汉中百连锁仓储超市有限公司
78	杨　蕊	秦皇岛兴龙广缘商业连锁有限公司
79	丁秀英	长春欧亚超市连锁经营有限公司
80	曲晓东	长春欧亚超市连锁经营有限公司
81	吕志红	欧华尚美国际家居
82	王海强	东方家园家居建材商业有限公司

续表

序号	姓名	企业名称
83	董　戎	成都伊藤洋华堂有限公司
84	刘　洋	宏图三胞科技发展有限公司
85	亓　蕾	宏图三胞科技发展有限公司
86	高诗良	遂宁吉峰农机汽车贸易有限公司
87	王晓英	广安吉峰车辆工程机械有限公司
88	白文忠	秦皇岛家惠商贸集团有限公司
89	苗　玲	山东家家悦集团有限公司
90	张秀霞	山东家家悦集团有限公司
91	高世齐	北京牛街清真超市有限公司
92	林　惟	王府井百货集团
93	武文杰	滨州银座商城有限公司
94	宋　倩	滨州银座商城有限公司
95	曹光萍	山东新星集团有限公司
96	张　丽	山东新星集团有限公司
97	王广东	安徽省台客隆连锁超市有限责任公司
98	程立刚	山东全福元商业集团有限责任公司
99	李俊霖	乐购仕（南京）商贸有限公司
100	刘丽元	苏宁电器股份有限公司
101	刘胜庆	苏宁电器股份有限公司
102	詹俊良	广州市广百股份有限公司
103	苏惠隆	肇庆广百商贸有限公司
104	谢安贤	广百股份有限公司北京路分公司
105	刘毅春	华润万家有限公司
106	郭慧娟	华润万家有限公司
107	徐　敏	深圳岁宝百货有限公司
108	陈　航	安徽商之都淮南商厦有限责任公司
109	王　莉	安徽省徽商红府连锁超市有限责任公司
110	陆松林	人人乐连锁商业集团股份有限公司
111	鄢剑峰	人人乐连锁商业集团股份有限公司
112	任红梅	河北国大连锁商业有限公司
113	陈亚丹	武汉武商量贩连锁有限公司
114	林　浦	武汉武商量贩连锁有限公司
115	仪洪策	高密市金孚隆超市有限公司
116	单海波	高密市金孚隆超市有限公司
117	李国强	唐百集团八方购物广场有限责任公司
注：排名不分先后		

（中国连锁经营协会）

2012 年“百个农超对接示范项目”分析报告

2010 年，中国连锁经营协会（简称协会）在连锁行业推出了“五个百工程”，其中之一就是“百个农超对接示范项目”。2011 年，经协会组织评选推出了首批 43 个农超对接示范项目。该推选活动得到协会会员企业的积极响应，也获得政府相关部门的较高评价。为继续推动大型连锁超市与农民专业合作社、农业生产基地、农业产业化龙头企业建立长期稳定的产销关系，协会在 2012 年度继续组织开展了第二批农超对接示范项目的推选活动。

本年度，共有 45 家连锁零售企业申报了 85 个农超对接项目，协会组织专家对申报项目关键性指标进行了专业评审和综合评议，最终 41 家企业的 57 个项目获选“百个农超对接示范项目”。通过对 2012 年度农超对接申报项目的统计与分析，我们有以下主要发现：

一、“农超对接”已在连锁零售企业深入开展

1. 申报企业年销售规模较大

45 家连锁零售企业（含其母公司）全部为中国连锁百强企业（含中国快速消费品连锁零售百强企业），其年销售规模最高为 827 亿元，最低为 2.26 亿元，其中年销售额 20 亿元及以上的有 24 家，占申报企业数量的 53%。

表 1　　2012 年农超对接申报企业年销售规模分布表

销售规模区间（亿元）	≥150	≥100 <150	≥50 <100	≥20 <50	≥5 <20	<5
企业数	9	2	2	11	17	4

不同规模的连锁零售企业都具备了“农超对接”的基础条件，把“农超对接”作为企业经营的重点。

2. 分布区域广

45 家连锁零售企业总部所在地分布在全国的 18 个省、直辖市，各地区都在积极推进“农超对接”。其中，广东、山东和北京申报的零售企业较多。申报企业总部所在地分布见图 1。

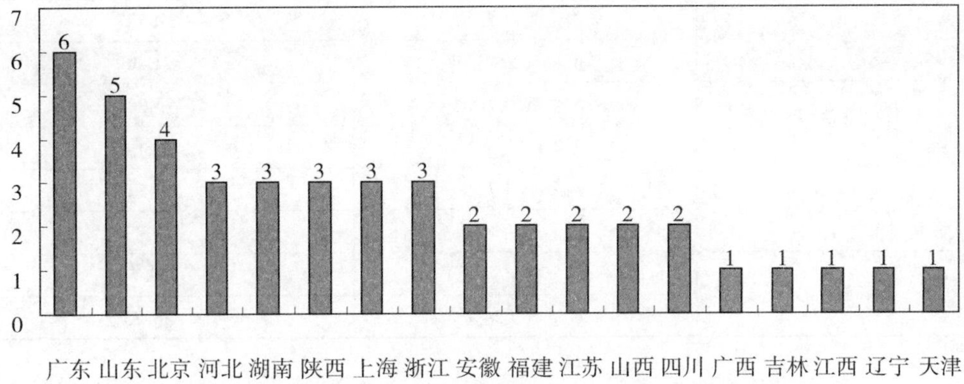

图 1　2012 年度申报企业总部所在地区分布

85 个专业合作社（含大型农产品经销企业和农户）示范项目分布在全国的 20 个省、自治区和直辖市，示范专业合作社数量较多的地区为山东、福建、广东、河北。合作社所在地区分布见图 2。

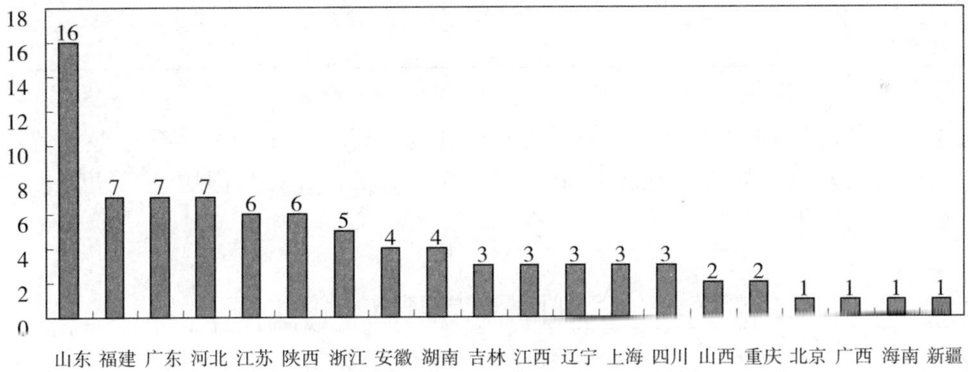

图 2　2012 年度申报专业合作社所在地区分布

3. 农超对接购销规模进一步提高

（1）2012 年，45 家连锁零售企业农超对接总采购额为 165.3 亿元。主要采购类别见表 2。

表 2　　农超对接主要采购类别统计表

蔬　菜	采购金额（万元）	329527
	重量（万吨）	71.36
水　果	采购金额（万元）	414887
	重量（万吨）	57.04
水　产	采购金额（万元）	114520
	重量（万吨）	10.12
肉蛋禽	采购金额（万元）	453550
	重量（万吨）	38.35

（2）2012 年，45 家连锁零售企业农超对接销售金额 184 亿元。销售金额由高到低依次为肉蛋禽、水果、蔬菜。消费者已将超市作为购买蔬菜、水果、肉禽蛋类商品的主要场所。

（3）45 家企业共有 8624 家门店销售农超对接产品，见表 3。

表 3　　销售农超对接产品门店数统计表

门店数	500 以上	100 -499	50 -99	10 -49	10 以下
企业数	4	10	7	17	7

其中有 25 家零售企业所有门店都销售农超对接产品；只有 10 家零售企业销售农超对接产品门店数占总门店数的比例低于 50%。显然只要条件允许，门店就会经营农超对接产品。详细分布见表 4。

表 4　　销售农超对接产品门店数占总门店数的比例分布表

门店比例区间	100%	70% ~99%	50% ~69%	20% ~49%	20% 以下
企业数	25	6	4	2	8

二、郊区型对接依旧是连锁零售企业采用的主要方式

1. 采购品种与采购方式统计数据显示，郊区型对接与补充型对接采购的品种分别为 65 个和 20 个，可以看出郊区型对接依旧是连锁零售企业更多采用的方式，即在总部（或生鲜配送加工中心）所在地周边选择对接的合作社，这样可以降低物流成本和采购成本。

对于“郊区型”对接采购不到的目标品种，则通过“补充型”对接予以弥补。20 个补充型对接采购品种主要集中在山东的苹果、海南的热带水果、福建的蜜柚、江西的脐橙、安徽的酥梨、新疆的哈密瓜和葡萄等，都是消费者耳熟能详的知名水果。随着连锁零售企业采购能力的提高，补充型对接的比例在逐步提高。

2. 85 个申报项目的对接形式有三种，分别是“超市 + 农民专业合作社 + 农户”、“超市 + 大型农产品产销企业”和“超市 + 农户”。各对接形式占比见图 3。

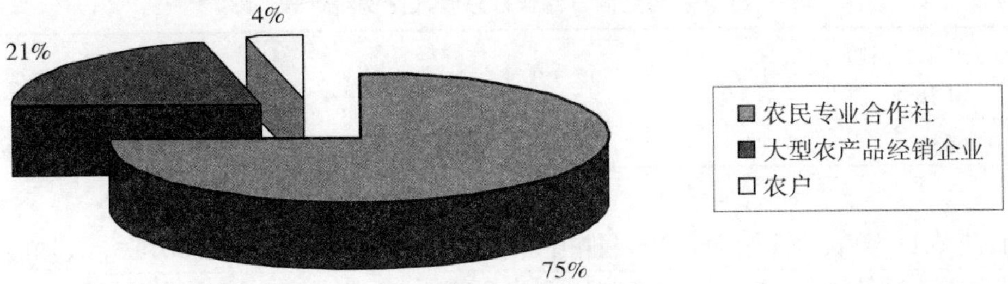

图 3　对接形式占比

“超市 + 农民专业合作社 + 农户”形式最普遍，也是最容易被连锁零售企业掌握并实施的形式。零售企业采用“超市 + 大型农产品产销企业”主要是为解决门店所在区域分散、配送能力不足和采购人员相对偏少等问题。

三、农超对接有利于稳定物价

1. 采购价相比批发市场低 7%。

2. 农超对接商品综合毛利率为 10.2%，低于大型超市 12.5% 的平均毛利率①，其中肉蛋禽平均毛利率为 10.4%，蔬菜平均毛利率为 12.3%，水果平均毛利率为 14.3%，由此，超市经常将肉蛋禽与蔬菜作为低价促销的品种。

四、农超对接有利于提高农产品生产的组织化和标准化

1. 对接合作社多。45 家连锁零售企业共计对接了 2173 个专业合作社，其中单个企业对接数量最高的为 449 个。达到 20 个及以上的有 21 家连锁零售企业，客观上促进了农产品生产经营方式的改革和发展，特别是有效地促进了农民专业合作组织的发展。具体对接合作社数量见表 5。

表 5　　农超对接专业合作社统计表

合作社数	100 以上	50 - 99	20 - 49	10 - 19	10 以下
企业数	4	7	10	12	12

2. 对合作社的收入贡献度大。85 个项目对接金额共计 14 亿元，对接金额占合作社年

① 《2010 - 2011 中国连锁零售企业经营状况分析报告》，中国连锁经营协会，2011 年 8 月。

总收入的百分比平均为46.35%。显然，超市采购量对合作社的收入贡献度非常大，有15个申报项目达到100%，即超市收购合作社全部的农产品。具体情况见表6。

表6　　超市采购金额占合作社总收入比例统计表

超市采购金额占合作社年总收入的比例	100%	70%~99%	40%~69%	10%~39%	10%以下
企业数	15	15	11	21	23

3. 促进农民增收。85个对接项目种植（养殖）面积达74万亩，2011年人均收入3.2万元，平均增收8600元/年·人，增收比例为27%。农超对接直接促进提高农民收入。

4. 结算及时，合同期长。85个对接项目中结算方式包括现金结算、货到付款、账期等，其中采用现金结算的为45个，货到付款的为8个，其余为账期结算，从5天到30天不等。

农超对接双方倾向于长期稳定合作，既保证了合作社销售渠道的稳定，同时也保证了超市所销售商品质量的稳定性，双方信任基础愈加可靠。85个对接项目中，双方合同期5年及以上的有17个，3-4.5年的有15个，2-2.5年的有14个，合同期2年以下的有39个。

5. 品牌意识增强。随着城市消费者对农产品质量要求的不断提高，越来越多的合作社认识到加强品牌建设的重要性。统计显示，39家合作社注册了商标，如肥东县元瞳食用菌专业合作社的“志元”，砀山县卓苑森涛水果种植专业合作社的“森园”，陵水良正果蔬农民专业合作社的“汪旺”等。

五、农超对接规模还有扩大潜力

1. 生鲜经营水平有提升空间。45家零售企业生鲜销售额占总销售额的比例基本与往年一致，平均为19.40%（2009年为19.33%，2010年为22.12%），其中有27家该指标不足20%。具体分布见表7。

表7　　生鲜销售占比分布表

生鲜销售占比区间	40%以上	30%~40%	20%~30%	10%~20%	10%以下
企业数	4	5	9	14	13

调查了解到，生鲜商品平均损耗率高达6%，有很大的改进余地。

2. 坚定农超对接为主采购渠道。有28家零售企业农超对接商品销售额占生鲜销售额的比例不到40%，表明这些企业还是主要依靠批发市场和经销商，见表8。

表 8　　农超对接商品销售额占生鲜销售额比例分布表

农超对接销售额占生鲜销售额比例区间	80% 以上	50% ~70%	30% ~50%	10% ~30%	10% 以下
企业数	5	7	11	14	8

3. 政策激励

2011 年 12 月 31 日财政部、国家税务总局印发了《关于免征蔬菜流通环节增值税有关问题的通知》，将 14 个类别的 219 个品种的蔬菜纳入免征税范围。由此，不仅解决了索取农产品收购凭证的难题，而且降低了连锁零售企业的税负压力，连锁零售企业普遍受益，对农超对接工作起到重大促进作用。同时，为推进农产品流通体系建设，加强产销衔接，打造稳定、高效的流通链条，政府主管部门将持续提出更多的惠民、惠农激励政策。

附：　　"百个农超对接示范项目"第二批名单（排名不分先后）

序号	连锁零售企业	对接单位
1	永辉超市股份有限公司	南平市延平区明洋菌菜花专业合作社
2	永辉超市股份有限公司	福州仙富现代农业科技开发有限公司
3	永辉超市股份有限公司	重庆市其川蔬菜种植专业合作社
4	山东家家悦集团有限公司	文登市绿植蔬菜种植专业合作社
5	山东家家悦集团有限公司	于国庆
6	家乐福（中国）管理咨询服务有限公司	新疆鄯善县立农农民专业合作社
7	家乐福（中国）管理咨询服务有限公司	泰安岱岳区金井果蔬专业合作社
8	山西美特好连锁超市股份有限公司	祁县西六支农业开发专业合作社
9	沃尔玛（中国）投资有限公司	大连兴业源农产品有限公司
10	沃尔玛（中国）投资有限公司	福建省平和县山格禾兴果蔬专业合作社
11	华润万家有限公司	陕西太白绿农蔬菜有限责任公司
12	华润苏果超市有限公司	南京白龙有机农业科技开发有限公司
13	华润苏果超市有限公司	睢宁润果蔬菜种植专业合作社联社
14	联华超市股份有限公司	蓬莱市蓬岳果品专业合作社
15	联华超市股份有限公司	上海都市生活企业发展有限公司
16	天虹商场股份有限公司	山东蒙阴县旺庄果专业合作社
17	永旺华南商业有限公司	深圳市鑫荣懋农产品股份有限公司
18	辽宁兴隆大家庭商业集团	盖州万棚合作社
19	辽宁兴隆大家庭商业集团	辽宁铁岭市文选葡萄专业合作社
20	北京京客隆商业集团股份有限公司	香河县吴打庄绿德隆蔬菜产销专业合作社
21	北京京客隆商业集团股份有限公司	陵水良正果蔬农民专业合作社
22	人人乐连锁商业集团股份有限公司	汉寿县龙阳镇华诚蔬菜专业合作社
23	上海家得利超市有限公司	上海都市生活企业发展有限公司

续表

序号	连锁零售企业	对接单位
24	上海家得利超市有限公司	上海春鸣蔬菜专业合作社
25	湖南家润多超市有限公司	全球全美养鸡专业合作社
26	湖南家润多超市有限公司	汉寿县月明潭桃花岛有机蔬菜种植专业合作社
27	河北惠友商业连锁发展有限公司	涿州市三惠蔬菜专业合作社
28	长春欧亚卖场有限责任公司欧亚新发商厦	农安县众一农业专业合作联合社
29	长春欧亚卖场有限责任公司欧亚新发商厦	农安县伏龙泉种植专业合作社
30	安徽省徽商红府连锁超市有限责任公司	长丰县吴山江艺南瓜种植专业合作社
31	江苏欢乐买商贸有限公司	福建省平和县果蔬专业合作社
32	江苏欢乐买商贸有限公司	邳州市岔河镇颜楚养鸡专业合作社
33	邯郸市阳光超市有限公司	馆陶县利农蔬菜合作社
34	湖南佳惠百货有限责任公司	山东省栖霞富康合作社
35	北京超市发连锁股份有限公司	砀山县卓苑森涛水果种植专业合作社
36	北京超市发连锁股份有限公司	河北固安和美安蔬菜种植专业合作社
37	三江购物俱乐部股份有限公司	浙江青莲食品股份有限公司
38	三江购物俱乐部股份有限公司	宁波市鄞州区农乐果蔬专业合作社
39	利群集团股份有限公司	山东京青农业科技蔬菜专业合作社
40	北京首航国力商贸有限公司	昌乐首航蔬果专业合作社
41	浙江供销超市有限公司	绍兴市绿晨蔬菜专业合作社
42	胜利油田胜大超市	广饶县健士富硒蔬菜农民专业合作社
43	安徽百大合家福连锁超市股份有限公司	肥东县元疃食用菌专业合作社
44	安徽百大合家福连锁超市股份有限公司	安徽皖岭农副产品经营专业合作社
45	华糖洋华堂商业有限公司	北京黑桥永顺华蔬菜种植专业合作社
46	西安市人人乐超市有限公司	恒绿蔬果专业合作社
47	大同市华林有限责任公司	大同县春源生态养殖专业合作社
48	陕西民生家乐商业连锁有限公司	礼泉县鲜蕙蔬菜专业合作社
49	舟山市民生商厦有限责任公司	丰泰农产品专业合作社
50	山东九州商业集团有限公司	临沂市兰山区清春蔬菜种植农民专业合作社
51	秦皇岛家惠商贸集团有限公司	秦皇岛市北戴河集发农业专业合作社
52	宝鸡商场有限公司	宝鸡市陈仓区绿丰源蔬果合作社
53	青岛维客集团股份有限公司	青岛永升农产品种植专业合作社
54	广东海航乐万家连锁超市有限公司	梅县天草农业专业合作社
55	成都市人人乐商业有限公司	浦江县鑫盛水果合作社
56	江西九江联盛商业连锁股份有限公司	江西省新光山水开发有限公司
57	成都红旗连锁股份有限公司	成都市龙泉驿区十陵禽业合作社

（中国连锁经营协会）

2012 年中国连锁超市、大卖场防损状况调查报告

为了解中国连锁超市和大卖场的防损现状，掌握连锁企业在防损工作中所面临的共性问题，中国连锁经营协会（简称协会）持续开展零售企业防损状况年度调研。2012 年度防损调查活动于上半年在全国范围的 17 个省市（包括上海、北京、广东、江西、湖南、安徽、黑龙江、甘肃、陕西、重庆、江苏、贵州、湖北、天津、山东、福建和河北）的 60 家代表性连锁企业展开，主要针对企业防损业务部门的管理人员、主管防损工作的副总经理进行问卷调查和访谈，调查内容涉及企业防损部门职能及定位，损耗指标、分布及区域特征，损耗因素、处置及补损，防损投入及配套措施，防损培训及降损激励等多个方面。

调查显示，本年度中国零售行业平均损耗率为 0.43%，与欧美发达国家零售企业 1% 左右的损耗率相比明显偏低。这其中，除与统计口径或统计方法有关外，供应商的补损力度更强也在一定程度上降低了行业的平均损耗率。根据协会对部分企业所做的深度访谈显示，目前国内零售企业刨除补损等因素的真实损耗率应在 1.5% ~2% 之间。

调查还显示，目前零售企业内、外盗损耗占所有损耗的 64%。除较为棘手的内盗外，团伙盗窃给企业带来的损失相当可观，平均 46% 的团伙盗窃成功率让企业更难防范。

一、企业基本情况

从受访企业销售规模看，近半数的企业年销售额在 20 亿元人民币以上，其中 25 亿元以上的企业占 42%；5 亿元以下的企业只占 15%。如图 1 所示。

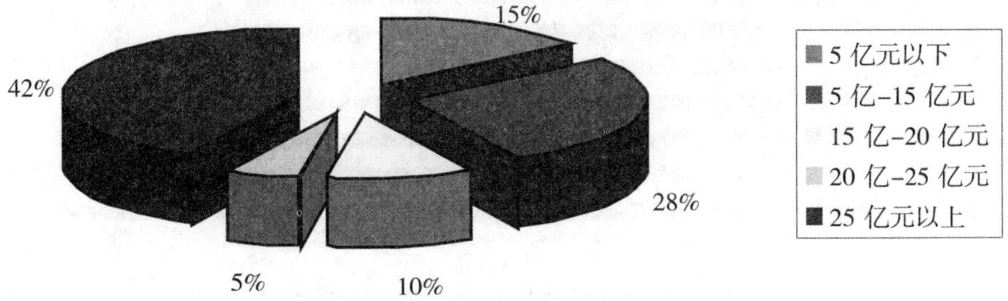

图 1 受访企业年销售额

二、防损体系职能及定位

1. 防损体系

图2所示为受访企业对自身防损体系运作状况的评价。其中，50%的企业认为其防损体系达到行业平均水平，只有7%的企业认为其防损体系不可靠。这说明，大部分企业的防损体系经过近几年的提升，已与企业发展态势基本匹配。

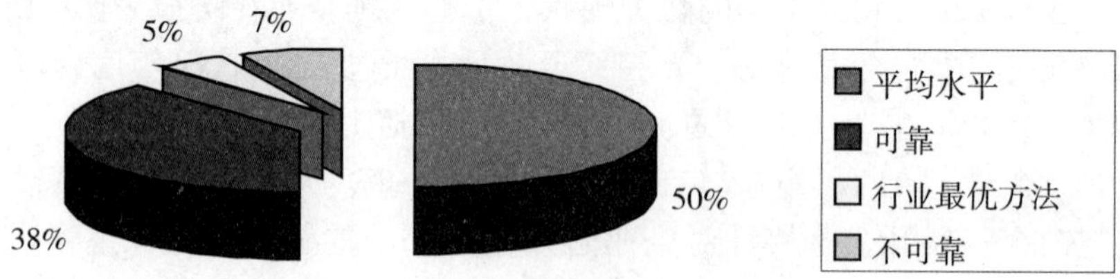

图2　受访企业对自身防损体系评价

2. 防损部门职能定位

图3显示了国内零售企业防损职能部门的主要职责项目，其中排名前三位的是：外盗和内盗、损耗指标控制和消防安全。这与近年来协会所做调查的统计情况基本一致。

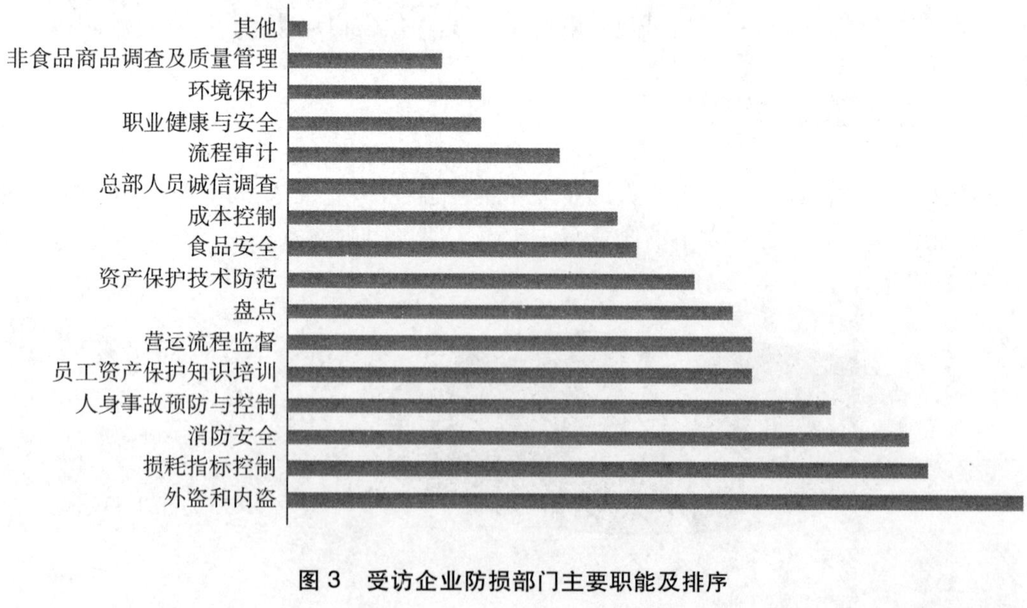

图3　受访企业防损部门主要职能及排序

三、损耗指标、分布及跨区域特征

1. 内部规定的损耗指标

目前，国内零售企业在制定损耗率指标时主要依据的是往年的基础数据。总体看，大部分企业给自身设定的损耗率指标都非常低，一般都在 0.3% 以下。见图 4。

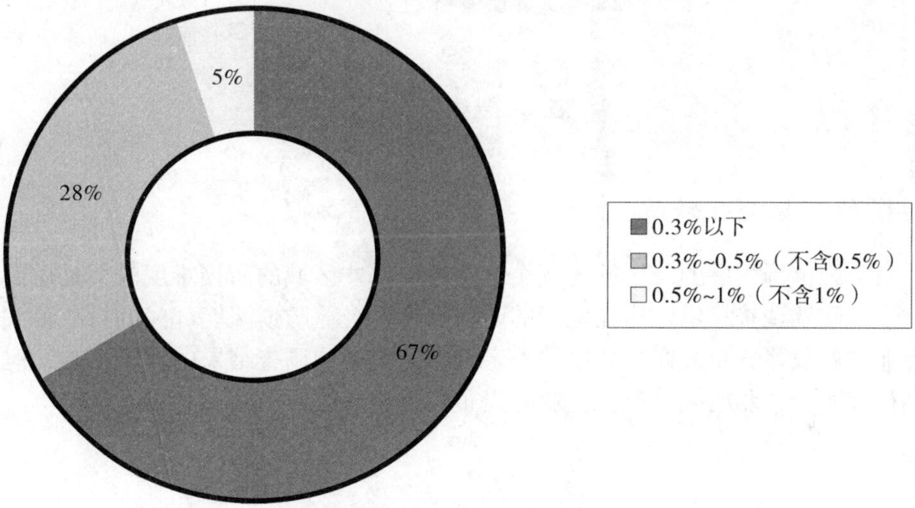

图 4　国内零售企业自定的损耗率指标

2. 损耗率计算方法

在损耗率的计算上，国内大部分企业采取的是成本计算法，约占 74% 。见图 5。

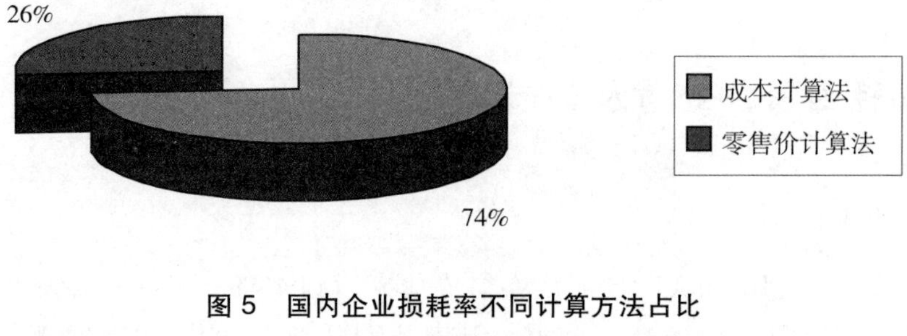

图 5　国内企业损耗率不同计算方法占比

3. 损耗分布情况

如图 6 所示，受访企业普遍认为，运营及仓储等损耗可控且占比不高，约为三成左右，但内、外盗最可怕，仍是企业损耗的最主要因素，占 64.9%。

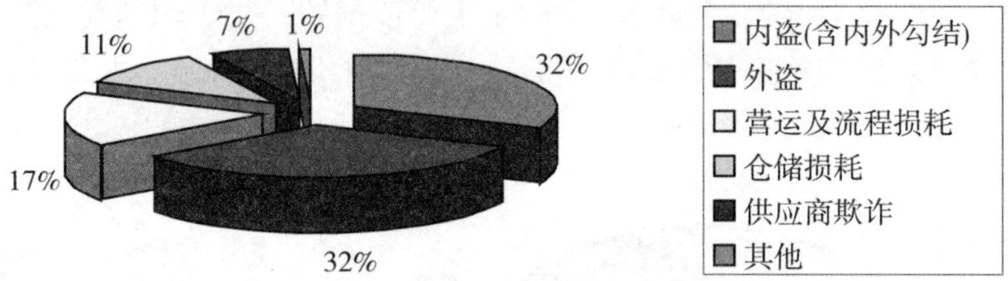

图 6　受访企业损耗分布情况

4. 跨区域损耗特征

对全国范围发展的跨区域连锁企业来说，哪些区域的防损难度较大是总部最关注的焦点之一。问卷调查显示，华北地区的防损工作对企业防损职能部门的挑战最大。尽管考虑到企业发展战略分布及样本数量在一定程度上会影响调查结果的真实反映，但访谈统计结果同样表明，华北地区是很多企业防损布控的重点区域。

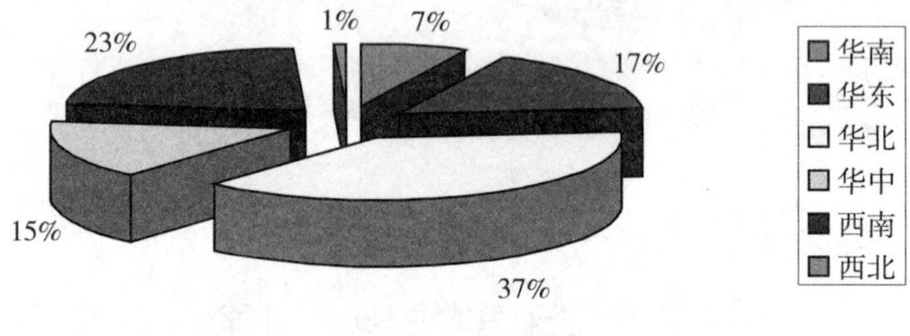

图 7　跨区域发展企业的区域损耗占比

四、损耗因素、处置及补损

1. 团伙盗窃情况

调查显示，目前超市和大卖场团伙盗窃成功率达到 46%。从单个商场遭遇团伙袭击的平均次数看，总体约为平均每月 17 起。其中，3000 平方米以上的门店平均每月发现团伙盗窃 20.36 起，3000 平方米以下的门店平均每月发现团伙盗窃 13.8 起。

从团伙盗窃平均每次损失的金额看，3000 平方米以上的门店平均每次损失 523.7 元，3000 平方米以下的门店平均每次损失 234.4 元。

2. 最容易丢失的商品类别

对大部分企业来说都会划定10－30类自认为损耗最高的商品，这些高损耗商品享有企业较高或特殊的防损保护措施。调查显示，70%左右的企业设定高损耗商品目录，并对其采取特别的防损保护措施。调查还显示，超市因盗窃丢失最多的三类商品是：洗发水、奶粉和巧克力。见图8。

图8　受访企业最容易丢失的商品类别及排序

3. 最新盘点的损耗率

本次调查对受访企业最近一次大盘点的损耗数据进行了统计：全国超市、大卖场的平均损耗率为0.43%。其中，损耗率最小的门店平均值为0.24%，损耗率最大的门店平均值为1.02%。需要说明的是，本调查得出的损耗数据是在供应商补损及员工补偿的情况下形成的，与欧美发达国家同行业1%左右的平均损耗率相比，国内数字明显偏低。实际上，除补损外，这也与我们的统计口径和方法与国外不尽相同有一定关系。根据我们与受访企业的访谈情况统计，如果不考虑补损因素，得出的结论应是：国内优秀连锁企业损耗率在1.5%～2%之间。

4. 损耗处理原则

在损耗的处理方面，原则上，近半数的企业采取“超出部分相关人员补偿，低于标准予以奖励”的方式。见图9。

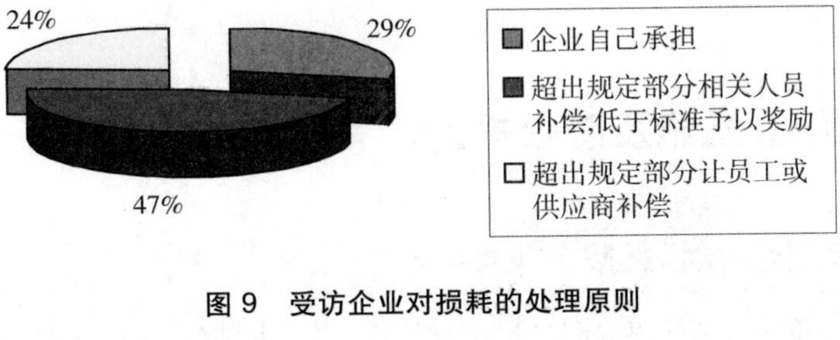

图9　受访企业对损耗的处理原则

5. 员工或供应商损耗补偿的账务处理

调查显示，对员工或供应商的损耗补偿，有45%的企业计入其他收入；22%的企业计入运营收入；还有33%的企业另行列收，不计入账户。

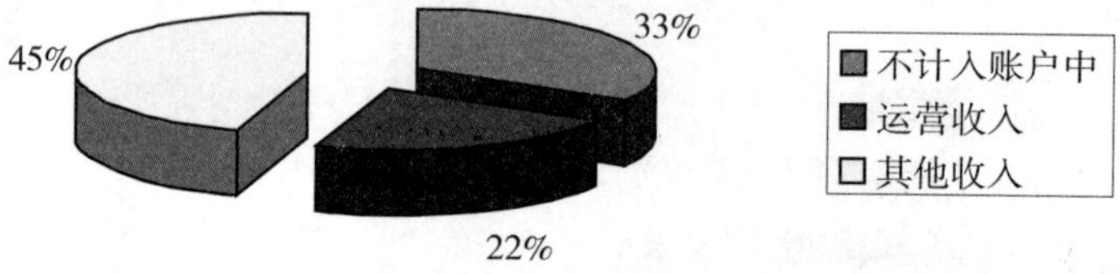

图10 受访企业员工或供应商损耗补偿的账务处理

6. 供应商补损

调查显示，受访企业中51%的企业会要求供应商给予损耗补偿。要求供应商补损的企业往往会与供应商签订相应合同，并在合同中列明相关商品损耗补偿比例等条款。

尽管在供应商补损合同中，65%的企业对供应商要求的补损比例不会超过销售额的0.5%，但是在实际操作中，61%的企业要求供应商补偿的比例在0.5%～1%之间。

7. 不同类别供应商对主要商品提供的补损

如图11所示，不同类型的供应商在“补损”的负担上明显不同：合资与国营企业补损占比相对较少，而民营企业承担的补损比例最高。

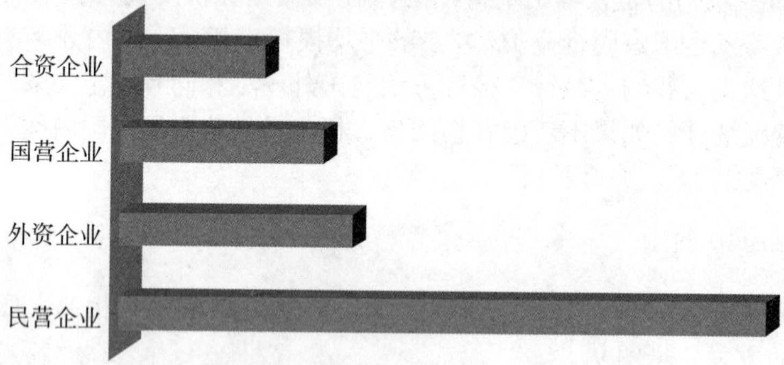

图11 不同类别供应商对主要商品提供的补损占比

五、防损配套措施及防损投入

1. 合作制定并实施损耗防范策略

调查显示，大部分受访企业都与供应商合作伙伴共同制定损耗防范策略，但合作深度不尽相同。也有34%的企业认为，根据企业实际自行制定的防损措施更加有的放矢。见图12。

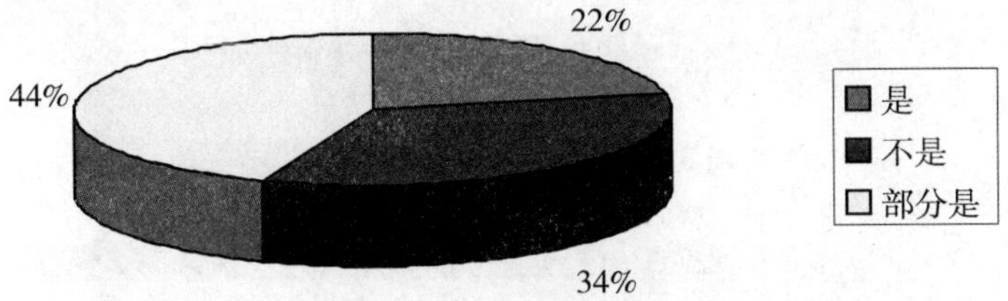

图12　与供应商共同制定损耗防范策略情况

2. 在董事会层面，防损工作的地位及重要性

随着市场竞争愈加激烈，企业获利愈加困难，防损工作的地位及重要性也愈加凸显。调查显示，有54%的企业已经开始将防损问题列入董事会讨论议题，也逐步提升防损问题为一项关键决策并优先执行；还有34%的企业曾经在董事会层面讨论防损问题；只有12%的企业未将防损问题列入企业战略发展影响因素，即未曾在董事会层面从战略角度研究涉及防损的问题。

3. 企业防损措施与及时发现损失

调查显示，利用防盗系统、定期盘存和现金特别保护是受访企业最常用的防损手段。

4. 电子防损措施在企业的应用

将各种电子化防控系统应用于企业综合防损监控是零售企业热衷选择的措施。调查显示，应用自动监控、自动报警和EAS标签系统是受访企业最常用的三种电子防损措施。

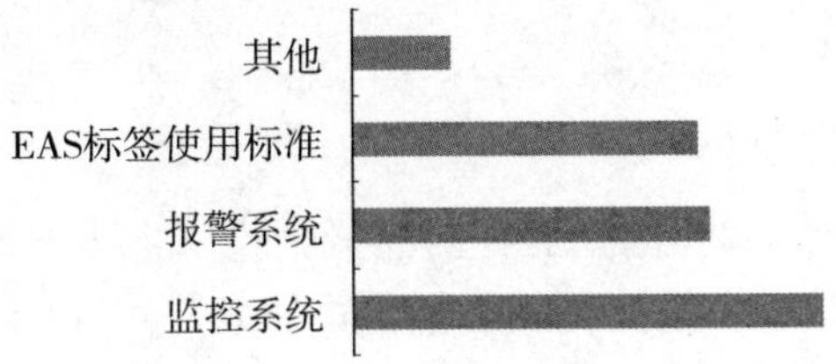

图13　受访企业应用电子防损措施情况

5. 防损措施的强化手段

企业访谈了解到，受访企业除采用设备和系统综合防损外，通常还采用其他辅助手段强化防损工作，而最常用到的三项额外措施是：员工道德培训、专项盘点和流程复核。见图14。

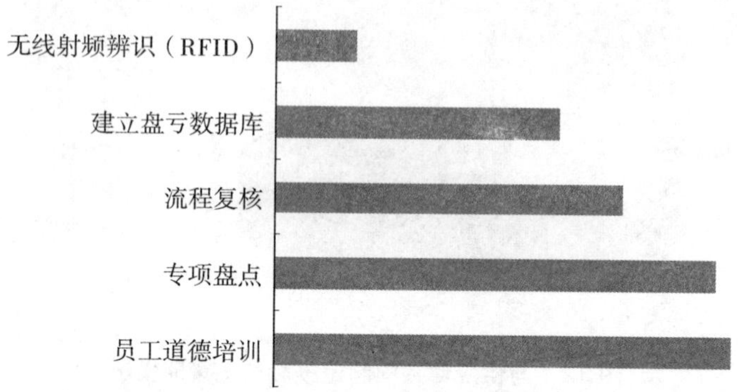

图 14　受访企业常采用的辅助强化防损措施

6. 第三方介入的专业防损状况

目前，国内绝大部分零售企业在防损策略上采取的是较为传统的，在防控设备、系统支持下的自行防损，以及与供应商合作的联合防损；但也有 5% 的企业开始聘请第三方专业防损顾问介入企业的防损工作，并通过独立开发、专业审核及技术监控承担起企业的主要防损职能。

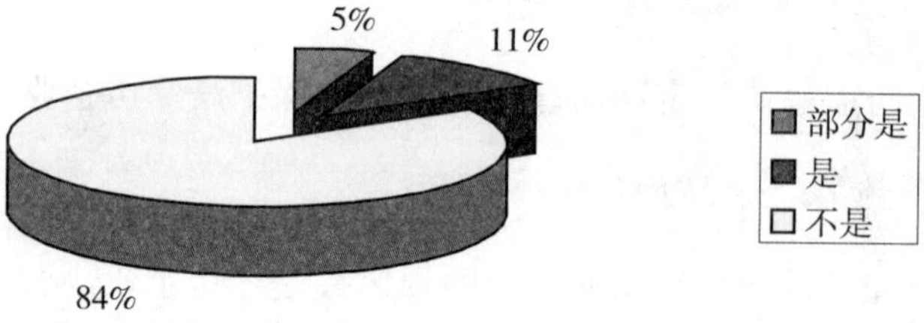

图 15　第三方防损顾问介入企业防损工作状况

7. 防损资金年度投入情况

2012 年，受访企业中有 62% 的企业在防损资金投入上占其年度总预算的 0.5% 以内。同时，也有 8% 的企业防损投入较高，其防损预算达到总预算的 1.5% ~2% 。见图 16。

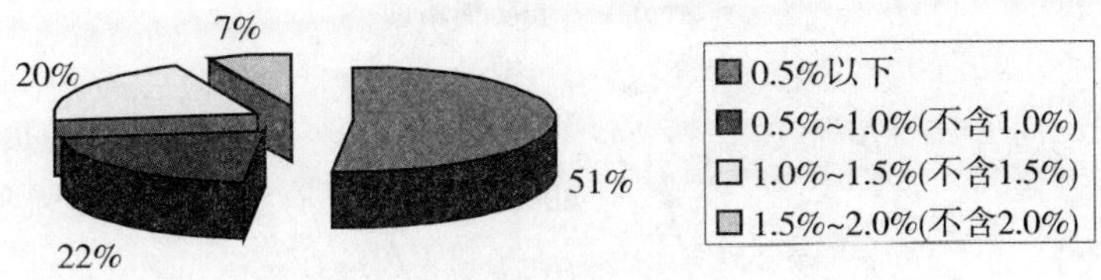

图 16　受访企业防损投入情况

8. 防损投入中的人员与技术占比情况

从防损投入的人工因素和技术因素看，目前国内企业在防损人员的投入上约占 55%，在防损技术的投入上约占 45%。单从近年的发展趋势看，防损技术投入所占比重正逐年稳步提高。

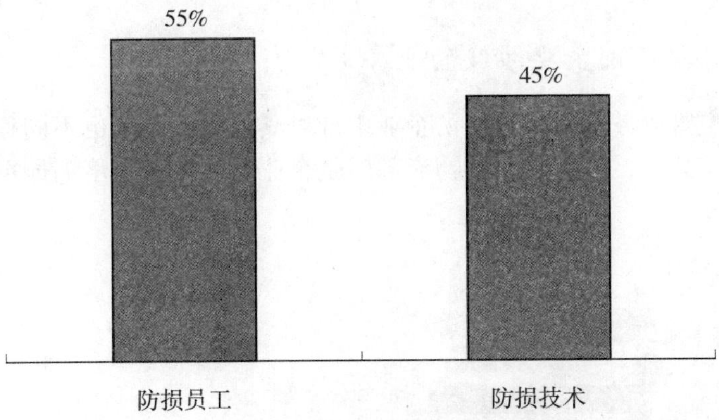

图 17　受访企业防损人员投入与防损技术投入占比情况

六、防损培训及降损激励

1. 防损专业培训情况

调查显示，在防损工作专业培训方面，受访企业都有整套的培训流程和手段。其中，新入职员工的防损培训、员工行为准则培训暨员工手册学习是最常用的专业培训方式。见图 18。

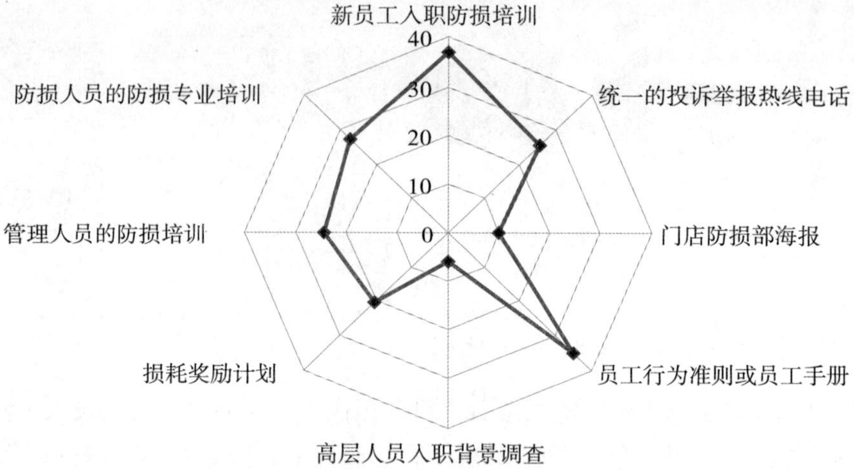

图 18　受访企业防损工作培训方式

2. 防损教育与培训主要涉及的业务部门

除防损工作主管业务部门外，受访企业中针对其他业务部门也不同程度地开展了防损教育与培训工作。其中，运营部门和物流部门是企业防损教育与培训最重视的部门。见图19。

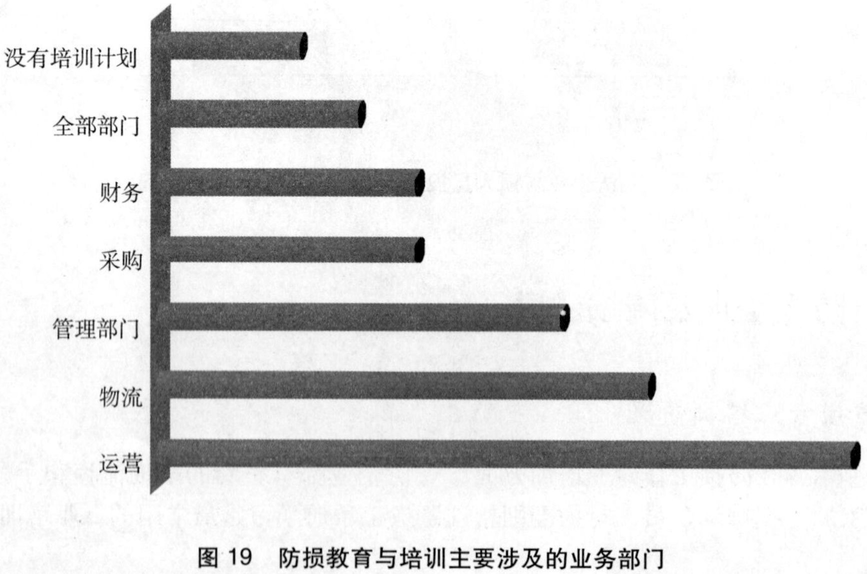

图 19　防损教育与培训主要涉及的业务部门

3. 防损绩效与员工薪酬激励

如何更有效地提升企业防损工作是零售企业越来越重视的关键环节。调查显示，有74%的企业已经将防损绩效相关内容纳入员工薪酬奖励规划。

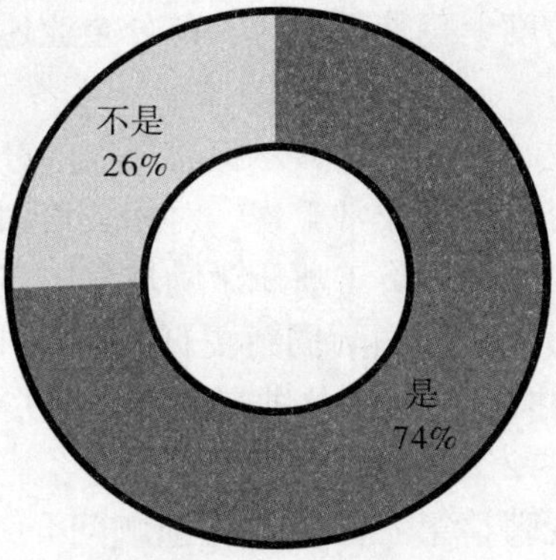

图 20　防损绩效与员工薪酬激励挂钩情况

4. 不同防损措施的效益情况

如图 21 所示，目前国内零售企业在各项防损措施的投入产出上，绩效最为突出的是：新员工入职防损培训、防损人员专业培训和管理人员的防损培训。

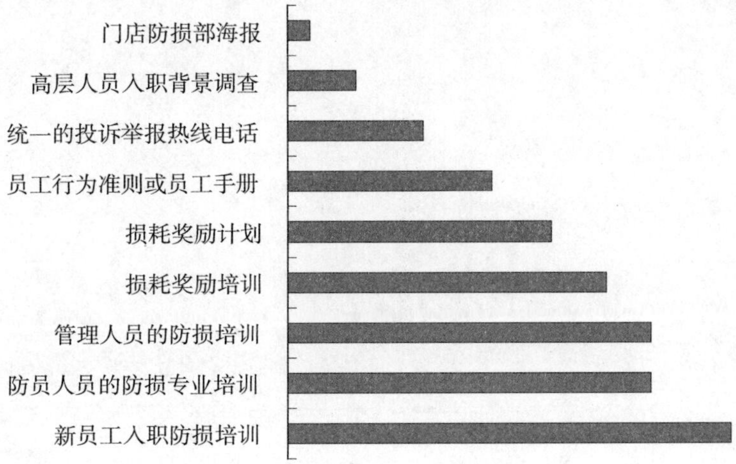

图 21　不同防损措施效益情况

七、调查的主要发现

综合本年度超市、大卖场防损状况调查，我们可以发现如下结论：

1. 内、外盗依然是零售企业损耗的最大因素，约占所有损耗的 65%。

2. 团伙盗窃成功率达到 46%，防范团队偷盗是零售企业防损工作的重点环节。其中，3000 平方米以上门店的平均每次团伙盗窃损失达 523. 7 元，3000 平方米以下门店的平均每次团伙盗窃损失达234.4元。

3. 零售企业在防损投入力度上仍然不大，大部分企业还控制在年度总预算的0.5%以下。

4. 民营供应商是零售企业补损的主体，承担着更大的补损负担。

5. 企业对员工的防损教育与培训非常重视，对相关培训的结果比较满意。

6. 大部分企业已将防损绩效纳入员工薪酬激励规划，实行挂钩联动。

7. 国内零售企业的平均损耗率较国际同行更低，为0.43%，这可能与统计口径或统计方法有关，也可能与企业防损奖惩制度及供应商补损有关；但如果扣除供应商补损，国内企业平均损耗率应在1.5%~2%之间。

8. 我国零售企业中已出现聘请第三方专业防损顾问介入企业的防损工作，并通过独立开发、专业审核及技术监控承担起企业的主要防损职能，但数量很少，约占5%。

（中国连锁经营协会）

2011－2012年零售商采购体系研究报告

采购是企业在一定的条件下，从供应市场获取产品或服务作为企业资源，以保证企业生产及经营活动正常开展的一项企业经营活动。本报告所研究的采购，主要是指零售商从供应商（包括生产商、经销商、代理商、批发商等）采购商品的相关活动。

采购对于零售商来说是开展经营活动的初始环节，是实现规模经营的核心渠道，是建立成本优势的关键环节，是确保食品安全的主要屏障，是实现公平交易的核心内容。

采购不仅对零售商和供应商意义重大，对整个商业经济的运行也非常关键。通过零售商的采购，生产商生产出的产品得以进入市场，实现了由产品到商品的跨越，并且在终端渠道中，通过零售商的出售实现了商品的价值。零售商的采购使生产商能够得以继续生产，并通过赚取的利润使规模得到扩大。

目前，行业集中度已明显提高，行业已初步建立起较为完善的采购管理框架、采购业务流程，以及采购标准体系。尽管如此，面对新的形势，仍然存在着采购管理难度大、采购能力弱、零售矛盾紧张等问题。为探讨这些问题，寻求解决方案，2011 年中国连锁经营协会（简称协会）受国家质检总局和国家标准化委员会的委托开展了零售商采购体系研究。

一、项目研究的目的及意义

采购是零售业的重要环节，同时也是生产商、经销商、代理商实现产品销售的重要环节。目前，我国还没有开展采购完整体系的研究，没有制定相关的标准统一规范零售业的采购流程，大多数零售商自己订立采购标准和流程，不同企业的要求不同甚至差异很大，对供应商造成很大的困扰，也造成了社会资源的巨大浪费。同时，各个企业的采购管理水平和采购员能力也参差不齐，需要从全行业的角度订立标准或规范来进行提升。

开展零售商采购体系的深入研究，摸清现状，发现问题，并制定与零售商采购相关的，既符合零售商现实共性需求，又具有可执行性的，覆盖到采购的各个环节的系列标准，使零售商采购的各个环节基本可以做到有标准可依，以期达到实现公平交易、提高供应链效率、节约社会资源、保障消费者权益的目的。

研究主要采取了定性与定量相结合的方式，在开展问卷调查的同时（回收问卷近 30 份），重点走访了部分典型零售企业，并多次组织召开专家座谈会，听取各方面的意见，最终完成了本报告。

二、国内外研究概况及国内存在的问题

（一）国外零售商采购体系现状

目前，如欧洲国家零售商普遍采用的 GFSI 标准（由 CIES 组织起草），农产品采购中普遍采用的 GAP 标准，美国零售商普遍采用的 SQF 标准（由 FMI 组织起草），以及 HACCP 等标准，这些标准具有较强的能用性。但由于经济发展水平的不同，标准中很多条款并不适用于中国的实际情况，中国零售商采用得很少。

（二）国内发展现状及问题

1. 国内发展现状

（1）零售商采购能力明显提高。零售商的采购是其开展经营活动的一个初始环节，也是最重要的业务环节之一。我国现代零售业经过近 20 年的快速发展，采购的规模从小到大，到目前，已形成较大的采购能力。

以连锁零售百强企业为例，其销售额的变化如图 1 所示。如果按 18% 的平均毛利率计算（考虑到超市、百货、专业店等不同业态），并扣除联营等经营方式，连锁百强企业采购额应超过 1 万亿元。

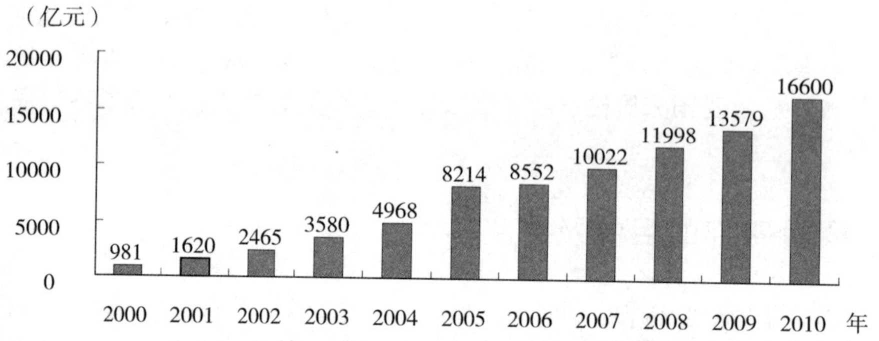

图 1　连锁零售百强企业十年销售额变化情况

从前十名企业十年来的年销售规模和门店总数发展变化情况来看（见表 1、表 2），2010 年前十名连锁零售企业的年销售额和店铺数分别是 2000 年的 17 倍和 6 倍，增幅明显。

表 1　　2010 年前十名企业的销售规模及门店总数

序号	企业名称	销售规模（万元）	门店总数（个）
1	苏宁电器集团	15622292	1342
2	国美电器有限公司	15490000	1346
3	百联集团有限公司	10369291	5809
4	大连大商集团有限公司	8615769	170
5	华润万家有限公司	7180000	3155
6	康成投资（中国）有限公司（大润发）	5022500	143
7	家乐福（中国）管理咨询服务有限公司	4200000	182
8	安徽省徽商集团有限公司	4051974	2915
9	沃尔玛（中国）投资有限公司	4000000	219
10	物美控股集团有限公司	3750456	2578

表 2　　2000 年前十名企业的销售规模及门店总数

序号	企业名称	销售规模（万元）	门店总数（个）
1	联华超市有限公司	1114007	950
2	华联超市股份有限公司	560000	682
3	上海农工商超市有限公司	540258	146
4	三联商社	531143	89
5	百胜（中国）投资有限公司	441560	459
6	江苏苏果超市有限公司	408276	416
7	上海锦江麦德龙购物中心有限公司	374379	8
8	北京国美电器有限公司	232102	41
9	南通文峰大世界有限公司	213100	11
10	天津家世界集团有限公司	212740	21

(2) 供应商角色发生了重要变化。供应商作为连锁生态链的重要一环，在一定程度上决定了连锁企业的运营效率和竞争力。当前，供应商与连锁企业的合作出现几个新的特点：

一是作为“资金供应商”的角色在弱化。协会制作的《零售企业资金链状况调查报告》显示，2010 年，零售企业的资金来源中，有 25% 来自于供应商货款，低于上年的 27%，为三年来最低。由于融资环境恶化，供应商生存困难，过度依赖供应商账期的做法将难以为继，并将危害自身。

二是品质控制将向上游延伸。目前，连锁门店出现的产品质量问题、价格管控问题，很多来源于供应链的上游，完全依靠连锁企业及其门店无法解决。协会年度报告《食品安全调查报告》显示，超市食品安全的最大风险来源于供应链。因此，零供双方的相互依存度越来越高。协会系列年度报告《2011 年工商关系报告》显示，“零供协同”已成双方的高度共识，其中，对营销合作的关注度最高，达到 84%。

三是合作方式的转型。买断、自有品牌开发，已经成为超市、百货店、专业店等诸多连锁业态的共识和现实实践。

2. 发展问题

目前，连锁企业采购业务存在的主要问题，体现在采购队伍、采购组织、采购流程、采购技术和审核标准等方面。

（1）采购员队伍参差不齐，缺少规范

① 采购腐败问题具有一定的普遍性。人是一切管理中最基本的要素，对于采购管理来说，人的因素更加重要。主要原因在于，一方面采购员的业务能力在很大程度上影响到商品的采购价格；另一方面，采购是零售业最容易滋生腐败的业务，采购员的素养高低直接关系到其是否能够在业务执行中抵挡住诱惑。我们对近年发生的一些采购腐败问题进行梳理，发现采购腐败，即使在跨国公司，也是一个管理难题。

② 五项措施预防采购腐败。针对积重难返的采购腐败，行业普遍认为：建立标准、防损稽核、防损审计、防损检验、岗位轮换是较为有效的重要措施。

首先，建立规范标准。包括《采购经理岗位要求》、《零售商采购质量审核规范》、《零售商与供应商货款结算规范》、《零售商问题商品管理规范》、《零售商采购规程》等。这将大大提高零售企业采购的规范化程度，提高采购效率，减少问题的发生。

其次，在建立标准的基础上，要有运作有效的防损稽核制度。事实上，国内大型零售企业都有类似部门，但是能否有效运作，是个问题。沃尔玛防损部是业界公认的学习榜样，沃尔玛防损部下属的稽核部门尤其关键。沃尔玛稽核部门由财务、法律、信息技术专家和防损经验丰富从业者组成。众所周知，沃尔玛供货商与沃尔玛签合同时，防损部专门有人与供货商沟通并促使他们签下反腐协议。但是稽核部门会更进一步，他们会深入到可疑的供货商公司或工厂调查。同时，沃尔玛还建立了以稽核部为中心的稽核系统，对日常的店铺调查和总部调查信息进行汇总、信息解读以及核验。一旦发现隐患，进而进入稽核调查，其他各部门都必须配合，将稽核调查需要的数据以最快、最真实的面貌递交过去。相比之下，很多其他超市都没有如此专业的“廉政公署”，更没有形成系统和日常维护机制；至于门店只有保安部，负责防盗和消防，而门店店长将营销业绩放在首位，很难花钱配备稽核精英队伍。

审计系统是与稽核系统直接关联的。采购腐败问题一般是由供货商和采购人员合谋发生的，有效的审计制度可以产生一定的震慑作用，降低合谋事件的概率。审计可以分为常规审计和事件审计。前者是通过一套标准和管理规范，对采购业务进行日常性的审计。如对比市场价格、抽查票据、供应商调查等。后者是在发生异常情况后，所采取的问题审计。如发生票物严重不符、商品重大质量问题、商品价格在合理毛利下仍然大大超过竞争者价格等。

商品检验也是重要的一关。如果采购人员帮助供货商以次充好，专业验货人员是可以及时发现的。但实际是，一些对防损不够重视的零售企业，即使验货人员发现问题，采购人员依然可以以经营为由施压验货部门，给供货商开绿灯。这需要防损部门加强与验货部门的沟通和监督，发现其中的破绽。

另外，也有企业尝试通过对采购人员进行轮换，力求创造好的采购环境。轮换制度有以下三点好处：其一，推销员知道采购人员要经常轮换，会因无法建立长期的关系而削弱主动付出回扣的积极性。其二，采购员经常轮换使得他不容易与供应商建立密切的关系，或即使建立起较为密切的关系，也不能长期以此受益。其三，对采购员进行轮换的同时必然要对他的前一段工作进行总结考核，这必然加大采购员索取回扣的风险。

（2）采购组织不统一，内耗较大

从零售企业采购组织设置的历史发展情况看，在连锁经营发展初期，采购大多由门店分别进行，虽然是连锁经营，但各个门店商品品种有较大的差别。目前大部分连锁企业由总部或区域总部统一控制采购权，由总部进行商品谈判，限定进货渠道。

但也有很多企业为门店保留了部分采购权力。主要原因，一是总部与分店距离较远，有些具有明显地区特色的商品无法由总部实现直接采购；二是有企业认为，给门店一定的采购权限可以使管理更灵活，有利于调动门店的积极性。但不管怎样，事实上存在重复设置采购组织的现象，包括总部采购部门、区域采购部门、门店采购部门等。由此带来以下两个方面的问题：

① 价格没有优势。由于是分散采购，没有形成总部统一采购的数量优势，采购规模小，价格自然没有优势。特别是对一般商品，在采购量达到一定规模后，都有较高的返点，在分散采购下，难以达到这样的规模。在进价没有优势的情况下，售价又要与竞争对手持平，毛利水平自然较低，企业最终获取的利润有限。

② 管理成本过高。采购是企业的核心部门，部门的管理具有一定的挑战性。如果设置比较多的采购部门，将加大管理的复杂度，造成管理成本过高。

同时，分散采购会使商品定位和结构形成差别，造成企业内在形象不统一。采购环节的灰色地带随之加剧，应由企业获得的通道费用大多被中间环节侵蚀，这也是零售管理常说的“跑冒滴漏”现象。

（3）采购功能弱，自采能力低

由于大量供应商的存在，在各个厂家销售代表的奉承和宠惯下，零售商的采购员已成为“座商”。既不向上游深入厂商源头，不了解商品特点和价格构成，也不在终端做充分市场调查，不能充分了解顾客需求和竞争者商品结构。虽然进入超市的商品数量丰富，品种很多，但很大程度上是由供应商销售代表决定，表面上货架商品琳琅满目，消费者进店找不到需要商品。长此以往，零售企业逐渐失去优势经营能力，正所谓“自废武功”。

另一方面，由于采购能力弱，企业只能从区域代理商或经销商进货，而无法直接与生产商建立联系，造成环节过多，进价偏高的情况。目前，越来越多的企业尝试直采，以提高商品的毛利空间。以农产品为例，直采可以大幅降低采购成本（见图 2）。

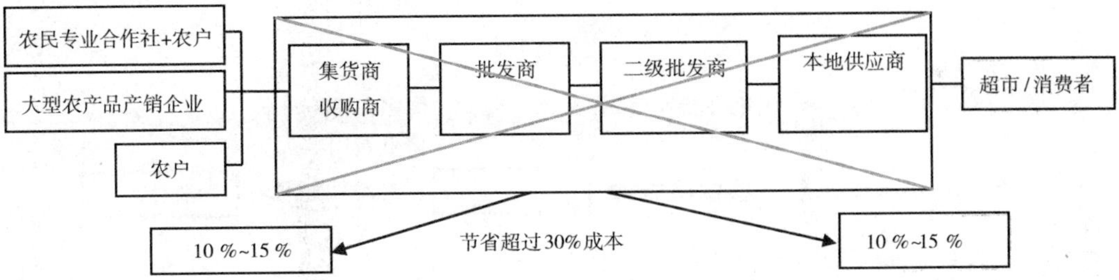

图 2　农产品的直接采购

（4）审核标准简单，质量把关不严

采购质量审核主要涉及供应商管理（包括供应商资质管理、供应商绩效管理两个方面）、商品质量管理（包括商品的资质管理、商品质量管理体系两个方面）、现场审查（涉及到时间频率、审查方式、审查内容、改进与监督等内容）等方面的工作。在供应商审核和质量审核中，主要存在两个方面的问题。

① 标准缺失。目前，我国零售商在对供应商进行供应商审核中，没有统一的国家标准或行业标准，主要是参考引入的国外标准，如 HACCP、GFSI 等。

有些企业虽然自身制定了企业内部标准，但存在灵活性大、人为因素过多等问题。更多的企业则是依靠采购人员的经验来判断，不仅缺乏科学性，而且容易形成灰色地带。

② 不执行标准。即使在一些领域，有专门的标准，但也存在执行标准不到位的问题。有的供应商通过“买证”假冒某一类高档商品。如绿色食品认证，可以在网上购买到认证标签。也有零售商在审核认证中走过场，甚至与供应商一起假冒某类认证商品。如某大型国际零售企业，在重庆出售假冒绿色猪肉，被发现并处罚。

（5）信息化水平低，供应链效率不高

① 信息化是供应链效率的主要决定因素。目前，我国大部分零售企业都建立了“供应链平台”，但功能不一，有些只有简单的查询功能，有些则可实现对账、网上支付等功能。应用状况也是千差万别，有些应用较为普及，有些则只在个别供应商应用。总体上没有起到提高供应链效率、降低流通成本的作用。

② 经营理念也影响到供应链。在传统供应链的基础上，越来越多的零售商认识到，要与供应商形成利益共同体，供应链也是价值链（见图 3）。

传统供应链的关系是“零和”，即零售商与供应商你多赚我就少赚，零售商与消费者你压价我也少赚，零售商尽可能压低进货价格，并尽可能提高销售价格，以获取更高的毛利水平。

现代价值链，讲求零售商与供应商在同一个生态环境中，相融共生，通过在供应链环节上进行优化，提高效率，降低费用，零售商与供应商、消费者共同获取价值。

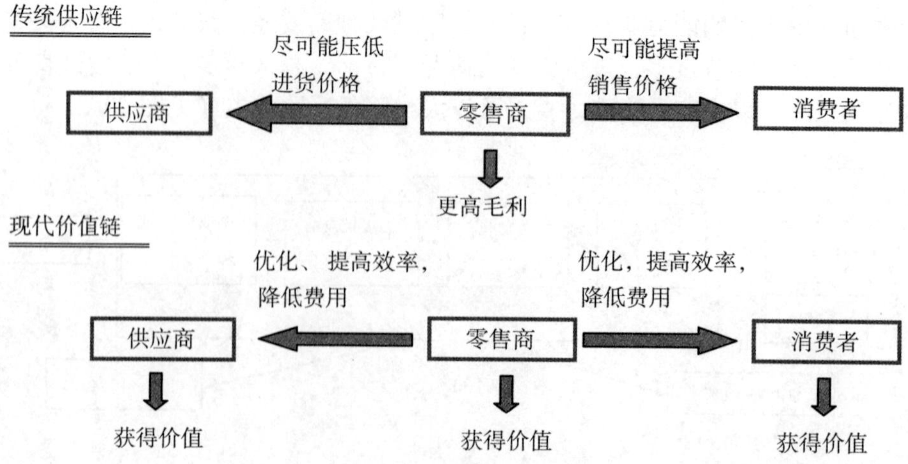

图 3　传统供应链与现代价值链的区别

③ 优化供应链效率势在必行。在零售企业信息化水平不高，企业意识不强的形势下，优化供应链效率有重要意义。

供应链优化手段包括加强采购功能、提高物流能力、加强总部功能、建立完善的信息系统、与供应商建立伙伴关系等。通过供应链优化，可以实现商品在架率提高、库存和退货减少、渠道费用降低、库存周转能力增强等目的。

苏宁的供应链建设是我国零售企业的典范。只要在苏宁商场中展示的货品，不管库存是否充裕，只要顾客下了订单，都要准时送到顾客家中。因此，苏宁对商品的补货能力提出了非常高的要求，并以一套灵活的自动补货系统来对缺货物品进行及时补货。这包括常规补货与节假日的非常规补货（实时补货），其对苏宁解决多层次和多极化的管理难题提出更大的考验，而 ERP 系统的实施，有效地解决了这些问题。

（6）结算效率低，供应商抱怨

零售商对供应商结算，一般要经过销售、退货、对账、采购员确认、财务确认、开票、领取支票等环节，人为因素多，流程长，供应商意见大。有些企业通过建立供应链平台，在一定程度上解决了部分问题。

另外，零售商占压供应商的应付账款过多，也是零售关系矛盾的焦点。协会制作的《零售企业资金链状况调查报告》显示：2010 年企业资金来源中，25% 来自供应商货款，低于上年的 27%，为三年来最低（见图 4）。在对零供双方合作的关注点调查中，“营销合作”已上升为双方关注的最主要话题，其次分别为供应链服务能力、供应链合作、战略合作等（见图 5）。

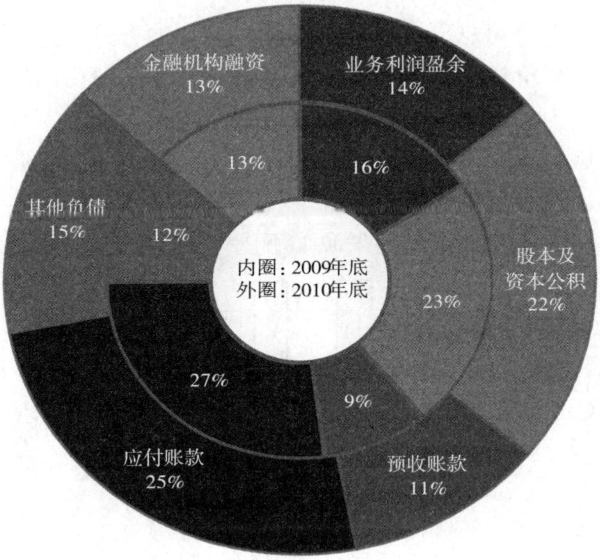

图 4 零售商的资金来源构成

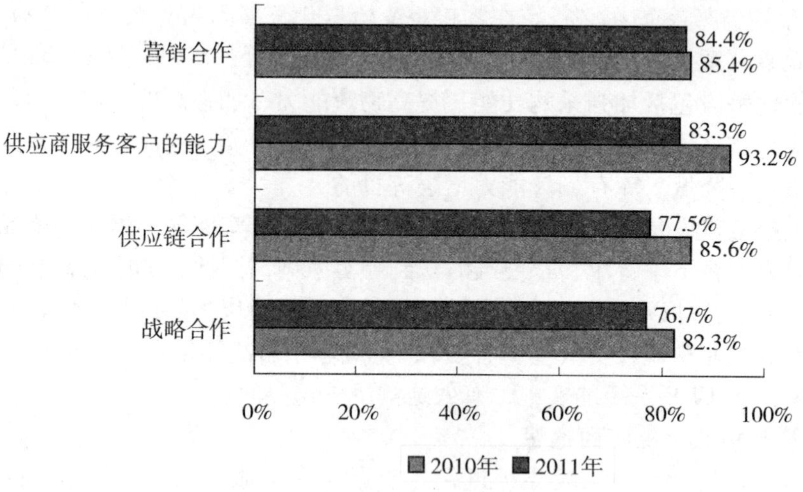

图 5　零供关注的合作点

三、研究内容

（一）零售采购体系研究

1. 主要采购方式的研究和标准制定

（1）按采购主体可区分为统一采购和分散采购

统一采购是采购权由公司总部或区域总部统一控制的方式。总部统一与供应商进行谈判，确定商品渠道和供货价格，但具体进货数量、频率等一般由门店掌握。由于商品有区域性特点，统一采购分为全国统一采购和区域统一采购。

分散采购是授以店铺一定采购权力的采购方式。在连锁经营发展初期，门店分散采购是主流方式。但目前，大多数零售企业都采取统一采购的方式，仅有少数企业门店保留有少量的采购权力。不同商品统一采购的来源如下图。

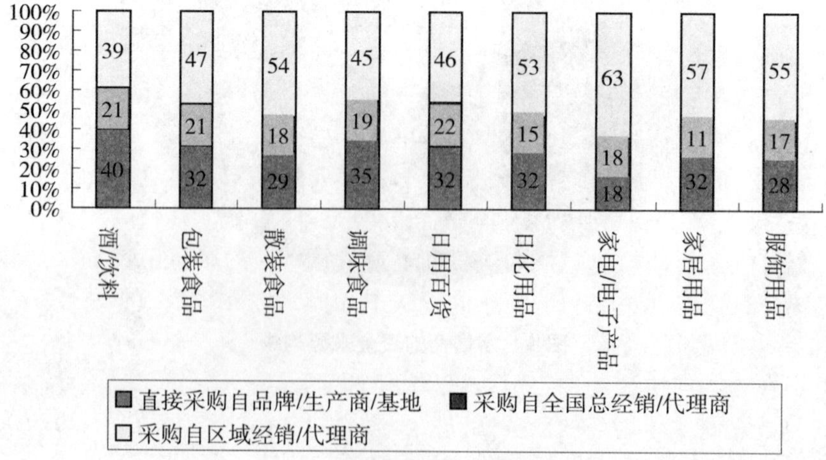

图 6　不同商品统一采购的来源

调查发现，零售商有增加统一采购的趋势。77%的零售商表示将于未来一年增加全国或区域统一采购（见图7）。整合采购资源（100%）及有利于供应链管理降低交易费用，节约采购成本（93%）为增加统一采购的最主要原因（见图8）。

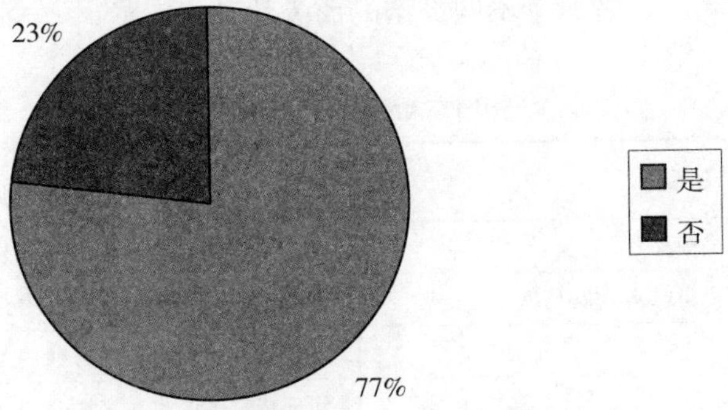

图7 是否计划增加全国/区域统一采购

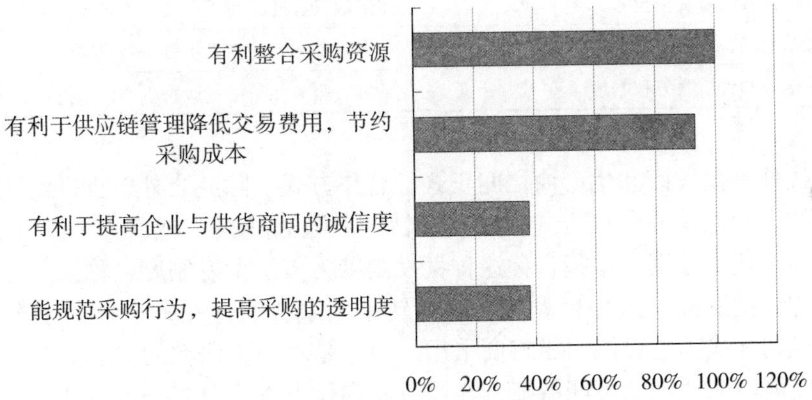

图8 增加全国/区域统一采购的原因

如果考虑到采购与配送的关系，则可分为以下四种：

第一，统订统配：即总部采购或门店统一向配送中心提交要货计划，配送中心统一产生配送中心订单传供货商，配送中心收货后单独产生门店配送单配送给门店。

第二，统订代收：即门店统一向配送中心提交要货计划，配送中心按各门店单独产生门店订单传供货商，配送中心代门店收货后转交给各门店。

第三，直订直送：即门店直接向供货商下订货计划，门店直接收货。

第四，统订直送：即总部采购统一向配送中心提交订货计划，商品直接送门店。

（2）按采购模式区分为经销和代销

经销是指在合同或协议的约定下，批发商向生产商购买商品，取得商品所有权，然后再转售给其他批发商或零售商的商务活动。代理是指在不取得商品所有权的条件下，批发商按合同约定接受生产商委托代其销售商品的商务活动。

经销和代理的共同点在于都是以合同或协议为前提从事商务活动，供应链关系相对稳固。但二者也存在明显的区别（具体分析见表3）：

第一，经销方式中，生产商与批发商之间发生了商品所有权转移，而代理方式则没有；

第二，经销是商品购销活动本身，对象是商品，而代理则属于一种为购销活动服务的活动，对象是购销活动，二者属于不同类型的商务活动。

表3　　经销商和代理商的区别

经销商	代理商
从事商品买卖活动，对象是商品	为商品买卖提供服务，对象是商品买卖活动
拥有所转售商品的所有权，自己买卖商品	不拥有商品所有权，仅为中介，受委托买卖商品
与生产商之间是买卖关系	与生产商之间是委托－代理关系
进销差价是主要收入来源	代理费是主要收入来源
与生产商责权对等	生产商权力较大
经营活动不受或很少受生产商限制	经营活动需要得到生产商允许
保持一定库存，需要大量资金投入	多数只有样品而无存货，不需要大量资金投入
以自己的名义签订销售合同	多以委托人的名义签订销售合同
承担生产商承诺外的售后服务和赔偿	售后服务和赔偿一般由生产商承担

经销和代理是批发商和生产商之间正式的合作方式，除此之外，批发商和生产商还可能采用简单的、非正式的合作方式，即偶然性的“随遇随买”或称“一锤子买卖”式的批发方式。为了便于区别，本报告称这种批发制度为传统批发制度，称采用传统批发制度的批发商为传统批发商。这种批发商在经济转型国家普遍存在，是批发业转型的关注重点。另外，经销和代理也可能为零售商采用，但不是本报告研究的重点。

根据批发商经营活动的不同特征，经销方式和代理方式可以分为多种类型，如根据销售范围，可分为全国经销代理、区域经销代理；根据否拥有专营权，分为独家经销、一般经销等。

从目前超市经营的情况看，经销与代销的比例大致为 20∶80，百货店则区分为三种情况，即经销、代销与联营，三者的比例大概为 5∶15∶80。

（3）按结算方式区分为预付、现结、账期和流水倒扣

预付是零售商按照与供应商签订的商品购销协议/合同的相关要求，预先付给供应商全部货款；或预先支付部分货款，待收到供应商的全部商品后，再补齐剩余货款的结算方式。一些品牌知名度高、较为紧俏的商品有时也采用此种结算方式。

现结俗称为货款两清，根据零售商与供应商签订的购销协议/合同，零售商接收供应商货品后，供应商持收货凭证及相应发票即时在零售商处领取货款的结算方式。零售企业从批发市场或农户手中采购果蔬类商品时，一般采用此种方式。一些相对紧俏的商品有时也采用此种结算方式。

账期是指零售商与供应商应按商品的属性在购销、代销协议/合同明确约定货款支付的期间，即双方确认的收货日到付款日之间的期间，具体时间可双方约定，但根据《零

售商与供应商公平交易管理办法》规定，货款到账期最长不超过60天。

流水倒扣即零售商按照与供应商签订的协议/合同约定，零售商从商户或厂家的销售额中，收取一定比例的费用，作为经营管理费用，其余部分返还给商户或厂家的结算方式。可分为有保底和无保底两种。有保底是确定一个最低完成的销售额，如果实际销售较少，仍按最低销售额结算费用。

目前，超市四种方式的比例如图9所示。

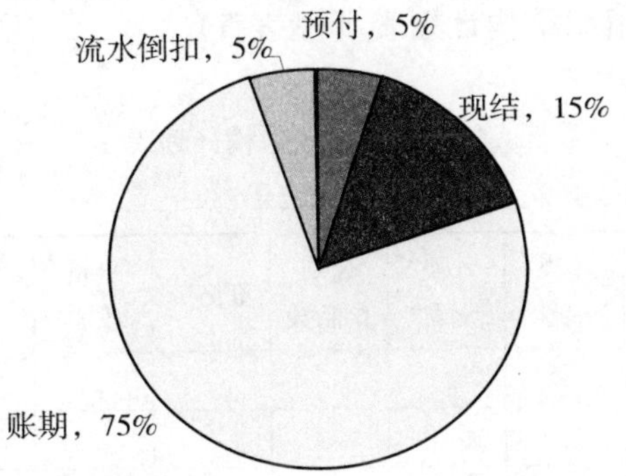

图9　超市与供应商结算方式的比例

（4）按采购阶段分为初次采购和续订

初次采购即签订协议后的第一份订单，该订单一般由总部负责人员下达，并要求供应商将商品分别送至不同门店。

续订是零售商采购部门在完成采购计划编制、下达第一份订单后的持续订货，有的企业由门店进行续订，有的企业由总部根据门店需要汇总后统一续订。从发展趋势上看，后者占比越来越大。

2. 采购核心流程研究

（1）市场调研。采购从市场调研开始。主要调研两方面情况，一是了解周围商圈的构成和顾客来源，以便有针对性地调整和确立商品结构。二是了解竞争对手情况，参考竞争对手商品的陈列及促销情况，确定自己柜组的主营商品，并写出详细的市调报告，涵盖商品和价格等内容。

表4　　市调例表——以价格和促销为重点

供货商名称：__________ 制单人：__________ 市调人：__________ 日期：__________

可能引进的商品	条码	单位	规格/型号	竞争店1（名称）	竞争店2（名称）	供应进价	售价状态 促销价 \ 陈列排面	备注

（2）制定采购计划。根据公司的年度销售计划和财务指标，确定公司经营商品的综合毛利率和资金使用天数及各项费用指标。根据市场调查报告和商品货架图进行商品与供应商的对应工作，并同时对备选供应商的资料进行初步了解和分类。同时，根据市场变化调整和充实已有商品结构，并根据周边商圈、顾客的改变及时调整商品品类构成，使之与顾客的需求相适应。按照计划期的长短，可以把采购计划分为年度采购计划、季度采购计划、月度采购计划等。

采购计划要依据门店的布局图具体确定，包括采购品种、采购数量等。同时，根据门店布局图，确定门店商品组织结构计划表（见表 5）。

表 5　　门店商品组织结构计划表

门店：＿＿＿＿＿＿　经营面积：＿＿＿＿＿＿　商品组合定位：＿＿＿＿＿＿　执行人：＿＿＿＿＿＿

组别	大类名称	中类编号	中类名称	小类编号	小类名称	计划单品数	价格带	价格重心	经营品牌 ABC 分类及规格（深度）	毛利率	注

注：此表是卖场陈列的基础，是采购部采购商品的指导方向，是采购销售分析的基础

（3）供应商选择与审核。供应商应具有合法有效的营业执照等相关证件，提供的产品包含在其注册的经营范围内，并需具备有效期内的证照资质。供应商应严格按照产品的执行标准组织生产，确保产品的理化、卫生、感官等质量指标符合国家法律、法规和强制性标准的规定。产品若采用企业标准，其企业标准需与国家标准一致或高于国家强制性标准并已经备案。

零售商可以依据自身风险分析的结果，对较高风险的产品供应商进行现场审核。包括：环境条件评估、设施及设备状况评估、原辅材料评估、人员评估、检验检测能力评估等。检查表如表 6 所示。

表 6　　供应商审核检查表——以国产食品为例

请用√表示所要求项目已具备。

商品法规文件：	
	完整的供应商签字并盖章
	样品实物/销售包装，或可明显证明/显示法规项目的商品图
	卫生部门的产品卫生检验报告（合格）或化验单（有效期一年）
	厂家卫生许可证复印件（新供应商）
	厂家生产许可证复印件（新供应商）
	营业执照复印件和税务登记复印件（新供应商）
食品标签内容：	
	食品名称

	配料表
	净含量
	生产日期
	产品标准号
	等级（如国家、行业有等级标准）
	贮藏方法（如食品保质期或保存期与贮藏条件有关时）
	保质期至或……前食用
	生产商名称和地址

根据公司战略要求及市场变化情况，及时调整供应商结构，使之更加合理和有效。同等条件下，应当优先选择具备良好声誉、获得国内或国际同行业中高质量认证的供应商。

（4）谈判与签约。谈判前须了解供应商在当地与其他竞争对手的合作情况以及其他关于供应商及其商品的情况。做好详细的谈判记录，对出现分歧比较大的问题进行认真分析，并根据实际情况，对谈判计划进行调整。

采购合同的流程应由双方确认（见图 10）。在供应商和采购部门完成各自签约后，还应得到财务、法务、质量等相关部门的确认，最终由领导进行审批和签字盖章，合同才可最终生效。

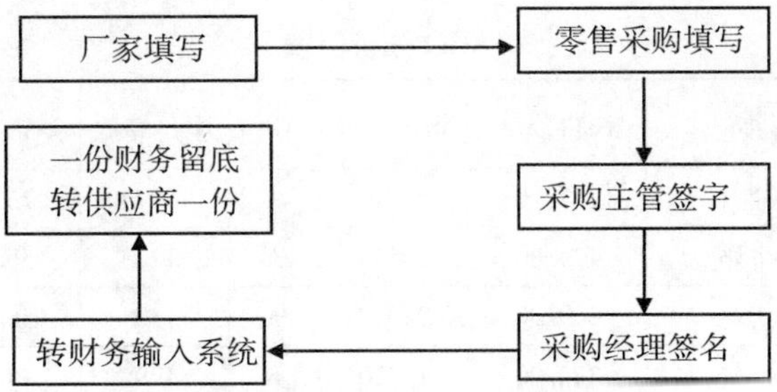

图 10　采购合作签字流程图

（5）销售计划与推广。采购人员根据公司的预算分配，制定部门的销售、毛利、可比增长、库存管理（库存天数、存货率、送货率）的预算。应商根据商品的品类及往年的销售数据，制定周、月、季、年的重要商品的促销计划、新商品上架和促销计划以及重大节庆的重要商品的促销计划。

促销应由多部门配合（见图 11），各部门各司其职。

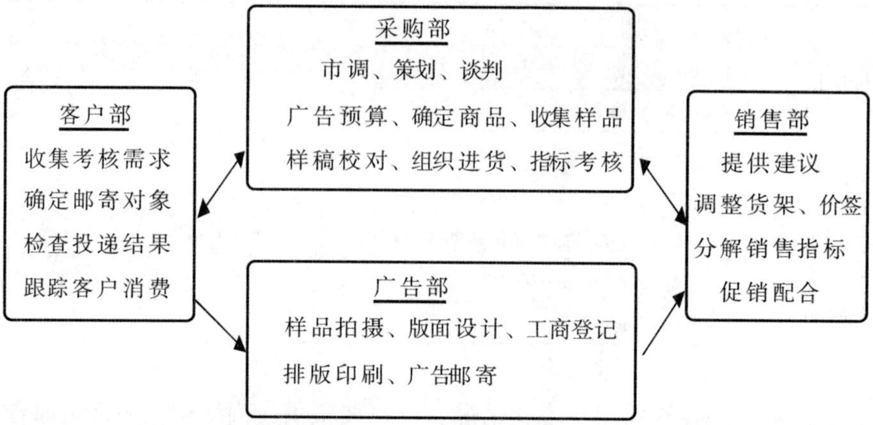

图 11　促销合作示意图

主要的推广形式包括：主题促销商品活动、季节性商品促销活动、重大节庆商品促销、场内及场外活动的安排及现场演示、海报商品促销、新商品推广活动。

采购人员应进行销售追踪，分析商品销售数据、销售计划达成情况及促销活动中各项数据的达成率。主要分析商品品类结构、商品库存及商品周转率等，平衡各商品品类的销售和毛利。所采用的方法包括二八分析、ABC 分析等（见表 7）。

表 7　ABC 分析例表

商品编码	商品名称	销售数量	销售净额	ABC	库存数量	零售单价	最小规格	单位
11401011	金龙鱼调和油	377.00	27710	A	307	73.5	5L	桶
10401026	蒙牛特仑苏牛奶	474.00	26533	A	122	56.0	250ml12	提
10400084	蒙牛纯鲜牛奶	669.00	24619	A	30	36.8	250g16	箱
10401044	伊利金典纯牛奶	322.00	17710	B	179	55.0	250ml12	提
11031040	圣元优博 3 段奶粉	91.00	15885	B	18	178.0	900g	听
11402012	口福大豆油	249.00	15388	B	88	61.8	5L	桶
11400011	鲁花一级花生油	114.00	13188	B	403	119.8	5L	桶
11030089	圣元优聪 3 段奶粉	328.00	12726	B	64	38.8	400g	袋
11205015	新家园烤馍锅巴	8826.00	9388	C	3670	1.5	75g	袋
11400005	淇花一级花生油	82.00	8692	C	183	106.0	5L	桶

（6）货款结算。零售商和供应商按照合同或其他书面方式的约定进行货款结算，并应按商品的属性在合同中明确约定货款支付的期限。以货到付款和和账期付款为例，流程图如图 12 所示。

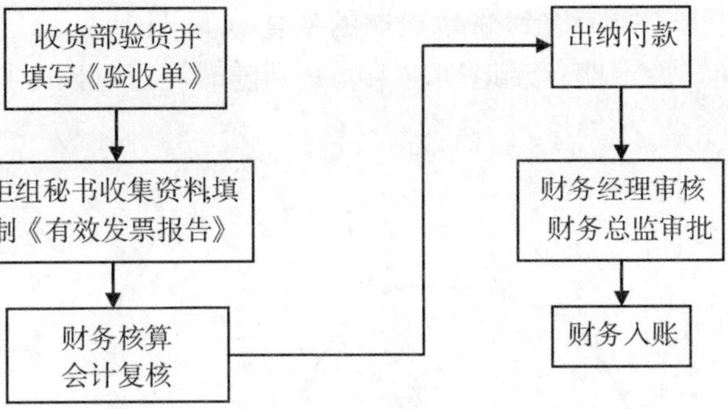

图 12　货到付款和账期付款流程图

零售商向供应商收取的与商品销售量、销售额挂钩（如按一定比例、金额、数量计算）的各种返还收入，应按有关规定冲减当期增值税进项税金。

（7）续订与更新。初次订货以后，应根据季节变换来确定商品的进一步订货量和陈列量。最小库存（S ＝排面，即周销量的 1/2 ，见图 13）、安全库存（M ＝排面 ×3，即 M＝3S，见图 14）、最大库存（L＝排面 ×6，即 L＝2M，见图 15）是常用的测算商品订货量的工具。

图 13　最小库存 S 图示

图 14　安全库存 M 图示

图 15　最大库存定义

在进行商品续订中，应考虑到商品周期的变化（见图 16）。任何商品均有生命周期，包括起步期、成长期、稳定期、衰退期。采购必须随时注意这四个期间的变化。

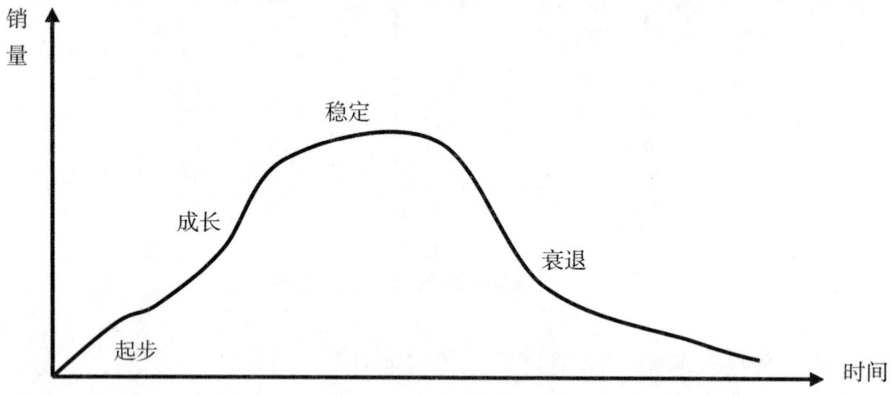

图 16　商品周期变化

3. 采购指标研究

衡量采购工作绩效情况，主要从效益和效率两类指标来考核，每类指标中又细分为若干具体指标。

（1）效益指标。销售金额大小是体现商品价值的重要指标，但是由于单位销售金额的不同，如果在筛选商品时单单考虑销售额排名将对单位售价低（或者说价格带低的商品群）的商品造成不利影响。例如 100 元的水晶烟缸与 10 元的玻璃烟缸，在一个阶段内，前者只销售一件，如果后者销售 9 件，销售额前者大于后者，排名前者大于后者，如果仅仅按照销售额排名决定商品去留明显有失偏颇，因为明显后者更受欢迎。

表 8　　采购效益指标类

绩效指标	指标公式	意义与分析
销售额	销售额 = 客单价 × 来客数	依照新会计准则，此处销售额为不含税的销售额，它是所有 KPI 指数的基础数据
毛利额	毛利额 = 销售额 − 销售成本	不包含企业的营业外收入，销售成本包括商品成本、增值税等
费用额	费用额 = 管理成本 + 营运成本	费用额即为运营过程中的成本
利润额	利润额 = 毛利额 − 费用额	是企业最终所获得的收益，包括含税利润和不含税利润
利润率	利润率 = 利润额/销售额 × 100%	是企业最终经营质量的直观反映
毛利率	毛利率 = 毛利额/销售额 × 100%	是企业商品经营能力的直观反映
净利润率	净利润率 =（利润额 − 企业所得税）/销售额 × 100%	是反映企业的实际纯盈收，衡量企业总业绩质量的指标
费用率	费用率 = 费用额/销售额 × 100%	是企业成本费用控制能力的直观反映
存货回报率	存货回报率 = 利润额/平均存货 × 100%	是衡量企业存货数量合理性的重要指标
商品贡献率	商品贡献率 = 商品周转率 × 毛利率	是衡量某一类商品对企业贡献度的最主要指标

通常，销售量的大小是体现商品受欢迎程度的重要指标。但是，由于促销等因素会严重影响正常的销售量，造成销售量的起伏。一般销售量大的商品毛利率相对较低，所谓跑量商品就是这个概念（如飘柔、可口可乐等）。

销售量小的商品有时就是结构性商品，所谓结构性商品就是不管销售如何都要销售的商品（比如瓶塞、针线等体现服务以及完善商品结构的商品）。

（2）效率指标。

表 9　　采购效益指标类

绩效指标	指标公式	意义与分析
商品周转率	商品周转率＝销售额/平均库存	是衡量商品周转水平的重要指标，反映了企业资金的利用效率
缺货率	缺货率＝断货数量/销售数量×100%	是衡量供应链效率和物流管理水平的核心指标，有时也受到供应商的影响
动销率	动销率＝累计销售单品数/商品期末库存单品数×100%	是衡量采购的商品被市场接受程度的重要指标
品效	品效＝营业额/品项数目×100%	是衡量企业商品管理水平和商品结构优化程度的主要指标。品效越高，表示商品开发及淘汰管理越好；反之，则越差

（二）零售采购体系标准

制定针对零售商采购各个环节的标准，可使零售商有标准可依，并规范和健全各自的采购流程。本研究对零售体系制定出以下六项标准：

1.《零售商采购规程》。对零售商的采购业务进行总体要求，主要是基本的业务流程，但无法在一部标准里涵盖所有采购业务流程，因此还将制定以下系列标准。

2.《零售商采购质量审核规范》。包括零售商采购前如何索证索票，如何进行厂商审核，审核的时间、方法、频率等，以及第三方机构的引进等。特别是对食品类商品更加重要。

3.《零售商与供应商货款结算规范》、《零售商与供应商公平交易管理办法》。对结算进行了原则性规定，本标准可作为操作细则，包括结算的时间要求、方式方法、结算条件、结算流程、涉及人员，以及特殊情况（残损、退货、对账不一致等）的处理等。

4.《零售商问题商品管理规范》。《食品安全法》明确规定不符合食品安全标准的食品应进行召回或停止经营。本规范以此为依据，针对零售企业问题食品的撤柜和召回流程，总结性地提出零售企业实际操作流程，旨在协助零售企业快速、准确、及时地对店内问题商品进行撤柜和召回处理。

5.《采购经理岗位要求》。在符合《零售商与供应商公平交易管理办法》的前提下，主要从技术角度对采购人员施以要求和规范，包括确定市场调研方法、供应商选择方法、谈判技巧、订单数量、测算毛利、提高动销率、加快周转率、进行品类管理、合理和适当补货等。

6.《零售商与供应商供应链平台功能规范》。目前，大多数零售企业建立了供应链信息化平台，但各个平台功能差别很大，供应商对不同的平台，要掌握不同的操作流程和技术。此规范有助于统一平台的内容、操作流程，有助于减少零供双方的成本。

四、研究方法创新及成果

1. 零售商采购体系标准研究的创新点

零售商采购体系研究的关键在于发现和归纳零售商采购的共同点，在此基础上制定适合行业发展的相关标准。

目前，不同规模、不同所有制的零售商对采购的要求有所差别，如果采用统一的规范，意味着企业要抛弃以往自己的流程，将面临较大的阻力。本研究的难点在于寻找共性需求并且使各项标准具有可执行性。因此，制定一系列中国零售商（也包括国外企业在中国开展业务的机构）共用的标准规范是本项工作的创新点。

2. 技术、经济效益及成果共享方式与应用范围

本研究所涉及的系列标准可供国内零售业生产商、经销商、代理商使用和执行，并通过第三方审核机构进行审核。其成果主要体现于经济效益：一般一个供应商向零售商推销某种商品，仅资料准备的费用和差旅费用就要超过 3000 元（不包括吃请等费用），一般一家超市要有上千个供应商，供应商为此支付超过 300 万元，全国有十几万家零售店铺，所花费金额是非常惊人的。如果采用统一的规程和标准体系，可减少不必要的巨额资料费和差旅等费用，大幅节约的社会成本将以数十亿元计。

从社会效益看，企业节约下来的成本，必然有利于降低商品价格，最终惠及于消费者。同时，有效的质量安全管理，对于提高食品安全水平也有着明显的促进作用。

（中国连锁经营协会）

2012年中国零售企业跨区域发展研究报告

一、背景及目的

中国连锁零售企业经历了十几年的高速增长，已经进入平稳增长期。企业开始从单纯的外延式增长模式向外延与内生增长并进的模式转变。在2012年宏观经济增势下行的大趋势下，零售业的发展也受到了冲击，整体增速放缓、销售增速下降。同时，电子商务快速发展，不断侵蚀传统零售业市场份额，传统零售企业也开始在战略上重新定位。其不仅开始对电子商务等新兴商业模式进行尝试，开展多渠道营销；在传统的销售领域，对资源进行重新整合，在深耕细作提高经营效率的同时依然保持开疆拓土的大规模扩张。随着一、二线城市门店市场竞争的加剧，零售商的盈利水平受到限制，在资本逐利的天性驱动下，零售企业开始跨区域经营，通过门店的不断复制，达到规模经营的目的。无论内资、外资，无论全国性连锁企业还是区域性连锁企业，都在各个城市大举扩张，广开门店。

从现代零售业进入中国市场，跨区域经营就已经开始，但是一直不被重视。随着我国经济改革的深化，零售服务业对于经济增长、人员就业、增加税收和提高人们的生活质量的贡献不断增加，对于经济社会和人民生活的影响日益扩大。由此，本报告对现代流通企业在跨区域发展过程中的发展现状、跨区域发展的主要模式、在区域发展中面临的问题进行重点研究，并针对问题提出相应管理及政策建议。

二、零售业发展现状

（一）增长速度有所下降

2011年社会消费品零售总额继续保持增长，达到18.1万亿元，同比名义增长17.1%，扣除价格因素实际增长11.6%，虽然继续保持两位数增长，但是增长率已有所下降。2012年初，中国连锁经营协会统计的中国连锁百强企业数据显示：2011年，连锁百强销售规模达到1.65万亿元。百强企业门店总数达到5.5万个。百强企业销售额占到社会消费品零售总额的9.1%，略低于上年11%的占比。由于2011年度，中国连锁经营协会为规范数据统计口径，对原有企业的批发、生产资料销售等数据进行了剥离，仅将与零售相关的数据纳入统计范围，因此2011年度的百强企业同比增长仅为1.2%。

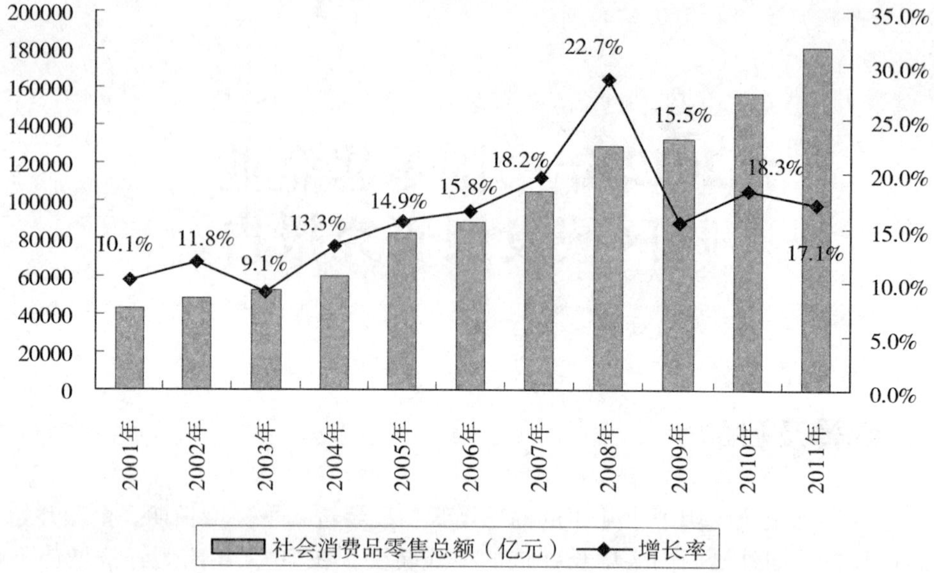

图 1　社会消费品零售总额（亿元）及名义增幅（%）

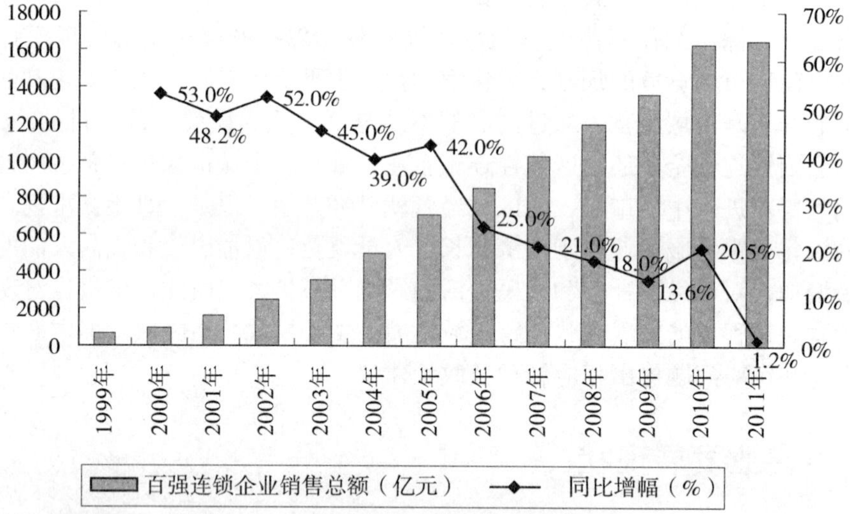

图 2　2010 年中国连锁百强企业销售总额及名义增幅（%）

从图 1 和图 2 可以看出，零售百强的增长率呈现下降的趋势，但是其在 2010 年及以前，增长幅度均高于社会消费品零售总额的增长幅度。

（二）发展状态不均衡

中国经济本身存在各地区发展不平衡的现象，在这种经济格局下，零售连锁企业的发展也不平衡。零售企业遵循着经济发展的轨迹，显示出东部、中部和西部的不平衡状态。一个地区的连锁零售企业的门店数量可以代表此地区连锁零售企业的发展状况，门店数越多，当地零售业越发达，竞争也越激烈。

1. 地区格局不均衡

（1）东中西部分布。根据《中国零售和餐饮连锁企业统计年鉴2011》数据，报告整理出东、中、西部地区门店分布数量。从图3可以看出，东部地区门店数量最多，2010年达到106628个店，西部地区比中部地区略高，2010年为35467个店，高出中部845个店，但由于西部包含12个省、自治区和直辖市，而中部仅有8个省份①，因此平均来看，依然是维持了东、中、西的梯次发展格局。在经济发达的东部地区，人均可支配收入相对较高，人均拥有的零售门店数也较高，相对于其他地区，东部消费者享有的社会服务水平也较高。

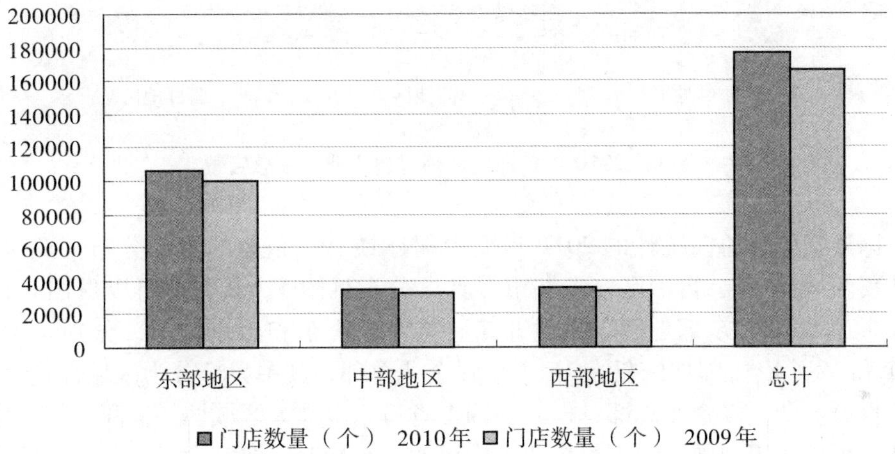

图3　各地区连锁零售企业门店数量（含直营店和加盟店）（个）

零售企业在选择自己的总部所在位置时也充分考虑到市场环境、基础设施和消费者的消费能力等因素，因此在现代流通服务业发展的初始阶段就以一、二线城市为起点。随着全国一、二线城市竞争的加剧及中小城市消费能力的成长，越来越多的企业开始向外围扩张。

从各地区的连锁零售企业的连锁总店数来看，东部地区总店分布最多，达到1323个；其次是中部地区，为507个；再次是西部地区，仅有468个。（此处的连锁总店数取自《中国零售和餐饮连锁企业统计年鉴2011》）连锁总店是指负责连锁企业资源（如商号、商誉、经营模式、服务标准、管理模式等等）的开发、配置、控制或使用等功能的企业核心管理机构。

而在不同的地区，连锁总店数的分布也不均衡，见图4。东部地区，北京、江苏、浙江及广东四个地区总店数较多，等于或超过149个，而最少的海南仅有4个；中部地区除河南为153个外，湖北、湖南分别为99个和90个，最少的吉林有25个；西部地区最高

① 东部地区：北京、天津、河北、辽宁、上海、江苏、浙江、福建、山东、广东和海南等11个省（市）；中部地区：山西、吉林、黑龙江、安徽、江西、河南、湖北、湖南；西部地区：四川、重庆、贵州、云南、西藏、陕西、甘肃、青海、宁夏、新疆、广西、内蒙古。

的省份是四川，有总店 91 个，其次是重庆，有 83 个，再次是新疆，有 72 个，最少的地区是西藏，仅有 1 个。

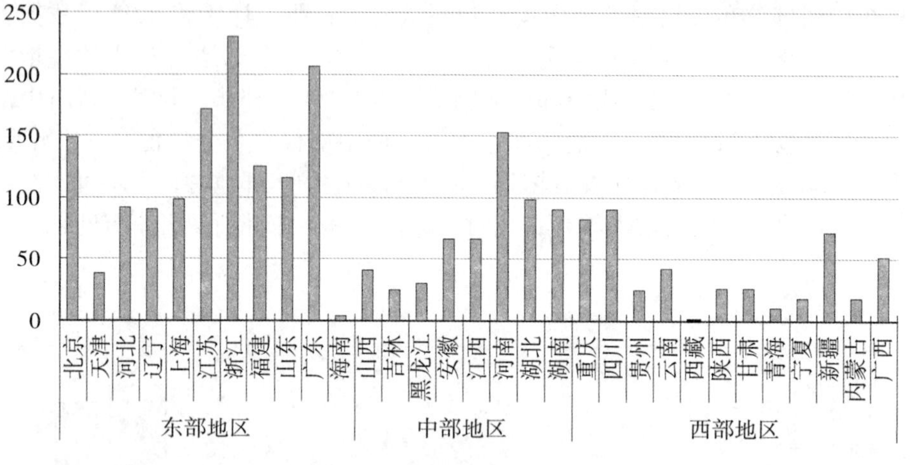

图 4　2010 年各地区连锁零售企业连锁总店数

从中国连锁经营协会统计的 2011 年度中国连锁百强企业的总部分布情况来看，100 家企业共覆盖 21 个省、自治区、直辖市，具体分布见图 5。从图中可以看出，百强中的 76 个企业将总部设在东部地区，尤以北京、上海、广东和山东为最，分别是 15 个、15 个、14 个和 12 个；中部地区只有 16 个百强企业总部，其中大部分为区域性连锁零售商；西部地区仅有 8 个百强企业总部，设立在四个省份，全部为区域性零售商。从百强分布来看，总体上可以代表中国连锁零售企业在中国的分布情况，即实力强、零售范围广的全国性连锁零售商以一、二线城市为基地，向外扩张；而盘踞一方的地方连锁零售企业也积聚了相当的实力，做深做透当地市场，提供除零售业务外的多种增值便民服务。

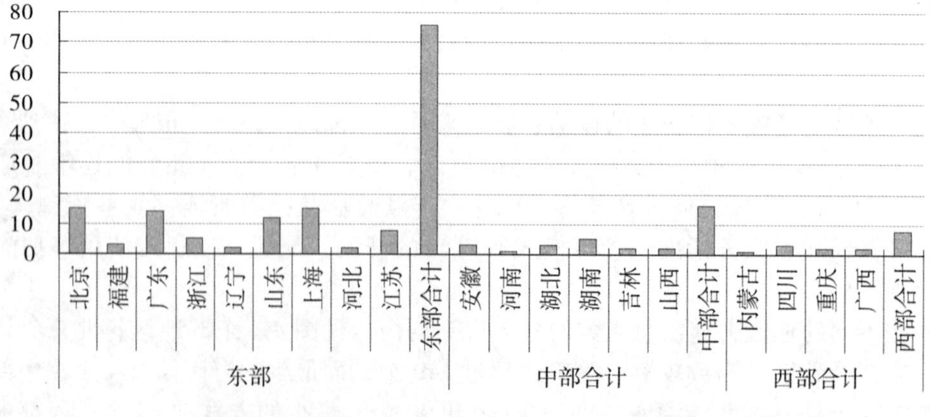

图 5　2011 年度中国连锁百强企业在中国分布数量

（2）一线城市连锁零售企业总店及门店分布。从表 1 可以看出，一线城市中上海拥有的门店数最多，其次是北京，天津最少。平均来看，一线城市的门店数是 7706 个。一线城市中，平均每个城市拥有 98 个总店，每个总店平均拥有 117 个门店。北京每个总店平均下辖门店数远低于上海和广州，主要是由于上海和广州拥有较为发达的便利店业态，从而拉高了平均门店数量。

表 1　　一线城市 2010 年零售企业及门店分布情况

一线城市	门店合计（个）	连锁总店数（个）	当地连锁企业门店数（个）	每个总店平均下辖门店数（个）
北京	7617	149	6875	46
上海	14524	99	19196	194
广州	6288	106	17826	168
天津	2395	39	1924	49
合计	30824	393	45821	
平均值	7706	98	11455	117

（3）二线城市连锁零售企业及门店分布。二线城市是指省会城市和具有较强经济实力的城市，如辽宁省除沈阳外还有大连，浙江省除杭州外增加了宁波，福建省除福州外增加了厦门，山东增加了青岛，广东选取了深圳。具体二线城市零售企业及门店分布见图 6。

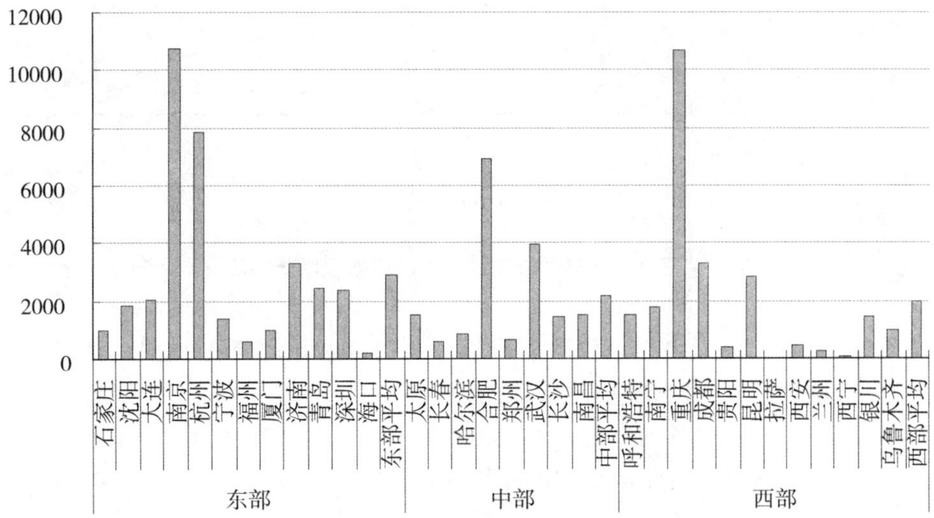

图 6　2010 年度二线城市及计划单列市门店个数

从附表 1 可以看出，二线城市中重庆拥有的门店数最多。虽然是二线城市，但是作为直辖市的重庆，有着特殊的经济和政治地位，因此位列之首。其次是南京、杭州、合肥、武汉等城市，拉萨拥有的门店数最少。平均二线城市的门店数是 1841 个，远远低于一线城市 7706 个的数值。二线城市中，平均每个城市拥有 28 个总店，将近一线城市的三分之一，每个总店平均拥有 85 个门店，为一线城市的 73% 左右。

因此，从表 1 和附表 1 可以看出，一线城市在门店数量、总店数量及每个总店的平均门店数上均占有较大的优势。随着一线城市门店数量的增加，竞争也越来越激烈，依靠在当地门店数量的扩张已经无法满足零售企业利润最大化的需求。因此，向外寻求市场发展空间、向二线城市及三、四线城市下沉的零售企业逐步增多。

目前在一、二线市场的竞争已经白热化，外资零售企业主要集中在中国的一、二线城市开店，国内的零售企业也在加大力度在这一市场争夺资源，然后随着近年租金 30% ~ 50% 的上涨，人工成本的增加，零售企业获取的利润也在不断下滑，这一区域的零售市场趋于饱和。从中国连锁经营协会统计的近年连锁百强的门店增长数据来看，百强的门店在以逐年递减的增幅增长，而百强的主要市场都集中在一、二线城市，近年店面扩张的放缓，说明企业在这些地区的战略布局已经基本完成，市场已接近饱和。当然，具体到城市的业态结构，每个业态是否饱和，或是否还有空间发展，需要具体分析其业态结构得出结论。

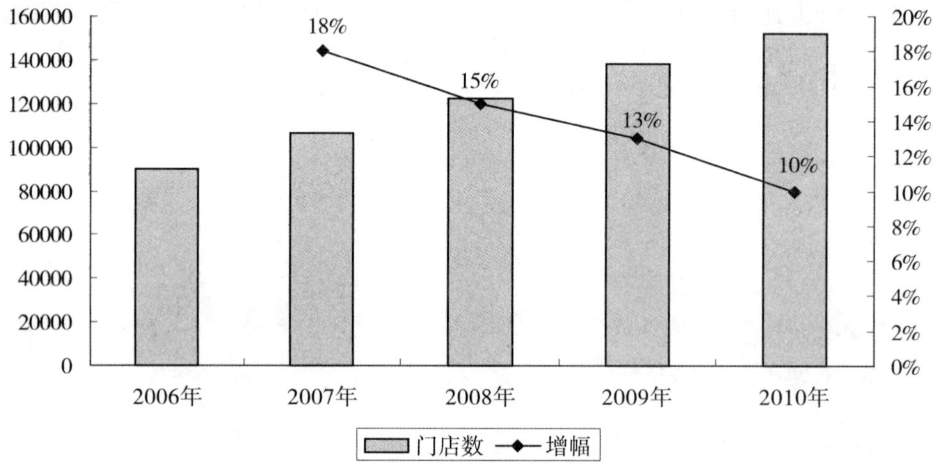

图 7　近年零售连锁百强门店数及增长情况

（4）三、四线市场及乡镇市场。消费能力的提高及市场逐渐成熟，使三、四线城市成为新的发展增长点。外资企业普遍渠道下沉。

三、四线城市零售市场的发展，呈现出不同的状态。中国大部分人口集中在三、四线城市及以下地区，这对具备拓展能力的零售商而言，无疑是一个潜力巨大的高需求市场。随着一线城市市场越发饱和，为了追求更好的营业额增长率，零售商家逐渐将视线转移到已经初步完成城市化转型的三、四线城市。以零售巨头沃尔玛为例，2010 年沃尔玛在大陆地区共 219 家门店，其中新增门店 20 家，仅 2 家在上海，其他都分布在二、三线，甚至四线城市。家乐福的拓展速度毫不逊色，计划未来 5 年将在中国保持每年 20 至 25 家门店的发展速度，其中 40% 位于新兴城市，比如中国中部、西部和北部的一些二、三、四线城市。一直将发展重点放在二、三线城市的大润发，在大陆地级市和县级市更是不断扩张。2010 年其在抢占三、四线市场中赢得优势。今年 1 月，大润发新开的 10 家门店中有

7家布局在二、三线城市。国内知名零售企业也不甘示弱。百联集团通过重组旗下的优势资产大肆扩张；大商集团则广布局，多业态发展；银泰集团深入湖北市场；茂业国际在二、三线，以及四线城市大举扩张。河北百大集团、武商集团、重百集团、利群集团、银座集团等也均有二、三线城市扩张的举措。

市场竞争格局加速零售企业在三、四线城市的布局，这与这些城市蕴藏的巨大消费潜力息息相关。同时，考虑到零售巨头进驻当地市场所带来的商圈拉动效应，提振经济发展，不少城市会采取一些优惠政策，引进零售巨头，这也主观上加快了零售业三、四线市场的发展。

随着国家城镇化进程的加快，越来越多的人口从农村涌入到乡镇，在国家万村千乡工程的带动下，在家电下乡等消费政策的刺激下，在生活水平改善所带来的对生活日用品的刚性需求下，中国广大的乡镇成为一块拥有巨大潜力的市场。在监管缺失、伪劣假冒商品充斥的农村市场，代表着质量、信用的现代连锁零售企业必然会充满竞争优势。

从附表2可以看出，不同发展地区的三、四线城市及乡镇的门店数不具有规律性，表现出同一地区的发展不平衡。

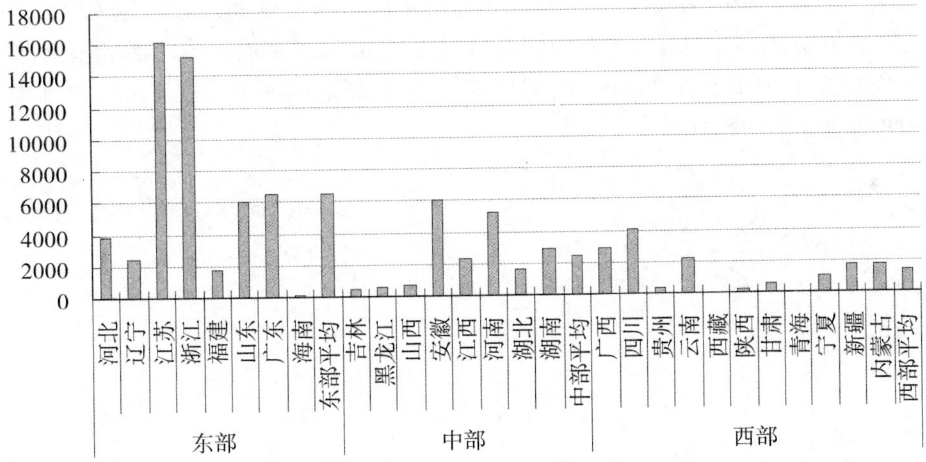

图8　除一、二线城市外本省门店数合计

2. 人均资源不平衡

（1）营业面积人均密度。这一指标是用当地年末零售营业面积除以当地年末总人口数得出。这一指标反映了零售资源在不同地区的配置情况，密度越高，数值越大，代表零售资源越丰富。从图9人均拥有的营业面积密度来看，东中西部也不平衡，依然延续着东部高于中部，中部高于西部的情况。

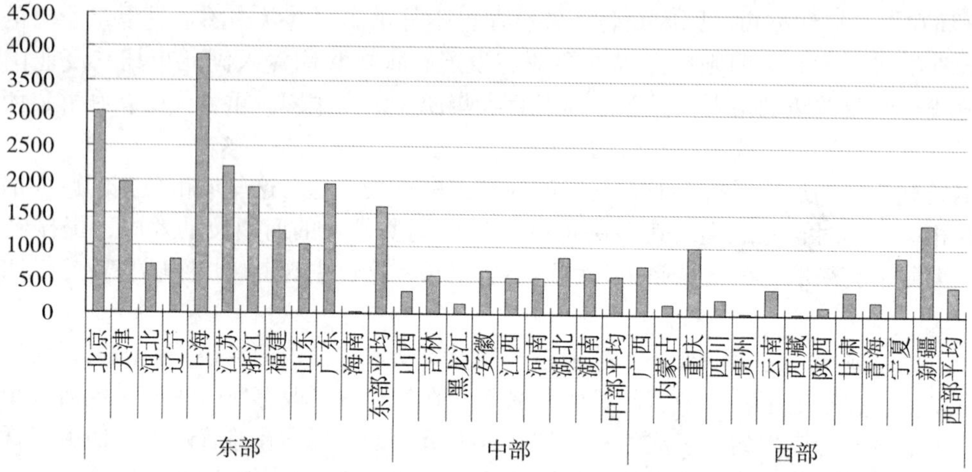

图 9　2010 年度各地区营业面积人均密度（平方米/万人）

（2）从业人员人均密度。这一指标是用年末从业人员数除以当地年末总人口数得出。这一指标反映了零售服务人员在不同地区的配置情况，密度越高，数值越大，代表当地居民得到的零售服务越多。从图 10 人均拥有的从业人员密度来看，东中西部也不平衡，依然延续着东部高于中部，中部高于西部的情况。东部地区平均 28.1 人，中部地区平均 9.8 人，西部地区平均 8.0 人。

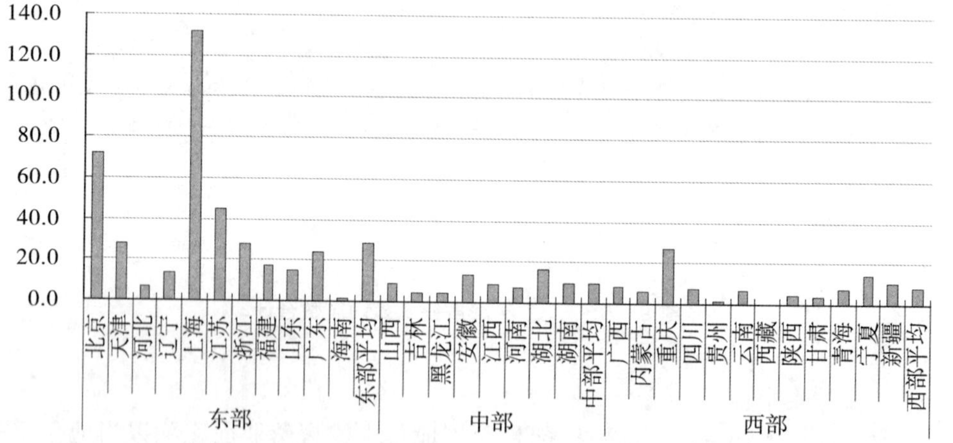

图 10　2010 年度从业人员人均密度（人/万人）

3. 特定业态发展不平衡

根据零售业实际发展情况，本报告现选取便利店、超市、大型超市和百货店四种主要业态来分析。

（1）便利店。从图 11 便利店的门店分布来看，便利店主要集中在东部地区，共有 11595 家门店，占便利店门店总数的 81.6%，中部拥有门店 1728 家，西部仅有 879 家。东部地区的便利店主要集中在上海、浙江和广东，这三个地区的便利店门店数占东部地区门店数的83.1%。即使是首都北京，便利店门店数量也仅有623家。便利店业态不论是在东部地区还是全国，均有广阔发展空间。虽然目前分布于各地的、大量的小卖店部分替代了便利店的功能，但是便利店必然是未来现代小型零售连锁的发展趋势。

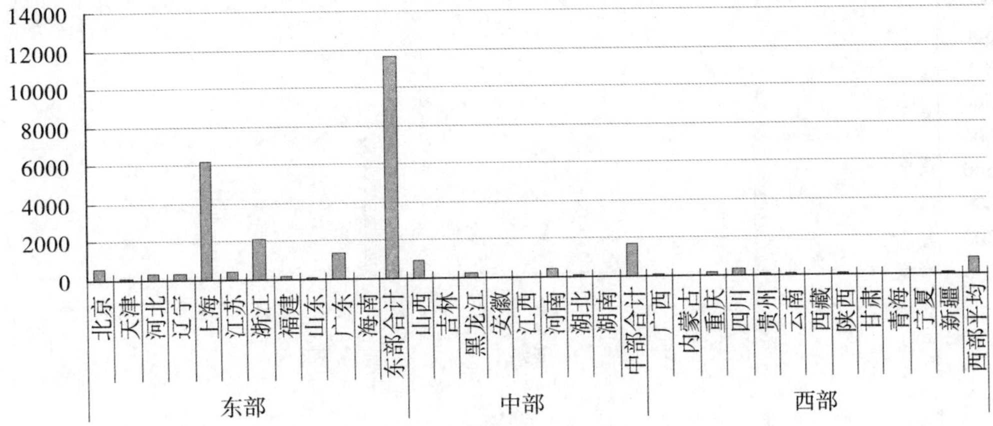

图11　2010年度各地区便利店分布

（2）超市。从图12各地区超市门店分布来看，超市的发展整体上要比便利店好。超市依然是东部地区门店数最多，达到23233家门店，占超市门店总数的70.8%，中部拥有门店2076家，西部有7509家。西部地区超市数量的贡献主要来自于重庆和四川，这两地共有超市门店6464家，占西部地区超市总数的86.1%。东部地区，超市近似呈现出正态分布的形态，但在中部和西部地区，超市的分布极不均衡。

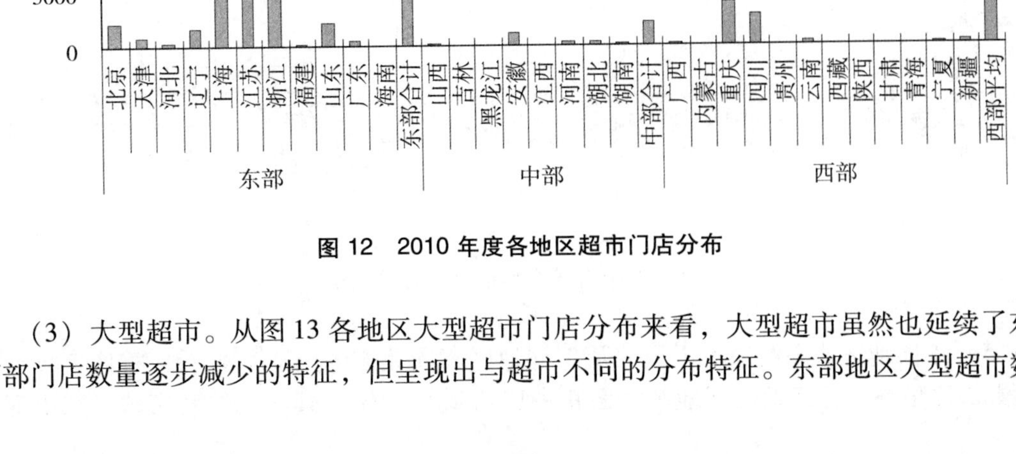

图12　2010年度各地区超市门店分布

（3）大型超市。从图13各地区大型超市门店分布来看，大型超市虽然也延续了东中西部门店数量逐步减少的特征，但呈现出与超市不同的分布特征。东部地区大型超市数量最多，尤以浙江为最集中；中部地区以湖北和河南最集中；西部地区广西大型超市最多，其次是重庆。从整体上，大型超市在各地区的分布均呈现出不均衡的特征。

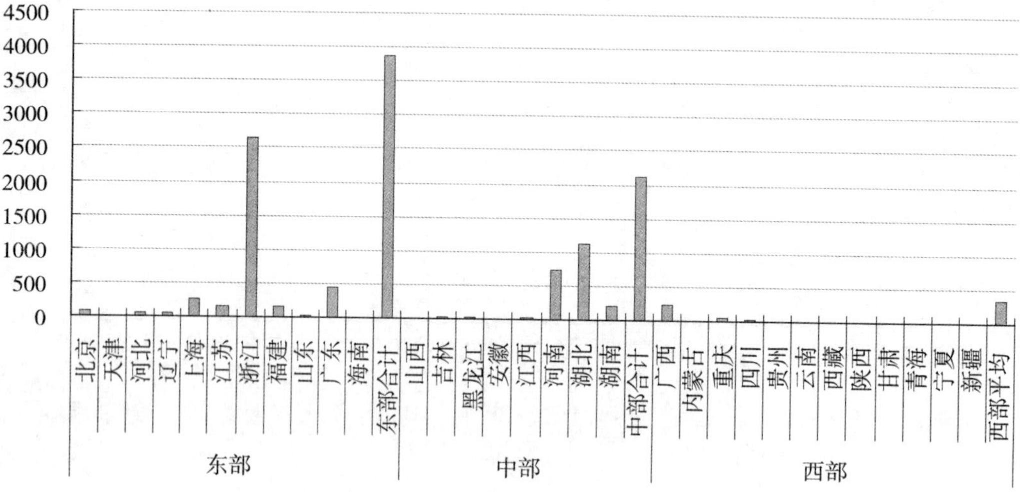

图 13　2010 年度各地区大型超市门店分布

（4）百货店。从图 14 各地区百货店门店分布来看，百货店也延续着东中西部门店数量逐步减少的特征。东部地区百货店门店数最多，达到 3271 家门店，占百货店门店总数的 77.2%，中部拥有门店 608 家，西部有 360 家。西部地区百货店数量的贡献主要来自于重庆的 254 家门店，占西部地区百货店总数的 70.6%。

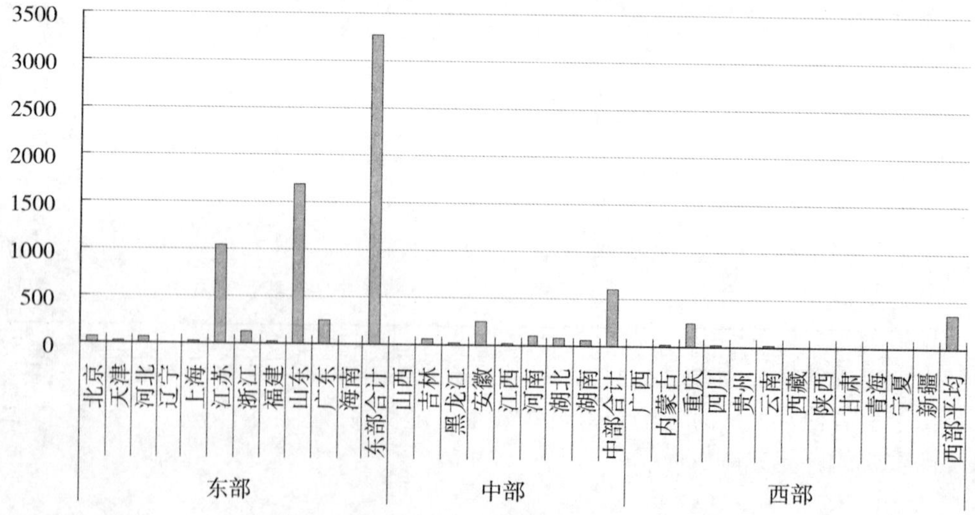

图 14　2010 年度各地区百货店门店分布

（5）不同地区业态结构不平衡。从不同地区不同业态的门店数来看，整体上超市的门店数占比最高，尤其是西部地区，面积占比达到 82.7%；其次是便利店，在东中部都达到25%以上；对于大型超市，只有中部地区门店数将近总门店数的三分之一，东部和西部都不到10%；对于百货店数量，三个地区倒很一致，都不到10%。

表2　　2010年度各地区不同业态门店数占本地区全部门店数的比例（%）

门店所在地	便利店		超市		大型超市		百货店		全部业态合计
	占比（%）	地区拥有门店数（个）	占比（%）	地区拥有门店数（个）	占比（%）	地区拥有门店数（个）	占比（%）	地区拥有门店数（个）	地区拥有门店数（个）
东部合计	27.6	11595	55.4	23233	9.2	3867	7.8	3271	41966
中部合计	26.5	1728	31.8	2076	32.5	2121	9.3	608	6533
西部合计	9.7	879	82.7	7509	3.7	334	4.0	360	9082
全国合计	24.7	14202	57.0	32818	11.0	6322	7.4	4239	57581

从不同地区不同业态的营业面积来看，整体上便利店营业面积占比最小，还不到3%，其他业态在不同地区的面积占比体现出不同的结构。东部地区超市面积占比最大，占40.7%；中部地区以大型超市的营业面积占比最高，达到45.7%；西部地区以百货店的营业面积占比最高，达到36.2%。

表3　　2010年度各地区不同业态营业面积占本地区全部营业面积的比例（%）

门店所在地	便利店		超市		大型超市		百货店		各业态合计
	占比（%）	年末零售营业面积（平方米）	占比（%）	年末零售营业面积（平方米）	占比（%）	年末零售营业面积（平方米）	占比（%）	年末零售营业面积（平方米）	年末零售营业面积（平方米）
东部合计	2.2	843859	40.7	15575450	32.1	12250833	25.0	9552393	38222535
中部合计	1.2	128230	19.8	2060772	45.7	4760244	33.3	3472998	10422244
西部合计	2.0	99592	32.7	1608449	29.0	1426300	36.2	1780825	4915166
全国合计	2.0	1071681	35.9	19244671	34.4	18437377	27.6	14806216	53559945

从不同地区不同业态的销售额来看，东部地区除便利店外其他三种业态的销售额占比差别不多，超市和大超市占总销售额的71.3%，百货占25.4%；中部地区以大超市和百货店的销售为主，占整体销售额的83.6%；西部地区百货店销售占比最高，为46.3%，超市和大超市的销售额相差只有1%。虽然便利店的销售额占比不超过4%，但是这种业态在带给消费者便利的同时也给经营企业带来经营利润，因此即使份额不高，但依然是销售系统内重要的补充。

表 4　　2010 年度各地区不同业态销售总额占本地区全部销售总额的比例（%）

门店所在地	便利店		超市		大型超市		百货店		各业态合计
	占比（%）	商品销售总额（万元）	占比（%）	商品销售总额（万元）	占比（%）	商品销售总额（万元）	占比（%）	商品销售总额（万元）	商品销售总额（万元）
东部合计	3.3	2124648	36.9	23722274	34.4	22131012	25.4	16360421	64338355
中部合计	1.5	222305	14.9	2236300	35.3	5282880	48.3	7241692	14983177
西部合计	1.8	119332	25.4	1710118	26.4	1777437	46.3	3113283	6720170
全国合计	2.9	2466285	32.2	27668692	33.9	29191329	31.0	26715396	86041702

（三）跨区域扩张

1. 跨区域发展的特点

（1）零售企业将更多的新开门店下沉到三、四线城市。三、四线城市消费能力的日趋成熟，为连锁企业提供了新的市场机会和发展空间。一批原本立足于三、四线市场的连锁企业（如江苏新合作常客隆、湖北富迪、汇银家电、都市丽人等），探索并建立了“农村包围城市”的商业模式，取得了较好的成绩；而以一、二线城市为根据地的零售连锁企业将目光投向了竞争相对较弱的三、四线城市，以期获得新的市场机会。

（2）不论内资还是外资零售连锁企业，均将门店外扩作为发展战略。一些全国性的大型零售连锁企业，也开始在三、四线甚至乡镇市场开店，如沃尔玛、家乐福等，渠道下沉成为零售行业扩张的一个普遍现象。

2. 跨区域发展的原因

（1）资本逐利诉求。随着一、二线城市竞争的加剧，资本可获得利润逐步降低，在资本逐利的驱使下，零售连锁企业开始寻找能够获得更多利润的市场以及通过不断扩张强化自身规模效应。随着我国经济的快速增长，三、四线城镇居民的人均可支配收入也得到了大幅度的提高，巨大的人口存量带来的潜在消费市场吸引了大批连锁零售企业。

（2）商业地产下沉。零售连锁企业的发展离不开商业地产的发展。随着国家对住宅房地产调控的从严从紧，越来越的房地产企业从住宅市场涌向商业地产市场。2011 年，四大住宅开发商中的三大巨头，包括万科、保利和金地，均表示公司将增加商业地产投资额比例至 20% 左右。龙湖、仁恒置地、恒大地产等其他著名开发商也加大对于商业地产板块的关注，相继宣布增加投资意向。在一、二线城市商业地产开发趋于饱和的背景下，地产开发商加速三、四线城市商业地产战略布局，在这种趋势下，与商业地产唇齿相依的零售业必然会跟随地产商下沉到三、四线市场。

（3）政策引导。近年来，国家出台了一系列的政策，有以直接促进消费为目的的“家电下乡”、“以旧换新”等政策，有以提高产业升级为目的的促进现代服务业发展、加大第三产业在国民经济中占比和作用的政策，这些政策都在客观上加快了流通业的发展和升级。尤其在国家推进城镇一体化的背景下，中国城市化水平迅速提高，2011 年，我国城镇人口数量首次超过农村人口数量，随着大量的农村人口转为城镇人口，整个城市化进程将对社会的消费流通体制产生巨大、深远的影响。

三、连锁零售企业跨区域发展主要方式

（一）直营连锁

直营连锁是指统一资本所有，由总部集中管理，共同开展经营活动的高度组织化的零售企业，统一资本所有是直营连锁的重要特征。因此，直营连锁公司的店铺均由公司总部全资或控股开设，在总部的直接领导下统一经营，总部对各店铺在人、财、物及商流、物流、信息流等方面实施统一管理；直营连锁总部和分店之间的关系由总公司内部的管理制度进行调整。

直营连锁是零售业跨区域扩张的重要方式，由于其权利相对集中和管理的一致性，因此成功率高，是大型零售企业在跨区域扩张初期最合适的扩张方式。而且直营连锁作为大资本运作，利用连锁组织集中管理、分散销售的特点，充分发挥了跨区域扩张的优势。所以，通过直营连锁跨区域经营必须筹集足够的资金，配备大批的管理人员；而采取直营连锁跨区域发展通常受到资金和人力资源的限制；同时直营连锁的业态最为适合大型综合超市、中型综合市场、购物中心及百货店。因此，大型零售企业在一定条件下应该采取特许连锁与直营连锁相配套来进一步扩大跨区域经营的范围。

1. 租赁物业

租赁物业是租用所在地物业业主房产，将其改建为分店，除不拥有房屋产权外，企业拥有绝对经营权。这种方式的特点是开店速度较快，但对于租金的压力较大，风险控制能力较弱。这是目前中国连锁零售企业采取的主要跨区域发展的方式。

通常为了能在短时间内占有市场，大部分连锁零售商采取这种形式。但缺点就是租赁的经营场地总会有些缺憾，不能完全按照企业经营店铺的理念进行陈列和功能区划分，因此，这对零售企业的经营管理者提出更高的要求，能够在变通的条件下达成销售预期。

采取租赁物业进行异地扩张的企业还面临着租金上涨的压力和续租失败的风险。对于一个有着长远发展规划的企业来说，这个风险不容小觑。尤其是在近年来房地产价格不断上涨的压力下，越来越多的零售企业从租房者向承租者转换。

2. 自建物业

自建物业主要是指自主新建分店，包括购买土地使用权、建造和装修购物场所、置办必要的经营设备和设施、派遣管理人才和招聘员工等，典型代表如外资的瑞典宜家家居、德国的麦德龙（METRO），内资的百联、大商等。这种方式的特点是项目周期长、投入大，但投入使用，后续风险相对可控。一般此类操作由经济实力较强、具有商业地产开发能力的大型连锁零售商来完成。近几年，在不断上涨的租金压力下，零售企业通过运作商业地产来提升商业升值空间，国内零售商自建物业已经蔚然成风。在看到外资零售企业自建物业的成功后，半数以上内资零售企业都开始涉足商业地产，增加其商业物业持有比例。这种多业态经营的融合，不经能够获得规模经济，扩大市场份额，提高自身竞争力，也有助于满足不同消费者的需求，提升品牌形象。

（二）特许经营

特许经营是指特许者将自己所拥有的商标、商号、产品、专利和专有技术、经营模式等以特许经营合同的形式授予被特许者使用，被特许者按合同规定，在特许者统一的业务模式下从事经营活动，并向特许者支付相应的费用。特许经营以经营权的转让为核心，特许连锁店与总公司间的资产相互独立。特许者通常是大生产企业或批发企业，被特许者是中小企业。特许加盟主要为小型零售业态，连锁服务业，便利店，连锁餐饮等广泛采用。这样不仅节约了开设新店所需的资金，还增加了企业市场扩张的能力和速度。特许经营作为连锁经营的高级形式，在跨区域扩张中成功实施，需要具备相应的基础条件。

1. 品牌基础

从国外的经验看，一些零售特许组织都是在企业品牌与企业知名度建立以后，才开始大规模实施特许经营的。没有较高的知名度和品牌支撑，没有消费者对企业品牌的认同，很难吸引到加盟者。因此，在将要开发的所有市场之内建立知名度是特许经营的必备条件。

2. 加盟商盈利

合格的加盟者须具备一定的经济实力，对事业有较高的热情，以及一定的管理经验和踏实的工作作风。加盟商盈利是特许经营长远发展的动力，加盟商盈利一方面吸引更多的新的加盟者加入特许体系，一方面可以留住已经在合作的加盟商，巩固整个特许经营系统的稳定和市场份额。

3. 管理体系

特许经营作为连锁经营的高级形式，加盟总部必须形成一套规范化的管理模式之后，才能以许可权方式向外输出。这个管理体系包括信息系统、物流系统、培训系统等日常经营管理的各方面。由于加盟者的经验、经营能力、管理水平参差不齐，想要靠人治保证品牌运作的高效性和统一性，很难达到效果，因此，依靠制度和管理体系来体现特许经营的优势是必由之路。

（三）自由连锁

自由连锁也称自愿连锁，是由不同资本的多数商店自发组织成总部，实行共同进货、配送的连锁经营形式。各国叫法不尽相同，也有称：自愿连锁、志同连锁、任意连锁等。连锁公司的成员店均为独立法人，各自的资产所有权关系不变，在公司总部的指导下共同经营。各成员店使用共同的店名，与总部签订有关购销、宣传等方面的合同，通过大量集中采购，获取低成本经营的利益。在合同规定的范围之外，各成员店可以自由组织经营活动。根据自愿原则，各成员店可自由加入、退出连锁组织。典型的如 SPAR、IGA、四方联采等连锁组织。

SPAR 成立于 1932 年，总部位于荷兰，目前在全球 35 个国家经营 1.5 万家超市，年营业额超过 340 亿美元，是世界最大的自愿连锁组织和最大的食品分销企业。2004 年 11 月，在中国商务部和中国连锁经营协会的推动下，SPAR 正式进入中国，在上海设立 SPAR 中国总部，负责 SPAR 在中国的发展业务，SPAR 山东、SPAR 湖北、SPAR 广东、SPAR 山西、SPAR 内蒙古、SPAR 湖南、SPAR 北京、SPAR 江西相继成立。SPAR 所关注的主要是生鲜类产品，例如蔬果类、生肉水产类、日配类（主要为固、液态奶，包装肉类）、熟食烘焙类等。SPAR 中国给各合作伙伴提供市场调查、店铺设计、品类管理、顾客管理、先进的运营经验、国际化的采购平台、配送中心、供应链优化、自有品牌产品开发、A 类品牌联合采购、各种培训、市场营销以及成员间的深层交流等全方位的服务。

（四）收购兼并

零售企业通过资本运作方式来实现规模扩张，为了获得其他企业的控制权而进行产权交易活动即为并购扩张。通过并购，企业规模得到扩大，能够形成有效的规模效应。规模效应能够带来资源的充分利用，资源的充分整合，降低管理、原料、生产等各个环节的成本，从而降低总成本。近年来零售业的并购事件越来越多，并购成为零售企业重要的扩张方式。2011 年，中国零售行业并购交易数量达到 159 起，比上年增长 20%；2011 年披露的并购金额共计 58.96 亿美元（约合人民币 374 亿元），较上年增长 15%。一系列的兼并收购将对中国零售业格局产生深远影响。

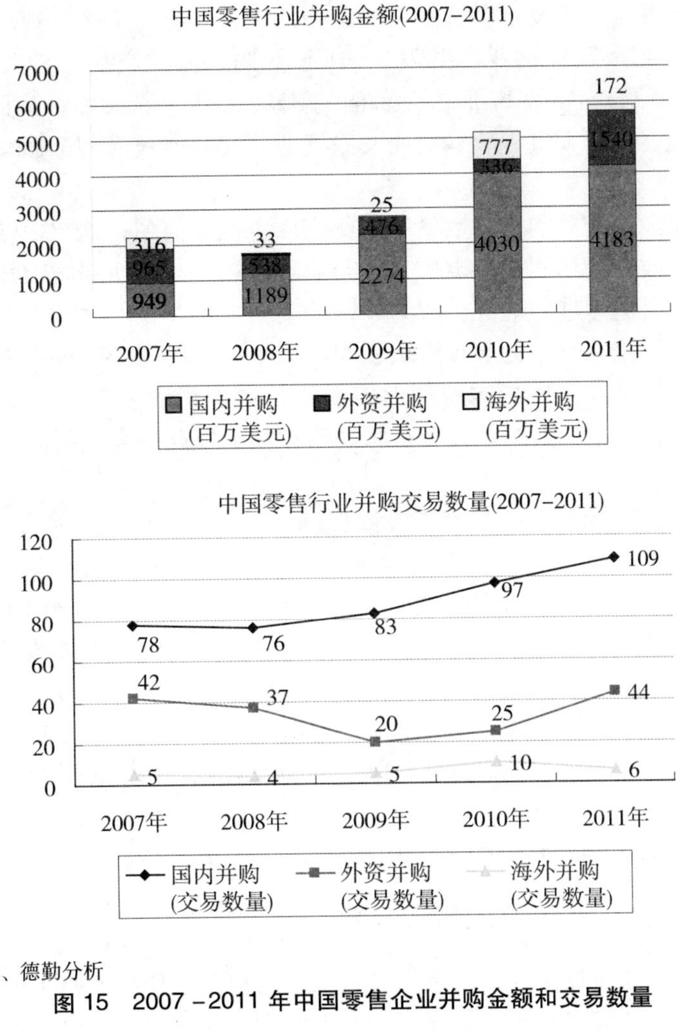

来源：汤森路透、德勤分析

图 15　2007－2011 年中国零售企业并购金额和交易数量

从并购类型来看，国内并购（内资企业收购内资企业）依然处于主导地位。国内并购以行业整合、提高集中度为主要驱动力。对于区域型企业来讲，并购也开始成为它们实现跨区经营的重要手段，如成商集团、西安民生等企业都在并购方面有所斩获；也有借助资本市场进行扩张的企业，如永辉、步步高、文峰大世界等上市成功的企业，都在寻找优质并购目标。

虽然国内并购一直处于主导地位，但在 2011 年，外资并购（外资企业收购内资企业）金额和数量的增长幅度均超过国内并购。外资零售企业看好中国庞大的消费市场和不断提升的消费能力，为了快速占有中国消费市场，外资企业更加积极地通过并购手段优化网点分布或启动多业态布局。乐天玛特通过收购万客隆进入中国市场，2009 年，乐天玛特母公司乐天集团又以 48.7 亿港元收购江苏时代零售全部股权。沃尔玛入股 1 号店，显示前者进军网络零售，培育在华业务新增长点的用意。

随着全球经济一体化，中国企业也开始试水海外并购。发起并购的零售企业主要以整合价值链为目的，收购国外产业链上游产品供应商或物流资产；也有一些非零售行业企业，收购海外零售企业以延伸海外销售渠道。

从业态分布来看，超市及百货业态并购最为活跃，且交易金额可观。根据汤森路透数据统计，2011 年，超市及百货业态共发生 30 起并购，披露交易金额共计 20.64 亿美元（约合人民币 130 亿元），占零售业总交易额的 35%，其中武汉中百集团合并武汉中商、大商控股淄博商厦、文峰大世界收购南通文景置业等交易所披露的金额均超过 5 亿元人民币。

餐饮业与汽车经销在并购交易数量和金额方面也位居前列，这与中国消费者的消费水平提高和消费习惯改变密切相关。由于零售企业现有能力与中西部城市和三、四线城市的消费潜力不匹配，渠道西进和下沉也成为并购的动力之一。

连锁药店业态的兼并收购也十分活跃，2011 年全年共发生 30 起并购交易。药品零售业面临药品降价、租金及人工成本快速上涨、竞争加剧等诸多考验。连锁药店为寻求突破，以并购为手段，通过扩大终端数量扩张经营规模，以此提高盈利能力和竞争实力。

四、跨区域发展的主要问题和障碍

随着中央政府“十二五”计划的全面实施，消费已成为拉动中国 GDP 增长的主要方式，中国的城市化进程的加速和产业转移，为三、四级市场带来无限的发展空间。举例来说，中国国家统计局联合中怡康发布的家电市场数据中，一、二级市场的家电零售额份额仅占 32%，而三、四级市场家电零售额份额却占到了 68%。一、二级家电市场拥有率已接近饱和状态，而三、四级市场则蕴藏着巨大的消费潜力。

企业在跨区域发展过程中，其核心是如何将竞争优势进行异地转移。这不仅考验企业内部的经营功底，也对提供外部市场环境的政府提出了考验。

（一）企业自身经营方面遇到的问题

连锁企业之所以获得较快的发展，与其自身经营模式的优越性密不可分。连锁经营模式是在统分结合的组织模式和无限复制的理念下实现了规模经济。但是由于连锁零售企业繁琐的业务特点，使得连锁经营的效果受到多重因素的影响，从而影响其经营效率。

1. 供应链效率

作为产品流通环节中承上启下的重要一环，零售企业处于供应链的下端，完全依赖于上游大大小小的供应商为其提供各种货源。零售企业的门店就好比是一个个器官，而各个供应商就好比是毛细血管，配送中心就好比是主动脉，只有血管将血液正常、高效地输送到各个器官，它们才能正常运作。在区域内经营时，供应商这些毛细血管即可胜任，但是随着规模的扩大，跨地区的发展，空间范围的放大带来的不仅是工作量和供应量的上涨，更是对异地管理和供应能力的挑战。因此除了加强对毛细血管供应能力的管理，更应该加强主动脉的供应能力以及协调二者之间的关系。

（1）供应商实力有待提升。目前，连锁零售企业缺乏有供应实力、能够与零售企业同步成长的中大型供应商。绝大多数中小供应商供应能力弱，无法跟随零售商的步伐。这主要表现在供货能力和配送能力两方面。

供应商因为实力与零售商不匹配，在正常品供货、促销品供货、日常存货及大宗团购方面均表现得捉襟见肘，无法满足供应商正常销售需求。

在配送能力上，主要体现为物流体系的不完善，而这是零售企业在跨区域发展的过程中正面临的棘手问题。

（2）物流效率有待提高。我国整体物流效率低下。第三方物流发展程度反映了一个国家整体的物流水平，我国第三方物流占整个物流市场的18%，而同是亚洲国家的日本为80%，美国为57%。西方国家物流业发展的历史表明，独立的第三方物流需占社会的50%以上时，物流产业才能形成。

物流业发展需要经过企业内部分散化物流、企业内部专业化物流和第三方物流三个阶段。而我国正处于第二与第三阶段并行发展时期。在配送环节，实力雄厚的连锁零售企业加入自建物流配送中心行列。据中国连锁经营协会资料显示，目前在零售业的物流仓储建设中，60%的零售商开始选择自建物流仓储配送中心，这成为当前零售业物流仓储配送的主要方式；而与供应商合作或借用供应商物流仓储设施的配送占35%，只有5%左右的零售商依然选择第三方的物流仓储配送系统。全国性企业华润万家已在中国（包括香港）建有20多万平方米体量的配送中心，并有自己的物流公司；区域性企业如中百集团在武汉拥有吴家山常温配送中心、江夏生鲜配送中心，以及9万平方米的武汉物流中心。

大多数本土零售企业跨区域发展的实际运作中，物流配送对企业的制约问题已经非常明显。按照国际惯例，连锁经营的统一配送率要达到80%以上，而根据中国连锁经营协会2010年对不同零售业态的共227个连锁店面调查分析，统一配送比例只有48%。大部分连锁店中，表面连锁，实际上仍然是单店操作、各自为政，统一采购、统一配送并未完成，以致经营实力过于分散，市场竞争能力低下。

（3）信息系统应用有待改进。对于日常销售成千上万个品种的连锁超市来说，IT技术对于日常的商品管理、订货管理、价格管理、促销管理及财务管理的重要性不言自明，但是能够对商品实时销售、实时库存及实时运输信息掌握的零售商却少之又少，这些暂时沉淀下来的资本，吞噬了零售企业大部分的潜在利润。我国商业企业的流动资金周转速度为2-3次/年，而日本商业企业为15-18次/年，一些知名的跨国商业连锁企业如沃尔玛、家乐福等已达到30-40次/年。

（4）渠道分销机制有待变革。这也是零售企业在跨区域发展中面临的问题，虽然生产企业为了配合全国性零售商的发展已经不断改良现有的分销代理制度，但是与快速发展的连锁业相比，还显得步履蹒跚。传统的分销代理制在过去条块分割的市场上很好地保护了生产企业和代理商的利益，对于促进市场发展起到过积极的作用。但是，在现有统一大市场的背景下，区域代理制、分级代理制阻碍了流通效率的提升，限制了跨区域发展。

2. 商业模式的可复制性

能够跨区域操作的零售企业都是在某一个区域建立了一定的竞争优势后才跨出异地扩张的步伐。这个竞争优势包括品牌、质量、差异化、经营效率等综合能力，对于跨地经营的企业，在复制商业模式的同时，需要将竞争优势一并转移过来，面对着陌生的新进入地区，一方面要适应当地的消费环境，另一方面要适应当地的竞争环境。适应消费环境主要是如何把自身的竞争优势移植到当地，使其得到当地消费者的认可并生根发芽；适应竞争环境主要是面对本地区的先进入者，如何能够通过自身的努力获得更高的效率，获取比对手高的超额利润。通常新进入者都会受到先入者的猛烈反击，尤其是对于进入区域已经有了成规模的竞争对手后，竞争尤其惨烈。对于这种情况，新进入者通常会做好短期亏损的准备，为了实现长远的发展目标，阵痛是必须承担的后果，可这也对竞争的零售企业造成了一定程度的伤害。

3. 远距离管理

其核心是企业扩张速度与管理能力匹配问题。虽然连锁零售企业凭借着模式复制可以将成熟的管理经验、管理制度引入到新的门店中，但是对于门店日常工作的执行情况，很难做到心知肚明。因此，人才的储备和培训就成为企业管理中非常重要的一个环节。作为企业文化和经营管理的承袭者，站长是关键角色。作为熟悉企业的领导者，他可以带领当地的新员工加入企业的大家庭，也可能引导大家与企业目标渐行渐远。由于大量的门店扩张，导致零售连锁行业人才短缺，影响了企业复制发展的初衷。

（二）政策上遇到的问题

1. 税收属地化管理

连锁企业作为一种经营方式，实现跨区域扩张，存在由总部统一纳税还是由分支机构分别纳税的问题。

虽然原国家内贸部出台的《连锁店经营管理规范意见》（政体法字【1997】第 24 号）及财政部、国家税务总局印发的《关于连锁经营企业增值税纳税地点问题的通知》（财税字【1997】97 号）、国务院《关于促进连锁经营发展若干意见的通知》（国办发【2002】49 号）、财政部、国家税务总局印发的《关于连锁经营企业有关税收问题的通知》（财税【2003】1 号）等多个政策出台，但跨区域统一纳税问题不但没有得到解决，反而随着地方财政的强化而变得更加严重，近些年没有任何进展。出现这样的情况很大程度是因为各地纳税政策有分歧导致的。如华润万家，公司在全国有下属 200 多个法人公司；麦当劳公司在全国有 33 个法人公司，其中仅上海就有 6 个法人公司。有的地方，甚至要求每个分店都需要成为一个法人公司，以便将税收留在当地。即使是没有独立纳税资格，有的地方也要求在地方内纳税。

国内连锁企业因各地税收不一，不得已在全国设立百余家法人分支机构，年均审核办证所耗费的费用在千万元以上，而外资连锁企业就可以以“总部统一纳税”形式缴税。受地方政府业绩决定，众多内资连锁企业跨区域发展时输给了外资。与总部统一纳税相比，各门店单独纳税的成本大大增加。总部统一纳税可以在均衡盈亏的前提下进行，而门店单独纳税则必须依照分店不同情况进行缴纳，实际税负增加。实际上缴所得税税率大多在30%以上，远高于25%的所得税税率。同时，由于纳税的需要，门店需要配备相应的财务人员，这也加大了零售企业的人员开支。同时，政府部门的行政成本支出、社会成本浪费严重。

2. 固定资产增值税抵扣

在固定资产增值税抵扣方面，零售企业实际享受的抵扣很少，如中央空调、电梯等，根据《关于固定资产进项税额抵扣问题的通知》（财税【2009】113号）规定，以建筑物或者构筑物为载体的附属设备和配套设施，无论在会计处理上是否单独记账与核算，均应作为建筑物或者构筑物的组成部分，其进项税额不得在销项税额中抵扣。附属设备和配套设施是指：给排水、采暖、卫生、通风、照明、通讯、煤气、消防、中央空调、电梯、电气、智能化楼宇设备和配套设施。

在零售企业扩张过程中，固定投资会随着门店的增加而增大，建议应加大抵扣范围，降低经营成本。

3. 固定资产贷款

从目前连锁超市发展情况看，企业的现金流基本可以满足日常经营需要，但如果进行配送中心等大规模固定资产建设或快速开店扩张，则资金明显不足，特别是内资企业。而向银行申请“固定资产贷款”，又往往受限于连锁超市行业“轻资产”的经营特点，难以从银行获得足够的贷款支持。

一些企业通过占用供应商货款来获得发展资金，但这将加剧零供关系的紧张局面，不利于行业的和谐和可持续发展。建议可以参考企业的“品牌”、“销售规模”，以及行业协会的意见等因素，增加对连锁超市企业的贷款额度。

4. 局部区域过度竞争

为了争夺市场份额，企业间也会展开恶性竞争。如在选址上，有的企业依靠较强的财力，在本已较为饱和的区域又开设新店，这种行为一方面造成社会资源浪费，另一方面也会给相对弱势的一方造成直接的经济损失。更为严重的是，这种行为会在一定程度上造成区域垄断，从而最终损耗社会福利。从长远来说，恶性竞争不利于零售行业的健康发展。

据中国连锁经营协会的统计，2011年连锁百强的销售规模仅占社会消费品零售总额的11%，远低于发达国家的水平。但在特定业态和局部区域，零售业的过度竞争已经显现。根据协会KPI数据库统计显示，截止到2011年第3季度末，典型门店的来客数平均下降了2.5%，毛利率平均下降了0.5%，具体数值见表5。过度竞争将使企业整体盈利能力下降，对所在地区中小企业的生存造成威胁，引发企业间的收购兼并和倒闭。

表 5　　　　　　　　　　不同业态和面积的企业的来客数

业态	面积	来客数		增幅
		2010 年 3 季度	2011 年 3 季度	
便利店		752	750	-0.3%
超市	300-999	1465	1431	-2.3%
	1000-1999	2496	2663	6.7%
	2000-3999	4184	4294	2.6%
	4000-5999	6647	5651	-15.0%
	6000-9999	6694	6055	-9.6%
	10000-14999	6645	6370	-4.1%
	15000 以上	8581	8252	-3.8%
百货		5566	5752	3.3%
平均				-2.5%

通过了解国内外相关领域研究，并结合自身掌握的部分数据信息，中国连锁经营协会对中国中东西部不同级别城市的零售业态饱和度做了一些初步判断，见表 6。

表 6　　　　　　　　主要业态在不同级别城市的零售饱和情况

区域/城市级别	城市数（含县）	零售各业态市场饱和情况					
		大型超市	超市	百货	购物中心	专业店	便利店
中部	704						
T2	14	○	◎	◎	○	◎	○
T3	78	○	◎	◎	○	◎	○
T4	345	○	○	◎	○	○	○
T5	267	○	○	○	○	○	○
东部	630						
T1	4	●	●	●	◎	●	◎
T2	48	◎	◎	●	○	◎	○
T3	145	○	◎	◎	○	◎	○
T4	284	○	○	◎	○	○	○
T5	149	○	○	○	○	○	○
西部	958						
T2	15	○	◎	◎	○	◎	○
T3	66	○	○	◎	○	○	○
T4	304	○	○	◎	○	○	○
T5	573	○	○	○	○	○	○

注：① ● 表示饱和 ◎ 表示不饱和 ○表示不饱和且有较大空间

② T2 代表 2 线城市，T3 代表 3 线城市，T4 代表 4 线城市，T5 代表县乡镇。

5. 通道费用

2011 年 12 月 19 日，商务部、国家发改委、公安部、国家税务总局和国家工商总局等五部门联合发布《清理整顿大型零售企业向供应商违规收费工作方案》（简称《方案》）。《方案》提出将进一步规范促销服务费，零售商向供应商收取促销服务费应事先征得供应商同意，订立合同并明确规定收费细节；收费后应按照约定提供服务，未提供相应服务的应返还所收费用。

《方案》规定：零售商以签订或续签合同为由收取的费用；向使用店内码的供应商收取超过实际成本的条码费；店铺改造、装修（饰）时，向供应商收取的未专门用于该供应商特定商品销售区域的装修、装饰费；与促销无关或超出促销需要，以节庆、店庆、新店开业、重新开业、企业上市、合并等为由收取的费用等均属于违规收费。

对于《方案》的第三个重要内容，即促销服务费明码标价的问题，其可操作性就不很确定。由于促销服务受时间、地点、商品等各种因素影响，具有较大的变数。如某商品在某大卖场的堆头促销费如果明码标价为 5000 元的话，而堆头促销费实际上会因堆头在大卖场的不同城市、不同地段、门店数量、不同季节会有很大的差异，简单一个“明码标价”根本不能解决。

由于《方案》存在诸多不严密的地方，导致零售商在执行时也不得章法，导致执行效率不高，而《方案》本身依据的法律法规的级别也不高，处罚力度不大（最高处罚不超过 3 万元，对大型零售商来说是可以接受的）。

五、案例研究

1. 家乐福

1959 年成立的家乐福集团是大卖场业态的首创者，是欧洲第一大零售商，世界第二大国际化零售连锁集团，现拥有 11000 多家营运零售单位，业务范围遍及世界 30 多个国家和地区。

家乐福集团以三种主要经营业态引领市场：大型超市，超市以及折扣店。此外，家乐福还在一些国家发展了便利店和会员制量贩店。

（1）扩张历程。家乐福于 1995 年在中国开设第一家卖场——北京创益家店，从此拉开了区域扩张的序幕。1996 年进入上海和深圳。从 1997 年开始，以进入天津市场为标志，家乐福在中国大城市进入高速扩张阶段。2000 年，开设了 5 家大卖场；2002 年，家乐福在 20 个城市开设了 35 家大卖场。2004 年冠军超市在中国开设第一家分店；2005 年重庆出现了家乐福的第 60 家分店。目前，家乐福在华已开店 90 多家，并且继续保持加速扩张的趋势。

（2）扩张方式。其一，直营店扩张。直营店扩张是家乐福在中国进行跨地域扩张的最主要方式。尤其是在 2004 年年底我国取消对外资零售企业进入的数量、地域及股权比例限制以后，家乐福以独资方式开设分店的步伐大大加快。其二，收购扩张。家乐福选择与经验丰富的零售商结成战略伙伴关系，加速在中国大陆的扩张速度。2010 年，在进入中国市场 15 年的家乐福第一次以收购的方式进行扩张。2010 年 7 月，家乐福完成对河北保龙仓商业连锁经营有限公司的竞购，家乐福与保龙仓将通过股权合作形式组建合资公司——河北保龙仓家乐福商业有限公司，家乐福持股51%，保龙仓持股49%。

（3）扩张效应。一是财务规模效应。财务规模效应是指扩张给零售企业在财务方面带来的规模效益。由于企业规模的扩大，而家乐福又可以总部统一纳税，因此由于门店的增长使得店均财务费用下降。二是规模经济效应。凭借规模效应提高企业经济效益是连锁零售企业的盈利模式。家乐福在扩张过程中通过连锁经营突破了空间市场的限制，取得规模扩张，实现了人力资本以及技术的整合。并通过扩大市场份额、利用现代信息技术、强化品牌优势等手段达到了降低成本，增加收益，实现了规模经济。三是圈地效应。对于零售业来说，店铺位置是稀缺资源。中国零售业商业用地的稀缺性决定了中国内外强势零售商通过一系列扩张方式进行"跑马圈地"，来获取这种位置效应。家乐福通过激进的扩张方式，把其大部分分店都建立在交通较为便利的十字路口，并且在其战略性联盟伙伴的帮助下，打进该区域的有利商圈之中，占据到好的网点资源，比之其他跨国零售巨头，迅速抢占了地形先机，极大地获得了"商圈效应"所带来的较好的经营成果，从位置上就大大增加了与其他跨国零售商的销售竞争力。

（4）经营策略。其一，本土化策略，主要体现在：经营方式本土化，采购本土化，员工本土化。其二，业态多元化策略。家乐福以大卖场为主力业态。这种以天天低价为明显特征的廉价量贩店非常适合像中国这样的处于高速发展期的国家。大卖场的廉价性曾打压了中国零售业的多数百货商店，又在综合性上制约了中国刚刚发展起来的中小型连锁超市，这成为家乐福的成功之处。当大型综合超市站稳脚跟以后，家乐福又引进迪亚折扣店和冠军中型超市，作为其大型综合超市的补充业态。

2. 华润万家

华润超市1984年创立于香港，同年4月首家门店开业，上世纪80年代华润超市成为香港第三大超市集团。

（1）扩张历程。1992年1月，华润超市在中国内地开设第一家分店——深圳爱华店，也是国内第一家中外合资的连锁超级市场；1994年7月，华润旗下万佳百货在深圳开设全国最大的仓储式百货商场，并使该商圈快速转型为深圳的核心商业中心，创造了"一家门店带旺一条街的神话"；1995年8月开创华东市场，华润超市苏州公司成立；1997年11月华润超市北京公司成立，至此完成从南到北的连锁网络布局。2007年3月，华润万家同时进入西北、东北及中原市场，其全国布局加速发展。截至2011年12月底，华润万家员工总数超过20万人，并以827亿元的销售额，位列2011年度中国快速消费品连锁第一位。

（2）扩张方式。其一，直营店扩张。2011年是华润万家"十二五"战略规划开局之年，发展势头强劲。全年新开门店935家，实现销售规模827亿元。其中主力业态大卖场61家，高端超市Ole'超市7家、blt超市4家，Pacific Coffee71家，中艺5家、VIVO采活药妆连锁店20家。其二，战略式合作。2006年华润万家与宁波富邦集团以战略性合作方式成立宁波华润万家并进入宁波市场；2009年6月与海南省农垦总局战略合作，为华润万家进驻海南市场奠定坚实基础。其三，并购。2002年2月华润全面收购万家百货；2004年5月华润并购江苏零售连锁龙头苏果超市，从而确立华润万家在华东市场的领先地位；另外，2005 年收购天津月坛集团旗下 28 家门店，同年收购宁波慈客隆超市，2007 年收购天津家世界超市，2008 年 6 月完成西安爱家超市并购，2011 年 7 月并购江西洪客隆等都显示出其强劲的资本实力。

（3）扩张效应。一是规模经济与范围经济效应。华润万家凭借门店扩张和并购，加之多业态经营，取得显著的规模经济和范围经济。与家乐福专注于大卖场路线不同，华润万家不仅经营连锁超市，还有购物中心、城市精品超市，以多业态共同协作来争取市场，满足不同人群的消费需求。二是商圈效应。万佳百货在深圳华强北工业区开设全国最大仓储式百货商场，成功带旺了该区域的商业发展，创造了“一家门店带旺一条街的神话”，并使之快速转型为深圳核心商业中心。

（4）经营策略。其一，全国发展战略。以 2011 年开局的“十二五”战略规划为引导，华润万家迅猛发展内地市场，旗下多个业态品牌齐头并进，为实现“全国发展、区域领先、多业态协同”的发展战略坚实迈进，有力提升了华润万家在中国零售市场的竞争力。目前，华润万家各业态已进入全国 29 个省、自治区、直辖市和特别行政区的 100 多个重点城市，门店数量近 4100 个。其二，多业态协同策略。华润万家以消费提升趋势、未来消费市场细分等变化为依据，从超市、专业店等业态，走向更丰富的业态组合，Ole’、Pacific Coffee、华润堂、Voi_ la、中艺和 VIVO 采活等品牌相继进驻不同市场，成为中国同一零售企业旗下多品牌聚集于一个商业体的典范。其三，重点项目推进策略。2010 年华润万家启动“三百工程”项目，向社会承诺用 3 年时间在全国建立 100 家环保节能示范店、100 家食品安全示范店和 100 家农超对接基地，以最大努力践行企业公民责任。截至 2011 年年底，华润在全国 23 个省建立了 80 个农超对接基地、70 余家食品安全示范店和 70 余家环保节能示范店。

六、政策建议

1. 企业层面

（1）规模与效益相结合。不以效益为基础的扩张只会增加企业的经营风险。连锁零售企业在异地扩张的过程中，在注重效益的基础上务实地踏出每一步扩张步伐，在做强的过程中力求做大。国内零售企业应将区域扩张与企业自身的能力结合起来，与企业的长期发展目标结合起来。扩张前要做好长期的规划，尤其是扩张速度要与管理能力相匹配。简单的店铺扩张并非是竞争的主要手段，店铺不是越大越好，也未必是越多越好，一定要处理好开店速度与门店质量、开店速度与门店管理、开店速度与门店效益的关系。

（2）选择合适的扩张方式 。面对国外零售巨头的入侵和渗透，国内零售企业要选择正确的扩张方式，将自己的市场份额做大做强。跨区域扩张必须适合企业的实际情况，扩张过程必须积极而又稳妥，扩张结果要取得多种效应，并能避免或减少由于扩张而带来的风险损失。总体说来，一定要与扩张方式适用的条件、业态经营模式、管理水平以及同行业的竞争状况等方面相结合，选择最适合本企业的最优扩张方式。

（3）因地制宜，本地化经营。无论是百货商店还是超级市场，无论采取哪一种形式，零售企业跨区域扩张都要注意本土化经营，即将自己的竞争优势成功移植到新开发区域，按照当地消费者需求和购买特点，确定相应的业态组合和营销策略组合。

成功的跨区域零售企业在选择异地扩张时，都会对不同地区进行综合调研，选择地理、文化因素相近的地区作为区域扩张的首选点，然后充分结合当地的经营环境设计相应的业态策略和营销方案。

（4）打造品牌知名度。品牌发展和企业扩张是一个互动过程，二者一荣俱荣，一损俱损。综观家乐福在华的快速发展和华润集团的稳步扩张，就是一个品牌发展、品牌细分、品牌扩张的互动反馈过程。品牌知名度如果很高，品牌先行，店铺后行，那么零售企业区域扩张将变得较为容易。品牌知名度也是零售企业寻找强势供应商的一个砝码。所以，培育零售企业的品牌知名度，提升自身品牌扩张能力，对于国内零售企业区域扩张非常重要。

2. 政策层面

（1）切实将统一纳税政策落到实处。零售连锁企业统一纳税问题不是个新问题，这么多年一直没有得到很好的解决。国家也出台了多种政策，可是一到地区执行时就会出现问题，建议相关政府部门理顺内部利益分配关系，为内资连锁零售企业的发展创造良好的税务环境，切实打消零售连锁企业跨地经营的顾虑。

（2）增加中小零售企业融资渠道。固定资产贷款难只是零售企业融资难的一个方面。对于大型零售企业来说融资难，对于中小零售企业来说是难上加难。中小企业难以通过资本公开市场筹集资金，仅通过自有资本和自身积累难以满足资金需求，而中小零售企业融资渠道及对于银行贷款的过分依赖也导致了融资的困难。多年来，中小零售企业为保持经济健康发展做出了突出贡献。特别是在解决城乡就业、方便人民生活、繁荣城乡市场、促进国民经济持续快速发展等方面发挥了重要作用。因此，政府应当根据我国当前国情，从其实际情况出发，建立与之相适应的直接、间接融资体系，是中小零售企业迫切需要解决的问题。

（3）创造公平竞争环境。一是强化网点规划。近期，地方招商引资热情再度高涨，外资企业受到地方政府的欢迎，为了更快地占有中国市场，外资企业凭借雄厚的财力与内资企业恶意竞争，挤压国内零售企业的市场份额；对于国内大型零售企业，它们又会挤占中小型零售店的生存空间。应尽快研究和出台商业网点规划条例。杜绝恶性竞争及区域垄断现象。二是合理引导通道费用。作为连锁零售企业增加盈利的重要补充手段，通道费的存在有其合理性，作为对零售企业销售的机会成本，供应商对此也不完全拒绝，但是由于个别企业在操作上存在违规甚至违法的行为，导致由此引起零供关系紧张及对供应商和消费者的损害。虽然五部委发布了《清理整顿大型零售企业向供应商违规收费工作方案》，但是由于零售企业业务操作的复杂性，对于许多细致的问题没有涉及，仅简单的一个词，在操作上存在很多漏洞。建议政府应该进一步明确执行的细则，以指导企业执行合同。

（4）规范商业地产开发与管理。商业地产的开发与零售企业的跨区域发展息息相关，商业地产的开发规划决定了商业网点的布局。因此，对于商业地产开发用途的细化管理和规划对于今后的零售格局意义重大。只有前期的工作做好了，才会减少不必要的社会资源浪费，减少由于规划失误造成的零售门店恶性竞争。

附表 1　　二线城市 2010 年度零售企业总店及门店分布情况

城市	连锁零售企业门店在 36 个城市分布合计（个）	连锁店总数（个）	当地连锁企业门店数（个）	每个总店平均下辖门店数（个）
石家庄	1227	18	960	53
太原	1702	21	1493	71
呼和浩特	256	2	1534	767
沈阳	1432	43	1843	43
大连	2869	17	2033	120
长春	770	13	613	47
哈尔滨	994	17	852	50
南京	2528	39	10778	276
杭州	4381	78	7839	101
宁波	2117	31	1393	45
合肥	3218	29	6940	239
福州	643	20	582	29
厦门	1300	36	990	28
南昌	926	32	1488	47
济南	1069	10	3310	331
青岛	2769	50	2464	49
郑州	1760	17	629	37
武汉	3865	74	3979	54
长沙	1461	39	1445	37
深圳	3165	35	2365	68
南宁	1093	21	1773	84
海口	207	4	224	56
重庆	11181	83	10672	129
成都	2961	41	3309	81
贵阳	555	13	372	29
昆明	1545	38	2836	75
拉萨	36	1	13	13
西安	688	14	453	32
兰州	517	8	240	30
西宁	150	11	94	9
银川	666	12	1436	120
乌鲁木齐	874	26	962	37
合计	58925	893	75914	
平均值	1841	28	85	85

附表 2　　三、四线城市及乡镇 2010 年度零售企业总店及门店分布情况

门店所在地	门店数合计（个）	一、二线城市	除一、二线城市外本省门店数合计（个）	三、四线城市门店数占本省门店数比例
河北	5034	石家庄	3807	75.6%
山西	2377	太原	675	28.4%
内蒙古	2037	呼和浩特	1781	87.4%
辽宁	6774	沈阳	2473	36.5%
		大连		
吉林	1192	长春	422	35.4%
黑龙江	1560	哈尔滨	566	36.3%
江苏	18688	南京	16160	86.5%
		杭州		
浙江	21696	宁波	15198	70.0%
安徽	9314	合肥	6096	65.4%
福建	3719	福州	1776	47.8%
		厦门		
江西	3237	南昌	2311	71.4%
山东	9902	济南	6064	61.2%
		青岛		
河南	7031	郑州	5271	75.0%
湖北	5523	武汉	1658	30.0%
湖南	4388	长沙	2927	66.7%
广东	15974	深圳	6521	40.8%
		广州		
广西	4011	南宁	2918	72.7%
海南	305	海口	98	32.1%
四川	6988	成都	4027	57.6%
贵州	909	贵阳	354	38.9%
云南	3711	昆明	2166	58.4%
西藏	60	拉萨	24	40.0%
陕西	945	西安	257	27.2%
甘肃	1062	兰州	545	51.3%
青海	182	西宁	32	17.6%
宁夏	1733	银川	1067	61.6%
新疆	2648	乌鲁木齐	1774	67.0%

2012 年中国零售业
节能环保发展状况调研报告

为深入贯彻落实《国务院关于“十二五”节能减排综合性工作方案的通知》和《商务部国内贸易发展规划（2011－2015）》等文件精神，2012 年中国连锁经营协会（简称协会）受商务部流通业发展司委托对中国零售企业节能环保发展状况开展调查。本次调查范围覆盖全国 26 个省、自治区、直辖市的 193 家连锁零售企业总部及其所属的 165 家门店，涵盖大型超市、便利店、专业店、百货店等业态的有效基本信息，主要包括企业能耗状况、节能环保关键环节、绿色供应链管理建设、节能设备及技术应用、节能改造实施难点、相关法规及标准执行等内容。同时，协会还面向北京、上海、武汉、深圳等四地消费者开展了“绿色消费专题调查”，发放问卷 4000 份，回收有效问卷 3907 份。在上述两项调查的基础上，对本年度零售业节能环保状况进行了全面研究和分析，并由协会组织牵头编撰完成《2012 中国零售业节能环保绿皮书》。

调查显示，中国零售企业的环保节能意识和管理理念得到有效提升；节能实施力度加大，环保手段呈现多样性；以门店节能为切入点，逐步向供应链节能推进；关注绿色物流和绿色营销，不断挖掘新的节能环保空间；废弃物管理逐渐进入常态化，包装物减量化取得成效。

然而，调查也客观反映出中国零售业在节能环保工作取得较大进步的同时，与建设“两型社会”的要求还有较大的差距。如：多数零售企业节能环保尚停留在低成本投入的基础层阶段，水平有待提高；节能改造的投资回报期与零售企业的理想预期差距较大，制约节能环保技术的应用；缺乏针对零售业节能环保的强制性法规标准，缺乏有效的制约和激励机制。

零售企业的节能环保是一项复杂的系统工程，既需要企业不断通过创新来完善技术应用与管理水平，更需要来自政府的支持、消费者的协作、供应商的合作以及学术界的关注。

本次调研及其报告撰写在商务部流通业发展司指导下，由协会与中国人民大学环境学院合作完成。同时，在报告编写过程中得到协会零售节能环保工作小组、地方商务主管部门及部分协会会员企业的积极配合与支持。

一、绿色转型推动中国零售业的可持续增长

近年来，中国零售业的发展呈现持续高增长态势。《中国统计年鉴》显示，2001－2011 年的十年间，批发和零售业的产业增加值年平均增长率为 12.9%。2011 年，社会消

费品零售总额 18.4 万亿元，比上年增长 17.1%（扣除价格因素，实际增长 12.2%）。零售业规模扩张的同时也带来了零售业能源消耗不断增加和一系列的环保问题，尽管零售业的能耗强度和环境污染问题相比工业和交通业等要小很多，但是不容忽视的是，零售业还有许多节能降耗、减少环境影响、承担企业社会责任的契机和义务。

我国的“十二五”规划明确提出“坚持把建设资源节约型、环境友好型社会作为加快转变经济发展方式的重要着力点。深入贯彻节约资源和保护环境基本国策，节约能源，降低温室气体排放强度，发展循环经济，推广低碳技术，积极应对全球气候变化，促进经济社会发展与人口资源环境相协调，走可持续发展之路。”随着“十二五”国家经济发展模式转型的不断深化与发展，国家对零售业的节能环保工作也提出了更高要求。2011 年年底，国家发改委发布“万家企业节能低碳行动实施方案”，对年综合能耗 10000 吨或有关部门制定的年综合能耗 5000 吨以上重点用能单位的“十二五”减排目标设定了约束性指标，其中涉及北京、上海、广州、深圳、厦门等地区的多家零售企业。零售业的节能减排已不仅仅是企业降低运营成本、承担企业社会责任的需要，同时更是社会发展的外在必然要求。

2012 年 4 月，国务院新发布的《建立完整的先进的废旧商品回收体系重点工作部门分工方案》进一步明确废旧商品回收中生产者、销售者、消费者责任，支持利用多种方式开展预约回收和交易，鼓励尝试押金回收、以旧换新、设置自动有偿回收机等灵活多样的回收方式，实现回收途径多元化。2012 年 1 月，商务部《关于“十二五”时期促进零售业发展的指导意见》中，指导零售企业建立废弃物逆向回收渠道，开展绿色产品销售和废弃物逆向回收渠道建设试点工作，引导连锁零售企业与生产制造企业、回收拆解企业建立合作关系，建设“循环消费示范门店”，收旧售新、以旧换新，逐步形成低碳环保产品销售、二手商品寄售和废弃物逆向回收的良性循环体系。

2011 年年底，国家发改委、商务部、海关总署、工商总局、质检总局等五部委联合发布逐步淘汰白炽灯的公告，明确 2012 年 10 月 1 日起禁止进口和销售 100 瓦以上的普通照明白炽灯；2016 年 10 月 1 日之后 15 瓦及以上的白炽灯也被禁止销售。

国家发改委和国家质检总局自 2012 年 9 月 1 日起对远置冷凝机组冷藏陈列柜实施强制性的能效标识，依据能效等级 GB20926.1－2011 标准，要求相关产品达到国家二级能效，见表 1。

表 1　　冷藏陈列柜能效标识

	适用范围	使用的能效标准	实施时间
远置冷凝机组冷藏陈列柜	适用于销售和陈列食品的远置冷凝机组冷藏陈列柜，不适用于制冷自动售货机和非零售的冷藏陈列柜。	GB26920.1－2011 商用制冷器具能效限定值级能效等级 第 1 部分：远程冷凝机组冷藏陈列柜。	2012 年 9 月 1 日

此外，针对行业所反馈的零售业节能环保标准缺失的状况，相关政府部门将加快标准体系建设工作列为“十二五”期间的重点内容，商务部等部门正在着手制定零售商店节能低碳评定标准、超市废弃物处理规范等多项行业标准。这些都标志着国家对零售业的环保节能的宏观管理逐渐步入规范化和常态化，零售企业也就必须不断调整自身的环保节能

策略以进一步适应国家宏观管理的更高要求。

2012 年，受商务部委托，协会对全国 26 个省市的 193 家零售企业总部及其下属的 165 家门店进行节能环保发展状况调查。调查显示：零售企业的节能环保意识普遍增强，对节能环保投资的力度和范围也在不断加大。目前，零售企业环保节能实施主要集中于门店经营场所，其中 60.1% 的被调查企业对既有门店进行节能技术改造。整体看，2011 年有 31.6% 的零售企业对其旗下 50% 以上门店实施了节能改造。随着社会对零售业节能减排、绿色发展的关注度不断提高，相关政府部门陆续出台了多项指导性文件，这也为零售业的绿色运营进一步指明方向。

从零售企业自身而言，多年保持的高增长态势奠定并累积了企业的发展实力，从客观上讲企业具备了一定的实施节能环保的物质基础；同时伴随市场竞争进一步加剧，企业更加重视自身的品牌建设，主观上承担社会责任的意愿加强。当前市场经济环境下，运营成本高企，企业谋求更全面的精细化管理，实施有效的能源管理，通过节能实现创效，已被越来越多的行业领先企业所共识。

同时随着经济发展水平的不断提高，消费者的绿色消费意识明显地增强。2012 年，协会对北京、上海、武汉、深圳四地的近 4000 位消费者进行绿色消费意识调查，结果显示，30.9% 的受访者认为零售企业的积极环保形象很大程度影响自己的消费决策，同时还有 49.48% 的消费者认为零售企业的积极环保形象一定程度影响自己的消费决策。这从客观上对零售企业的节能环保工作提出了更高要求，并与企业树立绿色品牌形象产生更为密切的关联。

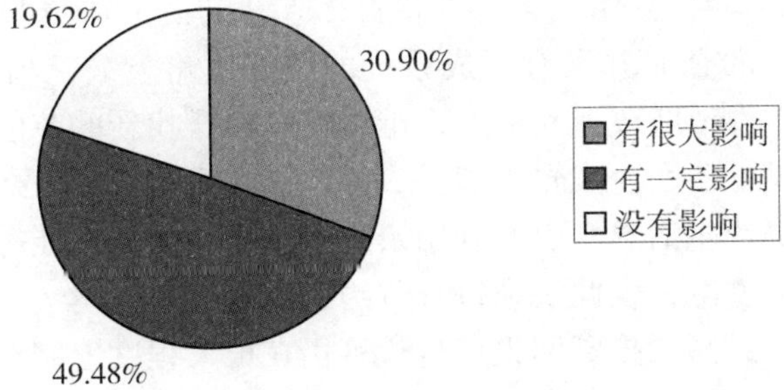

图 1　零售企业的环保形象对消费者的影响

1. 零售业绿色运营理念逐步加强，面临进一步节能挖潜挑战

据国家统计局数据，2003 年至 2010 年零售业平均的产业增加值为 13.5%，而同比的能耗增加值仅为 2.24%①，零售企业节能减排已经取得非常显著的成效。“十一五”期间，零售业响应政府号召，积极参与“零售业节能行动”，通过采用节能技术设备，引入管理节能理念，不断深入挖掘企业自身的节能和环保潜力，基本实现了 15% ~20% 的节能降耗目标。例如家乐福中国，2007 年起开展节能店建设以及既有门店的节能改造，累

① 数据来源：中国国家统计年鉴

计投入约 3 亿多元，取得显著的节能改造投资的效益：与 2004 年相比，2010 年单店的平均耗电量下降 16.7%，单位面积耗电量下降 28.6%。

自 2007 年以来，流通领域中的节能概念商店不断涌现，众多企业将实施绿色运营列为企业策略目标之一。为推动节能型零售门店建设，协会于 2010 - 2012 年启动了“百家低碳示范商店”推选活动。这是一个为期三年的行业公益项目，评选出 100 家低碳示范店。通过“百家低碳示范商店”推选活动，从一个侧面展现出中国零售业节能环保工作所取得的显著成就：零售业的节能环保已经从宣传、动员转化到切实行动中，逐渐成为零售企业绿色运营策略的组成部分；通过创新管理模式，企业的能效管理水平逐步提高并取得显著的经济效益；以外资为代表的零售企业将国际环保节能最佳实践以及新理念、新技术不断引入国内，加快了中国零售业的环保节能实施进程；立足门店节能减排，更多零售企业注重与社区消费者的交流，通过定期举办多种形式的节能环保宣传活动，全力打造引领低碳消费的绿色窗口形象。

据协会《中国连锁零售企业经营状况分析报告（2011 - 2012）》显示：2011 年中国连锁企业的人工费用上涨 26%，租金成本上涨 10% 左右，成本上升对于净利润率长期维持在 1% ~ 3% 的相对较低水平的零售业而言是一极大挑战，零售业必须通过精细化管理，不断降低运营成本以保证其竞争优势。能源费用是仅次于人工和租赁的第三大费用项，能源价格的不断上升进一步增大了能源费用的比重，降低能耗就是降低能源费用支出，企业需要“节流”以控制成本。如何立足门店的节能减排，将绿色运营作为企业创新手段，以促进企业经营实现新增长，是企业决策者需要考虑的战略问题。

我国零售行业整个节能还处于刚刚起步阶段，有许多可以实施改造的空间。从 2010 - 2012 年商务部的调查反馈结果看，企业的节能改造重点集中在照明、空调和冷冻冷藏这三个能耗关键点，许多的企业并没有形成系统的节能战略，缺乏精细化管理的理念和手段，因而当门店的一次性节能改造完成后，难以持续性寻找新的节能空间。例如，零售门店的空调、冷冻冷藏设备会产生大量的废热，目前仅有 7.27% 的受调查企业会回收利用废热，为企业提供生鲜或生活热水以及利用余热回收系统用于储能等。又如某企业利用平时闲置的消防水池进行蓄冷，仅此一项每月节约的能源费用就达 7 万 - 10 万元。

此外，节能投资额过高、投资回报期过长等仍在很大程度上制约着企业的节能深化步伐。据 2012 年企业调查显示，零售企业实施节能技术改造的资金投资回收期最短的是 3 个月，最长的为 15 年，平均回收期为 4.2 年。受制于低利润率，零售企业一般会优先投资于一些节能效益好、投资回报期较短的项目，相反即使节能效益显著但投资额大、回报期长的项目也很难吸引企业，这在很大程度上制约了新能源的应用和推广。同时多数的零售企业还以租赁物业为主，双方在节能改造中的意愿和目标不尽相同，无疑一定程度上制约着企业的大规模系统节能改造。

据 2012 年企业调查显示，72% 的企业所投入的技术节能资金全部由企业自筹，现实是，许多连锁零售企业进行节能改造时，往往会通过与设备供应商以规模化招投标的方式降低节能设备的价格，节约成本。但因受经济增长趋缓，经营成本高涨的影响，2011 年以来零售业新开门店的步伐明显放缓，规模化招投标降低成本的优势明显下降，客观上增大了节能深化的难度。

国家发改委、商务部在“十二五”期间继续积极推进合同能源管理模式，以期能够为企业解决节能深化过程中的技术和资金瓶颈提供一定的帮助。但调查发现，只有19%的企业表示所投入的节能改造资金是通过完全采用或部分采用合同能源管理模式来实现的。探索建立符合零售业节能特点的合同能源管理模式，将有助于推动零售业节能的深入开展。

2. 零售业的能耗分类与特点

零售业具有能源消耗的地域性差异和业态差异较大，能源消耗总量大，能耗点多，节能技术涉及面广、节能实效认定难度大等特点。零售企业由于业态、经营商品品种以及经营面积、地域气候等差异性因素，直接影响零售企业的门店能耗表现。同时，对于营造购物环境的不同追求，不同定位，企业间的能耗差距也非常显著。总体说来，零售企业的能耗主要集中于三个方面：基础能耗、运营能耗和管理能耗。

基础能耗是指保障经营场所基本功能的能源消耗，即通常所说的建筑能耗，直接影响因素包括建筑设计、建筑材料使用等。据2012年企业调查显示：门店100%为租赁物业形式的企业占33%；门店为自建和租赁物业两种形式的企业占47%，门店全部为自建物业的企业占20.3%。综合来看，企业拥有自建物业门店比例在逐渐提高。对于拥有自建物业，特别是拥有大型商业建筑的零售企业，尤其应该关注建筑节能问题，将节能环保理念贯穿到建筑设计、建造和运营的整体过程中，这将直接影响未来的运行费用高低，直接反映用能水平。企业调查显示，36%的企业认为结合自建物业比例加大，关注建筑节能效率提高将成为企业下一步的节能推动工作重点。分析企业实践案例，部分拥有自建物业的领先企业对于基础能耗的管理，走在了行业的前列并取得显著成果，如万达集团于2010年至2011年间，有16个大型购物中心获得住建部绿色建筑设计标识认证，其中广州万达白云广场为二星级“绿色建筑设计评价标识”。万达广场购物中心相比全国同类建筑能耗水平，节能15%～20%。

据企业调查显示，大部分企业对自建物业更注重投资的长期回报，而对租赁物业更注重短期回报。在自有物业节能改造或节能设备项目的推进方面更易开展，公司节能方案可以得到充分发挥；而租赁物业必须得到业主同意才可开展，诸多项目会因此搁置。在保证项目预期节能目标的前提下，租赁物业更偏重在租期内回收成本。但在预期节能目标上是一致的。

面对租赁物业难以参与前期的建筑设计和施工这一难题，部分零售企业通过借助第三方节能建筑评价来了解建筑能耗，如绿色建筑评价标识是我国最常用的节能评价认证，见表2。

表 2　　《绿色建筑评价标准》部分内容

	控制项	一般项	优选项
建筑设计	建筑规划设计充分体现所在地域的气候、经济、历史、文化等特点，并同自然环境特征相协调。	建筑总平面设计有利于冬季日照并避开主导风向，夏季则利于自然通风。建筑主朝向选择本地区最佳朝向或接近最佳朝向。	结合模拟手段进行建筑规划设计优化。
		占地标准、建设规模和荷载余度适宜，有效节约资源。	从建筑全生命周期角度，通过技术经济分析确定各项技术、设备、材料的选用。
建筑外墙	围护结构热工性能指标符合国家和地方公共建筑节能标准的有关规定。	建筑外窗可开启面积不小于外窗总面积的 30%，透明幕墙具有可开启部分或设有通风换气装置。	
	围护结构内部或表面无冷凝现象。	建筑外窗的气密性不低于《建筑外窗气密性能分级及其检测方法》GB7107 规定的 4 级要求。	
	建筑外窗的隔声性能达到《建筑外窗空气声隔声性能分级及其检测方法》GB 8485 中 II 级以上要求。	建筑屋面采用种植屋面技术。	
建筑材料	建筑材料中有害物质满足《室内装饰装修材料有害物质限量》GB18580－18588 和《建筑材料放射性核素限量》GB6566 的要求。	施工现场 500 公里以内生产的建筑材料用量占建筑材料总用量 70% 以上（按重量计）。	从全生命周期（包括材料的生产、运输、使用、维护、废弃、再生利用等）评价并优选所用建筑材料。
		使用耐久性好建筑材料，如高强度钢、高性能混凝土等建筑材料。	
		使用可改善室内空气环境的功能性装饰装修材料。	
	室内装饰装修材料对室内空气质量的影响符合《民用建筑室内环境污染控制规范》GB50325 的规定。	结构施工与装修工程一次施工到位，不破坏和拆除已有的建筑构件及设施，装修时避免重复装修与材料浪费。	用高性能、低材耗、耐久性好的新型建筑结构体系。
		在保证性能的前提下，优先使用工业或生活废弃物生产的建筑材料。	

我国大型公共建筑的温度调节主要依赖于空调，所以空调也往往成为建筑能耗的主要构成，一般的空调系统能耗约占总能耗的 30% ~40% 左右。

运营能耗是指零售企业在经营过程中所产生的各种能耗，如照明、冷冻冷藏、电梯、厨房等，这部分的能耗往往与业态及企业的运营状况密切相关。

管理能耗是通过强化管理、优化流程等手段，减少基础能耗和运营能耗的浪费，这部分能耗并非实际发生，但却可以通过人为的有效控制减少实际能源消耗量。据企业调查显示，一定比例的零售企业积极尝试采用不同的能源管理手段来控制降低管理能耗，如图 2 所示。值得注意的是，有 42.16% 的企业建立了能耗记录，还有 38.38% 的企业建立了能源管理信息系统。分项计量的能耗记录是节能运行的优化的关键之一，以用来控制和消除非正常的状况，实现管理节能。而 EMS 能源管理系统利用远程监控及时发现能源损耗，解决零售企业的门店分散、门店中往往缺乏专业的维修人员、无法实时掌握门店设备运行状态以及缺乏专业的能耗管理人员等问题。许多零售企业已经意识到 EMS 系统的特殊重要性，2012 年受调查企业中，建立能源管理信息系统的比例约为 38.4%，明显高于 2011 年 24.3% 比例。相关的研究数据表明：不规范的操作和管理所造成的能耗损失约占总能耗的 5% ~8%。

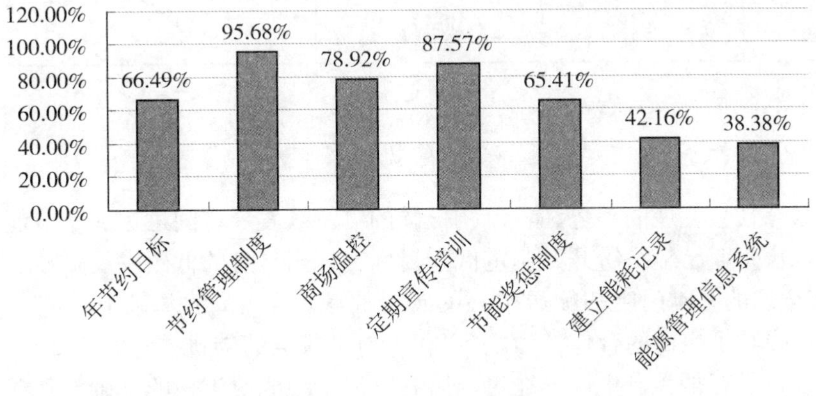

图 2　零售企业所采用的能源管理措施比例

商业场所的“用能水平”或“节能水平”，是开展节能管理的主要管理依据和管理目标。评价“用能水平”的标准通常包括节能技术应用的多少、实际节能量、单位面积能耗等，但这些都不完全等价于“用能水平”。零售业的节能主要做好两件事：用能水平的评价和节能技术的选择。如商业建筑中，各项设备系统提供的“服务”往往难以计量和监测，在这种情况下，对于功能相同、营业状况与服务水平类似的建筑（特别是连锁化发展的商业地产项目），分项的单位面积能耗仍可作为评价“用能水平”的重要依据。通过建立能源管理系统，采集并存储各设备系统的能耗数值，是开展节能管理的重要技术基础。特别是“冷热量”可作为评价空调系统提供“服务量”的重要参数。集中空调系统提供的总冷热量易于计量，进而可量化出一系列的效率指标，可参考国标《空气调节系统经济运行》（GBT17981 -2007）对这些指标进行评价，进而量化不同建筑空调系统的用能水平。

能源审计可以是企业自身审计和第三方审计，由于我国零售业发展现状所限，往往企业自身审计受到能力和技术的限制，定期选择第三方能源审计会帮助企业厘清能耗关键点，挖掘节能潜力。以某超市进行能源审计为例，该门店主要的能耗构成为：照明 21%，冷冻冷藏 19%，HVAV27%，其他 33%。因而确定关键的节能点即为主要的能耗点，进一步通过能源审计发现更大的节能空间（依用能类型），见表 3。

表 3　　能源审计新发现的节能空间（依用能类型）

系统	描述	节省
暖通空调	打开冷冻水泵的变频器	28404 千瓦时
	规范冷冻水泵和冷却水泵的运行时间	3465 千瓦时
	为 AHU 系统增加变频器	
	根据客流量调节新风阀的开度	
	找到冷却水循环的漏水点	1800 吨
冷冻冷藏	保持冷柜商品低于装载限制	

3. 零售企业探索低碳运营，深入挖掘减排空间

低碳是当今社会发展的趋势和主流，低碳的可持续发展空间远远大于节能。许多国际领先的跨国零售企业已经纷纷开始制定低碳目标，探索自身的低碳发展路径。例如，2010 年 TESCO 在全球的基本门店和配送中心的碳排放减少 7.8% 的基础上，进一步拓宽气候变化策略，加强与供应商的合作，力争 2020 年前供应链的碳排放量减少 30%。宜家根据自身对产品设计具有很大自主性，在对门店和物流中心能源审核的基础上，深化为顾客提供可持续产品的理念，设计销售多种新型的节能产品、大力推动可再生能源的利用，并率先提出减少水足迹。

调查显示：环保制冷剂的替换和防泄漏就是零售业门店降低碳排放的一个关键点，目前，国内零售企业在这个领域具有非常大的可挖掘空间。据企业调查反馈，61.2% 的受调查企业在全部或部分使用 R22 氟利昂制冷剂，11.2% 的受调查企业使用 R404a，10.3% 的受调查企业使用 R134A，这些制冷剂都达不到相关国际公约所要求的冷媒 ODP（大气臭氧层损耗潜能值）为零，GWP（全球变暖潜值）在 1000 以下的要求。

国外零售企业已经开始普遍采用 R777（CO_2）充当制冷剂，跨国零售企业中，包括沃尔玛、家乐福、TESCO 等也在中国一些门店尝试采用 CO_2 制冷剂。如 TESCO 乐购，于 2011 年 8 月首开二氧化碳冷冻系统的零售门店——上海莘东店。该店的制冷系统创新性地采用二氧化碳取代氟里昂作为制冷剂，使得制冷剂的充注量从 1500kg 骤减至 120kg，大大降低了氟利昂的使用量及温室气体的排放量，有效降低了对臭氧层及大气的潜在危害，该店预期年节能达到 25%，每年预期能减少电耗 118 万千瓦小时，减少碳排放量 1176 吨。继莘东店之后，TESCO 在中国的第二家采用二氧化碳冷冻系统的门店——乐购金星店于 2012 年 2 月在北京开业。2012 年年内将有四家采用该技术的乐购门店开业，以进一步推广该项技术的应用，减少门店运营对环境的影响。

部分制冷剂的 ODP 和 GWP 值见表 4。

表 4　　水冷条件下的冷媒特性

制冷剂	大气寿命	ODP 破坏臭氧层	GWP100 Yr 温室效应	COP 理论循环效率
HCFC－22	11.8	0.034	1900	10.85
HFC－125	32.6	0	3800	9.88
HFC－32	5.6	0	880	10.57
HFC－134a	13.6	0	120	10.89
HFC－152a	1.5	0	190	11.13
HFC－123	1.3	0.012	120	11.38
410A（32/125）	混合工质	0	1730	10.51
407C（32/125/134a）	混合工质	0	1530	10.69
404A（125/143a/134a）	混合工质	0	4540	10.11

同时，加强冷媒泄露的控制管理，也可以有效地降低企业运营过程中的碳排放。据企业调查显示，76.81%的受调查企业依靠公司内部派人或请专业公司定期检查冷媒，但仅有14.49%的受调查企业采用智能化系统对设备进行时时监控。

低碳环保空间潜力巨大，零售企业的低碳环保实施可以贯穿整个供应链体系，除自身门店的新能源利用外，与供应商开展合作减少生产环节对环境影响，直至关注消费环节上的废弃物回收，都将有助于零售企业降低碳排放。据企业调查显示，15%的受调查企业已开始在新开门店中不同程度引入自然光照明系统、太阳能热水器系统等技术设备。

二、2011 年零售业低碳节能之路

1. 零售业不同业态企业的能耗构成比较

2010　2012 年商务部连续三年指导开展对全国多个省市的零售总部和门店进行环保节能状况调查。调查数据显示，零售业能耗占比最大的依次为照明系统 34%、空调系统 25%、小商铺 17%、冷冻冷藏 9%、电梯 7%，见图 3。

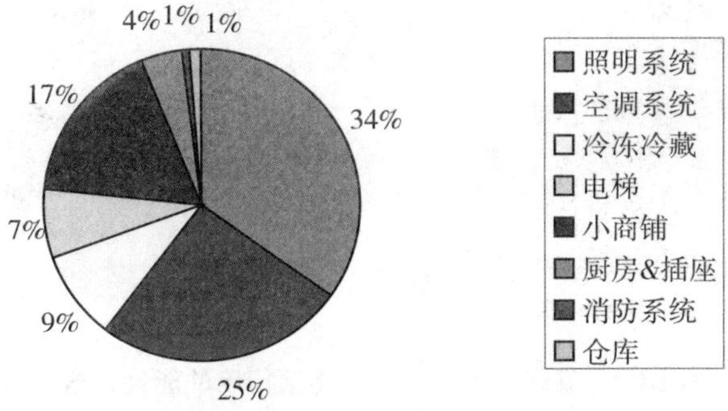

图 3　零售业整体能耗比例

但因地区以及业态的差异，导致门店能源消耗的比例会产生显著差异，见图 4 至图 7，分别列举了不同业态零售门店的能耗构成。

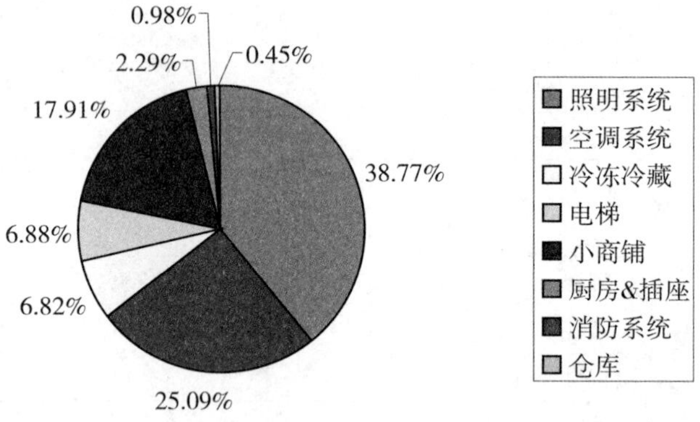

图 4　不同业态的零售企业能耗分布——百货业态门店

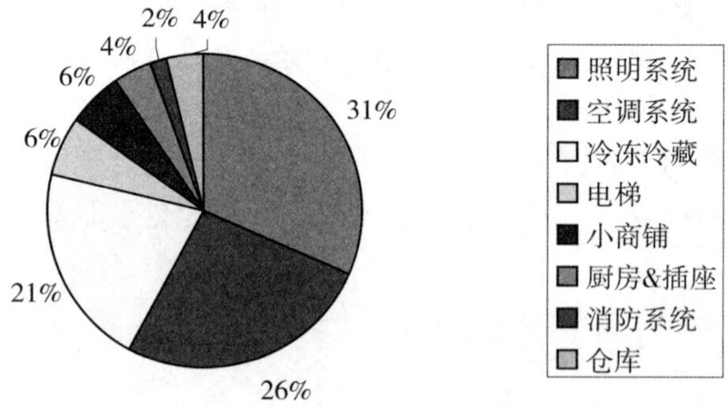

图 5　不同业态的零售企业能耗分布——超市业态门店

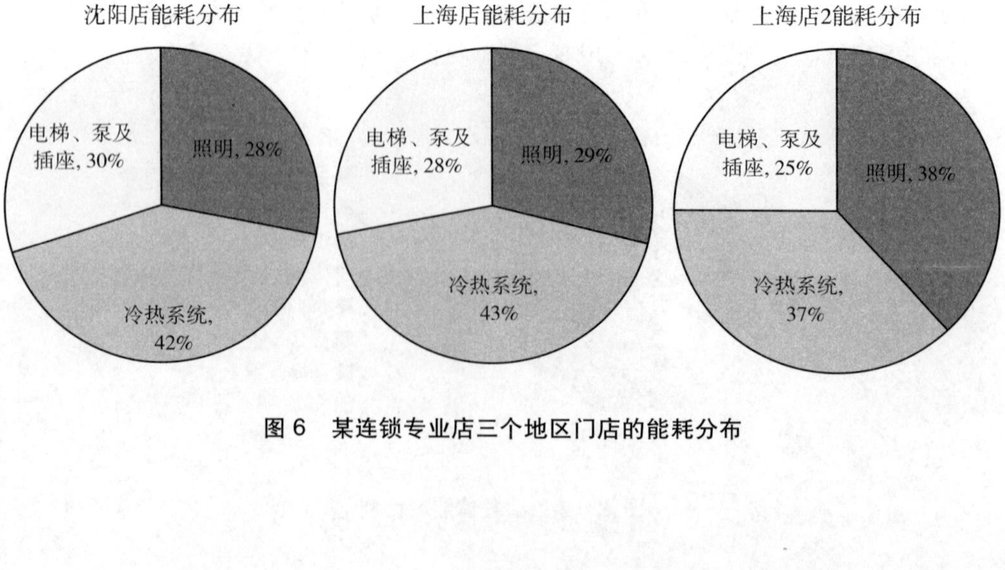

图 6　某连锁专业店三个地区门店的能耗分布

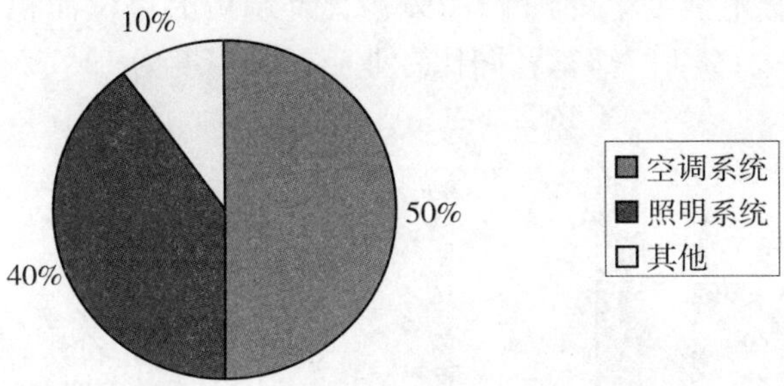

图 7　购物中心门店能耗分布①

2. 深化对既有门店的节能改造与实施，效果显著

调查显示：52% 的企业在 2011 年对既有门店设备进行了节能改造，其中 17.5% 的企业对一半以上的门店进行节能改造，约有 5% 的企业对所有的旧有门店设备进行了改造。对每个既有门店改造的投资平均额为 332.63 万元，明显高于前两年投资额平均值，其中投资回报期最长为 15 年。这些结果充分表明了零售企业对于降低运营能耗的重视程度明显得到强化。

据企业调查反馈，94.4% 的企业对既有门店的照明系统实施节能技术改造，55.2% 的企业对冷冻冷藏系统实施改造，35.2% 的企业对电梯系统实施改造，另外还有一部分企业对小商铺、仓库实施改造，见图 8。

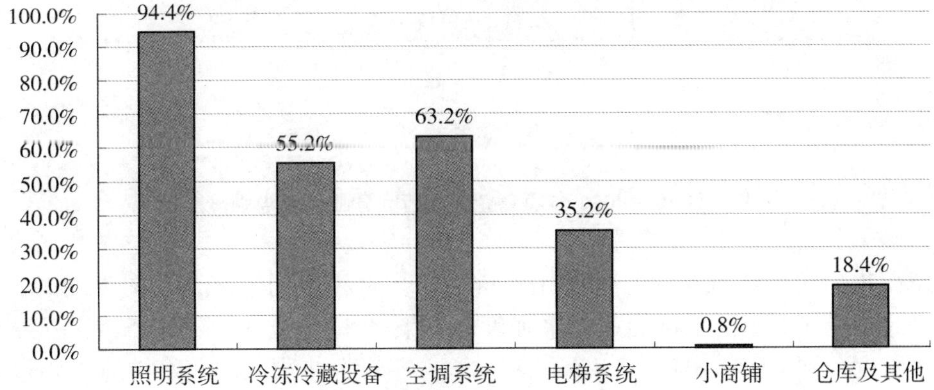

图 8　2011 年零售企业节能改造投资的方向

伴随企业对既有门店节能改造工作的深入，从最新的企业调查数据可以看到，2011 年各业态零售门店的单位面积耗电强度均有不同程度的下降②，见图 9，单位万元营业额的耗电强度如图 10 所示。比较 2011 年和 2010 年百货业态的单位面积耗电强度，略有上

① 数据来源：万达购物中心提供。

② 本报告中所有体现的面积均为营业面积，单位面积耗电量即为耗电量与营业面积的比值。

升，但万元营业额的耗电强度下降约 13.2%；大型超市的单位面积耗电强度和万元营业额耗电强度分别下降 9.1% 和 7.8%；同比专业店下降幅度为 12.7% 和 13.6%。

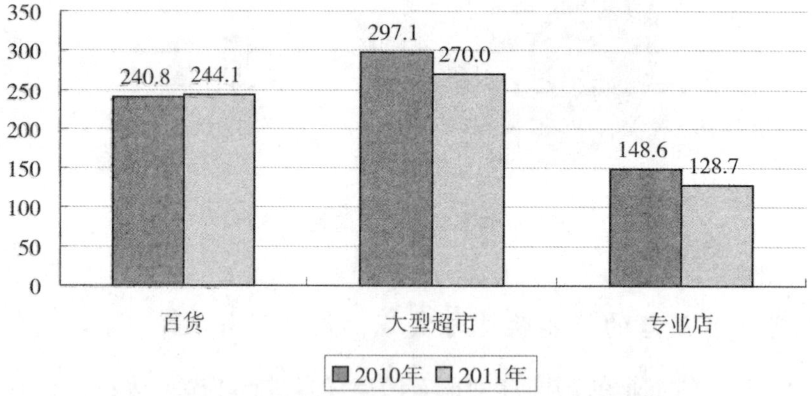

图 9　2010－2011 年零售企业的单位面积耗电强度对比

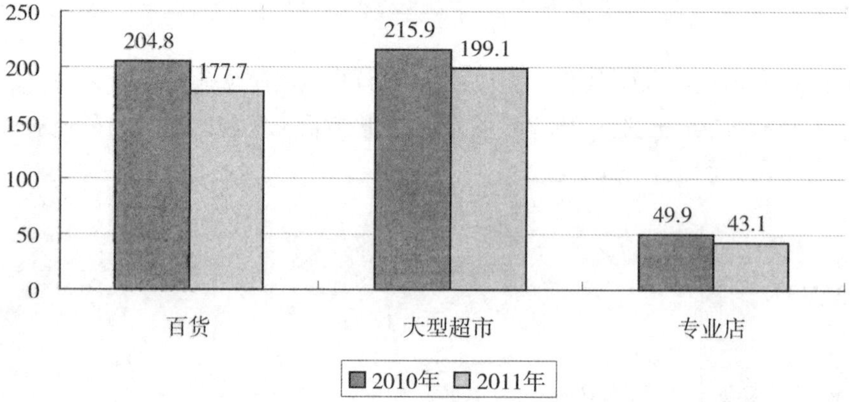

图 10　2010－2011 年零售企业的万元营业额耗电强度对比

单位面积的耗水量和万元营业额耗水量均有一定程度的下降，见图 11 和图 12，百货、大型超市和专业店的单位面积耗水强度分别下降 8.6%、5.0% 和 25.4%；万元营业额的耗水强度分别下降 6.8%、8.5% 和 25.2%。零售企业采取的节水措施主要包括：重点部门安装分表、节能阀、感应装置、中水回用等，采用上述措施的企业在调查中的占比较 2009 和 2010 年均有所提高。

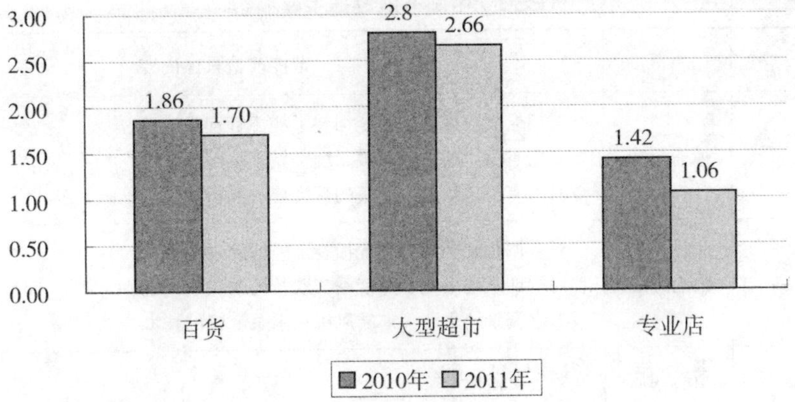

图 11　2010 –2011 年各业态的单位面积耗水量

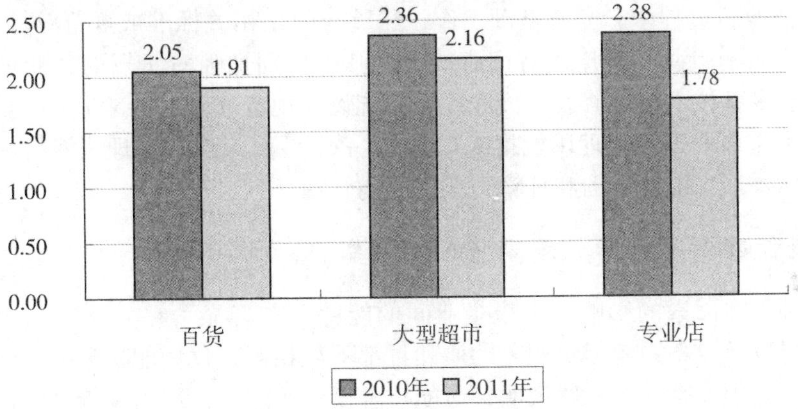

图 12　2010 –2011 年各业态万元营业额耗水量

以家乐福杭州某门店的改造为例，该门店开业于 2003 年，在 2009 –2011 年期间，先后对冷冻冷藏、照明、空调自控、节水设备等进行改造。节能改造成果：该门店每年节电约为 589211KWh，合计每年节约 327779kg 标准煤。

除了采用节能技术设备对既有门店实施改造外，许多零售企业不断提高管理节能意识，通过强化管理手段来促进节能效率的持续提高。主要包括：

（1）重视总体规划，制定中长期战略目标。如天虹商场，从战略高度统筹节能工作。为了切实推广节能降耗工作，公司专门设立了专业的管理机构——能源管理分部，全面负责各区域商场节能管理的组织、监管和协调工作，更加专业、高效地管理公司能源，深入推进节能降耗。同时建立节能工作原则：节能不以降低商场购物环境标准为代价。

（2）设定可行的节能目标和实施计划，保证节能改造工作贯彻实施。如 TESCO 中国，为响应国家总体节能减排战略目标以及 TESCO 总部的节能目标，中国总部制定了详细的节能减排目标和实施计划。其节能改造计划从 2008 年开始，制定的目标是通过对旧店实行节能改造使旧店的能耗水平跟 2006 年的状态相比，达到 15% 的节能。主要实施内容见表 5。

表 5　　TESCO 中国节能改造主要内容

时间	门店范围	节能改造具体内容
2008 年下半年开始至 2009 年年中	所有门店	◇对门店的冷冻冷藏系统加装了能源管理系统； ◇对所有门店的冷冻冷藏系统都做了热回收系统； ◇对所有门店都做了彻底的深度检查和再调试、维修工作。
2009 年初开始至 2009 年年底	所有门店	◇对空调系统和照明系统加装了能源管理系统； ◇对空调系统采用了过度季节取新风的控制模式； ◇对空调系统采取了末端风机和水泵变频的技术。
同期	所有门店	安装电量监控系统
2009 年 4 月	总部	建立 TESCO（中国）的能源管理中心。有效地集中管理设备和组织节能措施。

（3）节能改造过程中，完善基础工作，注重与国家相关标准或规范对标。如大润发，2008 年以后总部有计划地推广既有门店改造。其中特别加强对卖场的节能项目做数据分析、门店节能设备技术参数修改，冷冻冷藏系统设计规范修改。参考上海市质量技术监督局发布的《大型商业建筑合理用能指南》，规定了大型商业建筑合理用能指南的术语和定义、用能指标要求、统计范围和计算方法、用能管理。

3. 节能低碳示范商店领跑零售门店升级

受到多种外在因素的影响，零售企业间的能耗存在着显著差异，业态功能、商品结构、营业状况以及设备系统提供服务的质和量都不尽相同，仅凭能耗数据横向比较往往有失偏颇。但是，领先企业的实践证明，节能技术设备的广泛应用以及管理的精细化，有助于企业拓展低碳运营的新空间，并有利于门店提高运营效率，提升竞争力。

2010－2012 年期间，协会持续开展“百家低碳示范商店”推选活动，截至 2012 年 8 月，从大型超市、百货店、家电专卖店、家居建材专卖店、便利超市、购物中心等不同业态的 45 家零售企业的 19195 个门店中评选出 100 个“低碳示范商店”，地域范围覆盖了全国 18 个省级区域的 48 个城市。在所推选的低碳示范商店中，大型超市和超市占 46%，百货店占 29%，专业店占 25%。打造低碳节能概念店正成为企业改造既有门店的主要目标，以此为标准完成门店升级，进一步提升品牌形象，实现门店业绩再增长。如沃尔玛的低碳示范店不仅提出实现 40% 的节能目标，同时也提出在此基础上要减少 20% 的碳排放。

分析百家低碳示范商店的用能情况与节能水平，相比行业普通门店的能耗数据，发现存在较大的差异，见表 6。低碳示范店是从各连锁企业推选的节能效益显著的门店中评选出的，所有的低碳示范店是在提供优良购物环境和服务的基础上实现的节能。与同一地区的受调查的普通门店相比较，在提供同等的购物环境和服务的条件下，低碳示范店的能耗水平明显低于普通门店，这表明在保证良好购物环境的前提下，普通店还有较大的节能空间。

表 6　　　　　　　　　　　　　低碳店与普通门店的能耗比较①

区域	不同业态能耗（$KWh/m^2.a$）					
	百货		大型超市		专业店	
	低碳店	普通店	低碳店	普通店	低碳店	普通店
华北地区	170.8－370.1	188.7－305.8	143.4－260.6	161.5－307.0	57.7－138.4	27.9－141.9
华中地区	192.3－251.6	223.1－319.6	175.4－324.2	197.3－412.0	83.7－137.7	65.5－173.2
华南地区	——	175.2－284.7	236.6－320.7	121.7－429.3	——	43.3－185.8

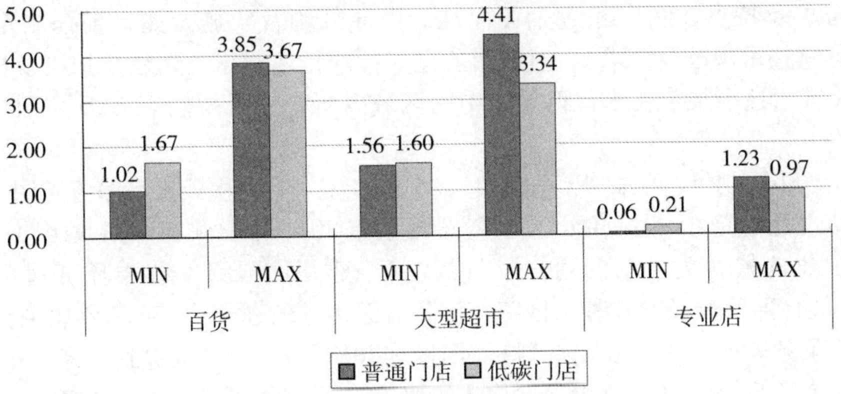

图 13　低碳店与普通店耗水量的比较

4. 发光二极管 LED 带来商业照明大变革

照明是零售企业的最主要能耗点之一，照明系统约占门店总能耗的 34% 左右。企业调查显示：94.4% 的企业对既有门店的照明系统实施节能改造。门店卖场区采用节能照明器具最广泛，此外户外招牌、店中店、生鲜区、物流仓库和停车场也多被用到，其中 46.67% 的受访企业采用 LED 作为节能器具，该比例远高于 2009 年、2010 年的调查结果。其中，26.27% 的企业 LED 灯的使用比例超过六成，见图 14。零售企业的照明节能系统应用，处在一个传统技术（T5、T8）与 LED 引领的新技术交替并存阶段。

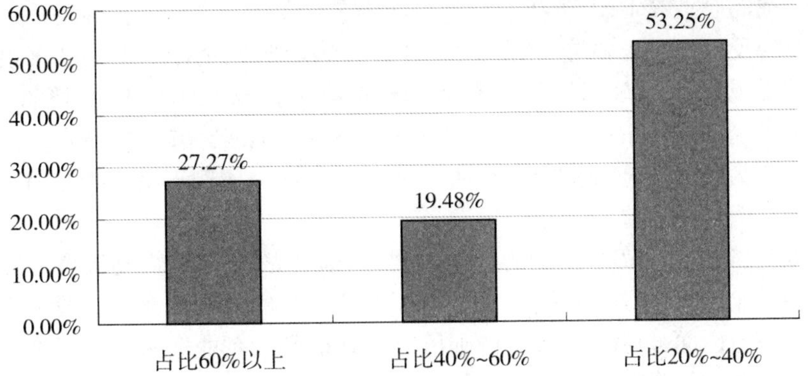

图 14　LED 灯占企业照明灯具的比例

① 数据采用 T 检验，95% 置信水平。

近两年来，LED 灯具在商业领域广泛推广应用，主要得益于 LED 产业的迅速成熟，以及 LED 生产成本的快速下降。但目前的 LED 技术广泛用于商业营业场所还存在一定的缺陷。如眩光性和舒适性不如传统光源，为避免眩光，增强舒适感，企业不得不用导光板、有机面板等方式予以控制和消除，但这又影响了灯具的效率，从而降低了 LED 针对传统照明产品的光效优势。随着技术的日新月异，LED 光效还在不断提升，建议超市卖场可循序渐进，逐步改造，在配置上可提出相应的要求，尤其是在关键的芯片、启动电源、散热装置上提出限制性的要求。有条件的零售企业可参照国家相关标准或规范，结合企业自身需求及特点，制定相应企业标准，指导采购及实施。如家乐福制定“商铺区 LED 照明灯具技术规范及要求”，对照明质量、特殊技术要求、运营维护以及检测等核心因素制定标准。这个技术要求仅适用于中国区域内所有家乐福门店 LED 照明灯具采购招标用途。

国家在逐步强制性淘汰白炽灯的同时，“十二五”期间积极推动绿色照明工程。2011 年，国家发改委环资司、财政部经建司发布《关于 2011 年财政补贴高效照明产品推广任务及推广企业选择有关事项的通知》，财政部经建司、国家发改委环资司出台《关于“2012 年半导体照明产品财政补贴推广项目”有关事项的通知》，2012 年国务院发布《国家基本公共服务体系“十二五”规划》（国发［2012］29 号）也提到，将安排 22 亿元财政支出支持推广节能灯和 LED 灯。业内人士测算，22 亿元的补贴将使 LED 灯的价格降幅达到 15% ~20%，将刺激全国加速 LED 照明产品的推广应用，特别是民用和商业 LED 照明市场。可以预计，LED 将给零售企业的营销模式和购物体验带来一场巨大的改变。有研究显示，在商场布设不同色彩的 LED 灯光将能提升 2% ~5% 的销售业绩。

5. 持续跟进国家政策动向，调整企业运营策略

2012 年企业调查显示，企业对国家的政策动向敏感度明显提高。一方面，伴随“十二五”经济结构调整与转型精神，必定会有许多新政策和新标准出台，了解国家最新政策才能更好适应形势变化；另一方面，企业的社会责任意识逐步提高，节能减排被越来越多的零售企业列入企业持续发展战略目标中，调整自身运营策略，在社会上树立良好的企业品牌形象，提高企业核心竞争力。

据企业调查反馈，88% 的企业已根据国家《能源管理体系要求》建立健全企业的能源管理体系并形成配套的规章制度；有近 4% 的企业获得 ISO14001 环境管理体系认证，近 28% 的企业有意向在近一两年内进行认证；还有 41% 的受访调查企业，将供应商是否遵守环境法规作为选择供应商的重要参考因素，尽管这一比例不足一半，但较之上一年度的调查比例已有明显的提高。

对“什么是影响企业实施节能的最大障碍?”67% 的受调查企业认为，目前最大因素是政府给予零售业的鼓励政策及资金支持力度不够。政府的行政命令手段可以有效地限制各种环境违法行为，而鼓励和财政支持则可以更好地激励企业实施节能减排。

2012 年 9 月 1 日，《远置冷凝机组冷藏陈列柜能源效率标识实施规则》正式实施，这是国家强制实施的商用冷冻冷藏设备的能效标准。如，冷藏系统的能耗组成，见图 15。

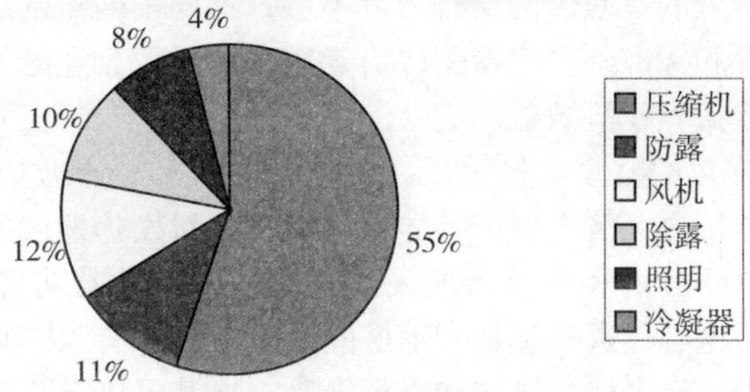

图 15　冷藏系统的能耗组成

业内专家认为，此标准的实施，将进一步深化零售业节能进程，推动零售企业更加关注节能设备的效能，从关注一次性采购成本，向关注运营成本转变。零售企业的相关人员要结合自身运营的具体实际，不断提高对节能设备及技术的应用水平，积极贯彻执行国家标准及相关要求。

三、零售业节能环保的困难与障碍

随着零售业节能环保工作的逐渐深化，存在于实施过程中的矛盾和困难也日益凸显，这些困难既有来自企业自身的，也有来自外部的经济运行模式和经济发展大环境。

1. 政府的政策支持力度不够

2012 年企业调查统计显示，零售商认为影响企业节能实施的主要障碍包括：相关政府部门给予的鼓励政策及资金支持力度不足，占比 67. 36%；节能技术和测量方法标准缺失，很难准确评价节能效益，占比 45. 6%；用于整体节能系统的前期直接投资过大，影响企业实施系统改造进程，占比 50. 78%；缺乏相关专业人才，对节能设备技术的应用把握度不足，占比 41. 45%；企业决策者重视度不够，相关管理制度和工作流程不完善，占比 5. 7%；还有 27. 98% 的企业认为是其他因素，如部分租赁门店节能改造实施困难或电价问题影响商业企业运行等，见图 16。

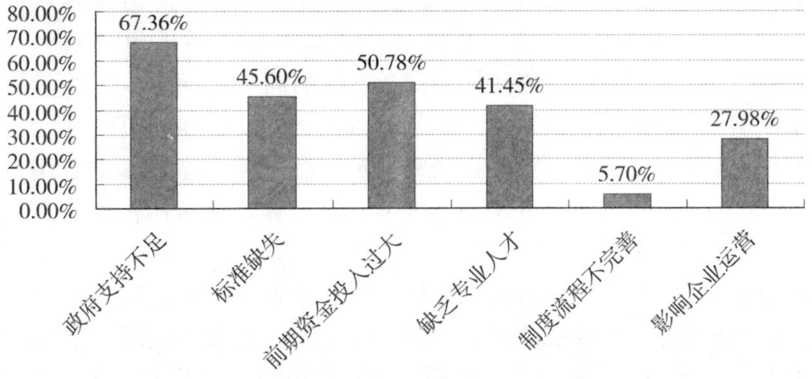

图 16　零售业节能实施的主要障碍分析

其中，影响因素最大的是政府的支持力度不够，这与前两年的统计结果基本相同。企业除遵守国家相关法规和标准外，更希望政府运用多种财税、金融等鼓励性手段，提升企业的环保节能的社会效益和经济效益。

（1）运用更为多样化的财政支持手段。目前，中央和地方政府多采取补贴的形式鼓励企业节能减排。由于地方经济发展的差异性，经济相对发达地区的企业从地方政府获得的补贴较多。反之，一些经济相对落后地区的企业从地方政府获得补贴的数量很少或没有，难度也明显增加，这必然进一步加剧地区间的差距。

政府可以采取更为灵活多样的经济和财税手段，提升零售企业环保节能的积极性，例如专项的绿色信贷、税收优惠等手段，这些手段尽管可能没有补贴见效快，但是这类的优惠手段却明显可以缩小地区间的差异。在调查零售企业认为对环保节能工作的开展最具推动力的举措时，税收优惠与财政补贴的比例基本持平，见图 17。许多企业非常希望国家能明确购买商用节能设备获得节能补贴或抵扣所得税的政策。

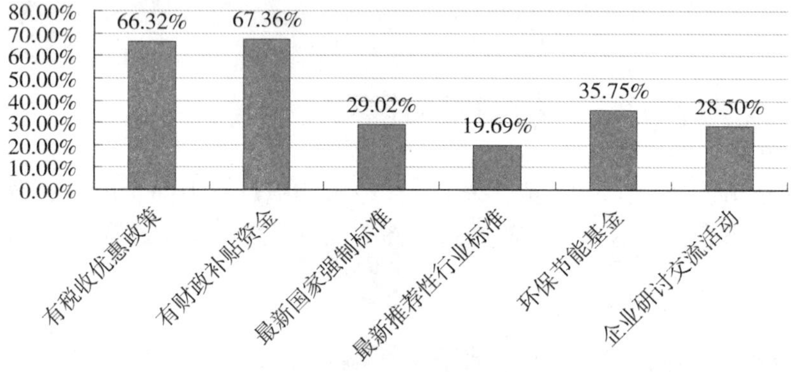

图 17　企业环保节能工作的持续开展最具推动力的举措

（2）工商电价改革为零售业减负。2009 年，国家发改委办公厅印发的 1255 号文件提出工商同价；2011 年，温家宝总理在政府工作报告中明确指出，尽快落实商业与工业用电、用水同价。但目前绝大多数的省份依旧不能实现工商用电、用水同价。以山东省为例，商业用电比工业用电高 13% ~16%（各地区价格不同）；用水价格除济南市外各地市价格相同；广东省工商电价相差约为 20%，深圳市商业用电量的 30% 执行工业电价，其余 70% 执行商业电价。虽然部分省市采用波峰波谷不同电价的方式，但受到营业时间的制约，商业用电基本处于平值和峰值，而在谷值时段（23：00 －07：00）用电量很少，商业实际用电价格更高。据 2012 年企业调查反馈，48. 4% 的企业水电费用占总成本费用的前三位（人工、房租和水电），其中更有 9. 4% 的企业水电费用占所有各项支出的第一位。

（3）简化透明办事流程，降低时间成本。为推动和鼓励流通领域健康发展，国家陆续出台了多项优惠政策，如补贴新能源发电等。新能源尤其是太阳能光伏发电，现阶段还处于成本昂贵期，国家的补贴不仅大大降低企业使用新能源的成本负担，而且可以向企业传达国家政策导向，树立获得补贴企业的示范作用，提高更多企业发展新能源的积极性和主动性。以某零售企业申请光伏发电补贴为例，从申请到最终获批历经三年多，这期间不仅光伏发电的技术已经发展，其设备的成本也发生较大的变化，简化办事流程、缩短审批时间也会大大激励企业环保节能。

再者，国家出台的许多优惠政策并非专门针对商业或零售业，企业对能享受的优惠政策并不十分清楚；或者从获取相关信息到递交材料时间非常短，企业很难真正享受到优惠；更甚的情况是企业根本无从获取相关信息。重复管理与多头管理往往导致企业难以了解和明晰政策之所在。

2. 技术标准缺失，节能效益评价难题突显

随着许多节能新技术和管理模式的不断出现，标准缺失问题逐渐显现。调查显示，零售企业认为对环保节能工作的开展最具推动力的举措是，近49%的企业认为国家相关政府部门制定并发布的最新强制性或指导性标准很重要。现实看，节能新产品不断涌现，但产品标准不能及时出台，如目前LED灯被广泛使用，但目前LED灯的国家标准并没有出台，许多企业只能根据自身需求参照相关规范自行制定企业标准。如家乐福制定了LED的企业标准，对LED的照明质量、技术指标要求、测量及认证等都作出明确的规定。武汉中百则对LED的芯片、启动电源核心部件进行品牌限制。

“十二五”期间，国家将大力推行合同能源管理模式，发挥能源服务公司的优势来推动企业深化能效管理工作。但许多零售企业实施合同能源管理时，往往发现缺乏规范节能量、规范能源服务公司行为的相关标准，导致市场化的运作缺乏衡量准则，容易滋生多重矛盾，这些问题都将影响合同能源管理的广泛推广。

总体来看，技术标准缺失已经成为制约企业节能环保的一个重要因素。

3. 节能技术人才的匮乏与培训管理成本的昂贵

零售业经营场所普遍存在经营时间较长、室内舒适度要求较高的特点，系统的运营状态控制很大程度上影响着设备的节能效果。即使在调试和平衡阶段达到预想的节能效果，在实际运营阶段如何计量保证维持在正常的状态也极为重要。许多企业发现，一些设备在运营一段时间后节能效果下降，这往往与设备的日常控制及维护有很大关系。目前，受成本高企困扰，零售门店普遍缺乏节能专业技术人才。企业调查表明，仅有38.38%的企业能够实现采用能源管理信息控制系统，总部可以即时对部分或全部门店的照明、冷冻及空调等主要用电设备的运转情况进行监控，而大多数企业采取相对比较简单的运营控制手段，如人工实施商场温控、宣传培训等，见图18。

同时，由于零售业人员流动性比较大，企业自身培养的节能技术人员如果流失，无形中增大了企业员工的培训成本。在调查“企业对推动节能环保实施上需要持续关注或改进的方向”时，就重要程度选项，有49%的企业认为是强调员工培训和员工参与的重要性；在调查“对企业环保节能工作的持续开展最具推动力”问题上，28.5%的企业选择“希望政府和行业协会定期举办企业间的研讨交流活动”，愿意以这些活动为平台，丰富员工的专业培训形式和内容。

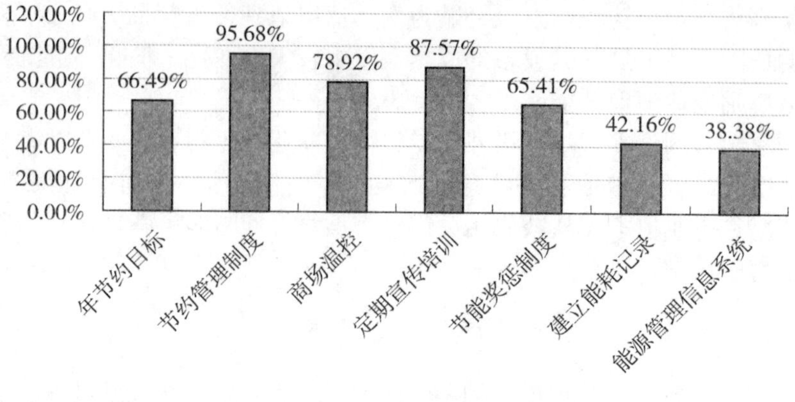

图 18　零售企业的节能管理手段

4. 零售企业实施合同能源管理模式的困境

2010－2012 年，连续三年的企业问卷调查均涉及到零售企业的节能资金来源问题，这也是企业需要破解的难题之一。最新调查显示，72% 以上的节能资金来自于企业的自身投入，居于绝对主导地位；另有 1. 55% 的节能资金来自政府补贴；还有 18. 65% 的企业采用合同能源管理的方式获得资金与技术支持，见图 19。

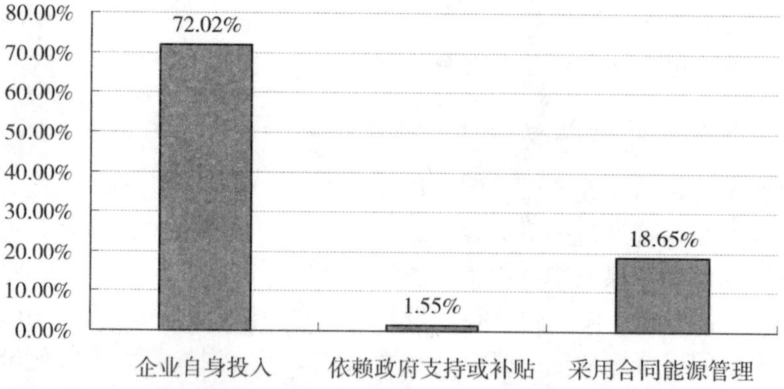

图 19　零售企业节能资金的来源

现阶段，零售业节能资金主要依靠企业的自筹，随着企业规模的扩张、门店数量的增多和所在区域的扩大，完全依靠企业自有资金实现节能改造的难度必然不断上升，同时跨区域门店的节能运营管理成本也必然有所提升。50. 78% 的企业认为前期投资的过大是制约企业环保节能的最大因素（见图 16）。

采用合同能源管理模式实施单项节能设备改造或新产品采用，在零售企业中具有普遍性，如 LED 照明改造、空调变频、冷冻冷藏等。但单项节能往往对于总表的用电量影响有限，而且在改造过程中也往往会影响到经营过程，导致在节能后与能源服务公司分享节能效益时容易产生矛盾。零售企业应对合同能源管理模式进行全面了解，并与有资质的节能服务公司建立合作。

根据国家标准《合同能源管理技术通则》（GB/T 24915－2010），合同能源管理是以减少的能源费用来支付节能项目成本的一种市场化运作的节能机制。节能服务公司与用户签订能源管理合同、约定节能目标，为用户提供节能诊断、融资、改造等服务，并以节能效益分享方式回收投资和获得合理利润，可以显著降低用能单位节能改造的资金和技术风险，充分调动用能单位节能改造的积极性，是行之有效的节能措施。

但应该看到，在零售企业中也不乏采用合同能源管理模式，取得预期节能成效的实践案例。如华润万家对其广东的某一门店采用全店总表控制型合同能源管理（即通常所说的效益保证型），能源服务公司保证每年节电不少于 90 万 KWh。在合同期内由能源服务公司负责设备的改造、运行和维护。如此，既转嫁了企业的风险，又克服了门店缺少节能技术人才，疏于设备的日常维护和管理导致设备无法真正达到预定节能目标的问题。

目前来看，能源服务产业的确也存在门槛低、良莠不齐的状况。鼓励并扶持大型的有技术和资金实力企业延展能源服务业务，将有利于促进合同能源管理的健康发展。在美国，许多能源服务公司是由原来的电力或其他能源公司扩展业务发展而来的。

四、零售业节能环保发展趋势与突破

相关研究显示①，2008－2010 年间我国零售业节能环保的可持续性没有得到明显提升。节能减排已成为促进我国经济发展的重要国策之一，国家“十二五”规划提出更为严格的节能减排目标，这也是零售业“十二五”发展的重点方向。面对国家的低碳发展要求，面对激烈的市场竞争与高经营成本的压力，近年来依托成熟的节能技术设备，零售企业的节能实施从简单技术应用和低成本投入已开始逐渐走向复杂和深化。如何实现新的突破，以期进一步提高能效管理水平，向节能要效益？部分领先企业开始探索，如何在立足自身节能减排基础上，带动上下游的可持续生产和绿色消费，一起努力来减少对环境因素的影响。如沃尔玛、宜家已经启动与部分中国供应商在能效改进上展开合作，预期未来供应链整体对环境的影响将有显著改观；更多本土零售企业也积极发挥零售门店的网络优势，逐步加强与社区合作，通过举办多种形式的宣传活动，持续促进低碳消费意识传播。这些创新之举将有益于零售行业的可持续运营，有助于促进行业整体环境绩效的提升。

1. 技术与管理并重，打造节能低碳商店

现阶段，零售企业的环保节能实施重点主要集中于门店。一方面缘于门店的能耗基数大，另一方面相对而言门店的节能降耗成果容易显现。对入选“百家低碳示范店”的门店统计看出，大型超市和百货店、家电及家居建材专卖店等业态走在了零售业节能低碳实践的前列，行业领先企业的低碳运营理念正逐渐走向成熟，标杆作用显现。照明、冷冻冷藏及空调系统是零售商店的“电能消耗大户”，低碳示范商店通过节能技术改造、运用智能化系统和管理创新等方法，大大降低了系统运行中的耗电量，节能效益显著，见表 7。

① Li Yan, Sah Ruili, Evaluation of Energy Conversation Development and Sustainability of Retail Industry in China [J], Energy Source, Part B: Economics, Planning, and Policy.

表 7　　　　　　　　　**节能示范店在关键能耗点节能降耗措施**

	照明系统	空调系统	冷藏系统	其他
普遍采用	普通照明、玻璃门展柜处安装 LED 照明 人流量少地区安装定时器、动态感应器	采用混合全新风系统 空调冷冻水泵变频	冷冻岛柜加装移动式玻璃罩 为冷凝器风扇、冷冻泵增加变频控制系统 膨胀阀/DC 风机	电梯变频设备 自动坡道加装变频器
部分采用	照明能源管理系统	空调能源管理系统	制冷能源管理电子化	
少数采用		高效节能主机	热收系统 热气除霜系统 蒸发式冷凝器 高效能电动机、压缩机、电子膨胀阀等节能设备	电量监控系统
	预见性能源维护管理系统（PEMS） 节能管理中心（EMC）			

综合来看，利用精细化的节能管理手段挖掘节能潜力也是低碳示范店普遍采取的措施之一。获选“低碳示范商店”的企业总部都设有相应部门或人员负责节能工作。其中，66.7%以上企业设有独立高层专门负责推动节能工作。专业节能管理部门会组织、规划、指导、监督检查各部门的节能环保工作，保证各项节能环保措施的实施，这是企业实施节能环保工作的基础。除此之外，89%的企业拥有节水、节电和对员工进行节能环保教育培训的管理制度，这些企业每年还会对水、电、气、包装物等设立明确的节约目标。绝大多数企业都会对节能设备使用效益进行考评。企业通过设置节能管理目标来制定节能任务，通过完善的节能管理制度保证节能任务的实施，利用考评制度对节能实施效果进行有效评估，这一完整的管理流程使得低碳示范商店节能效益明显。

此外，78%的企业认为节能工作重点是继续完善管理节能，不满足于现有的管理机制，而是希望通过不断的创新进一步完善管理流程，从而获得更大的节能效益。

统计显示，不同业态低碳示范商店经过改造，年平均节能量均在10%以上，其中大型超市年平均节能水平为15.9%，百货店为15.6%，专业店为11%，可见低碳示范门店通过节能改造已经收获巨大节能效益。

总结企业打造低碳示范店的“高招”，发现示范门店在运营中不但采用先进的节能技术和措施，更具有较强的环保意识。据统计，78.8%的示范店使用环保型空调制冷剂，68.4%的示范门店在冷冻冷藏设备中使用环保型制冷剂，TESCO 等企业已经开始在门店采用二氧化碳冷冻系统，这些措施将有利于企业降低氟利昂的使用量及温室气体的排放量。同样重视节能管理的创新实践等举措，也是企业能够获取持续节能减排效益的主要原因之一。

2. 关注废弃物回收，深化环保进程

狭义上讲，企业废弃物是指零售企业在自身运营过程中产生的废弃物，目前绝大多数零售企业对废弃物采用不同的处理方法，其中61.82%的企业实行垃圾分类管理，20%的企业对可堆肥废弃物采取单独处理。但目前普遍存在的问题是：即使零售企业承担社会责任，对自身运营的废弃物分类回收，但由于后续企业不能有效衔接，也将导致已分类的垃圾被重新混合或者即使分类也不能得到有效利用。做好废弃物的再利用不能单靠零售企业独立完成，只有再循环企业有效衔接才能真正实现再循环利用。

广义上讲，零售企业的废弃物除企业自身运营过程中产生的各种废弃物外，还应包括供应链上下游及供应商和消费者在相关环节所产生的废弃物，当然这部分废弃物的处理完全由零售企业负担并不现实，但是零售业位居连接生产和消费领域窗口型的特殊地位，在减少废弃物和废物物的回收过程中起到极为重要的作用。

2012年企业调查显示，有27.27%的企业会与供应商合作共同推动商品包装的减量化，另外还有61.04%的企业在未来一两年内减少包装。2011年比2010年平均实现减少18.06%的包装材料。

2005年我国首次出台的《固体废弃物污染防治法》要求产品的生产者、销售者、进口者、使用者对其产生的固体废弃物依法承担污染防治责任。尽管零售企业是连接生产领域和消费领域的窗口，在未来的废弃物循环中起着举足轻重的作用，但目前国家对于零售企业并无强制性的义务和责任要求。我国零售企业对于消费者的废弃物回收基本处于空白，尽管一些企业积极对消费者手中的废弃物进行回收，但由于多种原因都不能实现常态化。如宜家曾回收废弃的日光灯管，可是由于相关支持政策的缺乏，宜家每回收一只灯管就需企业自行支付几十元钱，任何企业都无法长期支撑。

目前许多发达国家陆续出台一系列的相关法律法规规定零售企业在废品回收中的义务并规范其行为，有些国家的政府还会给予零售企业一定的补贴。如欧盟最新修订的《关于报废电子电气设备指令》（WEEE指令）就明确要求大型电子零售商最迟于2014年2月免费回收小型电子产品，如移动电话等。对于电池销售商，德国官方规定其必须具有回收废旧电池的能力才能在市场上销售电池，而消费者要将使用完的各类电池交送商店或者废品回收站，并转送处理厂家进行回收处理。国外零售企业回收废弃物主要集中于废弃的家用电器、饮料瓶、电池、包装材料等几类，国内开展废弃物回收应循序渐进。首先，对已有成熟回收和处理能力的废弃物予以优先回收，可通过补贴、押金、积分等多种形式调动企业和消费者的积极性，使之形成常态化模式，然后加以推广。

协会开展的“2012年绿色消费”调查显示：有45.82%的消费者希望通过商家回收废弃物，见图20。作为消费者比较认同的途径之一，零售企业的参与更利于消费者方便地将废弃物回收。

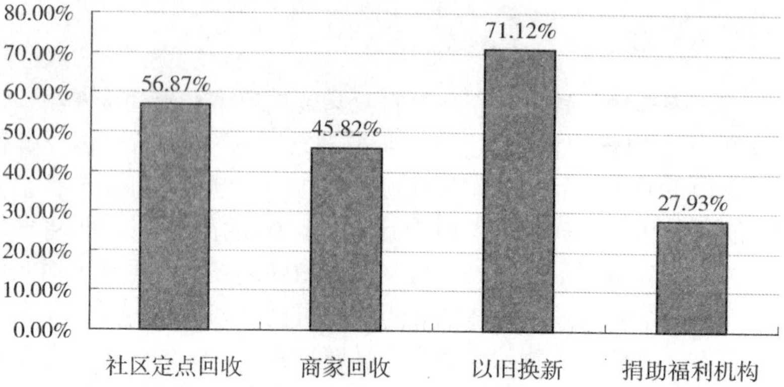

图 20　消费者认同废弃物回收的有效途径

3. 进一步提高建筑节能效率

为应对日益激烈的市场竞争，跟上国家推动城市化发展的步伐，近年来，中国零售业制定了区域领先多业态的竞争战略，并取得了令人瞩目的成果。众多领先零售企业纷纷探索多业态发展路径，从大型卖场转型社区百货、从区域百货店转型社区购物中心或城市综合体等等，全国各地上万平方米、十几万平方米、几十万平方米的大型商业设施如雨后春笋般不断涌现。在这背后，零售企业必须要关注的是建筑能耗问题，建筑节能势在必行。

对于零售业的自营物业和租赁物业的不同物业形式，自营物业的企业对于建筑有较大的话语权，可以从项目的设计开始指导和参与；对于租赁物业的企业往往只能租赁后进行节能技术改造。传统建筑与绿色建筑物的基础能耗有着很大的差异，见表 8。

表 8　　绿色建筑节能标准的增益指标

	总耗气量（m^3/m^2）	总耗电量（kWh/m^2）	运行费用（RMB/m^2）	CO_2 排放量（$kg.CO_2/m^2.a$）
参照建筑	26.8	152.4	193.1	191
绿建一星	22.4	121.4	148.4	154
绿建二星	18.5	107.6	115.8	134

大型商业设施如何发现节能空间？提高建筑节能效率的关键点是什么？从技术角度看，清华大学建筑节能研究中心的专家提出如下建议：

商业建筑的节能工作，应该是以实际能耗数据为导向、为中心的全过程建筑节能体系，应贯彻设计、建筑与运营整个阶段，而不是简单的节能技术应用罗列。

（1）在建设初始，每个项目应确定明确的用能指标，并以此为指导贯彻整个设计过程。要注意设计时的条件与实际运行存在差异；设计多针对典型工况的单点设计，缺乏对全工况的考虑；设计院很少考察实际运行数据，导致设计与运行脱节。

（2）要关注解决施工过程可能存在的问题。如施工与设计存在差异；竣工验收更注重设备本身，而非系统整体性能；工期紧张，往往缺乏必要调试即投入运行。

(3) 提高运行效率。运行管理者应通过数据的掌握，及必要的技术条件及时对系统中存在的问题做出准确判断；不断加强对运行管理者的节能专业知识培训等等。

建筑节能是一项系统工程。零售企业在对其建筑物的节能改造中，还需要突破许多难题，以切实提高节能效率。概括来看，其一，对建筑进行系统的整体改造可以达到相对较好的节能效果，但投资额也随之增加；零售企业可以借鉴国外经验，通过采用合同能源管理模式来加快建筑节能的实施步伐，这在国际上有许多成功的公共建筑节能案例可以参考。其二，我国公共建筑节能市场尚不成熟，"节能技术"供应商良莠不齐。零售企业或商业物业持有者可以广泛搜集真实、可靠的数据和结论，掌握科学的用能水平评价方法，可以选择最适合自己的节能技术，将建筑节能的工作落到实处。

4. 加快零售物流的低碳发展步伐

商业物流效率低下一直是零售企业需要解决的难题之一，由此也造成流通环节无法有效降低对环境的不良影响。一是表现在配送设施的建设对其未来吞吐量缺乏足够的估计，造成资源限制，产生沉淀成本。据中国仓储协会第三次调查显示，国内配送物流中心平均空置率在60%左右。二是配送中心建设社会化程度、网络化程度不高，缺乏对配送系统外部配套性的考虑，没能形成良好的配送规模，线路的规划和车辆的满足率很难得到保证。三是配送组织缺乏整体规划，由于城市配送主要集中于中心区，而配送通道区域的设置仅简单地按照城市中心区和非中心区的划分标定道路，限制运货卡车通行，造成供货商改用面包车来配送，原来一辆卡车可以完成的配送量现需要几辆面包车来完成，大大增加碳排放。

供应链的物流和仓储能效的提高是目前中国零售业亟待解决的关键问题。在调查如何持续改进节能环保时，得分由高到低依次是优化管理、提高消费者环保意识、员工的培训和参与、完善节能审核机制、提高物流能效管理以及给供应商传递节能目标。结果表明，供应链的能效改进是企业可持续发展的主要方向之一。

企业调查结果还显示，73.38%的受访企业拥有自建物流中心，还有12.34%的企业会在近期建设物流中心。其中，超过半数，即60.42%的企业设定有明确的物流节能环保目标，见图21。

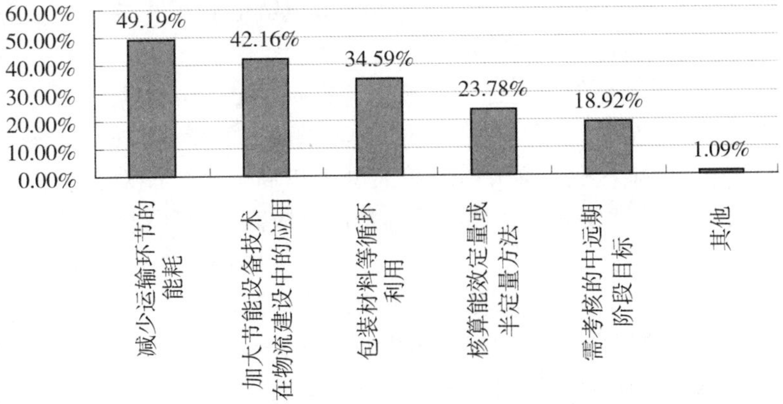

图21　企业物流环节设定环保节能方向

同时，有近 38. 55% 的企业会通过提高本地采购以减少碳排放，61. 45% 的企业没有关注本地商品的采购来实现碳减排。

在推动零售物流的绿色发展中，绿色运输尤其应成为零售企业关注的核心点。绿色运输是指以节约能源、减少废气排放为特征的运输。其实施途径主要包括：合理选择运输工具和运输路线，克服迂回运输和重复运输，以实现节能减排的目标；改进内燃机技术和使用清洁燃料，以提高能效；防止运输过程中的泄漏，以免对局部地区造成严重的环境危害。

零售企业与供应商合作付诸绿色运输的实践，既有助于减少其环境影响，同时又可以降低企业的运输成本，如 TESCO 将“绿色物流”作为其绿色管理中的一部分。食品零售业传统的运输方式是长途飞机和短途大巴，而 TESCO 则将长途运输改用铁路，短途运输改用双层巴士。同时，TESCO 与供应商、货运费用合作承担方合作，升级物流管理软件中的数据信息，采取集中运输，以减少空车发车量，仅此一项一年可减少 3590 吨二氧化碳排放。TESCO 中国通过建造绿色物流配送中心，增强乐购的集中配送系统，并利用乐购车队回程车辆途经供应商处，自行提货到乐购物流中心，大大提高了车辆使用率，降低了每箱商品运输所消耗的碳排放。

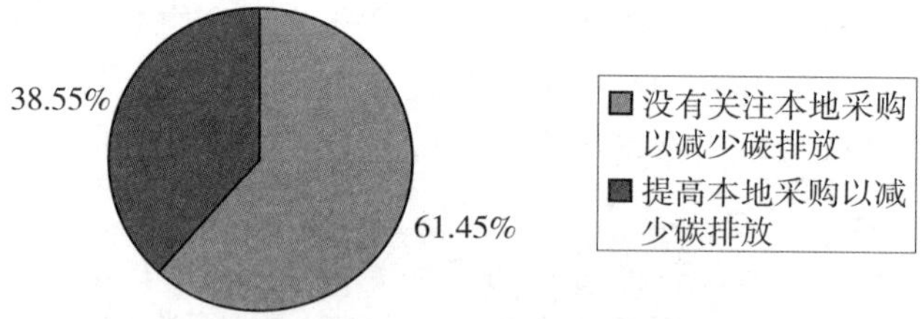

图 22　企业本地采购降低碳排放的比较

5. 绿色供应链的延长与深化

企业自身经营足迹的低碳化、绿色供应链的管理和社区的整合三个部分共同构成了完整的零售业环保节能的可持续发展足迹。其中，供应链的管理主要包括设计与制造、包装、物流、产品使用和处置等几个方面。

图 23 显示了零售业完整的供应链管理链条，距离零售环节越远，零售企业对其的影响力就越小。目前大部分零售企业规模偏小，对其供应商的影响力相对较小，且因缺乏足够的资金实力和长远规划，无法像沃尔玛等大型零售商那样，能对供应商有较大的话语权，并与供应商建立可持续发展的伙伴关系，帮助供应商进行环境审核并进一步减少生产环节中对环境的影响。领先企业的实践表明，零售企业只有具有相当的市场规模，才能对上游供应商产生足够的影响力，才能对整个供应链的绿色化进程产生推动力。例如沃尔玛（中国），自 2008 年起对其供应商进行能效培训，帮助供应商提高生产过程中的节能水平，并带动了生产成本的降低，实现供应商和零售商的双赢。

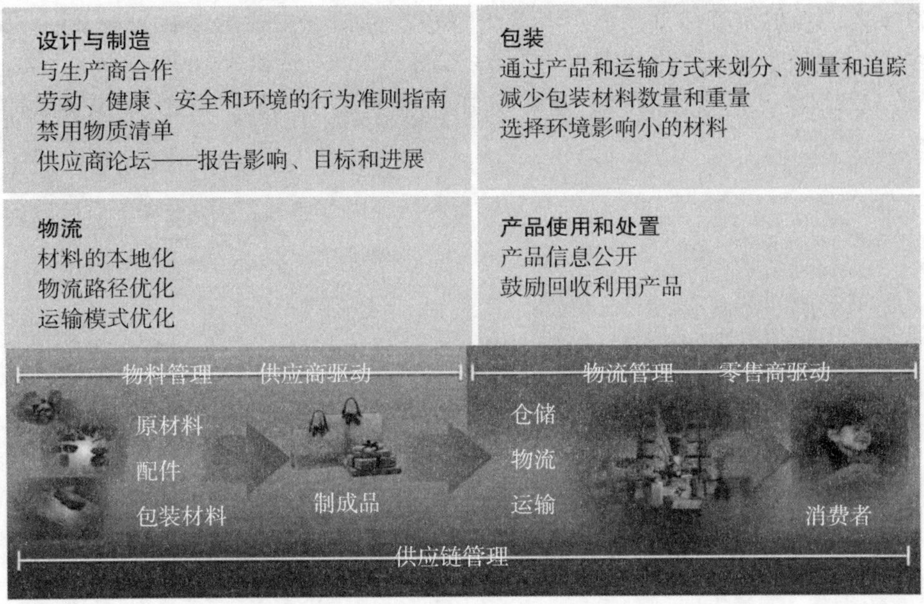

图 23　零售业的供应链管理①

零售企业直接面向广大消费者，企业对消费者的影响力巨大。2012 年协会与中国人民大学环境学院联合对北京、上海、深圳和武汉四地的消费者进行绿色消费问卷调查。调查显示，受访的人群均有多种绿色消费习惯，见图 24。其中少用塑料袋、乘坐公共交通工具和垃圾分类处理分别占到绿色消费习惯的前三位，这一趋势与政府的宣传和引导的趋势非常吻合，也表明中国的绿色消费习惯正在逐步养成之中。

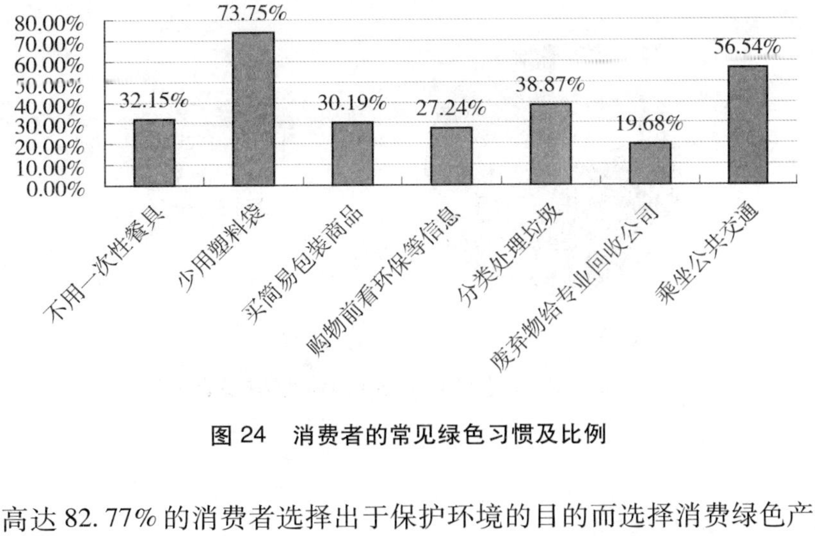

图 24　消费者的常见绿色习惯及比例

调查中高达 82. 77% 的消费者选择出于保护环境的目的而选择消费绿色产品，这一比

① 资料来源：摩托罗拉系统有限公司

例明显高于前两年的调查结果。消费者获得绿色产品信息主要的途径见图 25，其中媒体宣传、绿色标识和商家的宣传分别占比为 63. 23%、46. 06% 和 35. 60%。同时不选择绿色产品的消费者除价格偏高（43. 98%）外，最重要的原因是不知道是绿色产品（38. 52%）。

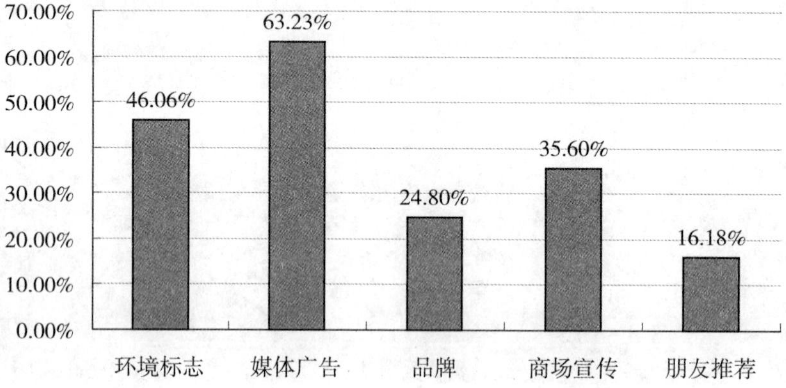

图 25　消费者获得绿色产品信息的途径

零售企业的宣传不仅能引领消费者的绿色消费，帮助消费者获得更有效的绿色消费信息，同时商家的企业环保形象也会影响消费者的消费选择。其中 30. 9% 的消费者认为零售企业的环保形象会很大程度影响其选择决策，49. 48% 的消费者受到一定程度的影响，而不受影响的比例仅占不到两成，见图 26。而上年同期的调查中不受影响的比例约占 65%，这一对比表明消费者除更注重自身消费模式外，也更加关注零售企业的环保节能形象，对企业提出更高的要求，见图 27。

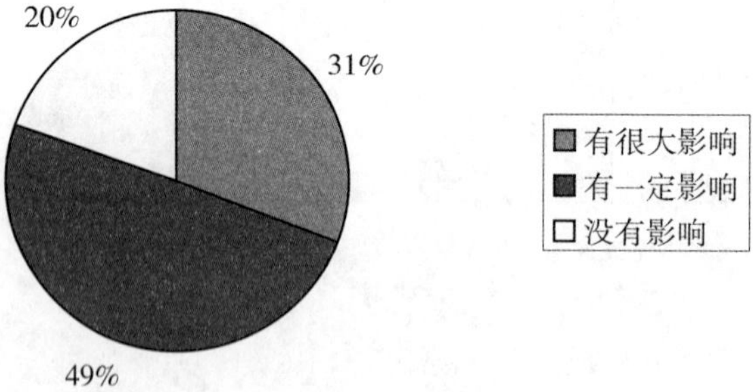

图 26　零售企业的环保形象对消费选择的影响

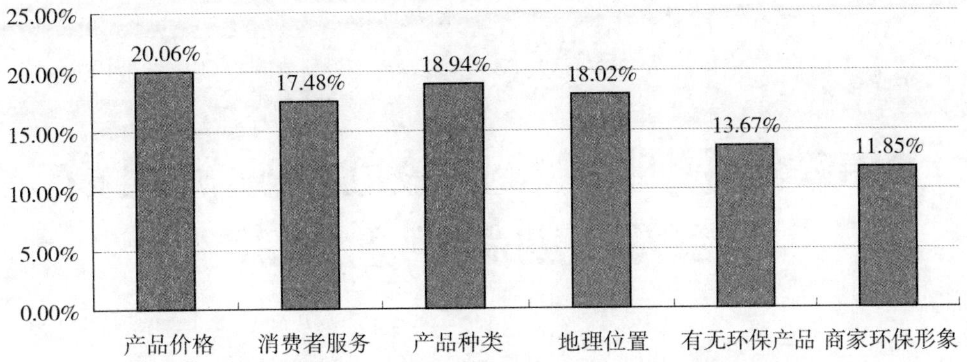

图 27 消费者选择零售企业的影响因素

消费者希望零售企业采用图 28 所示的方式出售绿色产品，对于消费者而言更为便利和易于接受。

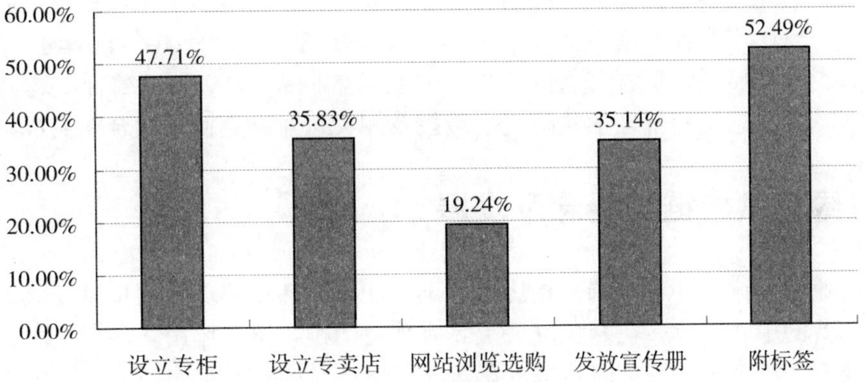

图 28 销售绿色产品更为便利的方式

传统的商业经营战略是以顾客为导向，以赢得顾客、获取最大利润为最终目的，但它忽视了企业与生态环境之间的关系，淡化了其经济的外部负效应，即企业活动对环境的破坏。消费者调查表明，零售企业扮演着环保市场的开创者和提供者的双重身份，但无论是其中的哪种身份，企业之所以愿意经营绿色产品和绿色服务，是希望跟上消费者的环保步伐，在满足绿色消费需求的同时，主动为顾客创造新的环保需求点并能从中获得盈利，同时更是担当企业社会责任的体现。

（中国连锁经营协会）

2012 年中国零售业绿色供应链建设与实践创新调查报告

为全面了解中国零售企业供应链绿色发展脉络与机制，梳理绿色供应链管理在中国零售业发展的现状、特点、模式、问题及其未来发展方向，帮助企业有效切入绿色供应链建设，为推动绿色供应链持续发展提出可行的思路和建议，2012 年下半年，中国连锁经营协会（简称协会）对连锁零售会员企业和部分省市的零售企业进行了“绿色供应链管理专题调查”，共收集全国 26 个省、自治区、直辖市的近 200 家企业及其下属的 300 个门店的基本信息，覆盖大型综合超市、便利店、专业店、百货店等多个零售业态。同时，协会还以北京、上海、广州等城市为基础，对超市及商场等门店目标顾客配套进行了“绿色消费专题调查”，共发放调查问卷 3500 份，回收有效问卷 3200 份。结合专题调查，协会与首都经济贸易大学工商管理学院陈立平教授及相关行业、企业专家合作完成本报告。

一、绿色供应链的概念及发展

零售行业处在流通环节末端，相比重污染行业，对环境的影响度相对较低，但作为连接生产与消费的中间环节，在绿色发展上具有独特的桥梁纽带作用。零售企业只有清楚地了解自身及上下游对于环境可能造成的影响，了解产品的生态足迹，关注绿色供应链的建设与管理，才能更好地带动上游供应商利用资源和应对挑战，以满足下游的消费者的环保需求，影响绿色消费行为，这将为零售业的绿色化发展带来广阔的发展空间。

近年来，利用供应链和工业价值链，推进企业能效改进的规模化和行业的绿色革新，已成为政府、企业和相关机构关注的重要议题。绿色供应链建设，作为促进采购商和供应商节能减排的有效市场手段，被众多零售企业所尝试、探索或创新应用，取得了一定成效。这些实践将对中国企业的绿色供应链起步发展具有很好的借鉴和推动作用。

（一）绿色供应链的概念与界定

1. 绿色供应链的概念

1996 年，美国密歇根州立大学制造研究协会在进行了一项“环境负责制造”的研究后，提出了绿色供应链管理（GSCM）① 概念。目前认为，绿色供应链管理是一种在整个供应链中综合考虑环境影响和资源效率的现代管理模式，它以绿色制造理论和供应链管理技术为基础，涉及供应商、生产商、零售商和终端用户，其目的是使产品从物料获取、加工、包装、仓储、运输、使用到报废处理的整个过程中，对环境的影响最小，资源效率最高。主要包括绿色采购、企业内部环境管理、绿色营销三部分。

2. 绿色供应链相关概念界定

（1）绿色采购。绿色采购是减少环境问题产生的起点和根源，采购绿色化程度的提高将直接影响到企业和整个供应链的环境绩效的提高。绿色采购概念是指包含在供应链管理中的考虑环境因素的采购行为，以有利于再循环、再使用和资源减少。同时，采购部门及采购经理在环境管理中将担任着比以往更为重要的作用。绿色采购分为政府绿色采购和零售环节绿色采购。

政府“绿色采购”是指政府通过庞大的采购力量，优先购买对环境负面影响较小的环境标志产品，促进企业环境行为的改善，从而对社会的绿色消费起到推动和示范作用。

零售环节绿色采购，是通过制定并执行企业的采购道德标准，促进供应商环境行为的改善，同时不断提高对环境负面影响小的产品采购比例，从而对绿色消费起到推动作用。

相对于国内零售企业来说，推动绿色采购，要从提高企业决策者的环境意识开始，因为它是企业实施绿色采购的直接动力。其次企业在努力开展实践活动中，不得不面临相关经验、必要的管理工具和管理方法的匮乏等问题，还有来自产品价格、资金投入成本上的障碍，都需要来自政府、行业组织、第三方服务机构的引导、帮助和支持。在这个过程中，来自政府的相关支持政策尤为重要，包括出台相关指导性文件，制定奖励或相关优惠政策来鼓励国内大型零售企业探索在制定企业发展战略中引入环境管理概念，推动建立绿色采购运营模式；树立企业典范，促进最佳实践分享；通过行业协会等组织，引导零售行业关注和研究可以融入到采购中的环境行动，并对这些环境行动所产生的经济成果进行跟踪评估，以此来制定绿色采购的相关标准，包括实施方法路线图、评价体系等。

（2）绿色物流。自 20 世纪 90 年代提出“绿色物流”概念以来，国内外学者对绿色物流的观点和表述不尽相同。根据我国《物流术语》（GB/T 18354 – 2001），对“绿色物流”（Green Logistics or Environmental Logistics）的定义是，在物流过程中抑制物流对环境造成的危害的同时，实现对物流环境的净化，使物流资源得到最充分的利用。可见，一切旨在降低物流过程对环境影响的手段和方法都属于绿色物流的范畴。其含义是：强调在物流活动中充分合理地利用资源，减少资源和能源消耗，降低对环境的影响。

（3）绿色仓储。绿色仓储是指以环境污染小、货物损失少、运输成本低等为特征的仓储。仓储本身对周围环境产生影响。如，保管、操作不当引起货品损坏、变质、泄漏；仓库布局不合理会导致运输次数的增加或运输迂回。绿色仓储的特点是：仓库建设前应进

① 最早提出绿色供应链管理是在 20 世纪 70 年代，当时只是作为物流管理研究的一个方面提出的。大规模、有意识地研究绿色物流是在 20 世纪 90 年代初。1994 年，韦伯研究了一些产品对环境的影响，建议通过环境准则来选择合适的原材料，同时注重再生利用，并提出了绿色采购的概念。密歇根州立大学的制造研究协会在美国国家科学基金 40 万美元的资助下，进行了“环境负责制造”研究，将绿色供应链作为一个重要的研究内容，并于 1996 年提出了绿色供应链的概念。在当时绿色供应链只包含了环境保护和能源节约两层含义，就是用最少的能源、最绿色的材料，制造出最环保的产品。

行环境影响评价，充分考虑仓库对所在地的环境影响；仓库布局要合理，要节约运输成本；仓库节能要符合建筑节能要求。

（4）绿色包装。包装分为商业包装（消费包装）和工业包装（物流包装）。其中，商业包装是以促进销售和方便商店零售为目的；工业包装是以物品运输和保管为目的。而绿色包装是指符合环保要求的包装，它除具备包装的一般功能外，还应当具有无毒无害、保护环境、节约资源、易于回收、便于处理等特点。绿色包装通常包括以下五方面的内容，即包装减量化、包装再利用、包装易处理、包装材料无毒无害和包装生命周期控制。

（5）绿色运输。运输过程消耗大量能源，排放大量尾气，直接产生大气污染；车辆行驶直接带来噪声污染和干扰；运输工具可能携带微生物、致病菌，间接造成生态危害或生态失衡。绿色运输是指以节约能源、减少废气排放为特征，通过合理选择运输工具和运输路线，实现节能减排的目标；通过改进发动机技术和使用清洁燃料，以提高能效；同时要防止运输泄漏，以免对局部地区造成严重环境危害。

（6）绿色管理。绿色管理是指企业在生产过程中降低消除污染、节约资源，并推出能被大众接受的绿色产品及服务，同时扩大绿色市场份额，树立绿色公司形象，生产“绿色”、出售“绿色”，提高企业竞争力。

（7）绿色消费。绿色消费不仅应该是无污染、无公害、低耗能的节约型消费，更应该是理性的、高层次的消费。发展绿色消费可从消费终端减少消费行为对环境的破坏，遏制生产者粗放式的经营，从而有利于实现我国社会经济可持续发展目标。同时，发展绿色消费可以通过优质无污染的消费对象来改善人们的消费质量和身体健康，在消费过程中通过观念的转化、行为的转变，提高消费者对环保、绿色消费与可持续发展的认识。以往的消费不考虑消费过程中产生的垃圾，绿色消费注重从生命周期角度考虑消费过程中的垃圾问题，尽量减少垃圾排放，尽量做到垃圾分类回收、无害化处理和资源化利用。绿色消费包含以下诸多含义：绿色消费注重节能环保、绿色消费注重合理消费、绿色消费注重提高消费质量、绿色消费注重公平消费、绿色消费注重减少垃圾。

（8）绿色营销。绿色营销是以满足消费者和经营者的共同利益为目的的社会绿色需求管理，以保护生态环境为宗旨的绿色市场营销模式①。绿色营销是指社会和企业在充分意识到消费者日益提高的环保意识和由此产生的对清洁型无公害产品需要的基础上，发现、创造并选择市场机会，通过一系列理性化的营销手段来满足消费者以及社会生态环境发展的需要，实现可持续发展的过程。绿色营销的核心是按照环保与生态原则来选择和确定营销组合的策略，是建立在绿色技术、绿色市场和绿色经济基础上的、对人类的生态关注给予回应的一种经营方式。绿色营销不是一种诱导顾客消费的手段，也不是企业塑造公众形象的“美容法”，它是一个导向持续发展、永续经营的过程，其最终目的是在化解环境危机的过程中获得商业机会，在实现企业利润和消费者满意的同时，达成人与自然的和谐相处，共存共荣。

① 资料来源：http：//baike. baidu. com/view/175555. htm

（二）绿色供应链的特征以及与传统供应链的区别

1. 绿色供应链的特征

自1996年提出以来，绿色供应链得到了社会和学界的关注。尽管绿色供应链的定义多种多样，但可以认为它是一种在整个供应链中综合考虑环境影响和资源效率的现代管理模式，涉及供应商、生产制造商、销售和市场，以及最终用户。其总体目的是使商品和服务在供应链的整个生命周期过程中（包括原料获得、加工制造、仓储、运输、消费和最终处理），对环境产生最小化的影响，实现资源高效率利用。绿色供应链有如下特点：

（1）注重绿色水平。面对日益严重的全球环境污染，绿色供应链管理更加注重合理利用资源、节约能源、注重废弃物的回收与利用，绿色水平成为考核企业的重要指标。

（2）闭环运作。在生产过程中产生的废品、废料和在运输、仓储、销售过程中产生的损坏件及被用户淘汰的产品会经过回收处理以供重复利用，没有终止点。

（3）信息共享。供应商、制造商以及执法部门和用户之间的信息数据流动可通过网络支撑，形成双向互动。减少信息的不对称程度，有利于绿色供应链企业提高业绩。

（4）加强企业合作。强调企业利益分配的公正性，各种激励与约束措施的有效性也成为管理理论和实践需要解决的关键性问题。

（5）面向客户需求。供应链的形成、重构要基于一定的市场需求，用户的需求拉动将是绿色供应链中信息流、物流和资金流运作的最主要驱动源。

（6）供求良好结合。绿色供应链把众多的供应商、生产商、分销商和零售商紧密联系在一起，并使之协调与优化，既顾及经济利益，又考虑环境效应，使各环节之间形成良好的关系，流通渠道达到最短，从而使消费者需求信息沿供应链逆向准确而迅速地反馈到生产厂商，生产厂商据此做出快速反应并保证供应。

（7）物流企业采用现代化手段。信息技术实现了数据的快速、准确传递，提高了仓库管理、装卸运输、采购等处理的自动化，使订货、包装、保管、运输、流通、加工实现一体化。在绿色供应链整体中，信息的流量大大增加，需求信息和反馈信息不是逐级传递，而是网络式传递，要求链中的物流、资金流、信息流必须畅通无阻。由此，绿色供应链中信息技术的广泛利用是其成功的关键。

（8）降低物流活动对环境的污染，减少资源的消耗。绿色供应链要求各环节都达到优化，实现最大程度的资源利用和最小程度的消耗及环境影响，减少库存和资金占用，大大缩短流通路线，从而有效地减少流通费用。

（9）提供专业化、个性化的物流服务。绿色供应链管理应按照客户的业务流程来“量身定做”，使物流服务灵活多样，从而提高客户的满意度。

2. 绿色供应链与传统供应链的比较

传统供应链是围绕核心企业，通过对信息流、物流、资金流的控制，由物料获取并加工成中间产品及成品，再把成品送到用户的一些企业和部门构成的网络。它涉及到原材料供应商、零部件及标准件承包商、核心制造商、销售商、最终用户，并将他们看成是企业经营的合作伙伴。它以控制库存，降低成本，使供应链上伙伴企业共赢为目标，故一条关系紧密、经济利益相连的供应链将极大地增强合作者的竞争力。

传统供应链起始于原材料供应商，终止于用户，是“从摇篮到坟墓”，其对产品退出使用期后的问题基本不作考虑。见图 1。

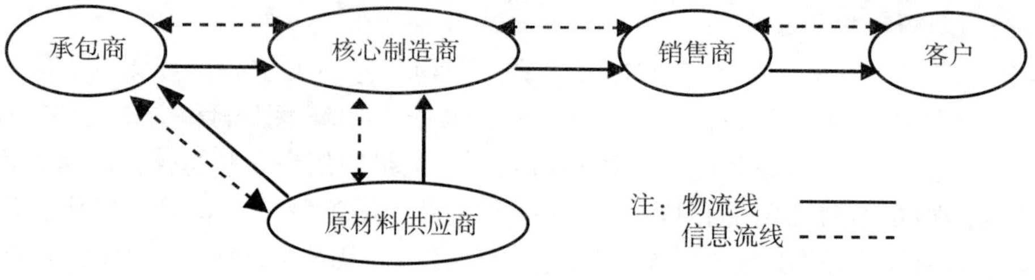

图 1　传统供应链物流、信息流简化模型

绿色供应链中流动的物流不仅是普通的原材料、中间产品和终产品，更是一种“绿色”的物流。在生产过程中产生的废品、废料和在运输、仓储、销售过程中产生的损坏件及被用户淘汰的产品均须回收处理。当报废产品或其零部件经回收处理后可以再使用，或可作为原材料重复利用时，绿色供应链没有终止点，是“ 从摇篮到再现”。绿色供应链信息流中，大量流动的是有关绿色制造的“绿色”信息。见图 2。

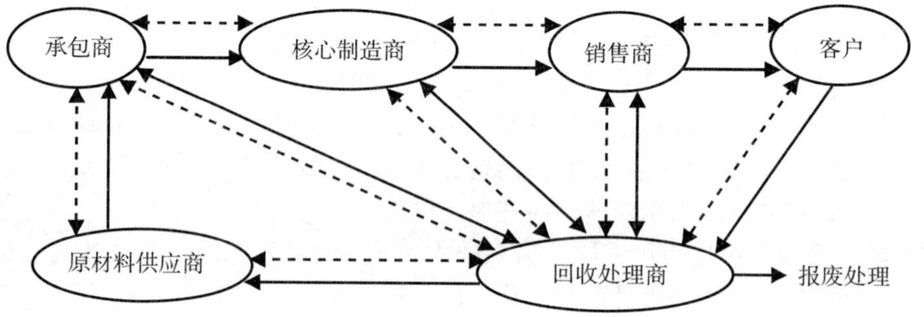

图 2　绿色供应链物流、信息流简化模型

（三）零售业发展绿色供应链的意义

1. 绿色零售的概念和范围

进入 21 世纪以来，绿色零售理念在沃尔玛、家乐福、特易购等国际零售业巨头的推动下，在世界范围得到迅速传播。所谓绿色零售是指制定明确的节能减排方针并付诸实施的零售活动。绿色零售的范围不仅限于零售店铺内的节能减排活动，而且涉及到对供应链上游的商品开发、设计和商品流通活动，以及对消费者和地域的绿色消费的宣传普及活动。具体来讲，绿色零售主要包括以下几方面的活动。

（1）零售店铺的节能减排活动。主要包括：第一，积极打造节能概念新店，并对既有店铺及设备、设施进行节能改造，并用可衡量的标准对节能成果进行评估。第二，销售环境友好型产品。第三，积极推进绿色食品销售并实施对环境友好的商品促销活动。第四，开展废弃物的减量化与资源化，实现资源的循环利用等。

（2）绿色商品市场的培养和信息提供。主要包括：第一，向消费者宣传绿色低碳的消费理念。第二，向消费者提供绿色商品的信息。第三，促进环境友好型商品的销售。第四，开展对消费者绿色购物和关注环境方面的教育。第五，开展垃圾减量和废弃物回收机再利用宣传活动等。

（3）构筑绿色供应链。主要包括：第一，开发满足消费者需求的绿色商品，包括绿色原材料、绿色包装、商品陈列等。第二，构造低碳高效的绿色物流网。第三，逐步实施绿色采购，要求供应商的环保合规等。

2. 零售业发展绿色供应链的意义

近十年来，我国零售企业迅猛发展，取得巨大成就。但在推进绿色低碳方面发挥的作用还极其有限。绿色销售、绿色采购、绿色供应链等在发达国家零售业兴起的绿色营销方式，在我国还基本上处于观念上的了解，目前我国绿色零售业的实践基本上是空白的。因此，零售业推动绿色供应链具有更加重要的意义：

（1）零售业承接上下游的重要地位。零售业连接着生产厂家和消费者，而且对消费者的购买行为产生重大影响。随着近年我国零售企业，特别是大型连锁企业对上游生产商的优势地位的巩固，对生产环节和过程的影响力也日益加大。因此对生产和消费有着重大影响的流通零售业在建设循环型社会的过程中将发挥不可替代的重要作用。

（2）降低企业成本。在推动零售绿色发展中，绿色运输尤其应成为零售企业关注的核心。绿色运输是指以节约能源、减少废气排放为特征的运输。零售企业与供应商合作付诸绿色运输的实践，既有助于减少其环境影响，同时又可以降低企业的运输成本。

（3）推动绿色消费。通过倡导绿色供应链，推动绿色消费，可使人们能够购买和使用更健康、安全、环保的绿色食品、绿色家居生活用品、绿色工业品、绿色建筑、绿色旅游服务，在改善环境和节约资源能源的同时，提高人民的生活质量。同时，可以避免资源浪费，增强企业的社会责任感，给企业带来良好的声誉和绿色产品的品牌形象，扩大产品市场。而生产原料的节约降低了最终产品的生命周期成本，最终消费者只需付出更低廉的价格就能得到更安全、更环保的产品。

二、国际流通巨头的绿色供应链实践

（一）国际流通领域绿色供应链发展状况

美国立法推动温室气体减排，发展清洁能源，向低碳经济转型。到2020年，温室气体排放量要在2005年的基础上减少17%。在能效提高方面，沃尔玛等大企业广泛使用太阳能电池板来提高能源利用效率，由此每年在用电方面节省10%～20%的费用支出。目前沃尔玛149个工厂与以2007/2008/2009/2010年为基准线相比，提供能效20%，节约能源消耗5.14亿千瓦时，相当于减少二氧化碳排放41.1万吨。

英国绿色产业发展迅猛，就业机会和队伍日益壮大，绿色企业正成为英国经济发展中的亮点。2003年，英国政府率先以政府文件形式正式提出低碳经济概念。2005年，全球第三大零售商TESCO将建设低碳超市纳入战略规划，到2009年曼彻斯特TESCO低碳超市采用的新型建筑设计和技术配套，使其降低碳排放70%；到2010年，朗姆希TESCO超市已实现零排放。

相关资料显示，从沃尔玛的“碳标签”碳揭露计划①、绿色供应链计划，到 TESCO 的“碳足迹”标示②、绿色会员卡③、绿色家庭计划④，再到家乐福的 2020 年单位面积减排 20% 的目标，大型外资零售企业已经基本实现了整个链条的低碳化发展，并且正在向上下游两头延伸⑤，在碳监测技术、碳监测标准以及绿色商品信息网建设方面取得了非常瞩目的成就。

目前，中国零售业中走在低碳节能前列的大都是跨国公司，而内资零售企业在节能方面还有许多“课”要补。与外资零售企业相比，中国零售企业的低碳化运营还处于初级探索阶段，尽管低碳理念已经逐渐被更多的内资企业所认识，但不可否认的是内资零售企业在低碳化运营发展方面仍然步履维艰，存在诸多的障碍和困难。

（二）国际流通巨头的绿色创新实践

结合 2011 年碳信息披露项目（CDP）结果，对比标准普尔 500 公司指数，普华永道会计师事务所分析指出，日用消费品行业在碳排放方面，表现得比标准普尔 500 公司指数更好。CDP 是对全球碳信息披露和绩效的首要指标。

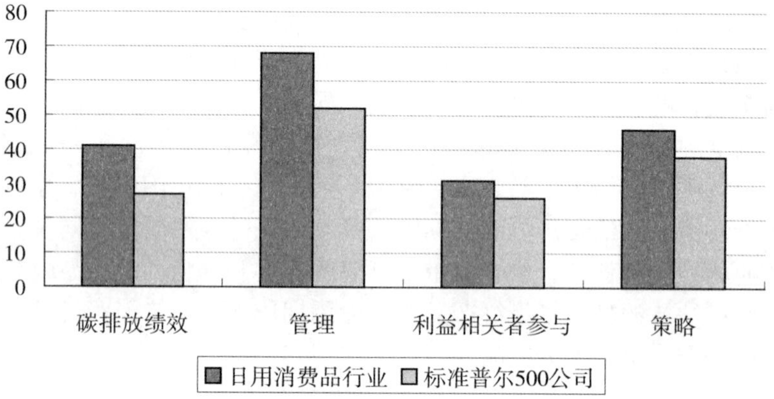

图 3　碳排放绩效对比

1. 美国宝洁公司

宝洁公司一直致力于建立全程供应链体系，从与供应链携手改善主要环境足迹指标、

① 2007 年，沃尔玛提出“碳揭露计划”，要求 6.8 万家供应商在其产品上标注“碳足迹”、水使用量和空气污染指数，使消费者对其减排努力一目了然。如果这项计划得以完全实施，将促使所有供应商从能减排向必须减排转变，使零售超市的供应链发生革命性变化。

② “碳足迹”数据包含了从供应链到分销中心以及产品使用的整个产业链产生的碳排量。

③ 绿色会员卡制度通过奖励积分来鼓励消费者的环保行为。

④ 特易购计划从 2008 年 9 月起花 3 年时间帮助 50 万个英国家庭改善住房的保暖或制冷条件，节省能耗和电费，以达到大幅减排效果。如以固定价格帮助修补墙壁，花 200 英镑可帮助消费者一次性实现阁楼保暖等。

⑤ 在上游使用采购选择权，要求供应商走“绿色低碳”之路；在下游使用价格优惠等措施，引导顾客实行“绿色低碳”消费。

不断完善最前端的产品设计到终端店内运营都囊括其中，除了用节流方式，也可以用开源方式创造更多的节能机会。宝洁公司无论是生产、运营、仓储，还是销售团队，都在努力推动绿色供应链的发展。

宝洁公司认为可持续发展的绿色供应链包括：产品设计→生产→仓储→运输→店内运营。

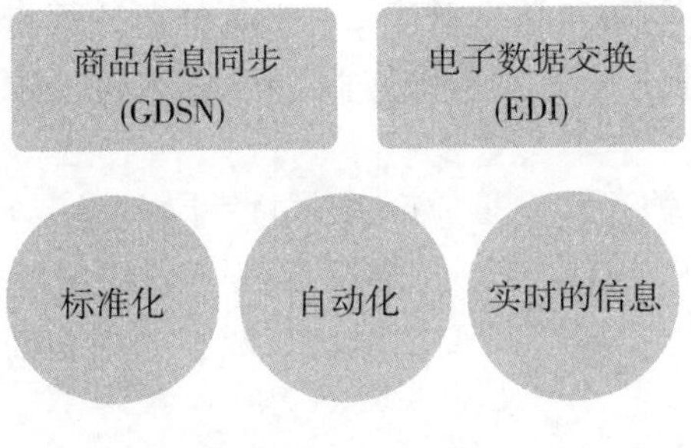

图 4 宝洁公司绿色仓储和运输

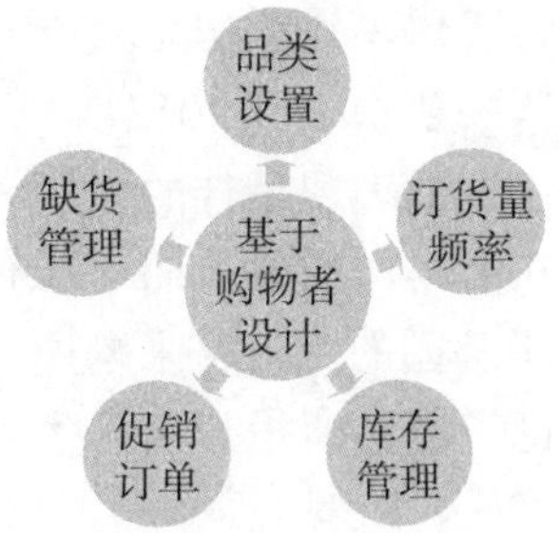

图 5 宝洁公司店内运营

2. 美国沃尔玛公司

沃尔玛十分重视将可持续发展融入到供应链及运营的各个环节。从 2005 年开始，沃尔玛将可持续发展作为其全球至关紧要的使命，制定了“可持续发展 360”战略，并开始为三大目标而努力，包括百分之百使用可再生能源、“零”浪费、出售利于资源和环境的商品。同时，把与其业务相关的顾客、社区以及供应商、合作伙伴，甚至非政府组织都纳入进来实现这三大目标。沃尔玛（中国）的可持续发展重点是：

（1）建设环保节能型商场。通过采用 LED 节能灯做普通照明、安装节能冷冻柜、余热回收装置、关闭非高峰时期部分照明等措施节水节能。截至 2010 年年底，与 2005 年普通门店相比，新的节能示范店能效提高 40.16%（超过原计划提高 40% 的目标），减少 54.17% 的用水（超过原计划减少 50% 用水的目标）。

（2）销售可持续性环保商品。自 2007 年开始农超对接尝试，帮助农民提高市场适应能力，引导标准规模化生产，指导其在生产中推进环境保护。不仅使农民增收，也带给中国消费者新鲜、安全、可口、实惠和环保的农产品。

（3）建设世界级、高价值、可持续的供应链。沃尔玛对供应链进行绿色管理的关注点包括：在关注产品本身的有害物质的基础上关注了供应商环境管理体系的运行情况；针对供应商的能源利用和管理提供鼓励性政策；关注供应商的废弃物管理、三废排放以及危险物质管理；关注能源消耗情况以及温室气体排放情况；关注水耗情况并进行监测等。

同时，沃尔玛将可持续发展理念贯彻到运营和供应链环节，以对环境高效负责的方式生产和销售商品。主要内容包括：

政策执行。采取一系列步骤以进一步推动供应商环境标准的执行，包括制定供应商协议，要求工厂遵守地方法律法规，严格达到环境标准。供应商有责任监督工厂执行情况，定期对工厂进行严格审查。同时，沃尔玛也加强自身随机审查力度，要求供应商接受第三方审查。

能效建设。与供应商共同合作提高对自然资源的使用效率，促进高能效产品开发和环保包装使用。沃尔玛的目标是：2012 年年底前，前 200 名供应商能效提高 20%，基本消除缺陷商品退货情况。

资金支持。组织“真实绿色行动实验”，对参与绿色供应链建设的供应商以及货源商提供基金支持。

更高的透明度和责任制。要求所有直接进口商和全部自有品牌和非品牌产品的供应商提供他们为沃尔玛生产产品的所有工厂的地点和名称，截至 2009 年年底，所有产品采购都已符合这一要求。到 2012 年，沃尔玛要求其所有直接供应商 95% 的采购要来自在环保和社会责任方面表现最佳的工厂。

宣传与活动。虽然前期“绿色供应链”饱受提高供应商成本的争议，但事实上，“天天低价”所遵循的低价格采购原则极其重要。如包装，沃尔玛推出了环保包装竞赛、环保包装展览、供应商积分卡等多项活动，通过鼓励供应商压缩包装成本等措施使其获得更大利益。

沃尔玛还创新性地开启了供应商温室气体减排项目，宣布到 2015 年其在全球供应链中消除 2000 万立方米温室气体排放。目前此项目涉及的产品类别多达 20 余种，沃尔玛要求其供应商证明这些产品减少原料来源、生产、运输、客户使用或到期处理等环境中的碳排放，同时还要求供应商减少在经营、设施修建或工艺工程中的碳排放。

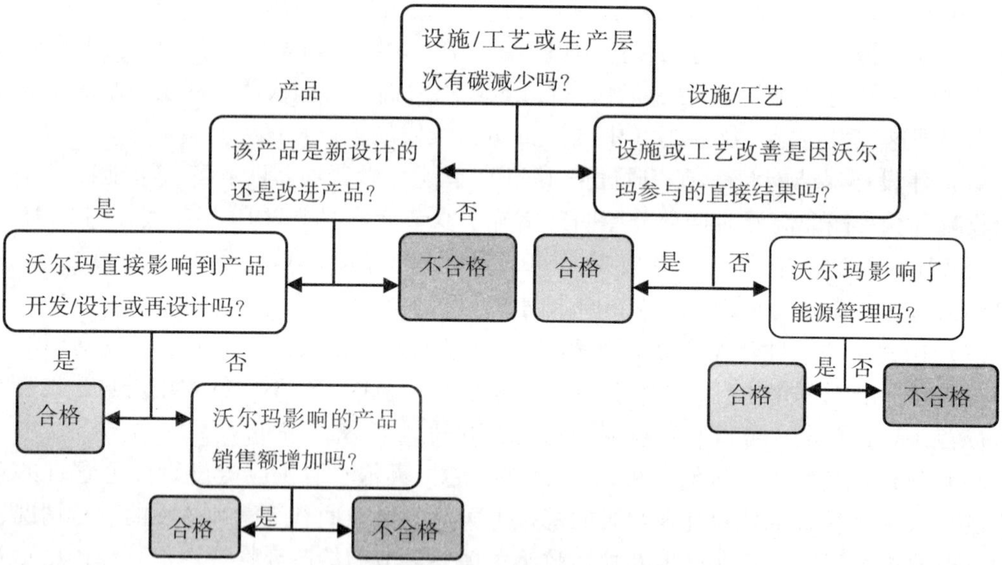

图 6　沃尔玛碳排放跟踪系统决策图

3. 英国 TESCO 公司

TESCO 是世界第三大零售商，其与英国节碳基金合作，与供应商合作利用生命周期分析碳足迹标签，了解产品在整个生命周期的碳排放情况。碳标签体现的信息内容包括：显示一个产品的生命周期中所排放的二氧化碳和温室气体数量；与同类产品碳足迹进行比较；顾客如何能够降低产品的碳足迹等。TESCO 计划到 2020 年前实现供应链产品的碳排放减少30%的目标。

TESCO在每个市场都制定了路线图实施办法，帮助顾客减少碳排放。在马来西亚、波兰和韩国，组织儿童参加绿色教育计划并开展环境竞赛；在土耳其“明日足迹”教育活动中帮助孩子们了解气候变化对人类生活带来的影响，24000名以上的儿童参与其中；在TESCO中国，其门店引入绿色班车和电动车的充电点。2010年2月，TESCO设在剑桥郡Ramsey的全球首家零排放店开业，成为零售企业挖掘门店低碳空间的最佳实践案例。门店建筑利用木材替代钢材框架，大大减少碳排放量；采用热电联产发电设备充分利用废弃热能；利用屋顶投射的自然光进行销售区域照明；屋顶雨水收集设施使雨水可用于洗车和冲洗门店洗手间。

4. 瑞典宜家公司

上世纪90年代以来，宜家针对供应商着手制定了宜家行为准则——宜家家居用品采购标准（IWAY），并于2000年发布第一个版本。该标准针对供应商提出了一系列的最低要求并说明了他们的预期回报，适用于所有的宜家家居供应商，而这些供应商有义务要求他们的员工和分包商遵守IWAY行为准则。其范围包括：禁止强迫劳动、雇佣童工、歧视，负责废气、排放物和化学品的处理，必须遵守国家的地方法律法规、提供一个安全和健康的工作环境等。为确保供应商符合IWAY，宜家在产品采购的国家驻有IWAY内部审计师，也通过第三方进行审计，以及供应商自我审计等一套完整的定期审计制度来保证。

5. 美国摩托罗拉公司

摩托罗拉公司将可持续性供应链发展分为3个部分：运营足迹、整合社区和产品生命周期及供应链管理。运营足迹部分包括设施能源使用（建立照明、制冷管理系统），追踪废物体积、材料及类型，开展回收材料使浪费最少。整合社区包括消费者、社区参与和NGO参与，鼓励消费者参与回收工作，在社区开展教育，NGO组织成为贸易联盟。产品生命周期及供应链管理，从生产设计、包装、运输、产品使用及处理各个流程都要在健康与安全的环境中进行。

6. 美国Staples公司

Staples是世界最大的办公用品供应商，曾参与美国环境保护署（EPA）绿灯计划。Staples使用能源强度（kBtu，平方英尺/年）作为主要指标来衡量和跟踪能源性能，使用Advantage IQ作为基准通过能源之星自动完成系统测试，每月进行跟踪和报告。这也是Staples的KWh还原倡议的重要组成部分，利用能源使用的标准（包括能源之星分数）、外部识别改善建筑性能。

通过成为环保署的绿色能源伙伴，Staples在商店中，让顾客寻找EcoEasy图标识别产品，这些产品在其生产或使用时都会减少对环境的影响。

三、中国零售业推动绿色供应链的现状

（一）零售企业实施绿色供应链基本状况

《2011－2012中国连锁零售企业经营状况分析报告》显示，中国连锁零售企业正着力通过优化供应链减少运营成本，提高运营效率，最终创造价值。供应链进化意味着零售业

的进化。

在采购环节，一些零售企业加大总部统一采购比，精简供应商数量，以便发挥规模采购优势。这些转变，为企业未来建立绿色采购机制创造了良好基础。在商品配送环节，60%的受调查零售商开始选择自建物流仓储配送中心，35%的零售商与供应商合作或借用供应商的物流仓储，只有5%的零售商依然选择第三方的物流仓储配送系统。物流能力越来越成为连锁企业的核心竞争力，集中配送不仅提高物流效率，更能减少物流过程中对环境的影响。

据协会2012年进行的绿色商业调查显示，在自有物流配送中心的建设中，零售行业的龙头企业正逐步引入低碳、节能理念，有43%的企业表示将设立物流环节的节能目标。在物流领域，商业企业越来越注重绿色物流推广，如优化物流途径、提高物流车辆的运载力、使用排放更少的运输工具、使用氢燃料动力或混合动力等。据TESCO中国估算，物流环节的碳排放占其碳排放总量的80%左右，物流环节产生的能源消耗和环境污染都十分严重，绿色物流已经成为绿色商业发展的当务之急和紧迫任务。

近十几年来，许多国际零售企业走在了绿色供应链建设前列。跨国企业积极开展研究和创新实践探索，并已取得一定的成果。而这些，对我国绿色供应链的起步和发展具有一定的推动作用。跨国企业或出于上级公司的相关要求，或为了应对企业全球化发展的需求，率先在中国开展了绿色供应链管理，并将其逐步推广至上游供应商。目前，在中国实施绿色供应链管理的大型跨国企业多数都对供应商提出环保合规方面的要求，如供应商须通过ISO14001环境管理体系认证；国际上对于产品的相关法律法规要求，对原材料、零部件中有害物质、设计结构或产品回收等提出相关要求。

实际而言，不同类型的企业在实施绿色供应链管理时关注的侧重点各有不同。如，制造型企业会更多地关注绿色设计、绿色供应、绿色生产等环节，而零售型企业则会综合考虑绿色采购、绿色物流、绿色消费等多个环节。

（二）绿色消费现状调查

协会面向北京、上海、武汉、深圳等四地消费者开展的“2012绿色消费专题调查”，发放问卷4000份，收回有效问卷3907份。调查显示：

1. 年龄构成及分布：40岁以下的被调查者占比超80%，其中30-39岁、25岁以下和25-29岁的被调查者数量占比分别为28.66%、27.15%和24.75%，见表1。

表1　　受访者年龄构成

年龄范围	25岁以下	25-29岁	30-39岁	40岁及以上
百分比	27.15%	24.75%	28.66%	19.44%

被调查者地域分布构成为湖北24.96%、广东24.34%、上海24.03%、北京23.32%以及其他地区3.35%，见表2。

表 2　　受访者地域构成

地域范围	北京市	上海市	广东省	湖北省	其他
百分比	23.32%	24.03%	24.34%	24.96%	3.35%

2. “绿色”生活状况：多数受访消费者表示，主要通过媒体广告、商场宣传和环境标志来获取绿色产品信息，目前他们主要的“绿色”生活习惯在于少用塑料袋（73.75%）和乘坐公共交通（56.54%），如图 7 所示。他们选择绿色产品最主要的原因是保护环境（82.77%）和节省使用成本（52.79%），如图 8 所示。而他们不选择绿色产品的原因主要在于价格偏高（43.95%）、不知道是环保产品（38.52%）以及不相信环保节能（28.29%），如图 9 所示。

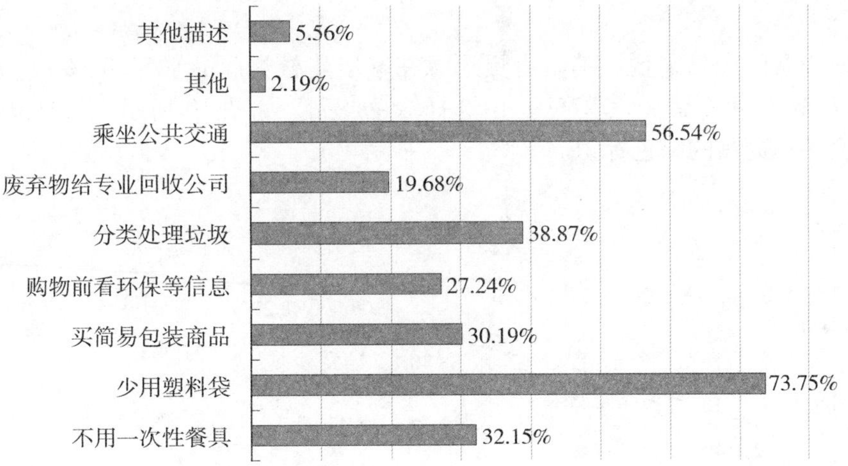

图 7　消费者在日常生活中的“绿色”生活习惯

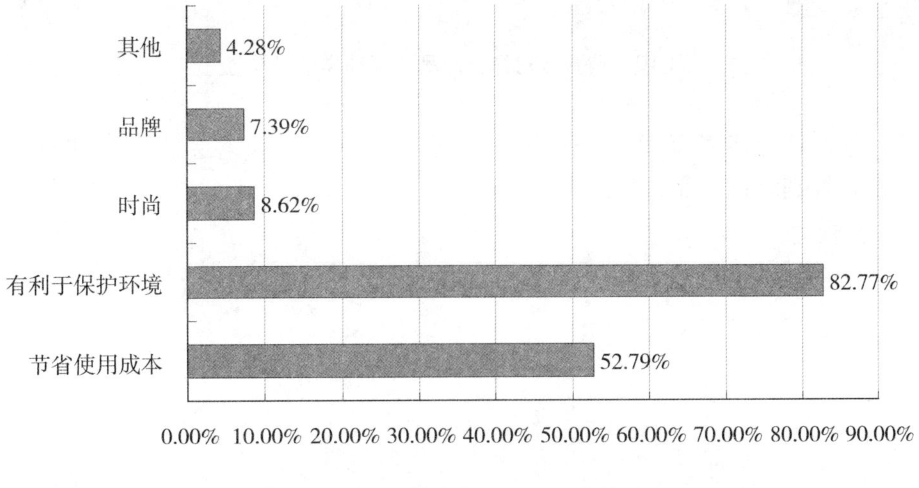

图 8　消费者选择绿色产品的主要原因

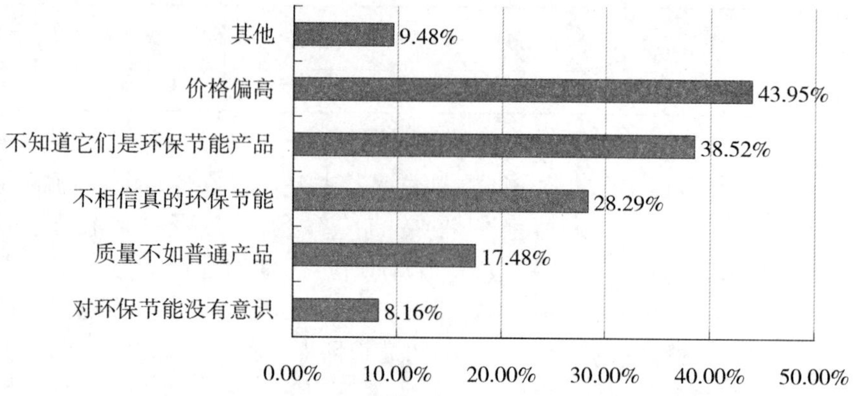

图 9 消费者不选择“绿色”产品的原因

对于所消费的产品来说，消费者更愿意在家居建材类商品（54. 01%）、家电电子类产品（51. 82%）和食品（48. 27%）中选择绿色产品，如图 10 所示。而且 64. 45% 的消费者表示会关注商品的绿色标识。

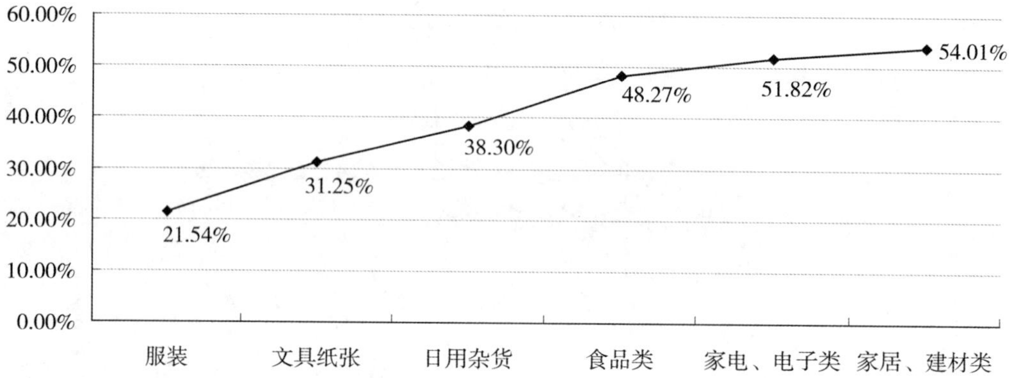

图 10 消费者对绿色产品购买种类的倾向性

此外，他们认为零售商可以通过设立专柜（47. 71%）和附标签（52. 49%）等形式来帮助消费者找到绿色产品，如图 11。

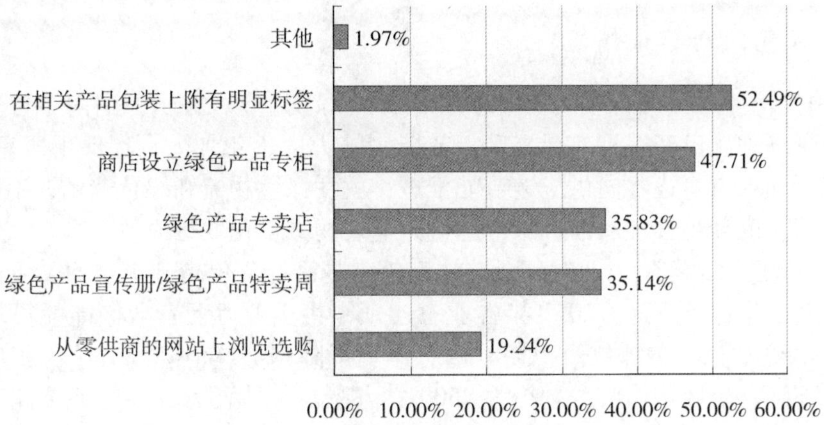

图 11 商家如何出售绿色产品您觉得更为便利

从价格方面，62. 17% 的受访者表示能接受零售商在提高不超过 5% 的价格下为他们提供绿色产品，如图 12。

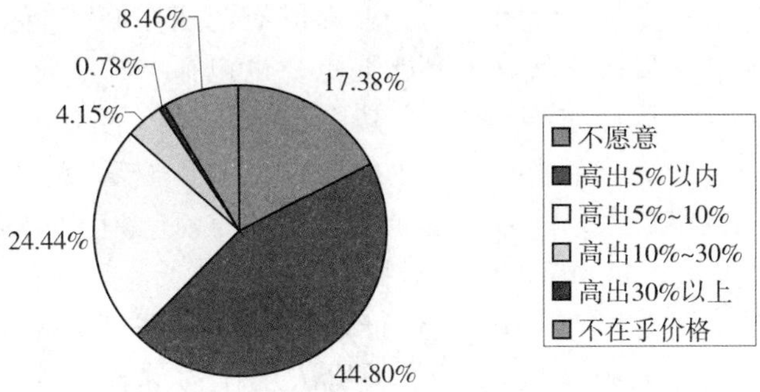

图 12 您愿意付出多少额外的资金来购买环保产品

在处理产品废弃物这一问题上，71. 12% 的消费者希望可以以旧换新，56. 87% 希望可以在社区定点回收，而 45. 82% 希望商家可以进行回收，如图 13。

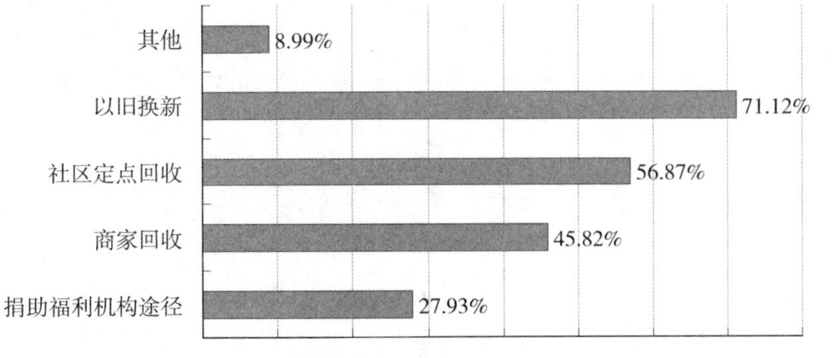

图 13 消费者希望在废物处理方面得到的支持

（三）绿色门店建设情况

《2012 中国零售业节能环保绿皮书》（简称《绿皮书》）显示，国内零售企业的节能环保意识和管理理念已经得到有效提升，节能实施力度逐年加大，环保手段呈现多样化；以门店节能为切入点，逐步向供应链节能推进；关注绿色物流和绿色营销，不断挖掘新的节能环保空间；废弃物管理逐渐进入常态化，包装物减量化取得成效。

《绿皮书》显示，零售企业对环保关注度越来越高，环保措施更全面、更深入，企业能耗水平连续三年稳步下降。2011 年各业态连锁零售企业万元营业额能耗量均呈下降趋势，平均降幅约为 15%；单位面积耗电量总体呈下降趋势，但降幅有限；年度用水量连续三年显著下降，门店年均节水量约为 2500 立方米。整体而言，零售业节能环保发展呈现如下特点：

1. 节能环保意识和管理理念得到有效地提升。总部设立专门能源管理岗位的企业由 2010 年的 26. 5% 增至 2012 年的 34. 1%；按照国家《能源管理体系要求》建立健全能源管理体系、形成企业能源管理标准的企业占比高达 87. 6%；已制定水、电管理制度的企业占比为 95. 8%；每年对水、电、气、包装物等设立明确节约目标的企业占 66. 5%。

2. 节能环保手段日益多样。94. 4% 的企业对既有门店实施节能技术改造，这其中既包括门店的照明、冷冻冷藏和空调等主要能耗点，也包括电梯系统、小商铺和仓库等环节。91. 1% 的新开门店采用不同节能技术，其中 23. 2% 的门店引入自然光照系统、太阳能热水器，另有 23. 8% 的受访企业制定企业自身的物流能效核算定量或半定量方法。

3. 企业节能范围逐步扩大，门店仍是企业改造的重点。40. 2% 的企业对旗下 50% 以上的门店实施了节能改造；44. 0% 的企业对物流中心采纳了节能技术；63. 7% 的企业在总部办公区域采用节能设备技术。38. 6% 的企业通过提高本地采购商品的比例减少物流中的碳排放。41. 4% 的受访企业将供应商遵守环境法规作为选择供应商的一个参考因素；45. 1% 的企业认为有责任帮助消费者提高环保和绿色消费的意识。

4. 废弃物管理渐入常态化。2012 年有 37. 6% 的零售企业针对自身运营过程中产生的废弃物制定减排年度目标，比前两年明显提高。零售业的废弃物尤其是包装物的减量化已取得一定成果：27. 3% 的受访企业会与供应商合作共同推动商品包装减量化，这些企业中有六成的企业在近两年内有减少包装的计划，且 2011 年比 2010 年减少包装 18% 左右。

国内零售业节能环保工作虽有较大进步，但与建设“两型社会”的要求还有较大差距。首先，多数零售企业的节能环保尚停留在低成本投入的基础层阶段，水平有待提高；其次，节能改造的投资回报期基本超过 3 年，与零售企业理想预期差距较大，这制约着节能环保技术的应用；我国还没有针对零售业节能环保的强制性法规标准，零售业的节能环保缺乏有效的制约和激励机制。

《绿皮书》还提出了零售业未来节能环保发展的几大趋势：一是向供应链上游延伸，进一步深化与供应商的环保节能合作；二是向供应链下游延伸，引领绿色消费，为顾客创造新的价值；三是着力推动门店节能，推动零售业低碳环保迈出更大的步伐；四是与时俱进，发挥网络平台优势，创新节能环保宣传渠道，树立企业公民形象；五是建立绿色物流中心，减少物流配送过程中的能耗和环境影响；六是积极采用新技术，加大太阳能等清洁能源的使用比例。

（四）零售业绿色供应链调查

2012 年 9 月，中国连锁经营协会面向“中国连锁百强企业”展开“绿色供应链专题调查”，调查内容主要包括：企业对供应链现状、观念、做法的理解，零售企业绿色供应链管理的未来发展方向等。调查发现，国内零售业的绿色供应链管理观念刚刚起步，认知度不高；企业普遍认为，政府尚未出台改善环境问题、更为广泛的鼓励企业实施环保措施的激励政策。此外，缺乏环保意识和塑造更为“绿色”零售商的成本很高，也被业界广为认同。调查显示：

1. 实施年限方面。对“您认为中国零售业实施绿色供应链管理措施所需年限”，大多数受调查企业认为“时间难以确定”，即使在确定年限的企业中，这个时间也主要在 1 年以后。尽管一年时间看似相对较长，但是如果政府能在 1 年内推出激励措施，相信会对企业产生一定的推动和影响。

2. 绿色采购措施认知方面。“使用电子程序以提高效率”、“与供应商一起按绿色供应链的管理准则行事、零供关系上坚持可持续发展”，“在采购策略中采用绿色环保设计和产品生命周期管理”是受访企业采取的主要策略。同时，大部分企业认为，实施绿色供应链管理的动力，来自电子工具及技术应用。电子工具主要用于“信息整合（预报、订单、发货通知、发票等）”、“物流及物资管理流程”以及“与供应商之间的合作”。

3. 绿色生产制造方面。受调查企业最重视“定期评估，以落实和确保绿色供应链管理的各项举措”和“减少制造过程中的二氧化碳排放”；其次是“对可重复使用的零部件实行回收”和“新产品的可回收设计”；对“在产品设计上提高产品耐用性”和“原材料的回收计划”也相当关注。

4. 绿色仓储和配送方面。“减少包装材料的使用”、“实施定单合并处理（提高卡车载货空间的利用率）”和“使用可循环利用的容器和存储设备”是受调查企业认为的关键点；而“优化配送中心地理位置选择”、“选择可回收的包装材料”以及“减少库存，精简产品处理过程”也受到重视。通过太阳能板和绿色屋顶等降低自身能源消耗的企业占比偏低。如果政府能对此类绿色节能措施的实施提供更全面的激励政策，相信会有更多的企业愿意选择使用太阳能和绿色屋顶等新能源来降低企业运营能耗。

5. 绿色运输实施举措方面。“优化运输路线”、“降低卡车空载时间”和“增加立方利用率”是受访企业认定最为重要的三个途径；“切换使用货船和火车之类燃料利用率更高的交通工具”和“用合成或人造的代用燃料取代柴油作为发动机燃料”被认为有一定效果。

6. 零售企业和供应商合作关系方面。“如何共同合作促进环保”、“共享可持续发展政策”和“促使供应商积极响应环保措施”最受关注。在零售企业选择供应商来实施环保计划方面，“在供应链整合和自动化上有丰富的经验和雄厚的实力”、“拥有强大的基础设施支持，以确保来收集供应链重要信息时的网络稳定和持续性”、“拥有全球布点和地区优势来支持供应链整合和自动化”和“愿意致力于环保行动”都是零售企业所优先考虑的因素。由此，如果政府能更加积极地支持零售企业，那么不仅零售企业自身会更加“绿色”，也能促使供应商们更加“绿色”，更有益于绿色供应链的整体发展，可以说是一举多得。

7. 实施绿色供应链管理的阻碍。受访企业大多认为，“没有相应的财政支持和激励措施”是最大的问题；“成本过高”和“缺乏经验”也被企业广泛认同。目前，零售企业实施绿色供应链管理措施的主要目标和动力，更多是基于以下考虑：“提高效率并减少浪费”、“遵守公司的可持续发展目标”，“品牌建设——以绿色企业来推广公司的形象”和“通过减少碳排放量节约成本并提高效率”。因此，如果政府的激励措施和财政帮助能够更积极、更有效，将更有利于提高零售业的整体绿色发展。

四、推进我国绿色供应链发展的路径和政策保障

我国绿色供应链整体起步晚，理论研究与实践仍处于萌芽阶段。提升绿色供应链的发展水平，需要从企业本身、市场、消费者，以及监管主体——政府四个方面推进协调和努力。

（一）政府在推动绿色供应链建设方面的责任

我国“十二五”规划明确提出“坚持把建设资源节约型、环境友好型社会作为加快转变经济发展方式的重要着力点。深入贯彻节约资源和保护环境基本国策，节约能源，降低温室气体排放强度，发展循环经济，推广低碳技术，积极应对全球气候变化，促进经济社会发展与人口资源环境相协调，走可持续发展之路”。绿色供应链作为促进经济绿色转型的重要工具，其重要性已逐步被政府所认识。近些年来，政府各相关部门陆续出台了相应法律法规（部分涉及绿色产业链内容的相关法律法规以及主要意义见表 3），但我国绿色供应链的建设刚刚起步，特别是流通企业的环保意识、管理水平、技术力量和资金相对有限，相关政府有责任运用政策扶持、法律保障、经济鼓励等多种手段，为企业发展绿色供应链营造良好的市场环境，促进绿色供应链健康有序发展。

表 3　　我国促进绿色产业链管理的相关法律法规及政策

作用	法律	颁布部门	实施时间	相关内容及主要意义
规制者	《中华人民共和国节约能源法》	全国人大常委会	1998. 1. 1	该法规定节能减排的战略意义，将促进从能源生产到消费的各个环节，降低消耗、较少损失和污染物排放，制止浪费，为有效、合理地利用能源提供法律依据，也为绿色供应链管理实践提供法律保障。
	《中华人民共和国可再生能源法（修正案）》	全国人大常委会	2005 年颁布 2009 年修订	可再生能源利用率是绿色供应链评价指标中的重要方面。该法对可再生能源发展提供扶植、培育与引导。
	《中华人民共和国清洁生产促进法》	全国人大常委会	2003. 1. 1	清洁生产是绿色供应链中的重要节点，该法要求生产者自生产步骤起就要消减污染，对推动清洁生产，推动绿色供应链的发展意义重大。

续表

作用	法律	颁布部门	实施时间	相关内容及主要意义
规制者	《中华人民共和国固体废物污染环境防治法》	全国人大常委会	1995 年颁布 2004 年修订	直接针对固体废物污染防治的单体法，它以减量化、资源化和无害化为处置固体废物的原则，倡导循环理念。
	《中华人民共和国环境影响评价法》	全国人大常委会	2003. 9. 1	强调了从源头预防环境污染的重要性，要求所有新建项目在开工前都必须获得环境影响评估报告的批准。
	《循环经济促进法》	全国人大常委会	2009. 1. 1	是一部促进经济结构调整和经济增长模式转变的法律。以"减量化、再利用、资源化"为主线，规定了循环经济规划制度、抑制资源浪费和污染物排放总量控制制度；循环经济的评价和考核制度；以生产者为主的责任延伸制度；对高耗能、高耗水企业设立重点监管制度；强化经济措施，建立激励机制，鼓励走循环经济的发展道路。
监督者	《上市公司环保核查行业分类管理目录》	环保部	2008. 7	对上市公司核查的行业分类给出具体规定。
	《关于落实环境保护政策法规防范信贷风险的意见》	环保总局、中国人民银行、中国银监会	2007. 7. 12	是落实国家环保政策法规、推进节能减排、防范信贷风险出台的重要文件。分别对新建项目和已建成项目的环保和信贷提出了原则意见。
	《企业环境报告书编制导则》	环保部	2011. 10. 1	进一步规范企业的环境信息公开行为。
	《低碳产品认证管理办法（暂行）》	国家发改委、国家认证认可监督管理委员会	近期发布	囊括 4 种用能产品和 2 种非用能产品。为引导低碳生活和低碳消费，鼓励社会公众使用低碳产品，带动消费端推动节能减排。

1. 加强政府间协作共同构建和完善相关政策体系

商务部、发改委等相关政府部门，携手金融等机构尽快出台符合中国国情的绿色低碳零售行业标准和管理制度；积极争取绿色补贴和税收政策，调动企业节能环保的积极性；开展符合零售业特点的绿色供应链研究；通过示范、认证等多种手段，树立行业典范，引领行业发展等。

政府部门应考虑尽快出台相关指导性文件，制定奖励或相关优惠政策来鼓励国内大型零售企业探索在制定企业发展战略中引入环境管理概念，推动建立绿色采购运营模式。如制定《农副产品绿色采购指南》等文件；同时也可以通过举办"绿色低碳供应链明星企业"推选等活动，培育一批示范企业；通过设立绿色供应链自愿项目，强化农产品企业参与绿色供应链管理；通过与政府签订绿色供应链自愿协议，推动企业绿色供应链的有效实施等。

在相关政策体系构建上，政府可以借鉴国外政府的一些做法。如，日本从农林水产省到县、町、村都制定了一整套的推进有机农产品生产、流通和消费的政策——2007 年日本农林水产省制定的《关于推进有机农业的基本方针》（2007－2012，为期 5 年），其目标是在 2012 年建立起具有日本特色的有机农业生产体系、技术体系和宣传推广体系。具体包括五方面：

第一，日本政府加大对有机农业的生产体系的的财政支持，包括对土地整理、农机具的购买等财政补贴政策；对有机农业技术开发的财政支持等；对生产者进行有关技术培训；提供银行低息贷款和财政贴息等。

第二，加大对有机农产品的流通和销售的支持政策。包括建立有机农产品生产信息网络平台；鼓励生产者对有机农产品的认证并对认证费用给与补贴；对有机农产品的直营店建设及在设施、设备采购等方面给与适当的补贴；建立面对消费者的商品信息沟通和商品宣传；加强地方政府与批发市场、零售商的交易沟通；在产地直送和第三方采购方面给与支持等。

第三，促进有机农业技术开发。包括地方政府建立有机农业开发计划；鼓励大学、研究机构参与相关课题的研究并对技术开发给与资金支持；促进研究成果信息发布、成果的商品化和推广，并给予财政支持；建立研究成果普及辅导员制度，加强对辅导员的培训和研修等。

第四，建立和完善消费者宣传体系。包括向消费者、流通业者、零售商和学校学生宣传有机农业和农产品知识，提高对有机食品认识。对于地方消费者和学生要培养他们热爱乡土产品的意识。对于优秀有机农产品要建立表彰制度，向全社会大力宣传。促进消费者到产地的采摘、体验和学习。

第五，政府加强监督和检查。近年来，在日本政府的强力推进下，日本各地方纷纷制定有机农业推进计划，至 2009 年年底，90% 以上的都道府县级政府都制定出符合地方实际情况的支持计划和具体实施计划。这些计划从有机农业的生产、流通、向消费者宣传到对有机农产品的监督、抽查等形成一个完整的推进体系。

2. 加大对绿色低碳零售业发展的财政补贴

目前，我国零售企业的绿色低碳建设缺乏其他融资渠道是不争的事实。根据协会调查，84.9% 的企业是靠自身投入来解决节能减排的资金问题，而商业补贴和优惠政策的落实是企业最关注的话题。近年来，尽管政府实行了一些针对绿色低碳零售业的商业补贴和优惠政策，如减免绿色消费的税收及奖励绿色技术的研发，企业在采购节能设备时能实现税前列支，银行对企业节能减排的投资提供低息贷款等，但从总体上看，财政支持力度不够。

政府可以考虑对实施绿色供应链建设与持续发展的企业给予税收优惠、绿色信贷优惠等，通过经济手段引导、扶植绿色供应链市场。通过出台绿色税收优惠政策、绿色补贴等政策，引导企业的生产经营行为，鼓励企业在环境改善方面提高效率、增加投资，以此推动供应链的可持续发展。如支持零售或批发市场企业就其供应商的生产能效改进项目，帮助向银行申请绿色信贷，或参与相关政府部门的资金补贴申请项目。还有鼓励流通企业加大在绿色采购、绿色运营等环节的设备技术投入和实施，以提高低碳经营水平。

在财政补贴政策方面，政府可以参考日本的做法。近年来，日本的“经济产业省”

及下属的"新能源·产业技术综合开发机构"制定了一系列奖励零售企业进行设备节能改造的补助金制度。其中主要财政补助制度有：

（1）节能对策导入促进事业费补助金。主要补助从事现场节能诊断或指导的咨询公司，或者从事节能减排计量设置或从事检测节能效果的企业。

（2）住宅·建筑物高效节能系统导入促进事业费补助金。主要补助零售企业节能高效锅炉及高效节能空调设备的引进。

（3）能源使用合理化事业者支援补助金。针对所有从事技术普及、节能效果检测和费用相对较高的设备引入的企业。

（4）新能源导入加速化支援对策补助金。主要为减轻地方自治体、非盈利民间团体、民间事业者引入太阳能、风能等新能源设备的资金压力而提供的补助。

（5）引进替代氟利昂设备补助金。主要针对便利店等零售企业的电冰箱改造。

3. 建立合理的评价制度

建立完善绿色供应链评价指标体系，明确规定绿色产品产出率、废物再利用和资源化率等指标；通过部分地区开展绿色供应链试点，逐步建立绿色供应链重点指标统计制度；加强绿色产品生产、流通、消费全过程的统计监测；研究完善绿色生产、绿色消费相关指标。

加强监督考核。加快推进绿色消费监测平台的标准化建设和统筹管理力度，加大绿色消费相关领域，特别是绿色食品各类监督考核制度，不断完善优化考核程序和内容，落实奖惩办法，实行目标考核问责制度，加大考核结果公开化。

相关政府部门应进一步完善已有的绿色市场认证体系。激发市场活力，探索建立绿色低碳供应链认证和市场服务体系，通过"绿色供应链认证"使"示范企业"进一步获得市场认可、公众认知。政府给予认证企业一定的经费补贴来支持先期的认证工作。

参考国外政府经验，日本东京都政府制定了从促进有机农业生产、流通至消费的详细的实施方案和考核制度。为了保障有机农产品的可信性，维持有机农产品流通的市场秩序，东京都推出了《特别栽培农产品认证制度》、《东京都绿色农产品标识认证制度》。另外针对东京都内食品生产，以及有机食品加工、批发、零售企业还制定了《市场信息提供和有机食品企业登记制度》，以规范有机农产品流通市场秩序。

4. 政府加大绿色消费宣传力度

重视市场绿色消费培育，不断宣传绿色低碳供应链理念，提高公众绿色意识。充分发挥试点地区零售和批发市场的终端渠道窗口作用，政府每年固定投入一定的宣传费用，支持企业定期举办绿色消费进社区等一系列社会活动，在全社会宣传环保的重要性和紧迫性，唤醒社会组织和公众的绿色理念与消费意识，为实施绿色低碳供应链管理营造良好的舆论氛围和社会环境，培养公众的绿色低碳供应链认知意识。

（二）企业推动绿色供应链发展的责任

绿色供应链建设是推动零售企业可持续运营的重要因素，也是推动行业可持续发展的必然趋势。2010 年 11 月 1 日，国际标准化组织（ISO）正式发布 ISO 26000《社会责任指南》。其中，社会责任（social responsibility）被定义为"通过透明和道德行为，组织为其决策和活动给社会和环境带来的影响而承担的责任"。本质上讲，企业推动绿色供应链发展，所追求的是节约资源能源投入，减少污染物的排放，使自身成为具有社会责任的企业，以实现经济效益、社会效益和环境效益的均衡。零售企业在实施供应链绿色管理过程中，可以结合企业实际发展，在以下方面进行探索、总结，挖掘符合市场发展需求的有效管理思路和手段。

1. 创新零供合作模式，挖掘“零售—配送—制造”整体供应链的绿色空间

在绿色供应链的建立过程中，零售企业不能单打独斗，应寻求与供应商的合作，并以提高生产过程的能效为切入点，通过多种手段帮助供应商节约能耗成本，在制造商受益的同时，零售商也获得了保质保量的商品，这对零供的长久合作和绿色供应链的发展有着重要意义。

绿色供应链管理提升中国纺织企业国际竞争力。美国自然资源保护委员会（NRDC）于2010年与沃尔玛、H&M等6家跨国领先零售商和服装品牌企业合作发起了负责任采购计划（RSI），以求在帮助纺织企业控制污染、促进环保的同时节约成本。江苏省紫荆花纺织科技股份有限公司是一家从事棉梭织布料印染的中国本土纺织企业，也是沃尔玛的供应商之一。该公司把NRDC推广的最佳实践方案付诸实践，取得令人鼓舞的效果——每年节水超过22万吨，节煤近3000吨。同样，商务社会责任国际协会（BSR）基于多年为企业的供应链管理培训提供支持和研究，2010年发布的调查提出：中国企业的供应链低能效现象普遍存在，主要问题是很多企业缺乏对能源成本的长远预期；缺乏管理经验；缺乏健全的能源管理体系。研究显示一些共性的需求成为供应商开展节能的动力，其可分为四个等级：一级，成本的削减和合规管理，通常对于节能采取比较消极的态度；二级，节能为企业的社会责任，在面对外部节能减排压力时，采取更加积极的节能策略；三级，将节能转化为竞争力，更舍得投入资金给员工提供节能培训机会，更加理解零售客户可持续发展目标；四级，将低碳发展融入企业的发展战略，低碳发展被企业视为长期的核心竞争力。

宜家、沃尔玛、C&A等国际领先企业的实践证明，零售企业可以借助有效手段，通过协助供应商实施生产环节的节能措施，来实现供应链的绿色管理，提高整体供应链的低碳贡献度。对此，业内专家给出的建议是：将零售企业的减排目标明确告诉供应商；为供应商提供节能指导或路线图等帮助；选择重视客户关系的供应商参与节能项目，将有限的资源分配给有能力且对节能态度积极的供应商；强调员工培训和员工参与的重要性（三位一体的能源管理应从改变人的观念入手）。

2. 关注可持续生产，探索建立绿色采购机制

国家“十二五”规划纲要明确指出，探索建立低碳产品标准、标识和认证制度，建立完善温室气体排放统计核算制度，逐步建立碳排放交易市场。所谓低碳产品认证，是以产品为链条，吸引整个社会在生产和消费环节参与到应对气候变化。通过向产品授予低碳标志，从而向社会推广一个以顾客为导向的低碳产品采购和消费模式。以公众的消费选择引导和鼓励企业开发低碳产品技术，向低碳生产模式转变，最终达到减少全球温室气体的效果。正是由于低碳产品认证的这种作用，国外低碳产品认证项目近年不断涌现，目前，已有德国、英国、日本、韩国等十几个国家开展低碳产品认证。

碳足迹追溯是近年来英国、美国、日本等发达国家零售业在节能减排过程中积极探索和推广的一项有效的、可视化的节能方式。一吨食用玉米淀粉，从原材料生产、运输到淀

粉生产，再到包装、储存、污水和废物处理等整个生命周期，会排放多少二氧化碳？其对环境影响有多大？

2012 年 4 月，中国粮食龙头企业——中粮集团发布消息，中粮旗下中国粮油生化能源事业部的柠檬酸和淀粉产品分别依据英国 PAS 2050 产品碳足迹标准实施了碳盘查，并顺利通过独立的第三方国际认证机构的核查。这是中粮首次完成产品碳足迹盘查试点，也将引领中国食品行业产品碳足迹的进一步应用。中粮集团通过应用生命周期技术实施的碳足迹盘查发现，参与盘查的试点企业每吨食用玉米淀粉生命周期内产生的二氧化碳当量是 847 公斤，每吨柠檬酸生命周期内产生的二氧化碳当量是 2.4 吨。中粮集团之所以选择玉米淀粉和柠檬酸开始试点，是因为这两种产品生产过程独立性较强，便于计算和标准应用。未来中粮计划在更多产品上开展产品碳足迹盘查。未来，碳标识可能成为产品说明书的重要内容，没有碳标识的产品或将难以进入市场。在终端产品上附加碳足迹标签更利于消费者进行绿色消费时的选购。

作为世界可持续经营的倡导者，世界自然基金会（WWF）一直关注棕榈油的需求增长情况，经过调查发现，大片热带森林遭到砍伐用来开辟大型油棕种植园。在印尼和马来西亚的主要棕榈油产区，过去十几年间近三分之一的森林消失缘于油棕的扩张，并导致大象、猩猩等多种濒危物种的家园也随之萎缩。2004 年，WWF 携手棕榈油生产商和贸易加工商、消费品制造商、零售商及相关机构，发起成立可持续棕榈油圆桌倡议组织，旨在推广有助于减少森林砍伐、保护生物多样性、尊重生产国农村民生的棕榈油生产方式。目前，全球范围内的许多大公司已做出承诺，保证到 2015 年之前全部使用认证的可持续棕榈油，包括沃尔玛、家乐福、麦当劳等零售和餐饮服务巨头。

中国流通企业应及时了解国际消费品市场的可持续发展方向，把握机遇，提早进行准备。根据消费市场的绿色需求调整商品结构，通过绿色产品销售，提高商品差异化竞争能力，同时提升公司绿色形象。

采购绿色化程度的提高将直接影响到企业和整个供应链的环境绩效的提高，是绿色供应链管理中的重要一环，采购功能对组织内发展环境方针起着非常重要的作用。总结部分国际领先零售企业的实践，发现其绿色采购行为主要体现在：通过制定并执行企业自己的采购道德标准，促进供应商环境行为的改善，同时不断提高对环境负面影响小的产品采购比例，从而对绿色消费起到推动作用。我国流通企业可以借鉴国际领先企业的实践，积极探索绿色低碳采购机制的建立，不断扩大绿色低碳商品销售规模和市场占有率，可以参考的主要实施方法和路径有：

（1）逐步将绿色采购纳入企业运营战略中。

（2）严格按照国家法律法规要求，坚持索证索票制度，实施环保采购，建立相应的采购渠道。目前我国低碳产品范围包括但不限于低碳标识产品、绿色产品、有机产品、环境标志产品、地理标识产品、节能标识产品等拥有国家及地方认证标志的商品。

（3）探索建立主要商品的年度销售或绿色采购目标。依据企业定位和市场需求，绿色低碳产品的采购品种及数量占比要达到同类商品总量的一定比例。

（4）积极探索建立绿色低碳的采购制度、标准和规范。如制定供应商守则，要求供应商不仅要遵纪守法，还要重视环保，达到严格的社会和环境标准，推动供应商关注环境问题。

（5）开展绿色营销。与提供环保节能认证产品的供应商建立长期合作，创造条件，共同开展促销宣传。

（6）与供应商建立长效合作机制，将企业的绿色采购目标明确告诉供应商，共同推动供应链环境影响因素的减低。包括支持供应商采购本地化并投入研发绿色环保产品，鼓励并引导供应商减少商品的包装，尽量使用可回收的材料；定期与供应商进行信息交流，反馈环保产品和服务需求。

（7）积极参加“国家有机产品认证示范区”等绿色低碳生产基地、生产企业对接采购活动，建立稳定的产销关系。

3. 关注废弃物回收，深化环保进程，打造绿色低碳市场

建设绿色市场，除了立足门店的节能减排，对运营中的废弃物加强科学化管理，促进可循环利用，也是企业实现可持续经营，承担社会责任的重要方面。目前，绝大多数零售企业对废弃物采取不同的方法进行处理。调查显示，61.82%的企业实行垃圾分类管理，20%的企业对可堆肥废弃物采取单独处理。但目前普遍存在的问题是，即使零售企业承担社会责任，对自身运营的废弃物分类回收，但由于后续企业不能有效衔接，将导致已分类的垃圾被重新混合或者即使分类也不能得到有效利用。做好废弃物的再利用不能单靠零售企业独立完成，只有再循环企业有效衔接才能真正实现再循环利用。

同时也应探索废弃物的处理途径，提高废弃物的回收利用率。调查显示，在针对运营中产生的废弃物每年制定相应的减少废弃物排放量目标的企业中，有 74 家企业会把废弃品用作废品出售，占比高达 96.1%，这些企业中被出售为废品的废弃物平均比例是 54.7%；有 51 家企业会把废弃品返回配送中心再利用，占比达 66.23%，这些企业中被返回配送中心的废弃物平均比例是 24.4%；有 46 家企业会把废弃品返回供应商，用于再循环，占比达 59.74%，这些企业中被返回供应商的废弃物平均比例是 16.8%，见图 14。

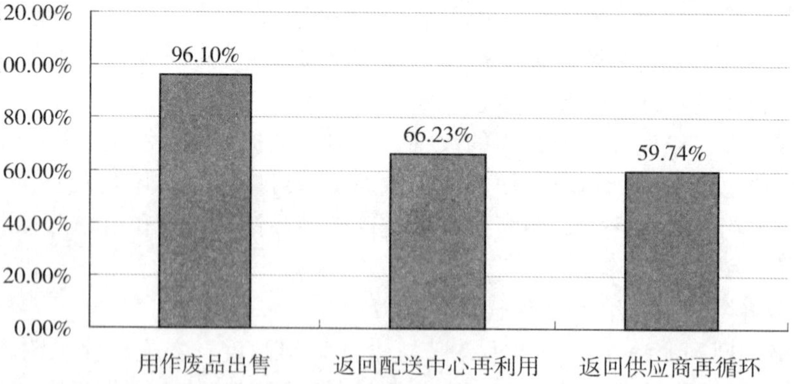

图 14　废弃物处理方式

将废弃物作为废品出售，虽简单且有一定经济效益，但无论对于企业还是社会环保都不是最佳的。因此，企业应结合实际，科学选择和管理废弃物处理方式，提高废弃物的利用率。据了解，商务部正在组织专家制定《超市废弃物处理指南》。总体要求包括：

（1）设定企业废弃物处理目标，根据企业废弃物的产生和处理现状，确定合理的废

弃物处理方向和目标，对处理的原则、技术方法等进行统筹规划且综合考虑技术投资、环境效益等问题。

（2）提高企业的社会责任意识，明确企业自身所承担的社会责任，使企业管理层人员以及普通员工等树立较强的责任意识和环保意识。

（3）规范企业废弃物管理，对企业废弃物产生、收集、处理等流程设定相应的管理原则、操作规范、监督检查等，促进废弃物全过程管理体系的规范和完善。

（4）实现废弃物管理的可持续化，从废弃物产生的源头开始，通过废弃物分类、处理等工作措施，实现可回收废弃物的再利用、不可回收废弃物的达标处理等目标。

4. 建设绿色低碳门店，实现双赢

《绿皮书》显示，打造低碳节能概念店正成为中国零售企业改造既有门店的主要趋势。通过门店设备升级，进一步提升门店形象，通过节能改造，有效控制不断高企的水电等运营成本，实现门店业绩的再增长。

2010－2012 年期间，协会持续开展“百家低碳示范商店”推选公益活动，截至 2012 年 8 月，从大型超市、百货店、家电专卖店、家居建材专卖店、便利超市、购物中心等不同业态的 45 家零售企业的 19195 个门店中评选出 100 个“低碳示范商店”，地域范围覆盖全国 18 个省、48 个城市。示范店调查数据显示，大型超市和百货店、家电及家居建材专卖店等业态走在了零售业节能低碳实践的前列，行业领先企业的低碳运营理念正逐渐走向成熟，标杆作用显现。

为贯彻落实《国务院关于印发“十二五”节能减排综合性方案的通知》、发展改革委等 12 部门《关于印发万家企业节能低碳行动实施方案的通知》和《商务部关于“十二五”期间流通服务业节能减排工作的指导意见》等文件精神，商务部正在组织制定《零售商店节能低碳评定标准》。此标准将为各业态零售商店节能低碳的自评及新店建设提供有力参考。围绕绿色低碳门店的建设，企业可从以下几个方面着手实施：

（1）制定绿色低碳运营战略，在日常管理、营销层面持续有效地节约能源，减少碳排放。

（2）加强节能低碳工作组织领导。成立由企业主要负责人挂帅的节能工作领导小组，建立健全节能管理机构。设立专门的能源管理岗位，明确工作职责和任务，加强对能源管理负责人和相关人员的培训。

（3）建立能源管理体系。按照《能源管理体系要求》（GB/T23331），建立健全能源管理体系，逐步形成自觉贯彻节能法律法规与政策标准，主动采用先进节能管理方法与技术，实施能源利用全过程管理，注重节能文化建设的企业节能管理机制，做到工作持续改进、管理持续优化、能效持续提高。

（4）加强能源计量统计工作。要按照《用能单位能源计量器具配备和管理通则》（GB17167）的要求，配备合理的能源计量器具，努力实现能源计量数据在线采集、实时监测。建立健全能源消费原始记录和统计台账，定期开展能耗数据分析。

（5）开展能源审计和编制节能规划。要按照《企业能源审计技术通则》（GB/T17166）的要求，开展能源审计，分析现状，查找问题，挖掘节能潜力，提出切实可行的节能措施，探讨构建科学合理的碳资产核查。

（6）加大节电、节水的技术改造力度，配备垃圾分类处理、资源循环利用等硬件设施。要安排专门资金用于新技术设备应用。积极采用国家重点节能技术推广目录中推荐的技术、产品和工艺。要积极开展与专业化节能服务公司的合作，采用合同能源管理模式实施节能改造。

（7）开展能效达标对标工作。要学习同行业能效水平先进单位的节能管理经验和做法，积极开展能效对标活动，制定详细的能效对标方案，认真组织实施，充分挖掘企业节能潜力，促进企业节能工作上水平、上台阶。

（8）建立健全节能激励约束机制。要建立和完善节能奖惩制度，将节能任务完成情况与干部职工工作绩效相挂钩，并作为企业内部评先评优的重要指标。

（9）开展节能宣传与培训。要提高员工的资源忧患意识和节约意识，积极参与节能减排全民行动，加强节约型文化建设，增强员工节能的社会责任感。要组织开展经常性的节能宣传与培训，定期对能源计量、统计、管理和设备操作人员等开展节能培训，主要耗能设备操作人员未经培训不得上岗。

5. 探索绿色营销模式，推动绿色低碳消费

协会“2012 绿色消费调查”显示，目前中国的绿色消费习惯正在逐步养成，73.75%的受访消费者在生活中会有意识地少用塑料袋，56.54%的消费者外出时会选择公共交通。但由于信息不充分，消费者对环保产品不甚了解，使绿色消费在全面推广中遇到了障碍。

调查还显示，30.9%的消费者会选择零售企业的环保形象会很大程度影响其选择决策，49.48%的消费者受到一定程度的影响，而不受影响的比例仅占不到两成，见图 15。而上年同期的调查中不受影响的比例约占 65%，这一对比表明消费者除更注重自身消费模式外，也更加关注零售企业的环保节能形象，对企业提出更高的要求。

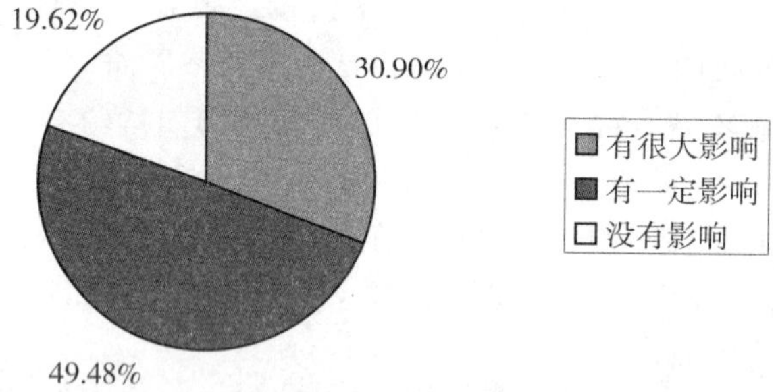

图 15　零售企业的环保形象对消费选择的影响

零售企业直接面向广大消费者，对引导绿色消费影响力巨大。特别是零售企业应充分发挥终端渠道的窗口作用，积极引领低碳消费趋势，通过整合供应链资源，在传递绿色消费需求与信息的同时，注重树立并打造企业环保形象，从不同角度去影响消费者的绿色消费选择，这也是企业担当社会责任的一种体现。借鉴国外领先企业的实践案例，中国零售企业可以从以下几个方面进行尝试绿色营销思路：

（1）与提供环保节能认证产品的供应商建立长期合作，共同开展促销宣传，如定期举办绿色环保认证产品的促销活动，有引导和鼓励顾客环保消费的优惠措施。

（2）尝试设立绿色低碳销售专区、专柜，扩大展示、宣传和销售，并提供绿色服务，

包括有专人负责相关环保产品介绍；制定服务指南，提供对相关环保产品及服务的说明；建立相应岗位，设定服务程序或岗位职责中有具体规范要求。

（3）定期举办多种形式的，与绿色低碳环保主题相关的社会公益活动，主要面向社区消费者，并配合宣传和报道。

综合来看，绿色供应链管理给企业带来的优势可以归纳为：品牌和风险管理、资源节约和成本控制、新的利润增长点。同时，领先企业的成功实践更可供业内学习和借鉴：在推动供应链绿色管理建设上，企业应加强与供应商合作，从产品生产、仓储、运输、店内销售与废弃物处理等各个环节点上关注绿色管理，也要积极与当地社区建立关系并促进绿色消费意识引导，真正实现绿色供应链的发展。

（三）消费者在推动绿色供应链发展中的责任

消费者的“绿色消费”包括三层含义：一是倡导消费者在消费时选择未被污染或有助于公共健康的绿色产品；二是在消费中注意对垃圾的处理，不污染环境；三是转变消费观念，崇尚自然，追求健康，注意环保和节能。

1. 增强消费者的绿色消费意识

消费者应积极响应绿色消费、绿色选择、节能减排等环保倡议，切实转变消费观念，避免和抵制盲目消费、铺张浪费、有害消费等不良消费行为。加强消费者自身对绿色消费概念的全面、深入、成熟的理解，对绿色产品的消费形成主动选择，并且能够采用科学方式判断绿色产品，使消费者在生活中的绿色消费行为逐步成熟。在购物过程中，多购买环保的产品，对可重复利用的物品，重复使用，多次利用，减少不必要的购买。

同时，消费者个人绿色消费经验的积累也能促其从中感受到绿色消费对自身和社会的好处，从而促使并强化绿色消费的扩大化。

2. 消费者提升自身素质

教育水平对人的行为影响巨大。调查发现，年轻、受过良好教育、政治比较自由的人群比其他人群更关心环境。特别是受过良好教育的人更能在消费过程中正确认识人类与环境的关系，具有较强的社会责任感，更能接受绿色消费观念。教育水平较高的消费者对绿色产品的溢价接受能力更强，对以往购买绿色产品的价格满意度更高。

消费者应同时提高对绿色消费品的识别度，相信自己的行动能有效减少污染，相信自己的绿色消费行为可以带动别人的绿色消费行为，相信其他人也会做出同样的行为，使绿色产品获取更大的市场空间。

3. 树立良好的绿色消费态度

《消费者权益保护法》中“消费者九项权益”的第一项就是安全权益，这也体现了支持消费者绿色消费的理念。又如新的消费税政策加大了一次性筷子、实木地板、大排量轿车的征税力度，旨在鼓励消费者转向绿色消费，控制这些类别产品的消费，从而限制消费者对其过度消费。这些都需要消费者从自身做起，加强对绿色消费的理解，积极响应法律法规的倡导。

消费者对污染问题的认识程度会影响其自身对环保的态度，对环保的态度又会影响其对绿色消费的态度，持积极支持绿色消费态度的人们会参与绿色产品的购买和消费活动。反之，消费者则会对绿色消费持有不同的态度和行为。

4. 把绿色消费落实到行动上

绿色消费就在我们身边。洗衣选择无磷洗衣粉，购物自备布袋，不用或少买一次性产品，购车选择符合标准的环保型汽车，停车时间长时关掉引擎，自觉节水节电，购买节能环保用品，不买野生动植物制品，关注和购买二手或翻新物品等，都是体现“绿色消费”的行为。

（中国连锁经营协会）

2012年中国零售企业 IT基准（Benchmark）研究报告

一、调研背景

经过十多年的发展，IT技术在中国零售业的应用越来越被重视，应用水平已经有了较大的提升。但对其使用价值的认识大都还停留在主观概念层面上，客观的IT投入与产出评估模型尚待完善。在没有参考基准的条件下，很多零售企业在对IT投资引进时犹豫不决，而已经引入IT系统的企业无法评估投入与产出是否合理，无法衡量自己在行业内的应用水平。另外，作为IT部门的负责人，CIO们也往往面临着没有“标准”的窘境，在IT应用可行性评估上也只能给管理层提供愿景式描述，缺乏说服力。

基于上述现实需求，中国连锁经营协会（CCFA）与埃森哲公司（ACCENTURE）自2009年发起了中国零售业IT应用基准研究，旨在为国内零售企业提供以指标数据分析为依据的IT应用基准，为零售企业的IT建设提供参考。2012年，拍档科技参与调研。

《中国零售企业IT基准（Benchmark）研究报告》于2009年第一次发布，在行业内产生广泛的影响。特别是2010年以来，随着租金和劳动力成本的不断攀升，企业规模的扩张和经营遇到了瓶颈，迫切需要在效率提升和运营精细化方面实现突围，而信息化建设在这其中也就发挥着举足轻重的作用。《2012年中国零售企业IT基准（Benchmark）研究报告》为第四次发布。

本报告采用2011年度数据。为便于企业进行比较，本报告在各项指标的后面，用【】括号标示出2010年相对应的指标数值，部分数据与上年相比变化较大（数据差异较大的主要原因有两个：一是由于企业经营策略的改变导致经营行为的变化；二是样本企业的选取不同造成的差异）。希望广大企业能够加入本项调研，以更好地保证样本的代表性。

二、报告的主要发现

（一）IT支出占比

1. 2011财年IT支出占销售收入比例

$$2011\text{财年IT支出占销售收入比例}=\frac{\text{零售业务总IT支出}}{\text{销售收入}}\times 100\%$$

总 IT 支出包括软件、硬件、人员等方面的支出。样本企业平均 IT 支出占比为 0.31%【0.46%】（与样本企业的选取有关）。数据显示，企业 2011 年的 IT 支出占比有所下降。

2. IT 资本性支出占比

IT 资本性支出是指用于购买使用年限在一年以上的耐用品所需的支出，包括设备、长期服务等。计算公式为：

$$\text{IT 资本性支出} = \frac{\text{零售业务的 IT 资本性支出}}{\text{零售业务中 IT 总支出（资本性支出 + 营运成本）}} \times 100\%$$

2011 年零售企业 IT 资本性支出平均比例为 55%【58%】。表明零售企业用于设备和长期服务等方面的费用占比依然大于 IT 总支出 50% 的份额，但较上年下降了 3%，与 2009 年持平。

3. IT 资本性支出的构成

首先，硬件在 IT 资本性支出中占据绝大部分，比例为 62%【52%】。其中，门店 POS 及相关外围设备等占 IT 资本性支出总额的 15%【16%】；门店的其他硬件/处理设备占 IT 资本性支出总额的 9%【10%】；数据中心的硬件/处理设备占 IT 资本性支出总额的 19%【14%】；总部硬件/处理设备占 IT 资本性支出总额的 18%【12%】。数据中心和总部的硬件投入增加，说明企业对于总部后台管理的重视和强化。

其次，项目人力资源相关费用占 IT 资本性支出 6%【10%】，软件开发费用占 13%【15%】，软件许可证费用占 11%【12%】，电信通讯及网络费用支出占 5%【7%】，其他费用支出占 3%【4%】。

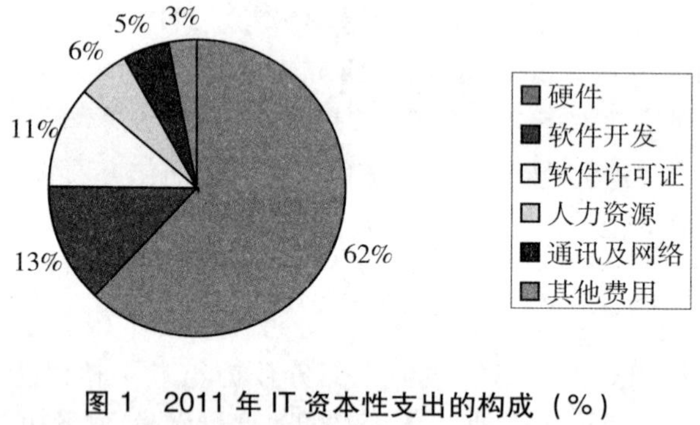

图 1　2011 年 IT 资本性支出的构成（%）

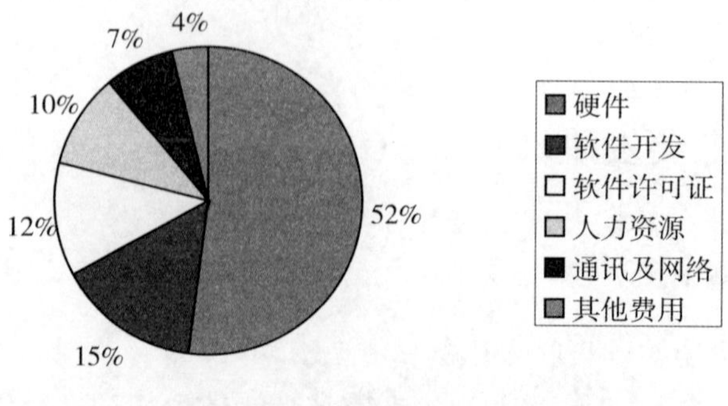

图 2　2010 年 IT 资本性支出的构成（%）

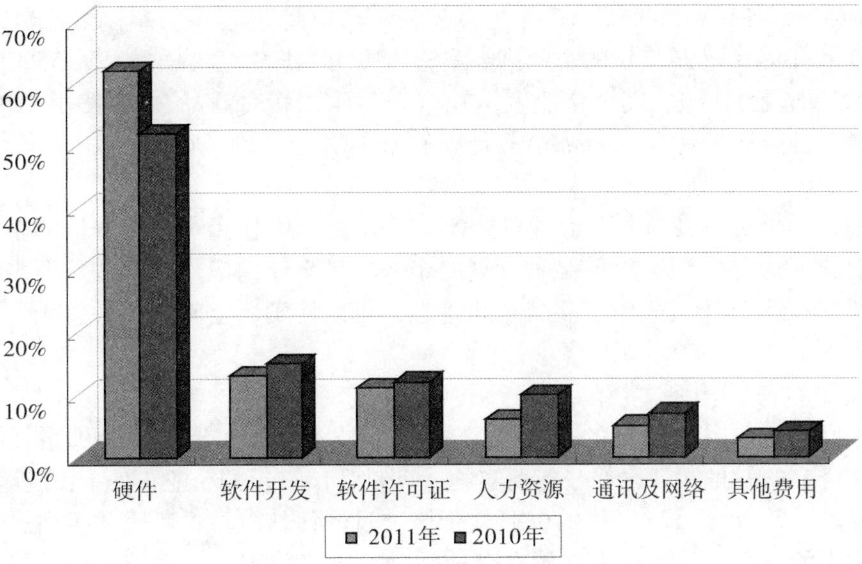

图 3　2010－2011 年 IT 资本性支出的构成与比较（%）

4. 外包支出占总 IT 支出的比例

外包支出占总 IT 支出的比例计算公式为：

$$外包支出占总\ IT\ 支出的比例 = \frac{零售业务的外包服务支出}{零售业务的总\ IT\ 支出} \times 100\%$$

在采用外包的企业中，42%【56%】的企业外包支出占总 IT 支出的比例在 1%～10%（含 10%），33%【44%】的企业外包支出比例超过 10%，外包比例小于 1% 的企业占总数的 25%【0%】。说明企业 IT 外包支出占比较上年有所萎缩。

（二）IT 系统人员结构

1. 从事项目维护/支持的 IT 人员比例

从事项目维护/支持的 IT 人员占比较高。有 64%【73%】的企业其 IT 人员中从事项目维护/支持的人员占比在 30% 以上；36%【27%】的企业，该部分人员占比在 30% 以下。即日常的 IT 维护/支持工作占据了相当大的比例。

2. 外包的 IT 人员占总体 IT 人员的比例

外包的 IT 人员占总体 IT 人员的比例平均为 32%【26%】，有 48%【55%】的企业超过这一平均值，较上年有一定幅度的下降。

（三）应用软件/技术基础设施

1. 采购管理

样本中有 91%【92%】的企业已经实施采购管理应用。其中，90%【78%】的样本企业在一年前实施，10%【14%】的样本企业正在实施。其余 9% 的样本企业表示 2 年内将添加该系统。这充分说明采购在零售企业的重要地位及企业对 IT 技术在采购管理应用上的重视。

2. 商品/财务计划

样本中有 94%【96%】的企业已经实施该应用。其中，占样本总数 55%【66%】的企业在一年前就已实施。其余企业表示在未来 2 年内将对商品/财务使用 IT 技术进行评估。这说明目前在企业中，商品/财务计划的 IT 应用也得到了重视。

3. 空间/品种计划

样本中有 85%【78%】的企业已经实施该计划。其中 40%【45%】的企业在一年多前已经实施。其余未实施空间/品种计划的企业考虑 2 年内应用。这些数据表明，大部分企业都认同，将 IT 手段应用于商品空间管理，可以使卖场空间利用最优化，提高单位空间的产出率。

4. 促销/价格优化

样本中有 84%【82%】的企业已经采用 IT 技术手段实施促销及价格优化项目。其中，89%【55%】的企业已在一年前实施，11%【18%】的企业正处于实施阶段。

占样本总数 16%【18%】的企业处于该项目的评估阶段，考虑 2 年内进行实施。随着消费需求的多样化，IT 技术应用在企业促销、价格管理中扮演越来越重要的角色，尤其在及时性和准确性要求更高的条件下，IT 技术的作用更加重要。

5. 商品运营管理

商品运营管理包括：主要数据维护、成本/价格/促销管理、订货、分配、库存管理、发票核对、库存分类账等。

样本中有 97%【100%】的企业已经应用 IT 技术进行商品运营管理。其中 64%【64%】的企业已在 1 年前实施，25%【27%】的企业去年实施并开始使用，只有 11%【9%】的企业处于更新实施阶段。这表明，IT 技术在企业商品运营管理上得到持续、广泛地应用，并将发挥越来越重要的作用。

6. 批发管理

样本中有 75%【88%】的企业已经实施了批发管理应用。其中 78%【62%】的企业在一年前就已实施，11%【17%】的企业上年实施并已应用，其余的 11% 正处于实施阶段。

占样本总数 17%【2%】的企业考虑 2 年内进行实施（与样本企业的经营范围有关）。其余 8% 的企业不考虑将 IT 技术应用于批发管理，这与零售企业的经营业态以及盈利模式有关。

7. 库存计划与补货

已实施库存计划与补货应用的企业占样本总数的 83%【82%】，其余 17%【18%】的企业正在实施。这种状况反映了零售企业对库存计划与补货的重视与关注，也表明企业在这一领域的 IT 应用已经相当普遍。

8. 需求预测

样本中有 67%【82%】的企业已经实施了需求预测应用。另外，占样本总数 27%【18%】的企业考虑在 2 年内使用，占样本总数 6% 的企业表示 2 年内不会采用。

由于经营方式的不同，采用联营或出租方式经营的百货店并不关注需求预测应用，但对于以价差为主要盈利模式的零售企业，需求预测有助于企业保证库存，提高销售能力，因此IT技术在此方面的应用仍有广阔的发展空间。

9. 客户订单管理

样本中100%【91%】的企业都采用IT技术来进行客户订单管理，反映出企业对客户需求和顾客服务的重视程度，以及IT手段在该项目中的重要作用。

10. POS系统及加标签系统

样本中100%【100%】的企业采用POS系统及加标签管理技术。其中80%【72%】的企业已于一年以前实施，20%【28%】的企业在上年实施。这表明，POS系统已在企业得到广泛应用，成为日常运营管理中不可或缺的设备。

11. 电子商务（涉及交易）

样本中有34%【27%】的企业已经实施，另有33%【20%】的企业正处于实施阶段。

占样本27%【38%】的企业表示未来2年内进行评估，6%【14%】企业表示未来2年内不考虑采用。

随着IT技术的提升和消费习惯的变化，网络零售成为一种重要的渠道和经营方式，企业对其关注度越来越高。而由于电子商务对人才、资金、营销和创新方面的要求比较高，有别于传统企业的经营模式，持观望态度及等待可借鉴模式的企业已大幅减少。

12. 数据仓库

样本中有64%【46%】的企业已经实施数据仓库管理应用。其中29%【28%】的企业正在实施。

样本中，占总数27%【19%】的企业表示未来2年内进行评估，只有9%【7%】的企业表示未来2年内不考虑。这表明IT技术在数据仓库管理方面得到大部分企业的重视和采用，只有不多的企业仍对该技术的需求或认识不同，这与企业规模有一定的关系。

13. 人力资源及员工管理

样本中有83%【78%】的企业已经实施人力资源及员工管理应用。其中20%【15%】的企业正在更换新系统。占样本总数17%【7%】的企业表示会在未来2年内进行评估。这说明在人力资源管理上，IT技术正发挥着重要的作用，尤其是随着劳动力成本的不断攀升，人力资源及员工管理成为了企业竞争力的关键环节，企业相对都比较重视。

14. 财务管理

财务管理应用上，所有100%【100%】的企业均已经应用。一方面表明了企业对财务管理工作的重视，另一方面也表明了财务工作对IT技术的依赖性。

（四）IT技术应用程度

1. 条码

条码在仓储及门店运营技术方面使用广泛，而在运输方面的应用显现为短板，尚有待大力推进和发展。

在仓储运营方面，94%的企业已经开始应用或正在实施，其余6%的企业也准备在未来的2年内开始使用。

在门店运营方面，98%的企业已经开始应用或正在实施，其余2%的企业也准备在未来的 2 年内开始使用。

在运输方面，33% 的企业已经开始应用，其余 67% 的企业准备在未来的 2 年内开始使用。

2. 无线射频技术

在无线射频技术应用方面，样本中有 27%【9%】的企业已经处于实施或使用状态，另有 48%【60%】的企业在未来 2 年内会对此技术进行评估，25%【31%】的企业未来 2 年内不会采用。

3. 基于网络功能的应用软件基础设施

在基于网络功能的软件基础设施方面，样本中有 58% 的企业已经在使用或正处于建设阶段，33% 的企业处于评估阶段，9% 的企业不会考虑在 2 年内建设软件基础设施。

（五）与外部进行数据交换的方式

1. 传真、电子邮件及标准传送协议

传真使用率 100%，电子邮件使用率 100%，通过标准传送协议（网络上传、文件传送协议（FTP））传送文件则有 73%【64%】的企业已开展。

2. 通过网络实现 EDI 应用

EDI（电子数据交换）是指按商定的协议，将商业文件标准化和格式化，并通过计算机网络，实现贸易伙伴系统间的数据交换和自动处理。

已实现 EDI 技术应用的企业占样本总数的 38%【31%】，有 20%【15%】的企业正处于实施阶段，20%【28%】的企业会在未来 2 年内进行评估，其余的 22%【26%】的企业不会采用 EDI 实现数据信息交换。

（六）项目交付

1. 2011 财年能按时交付的项目

2011 财年按时交付的项目比例是：83%【93%】。计算公式为：

$$\frac{\text{能在预计的时间内完成交付的项目数}}{\text{总完成交付的项目数}}\times 100\%$$

2. 2011 财年整体完成的项目

2011 财年整体完成的项目进度表现指标是：84%【93%】。计算公式为：

$$\frac{\text{总实际实施项目的时间}}{\text{总预计项目的时间}}\times 100\%$$

3. 2011 财年按预算成功交付的项目

2011 财年能按预算成功交付的项目比例是：86%【90%】。计算公式为：

$$\frac{\text{能按预算成功交付的项目数}}{\text{总完成交付的项目数}}\times 100\%$$

4. 2011 财年成功交付项目的总体成本绩效

2011 财年成功交付项目的总体成本绩效指数是：79%【95%】。计算公式为：

$$\frac{\text{项目的实际使用时间（以天计算）}}{\text{项目总预计所用的时间（以天计算）}}\times 100\%$$

5. 2011 财年的项目总体交付质量

2011 财年的项目总体交付质量为：87%【86%】。计算公式为：

$$\frac{\text{交付后得到用户认可的“功能点”}}{\text{项目范围内所包括的功能点总数}} \times 100\%$$

（七）服务效率及稳定性

1. 门店内 POS 机的数量

2011 财年，零售企业门店内 POS 机的数量（台/千平方米）：超市为 2.9 台/千平方米【3.1 台/千平方米】，百货为 2.4 台/千平方米【2.4 台/千平方米】；不同零售业态门店平均为 2.5 台/千平方米。

2. POS 的效率

2011 财年 POS 的效率（购物小票，张/台・天）：超市为 152 张/台・天【161 张/台・天】，百货为 88 张/台・天【99 张/台・天】；不同零售业态平均为 128 张/台・天【141 张/台・天】。表明超市和百货的交易次数均有所下降。计算公式为：

$$\frac{\text{每年的交易小票数量}}{(365\text{天})\times(\text{机总数})}$$

3. 各服务项目的服务水平

2011 财年下列各方面服务水平的计算公式为：

$$\frac{366\text{天}24\text{小时}60\text{分钟}-\text{宕机时间（分钟数）}}{3662460}$$

（1）硬件平均得分：91%【92%】

（2）局域网平均得分：89%【89%】

（3）广域网（包括门店网络）平均得分：79%【88%】

（4）应用软件服务平均得分：81%【86%】

（5）邮件服务平均得分：84%【89%】

（中国连锁经营协会）

2012 年中国传统零售企业开展网络零售业务研究报告

一、网络零售现状

（一）中国网络零售现状

1. 高速增长，市场容量仍有较大空间

我国网络零售已延续几年保持高速增长态势。数据显示，2011 年中国网络零售市场交易规模以 67.8% 的增长率达 7735.6 亿元，是 2006 年 263.1 亿元的近 30 倍。占社会消费品零售总额的比重持续增高，从 2006 年的 0.3% 增加到 2011 年的 4.3%。来自中国互联网中心的数据显示，截至 2011 年 12 月底，我国网络购物用户规模达到 1.94 亿人，网络购物使用率提升至 37.8%，与 2010 年相比，网购用户有 20.8% 的增长率。尽管增长迅速，但仍有较大的空间，比较成熟市场的网购占社会消费品零售总额比重，如美国、英国、德国等，均远高于中国的这一占比，网络零售仍然有较大的发展空间。

2012 年第一季度，消费普遍低迷，零售增长放缓的情况下，网络零售仍保持高速逆势增长，第一季度中国网络购物市场交易规模达 2336 亿元，较 2011 年第一季度同比增长 42.8%，网络零售的高增长趋势，仍将继续。

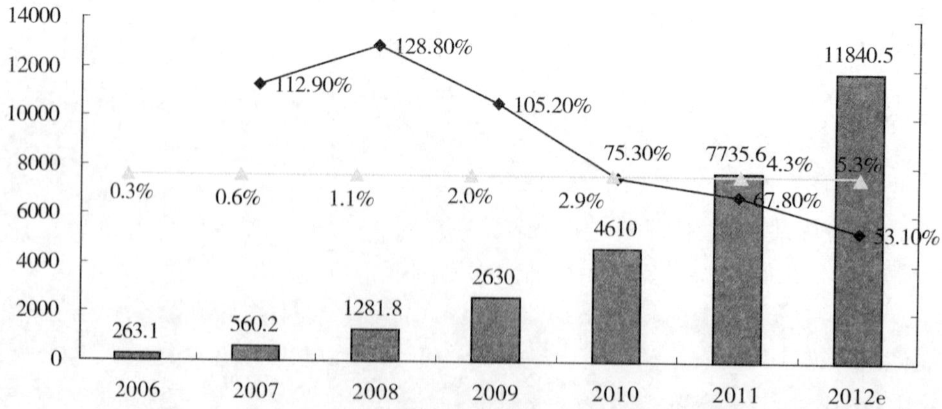

数据来源：艾瑞咨询

图 1　2006 -2012 年网络购物规模情况

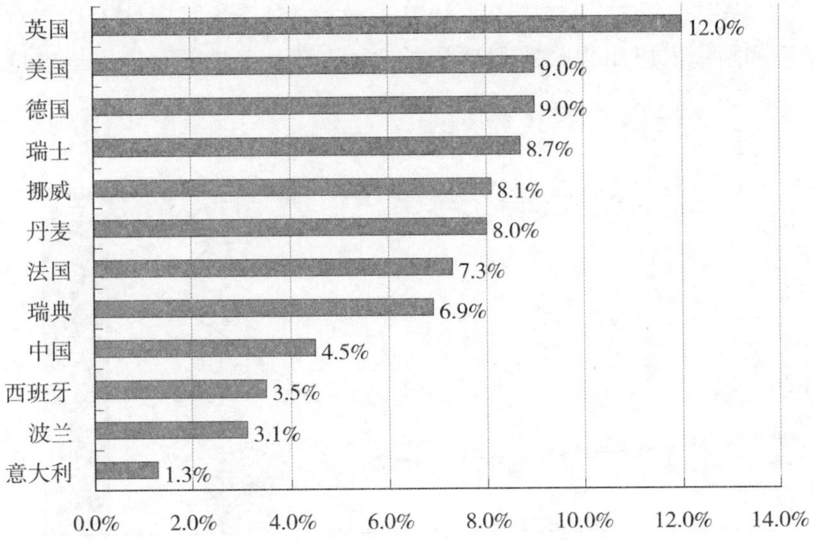

数据来源：艾瑞咨询

图 2　各国网络零售规模占社会消费品零售总额比重

2. 全行业亏损经营，竞争惨烈

网络零售全行业处于低毛利，亏损状态。据投资界人士透露，京东商城管理团队在香港举行的分析师会议中对业务数据进行了披露。根据公布的销售数字，其 2011 年收入为 212 亿元人民币（流水含平台 269 亿元），毛利率为 5.5%。成本中，配送费占比 6.6%、广告占 2.3%（上年广告费用支出为 4.9 亿元）、技术和管理费用率在 1.5% 左右，净亏损 5% 左右。行业领先的京东亏 5%，其他电商也不乐观。数据显示，2011 年国美旗下电商库巴网和国美网上商城共亏损近 4 亿元；当当网 2011 年亏损 2.84 亿元，2012 年第一季度总净营收为 10.836 亿元，净亏损为 9950 万元，而 2011 年同期净利润为 310 万元。

电商目前采用简单的价格战，烧钱做推广，亏损严重，正面临着比传统零售商更为复杂和更难解决的困境。针对全行业面临这样的亏损及更大规模的鏖战，有互联网观察人士称之为“史上最大规模电商价格战”，毫不掩饰各自的野心。京东商城在 2012 年 5 月 31 日宣布，从 6 月 1 日 –7 月 1 日店庆月期间，京东全场 0 利润，累计让利达 10 亿元，加上 5 月上旬推出的 5 亿元让利计划，两个月内京东投入 15 亿元用于促销。2012 年 6 月 4 日，天猫电器城宣布在此前投入 2 亿元补贴商家基础上，再追加投入 2 亿元补贴消费者。而此前，苏宁易购和国美网上商城分别抛出 20 亿元促销，当当网斥资至少 3 亿元加入战局；易迅宣布推出超过 5 亿元让利额度，新蛋也宣布 3 亿元大促销。如今，价格血拼已是屡见不鲜。作为国内知名电商企业的凡客诚品 CEO 陈年，在京交会上表示，“价格战必须打”，“目前电商平台的亏损还不够”，预示着这样的“史上”，没有最大，只有更大。

3. 投资放缓，资金缺口仍较巨大

2007 年到 2009 年，电子商务投资处于较低水平，3 年平均投资额为 2.37 亿美元，交易 32 起（案例）；2010 年到 2011 年上半年开始出现爆发性增长，2010 年披露的 76 起案例，投资总额为9.71亿美元。2011年继续保持高速增长，披露的投资数量116起，较上年增长52.6%，融资总额53.5亿美元，较上年增长451.5%，即使不计京东商城C轮融资的15亿美元和阿里巴巴出售员工股融资的16亿美元交易额，投资规模增速依然超过100%。

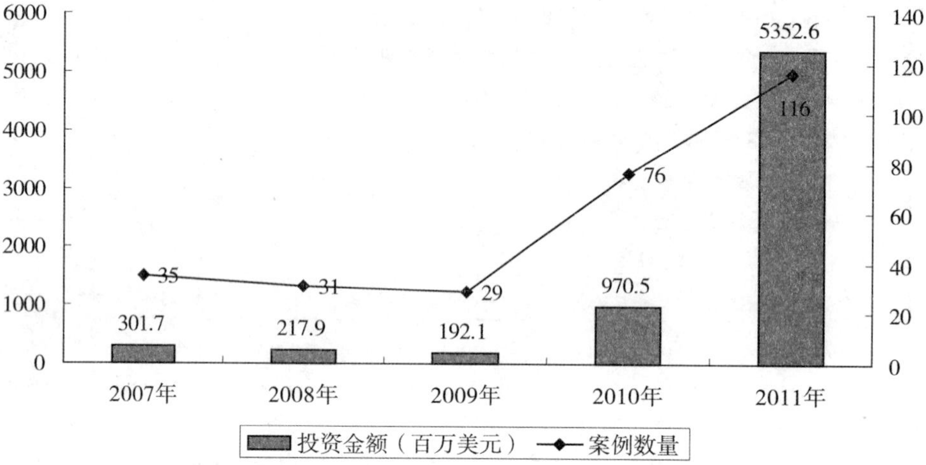

数据来源：CVSource

图3　2007－2011年电子商务行业VC/PE投资规模

2011年是电商投资爆发的一年，也是挤泡沫的一年。2011年下半年开始，受国内外二级市场持续低迷影响，网络零售行业开始纷纷攘攘，发展不错的公司开始筹钱过冬，VC已经过多轮投资，风投开始顾虑，电子商务投资出现下滑，电商投资进入"寒冬"。据ChinaVenture统计，2012年第一季度中国市场披露VC投资数量及投资金额均出现大幅下滑。2012年第一季度披露投资案例93起、投资总额7.25亿美元，相比上季度分别下降44.6%和57.1%，投资数量更是达到2010年以来季度最低水平。因投资趋紧，最先爆出问题的是因盲目投资导致的大量缺乏清晰盈利模式的团购网站，大批小团购网站倒闭，而大的团购网站，也急剧收缩业务战线，撤点裁员，四面楚歌。

一方面是投资急剧紧缩，另一方面则是巨大的资金缺口。中国电子商务的爆发性发展，主要来自资本推动，而非盈利驱动。主要策略是以低毛利，且亏损抢占市场。网络零售商想要保持持续的高速增长，需持续且大量的资金投入。以京东为例，近年来，为提高其供应链效率和占领更大市场，京东积极推进其仓储建设，据京东透露的信息显示：京东仓储中心分为三级：一级有6个（2012年将发展为7个），二级有20个（最终将达到80－90个），三级有700－800个（主要是自提点，最终将达到3000－5000个）；技术团队现有1500人，2012年年底将达2500人。据业内人士估计，仅就京东已经拿到地皮的6个仓储而言，如果动工，存在约50亿元的资金缺口，而2011年京东净亏15亿元。

除了修炼内功需要资金外，激烈的竞争也迫使电商大量投入。一场被业界冠予"史上最强的电商价格战"中，京东商城、当当网、天猫、亚马逊、易迅、苏宁易购、国美网上商城等七大电商悉数加入，投入近70亿元拼杀。对于资金紧张的各大电商，无疑是雪上加霜。

4. 快递业进军网络零售，相互渗透

网络零售的飞速发展，也促进了快递业的高速发展，各大电商纷纷加入仓储物流建设并涉足快递业。2012 年 6 月 25 日，国家邮政局公布了第一批 260 家通过 2012 年快递业务许可的企业名单，京东商城位列其中，而多家电商也纷纷表示要自建物流。与此同时，快递业也凭借自身网点优势，逆流进军网络零售。2012 年 5 月，民营快递行业老大顺丰快递推出其电子商务平台“顺丰优选”，打响了快递业进军网络零售领域的第一枪。紧随其后，国内另一家知名快递企业申通也在积极筹备其电子商务网站“爱买网超”上线。网络零售界和快递界的一场互抢地盘的混战在两个原本互利共存的行业之间悄然打响。

（二）国外网络零售情况

1. 美国

2011 年美国经济虽然走出了危机，但实际增速仅为 1.7%，失业率也仍在 9% 以上的水平徘徊。经济的另一大支柱房地产市场持续疲软甚至下滑。与此同时，美国政府财政赤字高企、消费增长低迷等其他多种因素，仍在困扰着美国政府。尽管宏观经济形势存在诸多不确定性，但网络零售仍保持两位数增长，增长速度远高于实体零售业。以 internet retailer 统计的网络零售百强企业增幅为例，百强中仅 4 家企业网络零售为负增长，其余增幅均为正值，企业增幅大于 20% 的企业占百强的 38%。

2011 年美国网络零售总额达 2560 亿美元（约合人民币 1.6 万亿元），较 2010 年增长 12%，占其社会消费品零售总额的 9%。其中旅游预订市场总额为 945 亿美元，增长 11%；其他非旅游预订市场总额 1615 亿美元，增长 13%。

2. 欧洲

过去十年间，欧洲网络零售是其增长最快的市场，远超实体零售业，交易额从 2008 年的 1200 亿欧元迅速增至 2011 年的 2005.2 亿欧元（约合人民币 1.6 万亿元），增长率高达 67%。2011 年网络零售依然表现强势，相比 2010 年增长 18%，占欧洲整体零售业交易额的 7.8%。相比美国（2011 年网络零售 12% 的增长率），欧洲网络零售市场的增长率已连续 4 年超过美国，而且这一趋势将在 2012 年得到延续——预计 2012 年欧洲网络零售交易额将达到 2327.6 亿欧元，增长率为 16%，预期美国同期增长率为 12.8%，市场交易额为 2241.9 亿欧元。

欧洲国家中，英国、德国和法国 3 国的网络零售额占 2011 年欧洲网络零售总额的 71%，三国交易额分别为 594.2 亿欧元、450.7 亿欧元、386.6 亿欧元。即便随着三国市场的成熟，增速有所放缓，这“三大线上交易国”的排名自 2003 年以来就没有改变过。相比之下，波兰、挪威和丹麦的网络零售交易额是最低的，分别为 45.1 亿欧元、48.8 亿欧元、52.1 亿欧元。

3. 韩国

根据韩国统计厅 2012 年 2 月发布的《2011 年全年和第四季度电子商务和网络零售调查》报告显示，2011 年韩国网络零售交易额达 29.062 万亿韩元（约合人民币 1600 亿元），比 2010 年的 25.203 万亿韩元增长 15.3%。下表介绍了韩国 2011 年网络零售整体以及 B2B、B2C、网络零售分领域的发展状况。

表 1　　韩国 2010－2011 年网络零售交易状况（交易额：十亿韩元）

分类	2010 年		2011 年		年度增长	
	交易额	占比（%）	交易额	占比（%）	交易额	增率（%）
总计	25203	100.0	29062	100.0	3859	15.3
B2C	16005	63.5	18522	63.7	2516	15.7
C2C 和其他[1]	9198	36.5	10540	36.3	1343	14.6

1 注：包括以网络零售方式进行的 B2B 和 B2C

与 2010 年相比，综合类网站与垂直类网站交易额分别增长 14.7% 和 17.3%。与 2010 年相比，纯网上交易网站和网上与网下交易混合型网站交易额分别增长 12.0% 和 22.2%。

表 2　　2010－2011 年按商品覆盖面和交易场所划分
韩国购物网站年度交易额（交易额：十亿韩元）

分类	2010 年		2011 年		年度增长	
	交易额	占比（%）	交易额	占比（%）	交易额	增率（%）
总计	25203	100	29062	100	3859	15.3
按商品覆盖面划分						
综合类网站	19042	75.6	21836	75.1	2794	14.7
垂直类网站	6161	24.4	7226	24.9	1064	17.3
按交易场所划分						
纯网上交易网站	16961	67.3	18993	65.4	2033	12
网上与网下交易混合型网站	8242	32.7	10068	34.6	1826	22.2

二、网络零售发展趋势

（一）B2C 平台化趋势

平台式 B2C，是指网络零售商作为一个服务平台，本身不参与商品买卖，仅提供一个交易场所，自营比例相对较低，主要是通过开放模式来为平台上的各类商家提供服务，靠收取服务费和佣金盈利。

相比平台式 B2C，自主营销类 B2C 即网络零售商依靠购销差价或销售分成的方式获取利润。

当前，领先的 B2C 网络零售商的主要发展趋势：一是综合式 B2C 继续扩充产品品类和品牌，提供一站式购物；二是平台与商家合作加剧，平台式 B2C 发展迅猛，独立垂直 B2C 将面临更大经营压力。比较典型的转变如京东商城，已经从自主经营向平台化转型了。有数据显示，京东商城自营商品和品牌合作产品的比例为 1:7，越来越多的商户入驻京东商城，平台化趋势明显。

据艾瑞咨询数据，B2C市场中平台式B2C交易规模为955亿元，占B2C市场交易规模的53.3%，已经超过自主销售式B2C；从趋势上看，平台式B2C将继续保持高速增长，也将是B2C市场的主要发展方向。

B2C平台化发展，品类也随之扩充，综合化一站式购物平台成为新的趋势。作为自营B2C的典型代表，京东商城和当当网也陆续把目光投向综合类百货。

2011年，京东商城继续进行品类扩张，向百货转型。继进军服饰、食品饮料、图书销售等市场后，6月，京东正式涉足机票预订业务。2012年2月，京东高调杀入电子书业务，首期上线8万种正版电子图书。更甚之，其2月试水汽车销售。京东希望通过品类扩张来吸引更多潜在消费者，扩大销售规模，借"一站式"购物提升用户黏性，寻找新的增长点。与此同时，主营图书的当当网也向百货渗透，试图通过品类拓展发掘更多用户价值。

而以苏宁、国美为代表的传统零售巨头在杀入网络零售领域后，也在陆续有计划地进行品类扩充。苏宁易购继2011年10月以图书品类重磅上线后，2012年4月底，又以酒店、票务等虚拟商品上线，而5月初酒类频道也开始运营。目前已新增百货、图书、日用品、金融、虚拟产品等五大采销中心，向综合购物平台的转型之路日渐清晰。国美库巴网则将品类扩充的重点放在家纺和家装建材领域。

（二）B2C竞争加剧，C2C则相对稳定

C2C平台的战争已经结束，从ebay退出中国，到百度有啊的转型，虽然现在还有腾讯仍在坚持，但已经不能撼动大局。在C2C领域，淘宝一家独大的地位已成定局，其占90%的市场，并且呈现逐年萎缩的趋势。

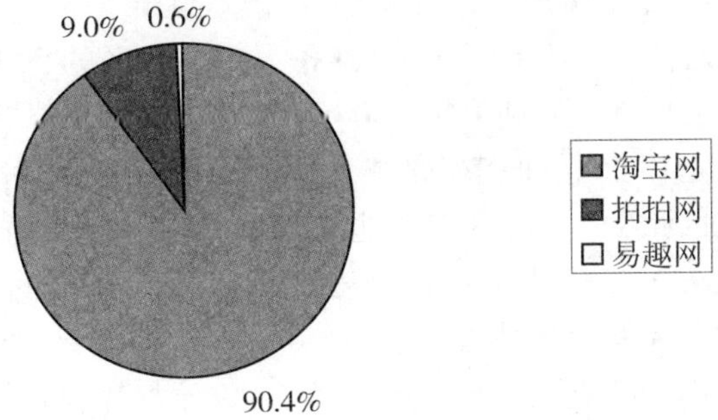

数据来源：艾瑞咨询

图4　2011年C2C市场份额情况

相对C2C，这几年B2C的发展可谓翻天覆地。2011年中国网络零售市场中B2C的交易规模达1791.1亿元，占中国整体网络零售市场交易规模的23.2%，较2010年的13.7%增长9.5个百分点。

B2C将成为继续推动整个网络零售行业发展的主要模式，也是各大网络零售商的主要

战场。2011 年，天猫以 950 亿元交易额高居榜首，作为自主 B2C 龙头老大的京东凭借其高速发展虎视眈眈，苏宁易购大举进攻并凭借 59 亿元的交易额进入三甲。2012 年上半年，围绕 B2C 主战场的价格战愈演愈烈，激烈竞争仍将继续，并不断推动整个 B2C 领域向前发展。

B2C 从 2009 年仅占整个行业的 7.8% 到 2011 年的 23.2%，预计 2012 年将占整个网络零售交易额的三成左右。

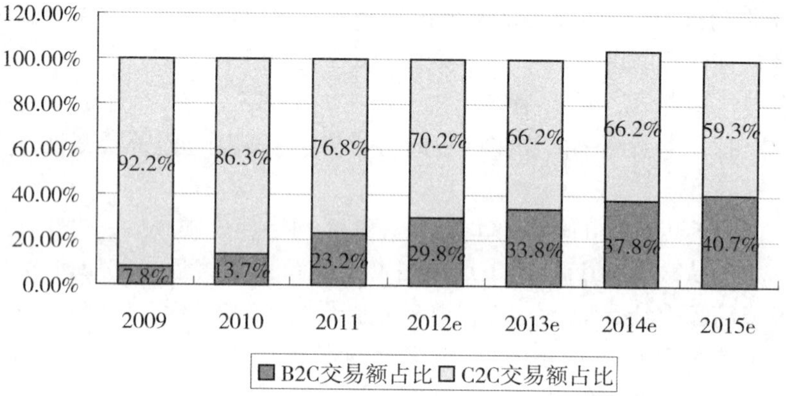

数据来源：艾瑞咨询

图 5　B2C 与 C2C 市场变化趋势

（三）网络零售商之间整合淘汰加剧

2012 年，网络零售市场冰火两重天。京东的店庆日是 6 月 18 日，围绕京东店庆展开的狙击行动，库巴最早直接公开开战，首页便拉出“狙击 618”；当当也公开提出征战；而天猫针对商家的 2 亿元补贴，为 6 月 18 日准备了对消费者的 5000 万元现金红包；针对天猫电器馆单独的 1 亿元消费者返利补贴；苏宁易购则推出多场“0 元购”活动。多家电商加入贴身肉搏混战，至 18 日，即京东商城 8 周年店庆日达到巅峰。价格激战是有钱有实力的网络零售商之间的游戏。与之相对，也不乏网络零售商出局的消息，阿里巴巴与日本软银合作的“淘日本”子站停止销售，百度与日本乐天合资的“乐酷天商城”关闭，总部在北京的网上超市“后玛特”被曝停业。

2012 年，网络零售仍持续火爆，但也酝酿着一场行业洗牌。据中国电子商务研究中心数据，截至 2011 年 12 月底，国内 B2C、C2C 等电商模式企业已达 20750 家。而从上年 9 月至今，已有“乐酷天”、“淘日本”、“大货栈”、“懒家伙”等 10 余家具一定规模的网店关闭，涵盖鞋服类、奢侈品站点和网上超市。

伴随接二连三的价格战，大量烧钱不可避免，在 VC 集体降温的 2012 年，其结果必然导致一大批缺乏优势的企业因资金短缺而淘汰出局，退出市场，2012 年将是一场残酷的淘汰赛。有分析认为，正在进行的这轮价格战是“上半年电商行业总结式战役”，这轮价格战偃旗息鼓后，电商格局可能会重新洗牌，几大行业寡头决定市场的时代将来临。

（四）社会化媒体成为网络零售商营销的重要渠道

各大网络零售企业均在新浪微博等社会化媒体开设其官方窗口，据随视传媒发布的数据显示，截至2012年2月底，新浪微博平台上已有6594家电子商务公司开通了企业微博，占企业微博总数的5%，且在粉丝数、粉丝活跃度、转评数等数据上领先其他行业的企业微博。

在普华永道组织的一项调查中，针对分布于中国（大陆）、中国香港、美国、英国、瑞士、德国、荷兰、法国等国家（和地区）的7005名受访者，调查网购者通过社会化媒体关注品牌的比例，中国为40%。社会化媒体已经成为网络零售商的一个重要营销渠道。

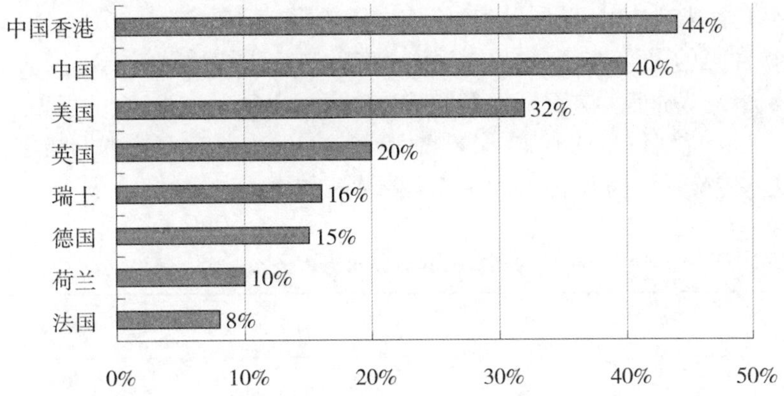

数据来源：《多渠道购物者改变市场格局》报告，普华永道

图6 网购者通过社会化媒体关注品牌的情况

（五）网络零售行业将日趋规范

中国网络零售发展迅速，而随之带来的问题，如无序恶性竞争、价格欺诈、有损消费者和其他经营者的事件等不断出现，社会各界也呼吁政府制定相关法规，规范市场，这已得到政府管理部门的关注并出台相关规范。如2011年7月商务部出台《第三方电子商务交易平台服务规范》，对第三方电子商务交易平台的经营活动进行规范，并保护企业和消费者的合法权益，营造公平、诚信的交易环境，保障交易的安全、有序。随着行业的高速增长，促进行业健康、规范发展的法规也会相继出台。

三、传统零售商开展网络零售情况

（一）现状不乐观

2011年我们将传统零售对网络零售的态度主要分为四种："不屑一顾型"、"畏难不做型"、"盲目投入型"和"谨慎进入型"。2012年，四种态度的零售商依然存在，但发生一些变化。随着京东商城、当当网、亚马逊、凡客等电商网站品类扩充并大势扩张，各类在线网站强势崛起，网络零售也遭受严重冲击，消费者购买行为已悄然发生变化，市场的平衡已被打破。少数传统零售商开始出现一些新变化，即在初始大量投入、崭露头角的同时，也被前车之鉴所警示。如卜蜂莲花、物美、好又多等所尝试的网络零售，均以失败告终。早前试水网络零售的欧尚，迫于过高的运输成本压力暂停了网购业务。目前，我国大部分零售商只是将网站作为市场营销的补充手段，极少有企业选择对其倾力投入，大多数企业仍持观望和谨慎态度。

为了解传统零售商经营网络零售的情况，中国连锁经营协会以连锁百强企业为总体样本，逐一研究其开展网络零售的计划、进展、效果等。截至 2012 年 6 月下旬，共有 59 家连锁零售百强企业开展了网络零售业务，经营超过 70 家网店，其中百货业态 26 家，超市业态 22 家，家电专业店 5 家，其他 6 家。其建站历史发展情况是：2009 年及以前 14 家，2010 年 31 家（增速 121.4%），2011 年 52 家（增速 67.7%），2012 年 59 家（增速 13.5%）。值得注意的是，2012 年新增 7 家，较 2011 年同期新增的 21 家明显减少，且增速呈逐年递减态势。另外，物流配送覆盖全国的有 32 家，占 54%；仅覆盖区域的有 27 家，占 46%。支持货到付款的有 34 家，占 58%。说明大部分企业的网络零售业务仍处探索或试验阶段。传统零售商开展网络零售主要情况如下：

表 3　　传统零售百强开展网络零售的企业数

	业态	企业数
1	百货店	26
2	超市	22
3	家电专业店	5
4	其他	6
	合计	59

数据来源：中国连锁经营协会“连锁百强调查”

1. 企业投入较为谨慎

2012 年，尽管很多企业通过不同渠道，表达了对网络零售的关注，以及开展网络零售的决心，德国最大零售商麦德龙 5 月 7 日宣布 B2B 中国网上商城上线，红星美凯龙旗下电商平台“红美商城”积极筹备于 7 月上线，传统零售商进军网络零售的热度似乎不减，但整体而言，投入仍然非常谨慎，据中国连锁经营协会统计数据，百强中新进入网络零售的传统零售企业数量上仅比 2011 年增加了 7 家。而 2011 年同期则比 2010 年的 31 家大幅增加了 21 家，趋势明显放缓。即便是已经投入一定资金开始试水网络零售的企业，因目前仍未有清晰的思路，大部分仍然不敢贸然大规模投入。这与宏观经济形势有一定关系，也与网络零售投入巨大和目前的盈利状况不佳有直接关系。

表 4　2009－2012 年各年传统零售企业开展网络零售数量

年份	网站数	净增网站数
2009 以前	14	
2010	31	17
2011	52	21
2012	59	7
注：统计周期为上年度 6 月底至本年度 6 月底		

数据来源：中国连锁经营协会调查

2. 网站建设以自营为主

传统零售商开展网络零售可以有多种模式，但由于其本身的特性，本身就是以提供销售场所为主要经营方式，并且有众多的产品和资源，也有充足的资金，连锁化经营，覆盖范围广，客户基础较好，营销推广便利，因此绝大部分传统零售企业开展网络零售时不会考虑借用其他平台，而是采用自营为主。在统计的 59 家网店中，仅有 2 家为非自营方式建立（与专业平台合作），其他均为企业自主投入（包括收购）、运营、管理。

3. 多品牌运营

因业务差异和历史原因，有的企业旗下有 2－3 个电子商务网站品牌。但多品牌间互动性不足，定位也不甚明确，也非市场细分需要，在资源相对匮乏，竞争如此激烈的今天，整合是必然。

4. 网络零售业务规模尚小

在网络零售领域，虽有苏宁这样大举进攻的传统零售企业异军突起，也有国美的紧随其后，以及银泰等风生水起，但跟整个网络零售近 8000 亿元的销售相比，规模尚小，仅九牛一毛，即便只与 B2C 领域相比，也有较大差距。另从开展网络零售的 59 家连锁百强企业来看，网络业务平台及设施设备建设并不完善完备，59 家企业中配送覆盖全国的为 32 个，占 54%，而支持货到付款的企业为 34 个，占比不足六成。

表 5　开展网络零售的传统企业配送覆盖情况

配送覆盖	企业数
区域	27
全国	32

数据来源：中国连锁经营协会调查

表 6　支持货到付款情况

货到付款	企业数
支持货到付款	34
不支持货到付款	25

数据来源：中国连锁经营协会调查

5. 网络零售业务两极分化

苏宁电器、国美电器、银泰百货的网络零售业务都有较高的知名度，网站的综合排名和销售额明显高出其他网站。有很多企业虽然网站已开出，但仍处于试验阶段，投入不大，销量也很低。

大部分有实力的传统零售企业或多或少都进行了网络零售的试水，进军网络零售呈现两极分化。一部分已经从投资进入阶段过渡到发力阶段，并且在网络零售行业占据了一席之地，苏宁易购高速发展，2011 年凭借 59 亿元销售额跻身中国 B2C 在线零售商排名第 4，沃尔玛旗下的一号店以 27.2 亿元排名第 8，国美则凭借库巴排名第 10，且国美电器自建网站也贡献了 10 亿元销售额，排名第 15。根据 alexa 网站流量排名统计，苏宁、国美、银泰包揽前三，主要经营家电、3C 及百货；两家外资餐饮企业百胜和麦当劳分别占据第 4 和第 5 位，已形成一定影响。但更多的企业则仍然停留在试水阶段，网络零售无明显增长，与 2011 年近 8000 亿元的网络零售市场规模相比，传统企业进军网络零售市场，仍然任重道远。

（二）面临巨大挑战

1. 如何定价的问题

网络零售业务和传统零售业务的价格问题，是两种进货渠道、两个价格体系、两套考核体系间的问题。

传统零售商进军网络零售头疼的问题在于如果线上线下的价格一样，网上业务就毫无竞争力，如果网上的价格要有竞争力，其价格就必须低于线下。这无异于左右手互搏。开展网络零售将面对价格体系上难以调节和来自供应商的双重价格体系的压力；此外，由于网络零售和实体店铺共同用一个品牌，采取同样的进货渠道，但两者是不同的部门，实行考核的时候两个部门的矛盾也逐渐激化；线上线下送货配合也存在矛盾。

2. 如何提高供应链效率和物流配送能力

传统零售业的物流模式是中转仓模式，先将商品集中到仓库，然后在较短时间内配送到各个店铺，并且为批量配送。而网络零售则不同，其属于无固定路线的零单配送，需要整合整个供应链，并与成百上千的生产商、供应商进行合作和沟通，需要对数以万计的商品进行展示、宣传促销、物流配送、售后服务，需要为每一个消费者提供一对一的服务，其复杂程度远高于传统零售业当前的物流配送，当然投入和成本也会高出许多。然而这些都难以在短时间内通过技术创新来获得，而必须经过一定时间来积累。

3. 如何解决人才问题

业内人士认为，从 2011 年年底开始，由于网络零售行业的超速发展，人才培养相对滞后，人才稀缺的现状愈发凸显，有消息称未来我国电子商务人才缺口将达 500 万。

发展网络零售对技术的要求很强。在网络建设、营销技术手段、消费者分析和数据挖掘技术等方面都有着与传统零售商不同的做法，而传统零售企业对网络销售人员的需求不可能从内部培养，因此，传统零售商开展网络零售业务必然存在客观上的专业人才匮乏。特别是稀缺技术开发人员，包括网页制作与维护、数据库、客户管理、订单管理等，以及相关软硬件支持的专业人员；急需网站推广人员，包括运营维护和网络营销人员等。目前，大量的传统零售商开网店，自认为是 IT 部门的事，大多网络销售的人才都是以原班

IT 部门为主，专业性及复合型人才匮乏。

尽管传统零售企业一般都建立了健全的企业信息化管理系统，但这与网上零售系统所要求的技术条件有很大不同。目前，传统零售商普遍缺乏专业网络销售团队。传统零售企业一般把最优秀的人才投入到店铺营运或商品管理中，但对于网络零售的人员投入和配备则明显不足，以致造成营销短板。而在网站推广、商品展示和促销、顾客服务细节等方面也均存在明显的不足。

（三）传统零售商开展网络零售的政策环境

2012 年 2 月 6 日，商务部发布《关于“十二五”时期促进零售业发展的指导意见》。《意见》指出：稳步推进无店铺销售。促进网络购物、电话购物、手机购物、电视购物、自动售货机等无店铺销售业态规范发展。鼓励大型零售企业开办网上商城，重点支持以中小零售企业为服务对象的第三方平台建设，推动建设行业电子商务平台，促进线上交易与线下交易融合互动、虚拟市场与实体市场协调发展。《意见》还指出：发展物流配送，完善供应链。鼓励发展第三方物流配送，完善城市共同配送网络。支持大型连锁企业建设自有物流配送中心，并面向社会提供配送服务。加强企业管理，提升经营水平。推广供应链管理、电子商务等现代企业管理理念，优化业务流程和交易方式，提升零售企业经营管理水平。为零售企业发展特许经营提供咨询、融资、培训、财务审计等支持和服务，引导特许经营企业健康、稳定发展。加强科技和信息技术应用。加强现代流通理论、流通技术和管理的研究与运用，加大物联网、云计算等技术在零售业的应用，加强冷链配送、共用托盘、信息管理等技术或设备的研发与采用，开展“智能商店”试点。

（四）发展趋势谨慎乐观

1. 传统零售企业将在网络零售业扮演重要角色

从成熟市场来看，排名靠前的网络零售商均以传统零售姿态进入为主。以美国为例，排名前十名的 B2C 电商，仅 1 家为纯电商企业。在中国，虽然目前传统零售商进军网络零售所占的市场份额较小，但这样的趋势越发明显，越来越多的传统零售商争食网络零售。如，苏宁易购凭借两年的大力发展已形成规模；国美凭借库巴和国美商城占领一席之地；沃尔玛也来势汹汹。传统零售企业将利用自身优势，发挥长处，不久的将来，传统零售业将作为一支重要的力量参与网络零售的角逐。

表 7　　2011 年美国网络零售 Top15 排名

企业名称	2011 年排名	2011 年销售额（美元）
Amazon. com lnc.	1	48080000. 000
Staples lnc.	2	10600000. 000
Apple lnc.	3	6660000. 000
Walmart. com	4	4900000. 000
Dell lnc.	5	4609728. 000
Office Depot lnc.	6	4100000. 000

续表

企业名称	2011 年排名	2011 年销售额（美元）
Liberty Interactive Corp.	7	3760000.000
Sear Holdings Corp.	8	3604288.201
Netflix Inc.	9	3204577.000
CDW Corp.	10	3000100.000
Best Buy Co.	11	2950000.000
OfficeMax Inc.	12	2901497.618
Newegg Inc.	13	2700000.000
Macy's Inc.	14	2246375.040
W. W. Grainger Inc.	15	2187000.000

数据来源：internet retailer

2. 物流和渠道布局是重点

物流和渠道将成为未来竞争的重要阵地。一些传统零售商以纯电商的姿态进入网络零售，除了价格战，物流和渠道将成为竞争的重要阵地。

近年来，京东商城在物流环节投入巨大，不断买地建设仓储物流中心，并购置 300 多辆卡车组成干支线运输队。资料显示，京东商城已在 228 个城市实现自建配送队伍，自有物流配送比例超 70%。京东商城宣称未来三年将投资 50 亿－60 亿元强化物流，并将陆续启动建设 6 座亚洲一号仓库。此外，凡客及唯品会已经提交快递业务牌照申请，1 号店也在进行快递牌照提交的筹备工作。

传统零售商在面临纯网络零售企业加紧物流布局时，也在其网络基础上加快战略布局。2011 年，苏宁在中国大陆、香港地区和日本合计新开连锁店 410 家，净增 382 家，至年末旗下连锁店总数已达 1724 家。与京东基本覆盖全国一、二线城市的自营配送不同，苏宁电器发力向三、四线城市推进，目前已建立 10 个 B2C 小件配送中心、500 多个“最后一公里”快递配送点，并计划全面设计和健全小件商品仓储、快递体系，以支撑线上业务和新品类的拓展。

3. 网络零售独立运作

企业在发展新兴事物的网络零售时，往往把其作为企业的一个附属，或者一个下属职能部门。由于传统企业较为完善，部门间分工明确；而电子商务部门很多时候不能获得独立的货品供应权，特别是货品的种类、数量、采购周期、定价、销售策略等等，都要执行传统零售企业的业务流程，但这些流程过于繁杂且缺乏透明度，很多方面与网络零售需要的快速反应很不一致。随着网络零售的发展和企业不断摸索，越来越多的企业意识到网络零售业务无论从采购、供货、营销还是配送上，都需要有一套独立的运营机制，才能发挥网络零售的优势。

2011 年，苏宁电器对苏宁易购实施了大幅度的调整，将其设立为由上市公司控股的独立运营体系，以公司化方式运作，与实体连锁零售业务平行。沃尔玛对上海的中国区电商总部推行与传统线下业务并重的发展。网络零售业务作为一个独立的部分运作正成为一种被普通采用的模式。

4. 线上线下协同发展

开展网络零售，线上线下协同，是传统零售企业的重要营销手段之一。线下实体店提供展厅体验功能，线上下单，线下提供自提和配送功能，线上线下促销联动，卡券通用，越来越多的营销手段通过实体店和网站平台互动实现。

四、传统零售商开展网络零售的优势与不足

（一）传统零售商开展网络零售的优势

传统零售商开展网络零售，有着纯网络零售商没有的一些优势。

1. 商品品类优势

传统零售企业在商品品类及货源供应方面拥有相当的优势，尤其是大型连锁卖场，由于覆盖面广，规模大，其中大部分又都是与老百姓日常生活息息相关的商品，其商品品类数量和品质等方面都更有保障。对于中小型零售企业来说，它们的区域优势更为突出，通过区域采购，能以较优的价格，区域性的供货渠道获得独特产品的经营权。

传统零售企业的商品品类优势是纯网络型 B2C 企业无可比拟的。更丰富的商品品类和更有保障的商品品质，能为网络购物人群提供丰富的商品选择，加快促进 B2C 电子商务的发展。

2. 成本优势

规模采购和高效的商品流通周转是零售商获得供应商较高折扣的最重要因素。传统企业通过这两点能在与上游供应商的谈判过程中获得更大的议价权力，甚至直接获得商品销售的定价权。而在这方面纯网络零售企业无法与传统企业相比。

3. 供应链整合能力优势

以大型连锁零售企业来说，由于其网点布局面广，供应链管理较成熟，仓储及配送体系也相对完善，而且这些资源都是既有的，可以在较好的基础上整合供应链，提高对零单的配送能力。

目前，苏宁有 93 个物流配送中心（仓储、拣配、包装），覆盖了中国内地 300 个城市；国美电器也有覆盖 300 多个城市的物流体系。传统零售商具有整合供应链的能力和基础。

4. 品牌及顾客群体优势

传统零售企业从事实业运营，从资金规模、品牌诚信、社会知名度等方面均拥有先天优势。而且通过较长时间的运营和会员管理运作，积累了大量的会员数据，这些数据对拓展网上商城核心用户帮助巨大，而当这些区域性的，或是全国性的零售企业品牌进入网络零售领域，它们的推广和渗透都拥有强大的线下品牌支持。相对而言，更容易突破诚信障碍，获得高速发展。

5. 提供购物体验优势

网上购物缺少的一项重要内容就是购物体验。传统零售商有众多的门店覆盖，每个门店均为消费体验者提供服务，增加用户忠诚度和黏性。而纯网络零售企业想建立体验店，

需要较高成本，从选址到运营等都是它们陌生的领域，这无疑又会让成本上升，加剧亏损。长期来看，这将是纯网络零售企业的短板。

6. 政策风险优势

零售交易市场经过政府管理部门对零售企业近 20 年的指导和监管，法律法规意识较强，企业运营规范相对健全，企业管理也比较符合市场环境的要求，因此政策性风险较低。而针对网络零售企业，相关监管尚不成熟，政策风险相对较大。

（二）传统零售商开展网络零售的劣势

传统零售企业在线下市场有诸多优势和成熟经验，可以为其进军网络零售业务时借鉴，然而网络零售是一项专业性很强的业务，完全是一个全新的领域，传统零售商进入该领域时，也有一些不可忽视的问题和硬伤。

1. 定位模糊

网络零售是当下行业热论的焦点，开展网络零售也是众多传统零售企业的热点话题，但什么是网络零售？为什么要做网络零售？其投入/产出如何？可以实现企业的什么目标？是存量转移还是增量？大多数企业决策时对于网络零售的认识不够，因此导致定位模糊的问题。有些企业虽然已经做了相当的投入，但收效甚微，进退两难，骑虎难下。

传统零售商可以根据自身的特点，对网络零售市场进行深入地评估。目前市场上已经有一些不同模式的成功案例，“触网”企业应对各种模式进行深入研究，以选择适合自己的发展路径。

2. 专业技术水平不足

传统零售企业布局网络零售需要非常强的专业知识和技术水平。搭建 B2C 平台，除需构筑 B2C 网站外，还要打通支付、物流、供应链等诸多环节，并且其背后的整个信息系统、客户服务系统及市场营销系统，都是庞大的系统工程，都需要强大而复杂的技术支持，这是传统零售商望而却步的。

3. 专业团队欠缺

专业的事要有专业的人来做。近年，传统零售商在人才培养和管理水平上虽有很大的提升，大多数企业具有较为专业的管理团队和较高的管理水平，但对于网络零售业务，绝大多数还是生手。以前，传统零售企业自认为“懂零售”，但其实并不懂网络零售。

目前，传统零售企业一般把最优秀的人才投入到店铺营运和商品管理中，但对于网络零售的人员投入和配备则明显不够，有的仅仅是把网络零售业务交给信息部门来做，但企业赋予信息部门的商品配置、物流规划等方面的权限是远远不够的。

同样，对于如何考核网络零售业务，传统零售也没有清晰的手段。对于传统零售，我们可以用来客数、客单价、毛利率等指标考核，但对于网络零售，有些并不实用，要用更专业的指标来考核。

4. 营销经验不足

营销方式的不同是传统零售与网络零售业务最主要的差异点之一。在网站推广、商品展示和促销、顾客服务细节等方面均有明显的不同。传统零售商在实体店的营销方面已有丰富经验，但对于网络营销的认识大多数还没有起步。

网络零售在满足消费者个性化“长尾”的需求上，其思考方式早已脱离了传统零售有限的货架空间，这是传统零售短期内难以调整过来的。

5. 用户需求把握不足

网络零售讲求快速反应，面对不同的现象、不同的消费群体，企业应该利用互联网提供用户数据，精准把握用户需求，再根据用户需求反过来组织生产。而传统零售企业长期处于产品导向的思维模式，对于用户需求的快速把握能力是其短板。

五、传统零售商开展网络零售模式探究

（一）借助第三方平台

借助第三方成熟的平台，进行商品销售和企业推广。这种模式适用于较小的传统零售商，或者希望通过第三方平台尝试网络零售的企业，其特点是投入较少，但影响有限。稍有规模或希望发展网络零售的企业很少考虑此种模式。

（二）收购网络零售企业

传统零售商进入网络零售，比较直接的方式是通过资本运作，收购市场上已有一定规模的网络零售平台。这种方式可以帮助企业迅速切入网络零售业务，但有较高门槛，后期整合也有不小难度。国美收购库巴，沃尔玛收购1号店，均通过此种方式快速进入网络零售。

（三）自建网络零售平台

前述介绍传统零售商开展网络零售的模式时提到，由于其本身的特性，本身就是以提供销售场所为主要经营方式，自建平台为传统零售商采用的主要模式。但根据定位不同，有三种更为具体的模式。下面就传统零售企业现有的5种资源——品牌、客户、门店、物流、运营，协同分析三种模式。

1. 定位于线上业务配合传统零售门店

线上网站配合线下传统门店业务，是网络零售业务作为一种新的渠道对线下业务的延伸，其本质是将传统零售业务简单复制到网上，实际上是实体店铺的超市网页。这种模式的网络零售品牌内涵与线下品牌基本一致，可大力利用原有品牌资源发展线上业务。同时线上业务作为线下业务的补充，突破实体店空间的限制，实现“营业面积”的拓展。成功典范如伊藤洋华堂的网上超市，用户可在该网上超市购买生鲜食品等，超市则负责送货上门。其特色是：

第一，可充分发挥企业品牌资源协同，迅速实现网络推广和扩大宣传，增加业务量。第二，网络业务和门店业务重叠度高，可充分发挥门店资源协同，提供自提，消费体验和售后服务功能。第三，网络零售可充分分享传统零售的采购、仓储和物流等传统优势。第四，投入终端配送能力的建设，网络零售业务分享传统物流优势的同时，需要大力建设其终端配送能力。第五，在中端供应链管理、后端客户服务中进行管理团队、信息系统、管理工具等方面的充分对接。

2. 网络零售和传统零售并重

这类公司将网络零售业务作为驱动收入的新增长点，进行客户、产品、地域的扩展，但业务结构不发生转变，以银泰网、美国沃尔玛为代表。其特色是：

第一，在线零售品牌的产品内涵不变，可利用现有品牌，结合营销手段体现用户新内涵。第二，线上线下重叠度较低，对于现有客户资源的利用有限，因此需要在现有客户基础上进行投入和挖掘客户价值，从而提供更多的产品和服务。第三，对现有门店的利用有限，需要跳出现有门店的限制，原因也是网络客户与传统零售客户的重叠问题。第四，对于平台型 B2C，应协同原有供应商资源，大力建设仓储物流配送；对自营型 B2C，则应最大限度协同传统供应链的采购仓储物流，但对于新增需求则须新建。第五，对平台型 B2C，可协同前端品类管理能力；对自营型 B2C，可以基于信息系统的支持最大限度地利用中、后端的先进管理技术。

3. 网络零售突破传统零售业务

网络零售业务完全区别于其传统零售业务，完全以电商的姿态进入，如果撇开其传统业务单独来看，在运营模式上与纯网络零售商无异。这类模式因其网络业务与传统业务的客户重合度不高，主要采取差异化经营的策略，以苏宁易购为代表。其特色是：

第一，由于品牌重合度低，可以采取错位发展策略。第二，需要在现有客户资源基础上，挖掘用户价值，同时开发新的客户资源。第三，这种模式业务范围较广，门店覆盖有限，对自提和售后的支持非常有限，但在发展初期可以作为网络业务发展的补充，起到过渡作用。第四，业务重叠部分应共享原有供应链，针对新的品类需要重新进行供应链建设。

六、传统零售商开展网络零售建议

（一）战略层面，高度重视

1. 高度重视，积极纳新

网络零售业务是一项极其复杂的系统工程，需要持续且大量的投入，甚至会牺牲传统业务的增长速度。企业一旦决定进入并且定位明确，需要清楚认识到网络零售是一项革命性的事业，运作过程中会出现很多新事物、新变化、新问题，甚至会对现有组织模式和体制提出挑战，需要企业的高度重视，审时度势，顺势发展。

2. 学习心态，少走弯路

充分学习和了解网络零售专业知识，充分理解现有模式，分析成功案例，组织团队积极学习研究，组织行业分享，少走弯路。但也不要盲目模仿其他网站的经营模式或随意确定模式，需明确自身经济实力的支撑力度和产品优势，发挥现有存量优势，挖掘消费者价值，选择适合自身发展的模式。

3. 循序渐进，稳步发展

网络零售不能一蹴而就，需要一个长期的发展过程，需要持续地投入。运营网络零售业务初期，主要竞争不在于产品质量、产品价格、服务水平、物流速度，而在于多大的决心和多大的推广费用，做好较长期不盈利的准备，循序渐进，稳步发展。

4. 对外协作，事半功倍

网络零售业务无地域限制，会远远超出企业当前物流配送和服务的范围。特别是在创建初期，依靠自己的力量，势单力孤，可以充分利用社会资源，以开放的心态共同协作，如与第三方物流配送积极合作等，达到事半功倍的效果。

（二）战术层面，步步为营

1. 线上线下的协同和差异化

（1）差异化区隔。通过线上下线的差异化，实现品牌和产品的区隔，为网络零售设立全新的品牌、产品和服务等，使得消费者无法与原有品牌的产品和服务进行对比，达成网络零售与传统业务的并举发展。

（2）区域互补。区域互补的核心在于以区域进行线上线下的互补，线上只接受传统渠道无法覆盖的区域客户。尤其在企业成长阶段或地面渠道覆盖能力有限时，此种模式是最佳选择。

（3）线上线下协同。线上线下协同，可以实现传统门店与网络零售的协同和互补，线下体验，线上下单，传统渠道完成订单。线上主要进行产品、品牌的宣传和获取订单，线下实现根据消费者所在的区域自动分配给对应门店，提升线下门店的销售。

2. 组织模式和体制变革

（1）明确上线路径。许多传统零售企业发展网络零售业务时一般都设立了企业内部的电子商务事业部或独立成立的电子商务公司。不管采用什么样的组织模式，其核心是要能够明确上线的路径，并依据上线需求坚决实行组织模式的体制变革。

（2）实施回归零售业本质的自主经营体制。由于现今大多数零售业经营方式的原因，相比虚拟的网络零售商而言，除了实体店作为一个地理上的销售站点以外，实际优势还没得到充分地发挥。网上商店也是卖商品的，传统零售商的商品相比网络零售商来说缺乏自主经营能够带给消费者的比较利益，因此，实体零售商进军网络零售市场实施回归零售业本质的自主经营体制无法逾越。

（3）采用不同于实体零售的业务管理模式和营销方式。网络零售的方式与传统零售有着很大的不同，需要不断地学习，创造新的业务管理模式和营销方式，大胆运用信息技术给网络零售开发新的销售形式，创造多渠道的购物体验，基于网络的精准营销，使消费者的购买活动成为真正的、活生生的购物体验。

3. 加强服务体系建设

（1）重视消费者行为研究。网络零售不但是信息技术发展的结果，也是消费者购买行为与心理变化的结果。传统零售主要以产品为导向，在消费者研究诸方面是存在缺失的。随着社交网络的发展，消费者已经不再是独立存在的个体，了解消费者的变化尤其是网购顾客的变化非常重要，将来的市场将更多地依据消费者需求和反馈进行生产和服务。重视消费者行为变化，积极开展消费者行为研究，是竞争制胜的法宝。

（2）提供满足个性化需求的服务。零售业通过网络向顾客提供服务，以直接的商业信息联络为先导。了解每个顾客的特殊需求，加强与顾客的联系，才能赢得市场。在成本和技术支持的情况下，最大限度地为顾客提供个性化服务，是今后零售企业生存的根本。

商家和顾客的远距离是网络零售售后服务很大的障碍，但零售商家可以避开传统零售售后服务的模式，利用网络优势建立网络零售独有的售后服务模式。零售商可通过在线交流和问题答疑为客户提供售后商品详细使用和故障排除服务；还可以建立顾客社区等。这些都是传统零售企业无法想象和实现的，也使其服务滞后并受到地域限制。

（3）增强顾客体验。网络销售最重要的是客户体验，而这个客户体验牵涉到很多方面，是一整套综合的体验过程，包括产品丰富度、价格吸引力、网上购买过程流畅度、到货及时度、退换货顺畅度、售后服务到位度等，它是顾客对企业产品和服务的综合考量。

4. 加强物流体系建设。建立科学、完善的物流系统，不仅是传统零售模式的重要环节，也是网络零售能否成功的关键。网络零售与传统零售还有一个很大的不同，就是前者在销售之后还要重点考虑怎样把物品送到消费者手中，物流系统在这时就显得至关重要。

零售企业物流环节可以采用自有物流和第三方物流两种方式。比较大的连锁零售商家自身的覆盖面广，有形销售网点比较多，一般采用自有物流系统，这是自身实力的体现，也是大型传统零售企业发展到巨大规模后改变零售模式的最大优势。通过现代化管理信息系统的建立，在正确分析的基础上对获得的信息快速反应，为整个物流运作提供支持，将其转化为企业的收益。

大多数零售企业还属小规模，店面覆盖面很小，基本上没有形成自己的配送中心，此时要考虑采用第三方物流来完成自身的商品派送，降低自建物流系统的资金压力，轻装上阵，专心经营网上销售。所以第三方物流行业的发展对整个商业企业的盈利和效率有着至关重要的意义。

总之，物流体系建设的强化需要以信息技术为核心，强化资源整合；自建物流体系需要尽可能控制投入，加快运营资金周转。同时，还需要在政府相关部门的引导下建立物流标准化体系，尽快促进物流体系的规范发展。

（三）政策层面，发挥政府的宏观规划和指导作用

发挥政府的宏观规划和指导作用，制定相应的电子商务发展规划。通过规划，协调、组织和引导网络零售发展；制定相关政策、法律法规和各种标准，并保持其一致性和连续性，监督其贯彻执行。要大力开展网络零售宣传教育活动，普及相关知识，提高全民的网络购物意识，同时还要重点进行电子商务的人才培养。各个网络零售企业都应在特色经营和增值服务上下功夫，这样既可以避免同行业之间的同质竞争，又可以在生产商和上游供应商与终端消费者之间成为不可或缺的角色。

附件一　　传统企业开展网络零售网站排名

序	连锁百强排名	公司简称	网店名	网址
1	2	苏宁电器	苏宁易购	http://www. suning. com
2	2	国美电器	国美电器网上商城	http://www. gome. com. cn
			库巴购物网	http://www. coo8. com
3	39	银泰百货	银泰网	http://www. yintai. com
4	8	百胜餐饮集团	肯德基宅急送	http://www. 4008823823. com. cn/kfc/index. htm
			必胜宅急送	http://www. 4008123123. com
5	57	麦当劳	麦乐送 网上订餐	https://www. 4008 – 517 – 517. cn
6	7	家乐福	家乐福在线商城	http://www. carrefour. com. cn/DefaultNew. aspx
7	1	百联集团	百联 E 城	http://www. blemall. com
			佳家建材家居网	http://www. jaja123. com
8	25	天虹商场	网上天虹	http://www. myrainbow. cn
9	37	人人乐	人人乐购网上商城	http://www. rrlgou. com
10	32	新世界百货	新世界百货网上商城	http://www. xinbaigo. com
11	16	宏图三胞	宏图三胞 · 慧买网	http://huimai100. com
12	76	百佳超市(中国内地)	百佳网上超级市场	http://www1. parknshop. com/WebShop/LoginPage. do
13	12	银座商城	银座网上商城	www. yinzuo100. com
14	9	沃尔玛	山姆会员网上商店	http://www. samsclub. cn/sams/homepage. jsp
			一号店	http://www. yihaodian. com
15	24	利群集团	利群商城	http://www. liqunshop. com
			利群医药信息网	http://www. lqyaopin. com
16	21	王府井集团	劲购网	http://www. goonow. com
17	87	海王星辰	海王星辰健康药房网	http://www. star365. com
18	11	大商集团	大商网上商城	http://www. 66buy. cn
19	38	锦江麦德龙	麦德龙	http://www. metromall. com. cn
20	97	汇银家电	汇银品易网	www. pinyi108. com
21	15	海航商业	优悦生活	www. yoye. cn
			民生 e 购网	http://www. msegou. com
22	29	金鹰国际商贸集团	时尚金鹰网	http://www. goodee. cn/eshop
23	70	中国春天百货集团	赛特春天	http://www. saite. com
24	5	康成投资(大润发)	大润发网路购物	https://www. rt – drive. com. tw
25	41	欧尚(中国)	欧尚网购	http://www. auchan. com. cn
26	95	重庆和平药房	和平药房网上商城	http://www. hp1997. com
27	54	广百股份	广百 · 百购网	http://www. igrandbuy. com

续表

序	连锁百强排名	公司简称	网店名	网址
28	72	邯郸市阳光百货	阳光天天购团购网	http://ygttg. com
			阳光天天购旗舰店	http://www. 365sunshop. com
			阳光天天购淘宝店	http://hdyg. taobao. com
29	13	农工商	便利通网	http://www. chblt. com
			农工商红利会员店	http://emall. chblt. com/ngs
30	56	迪信通	迪信通商城	http://www. dixintong. com/default. asp
31	17	中百集团	中百商网	http://www. zon100. com
32	52	卜蜂莲花	卜蜂莲花购物网站	http://www. ourlotus. com
33	60	成都红旗	红旗连锁网购商城	http://www. hqls. com. cn/netshop/webindex. asp
34	34	徽商集团	徽之尚商城	http://www. hzsmall. com
35	36	北京首商集团	西单商场 i 购物	http://www. igo5. com
36	99	南宁百货大楼	美美购	http://www. nnbh. cn
37	77	青岛维客	点点网	http://www. weeklydd. com
38	35	合肥百货大楼	百大易商城	http://www. bdemall. com
39	58	伊藤洋华堂	伊藤洋华堂网络超市	http://shop. iy - cd. com
40	63	三江购物俱乐部	三江购物网	www. sanjiang. com
41	44	山东潍坊百货	中百便利网上商城	http://zbbl. zhong100. com
42	22	长春欧亚集团	欧亚 e 购	http://www. oysd. cn
43	93	中山市壹加壹	壹加壹商城	http://www. zsyijiayi. com
44	18	石家庄北国人百	北国如意购物网	http://www. ruyigou. cn
45	47	辽宁兴隆大家庭	网上兴隆	www. xlgoo. net
46	79	东方家园	东方宜居网	http://www. ohome. cn
47	6	重庆商社新世纪百货	世纪购	http://www. sjgo365. com
		重庆百货大楼	网上逛重百	http://www. cbmall. cn
48	4	华润万家	万家摩尔	http://www. crvmore. com
49	23	文峰大世界	文峰大世界网上商城	http://www. wfdsj. com. cn/shop
50	28	新一佳	新一佳网上商城	http://www. xyj - shop. com
			新一佳 每天惠服务	http://meitianhui. taobao. com/view_page - 244647683. htm
51	61	友谊阿波罗	友谊阿波罗网上商城	http://9448. net/newjrdshop
52	83	浙江人本超市	人本网上超市	http://www. rbcs. cn
53	19	武汉武商集团	世贸商城	http://www. wssmgc. com
54	78	全福元商业集团	全福元商业集团	http://www. sgbhdl. com:8080/ehdshop/webshop/index/index. jsp
55	42	山东新星集团	新星网上商城	http://www. xinxing100. net/index. php
56	46	中商集团	中商购物网	http://www. aizsw. com/zs/default. html
57	53	广州屈臣氏	屈臣氏天猫旗舰店	http://watsons. tmall. com/shop/view_shop. htm? prt = 1337154081657&prc = 1
58	65	中央商场	南京中央商场旗舰店	http://njzysc. tmall. com
59	68	广州友谊集团	广州友谊商店	http://121. 8. 125. 2:6080

注:1. 网站排名依据三个流量时间点(2012 年 5 月 22 日、6 月 6 日、6 月 13 日)的排名均值所得。

2. 集团或企业旗下有多个网址,取流量最大的;但同时注明其他网址。

3. 排名中有个别为委托开店,在"网店名"和"网址"中可看出。

附件二　　美国网络零售百强名单

Rank	Company Name	Category	Online sales	2011 Growth
1	Amazon. com Inc.	Mass Merchant	$48080000000	40. 60%
2	Staples Inc.	Office Supplies	$10600000000	3. 90%
3	Apple Inc.	Computers / Electronics	$6660000000	27. 40%
4	Walmart. com	Mass Merchant	$4900000000	19. 70%
5	Dell Inc.	Computers / Electronics	$4609728000	-4. 00%
6	Office Depot Inc.	Office Supplies	$4100000000	0. 00%
7	Liberty Interactive Corp.	Mass Merchant	$3760000000	23. 70%
8	Sears Holdings Corp.	Mass Merchant	$3604288201	16. 00%
9	Netflix Inc.	Books / Music / Videos	$3204577000	48. 40%
10	CDW Corp.	Computers / Electronics	$3000100000	10. 40%
11	Best Buy Co.	Computers / Electronics	$2950000000	18. 00%
12	OfficeMax Inc.	Office Supplies	$2901497618	1. 50%
13	Newegg Inc.	Computers / Electronics	$2700000000	8. 00%
14	Macy's Inc.	Mass Merchant	$2246375040	40. 00%
15	W. W. Grainger Inc.	Hardware / Home Improvement	$2187000000	21. 50%
16	Sony Electronics Inc.	Computers / Electronics	$1980000000	1. 30%
17	Costco Wholesale Corp.	Mass Merchant	$1900000000	11. 80%
18	L. L. Bean Inc.	Apparel / Accessories	$1716502219	25. 00%
19	Victoria′-s Secret Direct & Bath and Body Works	Apparel / Accessories	$1630000000	4. 30%
20	J. C. Penney Co. Inc.	Mass Merchant	$1590000000	3. 90%
21	HP Home & Home Office Store	Computers / Electronics	$1579695777	2. 00%
22	Gap Inc. Direct	Apparel / Accessories	$1560000000	20. 00%
23	Target Corp.	Mass Merchant	$1460154982	9. 80%
24	Williams - Sonoma Inc.	Housewares / Home Furnishings	$1410000000	17. 80%
25	Systemax Inc.	Computers / Electronics	$1370000000	3. 60%
26	HSN Inc.	Mass Merchant	$1333012000	13. 40%
27	Overstock. com Inc.	Mass Merchant	$1054000000	-3. 30%
28	Kohl's Corp.	Mass Merchant	$1012700000	36. 20%
29	Toys R′Us Inc.	Toys / Hobbies	$1000000000	27. 90%
30	Amway	Health / Beauty	$980000000	7. 40%
31	Nordstrom Inc.	Apparel / Accessories	$916500000	30. 00%
32	BarnesandNoble. com Inc.	Books / Music / Videos	$858100000	49. 80%
33	Walgreen Co.	Food / Drug	$819000000	194. 30%
34	Redcats USA	Apparel / Accessories	$817338000	7. 40%
35	Vistaprint NV	Office Supplies	$817000000	21. 90%

续表

Rank	Company Name	Category	Online sales	2011 Growth
36	Buy. com Inc.	Mass Merchant	$ 805000000	8. 70%
37	Avon Products Inc.	Health / Beauty	$ 774000000	0. 70%
38	Saks Direct	Apparel / Accessories	$ 748585546	28. 00%
39	PC Connection Inc.	Computers / Electronics	$ 742500000	22. 50%
40	Symantec Corp.	Computers / Electronics	$ 704000000	4. 30%
41	Neiman Marcus Group Inc.	Apparel / Accessories	$ 653700000	13. 90%
42	Home Depot Inc.	Hardware / Home Improvement	$ 634000000	15. 30%
43	Cabela's Inc.	Sporting Goods	$ 602610750	5. 00%
44	Musician's Friend Inc.	Specialty / Non – apparel	$ 580000000	6. 20%
45	Abercrombie & Fitch Co.	Apparel / Accessories	$ 552600000	36. 40%
46	Fanatics Inc.	Apparel / Accessories	$ 525000000	181. 80%
47	Lowe's Cos. Inc.	Hardware / Home Improvement	$ 510000000	70. 00%
48	Urban Outfitters Inc.	Apparel / Accessories	$ 504900000	16. 40%
49	Gilt Groupe	Apparel / Accessories	$ 500000100	19. 00%
50	Wayfair LLC	Housewares / Home Furnishings	$ 500000000	31. 60%
51	1 – 800 – Flowers. com Inc.	Flowers / Gifts	$ 485400000	3. 30%
52	Peapod LLC	Food / Drug	$ 479000000	6. 10%
53	Shutterfly Inc.	Specialty / Non – apparel	$ 473300000	53. 80%
54	Foot Locker Inc.	Apparel / Accessories	$ 457000000	21. 90%
55	GameStop Corp.	Toys / Hobbies	$ 455000000	56. 90%
56	J. Crew Group Inc.	Apparel / Accessories	$ 444970714	12. 00%
57	PC Mall Inc.	Computers / Electronics	$ 415000000	9. 50%
58	Estee Lauder Cos. Inc.	Health / Beauty	$ 414000000	29. 00%
59	Crate and Barrel	Housewares / Home Furnishings	$ 407000000	11. 50%
60	Ancestry. com Inc.	Specialty / Non – apparel	$ 399661000	32. 80%
61	Weight Watchers International Inc.	Food / Drug	$ 399500000	67. 30%
62	YOOX Group	Apparel / Accessories	$ 396562000	42. 40%
63	Scholastic Inc.	Books / Music / Videos	$ 390000000	4. 00%
64	Recreational Equipment Inc.	Sporting Goods	$ 389900000	22. 40%
65	American Eagle Outfitters Inc.	Apparel / Accessories	$ 388720000	13. 00%
66	Zones	Office Supplies	$ 388000000	25. 60%
67	Follett Higher Education Group	Books / Music / Videos	$ 380000000	10. 50%
68	Deluxe Corp.	Office Supplies	$ 379700000	11. 10%
69	Ralph Lauren Media LLC	Apparel / Accessories	$ 369000000	23. 00%
70	Market America	Mass Merchant	$ 354770833	6. 80%

续表

Rank	Company Name	Category	Online sales	2011 Growth
71	Blue Nile Inc.	Jewelry	$348000000	4.50%
72	Nike Inc.	Apparel / Accessories	$343200000	32.00%
73	Chico's FAS Inc.	Apparel / Accessories	$332500000	142.00%
74	Microsoft Corp.	Computers / Electronics	$332200000	10.00%
75	1-800 Contacts Inc.	Health / Beauty	$332000000	18.60%
76	U. S. Auto Parts Network	Automotive Parts / Accessories	$327072000	24.70%
77	Oriental Trading Co. Inc.	Specialty / Non-apparel	$320000000	2.60%
78	FTD Group Inc.	Flowers / Gifts	$319000000	9.20%
79	Disney Shopping Inc.	Specialty / Non-apparel	$312047640	14.00%
80	FreshDirect LLC	Food / Drug	$300100000	11.60%
81	Build. com Inc.	Hardware / Home Improvement	$300000000	23.50%
82	Bluestem Brands Inc.	Apparel / Accessories	$295000000	28.30%
83	Green Mountain Coffee Roasters Inc.	Food / Drug	$290700000	58.00%
84	RueLaLa. com	Mass Merchant	$290000000	23.10%
85	Hayneedle Inc.	Mass Merchant	$270000000	1.60%
86	Vitacost. com Inc.	Health / Beauty	$260500000	18.00%
87	Net-a-Porter LLC	Apparel / Accessories	$260000000	18.50%
88	CVS Caremark Corp.	Food / Drug	$258283621	11.00%
89	Northern Tool + Equipment Co.	Hardware / Home Improvement	$252500000	12.20%
90	Shoebuy. com Inc.	Apparel / Accessories	$251000000	14.10%
91	ShopNBC. com	Mass Merchant	$249604000	7.70%
92	Ann Inc.	Apparel / Accessories	$248300000	31.00%
93	Nutrisystem Inc.	Food / Drug	$248017741	-20.50%
94	Sierra Trading Post Inc.	Apparel / Accessories	$236000000	7.50%
95	Bass Pro Outdoor Online LLC	Sporting Goods	$234132786	5.00%
96	Army & Air Force Exchange Service	Mass Merchant	$231146000	13.90%
97	Edible Arrangements International LLC	Food / Drug	$227086190	22.50%
98	Eddie Bauer LLC	Apparel / Accessories	$223000000	15.10%
99	Orchard Brands Corp.	Apparel / Accessories	$220000000	-9.50%
100	Hudson's Bay	Apparel / Accessories	$210000000	6.10%

数据来源：internet retailer

（中国连锁经营协会）

2012 年百货店自营模式研究报告

为了解中国分销体系中的关键点、主要问题及解决方案，自 2010 年起，由中国连锁经营协会（简称协会）与香港利丰集团研究中心发起了分销体系系列研究。2010 年、2011 年分别开展并发布了“连锁经营在分销中的作用”和“经销、代理制度研究”（报告），在连锁行业中产生了积极而广泛的影响。2012 年，研究的主题是“百货店的自采自营”。

一、研究背景

当前，扩大内需、促进消费被提升至国家战略层面，消费对于国民经济的拉动作用将进一步增大。城乡居民消费水平和消费理念明显提升，80 后、90 后年轻消费群体日益壮大，消费潜能巨大。近期出台的《国务院关于深化流通体制改革 加快流通产业发展的意见》（国发〔2012〕39 号）进一步明确了流通产业作为“国民经济的基础性和先导性产业”的重要地位，提出了加快流通业发展的财政、土地、金融等支持政策。应当说，当前我国百货业面临着难得的历史机遇，发展前景广阔。

然而，我国百货业的发展正处于低迷状态，经营业绩普遍下滑，百货店关门倒闭现象时有发生。据调查，2012 年上半年合肥百货净利润下滑 17.42%，百大集团净利润同比下滑 9.73%[①]；北京市 65 家重点百货企业 2012 年上半年商品销售额仅增长 5.9%，其中有 31% 的企业出现负增长，新光天地和赛特购物中心等高端百货店销售增幅明显减缓，与上年同期相比分别下降了 27.9% 和 9.6%[②]；即使是在“十一黄金周”期间，杭州大厦、杭州百货大楼、银泰武林店、银泰西湖店、解百等 6 家商场销售额仍同比下降 8.68%[③]。继 2011 年太平洋百货两家北京门店、新世界百货无锡店关门之后，2012 年上海第一百货淮海店、广百百货成都店和深圳店等黯然退场，深圳西武百货也已向工商部门申请注销，百货业整体低迷趋势正在蔓延。

究其原因，除因宏观经济增速趋缓、物价高企、网购冲击等外部影响之外，我们认为更重要的是百货业内在的经营模式问题，即居于主流的联营模式已经无法为百货业创造新的利润空间，行业发展的“天花板现象”日益凸显。在上世纪 90 年代，联营模式支撑着

---

① 张怡：百货零售业经历消费寒潮，中国证券报，2012 年 8 月 10 日。

② 胡笑红：北京网店销售增幅居 18 种零售业态之首，人民网，http：//it. people. com. cn/n/2012/0719/c1009 - 18549775. html。

③ 陈岳峰：零售业行情远未回暖，经济观察网，http：//www. eeo. com. cn/2012/1010/234445. shtml。

我国百货业渡过了资金难关，有效规避了经营风险。但是，与联营模式相伴的百货店盈利能力下降、经营能力退化、恶性竞争等种种负面问题也日益凸显，再加上购物中心、大卖场以及线上电商等多渠道挤压，百货店核心竞争力每况愈下。经营模式是自营还是联营，百货店已经走到了十字路口，新时期必须做出抉择。放眼世界，欧美百货店大都以自营模式为主，之前以联营为主的日本百货店在经历了前几年的倒闭潮之后，也提出了扩大自营的战略目标。缩减联营、扩大自营是百货业发展的未来趋势，而国内百货店自营转型行动迟缓、无所适从，只有为数不多的百货店试水自营，这对整个百货业的影响微乎其微。在此背景下，研究百货店自营模式对于促进百货业健康快速发展具有十分重要的现实意义。

根本上看，自采自营是百货店的根本出路，百货企业应从现在做起，全方位考虑买手培养、资金利用、激励机制等措施，为下一步的激烈竞争做好准备，真正做到“积跬步，行千里”。

本年度调研采取典型企业问卷调查、专家访谈及企业实地考察等方式进行。

二、百货店经营模式的现状及问题

从上世纪 90 年代起，品牌联营成为我国百货店经营模式的主流，为我国百货业平稳发展发挥了十分重要的作用。随着宏观环境的发展变化，目前联营模式所引发的一系列负面问题逐渐暴露，甚至已经成为制约我国百货业发展的内在障碍。

（一）百货店主要经营模式

百货店经营模式是指百货店为实现自身价值所采取的采购、管理、销售、服务等方式的总称。根据所销售商品是否转移和如何转移所有权不同，百货店经营模式可以分为自采自营、品牌联营、柜台租赁三种基本形态。

1. 自采自营

自采自营，简称自营，是指百货店自行向制造商、经销商或代理商采购产品，获得商品所有权，然后再通过交易转让商品所有权从而获取相应购销差价的经营模式。在自采自营模式下，经营费用、经营风险由百货店承担。所谓购销差价，也称“进销差价”，是指同一商品的销售价格与购进价格的差额。购销差价是自采自营模式下百货店最主要的收入来源，是补偿商品购销过程中流通费用并使经营者获得利润的经济保障。

2. 品牌联营

品牌联营，简称联营，是指由百货店提供卖场设施和管理服务，由品牌代理商或经销商在卖场销售，百货店利润来源根据销售额收取联营扣点，经营费用、经营风险、商品所有权属于代理商的一种经营模式。在品牌联营模式下，销售前百货店一般不取得商品所有权，销售完成后商品所有权直接向顾客转移。具体是指百货店为品牌供应商提供经营场地以及相应的综合管理（促销、店面、卫生、安全、环境等），监督进店的商品，负责（或不负责）导购、统一（或不统一）收银等服务，品牌供应商向百货店支付联营扣点或转让部分购销差价。

联营扣点，是指百货店按销售额的一定比例向品牌供应商收取的费用。联营扣点是联营模式下百货店的主要收入来源，一般按月扣除结算，扣点比例由双方谈判确定。联营扣点方式一般有三种：一是按实际销售额进行收取；二是按保底销售额收取，即无论品牌供应商是否完成保底销售额，都按保底销售额的一定比例收取；三是综合方式，结合以上两种形式，对于商品销售未达到保底销售额的，按保底销售额的一定比例收取，对于超过保底额的，按实际销售数额收取。

3. 柜台租赁

柜台租赁，是指百货店将自有或者自用的商业柜台及相关的营业场地和设施交由其他商业企业、生产企业或者个体工商户从事经营活动，并收取一定租金的经营模式。在柜台租赁模式下，百货店一般只收取租金，不对入驻商户的商品进行经营管理。租金，是指百货店向承租柜台或铺面的企业或商户收取的相关费用，一般以平方米为单位收取，具体金额根据商店或货位所处位置进行确定。

以上三种经营模式各具特点，在经营绩效、营销管理、经营流程、资源配置等方面为百货店带来不同的权利和义务（见表 1）。因柜台租赁模式和品牌联营模式有相似的性质，而且在百货店中应用较少，故本研究不做深入讨论，重点讨论自营模式和联营模式。

表 1　三种经营模式中百货店的权利和义务

特征 \ 经营模式		自营	联营	柜台租赁
绩效层面	商品所有权归属	百货店	供应商	供应商
	主要利润来源	购销差价	联营扣点	租金
营销层面	商品选择权	全部选择权	选择品牌	选择供应商
	价格控制权	全部控制权	极少控制权	没有控制权
	促销管理权	全部管理权	合作管理权	没有管理权
	商品陈列权	全部	部分	部分
	统一收银权	统一收银	大部分统一收银	两可
	售中服务执行	百货店	供应商	供应商
	售后服务执行	百货店	双方	供应商
流程层面	采购流程管理	百货店	供应商	供应商
	销售流程管理	百货店	供应商	供应商
	配送流程管理	百货店	双方	双方
资源层面	采购资金来源	百货店	供应商	供应商
	店内管理人员	百货店	百货店	百货店
	销售人员	百货店	供应商	供应商
	卖场设施	百货店	百货店	百货店
	门店品牌	百货店	百货店	百货店

资料来源：李飞：《中国百货店：联营，还是自营》，中国零售研究 2010 年第 2 卷第 1 期第 3 页。

（二）百货店自营模式的演变

改革开放至今，随着国内经济体制改革推进以及市场供求形势变化，我国百货店经营模式经历从自营到联营的转变过程。

1. 打破统购包销，自营开始酝酿（1978－1980 年）

在我国经济体制改革之前，工业消费品基本上由国营商业部门统购包销，企业几乎没有自主权。1978 年党的十一届三中全会以后，国家实行改革开放政策，商业部门改进工业消费品购销形式，取消工业品包销，扩大工业部门自销权和商业部门选购权，国营百货商业逐步突破了计划经济模式，为商品自采自销提供了可能。

2. 卖方市场时期，自营发展迅速（1981－1990 年）

1981 年我国开始实行统购统销、计划收购、订购、选购形式，工业部门可以实行产品自销，商业部门可以实行商品选购。在我国短缺经济的背景下，自营方式使我国百货业步入了黄金时期，百货店盈利丰厚。在百货店与消费者的关系中，一方面，我国零售业态单一，百货店数量少，占据强势地位，消费者可以选择的消费场所主要为百货店；另一方面，由于我国当时处于短缺经济下，商品匮乏、供不应求，形成了完全的卖方市场。消费者凭票购买生活必需品，百货店商品一上柜台就能立刻销售一空，此时的百货商店主要作为流通职能的重要承担者，担负起保障市场供应的功能，并不需要研究消费心理，根本不用担心货品卖不出去的情况。

在百货店与供货商的关系中，由于商品的供不应求，在零供关系中，供应商所处地位很高。作为零售商的百货店派出采购人员到全国各地进行货品采购，买断商品，百货店将精力放在了如何拿到货源上，百货店采购员的任务就是到全国各地寻找货源，采购商品。到 1990 年，百货店商品的自营比例曾经达到 90% 以上。

3. 零售环境变化，自营转向联营（1990 年至今）

从 1990 年起，部分百货店开始向一些工厂、个体户出租柜台，用于新商品的推销、展示，使新产品、新款式能很快进入市场，与消费者见面。1995 年前后出租柜台之风愈演愈烈，造成了市场秩序混乱，假冒伪劣商品涌入市场，百货店的服务质量下降、声誉受损，社会反映强烈。1995 年底商业部对市场进行规范管理，一些大型知名百货店对出租柜台进行清理整顿，停止出租柜台业务，开始了“引厂进店”，并逐渐兴起。1995 年上海的部分大型百货店“引厂进店”商品约占商品销售总额的 50%。

1996 年以后，随着零售市场竞争越来越激烈，传统百货店在新型业态的挤压下，利润空间越来越小，经营压力越来越大，引厂进店的联营模式被广泛采用。虽然在这一时期，我国有关政策规定有限允许联营方式的存在，1995 年的《国有大中型零售商店引厂进店管理暂行办法》直到 2004 年才被废除，但由于联营模式只需要百货店提供经营场地，不需要占压零售商的自有资金，从而大大降低了百货店的商品采购和经营风险，百货店迫于生存压力，纷纷扩大联营比例，联营模式被广泛应用。

2004 年以后，随着社会经济环境的变化发展，联营逐渐取代自营成为百货业主要经营模式。

（三）百货店自营模式的现状

调查发现，当前百货店自采自营总体规模很小，不同类型商品和不同类型企业之间差距很大，采自区域性供应商居多，百货店自有品牌极少等。这验证了联营占主导、自营为点缀的客观事实。

1. 自采自营的总体规模极小

调查结果显示，从采购角度看，自采规模总体偏小，比例偏低。参与调查百货店的平均自采规模约为3.5亿元（见表2），自采品种占全部经营品种的比例平均约为5.5%，自采金额占全部采购金额的比例平均为7%。其中，较大规模百货店自采比例更低。年销售额超过100亿元的百货店平均自采金额占比为4%，年销售额在10亿－100亿元之间百货店平均自采金额占比为5%。

从样本总体上看，规模小的、区域性的百货店自采比例明显高于规模较大的全国性百货企业。这与区域百货类商品的供应链状况、企业的资金占用比例、周边市场的竞争情况等都有比较大的关系。

表2　　百货企业自采规模及比例

百货店	年度销售额（亿元）	平均自采金额（万元）	自采品种占全部	自采金额占全部
A类	10－30	24000	8%	12%
B类	30－50	28000	6%	7%
C类	50－100	40000	5%	5%
D类	超过100	48000	3%	4%
平均值		35000	5.5%	7.0%

资料来源：根据问卷调查结果计算整理。

除问卷调查外，在实际访谈中，我们了解到，有的区域百货企业（如信誉楼百货集团），自采自营比例接近100%，即店内除了少数餐饮经营采取外租方式，其他均为自采自营，其多年积累下来的独特的经营模式、激励机制和企业文化，为企业赢得了良好的社会声誉和经济效益。其具体模式见后面“国内实践”部分的分析。

2. 自采比例因商品类别而异

调查数据显示，样本企业的品牌联营、自采自营和柜台租赁三种模式的应用比例约为89.6∶7.1∶3.3，联营居于绝对主导地位（见表3）。

自营比例高低与商品性质有关，性质不同自营比例高低也不相同。主要表现为，产品时尚性和季节性强、使用周期短、百货店经营风险大的商品自营比例低，反之自营比例高，不同商品之间差别巨大。据调查，在服装鞋帽、化妆品、家电和电子产品、家居用品和文体用品等五类商品中，家电和电子产品自采比例最高，约为15.3%；服装鞋帽自采比例最低，约为1.9%；化妆品、家居用品和文体用品的自采比例分别约为11.6%、3.1%和3.8%。最高和最低自采比例相差很大。

家电自采比例高的原因，主要在于品牌厂家相对集中，并且生产厂商的供应链比较健全和完整；化妆品自采比例高的原因，主要是由于一些品牌化妆品厂商为了控制损耗，要求百货店的进货采取买断方式，提高了自采的比例。

表 3　　百货店主要类别商品经营模式（金额）

商品类别	自采自营比例	品牌联营比例	柜台租赁比例
服装鞋帽	1.9%	96.3%	1.8%
化妆品	11.6%	82.9%	5.5%
家电和电子产品	15.3%	82.8%	1.9%
家居用品	3.1%	93.8%	3.1%
文体用品	3.8%	92.1%	4.1%
平均值	7.1%	89.6%	3.3%

资料来源：根据问卷调查结果计算整理。

3. 区域性百货自采比例较高

百货企业按照规模大小和辐射范围可以分为全国性百货企业和区域性百货企业。全国性百货企业规模较大，定位相对高端，开店选择主要布局在省会城市和大城市，旨在打造全国竞争力和影响力。区域性百货企业规模相对较小，定位于中低端百货，开店选址倾向于一个省或经济区域内的二、三线城市，旨在打造区域竞争力和影响力。在参与调查百货企业中，全国性百货企业自采的品种和金额分别为4%和5%，区域性百货企业则分别为7%和9%，相差较大（见表4）。

表 4　　不同类型百货企业自采比例比较

百货企业类型	自采品种比例	自采金额比例
区域性百货企业	7%	9%
全国性百货企业	4%	5%

资料来源：根据问卷调查结果计算整理。

以百盛集团为例，2011年与2008年相比，4年间，特许专柜销售佣金增长近50%，而直接销售收入仅增长近30%，可见其自采增长快于同期租金收入的增长（见图1、图2）。

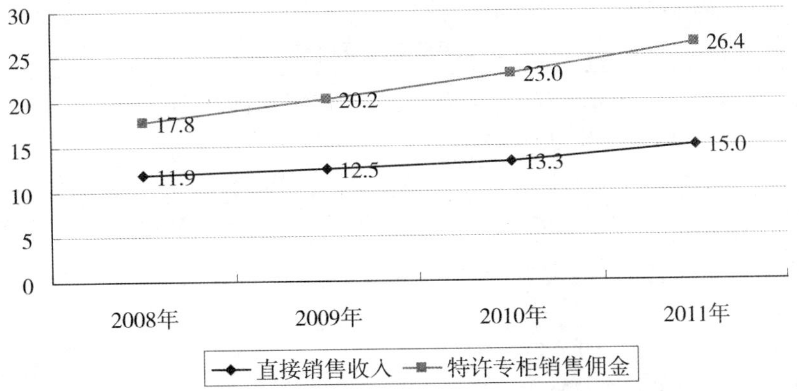

资料来源：根据公司年报整理。

图 1　百盛直接销售收入和专柜销售佣金增长情况（单位：亿元）

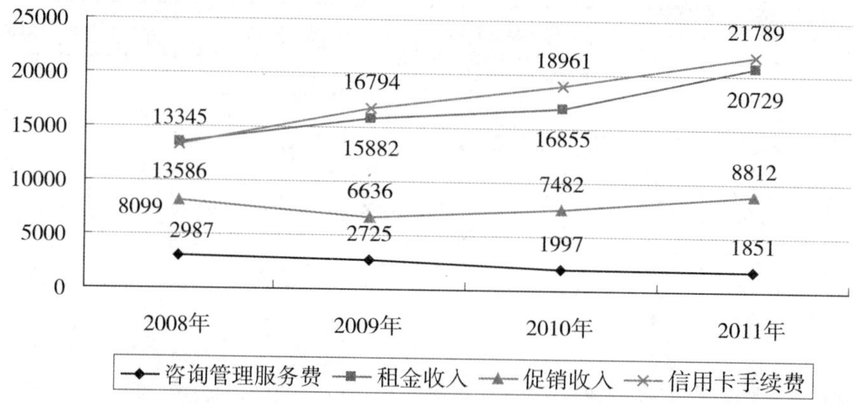

资料来源：根据公司年报整理。

图 2　百盛相关收入的增长情况（单位：万元）

4. 自采于区域供应商居多

百货店自采渠道一般有三种：

一是百货店直接向品牌商、生产商或基地等进行采购；二是百货店向全国总经销商或总代理商进行采购；三是百货店向区域经销商或代理商采购。

据调查，在服装鞋帽、化妆品、家电和电子产品、家居用品和文体用品等五种主要商品类型采购额中，直接采自品牌商、制造商或基地的比例为 20.9%，采自全国总经销商或总代理商的比例为 25.3%，采自区域经销商或代理商比例为 53.8%，采自区域经销商或代理商的比例最大，超过采购额的一半。从商品类型看，文体用品采自区域经销商或代理商的比例最大，达到 70.8%，家电和电子产品采自区域经销商或代理商的比例最小，但也超过采购总额的三分之一，达到 36.5%；服装鞋帽、化妆品和家居用品采自区域经销商或代理商的比例处于二者间，分别为 57.1%、49.0% 和 55.8%（见表 5，图 1 - 图 5）。

直接采购比例较低、间接采购比例较高是百货业采购成本不断走高的重要因素。

表 5　　百货店自采渠道构成

商品种类	采自品牌商、生产商或基地的比例	采自全国总经销商或代理商的比例	采自区域经销商或代理商的比例
服装鞋帽	9.1%	33.8%	57.1%
化妆品	29.8%	21.3%	48.9%
家电和电子产品	39.6%	23.9%	36.5%
家居用品	17.5%	26.7%	55.8%
文体用品	8.3%	20.8%	70.9%
平均	20.9%	25.3%	53.8%

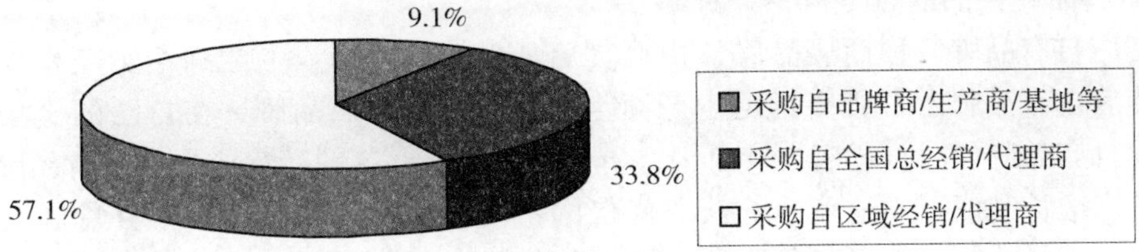

图 3　服装鞋帽自采渠道构成

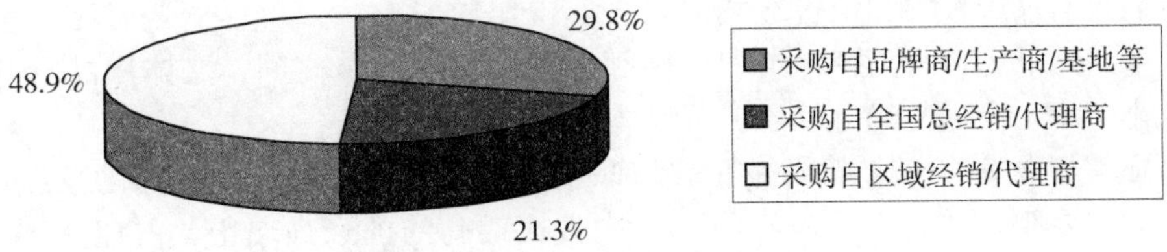

图 4　化妆品自采渠道构成

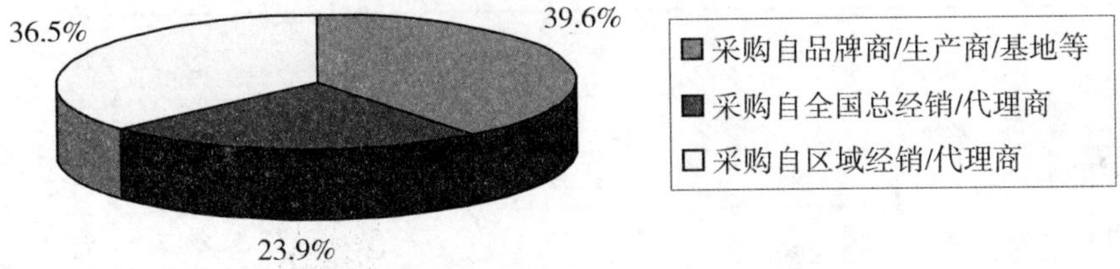

图 5　家电和电子产品自采渠道构成

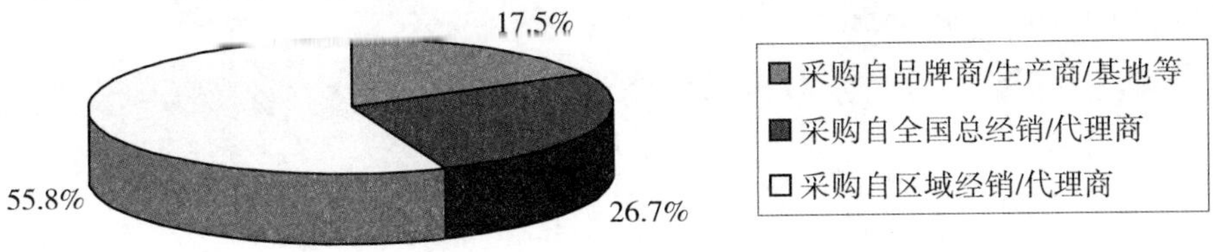

图 6　家居用品自采渠道构成

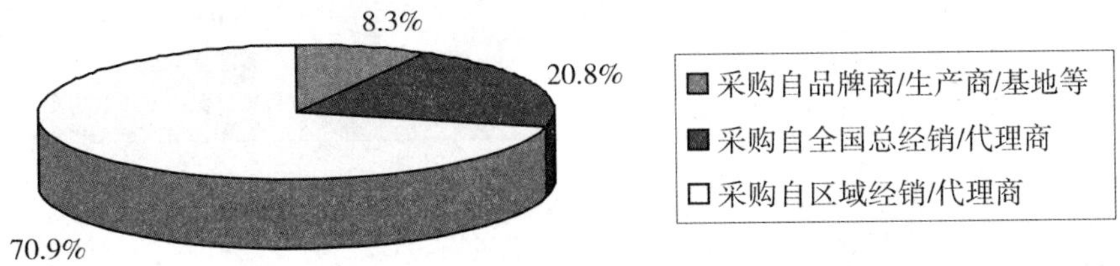

图 7　文体用品自采渠道构成

5. 自有品牌商品的数量极少

百货店自有品牌又称商店品牌，指百货店从设计、原料、生产到经销全程控制的产品。百货店自有品牌由百货店指定生产商生产，贴有百货店品牌，在自己的卖场进行销售。开发自有品牌如同百货店自产自销，省去中间环节，节约销售成本。自有品牌战略已成为百货店增长利润、规避竞争、获取优势的手段。自有品牌已经成为百货店实力的体现，国外尤其是欧美百货店自有品牌开发十分普遍。在国内，百货店自有品牌发展之路仍处在探索阶段，绝大多数百货店没有自有品牌，甚至没有发展自有品牌的意识。

在参与调查的百货店中，自有品牌品种比例最高为3%，平均为1.9%，最低小于1.0%；自有品牌销售额比例最高为2.7%，平均为1.6%，最低仅为0.2%。从商品类型看，化妆品自有品牌种类和销售额相对较多，占比约为2%～3%，服装鞋帽、家电和电子产品、家居用品等自有品牌种类和销售额比例在1%～2%之间，文体用品自有品牌比例最低，小于1%（见表6）。

从国际零售业发展的趋势看，自有品牌是企业提高毛利率、体现差异化经营、维护客户忠诚度的重要手段，自有品牌在零售业中占比最高的国家是瑞士，占比达到45.4%，中国是各个国家中占比较低的，仅有1%左右（见图8）。

表6　百货店自有品牌销售额比例及品种数比例

商品类型	销售额比例	品种数比例
服装鞋帽	1.9%	2.1%
化妆品	2.7%	3.0%
家电和电子产品	1.8%	1.9%
家具用品	1.4%	1.7%
文体用品	0.2%	1.0%
平均	1.6%	1.9%

资料来源：根据问卷调查结果计算整理。

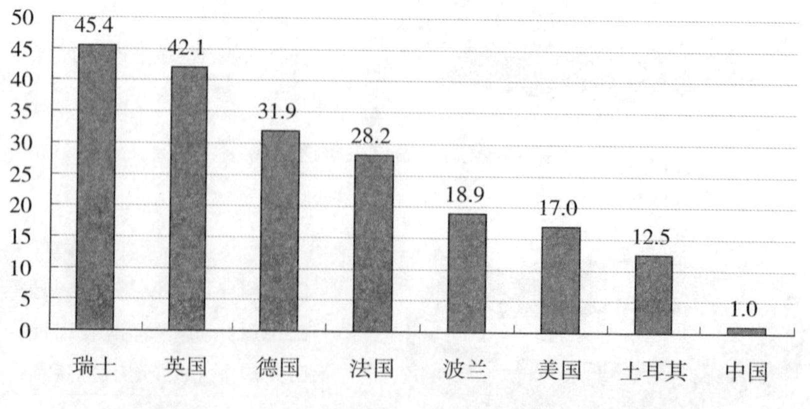

资料来源：IGD

图8　2011年部分国家零售业中自有品牌的占比（%）

（四）联营模式引发的问题

对于百货店而言，品牌联营的优势主要体现在三个方面：一是企业资金占用少，有利于快速扩张；二是业务流程和管理相对简单，运营成本低；三是收益相对稳定，风险较小。正是依据这些优势，联营模式在我国百货业发展的特殊时期得到了快速推广。然而，随着经济发展，百货店发展环境发生了极大变化，联营优势逐渐被其暴露的弊端所掩盖。

1. 经营商品功能丧失

在自营转向联营的同时，百货店的社会身份也从“商业者”、“利润创造者”演变为“物业管理者”、“食利者”。在联营模式下，百货店放弃了采购、定价、销售等零售经营的核心业务，从而导致其经营商品的基本功能丧失。具体表现为：商品采购功能和议价能力丧失，取而代之的是品牌招商能力；商品定价能力丧失，完全交由品牌供应商掌握；商品销售能力丧失，转而为商品销售提供物业管理。对于百货店而言，经营商品的能力才是其核心竞争力，才是其作为商业者的本质。经营商品功能的丧失是商业本质的偏离，核心竞争力的自我放弃。这是联营模式给百货业发展带来的致命问题。

2. 服务顾客功能退化

在自营转向联营的过程中，百货店服务功能发生了变化。首先是服务重点由顾客转向品牌供应商。在联营模式下，供应商是百货店收入的直接来源，顾客消费对百货店收益的影响是间接性的，百货店直接对供应商负责，使其装修风格、展台设计、促销方案等按照供应商的意图实施。顾客需求更多地处于从属地位，百货店通过满足供应商要求间接满足顾客需求。其次是核心服务功能空心化。联营模式下，百货店丧失商品销售功能，与销售有关的设计、咨询、回访、售后等服务内容也相应转嫁给供应商，百货店仅仅为顾客和供应商提供交易场所和联络方式，充分发挥中介作用，服务功能出现了严重的空心化。最后是百货店服务组织功能异化。由于百货店放弃了自主经营商品的权利，因此也就自然放弃了商品计划人员、商品采购人员（买手）和直接与顾客接触的售货人员。组织职能更多地转为强化对卖场代理商和促销员的管理，而弱化了企业人力资源的管理、开发和培训。

3. 渠道影响力弱化

一方面，百货店的消费者研究能力弱化，导致顾客影响力弱化。放弃商品经营和直接服务消费者功能之后，百货店的预测、计划等市场研究功能随之消失，人力资源解散，导致百货店对消费群体特征、消费偏好变化、消费能力演变等很少或不做深入研究。同时，模板复制似的店面形象也无法给消费者带来新意，老套的促销活动所带来的边际效应迅速递减，消费者对百货店的满意度和忠诚度明显下滑，百货店对下游消费者的吸引力和影响力弱化。另一方面，百货店失去议价能力从而由供应商主导，导致供应商影响力弱化。在自行采购演变为品牌招商之后，为了争抢有限的品牌，百货店专注于强化经营定位、招商与品牌管理、布局与商品设施管理、整体促销管理等服务职能，以期用更好的服务换取供应商的青睐，获取更多的联营扣点，导致百货店依附于供应商而生存，几乎没有渠道话语权，对上游供应商影响力完全丧失。百货店抱怨“客大欺店”原因就在于此。另外，在百货店与百货店之间，由于同质化带来残酷价格战使百货店之间相互倾轧，关系紧张，即使在同一企业内部，“连而不锁”、“集而不团”的现象普遍存在，彼此间的正向影响力无从谈起。

4. 盈利空间难以拓展

第一，联营模式下，百货店以品牌供应商的联营扣点为利润主要来源，盈利途径单一，盈利空间受扣点比例限制，且没有自主权。在以联营扣点为主的盈利模式中，百货店盈利状况取决于品牌知名度、知名品牌聚合度、供应商销售能力的提高等，而不是依靠百货店自主经营的调整，要“视他人情况而定”，因此注定联营模式下百货店盈利能力的低水平、不确定和依附性。第二，联营模式不利于百货店实施连锁经营、统一采购等创新行为，百货店采购成本和经营成本难以降低。联营模式下，面对有限的品牌类型企业间不易达成合作，独立经营使得采购规模无法扩大，采购成本难以压缩，同时受房租、人工等费用提高的影响，百货店日常运行成本上涨。第三，电子商务蓬勃兴起，百货店受网络销售的影响，商品价格进一步降低，利润拓展的上方通道被堵。由此一来，百货店一方面需要顶住来自上方的价格下行压力，另一方面还要承受来自下方的成本上涨推力，而自己的盈利途径单一而呆板，缺乏自主性，其盈利空间被压缩在所难免。

三、百货业及其经营模式未来趋势

长期来看，消费将成为经济增长的主要拉动力，消费潜能巨大，百货业发展前景广阔，不会因短期的困扰而裹足不前。百货业回暖需要首先依靠经营模式转型，缩减联营、扩大自营消费将成为下阶段百货店发展的主要任务。

（一）百货业发展前景广阔

1. 扩大内需战略是百货业发展的可靠依据

始于2008年下半年的国际金融危机使我国经济发展的稳定性遭受重大考验。国内高投资率带来的资源环境压力、重复建设、产能过剩、区域产业结构雷同等问题也为经济可持续发展埋下了隐患。在此背景下，扩大内需、促进消费从而提高消费在经济增长中的贡献已被提升至国家战略地位。在国家“十二五”规划建议中明确提出“以加快转变经济发展方式为主线”的指导思想，并把“促进经济增长向依靠消费、投资、出口协调拉动转变”作为主攻方向之一。由此来看未来趋势，消费将逐步成为我国经济发展的主要动力，消费市场的巨大潜力将得到持续释放，消费市场的前景十分乐观。商贸流通业作为实现最终消费的重要渠道和平台，承载着扩大内需、促进消费的历史使命。《国务院关于深化流通体制改革 加快流通产业发展的意见》（国发〔2012〕39号）进一步明确了流通产业作为“国民经济的基础性和先导性产业”的重要地位，并提出了加快流通业发展的财政、土地、金融等支持政策。这是百货业发展的最可靠依据，百货企业应坚定信心，特别是中小企业应在技术层面做好准备，迎接重大政策释放。

2. 经营模式困扰不影响百货业长期成长性

当前百货业正在经历发展低迷期，但这并不影响行业的长期成长性。百货店关门倒闭、停业整顿、业绩下滑等不景气现象除了与国内外经济形势波动有关外，还与百货店以联营为主的经营模式有关。但这些都不是百货业存活与否的决定因素。经济形势有波峰也有波谷，这是经济波动的正常规律，峰谷交替不妨碍百货业的根本存在。满足消费才是百货业态存在和发展的出发点和归宿点，消费需求是决定百货业未来的主要因素。当前，消费日益旺盛、日益多样，讨论百货业态的朝阳与夕阳没有实际意义。针对行业低迷现象，百货业需要做的是，在国内外经济形势仍未充分企稳之时，加快缩减联营、扩大自营从而促进经营模式转型，以期抓住经济发展下一个波峰，推动百货业走上合理的经营轨道，而不是争论百货业是否已经从朝阳产业走向夕阳产业从而否定整个行业的持续存在性。

3. 满足消费多样性和个性化离不开百货业

随着居民收入水平的不断提高，在温饱问题解决之后，消费需求的多样性和个性化特征日益明显，80后、90后年轻消费群体的成长更加快了这一倾向的显像化。消费者多样性和个性化需求愈明显，百货业愈显重要。在满足多样化需求方面，百货店具有其他业态无可比拟的优势与作用。在有店铺零售业态中，超市、大型超市、便利店、仓储会员店、折扣店等业态主要定位于中低端日常消费，家居建材商店、厂家直销中心、专卖店、专业店等业态的商品类型、服务对象和范围比较单一，只有购物中心和百货店定位于满足高端的综合消费业态，而目前大型购物中心和百货店出现趋同或融合的发展态势。因此，百货店应着眼于改善硬件，增加购物中心元素，积极向“一站式”购物中心或城市综合体靠拢，提升服务能力和特色，满足消费者个性化、时尚化需求。

（二）百货店自营模式的相对优势

百货店从联营向自营转型的主要原因是，当前百货店所面临的主要问题已经无法在联营模式下有效解决，联营模式难以逾越这些难题，而自营模式的优势对于百货店摆脱困境十分有利。

1. 有利于提高核心竞争力

商业的第一要义是商品交易。提升商品交易和相应的服务水平是从业者最重要的职能，也是其参与商业竞争的核心竞争力。放弃经营商品和直接为顾客服务从而转向靠分提成、收租金生存是对核心竞争力的放弃，属于行业“自废武功”。自营模式下，百货店自行采购、自行展销、直接为顾客服务，商品信息和消费者偏好有最前沿把握，可以通过灵活调整商品类型、包装规格、展销方式等满足消费者需求，可以通过与上游制造商在研发、设计、生产等方面的合作建立采购渠道，强化自身供应链地位，从而提高商品经营和服务能力，即核心竞争力。

2. 有利于改善毛利水平

在市场经济条件下，利益最大化是企业的不懈追求，在市场中获取更多的盈利是其存在与发展的理由。与品牌联营和柜台租赁相比，自营模式的毛利水平相对较高。通常，品牌联营和柜台租赁的毛利率在15%～20%之间，而自采自营的毛利率在20%～40%之间，自有品牌的毛利率更高，可达到40%～60%。据统计，在美国、欧洲等地区百货店采取自营模式，其综合毛利率能达到40%以上。广泛采用联营模式或柜台租赁必然导致行业毛利率下降，同质化竞争更使得毛利空间进一步挤压。在国内，北京等一线城市百货公司的毛利率已下降到20%左右，接近行业最底线，这是目前百货店不景气的直接因素。相反，扩大自营比率可以改善百货店毛利水平，拓展企业盈利空间。欧美百货店自营率较高，一般在50%～80%之间，所以其盈利能力较强，受经济形势影响不十分明显。

3. 有利于实现差异化经营

需求的差异化需要服务的差异化来满足。面对差异化需求，品牌联营和柜台租赁却提供了同质的商品和服务，因此难以实现有效消费，大量消费尤其是个性消费外流也不足为奇。在自营模式下，百货店有专业的研究团队、买手队伍和销售人员，消费者偏好能及时反馈至生产环节。消费者偏好千差万别，不同的百货店掌握的顾客信息或市场观察角度不同，可以带来不同的商品组合或服务内容，多样消费偏好就能在不同的百货店得到满足。同时，由于商品和服务具有类似定制的特征，个性化和独特性明显，实现差异化竞争。

4. 有利于提高顾客忠诚度

品牌联营需要客户忠诚度来支持，但品牌的有限性很容易使品牌供应商走向强势地位，而百货店地位日益衰减，甚至依附。百货业首要使命是满足消费，促进生产是满足消费的引致结果，如果有依附现象，就应该是百货店依附消费者而存在。联营模式无法长久广泛存在的原因是偏离了百货店的功能定位。自营模式下，顾客成为百货店的首要服务对象，百货店对顾客个人喜好等信息有详细了解，其商品采购种类、规格等都依据消费者偏好进行，顾客服务内容和方式也更有针对性和直接性。这有利于打破目前“千店一面”的行业形象，笼络顾客心理，提高顾客忠诚度。

5. 有利于降低成本、掌控渠道

问卷调查发现，在自营模式的优势选项中，有 70% 的被调查者认为自采自营是最重要的优势因素，对提高企业竞争力也是最重要的，位列第一，其调查平均分为 4.4；有 55.6% 的被调查者认为改善毛利水平是最重要优势因素，位列第二，其平均分为 3.9；而提高顾客忠诚度排在第三，有 50% 的被调查者认为此因素重要，20% 的被调查者认为此因素最重要，其平均得分为 3.8；排在第四、五、六的因素分别为实现差异化经营、更有效地保障质量和降低成本，其平均得分分别为 3.7、3.5 和 3.3（见表 7）。因此，自营模式也有利于百货店降低经营成本，并实现对商品采购渠道、确保产品质量更有效地掌控。

表 7　　自营优势因素重要性评价

优势因素	被调查者选择优势等级的比重及分值					
	最不重要（1 分）	不重要（2 分）	一般（3 分）	重要（4 分）	最重要（5 分）	优势度
提高核心竞争力	10.0%	0.0%	0.0%	20.0%	70.0%	4.4 分
提高顾客忠诚度	0.0%	10.0%	20.0%	50.0%	20.0%	3.8 分
改善毛利水平	0.0%	0.0%	22.2%	22.2%	55.6%	3.9 分
降低交易费用	11.1%	0.0%	11.1%	66.7%	11.1%	3.3 分
更有效保障质量	0.0%	22.2%	0.0%%	44.4%	33.3%	3.5 分
实现差异化经营	0.0%	20.0%	20.0%	30.0%	30.0%	3.7 分

资料来源：根据问卷调查结果计算整理。

（三）百货店转型自营模式的途径

经过 30 多年的发展，我国百货店面临的资金环境逐步好转，企业经营管理水平日益提升，自营基础逐渐牢固，联营空间正在收窄，回归自营从而提升百货店核心竞争力将是一种趋势。

1. 自营商品比例将逐步提升

环境改善推动百货店从联营向自营模式转型。联营模式之所以在我国百货业得到快速发展，主要是因为改革开放初期，我国的百货企业缺乏资金，不像欧美国家百货企业那样积累有雄厚的商业资本，社会融资又更倾向于生产领域，而品牌联营既解决了生产企业的销售问题，使之更专注于生产，又规避了商业企业资金、人才等短板。经过30多年的经济大发展，我国经济综合实力得到迅猛提升，百货企业的整体实力也大幅提高，企业资金压力大大缓解，银行、股市、债市等融资渠道得到长足进展，商业企业融资环境得到改善，资金瓶颈有所松动，宏观环境越来越有利于自营模式的发展。另一方面，消费者对多样化、个性化百货店的期望日益提高，联营模式下“千店一面”的行业形象早已令人厌倦，市场需求推动百货店向具有特色商品和特色服务的自营模式转变。

市场机制激励百货店向盈利能力更高、控制能力更强的自营模式转型。在联营模式下，商品流通环节多，进驻百货店的品牌商品经历了多层代理商，各级别代理商层层加价，品牌定价权并不在百货店自身，这使百货店的赢利空间受到挤压，没有自主权。再加上同质商品之间不可避免的价格战，百货店盈利能力和盈利空间日益走低。相对而言，自营模式盈利水平更高、渠道控制能力更强、服务质量更高，更容易形成百货店核心竞争力。市场机制的逐利性特征决定了百货店必然从联营向自营模式转变，用提高商品自营率、创建自有品牌等手段提升自身竞争力，确保可持续发展。

上述分析表明，我国百货店自营模式的外在发展环境和内在推动机制已基本具备，正处于鼓励流通业发展的良好时机，百货店向自营模式转型应当顺势而动，而本研究的调查结果也印证了这一趋势正在发生。在参与调查的所有百货店中，无论其目前自采规模大小，均表示未来要扩大自采比例，包括扩大自采品种比例和提升自采金额比例。整体而言，百货店自采品种比例将从目前的7.4%提高到2015年的16.3%，提高8.9个百分点；自采金额比例将从目前的9.5%提高到2015年的20.2%，提高10.7个百分点。其中有1家百货店计划到2015年将自采品种比例从目前的5%提高到31%，提高26个百分点；将自采金额比例从目前的10%提高到35%，提高25个百分点（见表8）。这说明，我国百货店缩减联营、扩大自营进程正在酝酿启动。

表8　百货店自采比例预测

百货店	年度销售额（亿元）	目前自采品种占比	估计2015年自采品种占比	目前自采金额占比	估计2015年自采金额占比
A类	10-30	7.4%	16.3%	9.5%	20.2%
B类	30-50	7.4%	16.3%	9.5%	20.2%
C类	50-100	7.4%	16.3%	9.5%	20.2%
D类	超过100	7.4%	16.3%	9.5%	20.2%
增率			8.9%		10.7%

资料来源：根据问卷调查结果计算整理。

2. 自营品类将有选择地推进

百货店从联营转向自营不应、也不可能一刀切式地推动所有品牌和各类商品齐头并进，而是应将品牌、品类进行分析、分类，有选择地逐步推进。

其一，可首先尝试弱势品牌。强势品牌产品一般存在规模较大、种类较多、价格较高等特征，买断需要的资金较多、压力较重、风险较大，百货店很难承担。另外，强势品牌均有完备的经销网络和价格体系，百货店打破原有经销体系开展自营十分困难。所谓弱势品牌，是指入市时间不长、消费者认知度与认可度不高，或消费者虽熟悉，但其竞争力与影响力较弱的品牌。相对而言，弱势品牌营销渠道粗糙、产品知名度不大，急于寻求建立营销网络，拓宽市场。基于这些原因，弱势品牌对与百货店合作较有兴趣，而且还能够接受灵活的合作方式，而不像“客大欺店”的强势品牌对百货店要求极其苛刻，给百货店极大的压力。理智的百货店要开展自营将会选择弱势品牌，以降低风险。

其二，家电和电子产品的自营比例首先快速提高，服装鞋帽自营起步较晚。从商品种类看，家电和电子产品等将会成为百货店自营转型的首选领域。调查发现，到 2015 年百货店的服装鞋帽、化妆品、家电和电子产品、家居用品、文体用品的估计自采率（指自采品种比例和采购金额比例的均值）将分别达到 5.3%、41.1%、50.1%、24.3%、28.0%，比目前自采率分别提高 3.6、8.6、10.6、5.9、6.7 个百分点。其中，家电和电子产品自采率提升幅度最大，超过 10%，而服装鞋帽自采率提升幅度最小，为 3.6%，化妆品、家居用品和文体用品自采率处于二者之间，提高 5% ~9%（见表 9）。

表 9　　百货店自采率预测

商品类别	2015 年估计自采率	增幅
服装鞋帽	5.3%	3.6%
化妆品	41.1%	8.6%
家电/电子产品	50.1%	10.6%
家居用品	24.3%	5.9%
文体用品	28.0%	6.7%
平均值	29.8%	7.1%

资料来源：根据问卷调查结果计算整理。

3. 东部城市将领先自营转型

首先，东部城市居民的需求多样化和个性化更加强烈，自营转型的内在动力更足。东部地区相对发达，城市居民收入水平较高，70 后、80 后和 90 后的年轻消费群体庞大，消费能力较强，消费理念超前，追求差异化和个性化的需求更为强烈，而当前同质化的百货店无法满足其多样化的需求，“满百就减”、“1 折起”等促销活动的边际效应已接近底线，导致大量消费外流。消费者对自营转型的期望也日益强烈，这是百货店扩大自营的基础力量。出于满足城市居民的消费需求，较有实力的东部城市百货店必将率先提高自营比例，实现差异化竞争，提升核心竞争力，留住本地消费，吸引外来消费。调查表明，来自北京、青岛、南京等东部地区的百货店未来扩大自营的愿望较为强烈，扩大自营比例的三年目标较高，大都在10%以上；来自合肥、邯郸、重庆等中西部城市的扩大自营目标相对较低，甚至有的百货店三年目标小于1%。

其次，东部城市是外资百货店的布局重点，本土百货店外来竞争压力较大。自2004年12月我国流通业全面开放以来，外资在我国迅猛扩张，其中东部地区是外资争相进驻的首要阵地。外资百货店尤其是欧美百货店自营率较高，盈利能力和渠道控制力较强。面对有限的国际国内知名品牌，外资百货店在资金、渠道资源和管理经验方面具有相对优势。相比之下，本土百货店在店面形象、服务质量和盈利能力等方面都低于外资本土企业，外来竞争压力高于中西部地区。面对激烈的内外资竞争，本土百货店必须积极主动转向更具有竞争力的经营模式，以维持或提升自身的市场地位。相对于外资进驻较少的中西部地区，东部城市百货店转向自营则需要步伐更快、力度更大。

第三，东部城市的融资环境和人才环境相对较好。东部地区是我国改革开放的前沿阵地，经过多年的发展，东部地区企业资金状况大大改善，融资环境得到大幅度提高。同时，东部地区经济发展也吸引了一大批高素质人才聚集，百货店所需要的高端专业人才以及培养人才的条件相对较好，是百货店转型自营的有利条件。

4. 自有品牌拓展进程缓慢

自有品牌的特点是自产自销，省去许多中间环节，且自有品牌的商品可以少支付广告费，进行大批量生产和销售，以取得规模效益，降低商品的销售成本。开发自有品牌是百货店获取竞争优势的主要手段之一。目前，自由品牌日益受到商业企业的重视，尤其是受到大型零售企业的重视，欧美百货店几乎都出售标有自有品牌的商品。但我国百货店开发自有品牌仍存在一些制约因素，短期内步伐难以加快。第一，我国百货店长期实行联营模式，使得商业功能基本失去，偏离了商业本质，对市场信息的掌控能力弱化，而开发自有品牌的前提是准确把握市场供求变化，扩大自营又是一条漫长的路。第二，国际品牌长期占领市场，早已深入人心，而且不断地加大研发投入，争取更大的市场份额。在此情况下，国内百货店要大量开发自有品牌，在短期内不易实现；要创新品牌打入市场，难度也较大，需要付出长期而艰苦的努力。第三，自有品牌创作的灵感往往来自穿梭于市场前沿的专业买手，目前我国百货店专业买手人才缺乏、人才培养机制落后等制约着自有品牌的开发。

5. 自营与联营将会长期共存

自上世纪90年代，百货店联营模式所构建的采购方式、管理流程、销售模式被反复执行，已经固化。转向自营是百货店模式上、系统性的变革，企业将会面临重大风险，渐进式转型有利于行业稳定。在一些中小城市，由于缺乏较有实力的外来威胁，市场竞争激烈程度相对较低，联营模式仍能为百货店和供应商带来较为丰厚的收益，缺乏联营转自营的动力，主动性较差。另外，人才培养的长期性也决定着转型自营模式的渐进性。买手的培养和买手制的实施需要投入大量的时间、资金和精力，并且承担的风险也会相应增大。这种情况下，买手制的建立需要一个长期的过程，不可能一蹴而就。而买手制的确立是自营模式的核心，所以自营模式转型将是一个渐进的、长期的过程，需要一定的时间和耐心。这期间，联营将仍然存在，在一些中小城市甚至还会普遍存在。从全国范围看，未来一段时期，我国百货店经营模式将维持自营与联营共存的局面，但总体趋势是联营比例逐步下降，自营比例逐步上升。

四、百货店自营的经验及困难

欧美和亚洲发达国家或地区的百货店在实施自营或自营转型方面积累了丰富的经验，值得学习和借鉴。但我国百货业发展的实际情况也决定了自营转型不会一帆风顺，存在一些发展难题。

（一）国内外实践

1. 欧美模式

在欧美，自营已是一种成熟的经营模式，百货店自采自营率一般在50%～80%之间，欧洲大体为50%，美国为80%，自营为主的模式下百货店获利能力相对较高。经过长期工商资本和管理知识的积累，欧美百货店几乎不存在资金和管理瓶颈，不依赖品牌供应商资金可以完全独立经营，与上游环节的合作是交易关系，不是依附关系。在这种情况下，追求商品独特性和价格优势从而获得更多购销差额必然成为百货店的首要选择，而实现这一目标的最佳途径就是自采自营。国际知名的百货商场，如巴黎老佛爷、英国玛莎百货，美国 Neiman Marcus、梅西百货等采取的经营模式都是以自营为主。在自营为主的模式下，百货店都有自己的采购团队，经营商品种类由自己的买手和创意总监主导，决定该购买或出售什么样的货品，产品差异化特征非常明显。无论在巴黎的 Le Bon Marche，伦敦的 Liberty 和 Selfridges，还是在西雅图的 Nordstrom，纽约的 Neiman Marcus 和 Saks，都可以购买到与众不同的商品。自营为主的经营模式使得商品采购和营销大都由百货店独立完成，销售、利润、价格、产品周转的好坏主要取决于百货店自身的经营能力和人员素质。虽然经营风险加大，但百货店的总体竞争策略和个性化经营能够全面实现，运营效率和竞争能力较强，获利水平也相对较高，净利润率多在10%以上，其中自营率更高的美国百货店获利水平更高。

2. 东亚模式

在日本、韩国等东亚国家，百货店经营以柜台租赁和品牌联营为主，自营比例较小，一般在20%以下，获利能力相对较低，但目前正处于自营转型之中。日本百货店在商品组织和品牌建设方面，一直依赖国外顶级供应商，特别是对欧美品牌怀有很深的追求，再考虑减少资金占用、规避市场风险等因素，日本百货店一直以柜台租赁和品牌联营为主，以自营为辅。这种经营模式组合在亚洲百货业比较流行。在柜台租赁和品牌联营模式下，百货店出现了千篇一律、毫无特色的零售景象。消费者无论在东京，还是在香港、新加坡的百货店内看到和买到的几乎是同样设计、同样尺寸的商品，消费需求的多样化和差异化无从体现。在柜台租赁和品牌联营模式下，商品调换、价格调整等经营决定权掌握在供应商手里，百货店几乎没有控制能力，价格战此起彼伏，使百货店的销售能力、获利能力和竞争能力被严重弱化。据测算，日本百货店净利润率大概在1%～3%之间，明显低于欧美国家，也低于国内其他行业利润水平。上世纪90年代，日本百货业陷入衰退，百货店遭遇倒闭潮，这除了与日本经济整体衰退相关外，还与其长期以来的联营模式密切相关。据了解，目前日本百货业已提出用10年左右的时间把自营率提高到20%～30%的发展目标，并已切实采取行动。

3. 国内实践

国内百货店可供借鉴的自营模式主要有两种：一是长期主动采用自营模式，并在行业内成功立足；另一是面对当前联营导致的问题而被动向自营模式转型，并初见效果。

前一种情况的典型代表是信誉楼百货集团有限公司和家乐园集团平价百货店。二者均为区域性百货店，因为均坚持自营为主而在全国名声鹊起。二者一直坚持主要采用自营模式，坚持平价、信誉、服务、不打折、不促销的自主经营原则。另外，安徽安德利坚守自营长达20年，商品自营比例达80%。据了解，2012年1-4月，安德利累计进货总额5.46亿元，其中自采占93.8%；安德利商品平均零售价低于市场价10%~15%，毛利却超过24%，高于全国百货业的平均水平①。

第二种情况的典型代表是王府井百货。面对联营模式下同质化现象严重，盈利能力下滑的困境，王府井百货已启动扩大自营进程。据了解，目前王府井百货的自营采购金额已达2亿元，且处于上升段，其自采商品主要包括食品、饰品、礼品和服装，同时还启动了自有品牌开发和买手培养机制。在运行方式上，王府井百货已经开始转型，成立了北京、西北、西南、华中四大区，向区内门店收集产品采购权，计划实施重点品牌资源向总部集中。目前北京地区6家店已实现统一采购，已经启动与影响企业自身定位的品牌供应商签订战略协议策略，后期还将升级为渠道管理。上海东方商厦通过做品牌代理、以及做品牌经销实行自营模式，其欧洲精品皮具均是自己总代理、总经销，包括来自法国、意大利等20多个原产地的品牌，与其他商场的商品形成了差异化经营。

（二）经验借鉴

经过长期实践，国内外百货店在自采自营方面积累了相当多的经验，这是百货店获取竞争优势、维持高盈利水平的法宝。

1. 重视专业买手

“买手”作为一种职业，最早出现在上世纪60年代欧洲的百货中心和商场，并且一直是百货业自营模式中的关键角色。专业买手对市场前沿信息灵通，对顾客需求敏感度极高，并且精通经营策略，对百货店实行特色化经营至关重要。在买手制下，百货店商品在商场内将不再以品牌为单位进行销售，而是以风格品类摆放，个性突出。百货店定位非常明确，所有行为均为巩固顾客群体，不是品牌供应商，因而更容易产生顾客亲和力。自营为主的欧美百货店十分重视聘用买手，重视培养买手团队，并给予可观收入和企业重要职位。据调查，欧美百货店买手的薪水一般都在百万美元以上，珠宝买手年薪能达到200万-300万美元。在百货公司内部，买手具有明显的强势地位，对采购品类、采购方式等具有极大的自主决策权，甚至能够主导销售价格、展示风格等营销事务。

2. 实行买断经营

买断经营的优势在于：第一，流通成本低。通过百货买手直接从厂家采购货品，省去中间环节，特别是用自己的品牌去定牌采购，支付的都是工厂价格，成本远远低于多重经销环节的联营模式。第二，商品差异化有保证。买断品牌或品牌中的部分品种，能够防止商品同质化，从而避免恶性竞争，消费者多样化需求得到满足。第三，渠道控制能力强。

① 颜菊阳、刘群：《安德利：破解百货自营的密码》，中国商报，2012年7月6日。

直接向生产企业采购或定制，可以强化对上游供应链控制，减少市场波动的负面影响，提升价值链地位。目前，欧美百货店除化妆品、珠宝和皮草等部分高端商品外，大部分商品都是通过周期买断、独家经营、贸易商的大宗采购等实行买断经营。买断经营已经成为欧美百货店立足于市场的核心竞争力。

3. 开发自有品牌

开发自有品牌是百货店获取核心竞争力的主要手段之一。自有品牌不是简单意义上的贴牌生产，百货店要有专门的设计师、包装师，也有对生产厂家投资的方式。开发自有品牌可以降低成本从而提高利润率，可以强化对渠道的控制从而有利于百货公司统一形象的建立。美国梅西百货以销售自营美国本土各类品牌为主，其中18%是自有品牌。梅西百货将发展自有品牌视为应对整个百货业衰退的利器，其女装品牌 INC 和家庭用品品牌 Tools of the Trade，都取得了极大的成功。希尔斯公司的自有品牌如 Craftsman 和 Kenmore 已经成为美国一流的工具类和家电类产品品牌。在欧洲，百货店自有品牌商品超过30%的情况十分普遍。英国百货店自有品牌商品平均达到43%，其中最为典型的是 Marks & Spencer，经营的商品中100%都是自有品牌。在日本，金融危机之后百货业已经开始重视自有品牌开发，提出近期将自有品牌比例扩大到10% ~20%。

4. 做细顾客服务

在自营模式下，百货店为顾客提供的服务全面而精细。日本百货业以服务细致而闻名。除了在整体服务形象上显示差异，同时它也引入了一对一服务的做法：基于会员顾客的消费数据，对忠诚客户会员卡的分析，将忠诚顾客挑选出来，有针对性地为顾客提供服务。日本伊势丹在销售服务方面追求突出“人性化”特色，如配合各楼层主题，配置专业员工（化妆顾问、舒足顾问、西装顾问、内衣顾问、仔装顾问和安枕顾问），针对顾客的需求提供咨询式服务，并进行合理化消费引导等。英国玛莎百货的顾客服务也十分精细，如在店内开设咖啡屋为顾客提供物美价廉的餐饮，根据来店顾客的构成变化调整商品摆设位置，记录会员生日、服装号码、特殊偏好、结算账户等多方面的资料，每月会寄明信片和信函给高级顾客群，征求其最新意见。

（三）自营转型的主要困难

1. 资金占用多、压力较大

自营模式不同于联营模式，在自营模式下百货店要用自己的“真金白银”进货，出样和库存尤其是库存需要巨额周转资金。如果以总经销或总代理的方式，一次性进货量更大，销售和管理人员工资，以及仓储、物流费用等都需要大量流动资金，而资金欠缺仍是当前百货业发展的一大难题，资金问题可能是百货店启动自营的首要压力。

2. 买手队伍弱、人才缺乏

长期联营的结果导致专业买手人才缺乏是百货店自营的一大障碍。现代职业买手的职业素养要求很高，不仅要懂品牌、设计，还要懂营销，懂市场分析，懂艺术、美学，传统的导购人员根本无法称职，而培养现代买手是一个长期的过程，短期内无法实现。目前高校零售贸易专业设置较少，基础人才供应不足，专业人才培养更难启动。

3. 企业管理水平积累不够

尽管改革开放之初我国百货店自营模式得到发展，但在卖方市场条件下，百货店并没有积累相关的管理和营销经验。在接下来20多年的联营模式实践中，百货店没有参与商品经营，只是充当物业管理者的角色，现代商业企业管理技术和经验没有进展，自营转型仍面临困难。

4. 品牌分销体系难以突破

长期以来，品牌供应商已经形成完善的分销网络，其形成的供应链关系，使零售商失去商品购进权和渠道控制权，品牌商的直营或分销代理制几乎垄断一线品牌的流通渠道，给零售商自行采购品牌商品造成种种壁垒。面对错综复杂的渠道障碍，零售商难以获得自营采购权。国际品牌基本上都是有选择性地开店，长期以来在国内已经养成了通过代理商代理的习惯，目前国内百货店的规模水平还不具备打破现行分销体系和机制的能力。

5. 利益重新分配阻力较大

联营模式中的柜组权力较大，拥有商品零售价和商品进货渠道的控制权和利益分配权。自营以自采自销为根本，以系列化、规模化、名优特新商品专柜为特色，以统一进货、集中配送、降低销售成本为发展目标，坚持勤进、快销，与厂家直接挂钩，减少进货中间环节的原则。自营模式强化了对柜组的管理，严把进货关、价格关、人事关，这在某种程度上削弱了联营时柜组的权力，也是对利益的重新分配，联营转自营将会遭到原有柜组的反对，这是百货店转型的困难之一。

调查显示，在以上几项自营模式转型的困难中，资金占用压力是最大困难，80%的被调查者认为，自营发展最大难点是资金占用压力大，该项困难的难度值为4.6；买手人才缺乏是第二大困难，40%的被调查者认为买手等专业人才缺乏是百货店自营的一般困难，该项困难的难度值为3.4；企业管理水平欠缺以及利益再分配阻力大是百货店自营转型的第三个主要难点，难度值均为2.8；品牌分销体系难度最低，难度值为2.5（见表10）。

表10　　自采自营发展难点困难程度评价

发展难点	被调查者选择困难等级的比重及分值					
	最不困难（1分）	不困难（2分）	一般（3分）	困难（4分）	最困难（5分）	困难度
资金占压力大	0.0%	10.0%	0.0%	10.0%	80.0%	4.6分
分销体系难以突破	0.0%	12.5%	62.5%	25.0%	0.0%	2.5分
企业管理水平欠缺	0.0%	50.0%	30.0%	10.0%	10.0%	2.8分
买手等专业人才缺乏	10.0%	0.0%	40.0%	40.0%	10.0%	3.4分
利益再分配阻力较大	10.0%	20.0%	50.0%	20.0%	0.0%	2.8分

资料来源：根据问卷调查结果计算整理。

五、百货店扩大自营的措施建议

（一）政府层面

1. 加强商业领域秩序管理

严格执行现有的反垄断法律法规，使百货店竞争逐步走向正常化。敦促出台《城市商业网点管理条例》，遏制商业地产、旅游地产过度开发现象，推动城市百货店布局合理化和规范化。完善电子商务领域相关法律法规和行业规则，加强合法经营企业和客户利益保护。出台制定加强零售业统计体系、规划体系和标准体系建设，做好行业基础工作，并加强协调和监督。

2. 设立专项发展引导资金

百货实施自营或者联营模式是市场选择的结果，取决于供应商和零售商之间博弈以及各方是否具有实施某种经营模式的能力，政府不可直接干预。但为了有目的地鼓励自营，政府可以设立百货店自营模式专项发展引导资金，以奖励的形式激励百货店扩大自营商品范围、研发自有品牌、招募和培训专业买手等。专项发展引导资金规模可以结合百货业对服务业或流通业贡献大小，依据服务业发展专项资金或流通业发展专项资金规模确定，也可以根据百货业对经济增长贡献大小单独设立。

3. 减轻百货企业税费负担

目前实行的峰谷电价制度导致百货店用电成本不降反升，用水价格也一直高于工业，未来需要加强商务、供水、供电等相关部门之间的协调，尽快提醒工商同网同价，降低商业用水用电费用。落实连锁经营总分支机构汇总纳税政策，支持百货店朝连锁方向发展，减轻连锁后顾之忧。积极推进营业税改增值税试点，减轻仓储、物流环节税收，鼓励百货店自采自营。落实《关于深化流通体制改革加快流通产业发展的意见》提出“降低刷卡手续费”要求，尽快出台相应的实施细则，降低商业企业刷卡费用。

4. 创新商业企业融资渠道

鼓励开展以百货店为核心，以制造商、分销商、零售商为利益链的供应链金融。鼓励大型百货企业引领商圈大量中小企业开展商圈融资业务。鼓励并规范有条件仓储企业开展仓单质押业务。支持符合条件的百货企业通过设立财务公司、发行企业债券、上市融资、发行非金融企业债务融资工具等多种方式筹措发展资金。落实国家大力发展电子商务政策，鼓励企业通过资本市场引入风投资金，突破电子商务发展的资金瓶颈。

5. 加快高端贸易人才培育

为了适应现代化大流通的需要，必须加速人才开发，努力造就一批跨世纪、懂管理、善经营的优秀企业家。首先，鼓励高校设立贸易专业，扩大贸易专业大学本科、研究生招生规模，培养基础牢固、专业对口的贸易人才；其次，重视对营销人才的开发培养，经常组织开展专业技术培训，不断从中发现人才；最后，要加强对职工的再培训，开展各种形式的职业教育、岗位培训和转岗培训，使商业企业职工队伍的文化知识水平有一个明显提高。

（二）企业层面

1. 切实研究顾客需求

通过自营，将“以满足顾客需求为中心”的理念融入百货店经营的每个环节，在产品细分、进货渠道、促销手段、售后服务的每个环节和细节都要切实研究顾客的需求，跟着顾客的需求赛跑。一是洞悉顾客需求。在经营过程中重视顾客的反馈，迎合消费理念的升级，加强与商品品牌商和代理商的沟通与碰撞，掌握流行趋势和元素，及时填补商品结构的空缺，调整和升级商品品质与品牌。二是抓住顾客需求。学习借鉴欧美，试水“买手模式”，培养买手团队，全面负责品牌的订货、运营以及推广活动，按照主流客群采购货品，塑造商场的自有形象并成为新的增长点，提升利润指标。三是满足顾客需求。通过自营，主导对商品的选择权来增加优质项目，提供更有特色的服务，满足顾客多方面的需求。

2. 循序渐进探索自营

首先尝试从弱势品牌入手寻求自营之路，降低尝试风险。可以尝试与那些品牌成长性很好、处在初级发展阶段、有设计能力、有生产能力，但渠道能力和终端运作比较差的品牌来合作，并采用灵活的合作方式，如人员、装修共同负担、货款延期支付等，在合作过程中尝试建立主导权。其次，与品牌供应商签订战略合作协议，共同管理供应链，获取供应商自营支持。第三，采用经销和代理模式实现自营，可以首先从区域性代理或经销开始，待条件成熟后逐步向全国总经销或总代理过渡。第四，加强区域整合，创新统一采购、统一管理模式，切实发展百货连锁方式，规模化、连锁化是自营模式的重要支撑。

3. 尝试开发自有品牌

打造零售企业自己的供应链，这不仅是强化国内资源竞争优势的需要，也是未来参与国际竞争的必要条件。百货店除了扩大自采的比例和范围外，要逐步加大自有品牌商品的开发，自有品牌商品开发是零售商追求低成本和差异化的终极手段。自有品牌的开放可以结合自身研发能力缓步推进，先从那些设计简单、价格低廉的日用百货、文体用品入手，然后向化妆品、家居用品延伸，最后走向服装鞋帽等季节性较强、款式变化较快的领域推进。有条件的百货企业可以设立自有品牌开发公司，招募多种专业人才，加强自有品牌的研发、设计、管理等。

4. 突出卖场个性特色

借鉴欧美、日本和台湾百货店经验，尝试“自主编辑卖场”。所谓“自主编辑卖场”是百货店在联营的基础上进行卖场的调整和布局，弱化品牌，强化品类管理，从而实现差异化和特色经营。在自营联营共存的情况下，对于联营商品仍然设立品牌专区，根据供应商要求风格装修和布局。对于自营商品部分，百货店可以根据自身对市场和顾客的需求理解进行独立装修和布局，突出个性特征。以鞋类为例，可以将鞋类商品分成两部分，一部分为品牌专区，另一部分按个性化风格装修，分为男鞋、女鞋、童鞋等品类专区，自主设计，独立经营。

5. 加强自营流程管理

首先，改变招商系统，除了保持原先的联营招商功能外，增加自营采购模式。在流程、合同、人员编制、商品品类管理、价格系统等方面要有细化和增加。如果企业有多家百货，可采取中央集权管理为主、门店自主招商为辅的策略。其次，加强总部指导监控。增加自营会导致管理人员、营业员等编制增加，销售额、毛利需要自己掌控，损耗自己承担，因此管理流程会有大的增加和更新，总部必须严格监控指导。最后，加快 IT 系统升级，实现总部集中控制，门店操作简洁。自营模式下，财务系统总部集中管理的功能将会加大，对于门店全年的业绩、毛利、费用、资金占用、审计等管理更加科学化、系统化、严谨化，与上述各系统相匹配的是 IT 系统的更新、功能化、细化。

6. 建立买手管理机制

在培养买手人才方面，首先可以借助外部培训力量来实现，可以请外面的咨询公司来帮助自己培养适用型人才。其次是先易后难，渐进地培养人才。可以先从那些相对简单的品类，诸如T恤衫、裤子、衬衫、冬装、裙子、牛仔服等品类入手，选择一个品类进行转型试点，同时去培养人才，当把人才培养聚焦于某一个方向时，再向其他品类推进。在买手人才管理方面，由于该职业的重要性、专业性、稀缺性、相对独立性，所以百货店要在管理上做到宽严相济：严格招聘、培训、录用，给予相对优厚的工资；严格管理团队，给予买手相对的自由度；严格执行当年任务指标，对于业绩回报给予奖金抽成；严格采购纪律，增大领导心胸的“宽容度”。

2012年中国购物中心与连锁品牌合作发展报告

截至2011年年底，我国购物中心开业总量达2812家，累计商业建筑面积1.77亿平方米。预计2012、2013年，中国购物中心年新增商业建筑面积将分别超过3500万平方米和4400万平方米，到2013年年底，中国购物中心商业建筑面积累计存量将高达2.5亿平方米。购物中心在中国如雨后春笋般涌现，其市场参与者也在行业快速发展和复杂的市场环境中不断成长并调整模式。

本年度，中国连锁经营协会与德勤华永会计师事务所基于对购物中心行业的跟踪研究与整合分析，包括对业内专业人士访谈，对近两百家购物中心运营者、商户和消费者的问卷调查，以及在此基础上对中国购物中心发展与迷思的分析，对成功要素的总结，联合推出《2012中国购物中心与连锁品牌合作发展报告》，希望藉此能对行业参与者有所启发或引起思考。

一、中国购物中心的快速发展与风险

2008年以来，中国商业地产投资一直保持15%以上的增长态势，特别是2010年住宅调控政策颁布后，商业地产投资增速达到30%，高于房地产行业平均投资增速（见图1）。2011年全年商业地产投资7424亿元人民币，同比增长31%；2012年商业地产投资略有放缓，但增幅依然高达25%。中国商业用房施工面积在2010年大幅增长，随后在2011年至2012年有所放缓，但依然保持强劲增长势头（见图2），截至2012年9月，中国商业用房施工面积为6亿平方米。一般商业地产施工项目需要2－3年建成，目前在建的项目将在2015年左右集中释放，未来商业地产市场饱和度还将提升，竞争将持续加剧。

（一）与中国商业地产整体行情走势一致，中国购物中心总量同样快速增长

据统计，截至2011年年底，中国新增购物中心276家，使全国开业购物中心总量达到2812家，累计商业建筑面积1.77亿平方米。依此发展态势，预计中国购物中心将以每年300家的速度增长，2015年中国购物中心总量将达到4000家。

中国购物中心快速发展的主要动力缘于城镇化和服务业成长，并最终体现于消费升级。消费者的价值、需求和行为不断演变，对于商品个性化和服务体验的要求日益提高。消费者将更多地影响零售行业的发展，并引领其未来的发展方向。如，高收入人群和年轻消费者追求更舒适和更精致的生活，消费者追逐的不仅是商品价值，同时也期望他们的消费体验符合其自身价值观或个人兴趣爱好，而实现这一目标，需要商家鲜明的定位、良好

的品牌管理、优质的顾客体验以及差异化竞争。

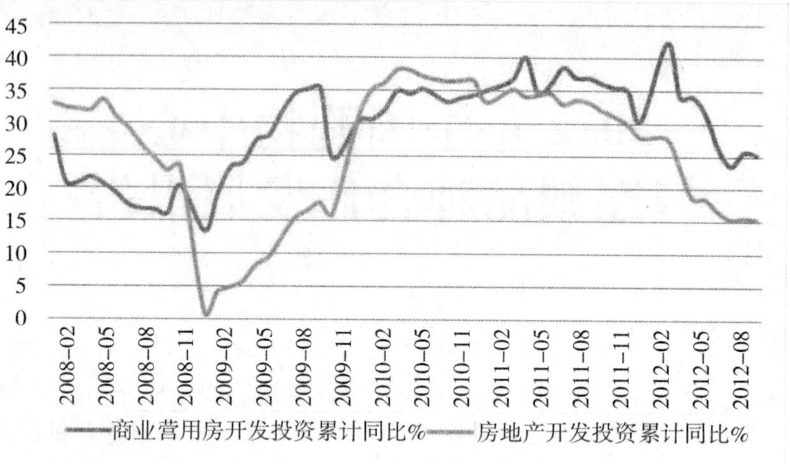

数据来源：中国国家统计局、德勤研究①

图 1　中国商业地产投资增速

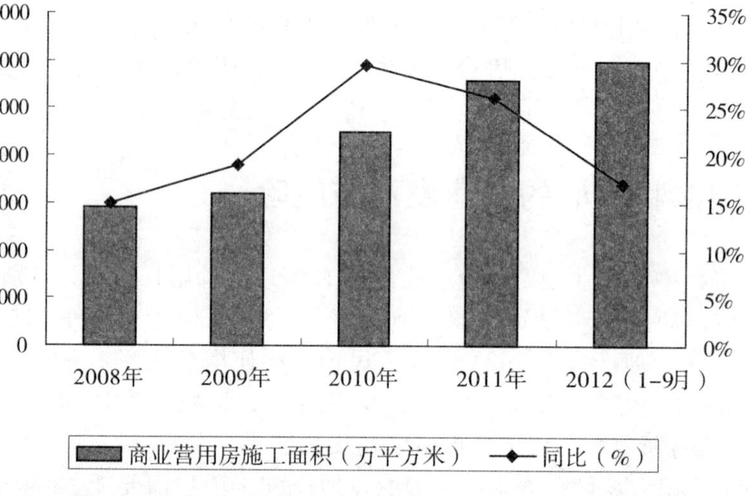

数据来源：中国国家统计局、德勤研究

图 2　中国商业用房施工面积及增速

（二）地方政府是购物中心总量快速增长的重要推手

宏观调控下的限贷限购政策导致住宅市场萎缩、土地市场低迷。图 3 显示，中国 40 个大中城市住宅用地成交量自 2011 年以来大幅下滑，而商业服务业用地成交量则与住宅用地持平甚至呈现超越的趋势。就地方发展而言，商业地产被认为可以提升当地税收、就业和城市形象，可以化解“土地财政”难题，同时也有利于打造升值潜力大的商圈，提

① 德勤研究：德勤中国研究与洞察力中心。

升周边地价。但是，地方政府能否在商业地产开发的后续环节，如交通、配套、住宅和人口安置等方面提供足够的支持，将是决定购物中心实现预期运营目标的关键因素。

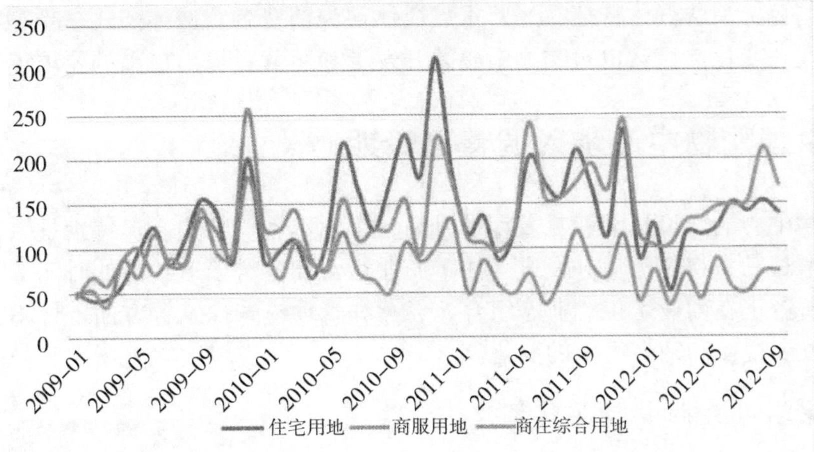

数据来源：Wind 资讯

图 3　中国 40 个大中城市月度土地成交量（宗）

目前，中国购物中心的开发呈现体量趋大、向城市近郊扩散以及二、三线城市快速兴起的特点。面对新的机会与挑战，开发者和运营者需要抓住商业本质，厘清迷思：

购物中心大体量化趋势明显。目前，一、二线城市购物中心平均体量约 7 万平方米，如北京的金源燕莎为 60 万平方米，朝阳大悦城为 23 万平方米，都属于体量巨大的购物中心。购物中心体量趋大，便于为居民提供“一站式”消费体验。然而值得注意的是，大体量的购物中心在提高潜在集客能力的同时也带来后续招商和运营等方面的更大压力。实际上，购物中心“大未必佳”。相对于面积趋大而言，购物中心更需要明确定位，寻求收益与面积的最佳平衡。

城市近郊成为购物中心发展新空间。中国一线城市中心购物场所密集且租金持续高企。与此同时，城际交通逐步完善以及私家车保有量的快速增长使得距离不再是购物消费的主要障碍，一线城市的商业开始由中央城区向近郊扩散。近郊购物中心拥有更大的面积和更多的商品品种，可以充分利用其规模优势打造齐全的业态组合，相较于城市中心的购物中心，往往更需要依靠主力店带动商业氛围和吸引客流。

二、三线城市购物中心市场竞争加剧。2009 年起，中国购物中心开始在二、三线城市快速蔓延。据统计，截至 2012 年 1 月，中国在建购物中心面积约占全球在建购物中心面积的 50%，其中以二、三线城市位居前列。天津、沈阳的在建购物中心面积都超过 200 万平方米，成都的购物中心项目突破 100 个，且体量大多在 10 万平方米以上。由此，二、三线城市待开发的市场空白和消费潜力蕴含着广阔的市场机会。同时，地方政府也会提供优惠措施或招商支持。但在部分二、三线城市，购物中心建设过热，或是居民消费能力、消费观念尚未达到大型购物中心的要求，开发者与运营者必须审时度势、量力而行。

作为宏观政策调控的洼地，对商业地产投资的增长应不足为奇，但是不同于住宅市场，商业地产的开发具有不易复制性，并且多为持有型物业，投资时间长，对运营管理水平要求高。而购物中心是商业地产与零售的结合，除需具备商业地产的开发和运营能力，还需将零售业的诸多特点纳入其考量范畴，如建筑结构要符合所选零售业态的经营需要，租户选择遵循目标消费群体特征，经营重点应体现为消费者营造体验式享受等等，而零售市场的多样性和变化性显然也对购物中心的开发者和运营者提出更高的要求。

二、中国购物中心步入调整高峰期

中国购物中心的建设热潮意味着存量升高，也预示着购物中心，特别是一、二线城市购物中心的增长动力将逐渐从开发进入注重商业运营和零售渠道功能的时期。购物中心的开发者和运营者正在商业定位、业态组合、经营和管理模式探索等方面进行调整，以适应购物中心的发展规律和消费需求的变化。

（一）差异化定位推动品牌调整

购物中心出于提高业绩的要求，往往会在一个运营周期过后，重新对其品牌组合进行调整。从全国历年新开业购物中心数据来看，2007 年新开业购物中心 368 家，达到历史最高峰；2008 年稍有回落，新增 300 余家；2009 年由于受到金融危机影响，全国新开业购物中心 160 余家；2010 年新增购物中心上升至 250 家左右；2011 年则超过 300 家（见图 4）。由于大部分零售品牌与购物中心签订的是 2－3 年的租期合同，2010－2011 年开业的购物中心将在 2013－2015 年迎来第一个品牌调整高峰，而 2007－2008 年开业的购物中心则可能进行第二次零售品牌的调整。

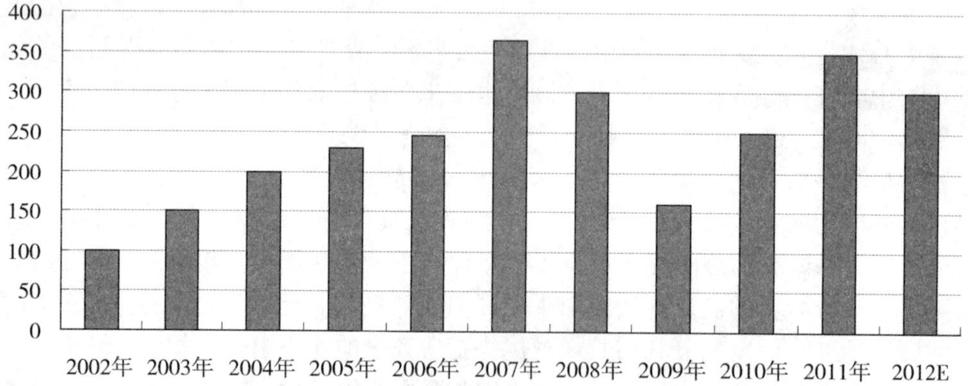

数据来源：中国购物中心产业资讯中心、德勤研究

图 4　2002－2012 年中国新开业购物中心数量（家）

诚然，时间契机是购物中心进入品牌调整高峰期的原因之一，但更深层次的动力来自于购物中心日益精准的定位和对提升效益的追求。

购物中心结合购物、餐饮、娱乐等业态，形成为居民提供“一站式”消费服务的综合商业体，虽然购物中心项目在全国各地纷纷上马，但优质购物中心的数量与其总体量并不成正比，缺乏精准定位被认为是最大软肋。随着行业竞争加剧与零售管理能力增强，越来越多的购物中心已经或正在进一步明确定位，并基于差异化定位和目标消费群体进行品牌调整。

2011 年，大悦城明确其目标消费群体为 18 - 35 岁的青年和中产人群，确定以“年轻、时尚、潮流、品位”为产品定位，北京朝阳大悦城与北京西单大悦城两家购物中心也分别进行了品牌调整。虽然同为中粮集团地产板块下的大悦城产品，但两家购物中心品牌调整的出发点并非完全相同。朝阳大悦城位于北京东四环“朝青商圈”，属于新兴高端居住区。为了更好地定位时尚潮流的风格和拓展自己的目标市场，2011 年朝阳大悦城中止与主力店永旺百货的合作，将原百货店 2 万平方米的面积改造为 100 多个时尚品牌店，并引入 Zara、无印良品、蓝天城职业体验教育中心等品牌吸引目标消费群体。西单大悦城位于北京“西单商圈”核心地段，日均客流量超过 20 万，以年轻时尚人群为主。西单大悦城客流量大并且比较稳定，利润提升更多地依赖租金收益和平效的提升。通过品牌调整，西单大悦城客单价由原来的 200 元左右提升至 400 元左右，同时还带动西单商圈形成以商品和服务为驱动而非价格驱动的竞争环境。

对于购物中心如何定位和进行品牌调整，在我们的调查访谈中，业内人士给出了如下的见解和经验：

1. 地理位置不同，导致主力店的作用也不同。城市中心型购物中心大多定位为流行时尚，虽然购物中心面积较小但客流量大，因此一些购物中心尝试采取以次主力店和小商铺为主的组合模式来提高效益；而郊区大型购物中心大多以家庭休闲为主题，主力店的集客作用相对明显，百货、超市、电器城、影院等都是郊区购物中心主力店招商的常见对象。

2. 品牌调整要密切关注消费者的需求。北京蓝色港湾位于朝阳公园附近，以高收入家庭为主力消费人群，由于其儿童教育和儿童业态零售有较强的销售力，蓝色港湾在品牌调整时便注重强化该方面的优势。2012 年 10 月，蓝色港湾儿童城开业，吸纳众多国际知名母婴及儿童早教品牌，涵盖 0 至 10 岁儿童成长期所需的服饰用品、玩具、食品、教育、培训等，为年轻父母带来更全面的消费体验。

3. 规划统筹要有前瞻性。购物中心在前期规划统筹建设阶段，主力店面积设置、位置安排以及租户租约期限设定等方面都要留有调整空间，要有前瞻性，只有这样才能为后期的陆续调整留有余地，把握调整主动权。

（二）餐饮、娱乐业态比重加大

很久以来，业内普遍认同购物中心在购物、餐饮、娱乐的业态配比上以 5:2:3 为宜。然而，该比例模式正被逐渐打破，购物、餐饮、娱乐趋于同比，并驾齐驱的案例并不少见。

随着商业的发展，消费者越来越重视购物体验，观影、吃饭、KTV 等已成为消费者光顾购物中心的日常消费项目。据我们对购物中心的消费者进行的随机问卷调查结果显示，65% 的受访消费者通常在购物中心滞留 1 - 3 小时，24% 的受访消费者滞留 3 - 6 小时（见图 5），而餐饮、娱乐已成为购物中心吸引客流的重要业态（见图 6）。

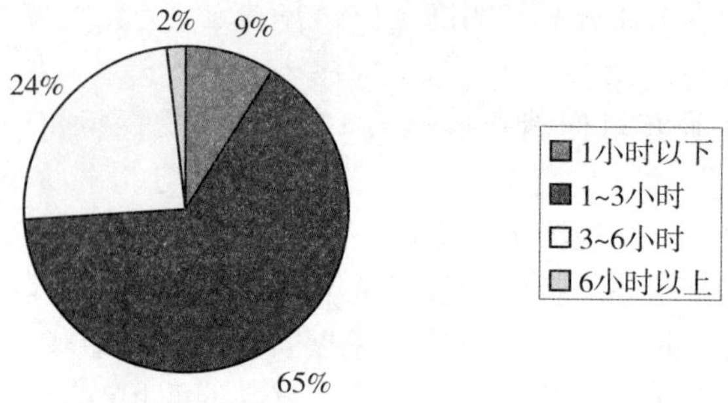

数据来源：中国连锁经营协会、德勤研究“2012 购物中心消费者调查”

图 5　受访消费者在购物中心的滞留时间

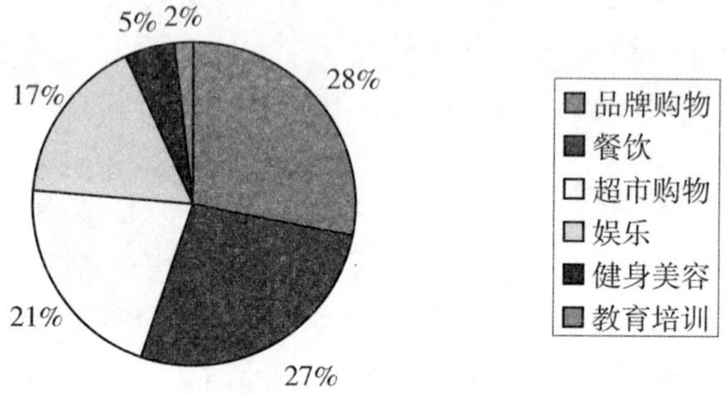

数据来源：中国连锁经营协会、德勤研究“2012 购物中心消费者调查”

图 6　受访消费者在购物中心的主要活动

对运营者来说，服装等零售实体店受网络购物影响较大，而餐饮、娱乐已成为购物中心实现体验式营销和延长顾客滞留时间的主要业态。况且，餐饮、娱乐企业具有培育期短和迅速积聚大量客流的优点，随着企业进驻购物中心的热情日益高涨，餐饮、娱乐往往成为购物中心招商较快的部分。

目前，新开业购物中心内餐饮占比增大的现象越来越明显。2012 年新开业的凯德 MALL 太阳宫店营业面积约 8 万平方米，包括地上 5 层和地下 2 层，其中，4－5 层为餐饮区，占比 40%。上海日月光中心，在开业一年后，将服饰、餐饮、娱乐、数码产品齐头并进的格局调整为以餐饮、娱乐带动购物的格局，餐饮比例达到 60%。上述两家购物中心所在商圈都有客流量较少、周边餐饮分布零散的特点，因而借由增加餐饮、娱乐带动起可观的人气。

目前，国内越来越多的传统百货向购物中心转型，即百货店购物中心化，在开业初期阶段，其传统零售商户的比例往往占到 70%～80%，而餐饮、娱乐比例相对较少。随着购物中心化的百货店逐渐调整，其餐饮、娱乐比例无疑也将会加大。

值得注意的是，购物、餐饮、娱乐的业态分布并没有绝对标准，每个开发商或者运营商的看法都不尽相同。餐饮、娱乐虽然聚客能力强、消费者滞留时间长，但租金收益偏低。以北京近郊购物中心为例（见图 7），其零售品牌租金在每天每平方米 3 元至 18 元区间内，而餐饮、娱乐业态租金大约只有零售品牌的一半。因此，在购物中心培育期，大部分项目选择引入较多餐饮、娱乐以提高其聚客能力；当项目成熟后，运营者会更多考虑购物中心收益和主题定位而对业态和品牌进行适当调整，以实现餐饮、娱乐对购物中心的价值提升和较低租金之间的平衡。

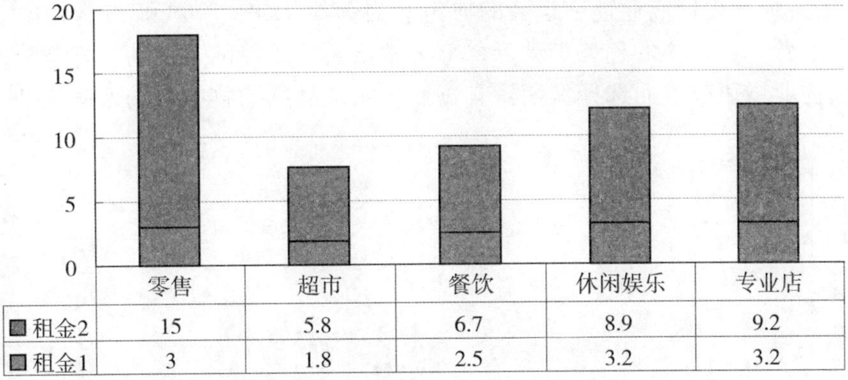

数据来源：中国连锁经营协会、德勤研究“2012 购物中心商户调查”

图 7　北京近郊购物中心业态租金范围（元/m^2·天）

（三）地产商与零售商自持自建意愿增强

目前，中国购物中心的开发与运营主要由住宅地产开发商和大型零售商两大阵营组成。国内的地产公司凭借多年开发住宅和其他建筑的经验，通常会选择出售模式以便短期内回笼资金并且转嫁经营压力；零售商则不涉及开发建筑，依靠自身商业资源和运营经验，对商业物业实行统一的运营管理。然而，随着市场环境的变化，二者都表现出更强的自建自持的意愿。

调查显示，国内典型地产商持有商业物业的主要模式如表 1 所示。曾经以散售为主的 SOHO 中国表示，随着中国城市化高峰期的结束，大量建设销售房地产的时代将一去不复返，因而 SOHO 将向持有物业转型。实际上，地产开发商散售商铺往往导致商业项目难以统一管理而成为低品质租户的聚集区，从长期发展角度看，无法达成资产升值。

表 1　　中国持有商业物业的主要模式

代表企业	企业类型	特点	模式
中粮、华润	大型国企	具有资金及土地资源优势、财务成本较低、由其他领域进入地产业	自持为主
凯德、恒隆、阳光新业	外资背景	融资能力强、商业地产运营经验丰富、租金为开发项目的主要资金来源	完全自持
万达、世纪金源	民营企业	与主力店商家联合开发、出售部分物业保证现金流的稳定、地段以新兴商圈和新开发区为主	综合体租售搭配，核心商业购物中心“只租不售”
SOHO 中国	民营企业	较早进入房地产行业、拥有一线城市核心地段的土地资源、销售团队强大	从散售转向持有

资料来源：中国经营报、中国连锁经营协会、德勤研究

与之相较，通过长期经营与培育，优质商户项目的租金收益涨幅明显，物业增值显著。如恒隆集团物业模式为“只租不售”，并通过团队的管理效力去创造价值。其依靠良好的物业与品牌优势，使恒隆内地项目的租金收入增长迅速。如图 8 所示，上海港汇恒隆广场的租金收入由 2001 年的 6000 万港元增至 2011 年的 94000 万港元，十年内租金收入增长近 16 倍，成为内地商业地产运营的典范。目前及未来，一线城市购物中心的重点正由开发转向运营，在这样的趋势带动下，部分资金实力雄厚的开发商看好购物中心持续上涨的租金和物业增值收益而选择长期持有物业，实现品牌购物中心的连锁化开发和运营管理。

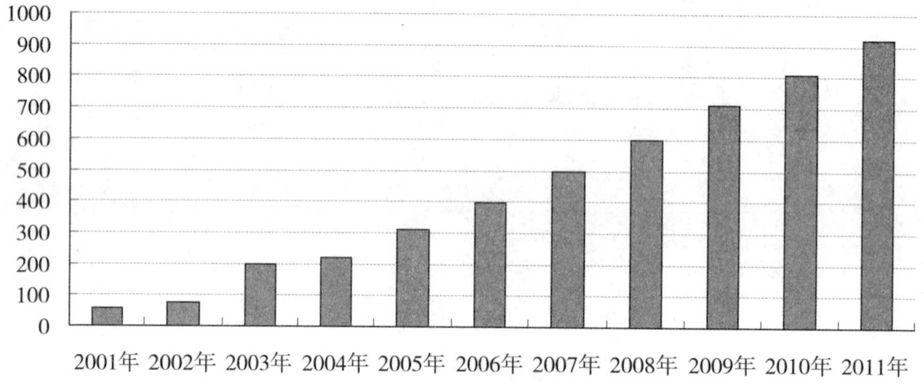

数据来源：恒隆集团 2001－2011 年报

图 8　上海港汇恒隆广场租金收入增长（百万港元）

与此同时，零售商自建物业意愿增强，一是希望通过成功的商业运营实现地产增值，二是由于面临商业物业租赁成本不断上涨的巨大压力。

湖南步步高集团在湘潭自建购物中心，总面积达到 12 万平方米；华堂商场与开发商合作共同开发的华堂十里堡店，总营业面积达到 2 万多平方米，化解了以往因单纯租赁模式而使一些要求更大面积的品牌门店难以达成的面积拓展问题；宜家在拿下北京大兴地块自建商场后，又把自建触角延伸到上海、珠三角地区，计划投入 40 亿元打造其在上海的第一家购物中心，在中国市场独立运作商业地产项目。各大零售商纷纷自建物业，显然都是经过深思熟虑决定实施的新战略，但自建物业投资大、回报周期长，零售商将大量资金沉淀在购地置业项目，或许会影响企业的扩张投资及发展速度。

（四）二线城市购物中心步入多极竞争与整合时代

随着一线城市购物中心发展的成熟和二线城市消费水平的提升及各项配套项目的逐步实现，二线城市将成为购物中心开发热潮的新大陆，也将吸引各类开发商和零售商的进驻，并形成群雄逐鹿的多极竞争格局。

仲量联行于 2012 年春季发布《中国新兴城市 50 强》报告，选出 50 个拥有充盈商业地产发展机遇的二、三线城市。该报告预计十年内中国新兴城市 50 强中的主要城市将新建 8000 多万平方米的现代零售物业和接近 3000 万平方米的甲级办公楼，从而为市场带来数量可观的商业房地产供应。

在众多购物中心项目快速上马的二线城市中，成都、天津、沈阳、杭州、武汉等城市都显示出强劲的竞争实力（见表2）。这些城市正借力大规模的基础设施建设和经济发展，吸引经营运作成熟的品牌开发商、区域开发商以及外资开发商进驻。以成都为例，目前已经进驻的开发商包括：保利地产、龙湖地产、华润、万达、王府井、凯德置地等。在成都开工建设的城市综合体项目数量已超过100个，大多数项目单体体量超过10万平方米，且每家都配有购物中心，预计未来几年，将有1000万平方米的体量入市。

然而，如此大规模的购物中心供应涌入市场，必然会引起新商业物业空置率上升和对原有商业的冲击，也致使商业地产空置率将步入上行阶段，行业即将进入兼并整合的重要时点。由于大部分新建购物中心位于城市新开发区域，这些区域对于国际零售商而言缺乏吸引力。2012年以来，一些城市已经出现招租进程缓慢，甚至出现新完工商业物业因招商难而长时间空置。在二线城市，那些位置欠佳但体量巨大的购物中心项目正在承受着日益升级的招商压力，并且有可能在不久的将来迎来一轮并购狂潮。

表2　　部分一线城市与二线城市经济指标比较

城市	2011年底人口总量（万人）	2011年GDP增长	2011年人均可支配收入（元人民币）	2011年社会消费品零售总额（亿元人民币）	2011年固定资产投资（亿元人民币）
上海	2347	8.2%	36230	6777	4960
北京	2019	8.1%	32903	6900	5520
广州	1270	11.0%	34438	5243	3412
天津	1355	16.4%	29916	3395	7041
成都	1149	15.2%	19919	2861	4944
武汉	827	12.5%	20806	3032	4255
沈阳	723	12.3%	20541	2427	4577
杭州	696	10.1%	34065	2548	3100

数据来源：国家统计局、德勤研究

人均商业面积是业界比较认同的判断城市商业地产是否过热的重要指标之一。在西方发达国家，核心城市的人均商业面积一般在1.2平方米左右，而在中国的许多二线城市，人均商业面积已超过1.2平方米，部分城市甚至达到2－3平方米，已显现过热信号。此外，购物中心面临短期内项目供应量过大、企业开发运营能力参差不齐、人才瓶颈、融资困难等多重风险，未来3－5年，有些商业项目将不得不面对关闭、重组和被收购的命运。

表3　　2011－2012年部分二、三线城市购物中心并购交易

时间	收购方	被收购企业/项目	所在城市	收购股权	金额（亿人民币）
2012.09	Fidel	奥特莱斯广东	佛山	55%	5.8
2012.07	南华中国	彩顺公司（大发广场）	沈阳	100%	15.96

续表

时间	收购方	被收购企业/项目	所在城市	收购股权	金额（亿人民币）
2012.07	厦门美岁商业	厦门信达免税商场有限公司	厦门	未披露	0.5
2012.06	海航集团	赛德购物中心	长春	100%	未披露
2012.05	大商集团	美好家园	成都	100%	未披露
2012.05	阳光新业	德然商贸有限公司	天津	100%	未披露
2011.11	鹏瑞利中国商用信托	龙之梦购物中心	成都	50%	22.8
2011.09	凯德商用	苏州金鸡湖项目	苏州	50%	未披露

数据来源：德勤研究

三、购物中心连锁品牌商户调研结果

购物中心有别于其他的商业地产模式，它不仅是整合各种品牌资源的平台，同时也是为品牌商家提供管理和服务的平台，其相互之间唇齿相依。优质购物中心需要在承租的零售商以及终端消费者中拥有绝对的品牌影响力和忠诚度。为了解购物中心与租户配合情况及品牌商家的要求及期待，我们对购物中心连锁品牌商户进行了问卷调查，并获得 156 份有效调查反馈样本。由于本次调研主要体现零售品牌商户的计划和意愿，而其他业态的样本数量较少，所以相关调研结果仅供读者参考。

（一）受访商户概况

参与本次调研的有效商户样本 156 家。其中，零售品牌 138 家，包括服饰鞋帽、化妆品、珠宝首饰、电子产品、书籍音像等，占比 87%；餐饮企业 7 家，占比 5%；娱乐企业 5 家，占比 3%；健身美容、教育及其他共 6 家，占比 4%；超市 2 家，占比 1%。见图 9。

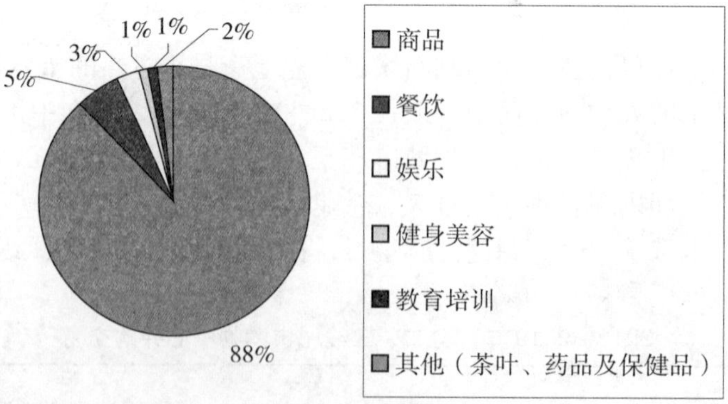

数据来源：中国连锁经营协会、德勤研究“2012 购物中心商户调查”

图 9　调研商户业态分布

商户的经营模式以租赁为主。在受访的156家商户中，有126家采取租赁模式，占比81%；21家商户采取联营模式，占比13%；购买商铺的商户为8家，占比5%；选择自营的商户仅有1家。

需要明确的是，"租赁"并非"纯租金"模式，而是包含：纯租金、纯抽成、保底租金+抽成、保底租金或抽成之二者取高等四种模式。目前，国内购物中心大部分采取后两种模式。当然，这取决于商户与物业的协商，有时即使在同一个购物中心内也会存在几种不同租赁模式的情况。

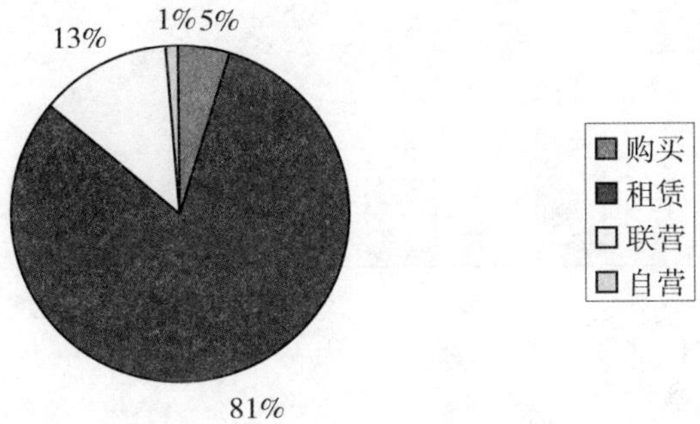

数据来源：中国连锁经营协会、德勤研究"2012购物中心商户调查"

图10　调研商户通常选择的经营模式

（二）未来三年开店计划

在受访的156家商户中，大约2/3的企业未来三年并没有大规模的全国扩张计划，其中9家商户无开店计划，60家商户计划开店在10家以内，42家商户计划开店不超过50家；有25家商户计划开店在50－100家左右，20家商户计划开店100家以上，这些商户分布在服饰鞋帽、珠宝首饰、化妆品、连锁快餐和连锁药店几种业态。

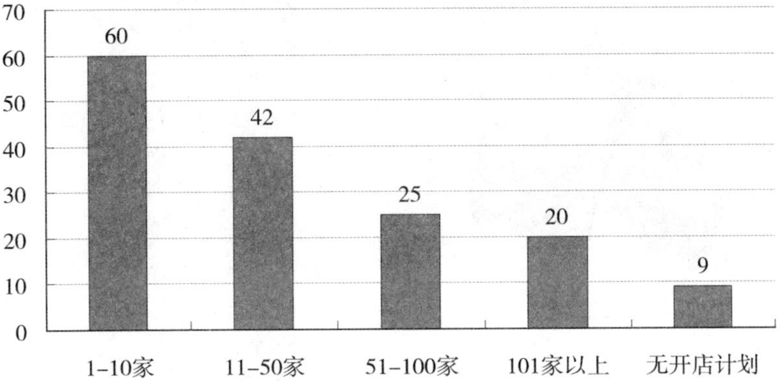

数据来源：中国连锁经营协会、德勤研究"2012购物中心商户调查"

图11　调研商户未来三年全国开店计划

（三）进驻意愿及考虑因素

大型购物中心是商户开店的首选地点，可见商户进驻意愿强烈，主要由于购物中心在全国快速发展将带动连锁品牌的拓展。

许多购物中心已建立或正着手建立自己的品牌库，选择能体现其定位，而且长久保持良好关系的品牌，丰富商业资源。据大悦城介绍，其旗下购物中心可以通过总部的品牌库完成 60% ~75% 的招商，剩余品牌资源则由各项目因地制宜选择，这正是体现了购物中心与品牌商户共同实践长期合作、共同成长的共生关系。

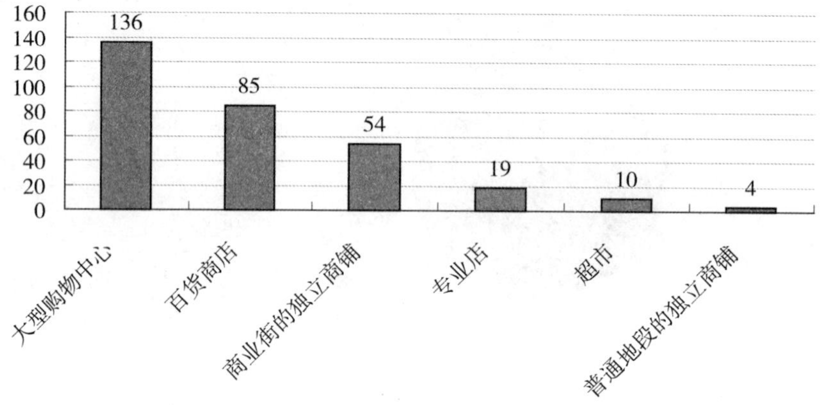

数据来源：中国连锁经营协会、德勤研究“2012 购物中心商户调查”

图 12　调研商户开店所在场所

商户选择购物中心优先程度最高的三项因素分别为：地理位置、租金价格和客流量，可见集客能力是购物中心招商的关键。对于越来越多的选址在城市近郊的购物中心，需要利用主力店、业态组合、集客活动、品牌推广等手段提升集客能力以吸引品牌租户入驻。

在购物中心内的位置也是商户考虑的重要因素，而天然的优越位置毕竟有限，购物中心的运营者更需要规划品牌布局，并且通过有效的动线设计引导消费者体验各类业态和品牌。

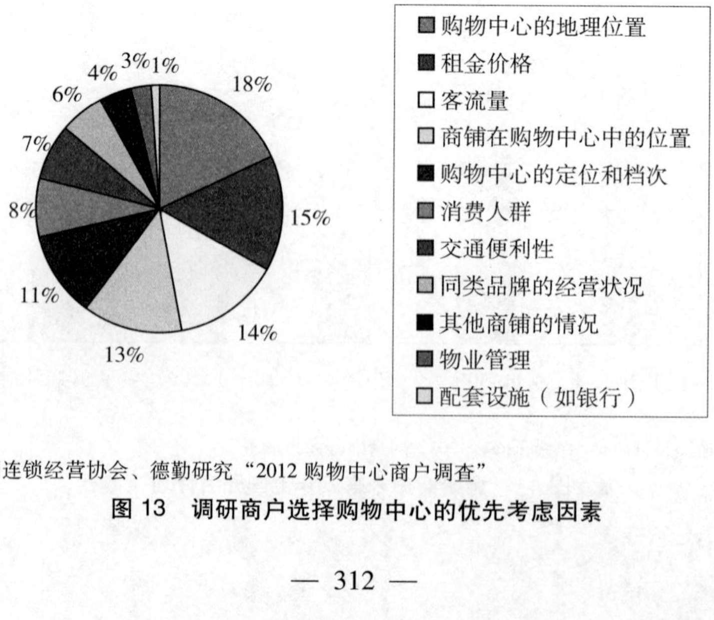

数据来源：中国连锁经营协会、德勤研究“2012 购物中心商户调查”

图 13　调研商户选择购物中心的优先考虑因素

（四）对购物中心运营的评价与期许

商户认为，优质购物中心的关键素质体现在舒适的购物环境、完善的交通设施、优越的地理位置以及购物中心的信誉和知名度。创造舒适的购物体验对购物中心的管理团队提出更高要求，促销、客户维护、零售商管理、物业管理等方面的专业知识都是创造良好舒适的购物体验必不可少的条件。

受访商户特别指出，购物中心人员的素质，包括：服务质量、销售能力、应急能力、商品陈列都十分重要。虽然各业态和各品牌的服务人员受聘于商户而非购物中心，但购物中心对其人员的管理和培训必不可少，提升人员素质无疑将为商户和购物中心创造更多价值。

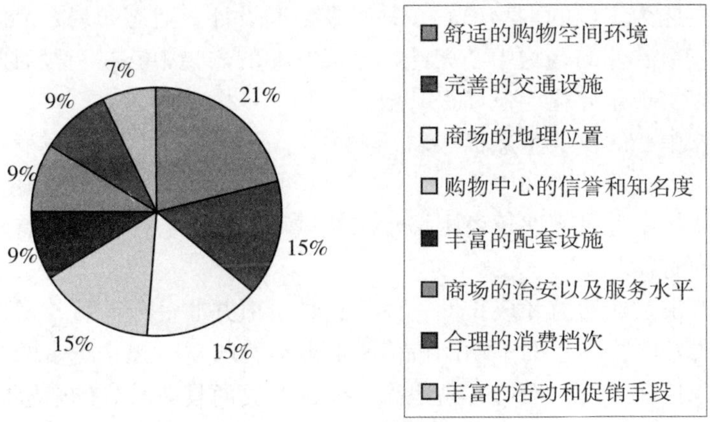

数据来源：中国连锁经营协会、德勤研究“2012 购物中心商户调查”

图 14 大型购物中心的关键素质

推广场内品牌是购物中心运营的重点之一，品牌的业绩好，购物中心效益和形象才会好。

在对购物中心的营销策略进行评价时，得分最高、被认为最有效的是节假日及庆典促销，其次是特别品牌推广和折扣活动。除了以上传统促销手段，联合商户进行团购推广、建立网上商城、通过社交媒介进行推广也成为新兴的品牌推广方式。

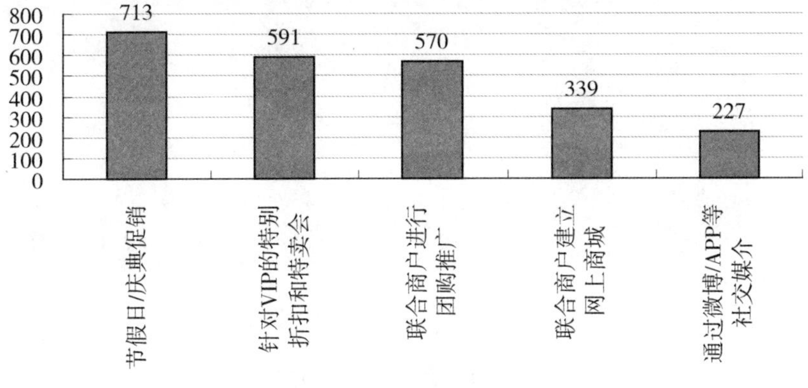

数据来源：中国连锁经营协会、德勤研究“2012 购物中心商户调查”

图 15 购物中心营销策略对促进销售的作用（按大小排序）

通过网络平台，以个人应用终端为媒介的推广活动日渐兴起，并有望成为主流营销手段之一。

在受访的 156 家商户中，有 72 家进行实体销售的同时也开展网上营销，折射出网络销售的潜力，但如何发挥线上、线下营销的匹配作用对零售业者将是新的考验。

总之，中国购物中心快速增长的根本动力来源于加速发展的城镇化进程和不断升级的消费水平，同时也受益于住宅市场低迷和地方政府的推动。因此，投资者或开发者需要秉承谨慎乐观的态度，对不同的项目做出理性判断。尽管购物中心市场整体上行，然而，不同城市的发展重点也不尽相同。

整体而言，一线城市购物中心的发展重点已由开发转向运营，出现以时尚、家庭、儿童、艺术等不同主题为定位的购物中心，并且在空间设计、业态布局、品牌选择等方面突出主题特色。不仅新开业的购物中心如此，已经开业的购物中心在一段时间的运营后，也都会进行调整，以实现差异化定位和提升效益。

二线城市购物中心的发展重点依然以开发为主，同时吸引各类开发商跑马圈地。尽管不乏优质项目，但大量新的购物中心迅速涌入市场必然会引起空置率上升，而一些体量偏大、地段欠佳的购物中心已遭遇招商困境。二线城市购物中心热潮已略有降温，未来或许会步入并购整合的时代。

购物中心具有很强的活力和成长性，然而这种价值并非一蹴而就，需要长期经营和专业化管理。由于看好购物中心的不动产价值和商业运营收益，越来越多的开发商从出售商铺转向持有物业、长期经营，而持有物业无疑要求开发商具备较高的融资能力和零售业专业能力。这两种能力既相辅相成，又相互制约。只有提升购物中心的专业化水平，才有可能提高购物中心作为金融产品（如 REITs）的安全性和盈利能力。

购物中心的价值同样离不开精细化的经营管理，其中与承租商户的合作至关重要。业主除了要对商户的租约进行有效管理，还需要重视帮助商户销售创新，提供展示、营销、人员培训等方面的支持，并及时进行动态调整。与承租商户共同成长，才是购物中心创造长期价值的根本。

（中国连锁经营协会　德勤华永会计师事务所有限公司）

2012 年中国美容休闲健康连锁企业发展状况调查报告

国家统计局《年度统计公报》显示，随着中国人均 GDP 连年增长，第三产业特别是服务业增加值 GDP 占比也不断增加；拉动 GDP 强势增长的出口、投资、消费三驾马车，呈现出消费连年强劲，增势高位运行并居于马首的地位。而消费服务业中，美容、休闲、健康行业的服务需求快速增长，已进入旺盛期，这对中国美容休闲健康行业来说是难得的发展机遇。

为了解中国美容休闲健康行业发展现状、机遇与挑战，探索行业未来发展路径，为美容休闲健康企业的连锁经营发展提供新的思路，2012 年年中，中国连锁经营协会与安永企业咨询服务公司联合开展了美容休闲健康行业发展状况调查。

一、美容休闲健康行业市场现状和机遇

调查显示，美容休闲健康行业的发展呈现如下几个特点：

1. 美容、休闲、健康服务需求快速增长，发展空间广阔

随着我国人均 GDP 和可支配收入的快速增加，科技特别是通讯、信息技术带给人类生活的革命性进步，以及人民物质、文化、精神等生活水平的不断提升，极大地促进了全地域、全方位、各领域的人文交往和易货交流，也提升了人们对生命、生活的理解、尊重、渴望和追求，不断改变着人们的传统意识和观念，这其中人们对美容、休闲、健康消费需求的快速增长是最为明显和表象化的。同时，城市化、城镇化进程的加快以及二、三线城市的蓬勃发展给美容休闲健康行业带来更广阔的发展空间。

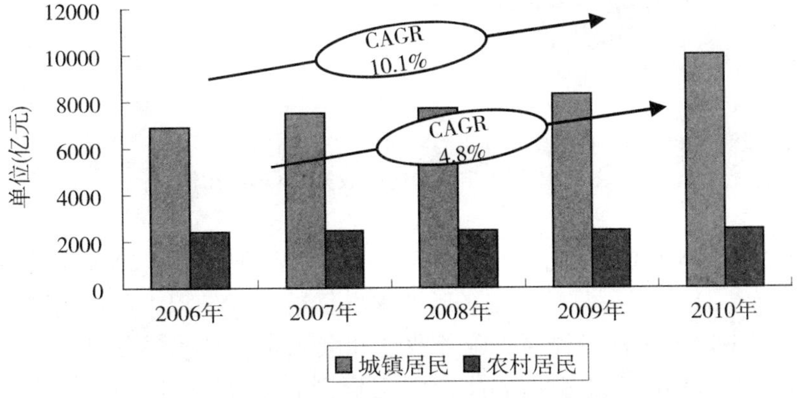

图 1　“十一五”期间第三产业中娱乐用品及服务类支出情况

据国家统计局数据，我国“十一五”期间城镇休闲娱乐服务业消费支出年均增长10.1%，农村增长4.8%，主要消费群体和未来消费主体依然是城镇居民。见图1。

表　　主要国家消费服务业占 GDP 的比重对比

	服务业增加值占 GDP 增加值比重	服务业就业人口占总就业人口比重
美国、英国（2008）	接近80%	达到或接近80%
日本（2007）	72.0%	68.5%
俄罗斯（2008）	69.2%	62.4%
印度（2008）	63.0%	41.0%
世界平均（2009）	69.4%	——
中国（2009）	42.6%	33.0%

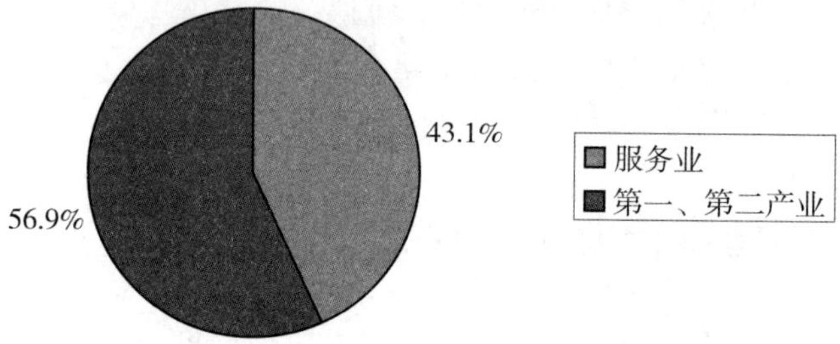

数据来源：国家统计局，《2011 年中国统计年鉴》

图 2　2010 年增加值占 GDP 比例

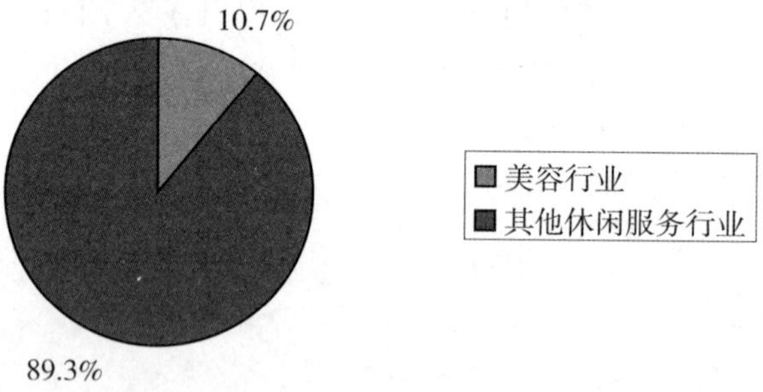

数据来源：国家统计局，《2011 年中国统计年鉴》

图 3　2010 年增加值占服务业 GDP 比例

2008 年以后，我国城镇居民服务消费的占比不断提升，已从 2008 年的 36.3% 上升到 2010 年的 37.8%。其中，娱乐休闲服务类的支出每年以 10% 以上的比例增长。

服务业投资占比也在稳步提高，服务业全社会固定资产投资累计完成 49.6 万亿元，年均增长 25.5%，2010 年服务业全社会固定资产投资占全社会固定资产投资比重为54.7%。

2. 以个体经营业态为主，行业分散且区域性分布，行业集中度低，同质化程度高，局部竞争激烈

以美容美发行业为例，2011 年美容美发连锁店行业占比仅为 2.9%，与西方同类型行业比较，集中度明显偏低。同时，消费服务业在中国的行业集中度不高，区域同质化企业密集，竞争激烈且强势品牌较多，但全国性强势品牌较少。

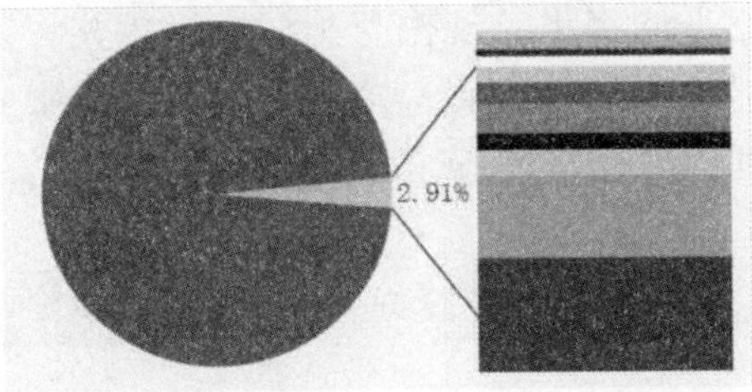

图 4 2011 年连锁品牌在中国美容美发店占比

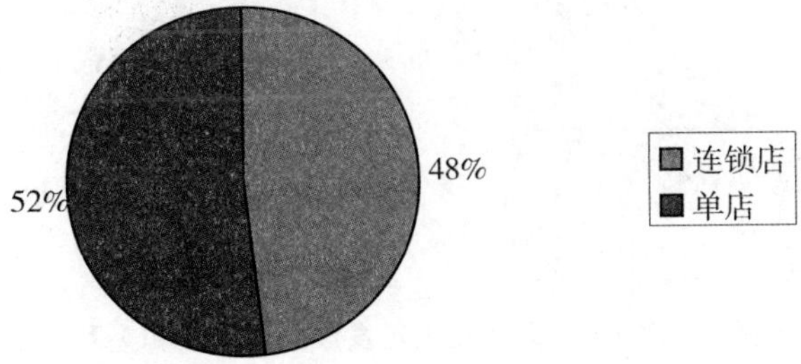

图 5 2011 年连锁品牌在欧美国家美容美发店占比

据中国美容美发网统计，到 2008 年美容美发综合经营店占比在 80% 左右，而专业店、特色店的占比不到 20%，行业的同质化程度高，缺乏差异化的行业领导者。

调查还发现，由于单体店缺少品牌、管理、宣传等方面的优势，加之企业从业人员素质参差不齐，运营及管理存在很多问题，很容易造成对消费者权益的侵害。

由此，中国美容休闲健康行业仍处于品牌影响力较低，服务差异化和服务创新能力不足，市场集中度很低的状况，是不成熟的完全竞争市场。中国美容休闲健康行业的发展重点将很大程度上体现在连锁化经营上。

然而，我们分析《商务部关于促进美容美发业规范发展的指导意见》（【2010】481 号）、《商务部关于“十二五”期间促进美容美发业规范发展的指导意见》（【2011】419 号）也能发现行业发展的一些端倪。

就行业市场发展阶段而言，第一阶段为“散点市场”，其特点为较低的市场集中度和区域性的竞争品牌林立，以及区域内激烈的市场扩张和渠道扩张。第二阶段为“块状同质化市场”，其特点为行业领先企业市场集中度上升，强势企业迅速扩张，市场呈现寡头垄断结构，且领先企业以较强的市场投入，迅速实施销售扩张。第三阶段为“团状异质化市场”，其特点为市场逐步分化为多个相对独立的细分品类，行业黑马不断蚕食市场，

侵蚀通用型企业份额，市场进入细分化、差异化经营，差别化诉求。而从调查来看，中国消费服务业正处于由第一阶段向第二阶段过渡的时期。

3. 规模是利润的保证，市场整合期即将到来

调查了解到，从企业实际经营结果来看，连锁经营的规模越大，企业发挥集约化经营的效益就越明显，而其中主要体现在利润水平的提升上。见图 6。

从行业发展周期看，中国美容休闲健康行业处在成长期向扩张期过渡的阶段。行业领先企业的利润水平远超行业平均水平，规模与利润成正相关。

从中外连锁企业表现出的不同特点看，多数的中国消费服务连锁企业正处于高速发展和业务扩张阶段，在过渡到成熟市场阶段之前必然要经历市场的整合。见图 7。

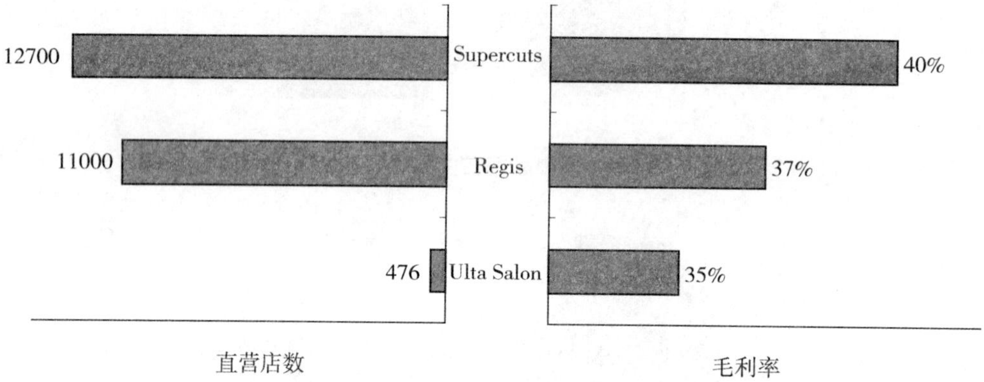

来源：Regis，Ulta Salon 2012 上市财报

图 6　2012 年国外三大美发沙龙门店数和毛利率

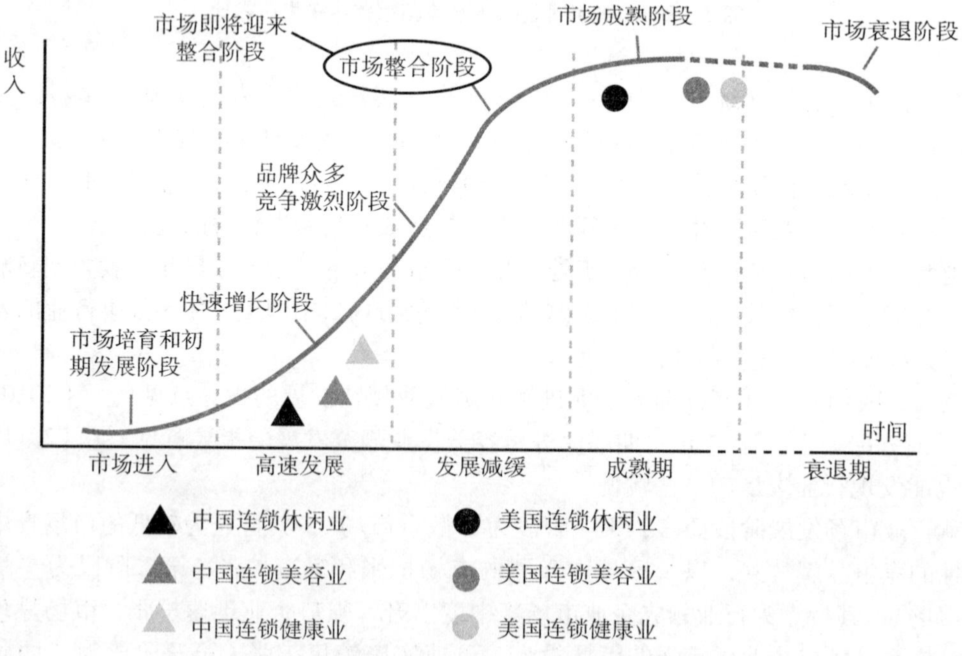

图 7　中美消费服务连锁企业市场成熟度对比

4. 管理基础薄弱，多数连锁经营企业连而不锁

（1）企业经营与管理现状

调研发现，目前75%的美容休闲健康企业并未形成清晰的运营模式，标准化的门店分类和服务模式框架也不够完善，连锁企业中总部直接管控的能力较弱。由于加盟店的加盟形式不尽相同，总部对加盟商的管理存在差异化，且在管控能力和力度上总部存在诸多不足，因此难以实现强化连锁的管理理念，也难以让整个体系共享上下游资源并加强协作，形成规模化经济效益。也有不少连锁企业的总部及其门店除了在品牌等外在形象上基本保持一致外，在管理模式、经营方法、服务标准、营销等诸多环节，总部都无法有效监督和管控门店，最终形成总部与门店只是名义上的连锁体系，但实际上却是连而不锁的各自为政、自我发展、经营差异扩大化，从而，不仅不能很好地发挥总部核心竞争力的作用，以及规模经营的优势，反倒是服务质量与消费者利益得不到有效保证，门店综合效益难以提升，而且，随之带来的是门店对总部的抱怨和消费者投诉的增多。

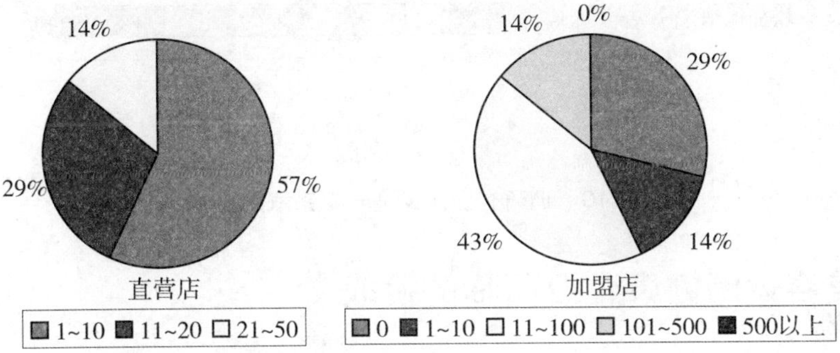

图8 调研企业不同数量直营店、加盟店占比

针对这些问题，企业应着力改善和加速扭转管理水平滞后于业务拓张的速度，加快提升并完善管理架构与标准化、规范化的运营能力。对部分连而不锁的企业，要更加关注规模化扩张所带来的风险有可能超过收益，进而有可能给连锁体系造成危机。

（2）影响企业运营的因素

调查显示，在影响企业运营的各项因素中，“标准化的门店与服务模式”、“大运营能力”被企业放在最突出的位置，见图9。

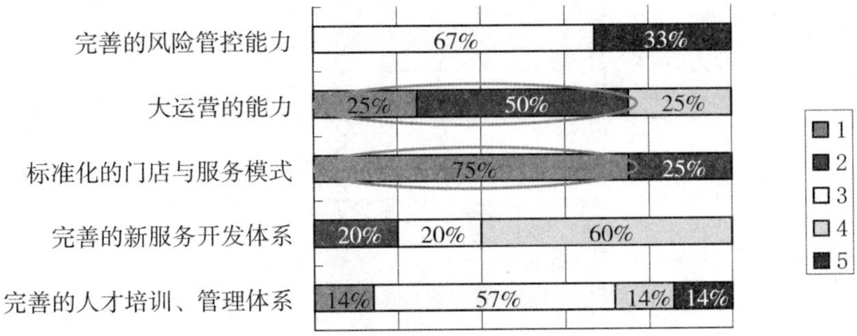

图9 企业运营影响因素及排序比重

（3）企业未来规模化发展目标

在企业实现未来规模化发展目标的措施方面，有 72% 的调研企业认为需要通过大力发展连锁直营店或加盟店来实现规模效应；而大部分调研企业认为，在加强连锁体系的连锁化管理方面，应注重建立清晰的“大运营”模式和标准化门店模式，只有 50% 的被访企业认为现在已具备进行转型的充分条件。见图 10。

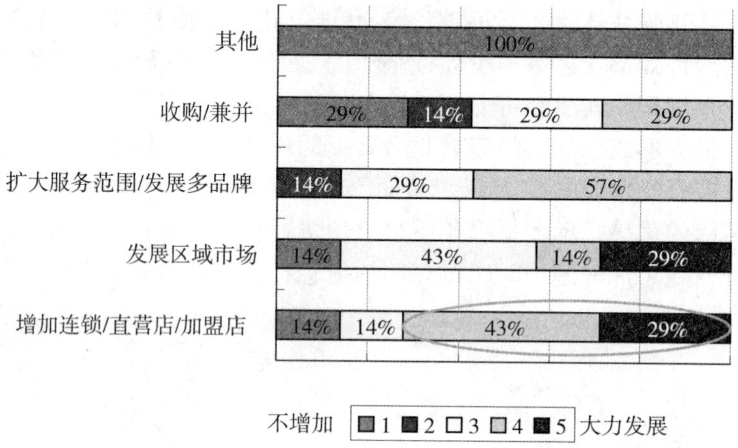

图 10 调研企业未来增长拟采取的措施

二、美容休闲健康企业面临的挑战

目前，美容休闲健康连锁企业面临多重挑战，直接影响着企业的盈利能力和健康发展。从本次调研分析来看，主要包括如下四大方面的挑战：

（一）管理复制能力不足

连锁扩张需要建立标准化的组织与运营模式，同时通过细分岗位、简化职责实现快速复制，达成规模效益目标并有效控制风险。其中，综合管理能力是制约企业发展的主要因素。

美容休闲健康企业综合管理能力方面的挑战主要体现在图 11 所示的几个环节。其中，有 86% 的公司选择了“管理因素”，且排序居前，是企业发展最大的影响因素。

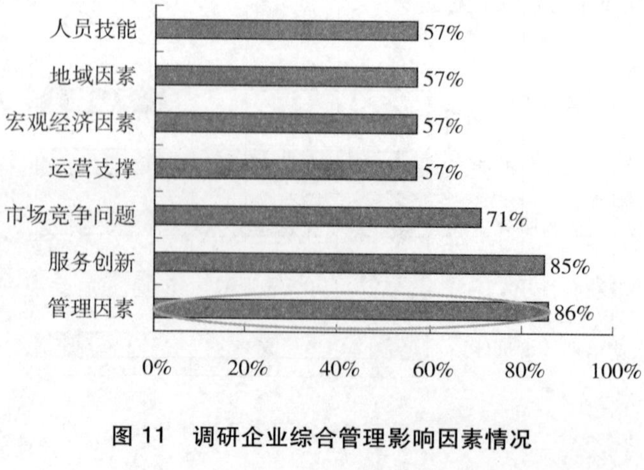

图 11 调研企业综合管理影响因素情况

调查发现，在综合管理能力方面企业面临的主要挑战及产生的影响主要是：

1. 总部集约化管理不足。集约化管理不仅体现在总部的组织架构上，更体现在企业营销、运营及整体的品牌建设和规划上。当前，美容休闲健康连锁企业需要在各个方面进行集约化管理设计。否则，将难以快速进行业务复制，影响企业的规模扩张。

2. 门店服务标准化程度不够。门店服务标准不仅体现在门店服务的业务标准上，还需要高度重视门店的管理标准。不同的门店品牌，其作业标准和管理标准不尽相同，应准确定位，科学规划，正确规范。否则，将难以快速进行标准门店的复制，同样影响企业的规模扩张。

3. 连锁加盟管理专业化不强。对加盟商的管理，不仅体现在店面装修等表象化方面，更重要的是，需要在服务标准、专业测评以及加盟商管理标准等方面进行统一的管理。否则，不仅影响企业品牌的一致性，也将掣肘品牌的提升。

那么，在企业未来将优先采取的举措方面，有 72% 的调研企业认为需要通过大力发展连锁直营店或加盟店来扩大市场规模，也有 86% 的企业认为需要“扩大服务范围或发展多品牌”来扩大企业规模。见图 10。而对持续实施品牌提升规划，所有受访企业都认为是必需的。见图 12。

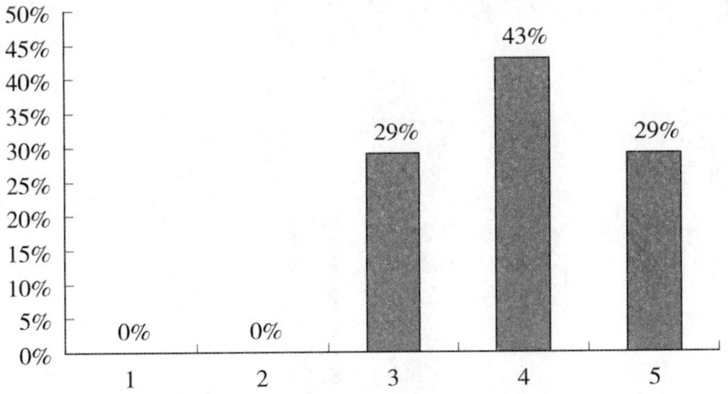

图 12　调研企业未来持续实施品牌提升规划

（二）人才匮乏、流动性大、成本上升快

美容休闲健康行业是劳动密集型的服务行业，但受传统观念影响，行业内工资水平偏低，人员流动频繁，难以吸引或留住高端人才，企业员工的整体素质不高，因此，人才因素是影响企业发展速度，制约管理水平和服务品质有效提升的关键瓶颈之一。同时，近年来全社会用工成本的大幅度上升，对劳动密集型的美容休闲健康行业形成巨大冲击，企业对人才的吸引力更加不足，人才外流也更加频繁，从而使人才匮乏进一步加剧。调查中，对“企业管理运营中影响最大的因素”选项，有 100% 的调研企业选择了“人才培养管理体系”。见图 13。

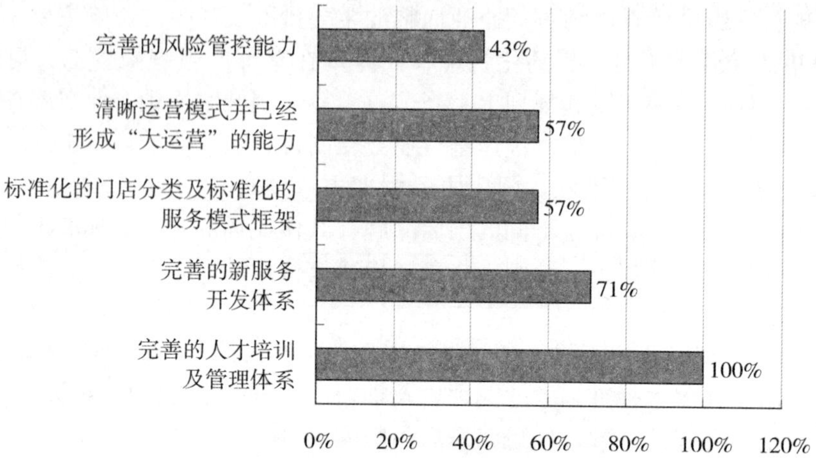

图 13　企业管理运营中影响最大的因素

目前，在人力资源管理方面企业面临的主要挑战及产生的影响主要是：

1. 人才匮乏。重点体现在行业急需的“两高”人才上，即高层管理人员和高熟练度的技术和服务人员。其直接影响着企业的规模扩张，是美容休闲健康行业的“硬伤”。

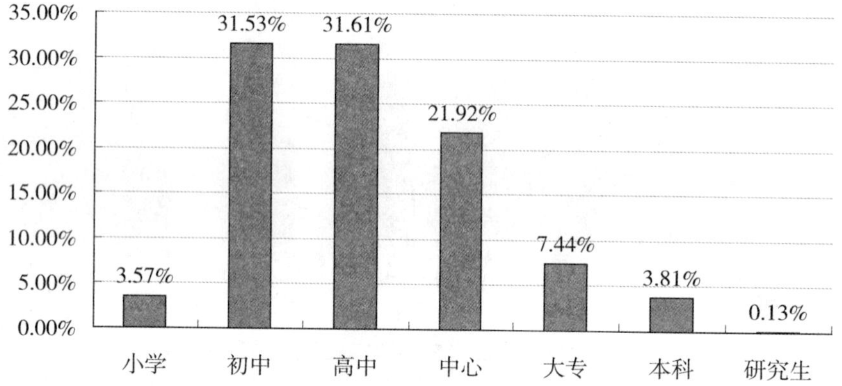

图 14　美容休闲健康行业从业人员文化程度占比分布

2. 人员流动大。调查发现，美容休闲健康行业人员流动率达到 20% ~30%，远高于其他行业 6% ~7% 的平均值。而且，本来就稀缺的“两高”人才不仅在本行业内的企业间流动频繁，特别是“两高”人才流动到其他高收入行业的比例也较高。如此，人才的高流动性直接影响了行业的稳定发展和服务品质的稳定提升。

3. 人工成本上升快。美容休闲健康行业服务人员密度大，薪资占企业总成本的比例也大。近几年，服务行业基本薪资水平持续攀升，普通服务人员的薪资水平已经接近大学毕业生就业的平均薪资水平。人员成本的上升，给企业带来巨大的盈利性压力，直接导致企业持续扩张能力的不足。

对未来发展规划，企业优先选择的举措主要包括：扩大服务领域，发展服务品牌；加强区域市场发展；通过连锁、直营、加盟等多种模式，扩大规模，提升效益。见图10。

从图15的调查数据也能反映出企业服务人员的业务水平是影响消费者消费的最大因素之一。

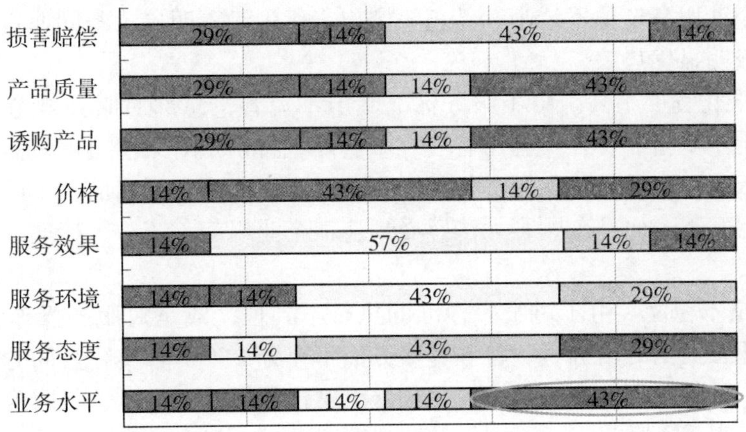

图15　影响消费者消费的因素

（三）无法保证稳定统一的品牌服务

服务是无形产品，具有复制性强、标准非量化、质量难检验，以及难以形成品牌忠诚度等特点。提供高品质的服务，是对企业管理和培养高素质的员工团队提出的更高要求和挑战。

调查显示，大多数企业都能够意识到高品质的服务是企业的核心竞争力，都在想尽办法和措施加以强化。但是，缺乏有效抓手，使企业难以保持稳定且标准化的高品质服务。调查中，有71%的企业选择以“服务效果”作为衡量服务品质的重要影响因素。

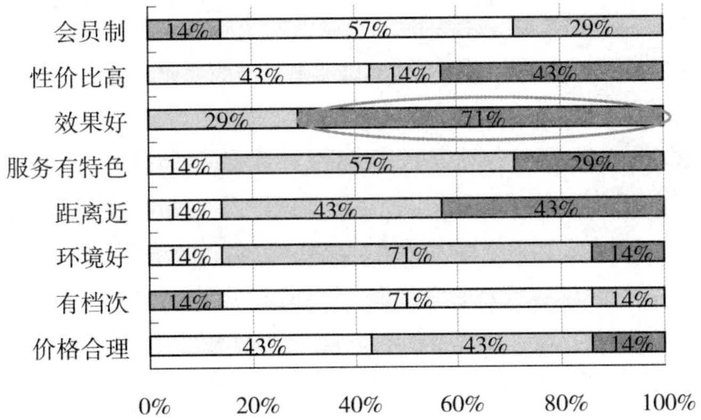

图16　保证服务品质的影响因素

在保证稳定、统一且标准化的高品质服务方面企业面临的主要挑战及产生的影响主要是：

1. 服务定位缺层次、少差异。由于缺乏对目标消费者核心需求的研究和理解，缺少基于对消费者核心需求和企业发展战略而形成对服务规划的核心内容，无法确认优先级服务对象，造成企业服务定位不清晰、特色不突出、优先级不明确、与同业竞争对手服务项目无突出差异或明显优势。

2. 服务标准化程度不高。由于服务标准制定不完善，总部对服务规范和操作流程描述不详细、规定不严格、可操作性不客观、不实际，特别是对某些难度较高的产品的标准化，更缺乏模板、流程及量化的服务规范和指导说明，造成不同门店、不同服务人员所提供的服务不仅不完善，而且令顾客无法感受到连锁企业规范、统一、标准、优质的品牌服务。

3. 服务质量不稳定。由于对服务标准的执行不到位，或是对服务操作流程的设置不科学，造成企业在员工的培训、教育和养成方面不充分、不契合实际。同时，由于对员工的激励政策不到位等原因，造成员工流动频繁，工作积极性不高。这些因素带给顾客的消费体验也将是在享受不同门店、不同人员的消费服务时，每次的服务感受不一样，时好时坏，影响了顾客忠诚度。

对未来发展规划，企业在品牌服务方面优先选择的主要举措如图 17 所示。

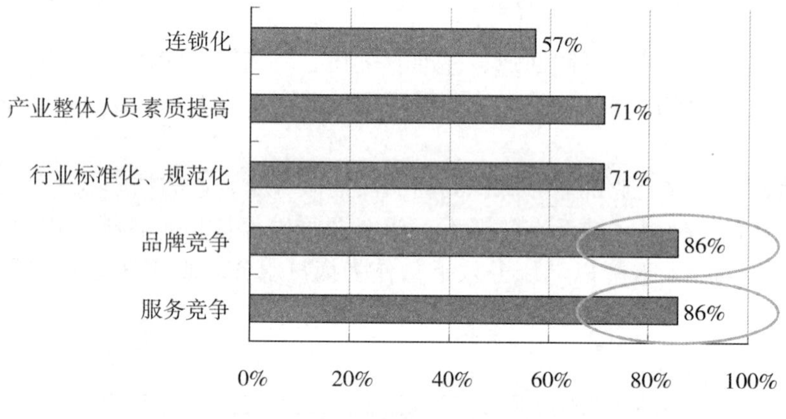

图 17　调研企业在品牌服务方面的主要举措

调查所见，有 86% 的企业认为品牌竞争和服务竞争是行业最重要的发展趋势。同时，为更好地配合企业扩大规模的整体要求，企业十分注重“相关服务配套”等方面的配套性服务。

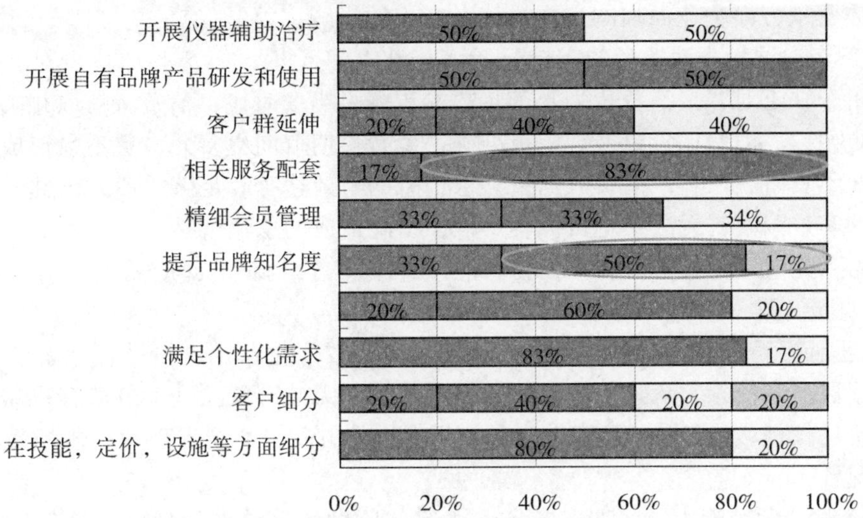

图 18　调研企业在配套性服务方面的主要举措

（四）营销水平不高，整合营销能力不强

大多数美容休闲健康企业的产品营销仍是各门店、各区域各自为政、自成一体的传统方式，其远不能满足连锁经营整体营销的要求。特别是在连锁企业多渠道发展战略方向的总体要求下，如果企业不能通过整合来凝聚连锁体系的整体优势、规模优势和协调一致的行动方式打造品牌，将难以做到精准营销。

调查发现，大多数企业认为当前的营销整合效果居于“中等及以上”，即尚能符合企业基本需求，但就美容休闲健康行业的整体营销而言，仍然过于依赖“坐商”方式，等客上门，打折促销；有些企业虽然已着手利用互联网等新媒体方式进行营销，但由于对互联网营销技术及方法把握不足，总体上缺乏把握和拉动市场需求的手段和能力。

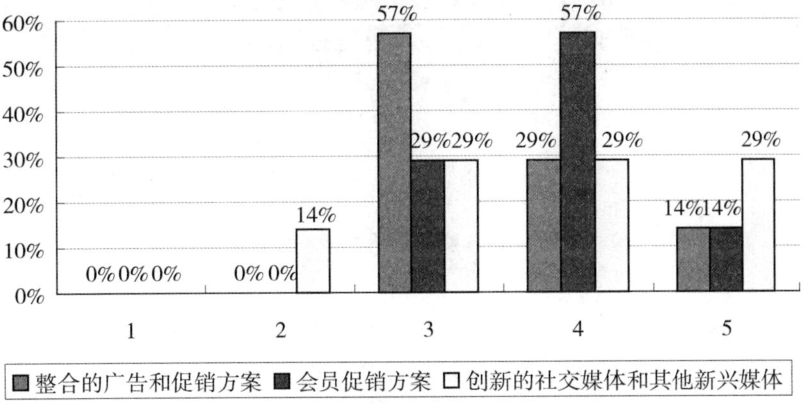

图 19　调研企业的各类促销手段

在整体营销方面企业面临的主要挑战及产生的影响主要是：

1. 缺乏客户洞察。消费者的需求日趋多样化、多元化，但企业却缺少对客户的深入研究和分析，缺乏对客户消费行为及其趋势的洞察。当今时代，消费者获取相关信息的渠道更广、更便捷，消费比价更客观、更准确，消费价值取向更多元、更不易形成忠诚，而众多的企业不具备获取客户消费数据及需求信息的有效途径和足够手段，因此，也就难以形成真正的客户洞察，无法锁定目标客户群。由此造成的影响就是，靠天吃饭、缺乏业务增长原动力，完成经营指标主要依赖于市场的自然增长，缺乏创造需求、引导需求的能力。

2. 缺乏创新营销手段。由于缺少忠诚度营销、数字化营销、精准营销等有效营销抓手，营销手段过度依赖大众式传统营销、打折促销，无法有效拉动和创造客户需求，以致造成误用价格杠杆，过多采用等客上门和打折促销的方式，甚至出现营销规模越大利润率越低的状况。

3. 缺乏整合营销能力。消费者在体验美容休闲健康等消费活动时，往往期望获得跨渠道和多品类的一致性营销享受，但由于企业的营销维度往往相互割裂，不同渠道、不同产品之间的营销资源无法有效整合，营销效果无法最大化，致使品牌价值无法向消费市场沉淀或落地，难以持续性地支持企业盈利性扩张。

在整体营销方面，企业未来优先采取的举措如图 20 所示。其中，企业在新媒体、新渠道营销方面将持续进行广泛且深入的探索。

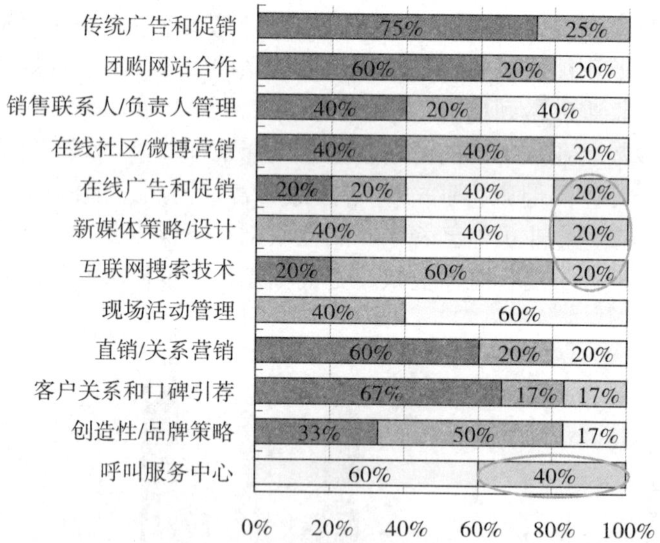

图 20　调研企业在整体营销方面采取的主要举措

本次调查中，大多数被访者自认为本企业在整合营销方面能力较强，但对调研企业的抽样调查显示，在整合营销环节，企业还有很大的提升空间。例如，自认为具备微博营销的企业，在调查数据中却显示，其企业官方微博不仅营销能力较弱，活跃粉丝数量、话题或点击频度等均处于初级阶段。

三、美容休闲健康企业增长范式

美容休闲健康企业如何应对挑战？如何通过转变增长模式，着力打造可持续增长平台，实现盈利性增长？我们认为，决意突围并成为行业领跑的企业、业者必须重点解决策略、组织和运营层面的关键管理问题，打造出优势的可持续增长平台。

1. 业务增长战略和门店扩张路径。为实现年营收亿元数量级以上的战略目标，企业必须研定现实有效、可具指引和操作的发展战略和目标路径。需要明确：未来三年应打造怎样的门店服务模式，提供怎样的服务和产品组合，选择哪些区域市场，采取怎样的增长策略（直营和加盟、亦或并购等）来逐步扩张，并需要怎样的财务资源与资本计划来实现？

2. 连锁组织架构与管控模式。为保障新的业务增长战略及其有效实施，企业必须明确：如何从现实职能弱小的组织架构加快发展成为强势连锁管控，共享运营良好的专业化组织体系资源，形成管理优势的组织能力？

3. 管理人员培养与激励体系。为有效领导新的业务增长战略可持续化执行，企业必须运筹并强化：如何建立并完善管理体系加快选用、培养和激励能力合格，忠诚职业的管理人员和核心技术人员？

4. 运营大后台体系。实施门店可复制扩张，需要企业拥有完整、协调、配套的保障服务体系：如何建立小店大后台的体系，如何简化门店开张和运营的复杂流程，建立怎样的后台集中式共享服务平台来提高规模化效率？

5. 门店管控体系。无论是直营还是加盟，企业总部都必须施行体系化管控并指导、监督到位：如何督导、管理和控制每个门店作业的标准化、客户服务品质的规范化和趋于一致的专业服务能力？采取怎样的手段不断提升服务品牌和同店收入的持续增长？

我们认为应优先并重点构建这些连锁企业运营的基础能力，以加快实现跨越式、更稳健的成长。其中，可持续增长的平台与优先重点构建的能力板块如下图所示：

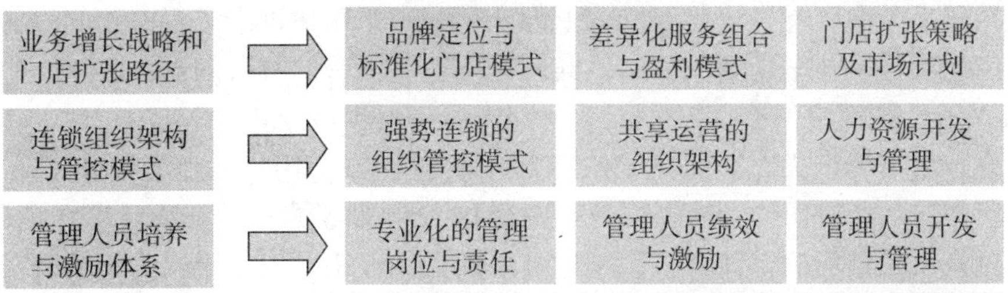

（中国连锁经营协会 安永企业咨询服务公司）

2012 年中国汽车后市场企业连锁经营调研报告

一、调研概述

1. 起因

国内汽车年消费量自 2009 年开始有了迅猛发展，目前汽车保有量已经突破 1 亿辆。伴随汽车消费，汽车后市场也日益庞大而不可忽视。

但是，汽车后市场包括哪些组成部分？规模有多大？从业企业经营发展状况如何？消费者的特点是什么？这些都是大家关心的问题。

为了解汽车后市场具有一定规模的从业企业的现状、挑战与发展，同时也了解消费者对汽车后市场的需求和看法，为汽车后市场企业的连锁经营发展提供新的思路，2012 年年中，中国连锁经营协会与上海菁葵投资有限公司联合开展了本次调研。

2. 范围和方法

本次调研的对象包括两部分，一是从业企业，二是消费者。企业调查数据主要通过问卷调查和高层访问的形式获取，消费者调查数据主要通过拦截式问卷访问获取，两部分数据均经由第三方机构进行数据分析并完成报告撰写。

本次调研自愿参与企业样本 40 份，有效问卷样本 31 份。企业调查中，对 11 家企业高层进行了面对面的访谈。

本次调研由零点调查公司对北京、上海两地的汽车用户进行了拦截式问卷调查，调查区域包括住宅小区、停车场和加油站，共回收问卷 341 份，有效问卷样本 300 份。

3. 汽车后市场现状

（1）汽车后市场定义。广义上，汽车后市场包括整车销售后所有的需求，如图 1 所示。根据我们对从业公司的访谈，以及参考美国、欧洲等国家对汽车后市场范围的描述，本次调研对汽车后市场的定义为：汽车配件及用品的经销，以及直接为这些产品的使用所提供的服务，如图 2 所示。

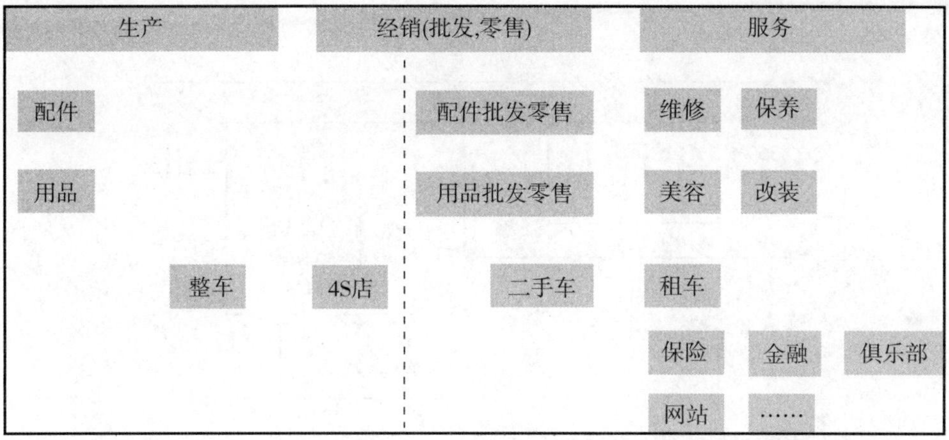

图 1 广义上的汽车后市场

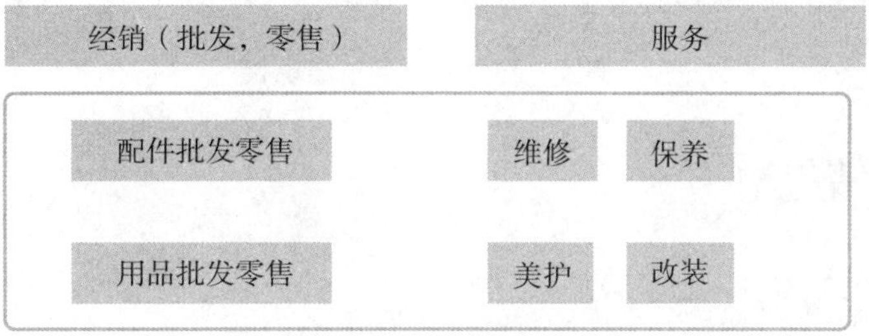

图 2 汽车后市场定义

（2）现状。参考美国汽车消费市场整体结构（见图3），其汽车后市场规模约 2200 亿美元，其中约 70% 的市场份额被 8 类公司所占据，包括配件经销商、事故维修中心、快修店、大型零售商、轮胎中心、服务连锁店等。

我国汽车后市场的规模估计在数百亿至数千亿元之间，从业企业数量估计在数十万家，且多数依附于分布在全国的约 800 家汽配市场。然而，汽配产品和汽配服务是消费者投诉及媒体曝光的重点，国内汽车后市场呈现集快速发展与杂乱无序于一体的特征，见图 4。

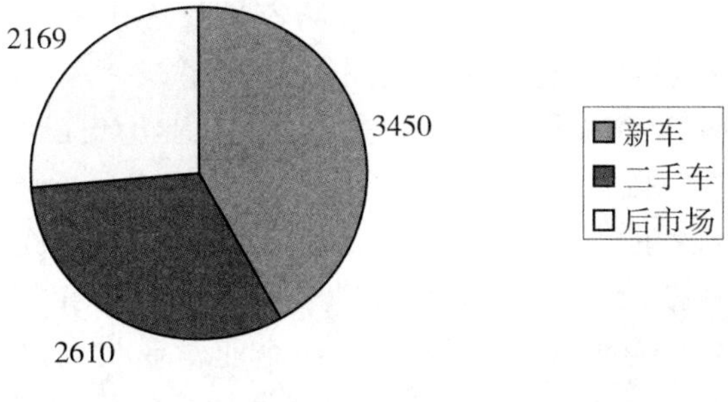

图 3 2010 年美国汽车消费市场规模（亿美元）

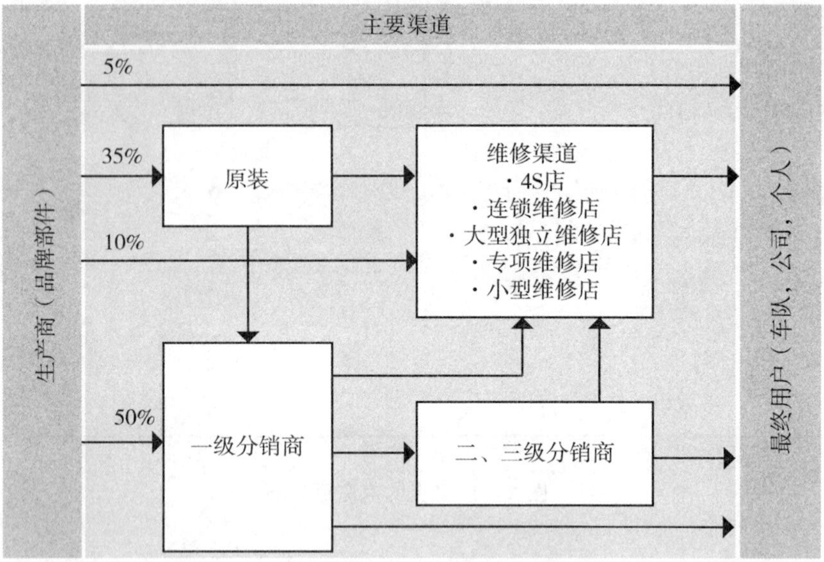

图 4　国内汽车后市场现状

二、调研结果

（一）汽车后市场企业现状、挑战与前景

1. 受访企业区域分布、门店（网点）数量及经营模式。受访企业主要集中在京、沪、广、深以及省会城市；受访企业中，2011 年网点数量不足 10 个的占 53%，网点数超过 100 个的只有 6 家。受访企业主要通过直营连锁或特许加盟方式拓展业务；在直营连锁企业中，跨省区经营的只有 6 家。而网点数超过百个的 6 家企业全部是通过加盟方式进行扩张。

2. 销售规模及市场集中度。2011 年有 62% 的受访企业销售收入在 1000 万 –5000 万元；销售额突破 5 亿元的只有 3 家，且全部是直营连锁企业。调查显示，消费者年均车辆保养费用在 4000 元以内，由此推算全国汽车后市场规模大约为 3000 亿 –4000 亿元。而调查中，规模最大的受访企业销售规模约占市场份额的 1‰。对比美国的领先企业，例如 Autozone，其年销售额能占美国汽车后市场的 4%，显示出我国汽车后市场企业的市场集中度很低。但是，我们的市场发展非常快，市场容量随之快速扩张，因此 93% 的受访企业表示不惧竞争，欢迎有实力的竞争对手共同做大市场。

3. 成长历史与盈利。调查显示，78% 的受访企业从业历史已经超过 7 年，几乎所有访谈企业的高管，都在汽车、配件或者汽修行业从业超过 10 年。企业高管们普遍认为“这个行业不适合那些想快速赚钱的人或者资本”。随着汽车保有量的快速增长，从业企业已经在各自的经营领域获得快速增长。92% 的受访企业表示，与 2010 年相比，其 2011 年营业网点（门店）“增长很多”或“有增长”；95% 的受访企业营业收入比上一年“增长很多”或“有增长”；只有约 1/5 的受访企业表示营业利润“增加不多”。在企业访谈中，多数企业高管表示，随着整车价格的下降，毛利率相比前几年呈下降趋势，且多数高管认为服务类企业的行业平均毛利率水平在30%～35%之间，销售类企业毛利水平会更低。

4. 员工规模及人才培养。受访企业中，占比78%的企业员工人数超过100人，其中有6家企业员工人数超过500人。但是，多数企业对于员工招聘与培训感到压力很大。有64%的受访企业表示，其主要高管自创业伊始时服务于本企业。

调查显示，占比81%的受访企业有专门的用人招聘计划，而不是临时因需而定；也有94%的受访企业制定有专门的员工培训方案。但是，在回答"对企业发展最大的三个挑战是什么"时，几乎全部受访企业都提到"人才"或者"团队"，而且在受访的外资企业中也是类似的反馈信息。结合前面提到的64%的受访企业高管是本企业创史时期员工，可见现有的招聘和培训体系，还难以解决人才队伍发展需求的困境。

调查还发现，多数受访企业没有明确且稳定的员工内部提拔机制，特别是在店长、公司管理层这个中、高层面更是出现明显断层，以至于"员工在公司内部培养成熟，就自己去开店"的现象并不罕见。尽管许多企业认为连锁经营是它们的必然之路，但也有汽配经销企业表示，其合作维修企业对于产品的专业知识很不够，还存在许多空白；针对连锁经营所需的培训还没有引起足够的重视。

5. 企业的积极探索。尽管汽车后市场整体发展存在诸多问题，但企业对发展的追求和探索始终不渝。如，某企业目前拥有数十个营业网点和500多名员工，他们通过十多年的积累，在强化员工队伍建设，解决人才问题方面摸索出一套行之有效的办法：（1）高管团队持股，加强核心员工共同进退；（2）中层员工从分布各区域的分公司择优选拔；（3）通过技术手段，建立汽车配件业务数据与专业知识数据库，减少关键员工离职后的断档风险；（4）与专职院校合作，招聘初级员工。

6. 零售技术应用情况。本次调查的所有受访企业都建立并实施了专业软件管理系统，如进、销、存财务管理系统，完整的ERP系统等；各公司也都有相应的IT人员设置或外包；针对消费者不同的支付方式，有62%的企业支持刷卡消费。

对发展电子商务则有不同的看法。调查发现，有41%的受访企业已通过第三方平台（如京东、淘宝）或自建网站开展电子商务，但也有21%的受访企业认为目前开展电子商务没有必要。正像某企业高管所言："汽配经销和汽车维护保养，类似于买药品和看医生，当你生病的时候，是相信网上的推介，还是愿意去医院，自有定论。"

7. 新品开发及价格调整。在传统经营模式下，涉及公司经营与发展的几乎一切事务均由公司老总负责和决定，特别是开展什么新业务、开发什么新产品、是否调整价格等都是老总管理的范围。而本次调查显示，76%的受访企业有专职部门负责新产品开发，81%的受访企业有专职部门负责价格调整。

8. 无形资产保护。商标和企业名称都是企业无形资产的组成部分。本次调查中，几乎所有的受访企业都表示，已经对公司商标进行了注册，部分企业保护性地注册了多个商标，以满足今后潜在的业务扩张。

9. 已经或准备进入的力量及发展前景。企业调查和访谈了解到，目前汽车后市场上诸多力量共同角逐并分享快速发展的市场蛋糕，其主要力量如图5所示。而看好该行业发展的主要原因，不仅在于外在需求的增加，更在于产品和服务还远没有满足消费者的需求。如图6所示，超过70%的公司计划在今明2年规划增加门店或网点；如图7所示，超过35%的公司准备开拓新的业务。

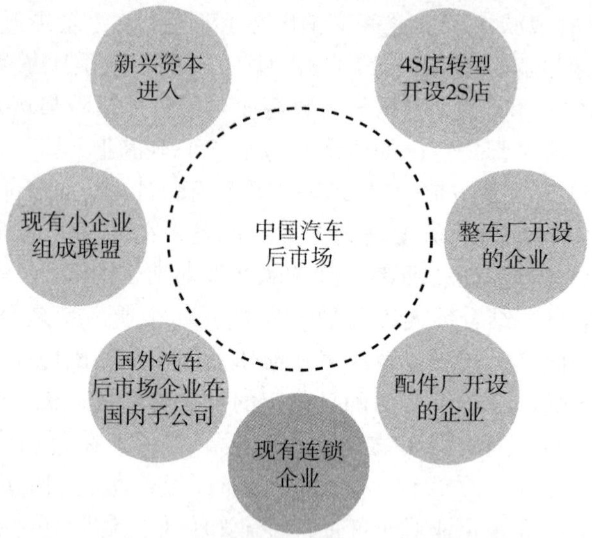

图 5　已经或准备进入汽车后市场的力量

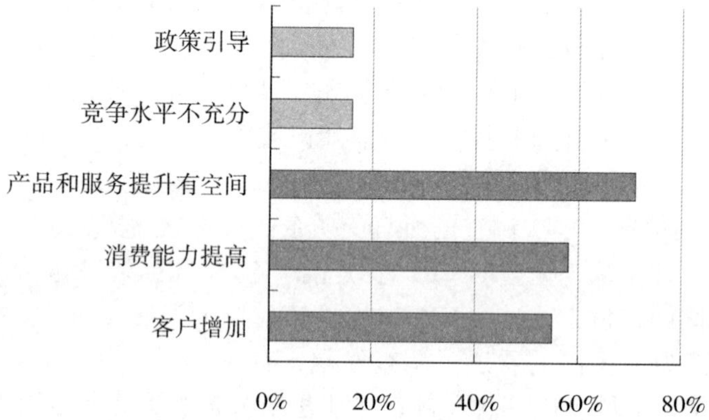

图 6　看好本行业发展的主要原因

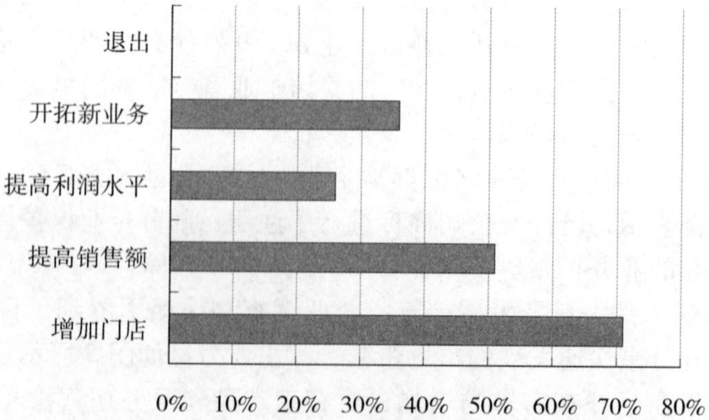

图 7　企业近两年的发展规划

同时，对于汽车后市场发展前景，有94%的企业（无论是经营企业还是维修、美容服务类企业都表示）对行业非常看好或看好。某公司总经理坦言“今年可以说是汽车后市场的元年，因为2009年以后新增的汽车保有量的服务需求开始逐步释放”。

10. 企业扩张及资本支持。连锁经营是所有受访企业经营发展的一致选择。其中，61%的企业采取自行开拓，42%的企业选择加盟扩张，而26%的企业将通过兼并收购快速发展。调查显示，30%的企业认为，银行对企业的发展持支持态度；超过80%的企业表示，在扩张时所需资金来源于自身的积累；只有个别企业表示已经与外部资本取得联系。然而，调查显示，超过70%的公司准备上市。

11. 政策支持。26%的受访企业表示得到各级政府的支持和鼓励；50%的企业表示，政府的支持有限，而且在跨地区开设网点时，不同地方的政策及行政管理常常存在差异，制约了连锁业务的发展。而外资连锁企业在政策支持及其与政府的关系上，并没有更多的政策倾斜或特殊关系。

12. 发展隐忧与挑战。调查显示，汽车后市场存在着三大发展隐忧。一是假货泛滥，不少企业在访谈中都提到假货对于规范市场的影响，估计假货在市场中的比例高达20%～30%；二是规划落后，各地方多是将汽配、汽修企业按市场或者一条街这样一种“小农经济、赶集市”的模式进行规划，制约了整个行业的发展；三是缺乏标准，汽车配件依赖于整车，维修保养依赖于师傅，行业标准化程度低。与此同时，多数企业还面临许多共同的挑战，如人才瓶颈、资金短缺、管理滞后、网点布设、战略统筹，以及价格战、4S店垄断、专业技术落后、服务技能不足、培训体系不健全、连而不锁等。

总之，汽车后市场连锁企业正处于快速起步发展阶段，具有如下特点：

1. 汽车后市场规模约3000亿－4000亿元，连锁从业企业规模多数处于“千万元”级别，整体处于小散状态。

2. 企业连锁经营水平处于起步发展阶段，全国性连锁企业很少，产品及服务标准化程度还处于较低水平。

3. 企业管理能力不强，假货充斥市场，市场规划水平较低，加之缺乏专业规范及标准，这些都是对企业发展很大的挑战。

4. 多数企业看好市场的整体向好发展，已经有各种新资源、新力量注入到行业中，对推动行业的持续发展尤为重要。

（二）汽车后市场消费行为现状、渠道及趋势

1. 访谈对象基本特征。本次访谈主要针对北京市、上海市的汽车用户。调查共回收问卷341份，其中有效问卷300份作为本次调研基础样本。本次访谈，男性对象占74.3%，女性对象占25.7%；访谈对象的年龄状况见图8；访谈对象的月收入状况见图9。

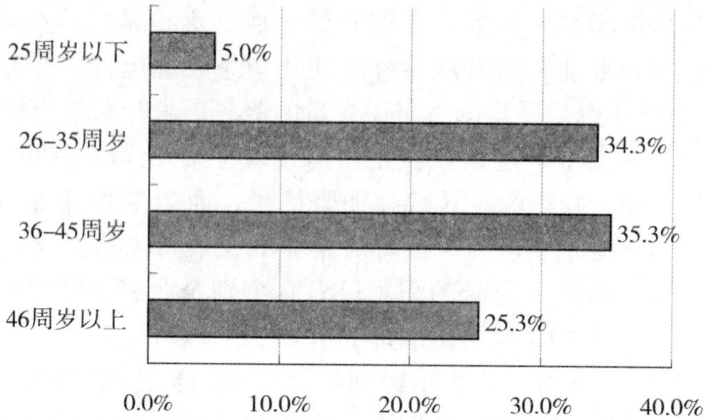

图 8　访谈对象年龄情况

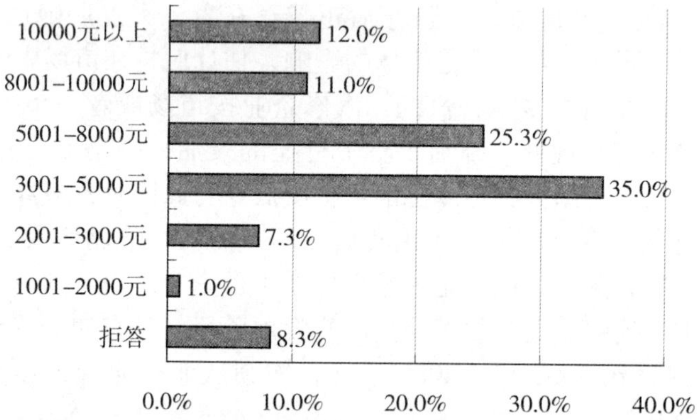

图 9　访谈对象月收入情况

2. 受访车主收入状况。上海车主月收入主要在5000元以上，约占74%；北京车主则主要集中在3000－5000元之间，占比过半。见图10。

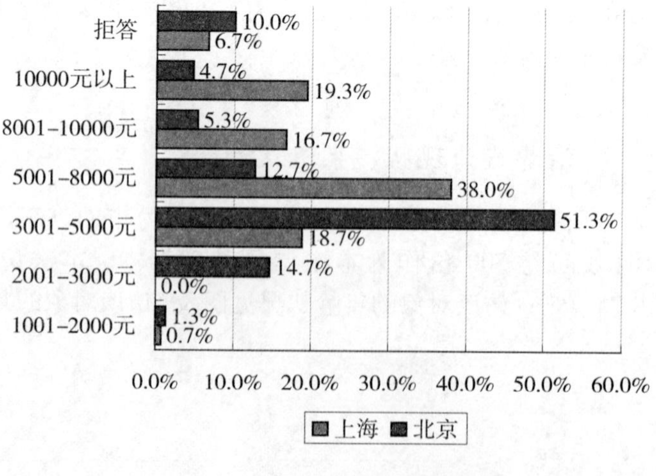

图 10　访谈对象月收入分布情况

3. 车辆及驾龄特征。如图11所示，绝大部分受访者的车辆为私家车，53.3%的访谈对象驾龄在3年以下，而62%受访者的爱车售价在5万－15万元。

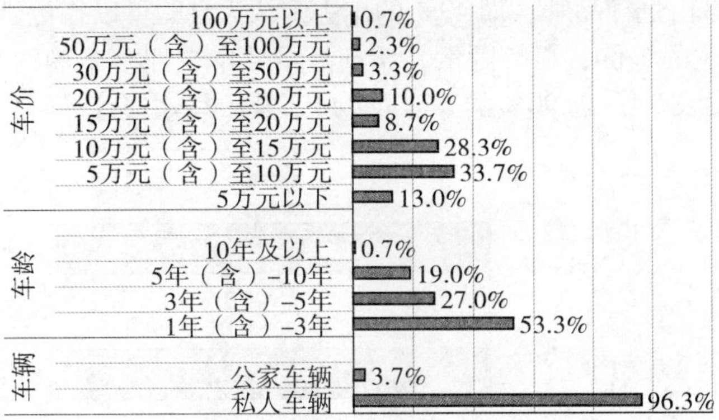

图11 访谈对象车辆及驾龄情况

4. 汽配用品及购买渠道。调查显示，76%的车主自己直接购买过（不是维修保养店直接更换）汽车配件和汽车用品，而养护类配件是自行购买最多的用品，占近80%，见图12。调查还显示，64.2%的车主选择汽配城自行购买配件，汽配城也成为汽配用品供应的主要渠道，见图13。

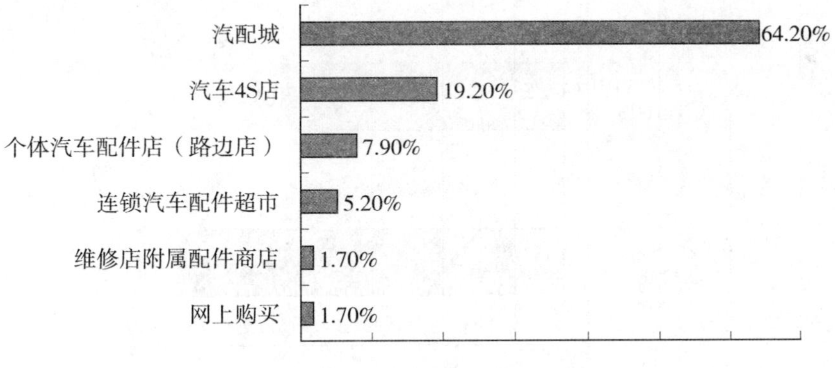

图12 受访车主自行购买汽配用品情况

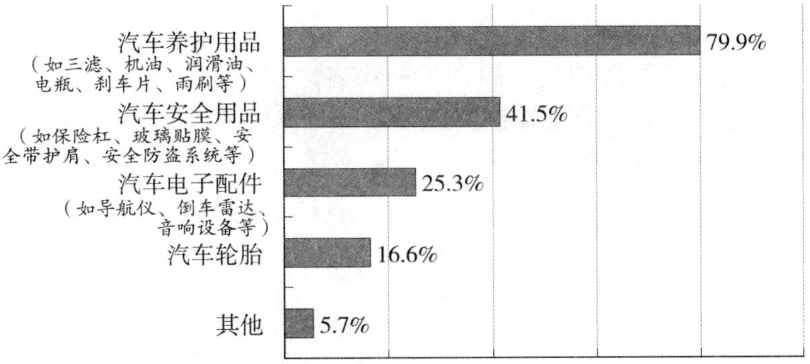

图13 受访车主自行购买汽配用品渠道

5. 消费者自行购买配件的主要原因。受访者之所以选择自购配件，主要原因是：62% 的车主认为维修店、保养店内的配件价格太高，与自购存在不少的差价空间；57% 的车主认为自购可以自由选择品牌；而 49% 的车主则认为自购可以择优挑选，质量更放心。

6. 自购配件车主的车价、驾龄因素。调查显示，车主拥有车辆的车价越低，越趋向于自己购买配件，见图 14。近 90% 的 3 年及以上驾龄的车主会选择自己购买配件，见图 15。

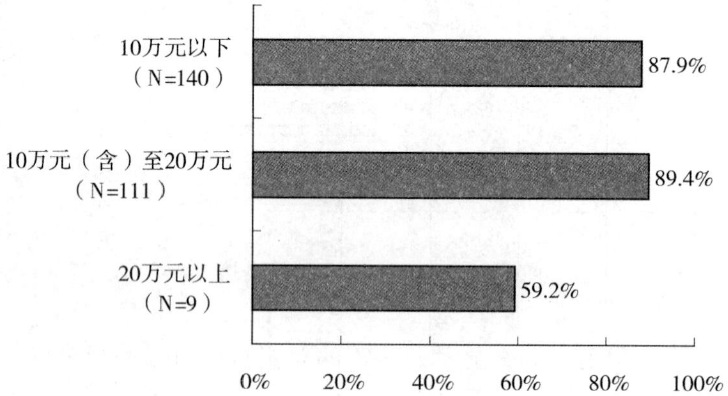

图 14 不同车价的车主自购配件占比情况

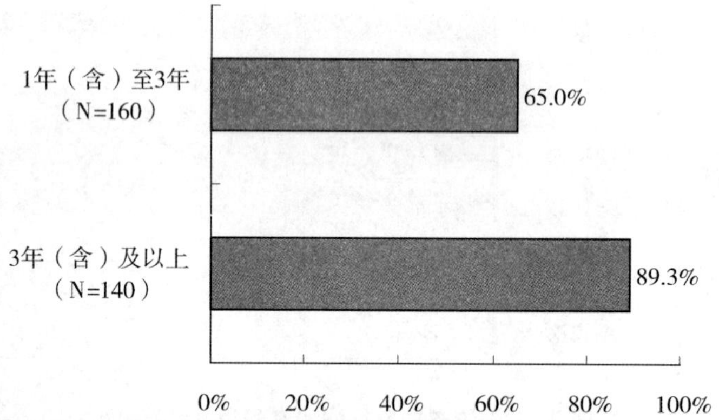

图 15 不同驾龄的车主自购配件占比情况

7. 消费者不自行购买配件的主要原因。受访者之所以不选择自行购买配件，最主要的原因是缺少汽车配件相关的专业知识，见图 16。而配件产品的齐全和价格优惠成为车主留在常用渠道的主要原因，见图 17。

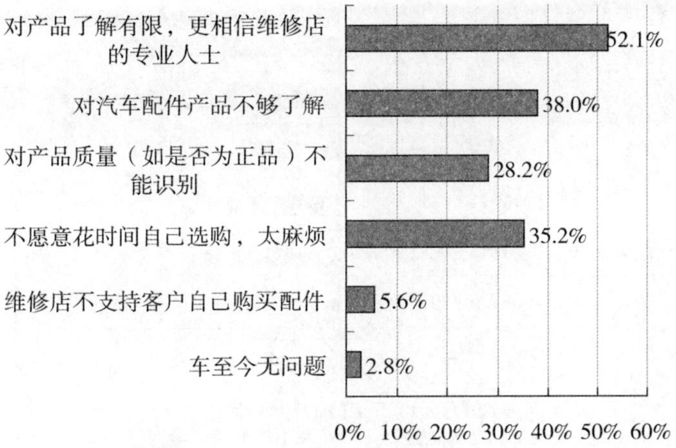

图 16　受访者不自行购买配件的主要原因

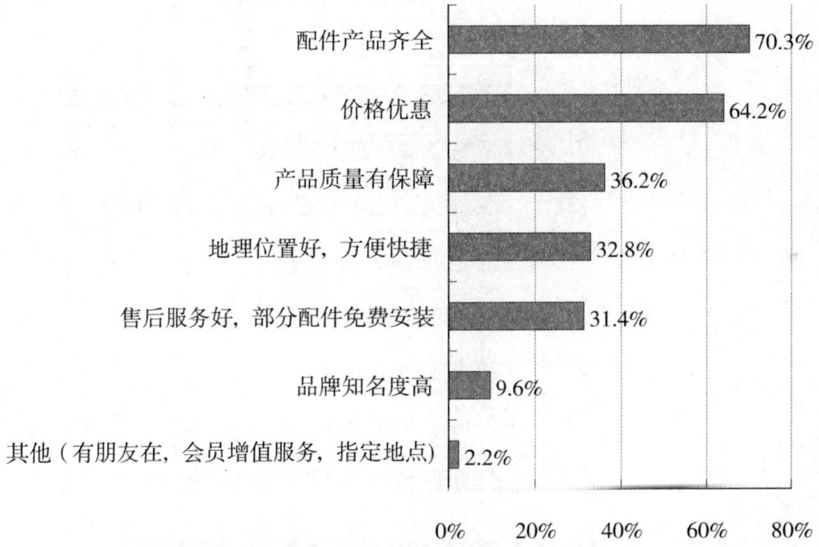

图 17　受访者光顾常驻汽配渠道的主要原因

8. 不同车价、驾龄的车主在选购配件时的质量、渠道因素。调查显示，车主拥有车辆的车价越高，其对配件产品质量和产品知名度的要求就越高，就更加不愿意让步，见图18。4S店作为常用渠道，更加注重产品质量，使服务更有保障；而汽配城则因价格优惠，成为车主选购汽配用品的主要渠道，见图19。

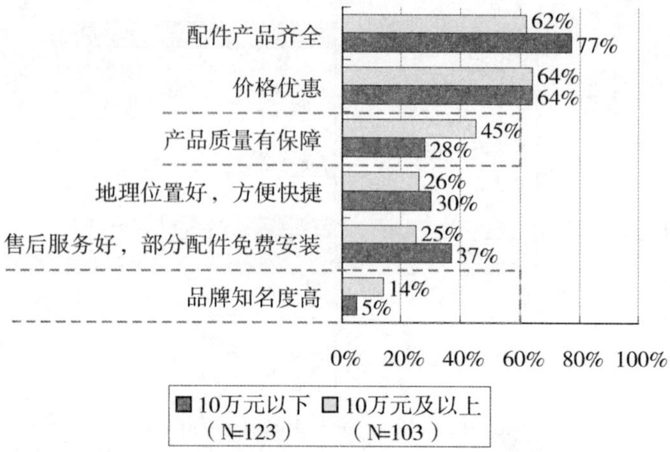

图 18　不同车价的车主在选购配件时受质量因素影响情况

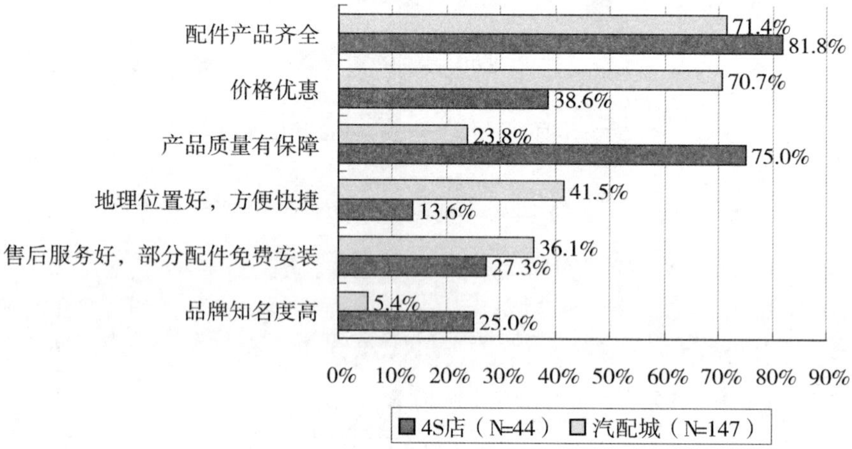

图 19　不同车价的车主在选购配件时受渠道因素影响情况

9. 不同车价、驾龄的车主在选购配件时的渠道因素。车价越高的车主越趋向于在4S店选购配件，其中车价20万元以上的车主中有45%在4S店购买配件，见图20；而驾龄越高的车主越不趋向于在4S店选购配件，其中驾龄在5年及以上的车主只有6%在4S店选购配件，在其他渠道（包括连锁店、维修店）购买配件占比最大的是驾龄3－5年的车主，占比为28%，见图21；拥有高端车的车主在座驾使用3年以后，选择连锁店购买配件的占13%，而选择汽配城的占53%，见图22。

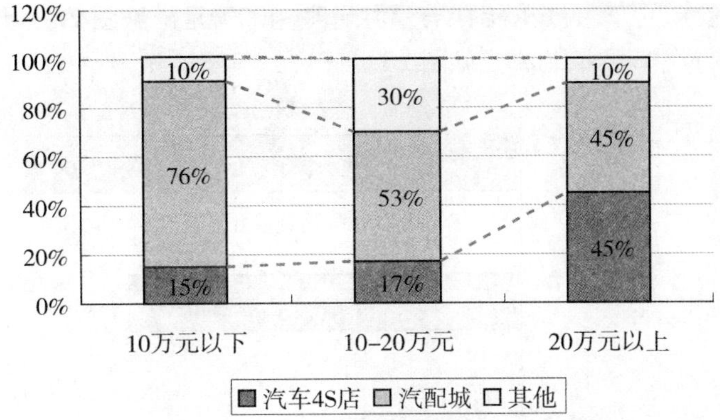

图 20　不同车价的车主在不同渠道选购配件占比情况

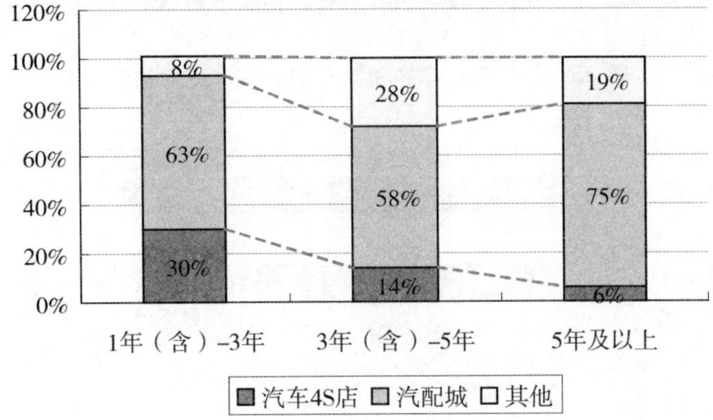

图 21　不同驾龄的车主在不同渠道选购配件占比情况

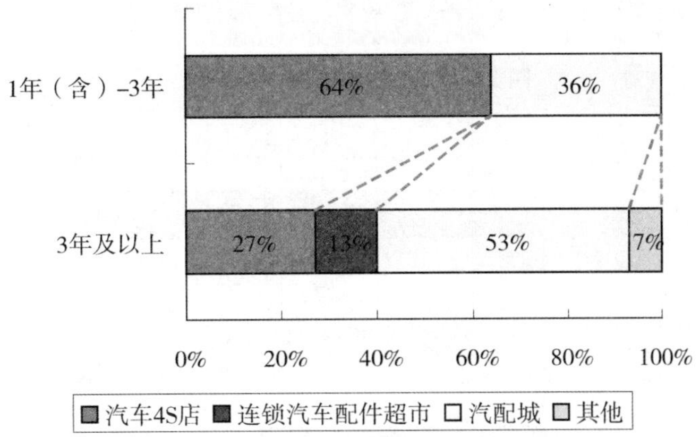

图 22　车价 20 万元以上的车主自购配件的常用渠道

10. 汽车保养基本情况。整体而言，约 95% 的消费者至少每半年对汽车进行一次保养，见图 23；约 83% 的车主在汽车保养年费用上不超过 4000 元，见图 24；而近半数高端车价（20 万元以上）的车主汽车年保养费用超过 4000 元，见图 25；也有超过 55% 的车主选择在 4S 店进行汽车保养维护，见图 26。

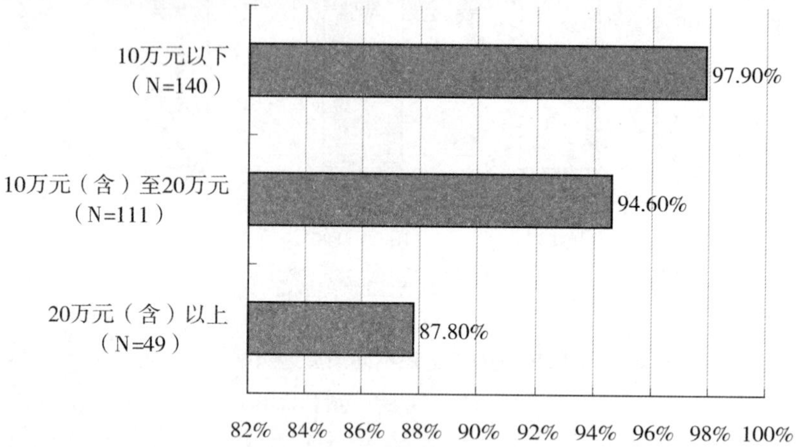

图 23　不同车价车主每半年进行汽车保养的频率

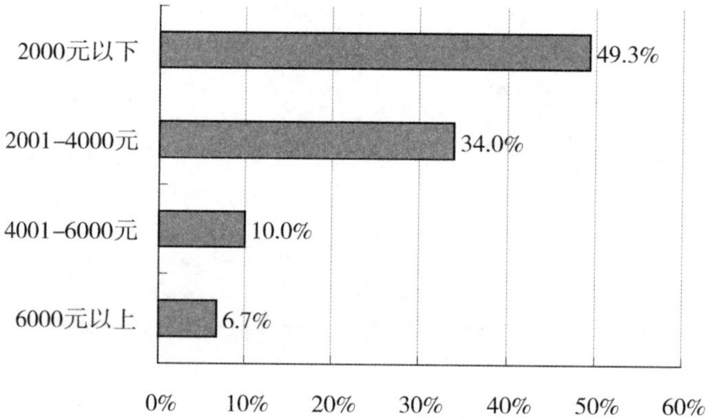

图 24　受访车主年保养费用占比

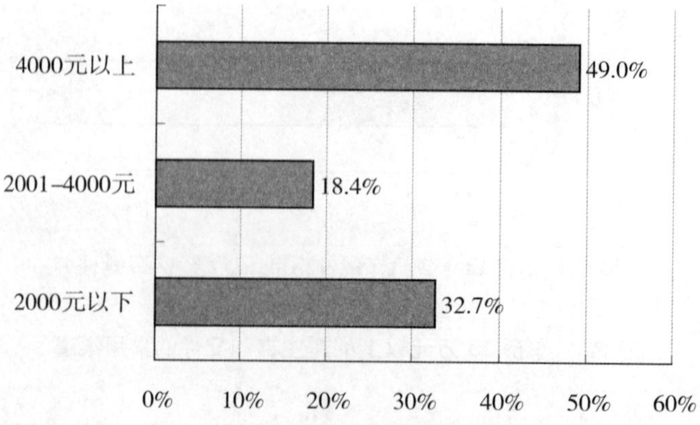

图 25　车价 20 万元以上车主汽车保养费用占比

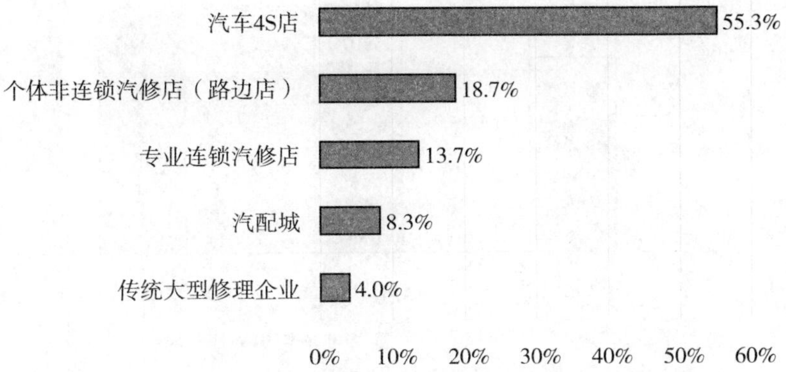

图 26　车主选择汽车保养渠道占比

11. 消费者在不同渠道保养汽车的原因。

（1）选择 4S 店。57% 的车主认为有固定的维修师傅，技术更加过硬；51% 的车主认为配件产品齐全，质量更有保障。

（2）选择路边店。价格、便捷是主要因素，即 64% 的车主认为价格更优惠，而 55% 的车主认为离住所或公司近，方便快捷。

（3）专业连锁汽修店。价格、服务、便捷是综合首选因素，即 68% 的车主认为价格优惠，61% 的车主认为服务态度好，也有 61% 的车主认为离住所或公司近，更加方便快捷。

12. 不同驾龄、车价的车主选择汽车维保渠道状况。随着车龄增长，4S 店逐步被消费者放弃，相对便宜的专业连锁店和更便宜的路边店成为主导，见图 27。20 万元以上车主维保渠道主要是 4S 店和专业连锁店，见图 28。

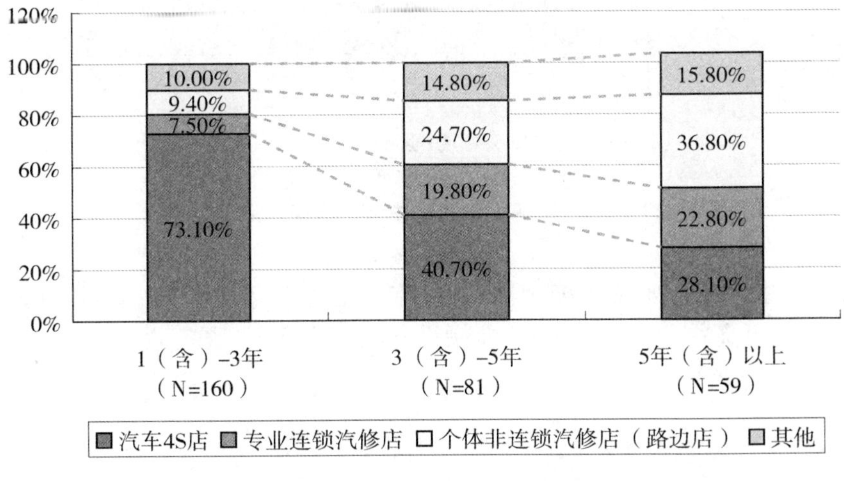

注："其他"是指传统大型修理企业、汽配城

图 27　不同驾龄车主汽车维保常用渠道

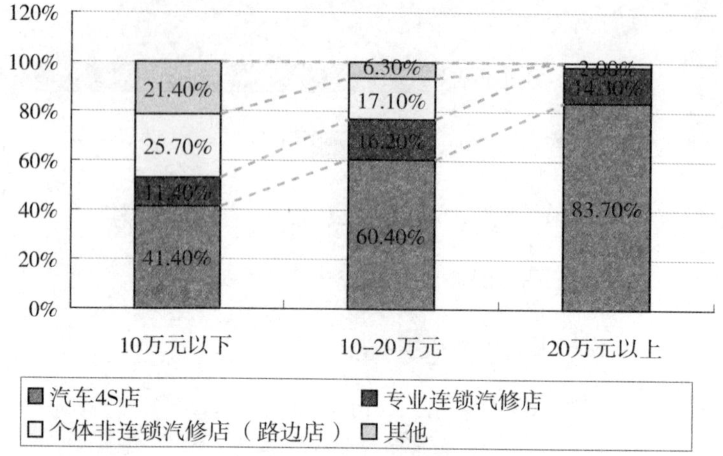

注："其他"是指传统大型修理企业、汽配城

图 28　不同车价车主汽车维保常用渠道

另外，车价 20 万元以上的车主中，55% 的消费者对服务态度有要求；53% 的消费者关注维保渠道的配件品种齐全与质量；36% 的消费者更看重所选渠道的品牌知名度。而即使驾龄在 3 年以上的高端车主，其在专业连锁店维保的比重显著增加，也仍有 67% 的车主选择在 4S 店进行维保。

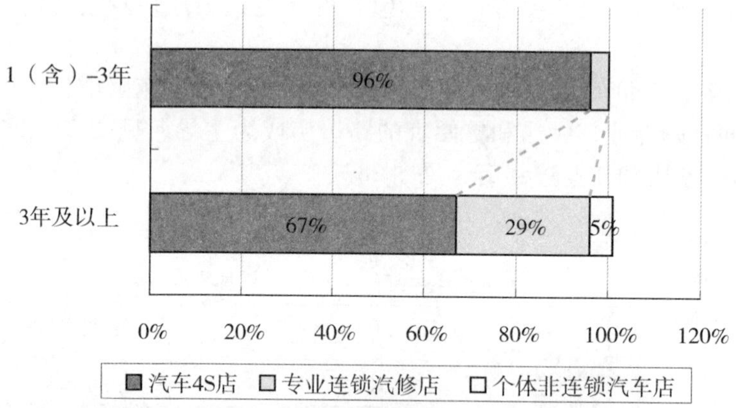

图 29　车价 20 万元以上车主汽车维保常用渠道结构

13. 两地车主对汽车维保服务的印象。北京车主对维保服务的"会员承诺"和"店铺环境"评分相对不高；上海车主对"维保设备状况"和"服务收费"最为不满。见图 30。

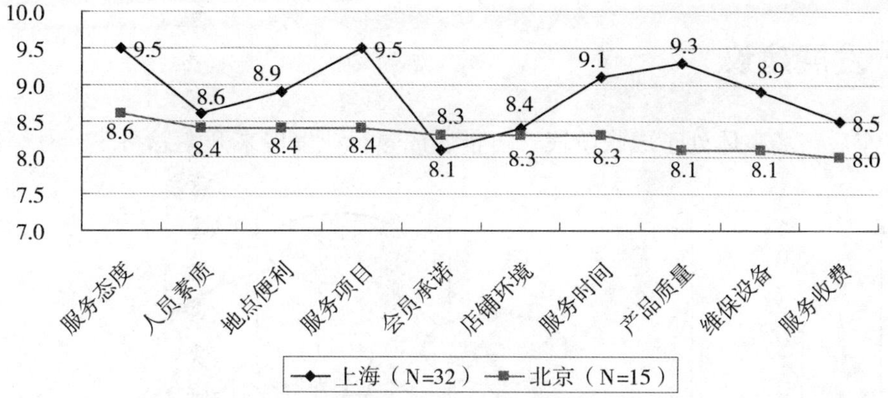

图 30　连锁渠道各项服务评分

由于北京、上海两城市区域面积和周边城市发展存在差异，使上海的车主对异地维修保养态度更加开放，会通过不同的方式进行选择，也更加接受连锁的形式，见图 31。

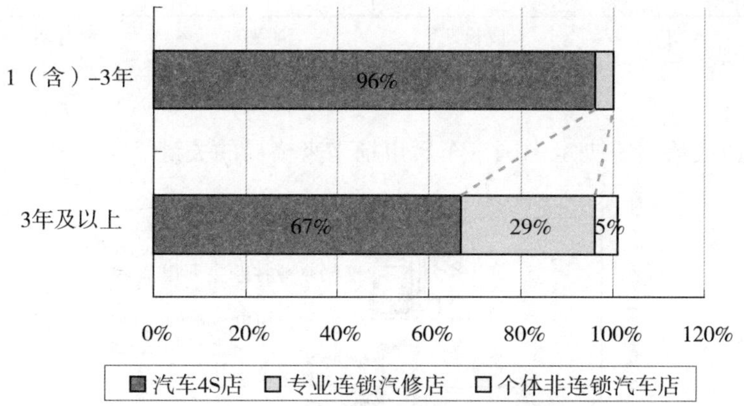

图 31　车主在异地维修车辆的选择

总之，调查发现汽车后市场消费具有如下主要特点：

（1）76% 的车主自己购买过配件，自购配件的主要动因是价格更便宜、可自由选择品牌和质量更放心。

（2）汽配城仍是目前消费者自购配件的主要渠道，消费者选择配件渠道时最关注的是产品齐全和价格优惠；而 20 万以上车价的车主更加关注质量和品牌。

（3）车辆年保养费用主要在 4000 元左右，6000 元以上的年保养消费主要集中在 20 万元以上的车辆。

（4）4S 店是消费者进行汽车维修保养的主要渠道，但随着车主驾龄的增长，维保渠道更加分散。方便快捷、价格优惠和维保技术人员相对固定是消费者选择维保渠道时最关注的问题。

三、发展建议

1. 汽车后市场整体处于成长阶段，可借鉴成熟行业发展来开拓思路。

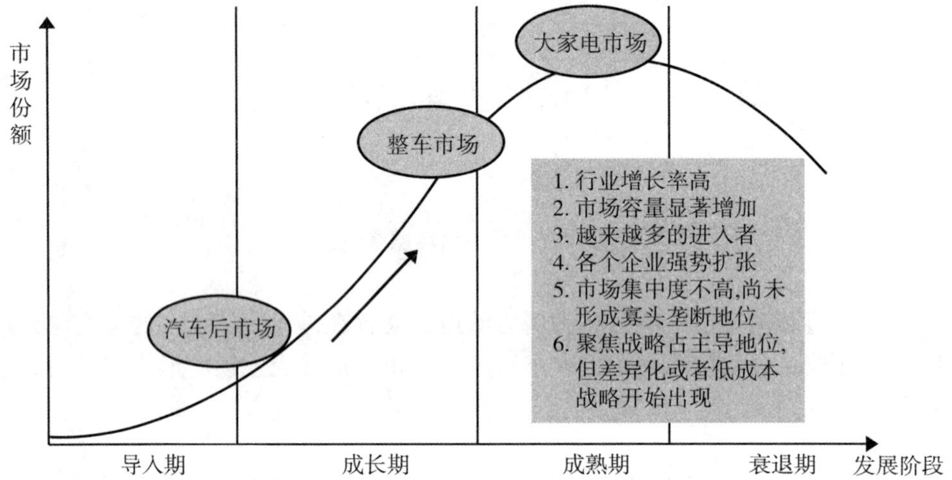

2. 能否快速成长，是决定中国汽车后市场未来格局的关键。

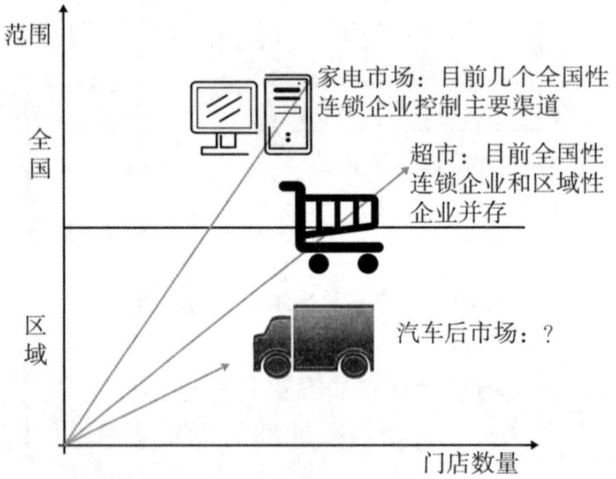

从超市、家电卖场等行业连锁发展规律来看，在市场需求发展阶段，能否实现快速发展，会对相关企业在今后整个市场的地位具有决定性影响。

从产品线的宽度和对服务的需求来看，我们认为汽车后市场未来格局比较接近超市卖场的发展趋势，即全国性连锁与区域性或专业性连锁共存。

3. 实现真正的连锁经营是汽车后市场的当务之急。“连而不锁”是汽车后市场企业普遍的状况。正像访谈中有些老总所言：虽然开了不少网点，但是各地的产品代理权都是独立签署，配送、促销等都是独立的，形象也没有完全统一。因此，短期来看，建立统一形象，统一价格体系和统一营销策略可以帮助企业推进连锁经营模式。

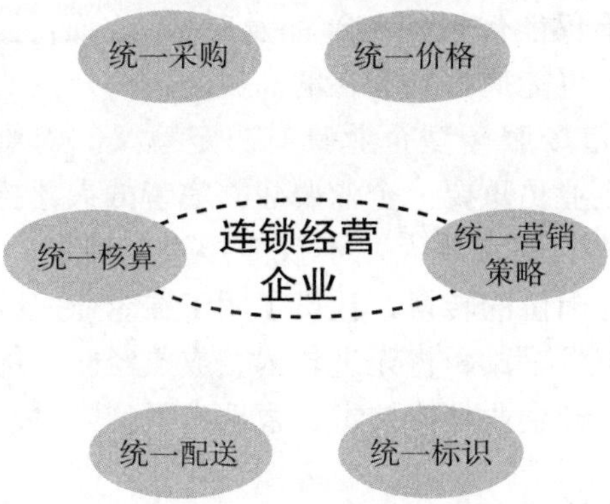

4. 对未来长期发展，决不能忽视品牌建设及其投入，要避免品牌建设的表面化。

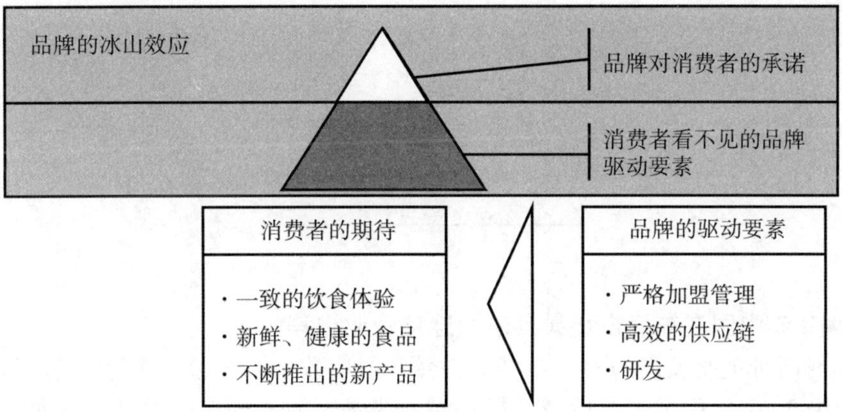

实质上，市场上消费者眼中的品牌背后有着深刻的内涵和强大的运营后盾。

5. 供应链管理对汽车后市场企业的发展至关主要。无论是本次调查中行业领先的企业，还是其他成熟行业的标杆企业，其成功要素中，都具有强大的供应商支持和物流配送系统。

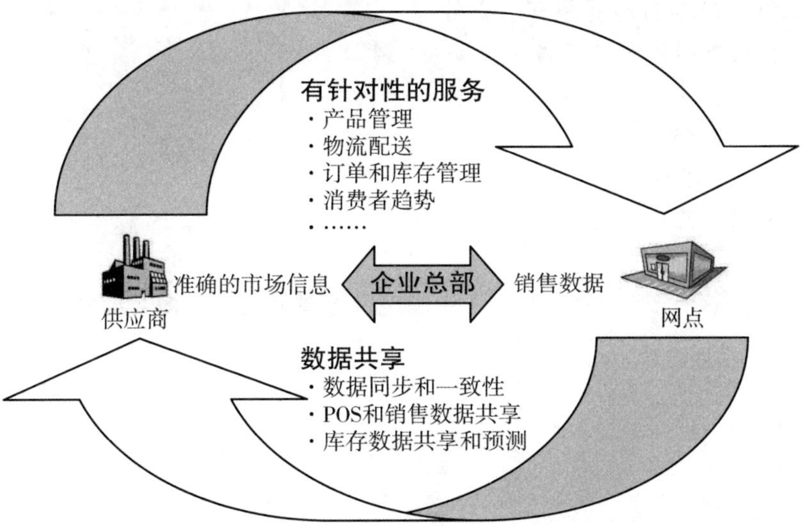

合理的供应链管理，不仅能保证当前产品及时供应，而且通过内部与外部的数据共享，订单协同和及时配送，更能捕捉到潜在的商机。

6. 人才培养对汽车后市场服务型企业具有决定意义。对维修保养等服务企业来说，人才的重要性比一般流通企业更重要。企业要建立完善的人才招聘、培训、使用、发展和系统化管理机制，对高技术、高素质人才不仅能招进、用好，还应留得住、有发展。同时，要打通技术岗位与管理岗位的转换，让员工明了在企业内的发展机会和奋斗目标。

此外，要积极引进新技术手段，将先进技术、成熟经验、优化流程转化并提升为企业特有的核心技术能力，在提升企业整体技术、管理水平的同时，减少对特殊人才的依赖。

企业人才发展登山模型

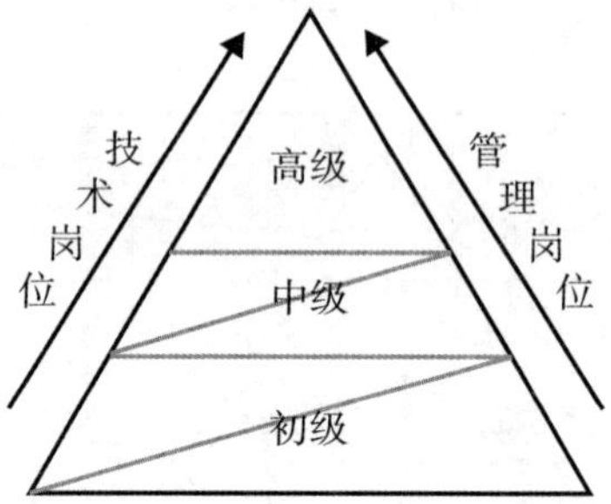

附：2012 年中国汽车后市场最具潜力连锁企业推荐

根据参与调研企业提供的上一年度销售额、门店数量、区域分布等信息，本次调研推荐以下企业为 2012 年中国汽车后市场最具潜力连锁企业（排名不分先后，按企业中文名称拼音字母排序）。

澳德巴克斯（中国）汽车用品商业有限公司
驰加（上海）汽车用品贸易有限公司
杭州小拇指汽车维修科技股份有限公司
南京康众汽配贸易有限公司
上海隆丰汽车零部件有限公司
新奇特车业服务股份有限公司
江苏正大富通汽配连锁有限公司

（中国连锁经营协会　上海菁葵投资有限公司）

第四部分　政策法规篇

商务部关于“十二五”期间促进商业特许经营健康发展的指导意见

商流通发［2011］510号

“十一五”期间，我国商业特许经营发展迅猛，企业数量剧增，截至2010年底，我国特许经营体系已超过4500个，位居世界第一，经营范围已覆盖70多个行业业态。但我国商业特许经营仍处于成长阶段，存在一些亟待解决的问题：多数商业特许经营企业缺乏核心竞争力、标准化管理能力和品牌推广扩张能力，在规模化、标准化、信息化等方面与发达国家存在较大差距；有些商业特许经营企业的运营和管理系统不完善，品牌存活率低，一些中小城市市场加盟店质量难以达到要求，个别地方还存在不法分子以招商加盟形式实施商业欺诈的现象。为促进“十二五”期间商业特许经营健康发展，推动我国商贸流通业发展方式加快转变，现提出以下意见：

一、指导思想、基本原则和主要目标

（一）指导思想。深入贯彻落实科学发展观，以提高商贸流通业组织化程度，促进品牌建设，扩大创业和增加就业为目标，以完善商业特许经营管理为基础，以政策扶持和联合执法为手段，坚持一手抓规范，一手抓发展，在规范中发展，在发展中规范，推动我国商业特许经营快速发展。

（二）基本原则。促进发展与加强规范相结合。积极运用中小企业发展专项资金等相关政策，针对商业特许经营企业成长中的薄弱环节和瓶颈，加大政策扶持力度。巩固“十一五”时期对商业特许经营进行规范和管理的成果，进一步净化商业特许经营市场环境。

市场运作与政策引导相结合。尊重市场经济运行规律和商业特许经营企业的主体地位，找准政府在商业特许经营发展中的定位，针对关键环节，完善相关政策，采取有力措施，促进商业特许经营健康发展。

备案管理与日常服务相结合。继续做好商业特许经营备案管理工作，采取有效措施，逐步提高备案率。积极做好商业特许经营企业备案后的跟踪管理、后续服务和统计信息分析工作，及时准确了解和掌握我国商业特许经营发展动态，为完善我国商业特许经营政策体系提供决策依据。

品牌培育与加强知识产权保护相结合。把商业特许经营品牌培育作为发展我国商业特许经营的重要任务，支持优秀品牌做大做强。对侵犯商业秘密和知识产权、违反《商业特许经营管理条例》的行为，加大联合执法力度和处罚力度，切实维护特许经营市场秩序。

（三）主要目标。用五年时间，实现主要特许经营品牌的加盟店数量、经营规模、规范水平均有较大提高；商业特许经营管理体系进一步完善，商业特许经营备案率逐年提高，投诉率逐年下降；形成一批市场发展潜力大、标准化管理能力强、诚信经营的知名商业特许经营企业和品牌。

二、工作任务

（一）加强商业特许经营管理，以规范促发展

完善法律法规标准。推动《商业特许经营管理条例》修订工作，进一步完善《商业特许经营备案管理办法》和《商业特许经营信息披露管理办法》，逐步引入和建立纠纷调解机制，不断强化法律法规的执行力度，切实将特许经营管理纳入法制化轨道。加强《特许经营管理体系指南》、《特许经营术语》等标准的实施和推广，提高商业特许经营的规范化水平。

加强行业监督管理。认真做好商业特许经营备案及投诉咨询工作，加强与有关部门沟通与配合，对商业特许经营品牌进行跟踪管理，同时加大执法力度，严厉打击假借特许经营实施商业欺诈和侵犯知识产权的不法分子，切实保护特许人与被特许人的合法权益。

（二）支持品牌做大做强，以效益促发展

制订特许品牌培育规划。将培育商业特许经营品牌纳入各地国内贸易发展规划，结合本地区经济社会发展实际，提出支持商业特许经营品牌做大做强的总体思路、目标和具体措施，有计划、有步骤、有重点地推进。

扶持优秀特许品牌发展。建立优秀商业特许经营品牌评价机制，以“商业特许经营连锁百强”为基础，进一步发掘优秀商业特许经营品牌、加强品牌建设和宣传、培育一批市场潜力大、扩张能力强、诚信经营的知名企业。

（三）集中解决企业成长薄弱环节，以提升促发展

加强企业信息系统建设。支持商业特许经营企业引入信息联网管理，鼓励有条件的企业开发先进适用的商业软件，完善企业管理信息系统。

加快物流体系建设。鼓励商业特许经营企业进一步提高商品配送率，支持商业特许经营企业建设配送中心或充分利用社会化配送中心，实行统一采购、统一配送，切实减轻加盟店的负担，发挥商业特许经营的规模效益。

加强企业特许管理体系建设。支持商业特许经营企业完善内部管理机制建设，建立完备的标准化、信息化商业特许经营管理系统和财务审计制度，不断完善《特许经营手册》，建立培训、督导机制，确保加盟店的标准化运营。

（四）加强公共平台建设，以服务促发展

健全行业统计和信用评价。加强商业特许经营行业统计工作，分行业开展商业特许经营调研和分析，及时掌握行业发展动态和趋势，加快建立全国统一的备案商业特许经营企业的信息共享机制，按照“树品牌、评诚信、建体系”要求，拓展商业特许经营备案管理系统的信息服务功能和品牌评价功能，完善信用监督约束和失信惩戒机制，扩大备案特许经营企业信用评价覆盖面。

加大宣传与培训力度。采取多种形式开展宣传，普及商业特许经营相关知识和法规政策，让公众充分了解和认识商业特许经营。加强培训工作和培训制度建设，对管理人员、商业特许经营企业有针对性地开展政策、法规、业务培训，提高依法行政管理水平和企业经营水平。

三、保障措施

（一）完善工作管理机制。各地商务主管部门要协调公安、司法、工商、行政管理等部门建立跨部门商业特许经营行业管理工作机制，按照职责分工，加强协作配合，落实目标任务，完善政策措施，加强监督指导。结合商务行政执法，加强商业特许经营执法力量，切实保证监管措施落实到位，推进商业特许经营健康发展。

（二）加强政策支持。加快中小商贸流通企业服务体系建设，为商业特许经营企业提供咨询、融资、市场开拓、管理提升等服务，促进商业特许经营企业的规模化发展。会同有关部门制订促进商业特许经营发展的财税政策，积极争取对具有一定规模且管理比较成熟的商业特许经营企业给予税收优惠和资金支持；研究制订中小企业发展商业特许经营的扶持政策，重点鼓励老字号、特色店、知名品牌企业在严格管理、保证质量的前提下发展商业特许经营。

（三）发挥行业协会作用。充分发挥行业协会作用，制订行规行约，加强行业自律，为企业升展信息咨询、宣传培训、品牌保护、国际交流与合作等提供服务，鼓励行业协会与大专院校开展合作，加强商业特许经营人才培育。

商务部

二〇一二年一月四日

国家食药局关于进一步加强餐饮连锁企业食品安全工作的通知

国食药监食［2012］84 号

各省、自治区、直辖市及新疆生产建设兵团食品药品监督管理局，北京市卫生局、福建省卫生厅：

近年来，我国餐饮连锁企业快速发展，已成为餐饮业最具活力的经营模式之一。餐饮连锁企业规模化、标准化、专业化经营方式，对我国餐饮服务食品安全水平的稳步提升起到了重要的推动作用。但在餐饮连锁企业快速成长的过程中，个别连锁企业门店违规经营、失信经营，损害了连锁企业的良好形象和消费者的切身利益。为进一步加强餐饮连锁企业食品安全监管，规范餐饮连锁企业经营行为，推进依法诚信经营，确保餐饮服务食品安全，现就有关要求通知如下：

一、充分认识加强餐饮连锁企业食品安全工作的重要意义

餐饮连锁企业通常统一品牌、统一规范、统一配送、统一管理、统一服务，具有较高的食品安全管理水平。但餐饮连锁企业往往经营门店数量多、采购数量大、供应链条长，如管理不严，容易发生系统性风险。加强餐饮连锁企业食品安全管理，有利于推动餐饮连锁企业依法诚信经营，提升科学管理水平；有利于树立餐饮连锁企业的品牌形象，促进行业健康发展；有利于提高餐饮服务食品安全水平，切实维护公众的健康权益。各级食品药品监管部门要充分认识新形势下加强餐饮连锁企业食品安全工作的重要性，针对餐饮连锁行业特点，采取更加有力措施，从严加强餐饮连锁企业食品安全监管，强化从企业总部到经营门店的全程监管，强化企业总部对中央厨房、配送中心和经营门店的系统管理，进一步提高餐饮连锁企业食品安全水平。

二、严格落实餐饮连锁企业食品安全主体责任

餐饮连锁企业应当严格执行《食品安全法》、《食品安全法实施条例》、《餐饮服务食品安全监督管理办法》、《餐饮服务食品安全操作规范》等各项要求，认真履行食品安全主体责任。餐饮连锁企业总部对其中央厨房、配送中心和经营门店的食品安全承担指导、监督、检查和管理责任。中央厨房、配送中心和经营门店在餐饮连锁企业总部的统一管理下，依法承担相应的食品安全责任。餐饮连锁企业总部应重点做好以下工作：一要强化食

品安全管理体系建设。餐饮连锁企业要明确系统内食品安全管理组织框架，建立涵盖原料采购、操作流程、物流配送、餐厨废弃物处理等食品安全控制和风险防范体系。企业总部、中央厨房或配送中心建立食品安全管理机构并配备专职食品安全管理人员，经营门店按要求配备专职或兼职食品安全管理人员。二要强化原料采购统一管理。建立供应商遴选制度，确定稳定可靠的原料供应商，加强对食品原料的检验，确保食品、食品添加剂、食品相关产品来源可靠和安全。要以信息化系统为支撑，逐步建立食品原料采购信息化平台，确保采购、库存、配送的统一协调和食品安全追溯制度的落实。鼓励大型餐饮连锁企业探索建立原料供应企业资格认定制度。三要强化操作过程标准化管理。企业总部应督促其中央厨房、配送中心和经营门店严格执行《餐饮服务食品安全操作规范》，鼓励餐饮连锁企业采用先进的食品安全管理体系，建立统一的餐饮连锁企业食品安全企业标准，不断提升食品安全管理水平。四要强化配送统一管理。鼓励餐饮连锁企业建立统一的中央厨房或配送中心。餐饮连锁企业总部应加强对中央厨房或配送中心配送产品的过程管理，合理确定配送过程的温度、时间等参数，确保配送过程中的食品安全。五要强化中央厨房管理。中央厨房的加工经营场所面积、设备设施、人员配备要与企业的经营门店数量相适应，与产品的配送能力相匹配。中央厨房应设置与加工品种和规模相适应的检验室，配备与产品检验项目相适应的检验设备设施，配备经专业培训并考核合格的检验人员。六要强化食品安全应急管理。餐饮连锁企业应进一步完善食品安全事故处置方案，定期检查各经营门店、中央厨房或配送中心食品安全防范措施的落实情况，及时消除食品安全隐患。七要强化从业人员培训教育。餐饮连锁企业要按照国家有关要求，加大对各类从业人员的食品安全知识培训。八要强化诚信经营意识。餐饮连锁企业应进一步增强诚信经营意识，恪守企业社会责任，不得在食品安全方面以任何夸大、虚假手段误导或欺骗消费者。

三、切实履行餐饮连锁企业食品安全监管职责

各级食品药品监管部门要认真研究新形势下餐饮业的发展规律和餐饮连锁企业的经营特点，采取更加有效的监管措施，进一步加强对餐饮连锁企业食品安全的监管，促进餐饮连锁企业健康发展。一要加强日常监督检查。根据餐饮连锁企业的特点，创新监管方式，强化对原料采购、加工操作、配送等关键环节的监管力度。加强对连锁企业的动态监管，按照餐饮服务食品安全监督量化分级管理的要求，加快推进餐饮连锁企业量化分级管理工作，及时向消费者公示监督信息。二要加快推进示范企业建设。按照餐饮服务食品安全百千万示范工程建设的指导意见，加快推进餐饮连锁企业示范建设，充分发挥示范餐饮连锁企业的引领和辐射作用。三要加强监督抽验。加大对餐饮连锁企业所属经营门店、中央厨房或配送中心的监督抽验力度，及时发现和处置食品安全风险。四要加大违法行为稽查力度。积极落实责任约谈制度，发现存在需约谈事项时及时进行约谈，必要时向社会公开约谈事项。对餐饮连锁企业的违法违规行为要加大处罚力度，涉嫌犯罪的，要立即移交公安机关。五要加大培训指导力度。建立健全餐饮连锁企业食品安全培训机制，针对餐饮连锁企业的负责人、食品安全管理人员和从业人员的不同培训需求，不定期进行食品安全法律和典型案例讲解，推动餐饮连锁企业整体水平不断提高。六要加强正面宣传引导。通过多种渠道、采取多种方式积极宣传餐饮连锁企业的食品安全管理行为，鼓励和引导餐饮连锁

企业创新食品安全管理方式，增强社会公众的食品安全信心。七要及时曝光违法案件。要把监督检查中发现的违法违规企业名单及其具体情节和受处罚情况以适当的方式向社会公开曝光，让公众知晓，给违法违规企业施加舆论和信誉压力。

四、充分发挥相关食品行业协会的行业自律作用

各级食品药品监管部门要与相关食品行业协会建立沟通协调机制，鼓励相关行业协会充分利用各种资源，开展有关餐饮连锁企业食品安全问题调研和有关政策法规的宣贯；鼓励相关行业协会研究制定强化餐饮连锁行业食品安全管理的行业自律规范，推动餐饮连锁企业不断提高安全发展意识、诚信自律意识和社会责任意识；鼓励相关行业协会组织行业专家，积极回应舆情关注；鼓励相关行业协会指导餐饮连锁企业积极参与餐饮服务食品安全百千万示范工程建设，积极宣传优秀餐饮连锁企业，共同营造良好的行业氛围；鼓励行业协会组织餐饮连锁企业会员单位抵制行业食品安全不良行为，共同维护行业的良好形象。

五、积极鼓励社会各界参与餐饮连锁企业食品安全监督

各级食品药品监管部门要高度重视食品安全社会监督工作，建立健全餐饮服务食品安全社会监督工作机制，充分调动社会各界参与餐饮连锁企业食品安全监督的积极性和创造性。主动公布餐饮服务食品安全投诉举报电话，积极落实食品安全有奖举报制度，及时核查处理消费者的投诉举报。充分发挥基层群众、社会团体、新闻媒体及社会各界的监督作用，对于社会反映的有关餐饮连锁企业食品安全舆情要及时核实，并向社会公布。要加强与新闻媒体的沟通，支持和鼓励新闻媒体依法进行舆论监督。

国家食品药品监督管理局
二〇一二年三月二十四日

商务部关于鼓励和引导民间资本进入商贸流通领域的实施意见

商流通发［2012］207 号

各省、自治区、直辖市、计划单列市及新疆生产建设兵团商务主管部门：

改革开放30多年来，我国商贸流通领域对民间资本开放已取得积极成效，目前，民营企业已占我国商贸流通经营单位总数的93%，在繁荣城乡市场、促进生产、扩大消费中起着举足轻重的作用。为深入贯彻落实《国务院关于鼓励和引导民间投资健康发展的若干意见》（国发〔2010〕13号）和《国务院办公厅关于鼓励和引导民间投资健康发展重点工作分工的通知》（国办函〔2010〕120号）精神，进一步发挥好民间投资在我国商贸流通领域中的积极作用，现提出以下实施意见：

一、鼓励和引导商贸流通领域民间投资又好又快发展

（一）鼓励和引导工业消费品流通领域民间投资又好又快发展。鼓励和引导民间资本建设面向社会服务的区域性仓储和配送中心，为工业消费品短途统一配送提供支撑。鼓励民间资本参与城乡便利店以及社区配套商业设施建设，引导民间资本规范有序参与厂家直销中心（奥特莱斯）、城市商业综合体建设，实现健康发展。支持民营流通企业与拥有品牌优势的生产企业紧密合作，努力发展成为工业消费品总代理商、总经销商。

（二）鼓励和引导生产资料流通领域民间投资又好又快发展。支持民营生产资料流通企业强化供应链管理功能，向上下游产业延伸，发展集原料采购、流通加工、物流配送、产品销售和再生资源回收于一体的集成服务。鼓励和引导民间资本在中心城市、交通枢纽、经济开发区和工业园区建设大宗生产资料现代物流基地和物流园区，促进生产资料流通集聚发展。

（三）鼓励和引导农产品流通领域民间投资又好又快发展。深入贯彻落实《国务院办公厅关于加强鲜活农产品流通体系建设的意见》（国办发〔2011〕59号）等文件精神，积极引导农产品流通领域民间资本参与建设和改造农产品批发市场和农贸市场、菜市场、社区菜店、生鲜超市、平价商店等鲜活农产品零售网点。支持大型民营农产品流通企业向生产领域和零售环节延伸经营链条，提高产业集中度和产销一体化水平。

（四）鼓励和引导餐饮住宿行业民间投资又好又快发展。鼓励民间资本参与各地早餐工程建设，开展厨房改造、主食加工配送中心建设，为居民提供安全、便利、实惠的早餐服务。支持民间资本参与餐厨垃圾回收利用体系建设，发展经济型酒店，创建绿色饭店，

全面提升餐饮、住宿卫生安全水平。鼓励民营餐饮企业进行资本运作和战略重组，推进集约化生产，加快集团化发展，积极拓展国际市场。

（五）鼓励和引导其他生活服务和商务服务领域民间投资又好又快发展。鼓励民间资本投资和经营家政服务网络中心、社区便民服务店、大众浴池、生活服务网络平台等满足大众需求的基础服务设施。支持会计、审计、广告、法律、管理咨询、市场调查等商务服务领域的民营企业加快发展，进一步健全服务功能。支持经营规范、运作良好的民营生活服务企业开展兼并重组，实现跨区域连锁经营。

二、继续发挥好民间资本在发展现代流通方式中的重要作用

（一）鼓励民间资本发展连锁经营和特许经营。积极鼓励和引导民间资本在商贸流通领域发展直营连锁、特许连锁和自愿连锁。推动连锁经营从传统零售业、餐饮业向生产资料流通等领域拓展。对具有发展潜力和经营特色的民营企业发展特许体系，提供管理咨询、信息化改造、物流体系建设等方面的支持。发掘一批经营模式成熟、市场接受度高、扩展能力强的优秀特许经营品牌，支持其开展品牌建设和加盟宣传。

（二）鼓励民间资本发展商贸物流。鼓励民营企业整合现有工业、商业、仓储和运输等物流信息资源，大力发展第三方物流，推进第四方物流。引导民间资本加强冷链物流、物流电子商务平台、商贸物流园区建设，促进民营物流企业发展。支持民营资本在大中城市推进现代物流技术应用和共同配送工作，发展日用消费品和生产资料共同配送、鲜活农产品低温配送，支持民营企业物流配送模式创新，开展托盘及集装单元系统建设、运营，提高物流配送自动化、标准化、信息化和组织化水平。

（三）鼓励民间资本发展电子商务。支持有实力的民营企业与大型国有流通企业采用强强联合、兼并重组、股份制改革等合作方式，发展或转型成为行业特色突出、创新能力和带动性强的电子商务龙头企业。支持民间资本参与行业电子商务平台建设和改造，推进其由信息流服务向信息流、商流、物流综合服务发展。支持民营百货、超市企业依托现有商业资源开展网络零售业务，发展集电子商务、电话订购和城市配送为一体的同城购物。

三、引导民间资本进入商贸流通领域特种行业

（一）支持民间资本有序进入国内成品油市场。引导民间资本有序参与原油与成品油储运及零售网络建设，扶持有条件的民营企业进入成品油分销市场。鼓励支持具备一定实力的大型民营油企通过兼并、收购、联营等方式，进一步壮大实力，建立以资产为纽带的独立石油公司或技术服务型石油公司，发展成为主业突出、市场竞争力强的大公司大集团；支持民营油企采取多种形式获得稳定的油源、技术和管理服务。

（二）引导民间资本规范发展典当业务。加快典当业立法步伐，研究制订相关标准，引导民间资本规范发展典当业务。促进民营典当企业规范化、品牌化经营，鼓励有条件的民营典当企业做大做强，开展品牌建设，发展连锁经营。推动建立典当企业之间、典当企业与银行、担保公司等其他社会融资机构之间的合作机制，支持民营典当企业拓宽融资渠道。积极研究出台有利于典当业务发展的支持政策，争取获得与小额贷款公司等非银行金

融机构同等待遇。

（三）支持民间资本发展融资租赁业务。加快融资租赁业立法步伐，建立健全行业标准体系，完善金融、财政、税务、外汇、海关等政策，加强行业监管，支持符合条件的民营企业规范发展融资租赁业务。鼓励民营融资租赁企业为中小微企业、“三农”企业提供交通运输工具、生产设备、工程机械、农用机械等融资租赁服务，通过设备融资租赁方式参与铁路、电信、电力、石油天然气、水利工程等基础产业建设。支持民营融资租赁企业加强与各类金融机构合作，拓宽融资渠道。

（四）支持民间资本拓展拍卖业务领域。以市场化和专业化为目标，支持民营拍卖企业开拓新市场，调整业务结构，大力拓展社会委托资源，采取相关配套和保障措施，积极发展机动车拍卖、无形资产拍卖等业务领域。探索开展农产品拍卖，选择具备条件的农产品品种开展拍卖交易，逐步推动拍卖成为大宗农产品流通的重要交易方式。

（五）引导民间资本有序开展直销经营。加强对直销法规政策的宣传，引导民间资本有序进入直销市场。完善监管制度，配合有关部门严厉打击传销，引导直销企业规范经营。支持民营企业学习借鉴国外先进经验，积极探索适合中国国情的直销经营理念和管理方式。推动成立行业协会等中介组织，搭建企业交流合作平台，促进行业自律。

四、为民营商贸流通企业发展创造良好政策环境

（一）改善民营商贸流通企业融资环境。贯彻落实《国务院关于进一步支持小型微型企业健康发展的意见》（国发〔2012〕14号）支持小型微型企业发展的各项金融政策，创新金融产品和服务，拓宽融资渠道，努力缓解小型微型民营商贸流通企业融资困难。继续采取财政补助方式，支持民营中小商贸流通企业通过融资性担保机构获得融资，支持其投保国内贸易信用险，鼓励保险机构帮助企业进行保单融资。

（二）支持民营企业承担由财政资金引导的重点工程。支持民营企业参与再生资源回收体系建设，以龙头企业为载体，分品种规划建设覆盖全国的再生资源回收网络。支持民营企业承担“早餐工程”、“家政服务体系建设”、“标准化菜市场”等民生服务项目，进一步完善城市社区便民服务设施。在“万村千乡市场工程”以及“农超对接”、“双百工程”、“南菜北运”、“西果东送”等农产品现代流通综合试点工作中，积极考虑将更多的民营企业作为试点承办单位继续加以扶持。

（三）建立民营中小商贸流通企业服务体系。推动落实国家关于扶持中小企业的政策措施，优化民营中小商贸流通企业发展环境。开展中小商贸流通企业服务体系建设试点，建立以公共平台为核心、专业机构为主体，信息咨询、科技应用等为主要服务内容的服务体系。以组织中小企业参展和开展特许经营为重点，帮助中小企业开拓市场，健全营销渠道。

五、为民间资本进入商贸流通领域完善组织保障

（一）加强组织领导。各地商务主管部门要积极会同有关部门，抓紧建立鼓励和引导民间资本进入商贸流通领域的部门协调机制，形成工作合力，推动各项措施的具体落实，

切实将鼓励和引导民间资本进入流通商贸领域作为一项意义深远的专项工作来推进。

（二）强化监督检查。各地商务主管部门要在本实施意见公布后一个月内，研究制定本地具体工作方案，并报商务部备案。商务部将会同有关部门组成联合督查组，赴各地开展督查工作，对工作成绩突出的地区给予表扬，对工作落实不力的地区予以通报。

（三）发挥商协会的作用。充分发挥商贸流通领域相关行业协会、商会的桥梁作用，在企业信用体系建设、企业做大做强、与国有公司的合作共赢方面，加强沟通协调与行业自律，推动民营经济有序健康发展。

（四）加强宣传引导。充分运用商务系统网站和报刊，大力宣传各级政府关于鼓励和引导民间资本进入商贸流通领域的方针政策，及时公开相关产业政策、发展规划、投资项目、优惠措施、资金扶持等政策措施。建立产业项目和民间资本的对接机制，每年筛选一部分重点示范工程和示范项目，作为民间资本投资重点招商项目库，定期向社会公开。

各地商务主管部门要充分认识鼓励和引导民间资本进入商贸流通领域的重要性和紧迫性，认真贯彻落实国家相关政策，积极协调有关部门切实采取有效措施，支持民间资本投资商贸流通领域。要密切关注本地区商贸流通领域利用民间资本情况，认真分析商贸流通领域民间资本的发展趋势和存在问题，及时总结经验和做法，研究提出促进民营商贸流通企业发展的政策措施，努力构建促进商贸流通领域民间资本发展的长效机制。

联系人：赵涛　张斌
电 话：010－85093768　85093773
传 真：010－85093767

商务部
二〇一二年六月十八日

商务部贯彻落实《国务院关于加强食品安全工作的决定》等文件的意见

商秩发［2012］327 号

各省、自治区、直辖市、计划单列市及新疆生产建设兵团商务主管部门：

食品安全是重大的民生问题，关系人民群众身体健康和生命安全，关系社会和谐稳定。党中央、国务院对此高度重视，近期，国务院专门下发了《关于加强食品安全工作的决定》（国发［2012］20 号，以下简称《决定》）、《贯彻落实国务院关于加强食品安全工作决定重点工作分工方案》（国办函［2012］148 号，以下简称《分工方案》）和《国家食品安全监管体系“十二五”规划》（国办发［2012］36 号，以下简称《规划》），明确了加强食品安全工作的指导思想、总体要求和工作目标，对健全食品安全监管体系、加大食品安全监管力度、落实食品生产经营单位的主体责任等作出部署。为认真贯彻《决定》、《分工方案》和《规划》精神，切实将《决定》和《规划》提出的各项任务落到实处，扎实做好食品安全各项工作，现提出意见如下：

一、切实履行好流通领域食品安全管理职责

各级商务主管部门要充分认识当前食品安全管理的重要性，切实增强食品安全管理的紧迫感、责任感和使命感，从维护人民群众根本利益出发，履行好流通领域食品安全管理职责。要按照《决定》和《规划》要求，加强领导，把食品安全工作摆上重要议事日程，主要负责同志亲自抓。要认真分析评估流通领域食品安全状况，加强工作指导，对影响食品安全的重点难点问题，及时采取有效措施，主动防范，及早介入，力争将各类风险隐患消除在萌芽阶段。尽快建立健全食品安全管理责任制，细化、明确岗位职责，确保责任落实到位。加强与食品生产经营监管部门的协作配合，完善工作机制，形成食品安全监管合力。

二、加强专项治理整顿及日常监督和管理

（一）持续推进重点行业食品安全专项治理整顿。深入开展食品安全治理整顿，对生猪屠宰、酒类流通等流通领域食品安全管理的重点行业，要建立综合治理整顿的长效机制。在当地食品安全综合协调机构的领导下，加强与公安、农业、卫生、工商、质监、城市管理等部门的协同配合，发挥监管合力，以定期巡查与突击检查相结合等方式，排查和

治理行业共性的隐患和“潜规则”问题，严厉打击私屠滥宰、屠宰注水或注入其他物质的生猪、制售假冒侵权酒类产品等违法违规行为，坚决取缔私屠滥宰“黑窝点”。进一步加大对案件查办和惩处力度，对涉嫌犯罪案件，要及时移送立案，并积极配合司法机关技术鉴定、调查取证工作。

（二）完善生猪定点屠宰监管。深入推进生猪定点屠宰资格审核清理工作，各级商务主管部门要认真贯彻落实商务部、工业和信息化部、财政部、环境保护部、农业部、卫生部、工商总局、质检总局、食品药品监管局 9 部门联合发布的《关于加强生猪定点屠宰资格审核清理工作的通知》（商秩发［2011］493 号），按照《食品安全法》、《生猪屠宰管理条例》及其实施办法等法规和标准，在当地人民政府的领导下，会同有关部门严格依法开展生猪定点屠宰资格审核清理工作，对达不到法定条件和标准的屠宰企业要责令限期整改；整改不合格，坚决依法取消定点资格。加强日常监督，制定监督检查操作规范，细化监督检查要求，明确进货查验、生产经营记录和出场检验为主要监管内容。督促企业严格落实肉品品质检验、病害猪无害化处理等质量安全管理制度，强化企业负责人食品安全责任意识。加强对肉品质量安全的监督抽查，防止不合格产品流入市场和生产加工环节。支持西部经济欠发达地区屠宰企业的屠宰、检验、无害化处理、环保等设备设施的升级改造，全面提升肉品安全保障能力。

（三）创新酒类流通管理机制。认真贯彻《商务部关于“十二五”期间加强酒类流通管理的指导意见》（商运发［2011］459 号）等文件，按照“法制化、标准化、电子化、规范化”要求，不断加强酒类流通管理工作，积极推进地方性酒类管理法规和规章的制定完善工作，宣传贯彻酒类流通标准，落实酒类经营者备案登记、酒类流通随附单管理、酒类流通行业信息监测报表等制度。

（四）加强食品经营管理。加强现代物流体系建设，强化食品集中交易批发市场的建设和管理，加强产销对接，促进食品储存、运输、流通的质量安全控制水平。督促批发市场和零售市场（包括网络交易平台）食品经营者按照《食品安全法》及其配套法规的规定，建立健全索证索票和购销台账、不合格食品召回、质量安全控制、临近保质期食品消费提示等各项管理制度。指导各类食品交易市场（包括食品展销会和网络交易平台）建立食品经营者协议准入和管理制度，与入市食品经营者签订食品安全协议，建立经营者管理档案，明确交易市场开办者的食品安全管理责任。

（五）提升餐饮服务食品安全管理水平。按照《决定》、《规划》、《商务部关于加强餐饮食品安全工作的通知》（商服贸函［2011］731 号）和《商务部关于“十二五”期间促进餐饮业科学发展的指导意见》（商服贸发［2011］438 号）要求，督促餐饮企业加强原材料的采购和使用管理及过程控制，严把餐饮服务入口安全关；督促企业加强对餐厨废弃物的管理，建立和完善相关制度，规范餐厨废弃物的处置。积极推行餐饮服务食品安全操作规范，推进餐饮服务单位量化分级管理，开展餐饮服务食品安全百千万示范工程，促进餐饮服务食品安全保障水平稳步提高。

三、强化行业监管能力和技术支持体系建设

（一）加强行业监管能力建设。加强监管队伍建设，要合理配备和充实执法力量，提

高执法队伍装备标准化配置水平。加强各地商务综合行政执法能力建设，在放心肉服务体系试点建设项目中要继续支持地方建设屠宰监管技术系统，继续推进市场监管公共服务体系建设，进一步强化流通领域市场监管能力。落实《商务行政处罚程序规定》（商务部令2012年第6号），加强监管执法队伍法律法规、业务技能、工作作风等方面的教育培训，规范执法程序，提高执法水平。加大对检验检测能力薄弱地区和重点环节的支持力度，科学统筹、合理布局商务系统检验检测机构，支持食品检验检测设备国有化，推进食品检验检测数据与相关监管部门的数据共享。

（二）完善流通领域食品安全法规和标准。深入贯彻实施《食品安全法》，加快修订《流通领域食品安全管理办法》、《酒类流通管理办法》等部门规章，完善配套法规规章和规范性文件，推进形成系统有效的食品安全法律法规体系。落实《商务部办公厅关于"十二五"期间流通标准化工作建设的指导意见》（商流通发［2011］430号）要求，切实加强流通领域食品安全标准的制定更新、宣传和执行情况的跟踪评价，切实做好标准的执行工作，引导食品生产经营企业规范化、标准化生产和经营。

（三）建立健全食品质量安全溯源管理制度。强化生猪屠宰、食品流通、餐饮服务等环节的生产经营记录，加强与上下游环节的信息衔接，确保食品质量安全可追溯。推进肉类、蔬菜流通追溯体系和酒类电子追溯系统两个重点项目的实施工作，在试点基础上，争取覆盖有条件的直辖市、计划单列市和省会城市，初步形成与全国大市场、大流通格局相适应的全国追溯网络架构。在当地食品安全综合协调机构的领导下，加强与卫生、农业、质监、工商、食品药品监管等部门协作，推进追溯工作信息对接，实现从生产源头到消费终端全过程信息互联互通，形成完整的追溯链条。探索开展淡水鱼等"菜篮子"产品为重点追溯对象的生鲜产品质量安全追溯系统建设。

（四）加强食品安全应急处理能力建设。加强食品安全事故（事件）应急体系建设，提高对食品安全事故（事件）的应急指挥决策能力。加强应急队伍建设，强化应急物资储备，提升事故响应、现场处置、必需品市场供应等食品安全事故（事件）应急处置水平。开展演习演练，完善应对食品安全事故（事件）的快速反应机制和程序。

四、建设食品经营行业诚信体系

完善生猪定点屠宰企业和酒类流通企业的日常执法检查记录。探索建立生猪屠宰、酒类流通企业诚信档案及信息公共服务平台，并根据信用等级实施分类监管，及时向社会公布食品生产经营者的信用情况，发布违法违规企业、个人"黑名单"，对失信行为予以惩戒，对有不良信用记录的企业增加监督检查频次；对信用良好的企业，在技术改造、品牌培训等方面予以支持，为诚信者创造良好发展环境。开展"商务诚信建设试点工作"，围绕产品质量、服务质量、诚信经营、品牌建设四个主题，树立商务诚信理念，确保产品质量安全。充分发挥行业协会的作用，引导和约束食品生产经营者诚信经营。

五、建立完善的食品安全宣传和教育工作机制

按照《决定》、《规划》和《食品安全宣传教育工作纲要》（2011－2015）（食安办

［2011］17 号）要求，通过多种形式开展经常性宣传和教育活动，提升食品行业从业人员的职业素质，提高公众食品安全意识和科学素养。完善食品行业从业人员培训机制，单位负责人、关键岗位人员要统一接受培训。其中，食品安全监管人员每人每年接受不少于40 小时的法律法规、标准、科学知识、监管专业技术及应急处置等的集中专业培训；食品生产经营单位负责人每年接受不少于 40 小时的食品安全法律法规、科学知识和行业道德伦理的集中培训；主要从业人员每人每年接受不少于 40 小时的食品安全集中专业培训。加大食品安全科普宣传力度，深入开展“食品安全宣传周”等各类科普宣传活动，普及食品安全法律法规及食品安全知识，努力营造“人人关心食品安全、人人维护食品安全”的良好社会氛围。

六、推进食品安全的社会监督

建立健全食品安全政府信息公开工作机制，根据《关于进一步加强食品安全政府信息公开工作的通知》（食安办［2012］17 号）要求，规范公开程序，明确公开内容。畅通 12312 等群众举报投诉渠道，根据地方政府制定的食品安全有奖举报制度，细化具体措施，完善工作机制，实现食品安全有奖举报工作的制度化、规范化；严格执行举报保密制度，保护举报人合法权益。支持新闻媒体积极开展舆论监督，客观、及时、实事求是报道食品安全问题。

《决定》和《规划》是今后一段时期加强食品安全工作的纲领性文件，各级商务主管部门要积极向当地人民政府及食品安全综合协调部门汇报贯彻落实情况，主动与有关部门沟通协调，结合本地区实际，尽快制定实施方案，并于 2012 年 10 月底前报商务部（市场秩序司）。实施方案中可以提出有利于增强流通领域食品安全管理能力的思路和具体项目，以便做好项目储备工作。商务部将适时组织对各地《决定》和《规划》的贯彻落实情况进行督促检查和评估。

商务部

二〇一二年九月十八日

商务部公布
《单用途商业预付卡管理办法（试行）》

商务部令［2012］9号

《单用途商业预付卡管理办法（试行）》已经2012年8月24日商务部第68次部务会议审议通过，现予公布，自2012年11月1日起施行。

部长：陈德铭

二〇一二年九月二十一日

单用途商业预付卡管理办法（试行）

第一章　总　则

第一条　为加强单用途商业预付卡管理，维护当事人合法权益，防范资金风险，根据有关法律法规，制定本办法。

第二条　从事零售业、住宿和餐饮业、居民服务业（具体行业分类表见附件1）的企业法人在中华人民共和国境内开展单用途商业预付卡业务适用本办法。

本办法所称单用途商业预付卡（以下简称单用途卡）是指前款规定的企业发行的，仅限于在本企业或本企业所属集团或同一品牌特许经营体系内兑付货物或服务的预付凭证，包括以磁条卡、芯片卡、纸券等为载体的实体卡和以密码、串码、图形、生物特征信息等为载体的虚拟卡。

第三条　集团发卡企业是指发行在本集团内使用的单用途卡的集团母公司。集团是指由同一企业法人绝对控股的企业法人联合体。

品牌发卡企业是指发行在同一品牌特许经营体系内使用的单用途卡，且拥有该品牌的企业标志或注册商标，或者经授权拥有该企业标志或注册商标排他使用权的法人企业。同一品牌特许经营体系是指使用同一企业标志或注册商标的企业法人联合体。

售卡企业是指集团发卡企业或品牌发卡企业指定的承担单用途卡销售、充值、挂失、换卡、退卡等相关业务的本集团或同一品牌特许经营体系内的企业。

第四条 规模发卡企业是指除集团发卡企业、品牌发卡企业之外的符合下列条件之一的企业：

（一）上一会计年度年营业收入500万元以上；

（二）工商注册登记不足一年、注册资本在100万元以上。

商务部可以根据具体情况调整规模发卡企业标准，以公告的形式公布。

第五条 商务部负责全国单用途卡行业管理工作。县级以上地方人民政府商务主管部门负责本行政区域内单用途卡监督管理工作。

第六条 单用途卡行业组织按照章程为其成员提供信息咨询和宣传培训等服务，发挥行业自律作用。

第二章 备 案

第七条 发卡企业应在开展单用途卡业务之日起30日内按照下列规定办理备案：

（一）集团发卡企业和品牌发卡企业向其工商登记注册地省、自治区、直辖市人民政府商务主管部门备案；

（二）规模发卡企业向其工商登记注册地设区的市人民政府商务主管部门备案；

（三）其他发卡企业向其工商登记注册地县（市、区）人民政府商务主管部门备案。

第八条 发卡企业应向备案机关提交下列材料：

（一）《单用途卡发卡企业备案表》；

（二）《企业法人营业执照》（副本）复印件；

（三）组织机构代码证复印件。

发卡企业为外商投资企业的，还应提交外商投资企业批准证书复印件。

《单用途卡发卡企业备案表》可以从备案机关处领取或通过商务部政府网站（www. mofcom. gov. cn）下载（格式见附件2）。

第九条 规模发卡企业除提交本办法第八条规定的材料外，还应向备案机关提交下列材料：

（一）经审计机构审计的上一年度财务报表（加盖公章），但工商注册登记不足一年的规模发卡企业除外；

（二）实体卡样本（正反面）、虚拟卡记载的信息样本；

（三）单用途卡业务、资金管理制度；

（四）单用途卡购卡章程、协议；

（五）资金存管账户信息和资金存管协议。

第十条 集团发卡企业和品牌发卡企业除提交本办法第八条规定的材料外，还应向备案机关提交下列材料：

（一）经审计机构审计的上一年度财务报表及合并财务报表（加盖公章），但工商注册登记不足一年的集团发卡企业、品牌发卡企业除外；

（二）实体卡样本（正反面）、虚拟卡记载的信息样本；

（三）单用途卡业务、资金管理制度；

（四）单用途卡购卡章程、协议；

（五）资金存管账户信息和资金存管协议；

（六）与售卡企业签订的协议文本及售卡企业清单；

（七）集团发卡企业提交集团股权关系说明；品牌发卡企业提交企业标志、注册商标所有权或排他使用权证明。

第十一条　备案机关对已备案的发卡企业予以编号，并在商务部和备案机关指定的媒体上公告，提供公众查询服务。

第十二条　备案事项发生变更、发卡企业类型改变或单用途卡业务终止时，发卡企业应在变化之日起15个工作日内向备案机关办理变更、注销手续。

第三章　发行与服务

第十三条　企业可发行记名卡和不记名卡，记名卡可挂失。

发卡企业应在实体卡卡面上记载发卡企业名称及联系方式、卡号、使用规则、注意事项等。集团发卡企业还应标明集团名称，品牌发卡企业应标明统一的企业标志或注册商标。虚拟卡也应记载上述信息。已备案的发卡企业可标明备案编号。

第十四条　发卡企业或售卡企业应公示或向购卡人提供单用途卡章程，并应购卡人要求签订购卡协议。发卡企业或售卡企业应履行提示告知义务，确保购卡人知晓并认可单用途卡章程或协议内容。

单用途卡章程和购卡协议应包括以下内容：

（一）单用途卡的名称、种类和功能；

（二）单用途卡购买、充值、使用、退卡方式，记名卡还应包括挂失、转让方式；

（三）收费项目和标准；

（四）当事人的权利、义务；

（五）纠纷处理原则和违约责任；

（六）相关法律法规规章和规范性文件规定的其他事项。

第十五条　个人或单位购买（含充值，下同）记名卡的，或一次性购买1万元（含）以上不记名卡的，发卡企业或售卡企业应要求购卡人及其代理人出示有效身份证件，并留存购卡人及其代理人姓名或单位名称、有效身份证件号码和联系方式。

个人有效身份证件包括居民身份证、户口簿、军人身份证件、武警身份证件、港澳台居民通行证、护照等。单位有效身份证件包括营业执照、事业单位法人证书、税务登记证、组织机构代码证等。

第十六条　发卡企业和售卡企业应保存购卡人的登记信息5年以上。

发卡企业和售卡企业应对购卡人及其代理人的身份信息和交易信息保密，除法律另有规定外，不得向第三方提供。

第十七条　单位一次性购买单用途卡金额达5000元（含）以上或个人一次性购卡金额达5万元（含）以上的，以及单位或个人采用非现场方式购卡的，应通过银行转账，不得使用现金，发卡企业或售卡企业应对转出、转入账户名称、账号、金额等进行逐笔登记。

发卡企业和售卡企业应严格按照国家有关规定开具发票。

第十八条 单张记名卡限额不得超过 5000 元，单张不记名卡限额不得超过 1000 元。

单张单用途卡充值后资金余额不得超过前款规定的限额。

第十九条 记名卡不得设有效期；不记名卡有效期不得少于 3 年。

发卡企业或售卡企业对超过有效期尚有资金余额的不记名卡应提供激活、换卡等配套服务。

第二十条 使用单用途卡购买商品后需要退货的，发卡企业或受理企业应将资金退至原卡。原单用途卡不存在或退货后卡内资金余额超过单用途卡限额的，应退回至持卡人在同一发卡企业的同类单用途卡内。

退货金额不足 100 元（含）的，可支付现金。

第二十一条 发卡企业或售卡企业应依单用途卡章程或协议约定，提供退卡服务。

办理退卡时，发卡企业或售卡企业应要求退卡人出示有效身份证件，并留存退卡人姓名、有效身份证件号码、退卡卡号、金额等信息。

发卡企业或售卡企业应将资金退至与退卡人同名的银行账户内，并留存银行账户信息。卡内资金余额不足 100 元（含）的，可支付现金。

第二十二条 发卡企业终止兑付未到期单用途卡的，发卡企业和售卡企业应向持卡人提供免费退卡服务，并在终止兑付日前至少 30 日在备案机关指定的媒体上进行公示。

第四章　资金管理

第二十三条 发卡企业和售卡企业应定期核对与单用途卡业务相关的账务，及时对交易数据进行记录和清算。

第二十四条 发卡企业应对预收资金进行严格管理。预收资金只能用于发卡企业主营业务，不得用于不动产、股权、证券等投资及借贷。

第二十五条 主营业务为零售业、住宿和餐饮业的发卡企业，预收资金余额不得超过其上一会计年度主营业务收入的 40%；主营业务为居民服务业的发卡企业的预收资金余额不得超过其上一会计年度主营业务收入；工商注册登记不足一年的发卡企业的预收资金余额不得超过其注册资本的 2 倍。

集团发卡企业预收资金余额不得超过其上一会计年度本集团营业收入的 30%。

本办法所称预收资金是指发卡企业通过发行单用途卡所预收的资金总额，预收资金余额是指预收资金扣减已兑付商品或服务价款后的余额。

第二十六条 规模发卡企业、集团发卡企业和品牌发卡企业实行资金存管制度。规模发卡企业存管资金比例不低于上一季度预收资金余额的 20%；集团发卡企业存管资金比例不低于上一季度预收资金余额的 30%；品牌发卡企业存管资金比例不低于上一季度预收资金余额的 40%。

第二十七条 规模发卡企业、集团发卡企业和品牌发卡企业应确定一个商业银行账户作为资金存管账户，并与存管银行签订资金存管协议。

资金存管协议应规定存管银行对发卡企业资金存管比例进行监督，对超额调用存管资金的指令予以拒绝，并按照备案机关要求提供发卡企业资金存缴情况。

第二十八条 规模发卡企业、集团发卡企业和品牌发卡企业可以使用担保预收资金的保证保险、银行保函等方式冲抵全部或部分存管资金。

第二十九条　规模发卡企业、集团发卡企业和品牌发卡企业应在境内建立与发行单用途卡规模相适应的业务处理系统，并保障业务处理系统信息安全和运行质量。

发生重大或不可恢复的技术故障时，规模发卡企业、集团发卡企业、品牌发卡企业应立即向备案机关报告。

第三十条　发卡企业应将单用途卡业务纳入日常管理，制定预收资金结算、风险管理、日常监督、应急处置等制度。

第三十一条　规模发卡企业应于每季度结束后15个工作日内，集团发卡企业和品牌发卡企业应于每季度结束后20个工作日内登录商务部“单用途商业预付卡业务信息系统”，填报上一季度单用途卡业务情况。其他发卡企业应于每年1月31日前填报《发卡企业单用途卡业务报告表》（格式见附件3）。

发卡企业填报的信息应当准确、真实、完整，不得故意隐瞒或虚报。

第五章　监督管理

第三十二条　省、自治区、直辖市人民政府商务主管部门应制定专项应急预案，积极预防、妥善处理本行政区域内涉及单用途卡业务的重大突发性事件，并及时上报商务部。

第三十三条　商务部和地方人民政府商务主管部门应对发卡企业和售卡企业的单用途卡业务活动、内部控制和风险状况等进行定期或不定期的现场及非现场检查。发卡企业和售卡企业应配合商务主管部门的检查。

第三十四条　商务部应建立健全“单用途商业预付卡业务信息系统”。地方人民政府商务主管部门应充分运用信息化手段加强对发卡企业的监督管理。

第三十五条　商务部和地方人民政府商务主管部门应通过12312商务举报投诉服务平台接受与本办法有关的举报和投诉。

第六章　法律责任

第三十六条　发卡企业违反本办法第七条规定的，由违法行为发生地县级以上地方人民政府商务主管部门责令限期改正；逾期仍不改正的，处以1万元以上3万元以下罚款。

第三十七条　发卡企业或售卡企业违反本办法第十四条至第二十二条规定的，由违法行为发生地县级以上地方人民政府商务主管部门责令限期改正；逾期仍不改正的，处以1万元以上3万元以下罚款。

发卡企业违反本办法第二十四条至第二十七条、第三十一条规定的，由备案机关责令限期改正；逾期仍不改正的，处以1万元以上3万元以下罚款。

集团发卡企业、品牌发卡企业疏于管理，其隶属的售卡企业12个月内3次违反本办法规定受到行政处罚的，备案机关可以对集团发卡企业、品牌发卡企业处以3万元以下罚款。

第三十八条　发卡企业违反本办法第二十九条规定，造成重大损失的，由备案机关处以1万元以上3万元以下罚款。

第三十九条 发卡企业和售卡企业违反本办法受到行政处罚的，由实施处罚的商务主管部门在指定媒体上公示处罚信息。

第七章 附 则

第四十条 已开展单用途卡业务的发卡企业应在本办法实施之日起 90 日内完成备案。

第四十一条 动力燃料销售企业发行的，用于为确定的生产经营性车辆兑付动力燃料的记名预付凭证，不适用本办法。

第四十二条 本办法自 2012 年 11 月 1 日起实施。

附件：1. 单用途商业预付卡行业分类表（略）

2. 单用途卡发卡企业备案表（略）

3. 发卡企业单用途卡业务报告表（略）

商务部关于加快推进鲜活农产品流通创新指导意见

各省、自治区、直辖市、计划单列市及新疆生产建设兵团商务主管部门：

为深入贯彻党的十八大精神，落实好《国务院关于深化流通体制改革 加快流通产业发展的意见》（国发〔2012〕39号）、《国务院办公厅关于加强鲜活农产品流通体系建设的意见》（国办发〔2011〕59号）等文件要求，加快推进鲜活农产品流通创新，减少流通环节，降低流通成本，提高流通效率，现提出如下意见。

一、指导思想

以党的十八大精神为指导，按照科学发展观和全面建成小康社会的总体要求，不断创新发展理念，积极应用现代信息技术，加快推进鲜活农产品交易创新、管理创新和组织制度创新，进一步拓宽流通渠道，提高流通效率，有效引导生产。

二、基本原则

（一）坚持立足实际、服务发展。要立足于我国鲜活农产品流通发展的实际，认真研究鲜活农产品流通的客观规律，充分借鉴发达国家的成功经验和先进做法，积极开展原始创新、集成创新和引进消化吸收再创新，更加注重协同创新，大力提升创新的整体效能，加快实现创新驱动发展。

（二）坚持企业主体、政府支持。着力增强鲜活农产品流通企业开展创新的内在动力，突出企业农产品流通创新主体作用，坚持以市场为导向，充分发挥市场在配置资源中的基础性作用与政府在规划、政策、标准和监督等方面的引导作用，充分激发创新活力。

（三）坚持示范带动、全面推进。要积极推动技术、项目和要素向创新企业、市场和示范区集聚，鼓励大胆探索，重点突破束缚鲜活农产品流通发展的瓶颈和关键环节，发挥典型示范和辐射带动作用，以点带面，点面结合，共同促进全国鲜活农产品流通创新工作。

三、发展目标

开展鲜活农产品流通创新的主要目标是：经过3到5年的发展，鲜活农产品流通创新的环境进一步完善，流通环节进一步减少，流通成本明显降低，流通效率明显提高，流通的现代化水平明显提升，流通的公益性特征更加突出。

——初步形成有利于创新的机制。形成和完善以企业为主体、市场为导向的鲜活农产品流通创新体系，成功探索出一系列具有全国示范意义和推广价值的机制及支持政策。

——重点培育一批创新示范企业。要着力培育一批信息化水平高、市场竞争力强、发展潜力大、创新能力突出的鲜活农产品流通企业，发挥典型示范和辐射带动作用，推动整个鲜活农产品流通创新工作取得全面进展。

——加快发展鲜活农产品现代流通。广泛应用现代交易技术、方式和模式，交易水平明显提升。推进标准化建设，建立完善电子结算和信息服务系统，管理水平明显提升。组织化程度明显提高，产销衔接更加紧密，公益性功能明显增强。建立完善更加符合我国鲜活农产品流通实际的组织制度。

四、主要任务

（一）交易创新。引导鲜活农产品经销商转变交易习惯，鼓励利用互联网、物联网等现代信息技术，发展线上线下相结合的鲜活农产品网上批发和网上零售，发挥网上交易少环节、低成本、高效率的优势，激发传统农产品流通企业创新转型，形成以农批对接为主体、农超对接为方向、直销直供为补充、网上交易为探索的多种产销衔接的流通格局，深入推进跨区域鲜活农产品流通链条建设，支持市场和企业建立和优化鲜活农产品流通供应链。支持农产品批发市场引入拍卖等现代交易方式，支持加强信息中心、物流中心和加工配送中心等建设，鼓励发展第三方物流，支持发展全程冷链物流，促进索证索票和购销台账的电子化，完善创新鲜活农产品交易方式的配套服务体系。

（二）管理创新。开展农产品现代流通综合示范区创建工作，通过示范带动，引导推广农产品分级、包装、冷藏、储运等标准，宣传贯彻商务部发布的番茄、青椒、黄瓜、鲜食马铃薯、洋葱、冬瓜、豇豆等有关农产品流通规范，推进农产品质量等级化、包装规格化、标识规范化、流通品牌化，完善农产品流通增值服务体系建设。加快推广和完善农产品批发市场电子结算系统，促进农产品流通节点交易数据的互联互通和信息共享，健全覆盖生产、流通、消费的农产品信息网络，及时发布农产品供求、质量、价格等信息。构建全国农产品流通公共信息平台。

（三）制度创新。推动鲜活农产品经销商实现公司化、规模化、品牌化发展。鼓励鲜活农产品流通企业跨地区兼并重组和投资合作，提高产业集中度。鼓励鲜活农产品流通企业向生产领域延伸，加强与农民专业合作社、农业生产基地等合作，建立稳定的产销关系，积极引导发展订单农业。制定公益性农产品市场发展规划，通过政府投资入股、财政贴息、产权回购回租、公建配套、减免和补贴费用以及土地支持等方式，加强公益性农产品流通设施建设，积极探索在市场经济条件下，鲜活农产品流通体系建设公益性的实现形式。

要通过集成技术、集约项目、集聚要素，促进交易创新、管理创新、组织制度创新以及其他创新协调发展，支持和鼓励各类创新主体根据自身特色和优势，探索多种形式的协同创新模式，实现创新资源合理配置和高效利用，强化相互支撑和联动，凸显一链多能、一网多用，促进信息共享和互联互通，推动鲜活农产品流通技术研发和推广应用，提高创新整体效能。

五、组织实施

（一）加强组织领导。各地商务主管部门要把加快推进鲜活农产品流通创新作为贯彻党的十八大精神的具体内容，加强部署，明确责任，狠抓落实，强化考核。要组织专门的机构和人员，负责鲜活农产品流通创新工作。

（二）加强协调配合。各地商务主管部门要积极争取当地政府支持，主动加强与有关部门的沟通协调，互相支持配合，强化创新资源和创新要素的整合，创造开展鲜活农产品流通创新工作的良好环境和机制，努力形成工作合力。

（三）加强联系指导。建立鲜活农产品流通创新重点联系制度，各地商务主管部门要深入调查梳理开展鲜活农产品流通创新情况，推荐创新基础好、发展潜力大的企业作为全国鲜活农产品流通创新重点联系单位，加强联系和指导，确保发挥典型示范作用。

（四）加强政策支持。各地商务主管部门要加强政策支持、技术保障和标准、规划以及法规体系建设，积极推动涉农项目和资金向鲜活农产品流通创新工作倾斜，协助解决税收、土地、规划、收费、物流、融资等问题，为鲜活农产品流通创新创造良好的政策环境。

（五）加强新闻宣传。加强宣传和舆论引导，大力宣传加快推进鲜活农产品流通创新的重要意义、工作进展和先进经验，及时回应社会关切，引导社会舆论，形成支持鲜活农产品流通创新的良好氛围，吸引更多社会资源投入和支持。

商务部

二〇一二年十二月十七日

国家税务总局关于印发《跨地区经营汇总纳税企业所得税征收管理办法》的公告

国家税务总局公告［2012］第 57 号

为加强跨地区经营汇总纳税企业所得税的征收管理，根据《中华人民共和国企业所得税法》及其实施条例、《中华人民共和国税收征收管理法》及其实施细则和《财政部、国家税务总局、中国人民银行关于印发〈跨省市总分机构企业所得税分配及预算管理办法〉的通知》（财预［2012］40 号）等文件的精神，国家税务总局制定了《跨地区经营汇总纳税企业所得税征收管理办法》。现予发布，自 2013 年 1 月 1 日起施行。

特此公告。

国家税务总局

二〇一二年十二月二十七日

跨地区经营汇总纳税企业所得税征收管理办法

第一章　总　则

第一条　为加强跨地区经营汇总纳税企业所得税的征收管理，根据《中华人民共和国企业所得税法》及其实施条例（以下简称《企业所得税法》）、《中华人民共和国税收征收管理法》及其实施细则（以下简称《征收管理法》）和《财政部 国家税务总局 中国人民银行关于印发〈跨省市总分机构企业所得税分配及预算管理办法〉的通知》（财预［2012］40 号）等的有关规定，制定本办法。

第二条　居民企业在中国境内跨地区（指跨省、自治区、直辖市和计划单列市，下同）设立不具有法人资格分支机构的，该居民企业为跨地区经营汇总纳税企业（以下简称汇总纳税企业），除另有规定外，其企业所得税征收管理适用本办法。

国有邮政企业（包括中国邮政集团公司及其控股公司和直属单位）、中国工商银行股份有限公司、中国农业银行股份有限公司、中国银行股份有限公司、国家开发银行股份有限公司、中国农业发展银行、中国进出口银行、中国投资有限责任公司、中国建设银行股份有限公司、中国建银投资有限责任公司、中国信达资产管理股份有限公司、中国石油天然气股份有限公司、中国石油化工股份有限公司、海洋石油天然气企业（包括中国海洋石油总公司、中海石油（中国）有限公司、中海油田服务股份有限公司、海洋石油工程股份有限公司）、中国长江电力股份有限公司等企业缴纳的企业所得税（包括滞纳金、罚款）为中央收入，全额上缴中央国库，其企业所得税征收管理不适用本办法。

铁路运输企业所得税征收管理不适用本办法。

第三条　汇总纳税企业实行“统一计算、分级管理、就地预缴、汇总清算、财政调库”的企业所得税征收管理办法：

（一）统一计算，是指总机构统一计算包括汇总纳税企业所属各个不具有法人资格分支机构在内的全部应纳税所得额、应纳税额。

（二）分级管理，是指总机构、分支机构所在地的主管税务机关都有对当地机构进行企业所得税管理的责任，总机构和分支机构应分别接受机构所在地主管税务机关的管理。

（三）就地预缴，是指总机构、分支机构应按本办法的规定，分月或分季分别向所在地主管税务机关申报预缴企业所得税。

（四）汇总清算，是指在年度终了后，总机构统一计算汇总纳税企业的年度应纳税所得额、应纳所得税额，抵减总机构、分支机构当年已就地分期预缴的企业所得税款后，多退少补。

（五）财政调库，是指财政部定期将缴入中央国库的汇总纳税企业所得税待分配收入，按照核定的系数调整至地方国库。

第四条　总机构和具有主体生产经营职能的二级分支机构，就地分摊缴纳企业所得税。

二级分支机构，是指汇总纳税企业依法设立并领取非法人营业执照（登记证书），且总机构对其财务、业务、人员等直接进行统一核算和管理的分支机构。

第五条　以下二级分支机构不就地分摊缴纳企业所得税：

（一）不具有主体生产经营职能，且在当地不缴纳增值税、营业税的产品售后服务、内部研发、仓储等汇总纳税企业内部辅助性的二级分支机构，不就地分摊缴纳企业所得税。

（二）上年度认定为小型微利企业的，其二级分支机构不就地分摊缴纳企业所得税。

（三）新设立的二级分支机构，设立当年不就地分摊缴纳企业所得税。

（四）当年撤销的二级分支机构，自办理注销税务登记之日所属企业所得税预缴期间起，不就地分摊缴纳企业所得税。

（五）汇总纳税企业在中国境外设立的不具有法人资格的二级分支机构，不就地分摊缴纳企业所得税。

第二章　税款预缴和汇算清缴

第六条　汇总纳税企业按照《企业所得税法》规定汇总计算的企业所得税，包括预缴税款和汇算清缴应缴应退税款，50% 在各分支机构间分摊，各分支机构根据分摊税款就地办理缴库或退库；50% 由总机构分摊缴纳，其中 25% 就地办理缴库或退库，25% 就地全额缴入中央国库或退库。具体的税款缴库或退库程序按照财预［2012］40 号文件第五条等相关规定执行。

第七条 企业所得税分月或者分季预缴，由总机构所在地主管税务机关具体核定。

汇总纳税企业应根据当期实际利润额，按照本办法规定的预缴分摊方法计算总机构和分支机构的企业所得税预缴额，分别由总机构和分支机构就地预缴；在规定期限内按实际利润额预缴有困难的，也可以按照上一年度应纳税所得额的 1/12 或 1/4，按照本办法规定的预缴分摊方法计算总机构和分支机构的企业所得税预缴额，分别由总机构和分支机构就地预缴。预缴方法一经确定，当年度不得变更。

第八条 总机构应将本期企业应纳所得税额的 50% 部分，在每月或季度终了后 15 日内就地申报预缴。总机构应将本期企业应纳所得税额的另外 50% 部分，按照各分支机构应分摊的比例，在各分支机构之间进行分摊，并及时通知到各分支机构；各分支机构应在每月或季度终了之日起 15 日内，就其分摊的所得税额就地申报预缴。

分支机构未按税款分配数额预缴所得税造成少缴税款的，主管税务机关应按照《征收管理法》的有关规定对其处罚，并将处罚结果通知总机构所在地主管税务机关。

第九条 汇总纳税企业预缴申报时，总机构除报送企业所得税预缴申报表和企业当期财务报表外，还应报送汇总纳税企业分支机构所得税分配表和各分支机构上一年度的年度财务报表（或年度财务状况和营业收支情况）；分支机构除报送企业所得税预缴申报表（只填列部分项目）外，还应报送经总机构所在地主管税务机关受理的汇总纳税企业分支机构所得税分配表。

在一个纳税年度内，各分支机构上一年度的年度财务报表（或年度财务状况和营业收支情况）原则上只需要报送一次。

第十条 汇总纳税企业应当自年度终了之日起 5 个月内，由总机构汇总计算企业年度应纳所得税额，扣除总机构和各分支机构已预缴的税款，计算出应缴应退税款，按照本办法规定的税款分摊方法计算总机构和分支机构的企业所得税应缴应退税款，分别由总机构和分支机构就地办理税款缴库或退库。

汇总纳税企业在纳税年度内预缴企业所得税税款少于全年应缴企业所得税税款的，应在汇算清缴期内由总、分机构分别结清应缴的企业所得税税款；预缴税款超过应缴税款的，主管税务机关应及时按有关规定分别办理退税，或者经总、分机构同意后分别抵缴其下一年度应缴企业所得税税款。

第十一条 汇总纳税企业汇算清缴时，总机构除报送企业所得税年度纳税申报表和年度财务报表外，还应报送汇总纳税企业分支机构所得税分配表、各分支机构的年度财务报表和各分支机构参与企业年度纳税调整情况的说明；分支机构除报送企业所得税年度纳税申报表（只填列部分项目）外，还应报送经总机构所在地主管税务机关受理的汇总纳税企业分支机构所得税分配表、分支机构的年度财务报表（或年度财务状况和营业收支情况）和分支机构参与企业年度纳税调整情况的说明。

分支机构参与企业年度纳税调整情况的说明，可参照企业所得税年度纳税申报表附表“纳税调整项目明细表”中列明的项目进行说明，涉及需由总机构统一计算调整的项目不进行说明。

第十二条 分支机构未按规定报送经总机构所在地主管税务机关受理的汇总纳税企业分支机构所得税分配表，分支机构所在地主管税务机关应责成该分支机构在申报期内报送，同时提请总机构所在地主管税务机关督促总机构按照规定提供上述分配表；分支机构在申报期内不提供的，由分支机构所在地主管税务机关对分支机构按照《征收管理法》的有关规定予以处罚；属于总机构未向分支机构提供分配表的，分支机构所在地主管税务机关还应提请总机构所在地主管税务机关对总机构按照《征收管理法》的有关规定予以处罚。

第三章　总分机构分摊税款的计算

第十三条　总机构按以下公式计算分摊税款：

总机构分摊税款＝汇总纳税企业当期应纳所得税额×50%

第十四条　分支机构按以下公式计算分摊税款：

所有分支机构分摊税款总额＝汇总纳税企业当期应纳所得税额×50%

某分支机构分摊税款＝所有分支机构分摊税款总额×该分支机构分摊比例

第十五条　总机构应按照上年度分支机构的营业收入、职工薪酬和资产总额三个因素计算各分支机构分摊所得税款的比例；三级及以下分支机构，其营业收入、职工薪酬和资产总额统一计入二级分支机构；三因素的权重依次为0.35、0.35、0.30。计算公式如下：

某分支机构分摊比例＝（该分支机构营业收入/各分支机构营业收入之和）×0.35＋（该分支机构职工薪酬/各分支机构职工薪酬之和）×0.35＋（该分支机构资产总额/各分支机构资产总额之和）×0.30

分支机构分摊比例按上述方法一经确定后，除出现本办法第五条第（四）项和第十六条第二、三款情形外，当年不作调整。

第十六条　总机构设立具有主体生产经营职能的部门（非本办法第四条规定的二级分支机构），且该部门的营业收入、职工薪酬和资产总额与管理职能部门分开核算的，可将该部门视同一个二级分支机构，按本办法规定计算分摊并就地缴纳企业所得税；该部门与管理职能部门的营业收入、职工薪酬和资产总额不能分开核算的，该部门不得视同一个二级分支机构，不得按本办法规定计算分摊并就地缴纳企业所得税。

汇总纳税企业当年由于重组等原因从其他企业取得重组当年之前已存在的二级分支机构，并作为本企业二级分支机构管理的，该二级分支机构不视同当年新设立的二级分支机构，按本办法规定计算分摊并就地缴纳企业所得税。

汇总纳税企业内就地分摊缴纳企业所得税的总机构、二级分支机构之间，发生合并、分立、管理层级变更等形成的新设或存续的二级分支机构，不视同当年新设立的二级分支机构，按本办法规定计算分摊并就地缴纳企业所得税。

第十七条　本办法所称分支机构营业收入，是指分支机构销售商品、提供劳务、让渡资产使用权等日常经营活动实现的全部收入。其中，生产经营企业分支机构营业收入是指生产经营企业分支机构销售商品、提供劳务、让渡资产使用权等取得的全部收入。金融企业分支机构营业收入是指金融企业分支机构取得的利息、手续费、佣金等全部收入。保险企业分支机构营业收入是指保险企业分支机构取得的保费等全部收入。

本办法所称分支机构职工薪酬，是指分支机构为获得职工提供的服务而给予各种形式的报酬以及其他相关支出。

本办法所称分支机构资产总额，是指分支机构在经营活动中实际使用的应归属于该分支机构的资产合计额。

本办法所称上年度分支机构的营业收入、职工薪酬和资产总额，是指分支机构上年度全年的营业收入、职工薪酬数据和上年度 12 月 31 日的资产总额数据，是依照国家统一会计制度的规定核算的数据。

一个纳税年度内，总机构首次计算分摊税款时采用的分支机构营业收入、职工薪酬和资产总额数据，与此后经过中国注册会计师审计确认的数据不一致的，不作调整。

第十八条 对于按照税收法律、法规和其他规定，总机构和分支机构处于不同税率地区的，先由总机构统一计算全部应纳税所得额，然后按本办法第六条规定的比例和按第十五条计算的分摊比例，计算划分不同税率地区机构的应纳税所得额，再分别按各自的适用税率计算应纳税额后加总计算出汇总纳税企业的应纳所得税总额，最后按本办法第六条规定的比例和按第十五条计算的分摊比例，向总机构和分支机构分摊就地缴纳的企业所得税款。

第十九条 分支机构所在地主管税务机关应根据经总机构所在地主管税务机关受理的汇总纳税企业分支机构所得税分配表、分支机构的年度财务报表（或年度财务状况和营业收支情况）等，对其主管分支机构计算分摊税款比例的三个因素、计算的分摊税款比例和应分摊缴纳的所得税税款进行查验核对；对查验项目有异议的，应于收到汇总纳税企业分支机构所得税分配表后 30 日内向企业总机构所在地主管税务机关提出书面复核建议，并附送相关数据资料。

总机构所在地主管税务机关必须于收到复核建议后 30 日内，对分摊税款的比例进行复核，作出调整或维持原比例的决定，并将复核结果函复分支机构所在地主管税务机关。分支机构所在地主管税务机关应执行总机构所在地主管税务机关的复核决定。

总机构所在地主管税务机关未在规定时间内复核并函复复核结果的，上级税务机关应对总机构所在地主管税务机关按照有关规定进行处理。

复核期间，分支机构应先按总机构确定的分摊比例申报缴纳税款。

第二十条 汇总纳税企业未按照规定准确计算分摊税款，造成总机构与分支机构之间同时存在一方（或几方）多缴另一方（或几方）少缴税款的，其总机构或分支机构分摊缴纳的企业所得税低于按本办法规定计算分摊的数额的，应在下一税款缴纳期内，由总机构将按本办法规定计算分摊的税款差额分摊到总机构或分支机构补缴；其总机构或分支机构就地缴纳的企业所得税高于按本办法规定计算分摊的数额的，应在下一税款缴纳期内，由总机构将按本办法规定计算分摊的税款差额从总机构或分支机构的分摊税款中扣减。

第四章　日常管理

第二十一条 汇总纳税企业总机构和分支机构应依法办理税务登记，接受所在地主管税务机关的监督和管理。

第二十二条 总机构应将其所有二级及以下分支机构（包括本办法第五条规定的分支机构）信息报其所在地主管税务机关备案，内容包括分支机构名称、层级、地址、邮编、纳税人识别号及企业所得税主管税务机关名称、地址和邮编。

分支机构（包括本办法第五条规定的分支机构）应将其总机构、上级分支机构和下属分支机构信息报其所在地主管税务机关备案，内容包括总机构、上级机构和下属分支机构名称、层级、地址、邮编、纳税人识别号及企业所得税主管税务机关名称、地址和邮编。

上述备案信息发生变化的，除另有规定外，应在内容变化后30日内报总机构和分支机构所在地主管税务机关备案，并办理变更税务登记。

分支机构注销税务登记后15日内，总机构应将分支机构注销情况报所在地主管税务机关备案，并办理变更税务登记。

第二十三条　以总机构名义进行生产经营的非法人分支机构，无法提供汇总纳税企业分支机构所得税分配表，应在预缴申报期内向其所在地主管税务机关报送非法人营业执照（或登记证书）的复印件、由总机构出具的二级及以下分支机构的有效证明和支持有效证明的相关材料（包括总机构拨款证明、总分机构协议或合同、公司章程、管理制度等），证明其二级及以下分支机构身份。

二级及以下分支机构所在地主管税务机关应对二级及以下分支机构进行审核鉴定，对应按本办法规定就地分摊缴纳企业所得税的二级分支机构，应督促其及时就地缴纳企业所得税。

第二十四条　以总机构名义进行生产经营的非法人分支机构，无法提供汇总纳税企业分支机构所得税分配表，也无法提供本办法第二十三条规定相关证据证明其二级及以下分支机构身份的，应视同独立纳税人计算并就地缴纳企业所得税，不执行本办法的相关规定。

按上款规定视同独立纳税人的分支机构，其独立纳税人身份一个年度内不得变更。

汇总纳税企业以后年度改变组织结构的，该分支机构应按本办法第二十三条规定报送相关证据，分支机构所在地主管税务机关重新进行审核鉴定。

第二十五条　汇总纳税企业发生的资产损失，应按以下规定申报扣除：

（一）总机构及二级分支机构发生的资产损失，除应按专项申报和清单申报的有关规定各自向所在地主管税务机关申报外，二级分支机构还应同时上报总机构；三级及以下分支机构发生的资产损失不需向所在地主管税务机关申报，应并入二级分支机构，由二级分支机构统一申报。

（二）总机构对各分支机构上报的资产损失，除税务机关另有规定外，应以清单申报的形式向所在地主管税务机关申报。

（三）总机构将分支机构所属资产捆绑打包转让所发生的资产损失，由总机构向所在地主管税务机关专项申报。

二级分支机构所在地主管税务机关应对二级分支机构申报扣除的资产损失强化后续管理。

第二十六条　对于按照税收法律、法规和其他规定，由分支机构所在地主管税务机关管理的企业所得税优惠事项，分支机构所在地主管税务机关应加强审批（核）、备案管理，并通过评估、检查和台账管理等手段，加强后续管理。

第二十七条　总机构所在地主管税务机关应加强对汇总纳税企业申报缴纳企业所得税的管理，可以对企业自行实施税务检查，也可以与二级分支机构所在地主管税务机关联合实施税务检查。

总机构所在地主管税务机关应对查实项目按照《企业所得税法》的规定统一计算查增的应纳税所得额和应纳税额。

总机构应将查补所得税款（包括滞纳金、罚款，下同）的50%按照本办法第十五条规定计算的分摊比例，分摊给各分支机构（不包括本办法第五条规定的分支机构）缴纳，各分支机构根据分摊查补税款就地办理缴库；50%分摊给总机构缴纳，其中25%就地办理缴库，25%就地全额缴入中央国库。具体的税款缴库程序按照财预［2012］40号文件第五条等相关规定执行。

汇总纳税企业缴纳查补所得税款时，总机构应向其所在地主管税务机关报送汇总纳税企业分支机构所得税分配表和总机构所在地主管税务机关出具的税务检查结论，各分支机构也应向其所在地主管税务机关报送经总机构所在地主管税务机关受理的汇总纳税企业分支机构所得税分配表和税务检查结论。

第二十八条 二级分支机构所在地主管税务机关应配合总机构所在地主管税务机关对其主管二级分支机构实施税务检查，也可以自行对该二级分支机构实施税务检查。

二级分支机构所在地主管税务机关自行对其主管二级分支机构实施税务检查，可对查实项目按照《企业所得税法》的规定自行计算查增的应纳税所得额和应纳税额。

计算查增的应纳税所得额时，应减除允许弥补的汇总纳税企业以前年度亏损；对于需由总机构统一计算的税前扣除项目，不得由分支机构自行计算调整。

二级分支机构应将查补所得税款的50%分摊给总机构缴纳，其中25%就地办理缴库，25%就地全额缴入中央国库；50%分摊给该二级分支机构就地办理缴库。具体的税款缴库程序按照财预［2012］40号文件第五条等相关规定执行。

汇总纳税企业缴纳查补所得税款时，总机构应向其所在地主管税务机关报送经二级分支机构所在地主管税务机关受理的汇总纳税企业分支机构所得税分配表和二级分支机构所在地主管税务机关出具的税务检查结论，二级分支机构也应向其所在地主管税务机关报送汇总纳税企业分支机构所得税分配表和税务检查结论。

第二十九条 税务机关应将汇总纳税企业总机构、分支机构的税务登记信息、备案信息、总机构出具的分支机构有效证明情况及分支机构审核鉴定情况、企业所得税月（季）度预缴纳税申报表和年度纳税申报表、汇总纳税企业分支机构所得税分配表、财务报表（或年度财务状况和营业收支情况）、企业所得税款入库情况、资产损失情况、税收优惠情况、各分支机构参与企业年度纳税调整情况的说明、税务检查及查补税款分摊和入库情况等信息，定期分省汇总上传至国家税务总局跨地区经营汇总纳税企业管理信息交换平台。

第三十条 2008年底之前已成立的汇总纳税企业，2009年起新设立的分支机构，其企业所得税的征管部门应与总机构企业所得税征管部门一致；2009年起新增汇总纳税企业，其分支机构企业所得税的管理部门也应与总机构企业所得税管理部门一致。

第三十一条 汇总纳税企业不得核定征收企业所得税。

第五章　附　则

第三十二条　居民企业在中国境内没有跨地区设立不具有法人资格分支机构，仅在同一省、自治区、直辖市和计划单列市（以下称同一地区）内设立不具有法人资格分支机构的，其企业所得税征收管理办法，由各省、自治区、直辖市和计划单列市国家税务局、地方税务局参照本办法联合制定。

居民企业在中国境内既跨地区设立不具有法人资格分支机构，又在同一地区内设立不具有法人资格分支机构的，其企业所得税征收管理实行本办法。

第三十三条　本办法自2013年1月1日起施行。

《国家税务总局关于印发〈跨地区经营汇总纳税企业所得税征收管理暂行办法〉的通知》（国税发［2008］28号）、《国家税务总局关于跨地区经营汇总纳税企业所得税征收管理有关问题的通知》（国税函［2008］747号）、《国家税务总局关于跨地区经营外商独资银行汇总纳税问题的通知》（国税函［2008］958号）、《国家税务总局关于华能国际电力股份有限公司汇总计算缴纳企业所得税问题的通知》（国税函［2009］33号）、《国家税务总局关于跨地区经营汇总纳税企业所得税征收管理若干问题的通知》（国税函［2009］221号）和《国家税务总局关于华能国际电力股份有限公司所属分支机构2008年度预缴企业所得税款问题的通知》（国税函［2009］674号）同时废止。

《国家税务总局关于发布〈中华人民共和国企业所得税月（季）度预缴纳税申报表〉等报表的公告》（税务总局公告2011年第64号）和《国家税务总局关于发布〈中华人民共和国企业所得税月（季）度预缴纳税申报表〉等报表的补充公告》（税务总局公告2011年第76号）规定与本办法不一致的，按本办法执行。

第五部分　附　录

附录一

中国连锁业终身成就奖

中国连锁业终身成就奖是连锁经营领域杰出人士的最高荣誉，获奖者是贡献毕生精力于连锁事业，致力于连锁经营发展并对行业发展产生重大影响和推动作用的行业领军人物。

2012 年 10 月 31 日，在中国连锁经营协会 15 周年庆典及颁奖晚宴上揭晓了中国连锁业终身成就奖，名单如下：

序号	获奖人姓名	企业	职务
1	郑万河	北京王府井百货（集团）股份有限公司	董事长
2	姜俊贤	中国全聚德（集团）股份有限公司	董事会顾问
3	苏敬轼	百胜餐饮集团中国事业部	主席兼首席执行官

中国连锁业突出成就奖

中国连锁业突出成就奖获奖者是最具行业贡献的代表性人物。该奖项旨在表彰他们不仅在推进本企业和行业发展方面做出的重要贡献，而且还积极参与和支持行业建设，为连锁经营发展环境创造有利条件所做的贡献。该奖项由中国连锁经营协会理事会在中国连锁业成就奖获奖者中择优选出。

2012 年 10 月 31 日，在中国连锁经营协会 15 周年庆典及颁奖晚宴上揭晓了中国连锁业突出成就奖，名单如下：

序号	获奖人姓名	企业	职务
1	马嘉樑	华润　苏果超市有限公司	董事长
2	王　填	步步高商业连锁股份有限公司	董事长
3	王培桓	山东家家悦集团有限公司	董事长
4	孙　坚	上海如家酒店管理有限公司	首席执行官
5	李维龙	辽宁兴隆大家庭商业集团	董事长
6	李燕川	北京超市发连锁股份有限公司	总裁
7	张近东	苏宁电器集团	董事长
8	张　勇	四川海底捞餐饮股份有限公司	董事长
9	郑晓燕	合肥百货大楼集团股份有限公司	董事长
10	黄明端	康成投资（中国）有限公司	董事长

第三届中国连锁业成就奖

中国连锁业成就奖是连锁行业最重要的评选活动，每五年组织评选一次，获奖者是近几年连锁领域的瞩目人物，是对连锁发展产生重大影响的杰出人士。

2012 年 10 月 31 日，在中国连锁经营协会 15 周年庆典及颁奖晚宴上揭晓了第三届中国连锁业成就奖，名单如下：

序号	获奖人姓名	企业	职务
1	王　健	江苏五星电器有限公司	百思买全球高级副总裁、五星电器 CEO
2	卢代盛	天津市津工超市有限责任公司	总经理
3	包乾申	江苏新合作常客隆连锁超市有限公司	董事长兼总经理
4	朱丽筠	北京福奈特洗衣服务有限公司	总经理
5	刘京京	北京嘉和一品企业管理股份有限公司	董事长兼总经理
6	汪建国	五星控股集团有限公司	董事长、总裁
7	吴坚忠	物美控股集团有限公司	董事长
8	张轩松	永辉超市股份有限公司	董事长
9	陈晓东	银泰百货（集团）有限公司	执行董事、总裁
10	洪　杰	华润万家有限公司	首席执行官
11	俞　萌	锦江之星旅馆有限公司	首席执行官
12	胡子敬	湖南友谊阿波罗股份有限公司	董事长、党委书记
13	荀振英	广州市广百股份有限公司	董事长
14	曹和平	长春欧亚集团股份有限公司	董事长
15	黄进能	上海象王洗衣有限公司	董事长
16	程　军	中百控股集团股份有限公司	董事、副总经理
17	储德群	山西美特好连锁超市股份有限公司	总裁
18	谢子龙	老百姓大药房连锁股份有限公司	董事长
19	赖伟宣	天虹商场股份有限公司	总经理
20	翟　锋	宝洁（中国）营销有限公司	总裁

2012年度CCFA员工最喜爱的公司

为表彰中国零售行业卓越管理实践典范，并通过对评选结果进行宣传和经验分享，有效提升获奖企业的美誉度和凝聚力，争取社会的广泛认可和支持，对连锁企业人力资源管理水平提升起到积极的促进作用，中国连锁经营协会每年组织本行业开展“员工最喜爱的公司”（原“最佳雇主”）评选活动，已经连续进行六年。2012年度CCFA“员工最喜爱的公司”获奖企业于10月31日在中国连锁经营协会15周年庆典及颁奖晚宴上揭晓，名单如下：

序号	企业名称
1	苏宁电器集团
2	辽宁兴隆大家庭商业集团
3	星巴克企业管理（中国）有限公司
4	华润　苏果超市有限公司
5	武汉武商量贩连锁有限公司
6	宏图三胞高科技术有限公司
7	上海如家酒店集团管理有限公司
8	锦江之星旅馆有限公司
9	北京西贝餐饮管理有限公司
10	步步高商业连锁股份有限公司

2012 年度中国零售创新大奖

序号	企业名称	获奖案例题目
1	上海友谊集团股份有限公司	真品、真情、真价，百联奥特莱斯的成功之路
2	江苏汇通达供应链管理有限公司	整合乡镇家电供应链，汇通达的买卖智慧
3	成都伊藤洋华堂有限公司	立足消费者，成都伊藤洋华堂的精细化管理
4	山西省太原唐久超市有限公司	精耕物流，服务为本，唐久便利与加盟商的互利共赢之路
5	广州市方所文化发展有限公司	东方美学与商业模式中寻找平衡，方所引领新生活哲学

2012 年度中国零售创新奖

序号	企业名称	获奖案例题目
1	华润万家有限公司 广州宝洁有限公司	构建基于移动商务的新型供应链管理模式
2	家乐福（中国）管理咨询服务有限公司	中小型企业融资贴现
3	宏图三胞高科技术有限公司	EPM&OMIS 信息化建设主推企业经营效率提升
4	上海易初莲花连锁超市有限公司	卜蜂莲花生活站：四合一经营理念打造全新生活方式
5	北京超市发连锁股份有限公司	根植社区　店铺改造实现软硬件功能双提升
6	武汉中心百货	成功打造快时尚商业潮文化
7	东莞市糖酒集团美宜佳便利店有限公司	美宜家在线，让生活更有乐趣
8	武汉中商集团股份有限公司	人工成本的有效管控
9	国美电器有限公司	微招聘微博推广方案
10	江苏新合作常客隆连锁超市有限公司	创新校园超市模式，确保学生食品安全

CCFA 最佳合作奖

为表彰多年来为连锁经营发展提供优秀解决方案的供应商企业以及关注并积极参与连锁经营领域宣传报道的媒体单位，2012 年 10 月 31 日，中国连锁经营协会在 15 周年庆典及颁奖晚宴上揭晓“CCFA 最佳合作奖”名单。

类型	企业名称
设施设备供应商	上海永冠商业设备有限公司
	上海石田电子衡器有限公司
	北京南常肉食机械有限公司
	佛山市兴达货架有限公司
	上海汇达招牌制作有限公司
	泰科消防保安（天津）有限公司
	嘉善上虹商用设备股份有限公司
	旺众商用设备（上海）有限公司
	集保物流设备（中国）有限公司
	山东兄弟商业设施有限公司
	梅特勒－托利多（常州）称重设备系统有限公司
	松下电器（中国）有限公司
	大连三洋冷链有限公司
IT 技术供应商	青岛海信智能商用系统有限公司
	宝获利商用设备（北京）有限公司
	北京富基融通科技有限公司
	华士盘点服务（深圳）有限公司
	甲骨文（中国）软件系统有限公司
	爱普生（中国）有限公司
	艾默生环境优化技术（苏州）有限公司
	微软（中国）有限公司
	德利多富信息系统（上海）有限公司
	曼哈特软件（上海）有限公司
	摩托罗拉系统（中国）有限公司
商品供应商	中粮国际（北京）有限公司
	广州宝洁有限公司
	华润五丰有限公司

续表

类型	企业名称
商品供应商	华润怡宝食品饮料（深圳）有限公司
	华润雪花啤酒（中国）有限公司
	拜尔斯道夫日化
咨询机构	杭州天际线设计联合体
	德勤华永会计师事务所有限公司
	普华永道中天会计事务所有限公司
	北京时代商联商业咨询有限公司
合作媒体	新华社国内部央采中心经采室
	中央人民广播电台经济之声
	中央电视台新闻中心
	人民日报经济社会部
	经济日报策划部
	北京电视台财经频道　首都经济报道
	中国经营报　第一招商
	第一财经日报　产经中心
	21 世纪经济报道　产经部
	国际商报　流通部
	新京报
	北京晚报
	京华时报
	法制晚报
	北京商报
	每日经济新闻
	上海商报
	每日新报
	长江商报
	中国商报《中国商界》
	《零售世界》
	中国商报－超市周刊
	中华合作时报－超市周刊《中国连锁》
	《商界》
	《创业邦》
	《连锁时代》
	《销售与市场》
	新浪财经
	网易财经
	联商网

2012 年度中国特许经营年度奖项说明

为表彰以特许经营模式发展的优秀特许企业，中国连锁经营协会组织专业评审委员会，每年度对特许企业的品牌维护、体系建设、对加盟商的支持等多项指标进行考核、评审，评选出年度中国优秀特许加盟品牌。其目的是宣传优秀特许企业及加盟商的创新意识和敬业精神，倡导诚信、自律、合作、双赢的理念，同时为广大投资者选择理想加盟项目提供资讯和借鉴。2012 年度首次设立中国特许经营创新奖、新锐奖，其他特许经营奖项包括优秀加盟品牌、优秀加盟商、大陆台商优秀连锁经营品牌和特别贡献奖。

2012 年度，参评创新奖的企业及其品牌共有 75 家，其中零售业 24 家、餐饮住宿业 25 家、服务业 26 家；参评新锐奖的企业及其品牌共有 33 家，涉及超市、便利店、食品零售、服装专卖、经济型酒店、培训教育、汽车后市场、家装、美容健身等多个业态。本年度参评企业均为所属行业或区域内的领先品牌。经评审委员会评审及实地考察核验，获得 2012 年度中国特许经营创新奖的企业为 30 家，获得 2012 年度中国特许经营新锐奖的企业为 7 家。另有 3 家企业及其品牌获得 2012 年度中国优秀特许加盟品牌，124 位加盟商获得 2012 年度中国优秀加盟商，4 家台资企业及其品牌获得 2012 年度大陆台商优秀连锁经营品牌，2 家澳门机构获得 2012 年度中国特许经营特别贡献奖。

2012 年度中国优秀特许加盟品牌

品牌	企业名称	行业
绝味	湖南绝味食品股份有限公司	零售业
如家	上海如家酒店管理有限公司	餐饮住宿业
北大青鸟	北京阿博泰克北大青鸟信息技术有限公司	服务业

2012 年度中国特许经营创新奖

品牌	企业名称	行业
特百惠	特百惠（中国）有限公司	零售业
晨光	上海晨光文具股份有限公司	
绝味	湖南绝味食品股份有限公司	
联华	上海联华超级市场发展有限公司	
中国黄金	深圳中金黄金创意有限公司	
富隆	广州市富隆酒窖酒业有限公司	
摩提工坊	上海麦海食品有限公司	
唐久	山西省太原唐久超市有限公司	
如家	上海如家酒店管理有限公司	餐饮住宿业
德克士	天津德克士食品开发有限公司	
永和豆浆	上海弘奇永和餐饮管理有限公司	
嘉和一品	北京嘉和一品企业管理股份有限公司	
过桥缘	山东过桥缘餐饮连锁经营有限公司	
东来顺	北京东来顺集团有限责任公司	
7 天	7 天连锁酒店集团	
锦江之星	锦江之星旅馆有限公司	
百富	新疆百富餐饮股份有限公司	
布丁酒店连锁	布丁酒店连锁（杭州住友酒店管理有限公司）	
北大青鸟	北京阿博泰克北大青鸟信息技术有限公司	服务业
小拇指	杭州小拇指汽车维修科技股份有限公司	
植秀堂	青岛植秀堂养生养颜连锁有限公司	
英派斯	青岛英派斯健康管理有限公司	
东易日盛	东易日盛家居装饰集团股份有限公司	
元洲装饰	北京元洲装饰有限责任公司	
21 世纪不动产	北京埃菲特国际特许经营咨询服务有限公司	
红黄蓝	北京红黄蓝儿童教育科技发展有限公司	
273	福州车友网络科技有限公司	
伊尔萨	北京荣昌科技服务有限责任公司	
翰皇	北京翰皇伟业皮革清洗养护连锁服务有限公司	
昂立	上海昂立教育投资咨询有限公司	

2012 年度中国特许经营新锐奖

品牌	企业名称	业态
能动英语	北京能动时代教育科技有限公司	培训教育
竹兜	北京爱竹兜文化发展有限公司	培训教育
玛奴拉	北京玛奴拉服饰修改有限公司	服饰修改
浆宝	纤活日记（北京）餐饮管理有限公司	休闲饮品
95081	北京易盟天地信息技术有限公司	家庭服务
驿家 365	石家庄国大酒店经营有限公司	经济型酒店
梦巴星	浙江梦巴星贸易股份有限公司	食品零售

2012 年度中国优秀加盟商（单店）

行业	单店加盟商	加盟品牌	加盟企业名称
零售业	杨卫兵	百花	北京百花蜂业科技发展股份有限公司
	沈国琴	名庄传奇	浙江名庄传奇葡萄酒有限公司
	张　卫	燕之屋	厦门市双丹马实业发展有限公司
	刘莉珍	燕之屋	厦门市双丹马实业发展有限公司
	霍玉玲	张一元	北京张一元茶叶有限责任公司
	陈秀春	富隆	广州市富隆酒业有限公司
	刘春晖	绝味	湖南绝味食品股份有限公司
	李武军	绝味	湖南绝味食品股份有限公司
	黄四英	山国饮艺	厦门山国饮艺茶业有限公司
	朱志明	山国饮艺	厦门山国饮艺茶业有限公司
	田学君	万仟堂	厦门万仟堂艺术品有限公司
	魏　晋	金虎	山西金虎便利连锁股份有限公司
	杨立新	金虎	山西金虎便利连锁股份有限公司
	邵曦斌	吴裕泰	北京吴裕泰茶业股份有限公司
	李　健	晨光	上海晨光文具股份有限公司
	欧阳邓斌	晨光	上海晨光文具股份有限公司
	代淑芬	上好	广东上好便利店有限公司

续表

行业	单店加盟商	加盟品牌	加盟企业名称
零售业	朱仁贵	上好	广东上好便利店有限公司
	黄　庆	恒泰大通	恒泰大通黄金投资有限公司
	王　廷	恒泰大通	恒泰大通黄金投资有限公司
	杨小平	唐久	山西省太原唐久超市有限公司
	张　辉	唐久	山西省太原唐久超市有限公司
	杨　靓	卡酷	北京卡酷卡通动漫文化有限公司
	冯　萍	卡酷	北京卡酷卡通动漫文化有限公司
	陈　彬	超市发	北京超市发连锁股份有限公司
餐饮与酒店业	余和平	毛家湾	江西毛家湾餐饮连锁发展有限公司
	沈　桅	包旺	上海记盛餐饮管理有限公司
	周江梅	德庄	重庆德庄实业（集团）有限公司
	游长江	德庄	重庆德庄实业（集团）有限公司
	孙承浩	如家	上海如家酒店管理有限公司
	胡育明	如家	上海如家酒店管理有限公司
	张　俊	东来顺	北京东来顺集团有限公司
	郭晨宾	惠美饺子	青岛远见服务管理有限公司
	徐　军	惠美饺子	青岛远见服务管理有限公司
	赵　伟	阿瓦山寨	陕西阿瓦山寨品牌投资有限公司
	徐　腾	阿瓦山寨	陕西阿瓦山寨品牌投资有限公司
	余　义	SPR	青岛耶士咖啡有限公司
	徐　彤	SPR	青岛耶士咖啡有限公司
	陆　琪	棒约翰	上海棒约翰餐饮管理有限公司
	李惠生	棒约翰	上海棒约翰餐饮管理有限公司
	尹小东	比格	北京比格餐饮管理有限责任公司
	孙玉萍	马兰	马兰拉面快餐连锁有限责任公司
	顾静艳	上岛	上海上岛咖啡食品有限公司
	罗　莉	德克士	天津德克士食品开发有限公司
	张志凯	德克士	天津德克士食品开发有限公司
	郑怜芬	速 8	速伯艾特（北京）国际酒店管理有限公司
	郑　良	速 8	速伯艾特（北京）国际酒店管理有限公司
	王　熙	肯德基	百胜餐饮集团中国事业部
	罗伟林	肯德基	百胜餐饮集团中国事业部
	董　震	全聚德	中国全聚德（集团）股份有限公司
	秦　雷	全聚德	中国全聚德（集团）股份有限公司
	邓展超	绿茵阁	广州市绿茵阁餐饮连锁有限公司
	马有良	毛家	湖南韶山毛家饭店发展有限公司
	雷　波	毛家	湖南韶山毛家饭店发展有限公司

续表

行业	单店加盟商	加盟品牌	加盟企业名称
服务业	周文进	小拇指	杭州小拇指汽车维修科技股份有限公司
	贲　卉	植秀堂	青岛植秀堂养生养颜连锁有限公司
	崔立勇	象王	上海象王洗衣有限公司
	刘燕梅	康洁	郑州市康洁洗涤有限公司
	邢慧玲	康洁	郑州市康洁洗涤有限公司
	袁　双	布兰奇	四川布兰奇洗业有限公司
	吴祖贵	伊尔萨	北京荣昌科技服务有限责任公司
	李志江	伊尔萨	北京荣昌科技服务有限责任公司
	朱仁玉	福奈特	北京福奈特洗衣服务有限公司
	冯建文	福奈特	北京福奈特洗衣服务有限公司
	于海水	翰皇	北京翰皇伟业皮革清洁养护连锁服务有限公司
	张加元	元洲装饰	北京元洲装饰有限责任公司
	杨　红	业之峰	北京业之峰装饰有限公司
	孙　滨	业之峰	北京业之峰装饰有限公司
	沈哲秀	JEI才能教育	北京嘉育培训有限公司
	王秀梅	好月嫂	大连好月嫂家庭服务有限公司
	王泽兰	好月嫂	大连好月嫂家庭服务有限公司
	张竹青	红黄蓝	北京红黄蓝儿童教育科技发展有限公司
	蔡玉琴	红黄蓝	北京红黄蓝儿童教育科技发展有限公司
	李艳芳	红黄蓝	北京红黄蓝儿童教育科技发展有限公司
	曹　奕	竹兜	北京爱竹兜文化发展有限公司
	翁丽霜	竹兜	北京爱竹兜文化发展有限公司
	王　俭	273	福州车友网络科技有限公司
	陈淦耀	273	福州车友网络科技有限公司
	王英俊	21世纪不动产	北京埃菲特国际特许经营咨询服务有限公司
	焦文玉	华夏中青	北京华夏中青家政服务有限公司
	胡雅宁	大风车	北京大风车教育科技发展有限公司
	陈光禄	培正逗点	上海培正教育投资管理有限公司

2012 年度中国优秀加盟商（多店）

行业	多店加盟商	加盟品牌	加盟企业名称
餐饮与酒店业	程建良	迪欧咖啡	迪欧餐饮管理有限公司
	顾　勇	迪欧咖啡	迪欧餐饮管理有限公司

2012 年度中国优秀加盟商（区域）

行业	区域加盟商	加盟品牌	加盟企业名称
零售业	杨孜文	百花	北京百花蜂业科技发展股份有限公司
	蒙月娟	雷力	北京雷力绿色肥业连锁经营有限公司
	秦　丽	雷力	北京雷力绿色肥业连锁经营有限公司
	崔铁岩	吉峰	吉峰农机连锁股份有限公司
	张德静	吉峰	吉峰农机连锁股份有限公司
	黄国华	卡帝乐鳄鱼	上海卡帝乐鳄鱼服饰有限公司
	郭俊华	张一元	北京张一元茶叶有限责任公司
	赵　伟	富隆	广州市富隆酒业有限公司
	莫洪发	联华	上海联华超级市场发展有限公司
	张建平	联华	上海联华超级市场发展有限公司
	张兆錩	摩提工坊	上海麦海食品有限公司
	霍全斌	粮全其美	上海粮全其美食品有限公司
	逯发先	粮全其美	上海粮全其美食品有限公司
	武澄宇	吴裕泰	北京吴裕泰茶业股份有限公司
	孙向东	锦绣千村	锦绣千村农资连锁（北京）有限公司
	张　萍	锦绣千村	锦绣千村农资连锁（北京）有限公司
餐饮与酒店业	张　昱	快乐柠檬	上海快乐柠檬餐饮管理有限公司
	陈　琨	快乐柠檬	上海快乐柠檬餐饮管理有限公司
	王彦华	东来顺	北京东来顺集团有限公司
	贺卫东	DF	迪孚时代（北京）国际商业连锁有限公司
	刘　春	比格	北京比格餐饮管理有限责任公司
	刘　伟	绿茵阁	广州市绿茵阁餐饮连锁有限公司

续表

行业	区域加盟商	加盟品牌	加盟企业名称
服务业	王　静	小拇指	杭州小拇指汽车维修科技股份有限公司
	李　伟	植秀堂	青岛植秀堂养生养颜连锁有限公司
	李　斌	环球教育	北京环球天下教育科技有限公司
	蓝伟宇	环球教育	北京环球天下教育科技有限公司
	郑丽娟	布兰奇	四川布兰奇洗业有限公司
	温　红	名庄传奇	浙江名庄传奇葡萄酒有限公司
	谭千梅	顶尚堂	重庆顶尚生物制品有限责任公司
	郭志军	英派斯	青岛英派斯健康管理有限公司
	庞尔高	英派斯	青岛英派斯健康管理有限公司
	梁晓娟	东易日盛	东易日盛家居装饰集团股份有限公司
	张子喜	东易日盛	东易日盛家居装饰集团股份有限公司
	凌敦平	21 世纪不动产	北京埃菲特国际特许经营咨询服务有限公司
	赵培坤	华夏中青	北京华夏中青家政服务有限公司
	王　戈	福元运通	青岛福元运通投资管理有限公司
	刘　昊	福元运通	青岛福元运通投资管理有限公司
	张海霞	昂立	上海昂立教育投资咨询有限公司
	郑仁桃	昂立	上海昂立教育投资咨询有限公司
	马学丽	翰皇	北京翰皇伟业皮革清洁养护连锁服务有限公司

2012 年度中国特许经营特别贡献奖

机构名称
澳门贸易投资促进局
澳门连锁加盟商会

2012 年度大陆台商优秀连锁经营品牌

品牌	企业名称	业态
多样屋	多样屋生活用品（上海）有限公司	专卖零售
曼都	上海曼都美容美发有限公司	美容美发
斗牛士	上海斗牛士牛排馆有限公司	餐饮
东方高尔夫	东方高尔夫国际集团有限公司	休闲健身

2012 年度 CCFA 十佳金牌店长

序号	姓名	企业名称
1	董　戎	成都伊藤洋华堂有限公司
2	浣朝飞	步步高商业连锁股份有限公司
3	倪　健	武汉中百连锁仓储超市有限公司
4	曲晓东	长春欧亚超市连锁经营有限公司
5	牛志青	北京市大中家用电器连锁销售有限公司
6	谷丽芬	邯郸市阳光超市有限公司
7	苑永胜	胜利油田胜大超市
8	张　明	安徽百大合家福连锁超市股份有限公司
9	陈燕华	上海城市超市有限公司
10	谢安贤	广百股份有限公司

2012 中国零售业优秀 CIO 名单

序号	姓名	职务	企业名称
1	刘宁元	副总裁	宏图三胞高科技术有限公司
2	莫晓刚	商信中心总监	吉峰农机连锁股份有限公司
3	王明远	副总裁	金鹰国际商贸集团
4	李　杰	信息管理部总监	上海拉夏贝尔服饰股份有限公司
5	孙　路	信息中心主任	唐山百货大楼集团有限责任公司
6	张福生	信息部总经理	万千百货股份有限公司
7	张慧全	信息总监	内蒙古民族集团

2012 年度 CCFA 行业防损之星

姓名	职务	企业名称
白江峰	防损安保中心经理	宝商集团宝鸡商业经营管理有限责任公司
吴钧涛	内部控制与调查经理	锦江麦德龙现构自运有限公司
陈春生	科长	苏果超市有限公司
田君昌	计财部稽核经理	北京超市发连锁股份有限公司
熊　涛	高级经理	华润万家有限公司
苏　策	大兴店防损经理	北京物美大卖场商业管理有限公司
吴劲松	区域资产保护总监	沃尔玛（中国）投资有限公司
吴才华	防损监察部部长	安徽台客隆连锁超市有限责任公司
叶雪萍	经理	重庆商社新世纪百货连锁经营有限公司
王　振	门店防损监督部经理	北京易初莲花连锁超市有限公司

注：排名不分先后

CCFA 2012 年度购物中心金百合奖

为表彰购物中心在与连锁品牌合作发展中的突出表现，树立行业标杆，倡导合作双赢，推进购物中心与连锁企业和谐共荣、携手发展，2012 年中国连锁经营协会继续依托连锁品牌与购物中心合作委员会开展了“CCFA 购物中心金百合奖”年度推选活动，同时组织品牌、餐饮、零售、媒体、地产等业内相关机构的专家组成购物中心金百合奖评委会。经连锁品牌与购物中心合作委员会委员推选，以及评委会严格评审，确定授予如下 9 家单位“2012 年度购物中心金百合奖”。

购物中心名称	业主名称
步步高广场湘潭店	步步高商业连锁股份有限公司
苏州印象城	深国投商用置业有限公司
大连百年城	大连百年城商业地产有限公司
济南和谐广场	山东银座购物中心有限公司
武汉中央文化区　楚河汉街	万达商业管理有限公司
广州太古汇	太古汇广州发展有限公司
上海大宁国际购物中心	崇邦集团
北京朝阳大悦城	中粮置地有限公司
北京分钟寺新业广场	阳光新业地产股份有限公司

附录二

2012 年中国连锁百强名单

（2013 年 4 月 17 日发布）

会员	序号	2011 排名	企业名称	2012 销售规模（含税万元）	销售增幅 %	2012 门店总数（个）	门店增幅 %
★	1	2	苏宁云商集团股份有限公司 ①	* 12400000	12.7%	1705	-1.1%
☆	2	1	百联集团有限公司	12205221	3.3%	5147	-8.2%
★	3	2	国美电器有限公司	11747974	6.8%	1685	-3.0%
★	4	4	华润万家有限公司	9410000	13.8%	4423	11.2%
★			其中：苏果超市有限公司	3315200	0.2%	2098	4.8%
★	5	5	康成投资（中国）有限公司（大润发）	7247000	17.7%	219	18.4%
★	6	9	沃尔玛（中国）投资有限公司	5800000	3.6%	395	6.8%
★	7	6	重庆商社（集团）有限公司	5449472	14.0%	327	0.6%
★			其中：重庆百货大楼股份有限公司	3339965	11.5%	286	5.5%
★	8	8	百胜餐饮集团中国事业部	5220000	30.5%	5200	16.9%
☆	9		山东省商业集团有限公司	4938066	21.4%	526	26.7%
★			其中：银座集团股份有限公司	3203115	16.3%	104	15.6%
★	10	7	家乐福（中国）管理咨询服务有限公司	4527386	0.2%	218	7.4%
★	11	11	大商股份有限公司 ②	* 3727500	4.7%	170	0.0%
★	12	13	农工商超市（集团）有限公司	3030275	0.2%	2734	-19.0%
★	13	20	永辉超市股份有限公司	2793000	37.0%	249	22.1%
★	14	19	武汉武商集团股份有限公司	2680010	29.8%	98	6.5%
★			其中：武汉武商量贩连锁有限公司	1284092	19.9%	91	7.1%
★	15	16	宏图三胞高科技术有限公司	2645612	14.0%	482	15.3%
★	16	17	中百控股集团股份有限公司	2621631	13.7%	948	13.1%
★			其中：中百仓储超市有限公司	1191092	13.0%	244	20.8%
	17	18	石家庄北国人百集团有限责任公司	2541553	16.2%	198	48.9%
★	18	14	江苏五星电器有限公司	2418530	-12.0%	252	-9.7%
★	19	22	长春欧亚集团股份有限公司	2414498	21.3%	58	16.0%
★	20	15	海航商业控股有限公司	2400000	2.6%	448	-4.3%
★	21	21	北京王府井百货（集团）股份有限公司	2157439	7.4%	28	12.0%
★	22	24	利群集团股份有限公司	2139722	12.3%	736	-12.0%
★	23	25	天虹商场股份有限公司	2037346	7.5%	59	15.7%

续表

会员	序号	2011排名	企业名称		2012销售规模（含税万元）	销售增幅%	2012门店总数（个）	门店增幅%
★	24	26	特易购乐购（中国）投资有限公司	*	2000000	11.1%	111	8.8%
★	25	30	百盛商业集团有限公司		1972358	20.1%	48	-7.7%
★	26	23	文峰大世界连锁发展股份有限公司		1949059	0.8%	995	0.5%
☆	27	27	烟台市振华百货集团股份有限公司		1906570	6.6%	109	11.2%
★	28	29	金鹰国际商贸集团（中国）有限公司		1866919	13.6%	28	7.7%
★	29	31	山东家家悦集团有限公司		1818795	12.0%	595	3.8%
★	30	28	新一佳超市有限公司	*	1800000	2.7%	116	0.0%
★	31	55	步步高集团公司		1790819	30.2%	289	29.6%
★	32	38	锦江麦德龙现购自运有限公司		1790000	29.7%	64	18.5%
★	33		北京物美商业集团股份有限公司　③		1733407	5.7%	538	3.7%
★	34	34	安徽省徽商集团有限公司		1724238	14.2%	2564	-13.2%
★	35	35	合肥百货大楼集团股份有限公司　④		1690000	14.2%	190	2.2%
★	36	33	乐天玛特		1631829	6.7%	99	8.8%
★	37	39	银泰百货（集团）有限公司		1630871	19.3%	30	3.4%
★	38	41	欧尚（中国）投资有限公司		1630461	28.4%	54	20.0%
	39	32	新世界百货中国有限公司　⑤	*	1600000	3.2%	39	0.0%
★	40	37	人人乐连锁商业集团股份有限公司	*	1511000	9.2%	131	4.0%
★	41		北京华联综合超市股份有限公司	*	1450000	8.2%	130	16.1%
☆	42	36	北京首商集团股份有限公司		1437431	4.4%	17	0.0%
★	43	44	山东潍坊百货集团股份有限公司		1318565	8.7%	499	19.7%
	44	50	茂业国际控股有限公司		1294867	24.1%	39	2.6%
★	45	48	新华都购物广场股份有限公司		1286715	17.0%	124	10.7%
★	46	43	北京京客隆商业集团股份有限公司		1280862	4.9%	241	-4.0%
	47	45	北京菜市口百货股份有限公司	*	1270000	8.9%	15	25.0%
★	48	47	辽宁兴隆大家庭商业集团		1251810	11.2%	30	0.0%
★	49	46	武汉中商集团股份有限公司		1251079	8.8%	48	4.3%
	50	52	卜蜂莲花有限公司　⑥	*	1249259	6.6%	57	9.6%
★	51	49	郑州丹尼斯集团		1220000	13.0%	144	45.5%
★	52	53	广州屈臣氏个人用品商店有限公司	*	1200000	20.0%	1500	36.4%
★	53	51	江苏华地国际控股集团有限公司		1153503	13.4%	45	32.4%
★	54		万达百货有限公司		1117832	61.3%	57	42.5%
★	55		中国石化销售有限公司（易捷便利店）		1101681	33.4%	20891	8.7%
★	56	54	广州市广百股份有限公司		1056978	13.5%	30	3.4%
★	57	42	山东新星集团有限公司		1053217	-15.0%	655	0.5%
★	58	56	北京迪信通商贸股份有限公司		1012447	24.4%	1440	9.1%

续表

会员	序号	2011排名	企业名称	2012销售规模（含税万元）	销售增幅%	2012门店总数（个）	门店增幅%
★	59	79	上海如家酒店管理有限公司	* 982276	44.5%	1772	24.3%
★	60	57	麦当劳（中国）有限公司	* 900000	11.1%	1500	7.1%
★			北京乐语世纪通讯设备连锁有限公司	900000	12.5%	1900	58.3%
★	62	59	永旺	808261	21.3%	36	20.0%
★	63		中国石油销售公司（昆仑好客便利店）	800000	25.0%	13000	18.2%
	64	62	宜家家居	763372	21.2%	11	22.2%
★	65	58	伊藤洋华堂（中国）	748672	0.0%	13	0.0%
★	66	61	湖南友谊阿波罗控股股份有限公司	744055	19.4%	8	-27.3%
★	67	60	成都红旗连锁股份有限公司	728163	9.9%	1336	18.7%
	68	65	南京中央商场股份有限公司	* 680000	23.6%	8	0.0%
	69	70	中国春天百货集团有限公司 ⑦	* 634070	12.7%	16	23.1%
☆	70	64	济南华联商厦集团股份有限公司	611326	11.1%	26	8.3%
★			其中：济南华联超市有限公司	356790	14.7%	20	5.3%
★	71	63	三江购物俱乐部股份有限公司	560000	0.0%	146	-3.3%
★	72	66	北京翠微大厦股份有限公司	555658	2.6%	6	20.0%
	73	71	卓展集团控股有限公司	* 528000	10.0%	4	33.3%
★	74	72	邯郸市阳光百货集团总公司	521200	13.1%	132	9.1%
	75	75	长沙通程控股股份有限公司	* 510000	17.3%	69	0.0%
★	76		广东嘉荣超市有限公司	491858	19.1%	73	28.1%
★	77	68	广州友谊集团股份有限公司	491180	-1.7%	6	0.0%
★	78	69	阜阳华联集团股份有限公司	482312	0.0%	748	5.5%
★	79	78	山东全福元商业集团有限责任公司	464465	13.5%	171	36.8%
★	80	74	北京市顺义国泰商业大厦	461852	2.4%	14	0.0%
★	81	82	山西美特好连锁超市股份有限公司	455386	17.4%	76	31.0%
★	82	84	湖南佳惠百货有限责任公司	445104	20.0%	239	3.5%
★	83	77	青岛维客集团股份有限公司	435597	3.3%	9	-10.0%
	84		信誉楼百货集团有限公司	* 420000	11.1%	21	16.7%
★	85	85	广东大参林连锁药店有限公司	418000	13.9%	1210	10.0%
★	86	83	浙江人本超市有限公司	415178	10.1%	1159	12.7%
★	87	76	百佳超市（中国区）	407725	-5.1%	51	10.9%
★	88	81	北京超市发连锁股份有限公司	403161	3.4%	131	10.1%
★	89	86	老百姓大药房连锁有限公司	* 402600	10.0%	650	10.2%
★	90		一丁集团股份有限公司	382936	45.6%	391	122.2%
★	91	87	深圳市海王星辰医药有限公司	* 369600	2.1%	2883	0.0%
★	92	98	青岛利客来集团股份有限公司	366199	35.6%	421	5.0%

续表

会员	序号	2011排名	企业名称	2012销售规模（含税万元）	销售增幅%	2012门店总数（个）	门店增幅%
★	93	67	四川省互惠商业有限责任公司	361158	3.0%	1203	1.9%
★	94		十堰市新合作超市有限公司	361117	23.1%	2068	11.7%
★	95	88	加贝物流股份有限公司	356000	2.3%	359	2.9%
★		95	重庆和平药房连锁有限责任公司	356000	24.9%	2610	3.6%
★	97	90	中国全聚德（集团）股份有限公司	330441	9.5%	91	4.6%
★	98		江苏新合作常客隆连锁超市有限公司	330167	31.5%	1002	2.2%
	99	96	内蒙古民族商场有限责任公司	* 330000	17.5%	4	0.0%
★	100	94	雄风集团有限公司	329532	15.0%	143	10.9%
			合计	186647427	10.8%	93983	8.0%

注：1. ★ 表示为中国连锁经营协会会员企业，☆ 表示其下属公司为协会会员企业。

2. 数字前面带 * 为估计值。

3. 百强统计采用销售规模口径，指的是生活资料商品交易含税数据，包括直营店、加盟店、输出管理等以公司品牌经营的所有连锁店的含税销售总额，以及对外批发的销售额，除此外的销售额不计入内。

4. 以特许加盟为主的企业（销售规模或门店数量）不列入本表，将纳入“2012年特许百强”榜。

5. 部分企业数据说明：

① 苏宁云商集团股份有限公司为苏宁控股集团下属公司。

② 大商股份有限公司（600694）2012年报数据显示，公司营业收入3185900万元人民币，表中数值为含税营业收入。

③ 北京物美商业集团股份有限公司2011年是以控股集团的名义报数，含新华百货销售额，2012年不含新华百货。

④ 合肥百货大楼集团股份有限公司数据不包括批发市场交易额。

⑤ 新世界百货中国有限公司（00825）2012年报显示，经营收益3490100千港元。

⑥卜蜂莲花有限公司（00121）2012年报数据显示，公司营业额1067743万元人民币，表中数值为含税营业收入。

⑦ 中国春天百货集团有限公司（00331）2012年报显示，销售所得总额达541940万元人民币，表中数值为含税营业收入。

2012 年中国快速消费品连锁百强名单

（2013 年 4 月 17 日发布）

会员	序号	2011 排名	企业名称		2012 销售规模（含税万元）	销售增幅 %	2012 门店总数（个）	门店增幅 %
★	1	1	华润万家有限公司		9410000	13.8%	4423	11.2%
★	2	3	康成投资（中国）有限公司（大润发）		7247000	17.7%	219	18.4%
★	3	2	联华超市股份有限公司 ①		6573015	-3.4%	4762	-8.8%
★	4	5	沃尔玛（中国）投资有限公司		5800000	3.6%	395	6.8%
★	5	4	家乐福（中国）管理咨询服务有限公司		4527386	0.2%	218	7.4%
★	6	7	农工商超市（集团）有限公司 ②		3030275	0.2%	2734	-19.0%
★	7	8	永辉超市股份有限公司		2793000	37.0%	249	22.1%
★	8	9	特易购乐购（中国）投资有限公司	*	2000000	11.1%	111	8.8%
★	9	11	山东家家悦集团有限公司		1818795	12.0%	595	3.8%
★	10	10	新一佳超市有限公司	*	1800000	2.7%	116	0.0%
★	11	15	锦江麦德龙现购自运有限公司		1790000	29.7%	64	18.5%
★	12	12	乐天玛特		1631829	6.7%	99	8.8%
★	13	17	欧尚（中国）投资有限公司		1630461	28.4%	54	20.0%
★	14	14	人人乐连锁商业集团股份有限公司	*	1511000	9.2%	131	4.0%
★	15		北京华联综合超市股份有限公司	*	1450000	8.2%	130	16.1%
★	16		北京物美商业集团股份有限公司 ③		1445046	-11.9%	538	3.7%
★	17	20	新华都购物广场股份有限公司		1286715	17.0%	124	10.7%
★	18	21	武汉武商量贩连锁有限公司		1284092	19.9%	91	7.1%
★	19	19	北京京客隆商业集团股份有限公司		1280862	4.9%	241	-4.0%
★	20	22	卜蜂莲花有限公司	*	1249259	6.6%	57	9.6%
★	21	23	广州屈臣氏个人用品商店有限公司	*	1200000	20.0%	1500	36.4%
★	22	13	中百仓储超市有限公司		1191092	13.0%	244	20.8%
★	23		中国石化销售有限公司（易捷便利店）		1101681	33.4%	20891	8.7%
★	24	25	永旺		808261	21.3%	36	20.0%
★	25		中国石油销售公司（昆仑好客便利店）		800000	25.0%	13000	18.2%
★	26	24	伊藤洋华堂（中国）		748672	0.0%	13	0.0%
★	27	26	成都红旗连锁股份有限公司		728163	9.9%	1336	18.7%
△	28	30	武汉中商平价超市连锁有限责任公司		585225	10.4%	37	2.8%
★	29	28	三江购物俱乐部股份有限公司		560000	0.0%	146	-3.3%
★	30	32	步步高集团公司（超市部分）		548600	13.0%	289	29.6%
★	31	69	广东嘉荣超市有限公司		491858	19.1%	73	28.1%
★	32	33	阜阳华联集团股份有限公司		482312	0.0%	748	5.5%

续表

会员	序号	2011排名	企业名称	2012销售规模（含税万元）	销售增幅%	2012门店总数（个）	门店增幅%
★	33	38	山东全福元商业集团有限责任公司	464465	13.5%	171	36.8%
★	34	41	山西美特好连锁超市股份有限公司	455386	17.4%	76	31.0%
★	35		湖南佳惠百货有限责任公司	445104	20.0%	239	3.5%
★	36	42	浙江人本超市有限公司	415178	10.1%	1159	12.7%
★	37	35	百佳超市（中国区）	407725	-5.1%	51	10.9%
★	38	40	北京超市发连锁股份有限公司	403161	3.4%	131	10.1%
★	39		青岛利客来集团股份有限公司	366199	35.6%	421	5.0%
★	40	31	四川省互惠商业有限责任公司	361158	3.0%	1203	1.9%
△	41		十堰市新合作超市有限公司	361117	23.1%	2068	11.7%
★	42	45	济南华联超市有限公司	356790	14.7%	20	5.3%
★	43	44	加贝物流股份有限公司	356000	2.3%	359	2.9%
★	44		安徽徽商农家福有限公司	338849	14.0%	2172	5.1%
★	45	51	江苏新合作常客隆连锁超市有限公司	330167	31.5%	1002	2.2%
★	46		浙江华联商厦有限公司	326160	10.0%	84	15.1%
★	47	46	山西省太原唐久超市有限公司	322728	5.0%	1156	4.5%
★	48	43	中百超市有限公司	316318	-12.0%	651	11.5%
★	49	47	中山市壹加壹商业连锁有限公司	309082	6.7%	44	-2.2%
△	50	49	安徽百大合家福连锁超市股份有限公司	305141	11.4%	139	-2.1%
★	51	57	北京华冠商业经营股份有限公司	299891	38.6%	266	-10.4%
△	52	56	上海联华快客便利有限公司	294240	8.9%	2031	0.8%
★	53	48	浙江供销超市有限公司	288361	4.8%	2300	4.5%
★	54	50	心连心集团有限公司	265056	5.1%	58	7.4%
★	55	65	河北惠友商业连锁发展有限公司	264751	31.6%	371	1.9%
★	56		烟台振华量贩超市有限公司	264000	3.5%	79	14.5%
△	57	53	上海家得利超市有限公司	245200	5.0%	200	3.1%
★	58	52	易买得	* 240000	0.0%	16	0.0%
★	59	55	河北国大连锁商业有限公司	229515	10.0%	880	0.8%
★	60	95	顺客隆商场有限公司	227900	11.1%	226	3.7%
△	61	54	湖南家润多超市有限公司	220000	5.0%	79	8.2%
★	62	59	广西南城百货股份有限公司（超市部分）	202000	9.4%	31	14.8%
★	63	66	大同市华林有限责任公司	200000	42.9%	10	0.0%
△	64	58	陕西民生家乐商业连锁有限责任公司	197900	5.0%	52	20.9%
★	65	37	华联集团吉买盛购物中心有限公司	193488	-8.3%	20	-9.1%
★	66	62	河南大张实业有限公司	192333	44.8%	52	4.0%
★	67		利群集团股份有限公司（超市部分）	189082	5.0%	736	-12.0%

续表

会员	序号	2011排名	企业名称	2012 销售规模（含税万元）	销售增幅%	2012 门店总数（个）	门店增幅%
★	68	67	上海福满家便利有限公司	187175	46.8%	1008	31.6%
★	69	60	上海良友金伴便利连锁有限公司	186800	3.8%	518	-1.3%
★	70	61	浙江凯虹集团有限公司	175000	4.7%	16	6.7%
★	71		包头市永盛成百货有限责任公司	172695	15.9%	44	7.3%
	72	64	重庆重客隆超市连锁有限责任公司	* 166828	16.4%	130	16.1%
★	73	63	江苏欢乐买商贸股份有限公司	161850	11.6%	38	123.5%
★	74	81	山东长江汇泉集团有限公司	158896	23.4%	370	14.9%
★	75		河北美食林商贸集团有限公司	153340	12.2%	28	16.7%
★	76	75	联盛商业连锁股份有限公司	152140	24.3%	25	47.1%
★	77	83	上海迪亚零售有限公司	151300	41.4%	321	50.0%
★	78	74	新疆好家乡超市有限公司	144551	15.1%	11	57.1%
★	79	77	天津劝宝超市有限责任公司	132685	8.8%	665	-1.5%
★	80	80	安徽省台客隆连锁超市有限责任公司	131778	22.9%	41	13.9%
	81	78	黑龙江比优特商贸有限公司	* 120000	0.0%	50	0.0%
★	82	73	唐山瑞莎实业集团有限公司	119874	-12.0%	45	-25.0%
△	83	68	安徽省徽商红府连锁超市有限责任公司	119491	9.7%	352	-58.4%
★	84	70	天津市津工超市有限责任公司	117719	-9.3%	360	-5.8%
★	85	85	胜利油田胜大超市	116800	16.8%	130	7.4%
★	86	82	安徽金华联投资股份有限公司	* 115000	5.1%	52	6.1%
★	87	84	江苏雅家乐集团有限公司	* 110250	5.0%	460	6.2%
★	88	88	大连金玛超市连锁有限公司	103164	5.9%	1016	0.0%
	89	87	天客隆集团有限责任公司	* 102000	5.0%	25	0.0%
★	90	89	上海捷强烟草糖酒（集团）连锁有限公司	101666	9.9%	263	9.6%
★	91		山东新合作超市连锁有限公司	101250	6.1%	158	5.3%
	92	90	湖北省十堰市寿康永乐有限公司	* 100000	11.7%	180	4.7%
★	93	93	北京首航国力商贸有限公司	95398	13.1%	45	9.8%
	94	91	威海长江糖酒有限公司	* 95000	8.0%	260	4.0%
△	95	94	邯郸市阳光超市有限公司	92883	11.4%	111	11.0%
★	96	96	秦皇岛家惠商贸集团有限公司	91734	14.7%	35	0.0%
★	97	72	山东奥德隆集团有限公司	* 87680	-31.5%	25	-35.9%
★	98	99	宁波新江厦连锁超市有限公司	87420	20.0%	47	9.3%
★	99	92	唐山华盛超市有限公司	* 83367	-3.8%	35	12.9%
★	100	86	舟山市民生商厦有限责任公司	82319	10.0%	457	1.1%
			合计	83577097	9.8%	79538	6.5%

注：1. ★ 表示为中国连锁经营协会会员企业，☆ 表示其下属公司为协会会员企业，△ 表示其母公司为协会会员

企业。

2. 数字前面带＊为估计值。

3. 百强统计采用销售规模口径，指的是生活资料商品交易含税数据，包括直营店、加盟店、输出管理等以公司品牌经营的所有连锁店的含税销售总额，以及对外批发的销售额，除此外的销售额不计入内。

4. 本表为以快消品经营为主营业务的企业排名，一些企业同时也经营有百货业务，由于难以拆分，部分企业销售额中含有百货销售额。

5. 本表中门店总数是指该企业所有业态的门店数量。

6. 部分企业数据说明：

① 联华超市股份有限公司数据不包含上海联华快客便利有限公司的销售。

② 农工商（集团）有限公司数据含好德、可的便利店。

③ 北京物美商业集团股份有限公司的数据不包括新华百货和浙江供销。

2012 年中国特许经营连锁 120 强名单

序号	行业	业态	企业名称	品牌	销售规模（万元）	总店数	加盟店数
1	综合零售	超市	上海联华超级市场发展有限公司	联华	1799784	2069	1557
2		超市	苏果超市有限公司	苏果	788000	2098	766
3		便利店	东莞市糖酒集团美宜佳便利店有限公司	美宜佳	534611	4650	4648
4		便利店	浙江人本超市有限公司	之上	415178	1159	124
5		便利店	山西省太原唐久超市有限公司	唐久	322728	1156	961
6		便利店	上海联华快客便利有限公司	快客	294240	2031	1047
7		便利店	浙江供销超市有限公司	浙江供销	288361	2300	2115
8		便利店	上海福满便利有限公司（全家）	全家	236170	1028	313
9		便利店	河北国大连锁商业有限公司	国大 36524	229515	880	855
10		便利店	上海迪亚零售有限公司	迪亚天天	151300	321	145
11	专业零售食品专卖	茶叶专卖	中国茶叶股份有限公司	中茶	135000	352	315
12		茶叶专卖	北京张一元茶叶有限责任公司	张一元	90450	209	160
13		茶叶专卖	北京吴裕泰茶业股份有限公司	吴裕泰	48757	299	251
14		茶叶专卖	厦门山国饮艺茶业有限公司	山国饮艺	31568	650	620
15		酒品专卖	北京市东方雅龙酒业有限责任公司	along	100000	230	150
16		酒品专卖	广州市富隆酒窖酒业有限公司	富隆	55975	297	245
17		酒品专卖	浙江名庄传奇葡萄酒有限公司	名庄传奇	16475	86	80
18		营养保健品	獐子岛集团股份有限公司	獐子岛	260000	390	330
19		营养保健品	好想你枣业股份有限公司	好想你	89663	2200	2048
20		营养保健品	厦门市双丹马实业发展有限公司	燕之屋	40000	170	168
21		营养保健品	北京百花蜂业科技发展股份公司	百花	25000	475	457
22		食品专卖	湖南绝味食品股份有限公司	绝味	225705	5239	5127
23		食品专卖	南京桂花鸭（集团）有限公司	桂花鸭	139985	260	240
24		食品专卖	漯河双汇商业连锁有限公司	双汇	67235	368	109
25		食品专卖	四川廖排骨餐饮管理有限公司	廖排骨	66105	585	565
26		药店	北京金象大药房医药连锁有限责任公司	金象大药房	73000	316	192
27		药店	上海复美大药房连锁有限公司	复美大药房	55638	480	403
28	专业零售非食品专卖	农资连锁	天盟农资连锁有限责任公司	天盟	1400000	7623	7523
29		农资连锁	安徽辉隆农资集团股份有限公司	辉隆	1122176	2942	2862
30		农资连锁	庆丰农业生产资料集团有限责任公司	庆丰	729295	3825	3658
31		农资连锁	吉峰农机连锁股份有限公司	吉峰	574996	2430	2192

续表

序号	行业	业态	企业名称	品牌	销售规模（万元）	总店数	加盟店数
32	专业零售非食品专卖	农资连锁	锦绣千村农资连锁（北京）有限公司	千村植保	500718	2877	1931
33		农资连锁	安徽徽商农家福有限公司	农家福	338849	2173	2046
34		饰品专卖	哎呀呀饰品连锁股份有限公司	哎呀呀	155796	2130	2122
35		饰品专卖	重庆谭木匠工艺品有限公司	谭木匠★	27197	1416	1315
36		饰品专卖	广州汇美舍天然用品连锁有限公司	Pretty	24034	688	644
37		手机专卖店	北京迪信通商贸股份有限公司	迪信通	1012447	1440	560
38		黄金珠宝店	深圳中金黄金创意有限公司	中国黄金	3450000	1621	1552
39		黄金珠宝店	周大生珠宝股份有限公司	周大生	239975	2048	1760
40		黄金珠宝店	深圳市吉盟珠宝股份有限公司	吉盟	77937	249	100
41		服装	堡狮龙国际集团有限公司	堡狮龙	274400	1314	791
42		服装	深圳市丑丑婴儿用品有限公司	丑丑婴幼	46000	859	665
43		家居用品专卖	上海罗莱家用纺织品有限公司	罗莱家纺	230000	1612	1383
44		家居用品专卖	特百惠（中国）有限公司	特百惠	96000	3700	3687
45		化妆品	上海歌诗玛化妆品有限公司	哥诗玛	46090	214	148
46		化妆品	北京明弘科贸有限责任公司	LOTIONSPA	43000	796	478
47		玩具店	北京卡酷全卡通动漫文化有限公司	卡酷	5031	257	243
48		文具专卖	上海晨光文具股份有限公司	晨光	331511	3172	3030
49		眼镜店	福州宝岛眼镜有限公司	康明宝岛	9660	345	329
50	餐饮	中式正餐	中国全聚德（集团）股份有限公司	全聚德	330441	91	59
51		中式正餐	湖南韶山毛家饭店发展有限公司	毛家	182000	276	272
52		中式正餐	陕西阿瓦山寨品牌投资有限公司	阿瓦山寨	177000	429	422
53		中式正餐	江西毛家湾餐饮连锁发展有限公司	毛家湾	88900	60	50
54		中式正餐	上海弘奇永和餐饮管理有限公司	永和豆浆	169600	530	478
55		中式正餐	深圳市亿百度餐饮管理有限公司	亿百度	65000	500	482
56		中式正餐	上海世好餐饮管理有限公司	世好吉祥	63700	2006	1779
57		中式正餐	四平李连贵饮食服务股份有限公司	李连贵	42012	253	236
58		中式正餐	马兰拉面快餐连锁有限责任公司	马兰	32714	194	70
59		火锅店	内蒙古小尾羊餐饮连锁有限公司	小尾羊	450000	356	321
60		火锅店	辽宁小背篓餐饮管理有限公司	小背篓	321650	216	197
61		火锅店	重庆德庄实业（集团）有限公司	德庄	242592	499	458
62		火锅店	北京黄记煌餐饮管理有限责任公司	黄记煌	177840	365	255
63		火锅店	北京东来顺集团有限责任公司	东来顺	171100	158	132
64		火锅店	重庆小天鹅投资控股（集团）有限公司	小天鹅	141986	293	182
65		西式快餐	百胜餐饮集团中国事业部	肯德基	3862800	4200	255
66		西式快餐	天津德克士食品开发有限公司	德克士	743000	1466	1289

续表

序号	行业	业态	企业名称	品牌	销售规模（万元）	总店数	加盟店数
67	餐饮	西式快餐	北京比格餐饮管理有限责任公司	比格	50479	131	69
68		西式快餐	新疆百富餐饮股份有限公司	百富	35100	110	51
69		西式快餐	北京好伦哥餐饮有限公司	好伦哥	33910	98	66
70		咖啡	浙江两岸食品连锁有限公司	两岸咖啡	327683	652	526
71		咖啡	迪欧餐饮管理有限公司	迪欧	188895	782	692
72		咖啡	上海上岛咖啡食品有限公司	上岛	70000	1173	1131
73		西式正餐	广州市绿茵阁餐饮连锁有限公司	绿茵阁	65146	102	69
74		西式正餐	上海棒约翰餐饮管理有限公司	棒约翰	38911	130	39
75		休闲饮品	沈阳碰碰凉连锁企业管理有限公司	碰碰凉	58467	600	550
76		休闲饮品	上海快乐柠檬餐饮管理有限公司	快乐柠檬	29672	218	151
77	经济型酒店	经济型酒店	上海如家酒店管理有限公司	如家	982276	1772	969
78		经济型酒店	锦江之星旅馆有限公司	锦江之星	469177	690	498
79		经济型酒店	华住酒店集团	汉庭	341900	1035	570
80		经济型酒店	7 天连锁酒店	7 天	270900	1568	1055
81		经济型酒店	速伯艾特（北京）国际酒店管理有限公司	速 8 酒店	200810	430	417
82	培训教育	IT 培训	北京阿博泰克北大青鸟信息技术有限公司	北大青鸟	182826	150	148
83		英语培训	上海昂立教育投资咨询有限公司	昂立	220000	2200	2110
84		英语培训	北京环球天下教育科技有限公司	环球雅思	102041	445	379
85		婴幼儿培训	北京大风车教育科技发展有限公司	大风车	138478	316	263
86		婴幼儿培训	武汉武达生物技术有限公司小太阳教育	小太阳	124456	586	586
87		婴幼儿培训	北京红黄蓝儿童教育科技发展有限公司	红黄蓝	115560	608	506
88		婴幼儿培训	金宝贝（天津）教育信息咨询有限公司	金宝贝	70521	226	219
89	洗染	洗衣	北京福奈特洗衣服务有限公司	福奈特	55000	1025	901
90		洗衣	四川布兰奇洗业有限公司	布兰奇	38475	900	894
91		洗衣	北京荣昌科技服务有限责任公司	伊尔萨	32565	679	526
92		洗衣	上海象王洗衣有限公司	象王	22840	471	451
93		皮具护理	北京翰皇伟业皮革清洁养护连锁服务有限公司	翰皇	57280	2864	2831
94	家装	家装	东易日盛家居装饰集团股份有限公司	东易日盛	122775	123	86
95		家装	北京元洲装饰有限责任公司	元洲	110000	210	150
96		家装	北京业之峰装饰有限公司	业之峰	100000	200	100
97		家装	诸暨市中横窗业有限公司	中横窗业	25000	216	214
98	汽车后市场	轮胎销售	驰加（上海）汽车用品贸易有限公司	驰加	320000	815	809
99		二手车经纪	福州车友网络科技有限公司	273	14684	302	282
100		汽车养护/维修	北京龟博士汽车清洗连锁有限公司	龟博士	345600	3483	3479
101		汽车养护/维修	小拇指汽车维修科技股份有限公司	小拇指	37000	510	502
102		汽车养护/维修	杭州车奇士汽车维修有限公司	车骑王子	22538	277	269

续表

序号	行业	业态	企业名称	品牌	销售规模（万元）	总店数	加盟店数
103	美容休闲健身	美容	克丽缇娜上海贸易有限公司	克丽缇娜	74000	3000	2997
104		美容	琪雅集团有限公司	琪雅	68500	5098	5081
105		美容	青岛植秀堂养生养颜连锁有限公司	植秀堂	23170	230	224
106		美容	唯美度科技（北京）有限公司	唯美度	15871	3819	3734
107		健身	青岛英派斯健康管理有限公司	英派斯	28287	122	112
108		足疗	南京足生堂企业管理有限公司	足生堂	159790	570	562
109		体检	慈铭健康检管理集团股份有限公司	慈铭	67176	45	10
110	其他服务	房屋中介	北京埃菲特国际特许经营咨询服务有限公司	21 世纪不动产	173728	924	594
111		房屋中介	甘肃玛雅永超投资管理有限责任公司	玛雅房屋	16000	1100	1000
112		影楼	重庆金夫人实业有限公司	金夫人	220000	303	200
113		影楼	小鬼当佳国际贸易（北京）有限公司	小鬼当佳	20432	73	38
114		旅游连锁	海南乐游国际旅行社有限公司	海航乐游	57097	850	835
115		金融中介	青岛福元运通投资管理有限公司	福元运通	50429	452	439
116		家政服务	北京华夏中青家政服务有限公司	华夏中青	16610	285	282
117		家政服务	上海爱君家庭服务有限公司	爱君	7575	276	238
118		家政服务	大连好月嫂家庭服务有限公司	好月嫂	4126	70	67
119		广告	北京忆邦联合广告有限公司	忆邦	80352	1080	1059
120		广告器材	上海浙港广告器材有限公司	中港	16350	67	23

数据来源：1. 企业填报的《2012 年度连锁企业基本情况调查表》。
2. 带★企业的数据来自上市企业年报公布数据。

2012 年中国主要连锁百货企业经营情况

（2013 年 4 月 17 日发布）

会员	序号	企业名称	2012 销售规模（含税万元）	销售增幅 %	2012 门店总数（个）	门店增幅 %
△	1	上海友谊集团股份有限公司	* 5700000	3.6%	49	14.0%
★	2	大商股份有限公司	* 3727500	4.7%	170	0.0%
★	3	重庆百货大楼股份有限公司	3339965	11.5%	286	5.5%
★	4	银座集团	3203115	16.3%	104	15.6%
★	5	长春欧亚集团股份有限公司	2414498	21.3%	58	16.0%
★	6	北京王府井百货（集团）股份有限公司	2157439	7.4%	28	12.0%
★	7	天虹商场股份有限公司	2037346	7.5%	59	15.7%
★	8	百盛商业集团有限公司	1972358	20.1%	48	4.3%
★	9	文峰大世界连锁发展股份有限公司	1949059	0.8%	995	0.5%
★	10	金鹰国际商贸集团（中国）有限公司	1866919	13.6%	28	7.7%
★	11	合肥百货大楼集团股份有限公司	1690000	14.2%	190	2.2%
☆	12	烟台市振华百货集团股份有限公司 ①	1642570	-8.2%	109	11.2%
★	13	银泰百货（集团）有限公司	1630871	19.3%	30	3.4%
	14	新世界百货中国有限公司	* 1600000	3.2%	39	0.0%
★	15	北京首商集团股份有限公司	1437431	4.4%	17	0.0%
★	16	茂业国际控股有限公司	1294867	24.1%	39	2.6%
	17	北京菜市口百货股份有限公司	* 1270000	8.9%	15	25.0%
★	18	辽宁兴隆大家庭商业集团	1251810	11.2%	30	0.0%
	19	郑州丹尼斯集团	1220000	13.0%	144	45.5%
★	20	万达百货有限公司	1117832	61.3%	57	42.5%
	21	石家庄北国人百集团有限责任公司（百货部分）	1105410	24.6%	198	48.9%
★	22	安徽商之都股份有限公司	1099294	5.0%	65	6.6%
★	23	广州市广百股份有限公司	1056978	13.5%	30	3.4%
★	24	利群集团股份有限公司（百货部分）	885851	10.7%	35	6.1%
★	25	湖南友谊阿波罗控股股份有限公司	744055	19.4%	8	14.3%
	26	南京中央商场股份有限公司	680000	23.6%	8	14.3%
	27	中国春天百货集团有限公司	* 634070	12.7%	16	23.1%
☆	28	济南华联商厦集团股份有限公司	611326	11.1%	26	8.3%
△	29	武汉中商百货连锁有限责任公司	577015	8.2%	9	-10.0%
★	30	北京翠微大厦股份有限公司	555658	2.6%	6	20.0%
	31	卓展集团控股有限公司	528000	10.0%	4	33.3%

续表

会员	序号	企业名称	2012 销售规模（含税万元）	销售增幅 %	2012 门店总数（个）	门店增幅 %
★	32	邯郸市阳光百货集团总公司	521200	13.1%	132	9.1%
★	33	广州友谊集团股份有限公司	491180	-1.7%	6	0.0%
★	34	北京市顺义国泰商业大厦	461852	2.4%	14	0.0%
	35	信誉楼百货集团有限公司	* 420000	11.1%	21	16.7%
★	36	雄风集团有限公司	329532	15.0%	143	10.9%
★	37	广西南城百货股份有限公司	326254	8.6%	31	14.8%
	38	南宁百货大楼股份有限公司	306000	15.1%	9	0.0%
★	39	深圳岁宝百货有限公司	238936	-7.8%	22	29.4%
★	40	深圳市百佳华百货有限公司	209383	-2.8%	12	-36.8%
		合计	54305573	10.3%	3290	8.4%

注：1. ★ 表示为中国连锁经营协会会员企业，☆ 表示其下属公司为协会会员企业，△ 表示其母公司为协会会员企业。

2. 数字前面带 * 为估计值。

3. 百强统计采用销售规模的口径，包括含税的直营店、加盟店、输出管理等以公司品牌经营的所有连锁店的销售总额，以及对外批发的销售额，除此外的销售额不计入内。

4. 本表为以经营百货为主的企业，一些百货企业同时也经营有超市业务，销售额中有的含有部分超市的销售额。

5. 本表中门店总数是指该企业所有业态的门店数量。

6. 企业数据说明：烟台市振华百货集团股份有限公司数据中不包含烟台振华量贩超市有限公司销售额。

2012 年中国主要连锁便利店企业发展情况

（2013 年 4 月 17 日发布）

序号	企业名称	品牌	2012 年门店数（个）
1	中国石化销售有限公司（易捷便利店）	易捷	20891
2	中国石油销售公司（昆仑好客便利店）	昆仑好客	13000
3	东莞市糖酒集团美宜佳便利店有限公司	美宜佳	4650
4	浙江供销超市有限公司	供销便利、家连便利	2115
5	上海联华快客便利有限公司	快客	2031
6	农工商超市（集团）有限公司	可的、好德	* 1780
7	7 - Eleven 便利店 ①	7 - Eleven	* 1732
8	苏果超市有限公司	苏果、好的	1694
9	广东上好便利店有限公司	上好	1559
10	成都红旗连锁股份有限公司	红旗连锁	1336
11	浙江人本超市有限公司	十足、之上	1208
12	四川省互惠商业有限责任公司	互惠	1203
13	山西省太原唐久超市有限公司	唐久便利	1156
14	上海福满家便利有限公司	全家	1008
15	文峰大世界连锁发展股份有限公司	文峰超市	930
16	河北国大连锁商业有限公司	36524	880
17	喜士多（C - store）便利店	喜士多	* 750
18	中百超市有限公司	中百	651
19	山西金虎便利连锁股份有限公司	金虎便利、早早便利、语果生鲜便利	629
20	成都舞东风超市连锁有限责任公司	舞东风	536
21	上海良友金伴便利连锁有限公司	良友金伴 LIANGYOU	518
22	上海梅林正广和便利连锁有限公司	光明便利	* 450
23	舟山市民生商厦有限责任公司	台客隆	405
24	山东潍坊百货集团股份有限公司	中百	394
25	青岛利客来集团股份有限公司	利客来	384
26	天津市津工超市有限责任公司	津工超市	382
27	漯河双汇商业连锁有限公司	双汇连锁店	368
28	罗森（中国）投资有限公司	LAWSON	* 362
29	上海迪亚零售有限公司	迪亚天天	321

续表

序号	企业名称	品牌	2012 年门店数（个）
30	深圳市万店通商贸有限公司	万店通 Q—mart	320
31	安徽商之都股份有限公司	徽红	319
32	哈尔滨中央红集团股份有限公司	中央红小月亮	301
33	WOWO（中国）便利连锁管理有限公司	WOWO	* 295
34	加贝物流股份有限公司	加贝	215
35	北京港佳好邻居连锁便利店有限责任公司	Hi－24 好邻居	200
36	阜阳华联集团股份有限公司	阜阳华联	180
37	统一银座	统一银座	178
38	邢台市天天便利商贸有限公司	天天	170
39	河南正道思达连锁商业有限公司	正道思达	160
40	北京京客隆商业集团股份有限公司	京客隆	154
41	临汾乐客便利超市连锁有限公司	乐客	* 140
42	大连太阳系便利店连锁经营有限公司	太阳系	* 120
43	广州利亚华南便利店有限公司	OK 便利	* 115
44	山东全福元商业集团有限责任公司	全福元	113
	胜利油田胜大超市	胜大超市	113
	合计		66416

注：1. 数字前面带 * 为估计值。

2. 部分企业含有万村千乡店，无法一一拆分。

3. 本表中包含了部分与便利店业态相近的其他小型零售店，如小型社区超市。

4. 企业数据说明：7－Eleven 便利店门店数是全国门店数量。

2012 年主要外资连锁企业经营情况

（2013 年 4 月 17 日发布）

会员	序号	2011 外资排名	企业品牌名称	2012 销售规模（含税万元）	销售增幅 %	2012 门店总数（个）	门店增幅 %
★	1	1	大润发	7247000	17.7%	219	18.4%
★	2	4	沃尔玛 ①	* 5800000	3.6%	395	6.8%
★	3	3	百胜	5220000	30.5%	5200	16.9%
★	4	2	家乐福	4527386	0.2%	218	7.4%
★	5	5	五星电器	2418530	-12.0%	252	-9.7%
★	6	6	特易购乐购	* 2000000	11.1%	111	8.8%
★	7	7	百盛	1972358	20.1%	48	4.3%
★	8	10	麦德龙	1790000	29.7%	64	18.5%
★	9	9	乐天玛特	1631829	6.7%	99	8.8%
★	10	12	欧尚	1630461	28.4%	54	20.0%
	11	8	新世界	* 1600000	3.2%	39	0.0%
★	12	14	卜蜂莲花	* 1249259	6.6%	57	9.6%
	13	13	郑州丹尼斯	1220000	13.0%	144	45.5%
★	14	15	屈臣氏	* 1200000	20.0%	1500	36.4%
★	15	16	麦当劳	* 900000	11.1%	1500	7.1%
★	16	18	永旺	808261	21.3%	36	20.0%
	17	19	宜家家居	763372	21.2%	11	22.2%
★	18	17	伊藤洋华堂	748672	0.0%	13	0.0%
★	19	20	百佳超市	407725	-5.1%	51	10.9%
★	20	21	易买得	* 240000	0.0%	16	0.0%
			合计	43374853	11.3%	10027	16.2%

注：1. ★ 表示为中国连锁经营协会会员企业。

2. 数字前面带 * 为估计值。

3. 百强统计采用销售规模的口径，包括含税的直营店、加盟店、输出管理等以公司品牌经营的所有连锁店的销售总额，以及对外批发的销售额，除此外的销售额不计入内。

4. 企业数据说明：沃尔玛数据包含原好又多门店的销售数据。

2012 年中国连锁百强企业开展网络零售业务情况

（2013 年 4 月 17 日发布）

序	公司简称	网店名	网址
1	苏宁云商	苏宁易购	http：//www. suning. com
		红孩子	http：//www. redbaby. com. cn
		缤购网	http：//www. binggo. com
2	国美电器	国美在线	http：//www. gome. com. cn
		大中电器	http：//www. dzelec. com/dazhong/areaindex－80901. htm
		库巴购物网	http：//www. coo8. com
3	沃尔玛	一号店	http：//www. yihaodian. com
		山姆会员网上商店	http：//www. samsclub. cn/home/0
4	银泰百货	银泰网	http：//www. yintai. com
5	百胜餐饮集团	肯德基宅急送	http：//www. 4008823823. com. cn/kfc/index. htm
		必胜宅急送	http：//www. 4008123123. com
6	麦当劳	麦乐送 网上订餐	https：//www. 4008－517－517. cn
7	百联集团	百联 E 城	http：//www. blemall. com
		佳家网	http：//www. jaja123. com
	其中：联华超市股份有限公司	联华易购	http：//www. lhmart. com/index. html
8	海王星辰	海王星辰健康药房网	http：//www. star365. com
9	广州屈臣氏	屈臣氏官网商城	http：//www. watsons. com. cn
		屈臣氏天猫旗舰店	http：//watsons. tmall. com
10	锦江麦德龙	麦德龙	http：//www. metromall. com. cn
11	王府井集团	王府井网上商城	http：//www. wangfujing. com
12	家乐福	家乐福在线商城	http：//www. carrefour. com. cn/DefaultNew. aspx
13	天虹商场	网上天虹	http：//www. myrainbow. cn
14	新世界百货	新世界百货网上商城	http：//www. xinbaigo. com
15	利群集团	利群商城	http：//www. liqunshop. com
		利群医药信息网	http：//www. lqyaopin. com
16	中国春天百货集团	赛特春天	http：//www. saite. com
17	山东省商业集团	银座网上商城	www. yinzuo100. com
18	中百集团	中百商网	http：//www. zon100. com
19	广百股份	广百网购	http：//www. igrandbuy. com
20	伊藤洋华堂	伊藤洋华堂网络超市	http：//www. yiteng365. com
			http：//shop. iy－cd. com
21	宏图三胞	宏图三胞·慧买网	http：//huimai100. com

续表

序	公司简称	网店名	网址
22	农工商超市（集团）	便利通网上商城	http：//www. chblt. com
23	大商股份有限公司	大商网	http：//www. 66buy. cn
24	中石化销售公司（易捷便利店）	易捷网	http：//www. ejoy365. com
25	欧尚（中国）	欧尚网购	http：//www. auchan. com. cn
26	辽宁兴隆大家庭	网上兴隆	www. xlgoo. net
27	迪信通	迪信通商城	http：//www. dixintong. com
28	百盛商业集团	百盛网	www. parkson. com. cn
29	成都红旗	红旗连锁网购商城	http：//mall. hqls. com. cn
30	合肥百货大楼	百大易商城	http：//www. bdemall. com
31	石家庄北国人百	北国如意购	http：//www. ruyigou. cn/newruyigou
32	广东嘉荣超市	喜伴啦啦网上超市	http：//www. sparlala. com
33	人人乐	人人乐购网上商城	http：//www. rrlgou. com
34	永旺	永旺(佳世客)网上商城	http：//eshop. qdaeon. com
35	青岛维客	点点网	http：//www. weeklydd. com
36	三江购物俱乐部	三江购物网	www. sanjiang. com
37	潍坊百货	小蜜蜂购物网	http：//www. 92xmf. com
		中百爱尚网	http：//www. zbasw. com
38	重庆和平药房	和平药房网上商城	http：//www. hp1997. com
39	烟台市振华百货集团	振华商城	http：//eshop. zhenshang. com
40	广州友谊集团	友谊网乐购	http：//mall. cgzfs. com
41	湖南友谊阿波罗	友谊阿波罗网上商城	http：//www. 9448. com. cn/newjrdshop
42	新一佳	新一佳网上超市	http：//www. xyj – shop. com
		每天惠服务	http：//meitianhui. taobao. com
43	长春欧亚集团	欧亚 e 购	http：//www. oysd. cn
44	重庆商社（集团）	世纪购	http：//www. sjgo365. com
		网上逛重百	http：//www. cbmall. cn
45	一丁集团	一丁网	http：//www. itu4. com
46	长沙通程控股	爱尚通程	www. dolton. cn
47	文峰大世界	文峰大世界网上商城	http：//www. wfdsj. com. cn/shop
48	北京首商集团	西单商场 i 购物	http：//www. igo5. com
49	徽商集团	农家福农资网上商城	http：//www. hsnjf. com/mallcenter. asp
		徽之尚商城	http：//www. hzsmall. com
50	浙江人本超市	人本网上超市	http：//www. rbcs. cn
51	武汉武商集团	武汉世贸广场网上商城	http：//www. wssmgc. com
52	华润万家	万家摩尔	http：//www. crvmore. com

续表

序	公司简称	网店名	网址
53	山东新星集团	新星商城	http：//www. xinxing001. com
54	青岛利客来	立刻送商城	www. shoplikelai. com
55	江苏新合作常客隆	常客隆网上商城	http：//www. csckl. com
56	中商集团	中商购物网	http：//www. aizsw. com/zs/default. html
57	邯郸市阳光百货	阳光天天购团购网	http：//ygttg. com
		阳光天天购淘宝店	http：//hdyg. taobao. com
58	全福元商业集团	全福元商业集团	http：//www. sgbhdl. com：8080/ehdshop/webshop/index/index. jsp
59	北京乐语世纪通讯设备	乐语官方旗舰店	http：//funtalk. tmall. com
60	雄风集团	雄风电器官方旗舰店	http：//samsungxf. tmall. com
61	中央商场	中央商场官方旗舰店	http：//njzysc. tmall. com
62	广东大参林连锁药店	大参林网上药店	http：//www. 800pharm. com/shop/index－100014. html

注：1. 排名参考 Alexa 近一周（4. 7－4. 13）的访问量排名。

2. 序号 59－62 为第三方平台开店的企业，未按 Alexa 访问量排名，仅列示。

2012 年部分 B2C 购物网站销售规模排名

（2013 年 4 月 17 日发布）

序号	B2C 网络购物网站名称	销售规模（万元）	经营范围	类型
1	天猫	* 20000000	综合百货	平台型
2	京东	* 6014000	综合百货	自营为主
3	苏宁易购（含红孩子）	1833600	综合百货	自营为主
4	亚马逊中国	* 1045000	综合百货	自营为主
5	易迅网	* 680000	综合百货	自营为主
	1 号店	* 680000	综合百货	自营为主
7	凡客	* 654000	服装服饰	垂直型
8	当当网	* 519380	综合百货	平台型
9	QQ 网购	442700	综合百货	平台型
10	国美在线（含库巴网）	441021	综合百货	自营为主
11	唯品会	* 429102	名品折扣	自营
12	聚美优品	* 250000	化妆品	自营
13	走秀网	* 150000	时尚百货	自营为主
14	乐蜂网	* 140000	化妆品	自营
15	梦芭莎	* 135000	服装服饰	自营为主
16	迪信通手机商城	100000	手机	自营
17	麦考林	* 94116	服装服饰	自营为主
18	优购网	* 80000	鞋帽箱包	自营
19	我买网	* 65000	食品	自营为主
20	银泰网	* 60000	时尚百货	自营为主
21	新星商城	21676	综合百货	自营为主
22	宏图三胞·慧买网	20810	3C	自营
23	北国如意购物网	17750	综合百货	自营
24	银座网上商城	10852	综合百货	自营
25	汇银乐虎网（原品易网）	10400	3C 家电	自营
26	百洋健康网	10200	保健品	自营

注：1. 数字前面带 * 为估计值，由公开资料搜集整理或经行业专家评估确定。

2. 其余为企业自报或年报数据。

2012 年中国连锁零售企业主要业态门店基准情况表

（2013 年 4 月 17 日发布）

序号	项目		2012 年数据				2011 年数据			
			百货	大型超市	超市	便利店	百货	大型超市	超市	便利店
1	营业面积（平方米）		42038	11863	2315	144	39058	10073	2447	108
2	员工总数（人）		1421	327	74	8	1344	332	83	9.3
3	正式工数（人）		388	226	53	6	424	215	52	6.5
4	销售额（万元）		113857	28497	4101	488	122388	29630	4530	461
5	收银机数量（台）		58	37	9	2	52	39	8	1.7
6	平米效率（万元/平方米·年）		2.8	2.6	2.0	4.2	3.13	2.94	1.85	4.27
7	人均劳效	按总员工数（万元/人·年）	67.0	91.3	58.2	52.5	91	89	55	49
		按正式工数（万元/人·年）	322.3	139.0	84.6	76.8	289	138	88	71
8	客单价（元/单）		337	81	58	21	385	78	62	16.4
9	毛利率（%）		14.3	13.7	13.4	17.2	14.0	12.9	13.0	19.1
10	收银机配置（平方米/台）		683	287	296	102	751	258	306	64
11	收银效率（元/台·天）		49380	20014	13446	8938	64236	20570	15510	7430

注：1. 以上均为典型门店的指标，关于门店样本的选择原则：

（1）样本店的面积相对集中，大多在各业态平均值上下 25% 以内。

（2）店铺销售明显超出或低于平均值的没有纳入作为样本。

（3）样本店是各个企业中经营较为良好的门店，代表行业较好水平。

2. 2012 年数据与 2011 年基准相比，大部分指标有所下降。

中国连锁零售行业报告相关指标说明

经营指标

◇客单价（元） = 销售额/交易次数
◇地均交易次数 = 年交易次数/营业面积
◇地均费用额 = （可控费用 + 不可控费用）/营业面积
◇人均营业面积 = 营业面积/员工人数

效率指标

◇人均劳效（人效、劳效） = 销售总额/员工总数
◇地效或平效 = 销售总额/营业面积
◇存货周转次数 = 总销售额/（期初库存 + 期末库存）/2
◇毛利存货周转回报率 = 毛利率 × 存货周转次数
= 毛利额/平均存货
◇地均单品数 = 单品总数/营业面积

费用指标

◇费用率（%） = 店铺费用总额/销售总额
◇费用总额 = 人工成本总额 + 可控费用总额 + 不可控费用总额
◇平均人工成本（万元） = 人工成本总额/员工总数
人工成本包括：员工工资、福利费
◇人工费用率（%） = 人工成本总额/销售总额
◇可控费用率（%） = 可控费用总额/销售总额
可控费用包括：水电、包装、办公、差旅、保安、所有经营费用。
◇不可控费用率（%） = 不可控费用总额/销售总额
不可控费用包括：租金、折旧、利息、开办费摊销。

其中，销售额均为含税销售额，人均相关指标均以企业正式员工数为基数。

附录三

中国连锁经营协会简介

中国连锁经营协会于1997年在民政部注册成立，是连锁经营领域惟一的全国性行业组织。目前，拥有企业会员1000多家，连锁店铺26万个，包括本土和跨国零售商、特许加盟企业、供应商等。其中，零售会员企业2012年销售额达2.3万亿元人民币，约占社会消费品零售总额的11%。

协会的团体会员涵盖了零售、餐饮、服务等行业中的70多个业态、业种，企业主要为国内知名和在华外资连锁公司、重要供应商及相关中介组织。

协会以推动连锁经营在中国的发展为己任，本着“引导行业、服务会员、回报社会、提升自我”的理念，以会员服务为核心，代表行业利益，维护会员合法权益，提供各项促进企业发展的服务内容。主要包括：

政策协调。为企业与政府之间沟通搭建平台，通过政策建议、标准制定、信用体系建设等为行业发展创造良好环境。

企业合作。以中国连锁业大会、中国连锁店展览会、中国特许加盟大会、中国特许展等活动为平台，推动行业合作交流与发展。

行业培训。通过从业人员认证培训体系，帮助企业管理人员提高业务水平。

资讯整合。通过协会网站、电子通讯和《连锁》月刊等传递各行业资讯，使企业及时把握行业发展脉搏。同时，保持与中央、地方媒体的紧密合作。

国际交流。作为WFC、APFC成员国，与世界50多个国家在零售连锁和特许经营等方面建立了紧密联系，积极推动国际化交流。

行业研究。通过行业统计和专项调查，发布多项报告，为政府和企业提供涉及行业发展现状和趋势等方面的调研服务，为企业决策提供依据。

行业自律。以《中国连锁经营协会章程》、《连锁超市行业道德规范》、《商业特许经营管理条例》为准则，规范企业经营行为，促进行业健康发展。

CCFA 网络平台

中国连锁经营协会网站 www. ccfa. org. cn

中国连锁经营行业专业的资讯平台，主要内容包括政策法规与标准、行业调研报告、国际零售前沿、零售创新与技术、特许经营学院、加盟商辅导站、加盟投资项目推介、书刊资料、连锁及加盟展览、金牌店长、KPI数据库、连锁百强，以及食品安全、电子简讯、品类管理培训系统、零供公平合作平台、会员查询等。

中国连锁经营协会英文网站 www. chinaretail. org

超市食品安全网 www. food - safety. cn

超市食品安全网是目前国内惟一一个针对超市中的食品安全工作开办的非赢利性网站，网站内容以零售企业中高层管理人员关注的内容为主，消费者关注的内容为辅，及时提供行业内的动态和政策信息，为业内人士进行交流提供一个良好的平台。

中国特许展网址 www. chinafranchiseexpo. com

中国特许展相关信息的展示平台。

中国连锁店展览会网址 www. chinaretailexpo. com

中国连锁店展览会相关信息的展示平台。

CCFA 电子刊物

每周行业动态（周讯）

CCFA English Brief（半月刊）

CIO 通讯（周刊）

零售资本与并购（半月刊）

食品安全简讯（半月刊）

标准化通讯（不定期）

展会动态 EDM（不定期）

CCFA 固定刊物

《连锁》月刊，是中国连锁经营协会的会刊，自 1998 年创刊以来，陪伴和记录了中国连锁业成长全过程。《连锁》旨在报道业内动态，传递和解读国家相关政策，剖析业内热点，发布权威分析报告，刊登富有实用性的管理前沿知识，讲述连锁精英的财富故事，介绍优秀企业的成功之道，及时传递海外讯息……《连锁》已成为业界人士和企业的管理人员了解行业动态，获取相关知识的首选刊物。

《中国连锁经营年鉴》始出版于 2000 年，是由中国连锁经营协会编撰，记录中国连锁业年度发展脉络和轨迹，汇集相关数据和案例的重要载体。它涵盖了国内超级市场、便利店、专业店、专卖店、百货店、购物中心、家居中心、特许经营等各种零售业态和营销方式的发展状况以及国际连锁业发展概况，既有国内以及各地区连锁业发展总体水平的纵向比较资料，也有与国际同行业发展的横向比较信息，还包括了相关的政策法规，是反映中国连锁业发展全貌的编年体工具书。

《便利店》季刊，是中国连锁经营协会 2013 年最新创刊、国内便利店业态惟一的专业刊物。《便利店》采用活泼时尚的卡通插图和漫画排版，通过简单、简短、易懂的文字编排，讲述国内外领先便利店企业的先进管理理念和成熟运营技术；《便利店》内容丰富、坚持原创，对便利店企业管理者具有很强的指导性和实操性，也是门店培训学习的补充教材。

《特许经营》季刊，是中国连锁经营协会为帮助企业及时了解特许经营相关政策，掌握国内外特许经营最新发展动态，分享特许经营先进经验和典型案例精编而成，自 2011 年 2 月发行，发送对象为商务部、地方商务主管部门、会员企业、特许经营备案企业、院校、媒体、其他相关部门和机构。

CCFA 会员服务

信息及宣传服务：

1. 获赠《连锁》月刊。
2. 获赠《特许经营》（特许会员）。
3. 获取《每周行业简讯》，第一时间了解业内动态。
4. 获取网站 www. ccfa. org. cn 登陆密码，浏览会员专属信息。
5. 每年获赠数份专题调研报告。

交流研讨：

1. 协助组织会员间交流，为会员提供异业合作的机会。
2. 获得协会多项专业研讨活动优惠或免费参加名额（以活动通知为准）。
3. 获得特许加盟大会主会场优惠或免费参加名额（以大会通知为准）。
4. 特许企业可为加盟商指导并免费获得加盟商网上培训。

政府关系与政策协调服务

地区连锁协会名录

协会名称	电话	传真	地址	邮编
北京市连锁经营协会	010－62262236	010－62262236	北京海淀区北三环西路明光北里2号	100088
天津市连锁经营协会	022－23023836	022－23023836	天津市河西区永安道越秀路德恩里7号楼1门504	300204
山西省连锁经营协会	0351－3085385	0351－3085385	山西太原市解放路79号省政府机关幼儿园山西省连锁经营协会	030002
黑龙江省连锁经营协会	0451－55533610	0451－55533610	哈尔滨市南岗区汉广街41号310	150080
沈阳市连锁经营协会	024－22722104	024－22731872	沈阳市沈河区市府大路260号（沈阳市服务业委员会 消费促进处）	110013
大连市连锁经营协会	0411－84600529	0411－84600509	大连市沙河口区联合路联兴巷21号301－302室	116021
上海连锁商业协会	021－62717620	021－62717623	上海市静安区新闸路945号3楼309A	200041
浙江省连锁经营协会	0571－85211959	0571－85211055	杭州市马塍路3号5楼526室	310007
绍兴市连锁经营行业协会	0575－88617766	0575－5250308	绍兴市延安东路173号	312000
温州市超市经济促进会	0577－88353730	0577－88353730	浙江省温州市鹿城区下吕浦锦园1幢903室	325000
金华市连锁经营协会	0579－82302508	0579－82302508	浙江省金华市胜利北街530号1#211室	321017
安徽省连锁经营协会	0551－2621143	0551－2620755	安徽省合肥市庐江路70号二楼西	230001
安徽商业联合会零售商业委员会	0551－2658284	0551－2658284	合肥市长江中路136号青云楼6楼	230001
合肥市连锁协会	0551－2687015	0551－2679680	合肥市长江中路150号合肥百货大楼	230001
福建省连锁经营协会	0591－63359299	0591－7847145	福州市中山路23号建发大厦1楼	350003

续表

协会名称	电话	传真	地址	邮编
厦门市商业联合会连锁经营同业公会	0592－2281107	0592－2220084	厦门市思明区厦禾路839号汇成商业中心1401室	361012
泉州市连锁经营协会	0595－22276761	0595－22132755	福建省泉州市鲤鱼区南俊巷新府口48号泉州市贸易发展局	362000
济南市连锁经营协会	0531－87082902	0531－87082929	济南市经二路571号济南华联商厦10楼	250021
武汉连锁经营协会	027－85778278	027－85752055	武汉市江汉区香江路11号	430015
湖南省连锁经营协会	0731－84131132	0731－84131132	湖南省长沙市五一大道98号省商务厅3号办公楼213室	410011
河南省商业行业协会	0371－63817447	0371－63817447	河南省郑州市文化路任寨北街2号	450012
四川省连锁商业协会	028－84373878	028－84373878	四川省成都市成华区玉双路7号	610056
重庆市连锁经营协会	023－63632356	023－63631119	重庆中山四路83号附2号市委机关文印中心7楼	430015
西安连锁经营协会	029－86786533	029－86786531	西安市经开凤城九路白桦林居沁园A305室	710007
广东省连锁经营协会	020－38483951	020－38483953	广州市天河区龙口东路363号宝供大厦15楼	510630
广州连锁经营协会	020－86474182	020－86474182	广州市环市西路68号广州市社会组织培育基地901室	510160
深圳市零售商业行业协会	0755－82944415	0755－82945078	深圳市南山区东滨路南油文化广场三楼24#	518054
东莞市零售行业协会	0769－22319476	0769－22477265	广东省东莞市东城中路美新家居中心六楼F603	523129
珠海市商业连锁经营行业协会	0756－2522220	0756－8621979	广东省珠海市新香洲旺角百货B区58号铺	519070
柳州连锁经营协会	0772－3605353	0772－2836800	广西柳州解放北路26号一楼	545001
昆明市连锁经营协会	0871－65716625	0871－5711330	云南省昆明市一二一大街298号云南师范大学明远楼一幢	650092
秦皇岛连锁经营协会	0335－3980067	0335－7070707	河北省秦皇岛市海港区红旗路97号	066002

部分开设连锁经营相关专业高等院校名录

院校名称	电话	传真	地址	邮编
北京财贸职业学院	010－89532019	010－89532019	北京市通州区北关大街88号	101101
首钢工学院	010－51418040	010－59805803	北京市石景山区晋元庄路6号	100041
石家庄职业技术学院	0311－83631584	0311－85517809	河北省石家庄市中山西路长兴街12号	500081
秦皇岛职业技术学院	0335－4187008	0335－4187008	河北省秦皇岛市北戴河区联峰北路90号	
天津青年职业学院	022－23627682	022－23627666	天津市南开区水上公园西路43号	300191
天津交通职业学院	022－87912415	022－87912431	天津市西青区西青道269号	300110
天津滨海职业学院	022－66315884	022－25217659	天津市塘沽区庐山道1101号	300451
河南经贸职业学院	0371－68100688	0371－86661211	河南省郑州市龙子湖北路与博学路交叉口	450000
河南商业高等专科学校	0371－63515836	0371－63515836	河南省郑州市文化路英才街2号	450045
漯河职业技术学院	0395－5983516	0395－2967151	河南省漯河市汇源区长江路中段	462000
山西财贸职业技术学院	0352－7057362	0351－2216758	山西省太原市武宿民航南路26号	030031
山西财政税务专科学校	0351－6580827	0351－6580599	山西省太原市万柏林区千峰南路25号	300024
山东经贸职业学院	0536－2600108	0536－2600138	山东省潍坊市青年路2798号	261011
山东女子学院	0531－86526883	0531－86526786	山东省济南市长清大学科技园大学路2399号	250300
山东商业职业技术学院	0531－86335888	0531－86335111	山东省济南市历城区旅游路4516号	250103

续表

院校名称	电话	传真	地址	邮编
威海职业学院	0631－5700555	0631－5700778	山东省威海市初村北海科技新城	264210
青岛酒店管理学院	0532－86051513	0532－86051600	山东省青岛市李沧区九水东路599号	266100
辽宁商贸职业学院	024－88496613	024－88496613	辽宁省沈阳市东陵区东大营街11号	110161
大连职业技术学院	0411－86402300	0411－86402300	辽宁省大连市甘井子区天洋路	116035
黑龙江职业学院	0451－53180694	0451－53181386	黑龙江省哈尔滨市南岗区学府路7号	150080
哈尔滨职业技术学院	0451－86681627	0451－86684652	黑龙江省哈尔滨市香坊区哈平路217号	150081
哈尔滨市第一职业高级中学	0451－88397437	0451－88383049	黑龙江省哈尔滨市道外区南极街76号	150020
黑龙江生态工程职业学院	0451－82470001	0451－82470001	黑龙江省哈尔滨市利民经济开发区学院路77号	150025
黑龙江商业职业学院	0453－6575112	0453－6573300	黑龙江省牡丹江市爱民区西圣林街15号	157011
牡丹江大学	0453－6596446	0453－6596445	黑龙江省牡丹江市爱民区西地明街60号	157011
大庆职业学院	0459－5871604	0459—5871601	黑龙江省大庆市萨尔图区火炬北二路职院C区	163255
内蒙古商贸职业学院	0471－5279864	0471－5279601	内蒙古呼和浩特市赛罕区巴彦镇大学城	
陕西财经职业技术学院	029－33733844	029－33733844	陕西省咸阳市文林路1号	712000
陕西国防工业职业技术学院	029－81481188	029－81481188	陕西省西安市户县人民路8号	710300
杨凌职业技术学院	029－87083921	029－87083921	陕西省杨凌市佑仁路5号工商管理系	712100
江苏经贸职业技术学院	025－52710768	025－52710768	江苏省南京市江宁区江宁大学城龙眠大道180号	211168
无锡商业职业技术学院	0510－81005761	0510－83271385	江苏省无锡市钱胡公路809号	214153

续表

院校名称	电话	传真	地址	邮编
无锡职业技术学院	0510－85916111	0510－85916111	江苏省无锡市中南路258号	214024
浙江经贸职业技术学院	0571－86929833	0571－86929798	浙江省杭州市下沙高教园东区学林街280号	310018
浙江商业职业技术学院	0571－58108026	0571－58108000	浙江省杭州市滨江区滨文路470号	310053
开元商贸职业学校	0571－85453714	0571－85453714	浙江省杭州市下城区绍兴支路29号	310004
浙江工商职业技术学院	0574－87422088	0574－87422088	浙江省宁波市机场路1988号	315012
浙江纺织服装职业技术学院	0574－86328888	0574－86329180	浙江省宁波市江北区风华路495号	315211
温州科技职业学院	0577－88414670	0577－88426619	浙江省温州市瓯海区六虹桥路1000号	325006
湖州职业技术学院	0572－2363628	0572－2363688	浙江省湖州市现代教育园区学府路299号	313000
上海商学院	021－67105435	021－67105449	上海市徐汇区中山西路2271号	200235
上海市商业学校	021－56037030	021－56037030	上海市闸北区共和新路1458号	200072
上海商贸旅游学校	021－63229128	021－63229128	上海市贵州路189号	200001
上海思博职业技术学院	021－68023335	021－68029034	上海市南汇区科教园城南路1408号	201300
上海立达职业技术学院	021－57805678	021－57802566	上海市松江区车亭公路1788号	201609
徽商职业学院	0551－8580916	0551－68580916	安徽省合肥市槽郢路15号	230022
安徽财贸职业技术学院	0551－3865888	0551－3865837	安徽省合肥市翡翠路900号	230601
安徽国际商务职业学院	0551－5664620	0551－5664601	安徽省合肥市双凤工业园（凤麟大道与工业大道交口）	231131
安徽工商职业学院	0551－5658115	0551－65659001	安徽省合肥市庐阳区北二环砀山路233号	230041

续表

院校名称	电话	传真	地址	邮编
安徽商贸职业技术学院	0553－5971000	0553－5971000	安徽省芜湖市弋江区文昌西路24号	241002
亳州职业技术学院	0558－5587069	0558－5586103	安徽省亳州市药都路1625号	236800
马鞍山职业技术学院	0555－2765001	0555－2753032	安徽省马鞍山市霍里山中路328号	243031
成都工业学院	028－87992121	028－87992121	四川省成都市郫县中信大道二段1号	610031
成都纺织高等专科学校	028－86080753	028－87846538	四川省成都市犀浦泰山南街186号	611731
四川商务职业学院	028－61935666	028－61935121	四川省成都市温江区和盛镇和盛大道88号	611131
重庆城市管理职业学院	023－65626161	023－86968806	重庆市沙坪坝区虎溪重庆大学城	401331
湖南科技职业学院	0731－85603802	0731－82861958	湖南省长沙市雨花区井湾路784号	410004
湖南商学院	0731－88689016	0731－88689265	湖南省长沙市岳麓大道569号	410205
湖南商务职业技术学院	0731－88115666	0731－88116417	湖南省长沙市雷锋大道335号	410205
长沙职业技术学院	0731－88165420	0731－88105152	湖南省长沙市岳麓区雷锋镇正兴路157	410217
长沙商贸旅游职业技术学院	0731－89768695	0731－89768409	湖南省长沙市韶山南路578	410004
武汉市供销商业学校	027－87284979	027－87284979	湖北省武汉市 武昌南湖周家湾特1号	430064
武汉软件工程职业学院	027－87996666	027－87996777	湖北省武汉市东湖新技术开发区光谷大道117号	430205
江西旅游商贸职业学院	0791－3771588	0791－83771924	江西省南昌经济开发区丁香路1号	330100
贵州商业高等专科学校	0851－8128003	0851－8128808	贵州省贵阳市盐务街55号	550004
云南交通职业技术学院	0871－5529966	0871－5926630	云南省昆明市白龙路149号	650101

续表

院校名称	电话	传真	地址	邮编
广西工商职业技术学院	0771－3153630	0771－3172317	广西南宁市中尧路 15 号	530003
广西职业技术学院	0771－4213851	0771－4313255	广西南宁市明阳工业区	530226
广西国际商务职业技术学院	0771－3279176	0771－3276906	广西南宁市大学东路 168 号	530007
柳州职业技术学院	0772－3156038	0772－3156038	广西柳州市社湾路 28 号	545006
广州市商贸职业学校	020－84302391	020－84358744	广东省广州市荔湾区珠江桥中东海北路 21 号	510163
广州工程技术职业学院	020－87693663	020－87754742	广东省广州市越秀区环市东路 465 号	510075
广东岭南职业技术学院	020－22305680	020－22305680	广东省广州市天河区大观路 492 号（科学城入口）	510663
福建信息职业技术学院	0591－87866102	0591－87830034	福建省福州市仓山区螺洲镇杜园 118 号	350000
福建商业高等专科学校	0591－87721030	0591－87721030	福建省福州市鼓楼区黄埔 19 号	350012
海南省商业学校	0898－68621158	0898－65851784	海南省海口市秀英区秀英大道 6 号	570311
海南经贸职业技术学院	0898－65922033	0898－65732032	海南省海口市桂林洋高校区	571127